AF138247

Lysias

Ausgewählte Reden

Lysias

Ausgewählte Reden

ISBN/EAN: 9783743326934

Hergestellt in Europa, USA, Kanada, Australien, Japan

Cover: Foto ©ninafisch / pixelio.de

Manufactured and distributed by brebook publishing software
(www.brebook.com)

Lysias

Ausgewählte Reden

AUSGEWÄHLTE

DEN DES LYSIAS.

FÜR DEN SCHULGEBRAUCH

ERKLÄRT VON

HERMANN FROHBERGER.

ERSTES BÄNDCHEN.

LEIPZIG,

DRUCK UND VERLAG VON B. G. TEUBNER.

VORWORT.

Der Herausgeber der nachstehenden Reden des Lysias ist sich bewusst, bei der Erklärung derselben, und namentlich in den Realien, hier und da über das Bedürfnis des Schülers hinausgegangen zu sein. Es kam ihm darauf an, nicht nur die geschichtlichen und juristischen Voraussetzungen zum Verständnis der Reden auf Grund der Quellen und mit Hilfe der Arbeiten Schoemanns, Meiers, Grote's, Scheibe's, Curtius' u. a. darzulegen, sondern auch die Praktiken der Redner vor Gericht, die gleichmässig bei ihnen wiederkehrenden Formen des Angriffs und der Vertheidigung, die rhetorischen Gemeinplätze zu konstatieren, soweit der Inhalt der Reden dazu Anlass bot. Ist bei den Nachweisen solcher Art hier und da für den Schüler zu viel gegeben, so ist doch zu hoffen, dass dem Lehrer damit manches nicht Unwillkommene geboten worden ist; die Schulausgabe soll ja nicht allein eine Schülerausgabe sein. Auch die Darlegung des inneren Zusammenhangs hat, besonders bei der Erklärung der Rede gegen Eratosthenes, zuweilen eine ausführlichere Erörterung nöthig gemacht. Die grammatische Erläuterung lehnt sich an die Grammatik von K. W. Krüger (4. Aufl.), aushilfsweise an die Syntax von Madvig an; doch sind auch die Arbeiten Bäumleins über die Modi und die Partikeln, sowie die vortreffliche von Aken über Tempus und Modus im Griechischen wiederholt zu Rathe gezogen worden.

Wie sehr das Verständnis des Lysias durch die bahnbrechende Erklärung R. Rauchensteins gefördert worden ist, hat das einstimmige Urtheil der Fachmänner längst

festgestellt. Das lebendige Interesse, welches namentlich
seit funfzehn Jahren die deutsche Philologie dem Redner
zugewendet hat, ist unzweifelhaft wesentlich durch die
besonnene Kritik und die lichtvolle Interpretation Rauchensteins angeregt worden. Die holländische Philologie hat,
nicht zu ihrem Vortheil, den durch Rauchenstein ge-
wonnenen Resultaten bei weitem nicht die gebürende Beachtung gewidmet, mit alleiniger Ausnahme C. W. Franckens
(commentationes lysiacae, Utrecht 1865).

Der Text der vorliegenden Bearbeitung schliesst sich
an die in Scheibe's zweiter Ausgabe vorliegende Kayser'sche
Vergleichung des codex Palatinus an. Die seitdem veröffentlichten Beiträge zur Kritik und Erklärung der vorliegenden Reden des Lysias, wie sie in neueren Ausgaben
(Rauchenstein's dritter und vierter mit Sauppe's schätz-
baren Bemerkungen, Cobet, H. van Herwerden, Lysiae
orationes selectae, Gröningen 1863), Programmen (von
Westermann, Pertz, P. R. Müller, I. H. Lipsius, Joh.
Frei), Zeitschriften (Kayser und Francken im Philologus,
Scheibe, Funkhänel, Rauchenstein, Meineke, P. R. Müller
in den Jahrbüchern für Philologie und Pädagogik*), Bake,
Pluygers u. a. in der Mnemosyne), in Scheibe's lectiones
lysiacae (citiert nach dem Supplementhefte der Jahrbücher
für Philologie u. s. w., in dem sie zuerst erschienen), in
Cobet's variae und novae lectiones, Franckens commentationes und sonst noch hier und da vereinzelt vorliegen,
sind mit möglichster Vollständigkeit nebst wenigen Nachträgen zu Scheibe's reicher praefatio und den nöthig er-
scheinenden Wiederholungen aus derselben im Anhang zusammengestellt worden. Eben dahin sind mehrfach weitere
Ausführungen des Commentars, Belegstellen, Verweisungen
auf Monographieen und Commentare, meistens auch die Rechtfertigung eigener Emendationsversuche gewiesen worden.
In den Text aufgenommen sind eigene Vermuthungen an
folgenden Stellen: XII, 34. 35. 45. 48. 51. 53. 55. 65. 88.

---

*) Die Berichte von Rauchenstein und Mentzner über die neueste
Literatur des Lysias in den Jahrbüchern f. Phil. und Päd. Band 91,
Heft 9 und 10 konnten nur für den Anhang noch benutzt werden.

91. XIII, 13. 17. 31. 32. 50. 63. 65. 67. 86. 88. 89. 95. 97.
XXV, 27. 33. 35. Weit öfter aber lag die Veranlassung
vor, den überlieferten Text gegen Anfechtungen, namentlich gegen die beispiellose Willkür van Herwerdens, zu
vertheidigen; hin und wieder (z. B. XII, 12. XIII, 32.
37. XXV, 33) schien die handschriftliche Autorität auch
gegenüber den Zweifeln aller neueren Herausgeber festgehalten werden zu müssen.

In ein zweites Heft sollen unter anderen die erste
Rede gegen Theomnestos und die erste gegen Alkibiades
aufgenommen werden; ob auch die über die Tödtung des
Eratosthenes nach dem Vorgange Bremi's und jüngst van
Herwerdens einer für die Zwecke der Schule bestimmten
Sammlung, etwa als Gegenstand des Privatstudiums, ein-
verleibt werden dürfe, ist eine schwierige Frage, welche
der Unterzeichnete gern von erfahreneren Schulmännern
beantwortet sähe.

Grimma, im Juli 1865.

Hermann Frohberger.

INHALT.

PROLEGOMENA.

Nach dem Vorbilde des Themistokles[1]) erkannte Perikles 1 in der Herbeiziehung vermögender Ausländer ein wirksames Mittel zur Hebung der von den Bürgern damals nur noch nothgedrungen betriebenen Industrie, und wenn er im Epitaphios bei Thukydides[2]) von seiner Vaterstadt rühmt, dass sie allen offen stehe, so lag die Veranlassung dazu nicht blos in der Scheu vor lakedämonischer Engherzigkeit, sondern vor allem in der klugen Berücksichtigung volkswirthschaftlicher Interessen.[3])

Unter den Ausländern, welche sich auf Perikles' Veranlas- 2 sung[4]) in Athen niederliessen, befand sich Kephalos, des Lysanias Sohn, ein begüterter, der politischen Wirren in seinem Vaterlande überdrüssiger Bürger von Syrakus (um Olymp. 83, 1. 448 v. Chr.). In seinem Hause im Peiräeus geht die Scene vor, welche Platon im Anfange der πολιτεία so anmuthig schildert. Zwar verwehrte ihm das attische Recht den Eintritt in den Bürgerstand; als Ausländer konnte er nur in den Stand der Isotelen, einer vornehmlich durch Wegfall des Schutzgeldes (μετοίκιον) und des politisch-juristischen Vormundes (προστάτης) sowie durch das Recht des Grundbesitzes (ἔγκτησις) vor den übrigen bevorzugten Classe der Schutzverwandten (μέτοικοι), aufgenommen werden; doch stand er im freundschaftlichen Verhältnis zu den angesehensten Bürgern; Sophokles und Sokrates suchten seinen Umgang. „Das Musterbild eines frommen und weisen Hellenen"[5]) starb er in hohem Alter zu Athen, nachdem

---

1) Diodor XI, 43. — 2) Thuk. II, 39: τὴν πόλιν κοινὴν παρέχομεν. — 3) Man vgl. die Betrachtung bei Xenoph. πόροι 2. — 4) Lys. XII, 4. Nach [Plutarch] vit. X orat. 835ᶜ war Kephalos des Perikles φίλος καὶ ξένος. — 5) Curtius, griech. Gesch. II, 216. Nach einer Ansicht Böckh's, welche auch von Stallbaum und neuerdings von Susemihl (platonische Forschungen Philologus Suppl. II, 1, S. 110) getheilt wird, wäre Kephalos mit seinen Söhnen nach Thurioi gewandert und in hohem Alter von da nach Athen zurückgekehrt, eine Frage, die mit der Zeitbestimmung der platonischen Republik zusammenhängt.

er 30 Jahre rechtschaffen und unangefochten in seiner zweiten
Vaterstadt gelebt; seine Gattin überlebte ihn noch.[6])

3   Im Eingange der platonischen Politeia werden als seine Söhne,
Polemarchos, Lysias und Euthydemos genannt; einen vierten,
Brachyllos, fügt der Verfasser der Biographien der 10 Redner
hinzu, doch dieser war sein Schwiegersohn.[7]) Das Geburtsjahr
des Lysias, von alten Literarhistorikern nach Olymp. 80, 2. 459/8.
verlegt, ist durch neuerdings geführte Untersuchungen[8]) auf
Olymp. 87, 1. 432 herabgerückt worden, ein Zeitpunkt, der am
ungezwungensten sich mit den sonstigen Angaben über sein Leben vereinbaren lässt. Es ergiebt sich aus dieser Zeitbestimmung, dass nicht Syrakus,[9]) sondern Athen sein Geburtsort war,
was ausser Dionysios von Halikarnass auch Cicero, einer Angabe des Timäos entgegentretend, mit aller Bestimmtheit ausspricht.[10])

4   Aus Lysias' Knabenalter haben wir in den alten Biographien
nur die Notiz, dass er seinen ersten Unterricht in Gemeinschaft
mit Knaben aus den angesehensten Bürgerfamilien genoss. Nach
des Vaters Tode wanderte er ums Jahr 417 mit Polemarch und
Euthydemos nach Thurioi in Unteritalien aus, wohin die Athener
444 eine Colonie gesandt hatten und auch noch in den folgenden Jahrzehnten viele Colonisten aus Athen und den bundesgenössischen Staaten sich wandten.[11]) Für Polemarch war der
Grund dieser Auswanderung vermuthlich die Absicht, im Umgang
mit den zahlreich in Thurioi zusammenströmenden Sophisten das
eigene Lieblingsstudium, die Philosophie, um des willen ihn
Platon im Phädros belobt,[12]) zu betreiben; unter seinem Schutze
mögen die beiden Jünglinge mit nach Thurioi sich begeben haben. Für Lysias ward der Aufenthalt daselbst von entscheiden-
der Wichtigkeit. In Thurioi hatte sich der Syrakusaner Tisias,
nächst seinem Lehrer Korax der älteste Theoretiker der Redekunst[13]) niedergelassen; sein Schüler ward Lysias, und der Ein-

---

6) [Demosth.] LVIIII, 22. — 7) vit. X orat. und [Demosth.] a. d.
a. O. — 8) Zuerst von Vater in der Abhandlung rerum Andocidearum
partic. II, eingehender von Westermann, praefatio in Lys. orat. p.
VI sqq. Eine andere Berechnung von K. F. Hermann, gesammelte
Abhandlungen und Beiträge zur klass. Literatur S. 15, setzt als Lysias'
Geburtsjahr Olymp. 84, 1. 444, eine Annahme, der sich jüngst noch
Baur, Uebersetzung der Reden des Lysias S. 3, und im Wesentlichen
auch Susemihl, platonische Forschungen a. a. O. S. 106 ff., angeschlossen haben. Die Auctorität des Dionysios Photios u. A. hat neuerlich noch
Stallbaum, proleg. ad Phaedrum p. 53 (4. Ausg.), festgehalten. — 9)
Iustin. V, 9 und andere wenig glaubwürdige Zeugen. — 10) Brutus
16, 63. — 11) [Andok.] IV, 12. Ueber den Zusammenfluss von Gelehrten aller Art zu Thurioi siehe ausser Plat. Euthydem. p. 271 die
Belege bei Stallbaum proleg. pag. 55. — 12) Phaedr. p. 257ᵇ. Bei Plutarch, de carnium esu or. II, p. 152 (Reiske) heisst er geradezu Π. ὁ
φιλόσοφος. Hermias, comment. in Phaedr. p. 175 (Ast). — 13) Quinctil.
III, 1, 8. Cic. de orat. I, 20, 91. Westermann Gesch. der griech. Be-

fluss der sicilischen rhetorischen Technik tritt in seiner späteren rednerischen Thätigkeit anfangs materiell, später mehr formell deutlich hervor. Schon in Thurioi versuchte sich Lysias auf dem Gebiete der Redekunst, zunächst in schulmässigen Declamationen, wie er z. B. dem von den Syrakusanern gefangenen athenischen Feldherrn Nikias eine Vertheidigungsrede in den Mund legte. Man ersieht daraus die lebhafte Theilnahme, mit der Lysias die grosse Unternehmung der Athener gegen Sicilien verfolgte; mit Polemarch hielt er sich in Thurioi zur athenischen (demokratischen) Partei und ward daher in den Sturz derselben, welcher dort [14]) wie in den meisten Städten Grossgriechenlands der Katastrophe auf Sicilien folgte, mit hineingezogen; 300 Bürger wurden aus der Stadt ausgewiesen, unter ihnen Polemarch und Lysias; beide (von Enthydemos verlautet weiter nichts) kehrten im Jahre 411 nach Athen zurück.

Auch Athen war nach der unglücklichen sicilischen Unter- 5 nehmung der Schauplatz offener Parteikämpfe geworden. Die aristokratische Partei hatte ihr Haupt erhoben und an die Spitze des Staates einen Rath der 400 aus ihrer Mitte mit einer dem Namen nach bestehenden Volksversammlung von 5000 Bürgern gestellt. Zunächst von dem Heere bei Samos aus erfolgte gegen diesen aristokratischen Staatsstreich eine Reaction, der gegenüber die neue Regierung, durch Verrath in ihrem eigenen Schosse unterwühlt, sich nicht halten konnte; noch in demselben Jahre (411) ward nach einer Unterbrechung von nur 4 Monaten die demokratische Verfassung wieder hergestellt, und wenn auch anfangs der Versuch gemacht worden war, durch eine Mischung von aristokratischen und demokratischen Elementen [15]) eine Form der Demokratie zu finden, welche der Ausartung in die Ochlokratie vorbeugen sollte, so war doch diese Selbstbeschränkung des Demos nicht von langer Dauer.[16]) Die alte Wirthschaft der Demagogen begann von neuem; [17]) die Verachtung aller Rechtsformen in dem Processe gegen die Feldherren der Arginusenschlacht (406) zeigt, wie den Athenern unter dem verwildernden Einflusse des langen Kriegs der Sinn für Gesetz und Recht abhanden gekommen war. Im Geheimen arbeiteten die politischen Genossenschaften (ἑταιρεῖαι), [18]) die sich um die angesehensten Häupter der verschiedenen Nuancen der oligachischen Partei gruppierten, mit allen Mitteln an dem Sturze der Verfassung, im Einvernehmen mit dem Landesfeinde (Agis in Dekeleia), aber auch erforderlichen Falls selbst mit den wüthendsten Demagogen im

redtsamkeit §. 27 ff. — 14) Aristot. Polit. VIII, 7, p. 209 ed. Bekker.— 15) Thuk. VIII, 97. — 16) Vischer, die Verfassung von Athen in den letzten Jahren des peloponnesischen Kriegs. Berlin 1844. Herbst, die Schlacht bei den Arginusen (Hamburg 1855) S. 66 ff. — 17. Lys. XXV, 25 ff. — 18) zu XII, 43.

Bunde (wie im Feldherrnprocess). Die einflussreichste Persönlichkeit unter den Aristokraten war damals, an der Spitze einer
mächtigen Hetärie, Theramenes, der Sohn des Hagnon.[19]) Wie
es den Oligarchen schliesslich gelang, nach dem durch Verrath[20])
mit verschuldetem Verlust der Flotte im Hellespont sich zu Herren
der Lage zu machen, Athens Widerstand durch tückische Hin-
terlist zu brechen und endlich der wehrlosen Stadt das Regiment der Dreissig aufzudrängen, das hat Lysias selbst in den
Reden gegen Eratosthenes und Agoratos mit den herben Worten
einer gerechten Erbitterung geschildert.

6   Die beiden Brüder, in ihrer Stellung als Isotelen von der
Betheiligung an den Staatsgeschäften ausgeschlossen, lebten in
diesen Jahren der Verwirrung zurückgezogen, theils ihren Studien, theils dem Betriebe einer reichlich lohnenden industriellen
Thätigkeit. Polemarch allerdings scheint sich von der letztern
ziemlich fern gehalten zu haben; bereits verheiratet wohnte er
von seinem Bruder getrennt,[21]) fern von dem Geräusche der
grossen mit Lysias Wohnung im Peiräeus verbundenen[22]) Schild-
fabrik. Diese Fabrik, in welcher 120 Sclaven arbeiteten, und
der Ertrag dreier Häuser brachte den Brüdern so beträchtliche
Einnahmen, dass sie, trotz liberaler Leistung der vom Staate
geforderten Leiturgien[23]) ein beträchtliches Baarvermögen zurück-
zulegen vermochten.[24]) Doch verlor der reiche Fabrikherr sein
Lieblingsstudium nicht aus den Augen. Aus dem platonischen
Phädros geht hervor, dass Lysias in dieser Zeit den Unterricht
des Tisias nach seiner Neigung verwerthete; epideiktische und
panegyrische Reden, welche die Alten von ihm erwähnen, Declamationen nach Art des im Phädros so herb als eine Spielerei
($\pi\alpha\iota\delta\iota\alpha$) kritisierten $\lambda\acute{o}\gamma o\varsigma$ $\dot{\varepsilon}\rho\omega\tau\iota\kappa\acute{o}\varsigma$[25]) und sonstige Proben
schulmässiger Rhetorik mögen in diese Jahre fallen; auch ero-
tische Briefe und eine Theorie der Redekunst ($\tau\acute{\varepsilon}\chi\nu\eta$) wollte man
von ihm haben; ja nach einer Angabe des Cicero[26]) wäre er
sogar als Lehrer der Redekunst (ob für Geld, steht dahin, ist aber
wenig wahrscheinlich), freilich als nicht eben glücklicher Rival
des Theodoros aus Byzanz, aufgetreten, wie denn Isäos sein
Schüler gewesen sein soll. Keinesfalls aber hat er sich, so
lange er in so guten Verhältnissen lebte, zum Redeschreiber
($\lambda o\gamma o\gamma\rho\acute{\alpha}\varphi o\varsigma$) hergegeben.[27]) Aus dieser ersten Zeit seiner rhe-

---

19) zu XII, 62. — 20) zu XII, 36. — 21) XII, 12. 19. Nach gesche-
hener Erbtheilung pflegten Brüder getrennt zu wohnen. Demosth.
XXXXVII, 35. Dass Lysias ebenso wie sein Vater im Peiräeus wohnte,
ergiebt sich aus Plat. Phaedr. 227ᵇ vgl. mit Lys. XII, 16. — 22) XII, 8.
— 23) zu XII, 20. — 24) zu XII, 11. — 25) dessen Echtheit gegen K. F.
Hermann (Abhandlungen und Beiträge S. 1 ff.) und Stallbaum (proleg.
ad Phaedr. p. 59 ff.) neuerdings wieder von le Beau, Lysias' Epitaphios als ächt erwiesen (Stuttgart 1863) S. 21, behauptet worden ist. —
26) Brutus 12, 48: Lysias primo profiteri solitus est artem dicendi. —
27) zu XII, 3. Anders denkt le Beau S. 20.

torischen Thätigkeit, um deren willen ihn Platon bitter als einen
Verächter der Philosophie charakterisiert, blieb dem Lysias der
Beiname „der Sophist," der ihm noch in der in Demosthenes'
Zeit fallenden Rede gegen Neära,[28]) dort freilich mit wohl be-
absichtigter Gehässigkeit, beigelegt wird.

Der Wohlstand des Brüderpaars ward durch die Ereignisse 7
des Jahres 404 mit in den allgemeinen Ruin hineingezogen.
Von ihrer bewährten demokratischen Gesinnung abgesehen, war
schon ihr Reichthum in einer Zeit, wo es nach Isokrates' Zeugnis[29]) gefährlicher war, reich als ein Schurke zu sein, Grund
genug, ihnen die Brutalität der Machthaber auf den Hals zu
ziehen. Es ward in der Sitzung der Dreissig trotz des Widerspruchs des Theramenes und seiner Fraction[30]) beschlossen, eine
Anzahl Metöken[31]) unter politischen Scheingründen festzunehmen
und ihrer Güter sich zu bemächtigen; unter den Opfern befand
sich Lysias und sein Bruder. Lysias, schon in den Händen der
Tyrannen, entfloh noch im letzten Augenblicke und entkam
in der Nacht nach Megara; Polemarchos dagegen ward vom Eratosthenes auf der Strasse festgenommen und ohne Urtheil und
Recht hingerichtet; die reiche Habe der Brüder ward grossen-
theils die Beute der schmutzigen Habgier der Gewalthaber
(Olymp. 94, 1. Ende 404 oder Anfang 403).

Bei der Wiederherstellung der Freiheit, zu der am Ende 8
des Winters 403 der entschlossne Handstreich des Thrasybulos
den Anstoss gab, betheiligte sich, wie dies überhaupt von den
Metöken gerühmt wird,[32]) auch Lysias in opferbereiter Dankbar-
keit gegen die Schutzstadt. Er sandte den Kämpfern für die
Freiheit 200 Schilde, 300 auf seine Kosten geworbene Söldner
und 2000 Drachmen baar, ein Beweis, dass es ihm gelungen
sein mochte, einige Geldmittel aus Athen zu retten, wofern er
nicht etwa in Megara eine Commandite seines Schildgeschäftes
hatte. Auf seine Veranlassung kam auch sein Gastfreund Thra-
sydäos aus Elis den Patrioten durch einen Vorschuss von 2
Talenten zu Hilfe.[33]) Nach der Einnahme des Peiräeus scheint
er sich auch persönlich den Demokraten angeschlossen zu haben,[34])
Verdienste, die in einem vermuthlich nicht vom Lysias, sondern
vom Sprecher der Rede über das Vermögen des Aristophanes[35])
herrührenden Zusatze ehrend anerkannt werden.

---

28) § 21. Vgl. die Herleitung dieses Beinamens von der rhetorischen Thätigkeit Plat. Phaedr. p. 257ᵈ. — 29) XXI, 12. — 30) Xenoph.
Hell. II, 3, 22. 40. Lys. XII, 25. — 31) zu XII, 7. — 32) Lys. II, 66;
XXXI, 29. vgl. VI, 49. — 33) Vit. X orat. p. 835ᵉ. — 34) XII, 53: ἐπειδὴ
εἰς τὸν Πειραιᾶ ἤλθομεν. Befremden könnte die Art, wie er XII, 95 ff.
die Partei derer ἐκ Πειραιῶς an ihre Drangsale erinnert, ohne eine Andeutung, dass er sie mit erlitten habe; doch stellt sich in diesem Epilog der Redner ausdrücklich über die Parteien (§ 92). Wenn die Anekdote bei Aeschin. III, 195 auf Lysias geht, ist die Frage entschieden.
— 35) §. 19: Λυσίας τὸ πλῆθος τὸ ἡμέτερον πλεῖστα ἀγαθὰ πεποίηκεν,

9 Gleich nach dem Siege der Patrioten und der Wiederherstellung der gesetzlichen Gerichtsformen trat Lysias, der hochgehaltenen Pietätsverpflichtung der Blutrache genügend, gegen Eratosthenes, dessen Einschreiten die letzte Ursache der Hinrichtung des Polemarch gewesen war, mit einer Rede auf, welche, da Eratosthenes sich nicht ohne Grund durch die Majorität der Dreissig zu decken suchte, nothwendig sich gegen die Gesammtheit derselben kehren musste und vor den Bürgern ein erschütterndes Bild des Blut- und Gewaltregiments der Tyrannen aufrollte. Wenn er gleichwohl seinen Zweck nicht erreicht zu haben scheint, so lag der Grund dafür in der Mässigung und Versöhnlichkeit predigenden Zerrüttung des Staates (vgl. die Einleitung zur Rede gegen Eratosth.). Dies Auftreten vor Gericht ward bestimmend für Lysias' weitere Laufbahn. Sein Wohlstand war zerstört, eine Wiedererrichtung seines gewerblichen Etablissements unmöglich; so war er genöthigt,[36]) die Ergebnisse seiner früheren rhetorischen Studien jetzt für seinen Lebensunterhalt auszubeuten. In der lohnenden aber wenig geachteten[37]) Stellung eines Redeschreibers ($\lambda o\gamma o\gamma\rho\alpha\varphi o\varsigma$) verfasste er nach dem Zeugnisse des Dionysios von Halikarnass nicht weniger als 233 Processreden für solche, die bei mangelnder Befähigung der vom attischen Gerichtsbrauch geforderten persönlichen Vertretung ihrer Sache im Gerichtshofe nicht ohne fremde Hilfe genügen konnten, und nur zweimal sollen seine Reden nicht den gewünschten Erfolg gehabt haben.[38]) Fast ebenso gross war die Zahl der Reden, welche dem Namen des im hohen Rufe stehenden Redeschreibers untergeschoben wurden. Erhalten sind unter seinem Namen 31 ganz oder ziemlich vollständig, worunter freilich sechs[39]) vielseitig, noch weit mehrere von der holländischen Kritik der letzten Decennien angefochten worden sind, und grössere Bruchstücke von drei anderen.

10 Ueber sein Privatleben ist in der pseudodemosthenischen Rede gegen Neära[40]) nicht viel Erbauliches zu lesen; weder die Ehe mit seiner Schwestertochter, noch die Ehrfurcht vor seiner

ὡς ἐγὼ ἀκήκοα τῶν ἐν Πειραιεῖ παραγενομένων. — 36) Dasselbe bezeugt von sich Isokrates XV, 161. — 37) Der Makel des Banausischen haftete an dieser wie an jeder anderen Profession. Schol. zu Aesch. I, 94: οὐκ ἦν ἀστεῖον οὐδὲ ἐπαινετὸν τὸ λογογραφεῖν οὐδὲ τὸ συνηγορεῖν μισθοῦ. Platon Phaedr. p. 257ᶜ. Schol. zu Platon S. 63 Ruhnken. Plato Comic. bei [Plutarch] vit. X orat. 833ᶜ. Demosth. XIX, 246. Auch in Euthydem. p. 305ᶜ spricht Platon von den ποιηταὶ τῶν λόγων mit schlecht verhehlter Verachtung. Der Stand war zahlreich (Isokr. XV, 41), brachte sich aber freilich selbst in schlechten Credit (vgl. ebenda § 2. 31. 35.). Man vgl. die deshalb gegen Demosthenes gerichteten Invectiven bei Schäfer, Demosthenes I, 310. — 38) Die rednerische Fruchtbarkeit des Lysias bestätigt Cic. de orat. II, 22, 93. — 39) Rede II. VI. VIII (über diese neuerdings Pertz, quaestionum lysiacarum caput. II, p. 13 ff.). XI. XVIII. XX. — 40) § 21 f. vgl. Athenaeus XIII, p. 592ᶜ.

greisen Mutter vermochte ihn von den Modelastern seiner Zeit abzuhalten. Im öffentlichen Leben wird sein Name noch zuweilen genannt. Bald nach der Rückkehr aus dem Exil soll Thrasybulos von Steiria in der Volksversammlung den Antrag gestellt haben, in Erwägung der grossen Verdienste, die sich Lysias in dem Befreiungskampfe erworben, ihm das Bürgerrecht zu verleihen; er habe aber versäumt, zuvor das gesetzlich erforderliche Gutachten des Raths ($\pi\varrho o\beta o\acute{v}\lambda\varepsilon v\mu\alpha$) einzuholen und so sei durch eine von Archinos aus dem Demos Koile angestellte Klage wegen Gesetzesverletzung ($\gamma\varrho\alpha\varphi\grave{\eta}$ $\pi\alpha\varrho\alpha\nu\acute{o}\mu\omega\nu$) dem Lysias die vom Volke ihm schon zuerkannte Ehre verloren gegangen. So die Erzählung in den Biographien der zehn Redner[41]) und nach diesen Quellen auch bei anderen.[42]) Dass die Anekdote blos willkürliche Ausschmückung eines vom Aeschines[43]) erzählten Vorganges sei, ist neuerdings ebenso oft behauptet wie bestritten worden; unwahrscheinlich ist die Sache an sich nicht.[44]) Jedenfalls blieb aber Lysias Isotele, und Cicero irrt, wenn er ihm die Ausübung aller bürgerlichen Rechte und Pflichten zuschreibt.[45])

Die ächt demokratische Gesinnung des Redners documen- 11 tierte sich kurz nach der Wiederherstellung der Demokratie durch die Rede, die er im Auftrage eines uns nicht näher bekannten angesehenen Staatsmannes gegen den Antrag des Phormisios verfasste, welcher ein Compromiss zwischen Demokratie und Aristokratie herbeiführen und die politischen Rechte an den Grundbesitz knüpfen sollte. Problematisch bleibt die Vertheidigungsrede, die er dem Sokrates angeboten, aber unter Lobsprüchen zurückerhalten haben soll;[46]) mit grösserer Wahrscheinlichkeit hat man[47]) diese Rede für eine rhetorische Abfertigung der vom Rhetor Polykrates[48]) veröffentlichten Anklageschrift gegen Sokrates gehalten. Zweimal erscheint noch Lysias' Namen in Verbindung mit Vorgängen des korinthischen Krieges. Die Grabrede, welche trotz übereinstimmender Zeugnisse des Alterthums seit Reiske von vielen Beurtheilern dem Lysias ohne zureichenden Grund abgesprochen worden ist, bezieht sich auf Kämpfer,

---

41) pag. 835. — 42) Sehr ausgemalt ist die Anekdote von Maximus Planudes zu Hermogenes in Walz rhetores graeci V, S. 343. — 43) III, 195. — 44) Da den Metöken schon im Peiräeus als Lohn für die Betheiligung am Kampfe die Isotelie zugesagt worden war (Xenoph. Hell. II. 4, 25), ist es nicht unwahrscheinlich, dass für Lysias, der schon von seinem Vater her in dieser bevorzugten Stellung sich befand, das Vollbürgerrecht in Anspruch genommen ward. — 45) Brut. 16, 63: functus est omni civium munere. — 46) Cic. de orat. I, 54, 231. Diog. Laert. II, 40. Hölscher, de vita et scriptis Lysiae S. 199 ff. und quaestiunculae lysiacae (Progr. Herford 1857) S. 6, dagegen Meier, comment. III de Andocidis oratione c. Alcib. (Progr. Halle 1837), S. 14. Die Möglichkeit, dass Lysias dem Sokrates eine solche Rede anbot. hat neuerdings auch Rauchenstein (Jahrb. f. Philol. LXXXI, 5. S. 325) zugegeben. — 47) Cobet, novae lectiones S. 667 ff. — 48) Isokr. XI. 4.

die in diesem Kriege gefallen waren, wenn gleich das Jahr der
Abfassung zwischen 394 und 387 schwankt; dass allerdings diese
Rede nicht wirklich bei der öffentlichen Leichenfeier gehalten,
sondern gleichfalls ein rhetorisches Uebungsstück ist, scheint
unzweifelhaft.[49]) Privatinteressen, die Rücksicht auf des Lysias
väterliche Beziehungen in Syrakus mögen der Grund gewesen
sein, dass man ihn zu der Gesandtschaft zuzog, die Anfang des
Jahres 392 auf Veranlassung des Konon nach Syrakus ging, um
Dionysios I. von dem guten Einvernehmen mit Sparta abwendig
zu machen; jedenfalls war er als Nichtbürger ohne officielle
Stellung der Gesandtschaft nur attachiert.[50]) Seine Vaterstadt
sah Lysias unter dem harten Joche des Tyrannen, was ihn in
der Erinnerung an eigene frühere Leiden doppelt tief erregen
musste; so nahm er von dort einen bitteren Hass gegen den
Despoten mit sich, der seinen Ausdruck fand, als im Jahre
388[51]) Dionysios sich unterstand, trotz seines Einverständnisses
mit dem Perserkönige die Nationalfeier zu Olympia durch eine
pomphafte von seinem Bruder Thearidas geführte Festgesandt-
schaft zu beschicken. Nach dem Zeugnisse der Alten trat Lysias selbst[52]) (nach einer neueren Vermuthung[53]) mit einer lysianischen Arbeit der syrakusanische Exulant Themistogenes) vor
den versammelten Hellenen mit einer Rede auf, welche schleu-
nige Beilegung des inneren Zwistes, einmüthige Haltung gegen
die Tyrannen im Osten und im Westen und Befreiung Siciliens
von der Herrschaft des Dionysios anempfahl und zur Zerstörung

49) Le Beau in seiner Vertheidigung der Echtheit des Epitaphios
hat über das Ziel hinausgeschossen, wenn er S. 36 ff. die Rede als
wirklich bei der Todtenfeier und vom Lysias selbst gesprochen nachweisen will. Dieser Beweis muss an der Thatsache scheitern, dass er
als Metök bei dieser Feier nicht auftreten durfte (denn dies war eine
ehrenvolle Function der angesehensten Bürger, Isokr. IV, 74; für
einen anderen aber eine solche Rede nicht zu schreiben brauchte
(denn das Volk richtete sich bei der Wahl der Redner auch nach persönlicher Befähigung. Thuk. II, 34. gl. Demosth. XVIII, 285). Vgl. die
Recension von Le Beau's Schrift von Sauppe, Nachrichten der königl.
Gesellschaft der Wissensch. zu Göttingen 1864. 8. S. 824 ff., wogegen
Vömel (Jahrb. für Philol. LXXXVII, 5, S. 366 ff.) den Beweis für geführt hält. — 50) Dies vorausgesetzt ist kein Grund, den Wortlaut der
auf Lysias bezüglichen Stelle XIX, 19 anzutasten oder gar durch Einschiebung von Διονυσίω vor φίλου neue Schwierigkeiten zu schaffen.
(Auch Francken, commentationes lysiacae, Utrecht 1865, S. 140, will
Διονυσίου für Λυσίου.) Dass Lysias der ξένος des Atheners Aristophanes heisst, kann nicht befremden, da dieses Band während der Ab-
wesenheit des Lysias in Thurioi geknüpft worden oder auch von den
Vätern ererbt gewesen sein kann. Vgl. Westermann, comment. in
scriptores graecos V, S. 5 ff. Schäfer, Philol. XVIII, S. 189. — 51) Grote
(V, 368 der deutschen Uebers.) und Oncken (Isokrates und Athen,
S. 26) verlegen den λόγος Ὀλυμπιακός sehr wider die Wahrscheinlichkeit ins Jahr 384. — 52) Diodor XIV, 109. Dionys. Halic. iudic. de Lys.
c. 29. Vit. X orat. 836ᵈ. Widerspricht dem nicht das πολίτου § 3? —
53) Schäfer a. a. O. S. 190.

der mit auffallendem Prunk errichteten Zelte der syrakusanischen Theoren und zu deren Ausschliessung von der Festfeier antrieb, eine Aufforderung, die von der aufgebrachten Menge auch wirklich befolgt ward, ohne dass jedoch der Vorgang weitere politische Folgen hatte. Dies ist das letzte bedeutendere Ereignis, das aus Lysias' Leben berichtet ist. Ueber sein Todesjahr schwanken die Annahmen nach dem Verhältnis der Verschiedenheit des überlieferten und des neuerdings festgestellten Geburtsjahres zwischen etwa 380 und 350; gewiss ist, dass er das hohe Alter von etwa 80 Jahren erreichte, bis in seine letzten Jahre als Logograph thätig, wie er denn noch am Ende seines Lebens dem durch die Intriguen und kleinlichen Verdächtigungen seiner Gegner wiederholt angefochtenen Iphikrates beigestanden haben soll. [54]

Des Redners [55]) Lysias wird von den Alten (abgesehen von 12 der moralischen Würdigung seiner Schulrhetorik im platonischen Phädros) einstimmig mit hohem Lobe gedacht. Die Alexandrinischen Gelehrten nahmen ihn in die Sammlung mustergiltiger Redner (κανών) auf; Dionysios von Halikarnass verfasste eine sehr günstige Kritik seiner rednerischen Vorzüge, Cicero, [56]) Quinctilian und andere competente Beurtheiler erwähnen seiner durchaus anerkennend. In seinen gerichtlichen Reden tritt der Grundzug der sicilischen Rhetorik, den Stoff der Form dienstbar zu machen, nicht mehr hervor. Vielmehr betrachtete man ihn als das Muster der Schlichtheit (ἰσχνότης, tenuitas, subtilitas) und einfachen Natürlichkeit (ἀφέλεια, simplicitas) der Rede; fern von allem poetischen Zierrath, [57]) von geschraubten oder zu der Beschaffenheit des Stoffes nicht passenden [58]) Metaphern, Gleichnissen und Bildern, [59]) vorsichtig in der Anwendung der Personification [60]) und dem prägnanten Gebrauch der Worte bezeichnet

---

54) Die Echtheit der Reden für den Iphikrates ward allerdings schon von Dionysios bestritten. Westermann, praefatio p. VIII. Schäfer, Demosthenes I, S. 153, 4. — 55) Lesenswerth ist die besonnene Beurtheilung des rhetorischen Charakters des Lysias in Girard, des caractères de l'Atticisme dans l'éloquence de Lysias. Paris 1854. Dazu Ottsen, de rerum inventione ac dispositione, quae est in Lysiae atque Antiphontis orationibus, Progr. Flensburg 1847, und neuerdings Francken, commentationes lysiacae S. 1 ff. — 56) Brut. 9, 35: Lysiam prope audeas oratorem perfectum dicere. — 57) ποιητικῆς οὐχ ἁπτόμενος κατασκευῆς Dionys. — 58) Das rhetorische Gesetz formuliert Aristot. Rhetor. III, 12 (p. 133 Bekker): δεῖ μὴ λεληθέναι ὅτι ἄλλη ἑκάστῳ γένει ἁρμόττει λέξις. — 59) Das Bild von der Epikleros XXIV, 14 wird durch den Witz entschuldigt. Dazu noch das Bild von der στήλη fragm. 14 (Scheibe). — 60) Personification des νόμος I, 26. 49; der τριήρης XXI, 8; der πονηρία XXXII, 23. Gewagter ist XXIX, 6: τὴν ὑμετέραν ὀργὴν τιμωρεῖσθαι βουλομένην (vgl. Livius XXII, 26: populi saevien injuria). Bei Thukydides wäre der kühne Ausdruck nicht auffällig. Vgl. noch zu XII, 14. und über stilistische Consequenzen der ἰσχνότης zu XIII, 20. 95.

er die Dinge mit den rechten, gemeinverständlichen Namen, ohne durch allzukünstliche Mittel den Affect der Hörer zu erhitzen; gerade in der ungeschminkten, scheinbar objectiven Darstellung erschütternder Ereignisse, wie in der Rede gegen Eratosthenes, sucht er die Wirksamkeit seiner Rhetorik. Auf dieser Schlichtheit beruht die von Dionysios belobte Deutlichkeit (σαφήνεια, perspicuitas) und Plastik (ἐνάργεια) der Darstellung, welche nicht, wie die des Demosthenes und Thukydides, eines Interpreten bedürfe, gepaart mit einer gedrängten, energischen Kürze, die nach einem alten Urtheile ohne Störung des Sinnes kein Wort missen lasse.[61]) Am vortheilhaftesten treten diese Vorzüge der lysianischen elocutio in seiner narratio (διήγησις) hervor, ein Theil der Rede, worin Lysias von keinem anderen Redner der attischen Dekas übertroffen worden ist. Auf die Reinheit der attischen Diction[62]) gründet sich das von Quinctilian und Cicero dem Redner wiederholt ertheilte Lob der Gewähltheit des Ausdruckes (elegantia), wie denn auch die Anmuth (χάρις) der Rede[63]) ihm das Lob eines venustissimus scriptor ac politissimus[64]) verschafft hat. Anläufe zum pathetischen Ausdruck sind selten und am wenigsten gelungen.

. Hatte sich hierin Lysias von dem Schwulste und der Geschraubtheit, die man an der sicilischen Rhetorik tadelte, losgemacht, so nahm er dafür aus der schulmässigen in die praktische Beredtsamkeit die Vorliebe derselben für den Parallelismus der Satzglieder mit hinüber, welche schon Theophrast am Lysias feststellte. Dieser vielleicht nur von Isokrates noch übertroffene Parallelismus findet seinen Ausdruck vornehmlich in den Antithesen,[65]) in denen nach Aristoteles Urtheil[66]) der Vorzug der Deutlichkeit ruht; ihr rhetorischer Effect wird von Lysias nicht selten noch durch den reimartigen Gleichklang am Ende der antithetischen Satzglieder (ὁμοιοτέλευτον)[67]) die quantitative Gleichmässigkeit der letzteren (ἰσόκωλον, πάρίσωσις, πάρισον, compar)[68]) und verwandte Figuren der Elocution verstärkt.[69])

---

61) Favorinus bei Gellius, noct. att. II, 5. — 62) Dionys.: καθαρός ἐστι τὴν ἑρμηνείαν πάνυ καὶ τῆς Ἀττικῆς γλώττης ἄριστος κανών, οὐ τῆς ἀρχαίας ᾗ κέχρηται Πλάτων καὶ Θουκυδίδης, ἀλλὰ τῆς κατ' ἐκεῖνον τὸν χρόνον ἐπιχωριαζούσης. Vgl. auch Dionys. de Thucyd. iudic. c. 51. Das in der attischen Prosa unerhörte ἐλεύσεσθαι XXII, 11 (τρέψεσθαι Cobet) könnte vielleicht ein übrig gebliebener Sikelismus sein. — 63) Girard, S. 47. Francken 8. 22 f. — 64) Cic. orator 9, 29. — 65) ἰδίωμα Λυσίου καὶ τὸ τὰς ἀντιθέσεις προάγειν Photios. — 66) Rhetor. III, 9 (p. 125 Bekker): τάναντία γνωριμώτατα καὶ παρ' ἄλληλα μᾶλλον γνώριμα. — 67) z. B. XII, 7. 78.— 68) z. B. XII, 4. 57. 92. 93. Vgl. über diesen damals beliebten rhetorischen Schmuck Isokr. XII, 2. — 69) Hierher gehört auch die bei Lysias sehr häufige, durch μὲν — δέ vermittelte Form der Anapher; die Beispiele hat Förtsch, comment. crit. de locis nonnullis Lysiae et Demosth. p. 19 zusammengestellt. Sonderbar, dass

‾ In der Behandlung des Stoffs pries man vor allem des Ly- 14 sias' Meisterschaft in der Charakterdarstellung ($\eta\vartheta o\pi o\iota\iota\alpha$), welche sich in der Geschicklichkeit ausspricht, sich so in die Persönlichkeiten seiner Clienten hinein zu versetzen, dass er ihnen nur das für ihre Lebenslage, ihren Bildungsstand und die augenblickliche Situation Passende ($\tau\grave{o}\ \pi\varrho\acute{\epsilon}\pi o\nu$) in den Mund legt. So hat er es erreicht, dass wir in den Sprechern der von ihm verfassten Reden nicht den juristisch-rhetorisch gebildeten Fachmann, sondern die eigentliche Persönlichkeit derselben erkennen, der Lysias mit feinster psychologischer Berechnung nur den sprachlichen Ausdruck in der für jede Individualität passenden Form geliehen hat. ‐Der in seinen heiligsten Rechten verletzte Ehemann, der um seines täglichen Almosens willen angefochtene Krüppel, der wohlhäbige zu seinem Erstaunen einer · Impietät verdächtigte Landmann, der in seiner militärischen Stellung gekränkte gerade und ehrliche allem stutzerhaftem Wesen abholde Reiter, der nur auf praktische Interessen bedachte Feind der Getreidespeculanten sind Gestalten, die sich in plastischer Anschaulichkeit aus den für sie verfassten Reden abheben. Der Schmerz um den verlorenen Schwager und das Rachegefühl gegen seinen Mörder, die Indignation wegen der schweren Anschuldigung des Vatermordes, der Unwille gegen den feigen Wüstling Alkibiades, den gewissenlosen Gesetzesrevisor Nikomachos, den des Ehrenamtes eines Buleuten unwürdigen Philon sind so verschiedene Farben, dass man die Hand bewundern muss, die sie alle mit gleicher Kunst aufzutragen verstand.- Mit besonderer Vorliebe stellt der Redner seine Clienten als einfache, in der Gerichtspraxis unerfahrene Leute hin, womit dann natürlich die Form des Ausdruckes harmonieren musste. So wird man das Urtheil des Rhetors Hermogenes [70]) unterschreiben, dass in allen Reden des Lysias die rednerische Gewandtheit ($\delta\epsilon\iota\nu\acute{o}\tau\eta\varsigma$), so sehr sie wirklich vorhanden sei, sich doch verstecke.

Aus dem Gesagten ergiebt sich, dass die Lysianischen Reden, abgesehen von ihrer Bedeutung für die Geschichte der gleichzeitigen Ereignisse des politischen Lebens, eine reiche Fundgrube sind für die Darstellung attischen Privatlebens. Eine Reihe frisch aus der Wirklichkeit gegriffener kleiner Genrebilder lassen sich ihnen entnehmen, die in ihrer treuen Wiedergabe socialer Verhältnisse Athens für uns von unschätzbarem Werthe sind.

Dass dabei Lysias sich davon nicht frei hielt, im Interesse seiner 15 Person oder seiner Clienten dem Rechte zu nahe zu treten, die

diese Redeform von Isokrates, mit Ausnahme geläufiger Formeln, wie $\pi o\lambda\lambda\grave{\alpha}\ \mu\grave{\epsilon}\nu - \pi o\lambda\lambda\grave{\alpha}\ \delta\acute{\epsilon},\ \tau\acute{o}\tau\epsilon\ \mu\grave{\epsilon}\nu - \tau\acute{o}\tau\epsilon\ \delta\acute{\epsilon}$ u. dgl. fast consequent verschmäht worden ist; das einzige Beispiel aus ihm ist wohl XVII, 34. —
70) $\pi\epsilon\varrho\grave{\iota}\ \acute{\iota}\delta\epsilon\tilde{\omega}\nu$ II, bei Walz, rhetores graeci III, p. 361.

Wahrheit der Thatsachen durch parteiisch gefärbte Darstellung
zu verfälschen,[71]) dass er sophistische Argumentationen, zugespitzte Dilemmata, Maskierungen des Rechtspunktes hinter einer
Blende von Erörterungen, die nicht das Recht klarstellen, sondern den Affect erregen, nicht vermied, das soll nicht geleugnet
werden.[72]) Aber Lysias ist hierin ein Kind seiner Zeit gewesen,
und wenn man bedenkt, wie wenig das positive Recht in den
attischen Gerichtshöfen galt, wie sehr bei der Fällung der richterlichen Sentenzen Mitleid und Missgunst, Nachsicht und augenblickliche Gereiztheit, Erbarmen und Zorn von Einfluss waren,
wird man das Urtheil über diesen Zug der lysianischen Rhetorik
nach Billigkeit fällen.[73])

71) Dionys.: τοσαύτην ἔχει πειθὼ καὶ ἀφροδίτην τὰ λεγόμενα καὶ
οὕτω λανθάνει τοὺς ἀκούοντας εἴτ᾽ ἀληθῆ ὄντα εἴτε πεπλασμένα etc.
Vgl. auch Dionys. de Isaeo iudic. c. 16. — 72) Zu günstig urtheilt Welcker (über die Unächtheit der Rede des Lysias gegen den Sokratiker
Aeschines, kleine Schriften Theil I S. 427), wenn er den Lysias als der
Verläumdung nicht fähig betrachtet. Vgl. die Recension von Vischer,
Jahrb. f. Philol. u. Paedag. 73, 1, S.7.— 73) Zwar giebt Aristot. Rhetor. I,
1 die Vorschrift: οὐ δεῖ τὸν δικαστὴν διαστρέφειν εἰς ὀργὴν προάγοντας
ἢ φθόνον ἢ ἔλεον, und angeblich soll es den Rednern sogar gesetzlich
verboten gewesen sein, affectus movere (Quinctil. II, 16, 4; vgl. Athen.
XIII, 590ᵉ). Aber Cicero de or. II, 42, 178 lässt den Antonius gerade dies
als Zielpunkt rhetorischer Kunst aussprechen: Nihil est in dicendo maius, quam ut faveat oratori is qui audiet utique ipse sic moveatur, ut impetu quodam animi et perturbatione magis quam iudicio aut concilio
regatur. Plura enim multo homines iudicant odio aut amore aut cupiditate
aut iracundia aut dolore aut laetitia aut spe aut timore aut errore aut
aliqua permotione mentis quam veritate aut praescripto aut iuris
norma aliqua aut iudicii formula aut legibus. Und wie wenig die Bearbeitung der Richter durch solche Mittel ihren Zweck verfehlte, wird
oft bestätigt (Xenoph. Memor. IV, 4, 4. 8, 5. Apol. Socr. 4. Demosth.
XIX, 228. Antiph. V, 69. Deinarch I, 55. Isokr. XVIII, 10). Daher denn
einerseits das offene Zugeständnis der Redner, auf Erregung des Zorns
auszugehen (Isokr. XVIII, 4. Deinarch I, 2); andrerseits Warnungen,
sich nicht durch übertriebene Nachsicht und Barmherzigkeit bestimmen zu lassen (Lys. XII, 79; XIV, 40; XXXI, 11. Demosth. XXI, 183;
XXV, 81; XXIX, 2; LI, 15) und der vielgerühmten φιλανθρωπία und
πρᾳότης (Demosth. XXIV, 61; XXI, 184; XIII, 17) nicht Raum zu geben, mit Hinweis auf das Gesetz und den Richtereid (Demosth. XXI,
188. Lykurg 150). Eine Probe des Jammerns und Wehklagens, wodurch man auf die Weichherzigkeit (ὑγρότης τοῦ ἤθους Lykurg 33) der
Richter speculierte und sie selbst bis zu Thränen rührte (Aristoph. Wesp.
882. 983) giebt Aristoph. Wesp. 555 ff. So erklärt es sich, dass einerseits hinterdrein nach dem in der Aufwallung des Affects Geschehenen
oft die Reue kam (Isokr. XV, 19) und dass man andrerseits selbst bei
der Vollstreckung der richterlichen Sentenzen zuweilen ein Auge zudrückte (Plato Staat VIII, 558ᵃ).

Die Rede gegen Eratosthenes (XII).

Einleitung.

Die Rede gegen Eratosthenes ist die erste, welche Lysias 1
zum Vortrag im Gerichtshof verfasst und zugleich die einzige,
welche er persönlich daselbst gesprochen hat. Der Vorgang,
auf dem die Anklage beruht, ist aus § 7 der Prolegomena ersichtlich: Lysias klagt gegen Eratosthenes als denjenigen von
den Dreissig, der den Polemarch verhaftet hatte und so der mittelbare Urheber seines Todes geworden war. Die Klage lautete
auf Mord. Denn das attische Recht dehnte den Begriff Mord
($\varphi\acute{o}\nu o\varsigma$) sehr weit aus. Nicht blos vorsätzlicher Mord ($\varphi\acute{o}\nu o\varsigma$
$\acute{\epsilon}\varkappa o\acute{v}\sigma\iota o\varsigma$ oder $\acute{\epsilon}\varkappa\ \pi\rho o\nu o\acute{\iota}\alpha\varsigma$[1]) sondern auch Todtschlag, Tödtung
durch Fahrlässigkeit und überhaupt jede unvorsätzliche Tödtung
($\varphi\acute{o}\nu o\varsigma\ \acute{\alpha}\varkappa o\acute{v}\sigma\iota o\varsigma$[2]), ja selbst die intellectuelle Urheberschaft
($\beta o\acute{v}\lambda\epsilon v\sigma\iota\varsigma$), sofern sie zu einem vollendeten Mord führte und
nicht Intention blieb, fiel unter den einen Begriff $\varphi\acute{o}\nu o\varsigma$, das
Gesetz kannte wohl einen für die Bestrafung massgebenden Un-
terschied zwischen vorsätzlichem und unvorsätzlichem $\varphi\acute{o}\nu o\varsigma$,
machte aber in der Beurtheilung und Bestrafung keinen Unter-
schied zwischen dem $\alpha\dot{v}\tau\acute{o}\chi\epsilon\iota\rho$ und $\beta o\upsilon\lambda\epsilon\acute{v}\sigma\alpha\varsigma$,[3] die beide
gleichmässig als $\acute{\alpha}\pi o\varkappa\tau\epsilon\acute{\iota}\nu\alpha\nu\tau\epsilon\varsigma$ galten. So erschien auch Eratosthenes durch seine Betheiligung an dem betreffendem Be-
schluss der Dreissig und die von ihm vollzogene Verhaftung des
Polemarch als $\beta o\upsilon\lambda\epsilon\acute{v}\sigma\alpha\varsigma$ und somit als $\acute{\alpha}\pi o\varkappa\tau\epsilon\acute{\iota}\nu\alpha\varsigma$.[4]

---

1) Vgl. Antiphon I, 6. — 2) Ausgenommen war nur die unvorsätzliche Tödtung bei den Kampfspielen und der etwaige Miserfolg ärzt-
licher Behandlung. — 3) Andok 1, 94 mit Bezug auf einen dem des
Eratosthenes ähnlichen Fall, dessen Bestrafung durch die inzwischen
erfolgte Amnestie verhindert ward: $o\tilde{v}\tau o\varsigma\ \acute{o}\ \nu\acute{o}\mu o\varsigma\ \acute{\omega}\varsigma\ \varkappa\alpha\lambda\tilde{\omega}\varsigma\ \check{\epsilon}\chi\omega\nu\ \varkappa\alpha\grave{\iota}$
$\nu\tilde{v}\nu\ \acute{\epsilon}\sigma\tau\iota,\ \tau\acute{o}\nu\ \beta o\upsilon\lambda\epsilon\acute{v}\sigma\alpha\nu\tau\alpha\ \acute{\epsilon}\nu\ \tau\tilde{\omega}\ \alpha\dot{v}\tau\tilde{\omega}\ \acute{\epsilon}\nu\acute{\epsilon}\chi\epsilon\sigma\vartheta\alpha\iota\ \varkappa\alpha\grave{\iota}\ \tau\grave{o}\nu\ \tau\tilde{\eta}\ \chi\epsilon\iota\rho\grave{\iota}\ \acute{\epsilon}\rho\gamma\alpha$-
$\sigma\acute{\alpha}\mu\epsilon\nu o\nu$. Vgl. Antiph. V, 92. Lys. III, 42. Auch Platon Gesetze IX,
872ᵃ will zwischen dem $\alpha\dot{v}\tau\acute{o}\chi\epsilon\iota\rho$ und dem $\beta o\upsilon\lambda\acute{\eta}\sigma\epsilon\iota\ \tau\epsilon\ \varkappa\alpha\grave{\iota}\ \acute{\epsilon}\pi\iota\beta o\upsilon\lambda\epsilon\acute{v}\sigma\epsilon\iota$
$\acute{\alpha}\pi o\varkappa\tau\epsilon\acute{\iota}\nu\alpha\varsigma$ in Bezug auf Schuld und Strafe keinen grossen Unter-
schied gemacht wissen. — 4) §§ 24. 26. 34.

2 Eratosthenes' Name wird zuerst zur Zeit der Vierhundert genannt. Die Oligarchen hatten ihre Sendlinge ausgeschickt, um in den athenischen Bürgerheeren an der kleinasiatischen Küste zu wühlen. Eine solche Mission hatte auch Eratosthenes mit seinem Gesinnungsgenossen Iatrokles und anderen übernommen; als Trierarch bei der Flottenstation im Hellespont suchte er dort für den in Athen im Werke begriffenen oligarchischen Staatsstreich die Bürger zu bearbeiten; doch die Sache misglückte hier ebenso wie die oligarchischen Intriguen im Hauptheere auf Samos, da der der Demokratie eifrig ergebene Strateg Strombichides[5] diesen Umtrieben energisch entgegentrat.[6] Eratosthenes entwich nach Athen. In die Regierung der Vierhundert aber ist er, wie sich aus dem Schweigen des Lysias wohl mit Bestimmtheit entnehmen lässt, nicht eingetreten, geschweige denn dass er unter ihren Häuptern gewesen sei.[7] Auch aus den folgenden Jahren weiss Lysias vom Eratosthenes etwas Nachtheiliges nicht zu berichten; durch das Ansehen des in der Volksgunst durch seine Conspiration gegen die eigenen Gesinnungsgenossen gestiegenen Theramenes[8] gedeckt, wird er nach dem Sturze der Vierhundert in Athen geblieben sein.

3 Nach der Entscheidungsschlacht bei Aegos Potamoi (Spätsommer 405) erhoben die Oligarchen, deren Hetärien ihre geheime Thätigkeit nie eingestellt hatten, von neuem ihr Haupt. Nachdem durch die Blokade Athens von der Land- und Seeseite durch Agis und Lysandros der Hunger in der schrecklichsten Gestalt über die Bürgerschaft hereingebrochen war, vereinigten sich die über die Wahl der Mittel zur Erreichung ihres Zweckes sehr auseinandergehenden Hetärien zur Einsetzung eines geheimen Centralausschusses von fünf Mitgliedern,[9] denen man den lakonisierenden Namen „Ephoren" gab, diese Ephoren sollten die gemeinsamen Interessen der Verschworenen in die Hand nehmen,[10]

---

5) Lys. XIII, 13; XXX, 14. — 6) Grote, IV, 381 (Meissner). — 7) Gerade der Vorwurf, unter den Vierhundert gewesen zu sein, ist ein geläufige Anklage in den Reden jener Zeit (Lys. XX, 1; XXV, 14; XXX, 7. 8), wogegen der Ausdruck § 42 τἀναντία τοῖς βουλομένοις δημοκρατίαν εἶναι ἔπραττεν so wenig bestimmt ist, dass man eher auf eine geringe Betheiligung des Eratosthenes an den damaligen Vorgängen zu Athen schliessen möchte. Die Worte Lys. XIII, 74, alle Mitglieder des Dreissiger-Collegiums seien zuvor unter den 400 gewesen, sind eine rhetorische Wendung ohne exacte Beziehung auf jeden Einzelnen. Vgl. Jahrb. für Philol. und Pädag. 82, 9, 411. — 8) XII, 67. — 9) Ueber den factiösen Charakter dieses Ausschusses und die Zeit seiner Einsetzung vgl. Philologus XIV, 320 ff. Rauchenstein ebenda XV, 703 ff. und Jahrb. für Philol. 87, 10, 716 f. Lange, Jahrb. für Philolog. 87, 3, 217 ff. Curtius, griech. Gesch. II, S. 702, Anm. 73. Vgl. zu XII, 46. Als ' Vorsteher der geheimen Gesellschaften ' hat sie neuerdings auch Plass, die Tyrannis bei den alten Griechen II, 66 bezeichnet. — 10) Daher ἄρχοντες τῶν συνωμοτῶν und συναγωγεῖς τῶν πολιτῶν § 43, wo vgl.

die Hetärien durch Zuführung neuer Mitglieder verstärken, und
auf den Demos theils durch Ueberredung in von ihnen veranstalteten Versammlungen theils durch drohende militärische Massnahmen mit Hilfe der zu den Oligarchen haltenden Ritter ein-
wirken, vorläufig ohne in ihrer Eigenschaft als Mitglieder eines
constituierten Ausschusses hervorzutreten. In diesem Comité war
die Hetärie des Theramenes durch Eratosthenes vertreten; der
extremen Partei gelang es, nach der Rückkehr der Verbannten
den Kritias mit in dasselbe aufnehmen zu lassen. Dass in der
von Lysias[11]) geschilderten Wirksamkeit des Ausschusses Eratosthenes irgendwie eine bedeutende Rolle gespielt, lässt sich
nicht annehmen, da Lysias eben nur die Thatsache seines Eintritts in denselben berichten und beweisen kann.

Seine Aufnahme in die Regierung der Dreissig (Spätsommer 4
404) bezeugt auch Xenophon,[12]) der einzige Historiker, der des
Eratosthenes gedenkt; alle Anführungen bei Grammatikern, Lexiko-
und Biographen gehen auf Lysias als Quelle zurück. Er wird
zu den zehn Mitgliedern gehört haben, die nach Theramenes'
Vorschlag in die Regierung eintraten.[13]) Was der Redner über
seine Betheiligung an dem Willkürregiment der Dreissig berichtet, beweist, dass er sich entschieden zu der gemässigten
Fraction des Theramenes hielt und der extremen Majorität sich
nur widerstrebend unterordnete; der Behauptung seiner Vertheidiger, dass er unter den Dreissig am wenigsten Uebles gethan,[14])
kann der Ankläger selbst nicht ernstlich entgegentreten. Auch
den Massregeln gegen die Metöken, welche zur Verhaftung des
Polemarch führten, trat er mit Theramenes entgegen, aber noch
weniger als dem einflussreichen Parteiführer konnte es dem un-
bedeutenden Manne gelingen, die terroristische Mehrheit zu be-
kehren; nur widerwillig und aus Furcht vor rücksichtsloser Gewaltthat der Majorität, der es ja bald darauf gelang, den Theramenes zu stürzen,[15]) nahm er an der Ausführung der gefassten Beschlüsse Theil.[16]) Nach der Beseitigung des Theramenes,
für den Eratosthenes umsonst in der Sitzung der Dreissig seine
Stimme erhoben hatte,[17]) verlor die gemässigte Fraction alle
Bedeutung und muss entweder eingeschüchtert oder für die Terroristen gewonnen worden sein; so betheiligte sich Eratosthenes
wohl oder übel an den Unthaten der Tyrannen gegen die aus
Eleusis und Salamis weggeschleppten Bürger;[18]) die Hauptschuld
an diesem wie an anderen Gewaltacten fällt nach Xenophon's
Zeugnis[19]) auf Kritias.

Nach der Niederlage der Oligarchen in Munychia und dem 5
Fall des Kritias (Frühjahr 403) erhob sich die gemässigte Partei.

---

11) XII, 43 ff. — 12) Hell. II, 3. 2. — 13) XII, 76. — 14) XII, 89. —
15) Nach der Tyrannenmaxime bei Platon Staat VIII, 567ᵇ.— 16) §§ 25.
27. 50. — 17) § 50. — 18) zu §. 52. — 19) Hell. II, 4, 8. 9.

Während die Mehrheit der Dreissig nach Eleusis entwich, blieb Eratosthenes mit seinem Gesinnungsgenossen Pheidon in der Stadt und der letztere trat in die aus gemässigten Aristokraten gebildete Regierung der Zehnmänner (οἱ δέκα oder δεκαδοῦχοι) ein, welche die Vermittelung zwischen der städtischen Partei und den Verbannten herbeiführen sollten. [20]) Eratosthenes' persönliche Bedeutung mag sich jetzt mehr als früher in dem auf seinen früheren Amtsgenossen Pheidon geübten Einfluss [21]) geltend gemacht haben, wiewohl der Umstand, dass man ihn trotz seiner bewährten Mässigung nicht mit unter die Dekaduchen wählte, darauf hinweist, dass man von ihm auch in der neuen Phase der politischen Zustände nicht viel erwartete; dass man ihn in der Stadt duldete, war bei seiner Parteistellung natürlich.

6   So fand denn Lysias nach der Rückkehr der Verbannten in die Stadt den Mann, den zu verfolgen ihm als dem Bruder des durch ihn zum Tode geführten Polemarch nach antiker Anschauung die Pietät gebot. Sofort nach der unverzüglich [22]) erfolgten Wiederherstellung der gesetzlichen Behörden und Gerichtsformen [23]) reichte Lysias seine Klage bei dem als Gerichtsvorstand in allen Mordklagen competenten Archon Basileus ein (ἀποφέρειν τὴν γραφὴν πρὸς τὸν ἄρχοντα). Noch dauerte vor Eleusis der Bürgerkrieg gegen die dahin geflüchteten Dreissig und ihren Anhang fort [24]); die Amnestie war noch nicht beschworen und damit dem Eratosthenes noch nicht die Möglichkeit geboten, mit Berufung auf dieselbe [25]) gegen die Berechtigung der Klage Widerspruch zu erheben. [26]) Frisch lebte im Gedächtnis des Redners wie der Richter die Erinnerung an die erlittene Unbill; man fühlt es, Lysias spricht unter dem Eindruck kürzlich erlebter Dinge. Der Zwiespalt der Bürger war nur erst nothdürftig geheilt, die Parteinamen der „Städter" und der „Peiraenser" noch nicht abgeschlißen. Das liess einerseits dem Redner die Freiheit, die noch lebendigen Empfindungen des Rachegefühls, die durch den Schwur des μὴ μνησικακεῖν noch nicht

20) Dass auch Eratosthenes unter den Dekaduchen gewesen sei, ist ein seit Wesseling (zu Diodor XIV, 33) und Taylor herrschend gewordener Irrthum, den auch Grote (IV, 519. 533 Meissner) und neuerdings Scheibe (lectiones lysiacae in Jahrb. für Philol. Supplem. N. F. I, 4, 357) und Francken, commentatt. lys. p. 79, noch nicht vermieden haben. Die Nichterwähnung des Eratosthenes bei Lysias XII, 55 ist hier entscheidend, wie früher schon Wachsmuth (hellen. Alterth. I, 646), Hölscher (de vita et scriptis Lysiae 26. 78) und Lachmann (griech. Gesch. vom Ende des peloponnesischen Kriegs S. 75) und ausführlich Rauchenstein (Zeitschr. für die Alterthumswissenschaft 1849, S. 351) ausgesprochen haben. — 21) §. 58. — 22) Xenoph. Hell. II, 4, 43. — 23) Lys. XII, 81. — 24) §§ 80. 94. So auch Francken S. 79 (der freilich im Widerspruch damit doch das Amnestiegesetz als schon erlassen annimmt). — 25) Diese Berufung stand unter Bedingungen auch den Dreissig offen. Andok. I, 90. — 26) Genaueres Jahrb. für Philol. 82, 9, 408 f.

in die Schranken des Gesetzes gebannt waren, zu reizen, andrerseits gebot es Schonung der zwar besiegten, aber doch mit den Siegern nach der vorläufigen Verständigung der Streitenden [27]) gleichberechtigten Partei. Die Rede ist gehalten zwischen dem 21. September 403, wo die Patrioten in die Stadt zurückkehrten, [28]) und dem Ausgang dieses Jahres; denn im Anfang des Jahres 402, wohin spätestens die 25. Rede des Lysias zu setzen ist, war, wie der Sprecher derselben ausdrücklich hervorhebt, [29]) Attika von den Gegnern der Demokratie gesäubert und was von diesen noch übrig war, im Exil. [30])

Lysias selbst erklärt wiederholt, dass er zunächst gegen 7 Eratosthenes als den Mörder seines Bruders klage [31]) und der Uebergang zur argumentatio extra causam [32]) zeigt deutlich, dass er mit dem bis dahin Gesagten den eigentlichen Rechtsfall erledigt glaubt. Nach dem volksthümlichen Gesetze der Blutrache mu s s t e der Bruder, [33]) nach attischem Rechte d u r f t e der Schutzverwandte in solcher Angelegenheit auch gegen den Bürger als Kläger auftreten, [34]) und bedurfte Lysias in der bevorzugten Stellung eines Isotelen auch des Prostates nicht. [35]) Jedoch war es trotz des persönlichen Klagmotivs zur Durchführung der Anklage

---

27) Xenoph. Hell. II, 4, 38. — 28) Am 12. Boedromion Olymp. 94, 2 (= 21. Sept. 403 nach Böckh) nach Plutarch, de gloria Atheniensium c. 7. — 29) §. 24. — 30) Schon aus dieser Zeitbestimmung ergiebt sich, wie irrig Grote (IV, 535) die Rede erst mehrere Jahre später und zwar bei der Rechenschaftsablegung des Eratosthenes über sein früher als Mitglied der Dreissig geführtes Amt gehalten sein lässt. Er meint, lediglich aus der Phantasie schöpfend, Eratosthenes sei nach der Wiederherstellung der Demokratie entflohen und habe sich, einige Jahre später zurückgekehrt, freiwillig zu den εὔθυναι gestellt, um des Beneficiums der Amnestie theilhaftig zu werden; bei dieser Gelegenheit sei Lysias als Ankläger gegen ihn aufgetreten. Ausser anderen Momenten spricht gegen diese Annahme vor Allem der Umstand, dass Lysias als Isotele gar nicht das Recht hatte, gegen einen Bürger in politischen Angelegenheiten zu klagen (Schömann, Att. Process 561). Mehr Jahrb. für Philol. a. a. O. S. 410. u. bei Rauchenstein, Philol. X, 597 f. Durch dieselben Argumente schon fällt die Ansicht von Meier (de bonis damnatorum S. 188. Anm. 96) und Weijers (diatribe in Lys. orat. in Nicomachum S. 21), die Rede sei gehalten bei Gelegenheit der Rechenschaft, die Eratosthenes als gewesener Dekaduch abgelegt; ganz abgesehen von der irrigen Annahme, dass Eratosthenes unter den Zehn gewesen sei, ist es auch gewiss, dass die Dekadqchen gar nicht von der Amnestie ausgeschlossen waren und somit auch keine Rechenschaft abzulegen hatten, deren ungünstiger Ausfall ja die Amnestie illusorisch gemacht hätte. Jahrb. f. Philol. a. a. O. — 31) §§ 3. 23. 25. 34. 37. — 32) § 37. — 33) Die nächsten Verwandten hatten die Pflicht und bei Concurrenz mehrerer Ankläger das Vorzugsrecht, den Mörder eines Familiengliedes vor Gericht zu belangen. Noch im späteren römischen Recht findet sich dieser Ueberrest der Blutrache durch die Verwandten. Abegg, Untersuchungen aus dem Gebiete der Strafrechtswissenschaft S. 135 ff. — 34) Meier, Process 164. — 35) ebenda S. 562. Böckh, Staatshaushalt II, 698 (II).

nothwendig, sich nicht gegen den Eratosthenes allein zu wenden;
der Angeklagte machte geltend, er habe nur gezwungen und
nach dem Gebote der Selbsterhaltung an dem Gewaltact gegen
die Metöken Theil genommen; so musste denn auch die Gesammtheit der Dreissig, auf die Eratosthenes die Schuld zurück-
zuschieben suchte, mit in die Anklage hineingezogen werden,
unter den gegen sie gerichteten Beschuldigungen musste auch
Eratosthenes, der solidarisch dafür mit verantwortlich war, er-
liegen. Darum war denn schon in der beim Archon eingereich-
ten Klagschrift ($\gamma\rho\alpha\varphi\dot{\eta}$)[36] nicht blos des Eratosthenes, sondern
auch seiner Amtsgenossen Erwähnung geschehen[37]; darum wen-
det sich der Redner im Laufe der Rede wiederholt gegen die
Gesammtheit der Dreissig; daher die Kritik des ganzen unheilvollen Treibens der Tyrannen, deren moralische Verurtheilung
die juristische des Eratosthenes nach sich ziehen sollte.[38] Der
Isotele überschritt damit nicht seine Berechtigung, denn die politische Seite der Rede bildet ja eben nur die Basis, auf der die
Anklage gegen Eratosthenes ruht. Den Schluss aber hat man
mit Unrecht daraus gezogen,[39] Lysias habe in der That zugleich
mit Eratosthenes mehrere von dessen Amtsgenossen rechtlich
belangt und es müssten daher auch dieselben im Gerichtshof
mit anwesend gedacht werden; die Stellen,[40] aus denen man
dies folgerte, sind wo nicht blos rhetorische Amplificationen,
hinter denen der eine Eratosthenes, dessen Bestrafung oder
Freisprechung zugleich ein Präjudiz für die Behandlung der Uebrigen bilden musste, als Vertreter Aller steckt, höchstens
noch auf den vor Gericht allerdings wohl mit anwesenden[41] Pheidon zu beziehen.

8   Den Vortheil gewann Lysias durch diese Ausdehnung seiner
Rede auf die politischen Vorgänge der jüngsten Vergangenheit,
dass der eigentliche Rechtspunkt zurücktrat und die Aufmerksam-
keit der Richter sich den grossen Erschütterungen zuwandte, an
denen auch Eratosthenes seinen Theil der Schuld trug. Denn
mit den juristischen Stützen der Anklage gegen ihn als Mörder

---

36) So hiess die Klagschrift bei öffentlichen (zu XIII, 65), $\ell\gamma\varkappa\lambda\eta\mu\alpha$
oder $\lambda\tilde{\eta}\xi\iota\varsigma$ bei Privatklagen. Angegeben war darin der Kläger, der
Angeklagte, das Vergehen und die Strafschätzung. Das Formular einer
$\gamma\rho\alpha\varphi\dot{\eta}$ persiflirt Aristoph. Wesp. 894 ff. — 37, zu § 1. — 38) §§ 2. 5.
19. 21 ff. 36 ff. 79. 87 f. 91. 92 ff. Deshalb nennt Plutarch (bellone an
pace cariores fuerint Athen. c. 8. und der Verfasser der Leben der
zehn Redner p. 836ᵃ die Rede $\varkappa\alpha\tau\dot{\alpha}$ $\tau\tilde{\omega}\nu$ $\tau\rho\iota\acute{\alpha}\varkappa\nu\tau\alpha$. — 39) Grote, IV,
536, Anm. 5. — 40 § 22: $\dot{\eta}\varkappa\upsilon\sigma\iota\nu$ $\dot{\alpha}\pi\lambda\upsilon\gamma\eta\sigma\acute{\upsilon}\mu\varepsilon\nu\upsilon\iota$. § 36: $\dot{\upsilon}\mu\upsilon\lambda\upsilon\gamma\upsilon\tilde{\upsilon}\sigma\iota\nu$.
§ 80: $\pi\alpha\rho\acute{\upsilon}\nu\tau\alpha\varsigma$. § 85: $\dot{\epsilon}\pi\epsilon\chi\epsilon\acute{\iota}\rho\eta\sigma\alpha\nu$. Alphons Hecker hat in seinem Pro-
gramm de oratione in Eratosthenem trigintavirum Lysiae falso tributa
(Leyden 1848) auch an diesen Pluralen Anstoss genommen und glücklich aus ihnen herausargumentirt, dass der „fularius" ein „homo
rerum historicarum imperitissimus" gewesen sei. Vgl. dagegen Francken, comment. lys. p. 80. — 41) zu §. 58.

des Polemarch ist es nicht zum besten bestellt. Den Einwand des Angeklagten, er habe nach Kräften sich dem Beschlusse der Majorität widersetzt und an der Ausführung alsdann sich nur gezwungen und aus Furcht betheiligt, vermag der Redner nicht zu entkräften,[42]) noch weniger den Nachweis zu führen, dass Eratosthenes im Grunde ganz einverstanden gewesen sei mit dem Thun der Terroristen;[43]) der von den letzteren geübte Zwang mochte vor der strengen Moral eines Aristoteles[44]) mehr ein ἑκούσιον als ein ἀκούσιον sein, in der Wirklichkeit aber konnte die Vertheidigung des Eratosthenes ihre Wirkung nicht verfehlen.

Die Schwäche des Rechtspunktes entging dem Redner selbst nicht. Hierin liegt ja eben der Schlüssel zur Erklärung der Ausdehnung der Klage auf die Gesammtheit der Tyrannen; er musste, um das Werkzeug zu fällen, vor allem die Werkführer angreifen. Und andrerseits lag darin die Aufforderung, da, wo das Recht nicht ausreichte, an den Affect der Richter zu apelliren, und wie Lysias das verstanden hat, wie die Rede aus der Schilderung einer einzelnen Scene zu einem erschütternden Gemälde des ganzen blutigen Dramas wird, wie Rache und Schamgefühl, der Zorn über Athens gebrochene Grösse, der Unwille gegen die, die nicht nur solches verschuldet, sondern auch vielen ihrer Mitbürger den Makel der Mitschuld aufgedrückt hatten, die schmerzliche Erinnerung an die Leiden des Exils, die beschämende an die unwürdige Lage der Parteigenossen der Tyrannen, aufgeregt und bearbeitet wird, wie den Vertheidigern des Angeklagten, dem todten wie den lebenden, die Stützen entzogen und sie selbst als Urheber oder doch stillschweigende Förderer und Lobsprecher ähnlicher Schandthaten gebrandmarkt werden, das bleibt noch heut nicht ohne tiefen Eindruck auf den Leser der Rede, um wie viel weniger auf die Hörer, in denen die frische Erinnerung an die Ereignisse lebte.

Gleichwohl scheint es nicht, dass Eratosthenes verurtheilt worden ist.[45]) Lysias weiss wohl, dass für den Angeklagten einflussreiche Leute als Fürsprecher oder Entlastungszeugen in die Schranken treten werden,[46]) dass selbst unter den Richtern die gemässigte aristokratische Partei ihre Vertreter hatte, die ihren Parteigenossen nicht fallen lassen mochten; es ist charakteristisch, wie er gegen das Ende der Rede[47]) wie als ultima ratio die Richter durch die Drohung einzuschüchtern sucht, die Freisprechenden würden sich zu Gesinnungsgenossen der Dreissig stempeln

---

42) zu §§ 28. 31. 60. — 43) zu §§ 32. 48. — 44) Aristot. Eth. III, 1, p. 86 (Bekker): ὅσα διὰ φόβον μειζόνων κακῶν πράττεται, οἷον εἰ τύραννος προστάττοι αἰσχρόν τι πρᾶξαι, ἀμφισβήτησιν ἔχει πότερον ἀκούσιά ἐστιν ἢ ἑκούσια. — Μικταὶ μὲν οὖν εἰσιν αἱ τοιαῦται πράξεις, ἐοίκασι δὲ μᾶλλον ἑκουσίοις. — 45) Anders urtheilt Girard, des caractères etc. p. 13. — 46) §. 85 ff. — 47) §. 90 f.

2*

Der Redner selbst sieht voraus, dass manchen die Entschuldigungen des Eratosthenes stichhaltig erscheinen,[48]) manche ein freisprechendes Urtheil fällen würden. [49]) Unter den Demokraten gab es wohl eine fanatische, rachelustige Partei,[50]) aber die Besonnenen mussten begreifen, dass die Lage des Staates jetzt nicht danach sei, durch ein Bluturtheil neue Zwietracht zu entzünden. Noch war der Kampf nicht ganz beendet, die Landesfeinde kaum aus Attika abgezogen, im Schosse der Bürgerschaft noch Misstrauen und Eifersucht der Parteien; ward Eratosthenes verurtheilt, so stand zu fürchten, dass mancher von der städtischen Fraction, in der Besorgnis, das sei der Anfang einer blutigen Rache des Demos,[51]) die Stadt verliess und die Reihen der noch kämpfenden Anhänger der Dreissig verstärkte; und um so mehr mussten auch die demokratisch gesinnten Richter Bedenken tragen, die verjüngte Demokratie mit Blut zu beflecken, als Eratosthenes zugestandener Massen die gemässigtsten Anschauungen unter den Dreissig vertreten hatte, als von dem Märtyrerscheine, der sich um Theramenes' Haupt gelegt, [52]) auch auf seinen Gesinnungsgenossen ein versöhnender Schimmer fiel. Die Mässigung der Sieger,[53]) die sich gleich darauf in dem Amnestiegesetz patriotisch genug erwies, selbst den Tyrannen eine Möglichkeit der Rehabilitierung offen zu lassen, und das Interesse der Richter aus der städtischen Partei wirkte zusammen, um den drohenden Tod vom Haupte des Eratosthenes abzuwenden. Selbst das Exil mag ihm erspart geblieben sein; denn es ist eine sehr wahrscheinliche Vermuthung,[54]) dass die Klage, welche fünf Jahre später der Sprecher der zehnten Rede des Lysias wegen der Tödtung seines Vaters im Areopag gegen die Dreissig anstellte,[55]) eben gegen die in Athen Zurückgebliebenen der Tyrannen, Pheidon und Eratosthenes, gerichtet war, wie es scheint, mit nicht besserem Erfolge als die des Lysias. [56])

11   Der Process als Mordklage hätte an sich wohl ebensogut wie der eben genannte aus dem Jahre 398 vor dem Areopag verhandelt werden können, [57]) da Lysias den φόνος ἑχούσιος nachweisen will. Doch widersprechen dem mehrfache Umstände, die Art der Erwähnung des Areopags in der Rede selbst,[58])

48) § 50. — 49) § 100. — 50) zu XXV, 28. — 51) Eine Argumentation, die noch drei Jahre später Andokides für sich geltend macht (I, 103 ff.). Vgl. Lys. XXV, 35. Isokr. XVIII, 42. — 52) zu XII, 62. — 53) Anerkannt von Lys. XVIII, 18. Vgl. den Erfahrungssatz bei Cic. de rep. I, 42, 65: Si per se populus interfecit aut eiecit tyrannum, est moderatior, quoad sentit et sapit et sua re gesta laetator tuerique vult per se constitutam rempublicam. — 54) Rauchenstein, Philol. X, 600. — 55) X, 31. — 56) Denn der Sprecher begnügt sich mit dem Ausdrucke ἐπεξῆλθον τοῖς τριάκοντα. — 57) Auch den Euandros will der Sprecher bei Lys. XXVI, 12 wegen seiner Betheiligung an den Uebelthaten der Oligarchen von dem Areopag gerichtet wissen. — 58) § 69.

die Form der Rede (denn die im Areopag gehaltenen durften
weder Proömium noch Epilog haben und mussten die argumen-
tatio-ἔξω τοῦ πράγματος vermeiden,[59]) Eigenschaften, die un-
serer Rede fremd sind), wogegen die auch neuerdings wieder
ausgesprochene Behauptung,[60]) dass der Areopag im Falle der
βούλευσις überhaupt nicht competent gewesen sei, sich nicht
beweisen lässt. Vermuthlich war der Areopag, der während der
Gewaltherrschaft alle Bedeutung verloren hatte, noch nicht wie-
derhergestellt;[61]) seine Mitglieder wurden ja nicht wie die geschworenen Richter durchs Loos bestimmt, sendern durch Wahl
aus der Zahl der gewesenen Archonten genommen, und der
Charakter dieses conservativen Rathes setzt überhaupt geordnete
Verhältnisse voraus, wie sie damals noch nicht eingetreten sein
konnten. Somit ist die Rede vor einem heliastischen Gerichtshofe unter Vorsitz des den Process einleitenden Archon Basileus
gehalten worden, und da Eratosthenes den Thatbestand an sich
nicht leugnete, wohl aber durch Vertheidigungsgründe sein Thun
wo nicht zu rechtfertigen, so doch zu entschuldigen suchte,
vermuthlich in dem Gerichtshofe beim Tempel des Apollon Del-
phinios, einem der vier alten ursprünglich von den Epheten
inne gehabten, dann aber auf die Geschworenen (Heliasten) über-
gegangenen Dikasterien. Die vom Kläger beantragte Strafe (τίμημα) war der Tod.[62])

Die Gliederung der Rede ist sehr einfach, wie denn überhaupt schon nach Dionysios' Urtheil Anordnung und Oekonomie
des Stoffs nicht die stärkste Seite des Lysias ist. Auf das kurze
die Berechtigung zur Klage motivierende und nach Lysias Gewohnheit[63]) im Voraus gegen den Angeklagteu einnehmende Proömium § 1—3 folgt die durch Klarheit und Einfachheit ausge-
zeichnete διήγησις § 4—24, dann von der tractatio zunächst
die ziemlich kurz abgethane Beweisführung (ἀπόδειξις, argumentatio) für die § 23 präcisierte Behauptung des φόνος

---

59) Lykurg. Leokr. 12f. Lys. III, 46. Antiph. VI, 9. Aristot. rhetor. I, 1. Schol. zu Hermogenes bei Walz, rhetores gr. V, S. 365. —
60) Bohstedt, de rebus capitalibus Atheniensium, quae τῶν φονικῶν
nomine comprehenduntur (Progr. Rendsburg 1863) S. 11. Der Scho-
liast zu Aeschin. II, 87 will freilich βούλευσις durchaus dem Gerichtshofe beim Palladion zuweisen; aber was kann der Lys. X, 31 erwähnte
vor dem Areopag verfolgte Fall der Natur der Sache nach anders gewesen sein als βούλευσις? Richtig urtheilt über die Competenz des
Areopag bei vollendeter βούλευσις Rauchenstein a. a. O. S. 602,
Anm. 8. Die Behauptung Bohstedts, dass der Areopag nur über Bür-
ger-, nicht über Metökenmord richtete, könnte wohl eher zugegeben
werden. — 61) Rauchenstein a. a. O. 604ff. — 62) §§ 37. 83. und anderwärts. Die Angabe in Bekkers Anecd. p. 194: ἐὰν μέτοικόν τις ἀπο-
κτείνῃ, φυγῆς μόνον κατεδικάζετο, ἐὰν μέντοι ἀστόν, θάνατος ἢ ζημία,
welche Bohstedt S. 17 acceptiert, ist sicherlich unbegründet. Vgl.
Meier, de bonis damnatorum S. 10. — 63) Ottsen, a. a. O. p. 11 f.

έκούσιος und die Widerlegung der Vertheidigungsmomente (refu-
tatio, λύσις) § 25—36, weiter, streng genommen ἔξω τοῦ
πράγματος, doch nicht ohne inneren Zusammenhang mit dem
Motiv der Klage, die eingehende Schilderung des verderblichen
oligarchischen Regiments § 37—61 und des hochverrätherischen
Treibens des Theramenes, durch den Eratosthenes sich zu decken
suchte, § 62—78. Nach einer Hinweisung auf die einzig zulässige Todesstrafe und der Einschüchterung der Fürsprecher
und Entlastungszeugen sowie der für den Angeklagten etwa
günstig gestimmten Heliasten § 79—91 folgt der Epilog, eine
meisterhafte Paränese an die Richter beider Parteien und ein
Appell an die nach Massgabe der verschiedenen Erlebnisse verschiedenen Stimmungen und Gefühle derselben § 92—98, endlich ein erschütternder Hinweis auf die Opfer der Tyrannen und
das Urtheil, das sie im Grabe über Freisprechende und Verurtheilende fällen würden.

Die sprachliche Form der Rede zeigt noch manches Fremd-
artige, der gewöhnlichen Diction gerichtlicher Rhetorik wenig
Angepasste, der Ausdruck ist stellenweise knapp und zuweilen
dunkel, die Gedankenverbindung nicht immer plan und einfach.
Bei einem ersten Versuche in praktischer Beredtsamkeit kann
dies nicht befremden.

ΚΑΤΑ ΕΡΑΤΟΣΘΕΝΟΥΣ

ΤΟΥ ΓΕΝΟΜΕΝΟΥ ΤΩΝ ΤΡΙΑΚΟΝΤΑ,

ΟΝ ΑΥΤΟΣ ΕΙΠΕ ΛΥΣΙΑΣ.

——— *hcm* ...

Οὐκ ἄρξασθαί μοι δοκεῖ ἄπορον εἶναι, ὦ ἄνδρες δι- 1
κασταί, τῆς κατηγορίας, ἀλλὰ παύσασθαι λέγοντι· τοιαῦτα
αὐτοῖς τὸ μέγεθος καὶ τοσαῦτα τὸ πλῆθος εἴργασται, ὥστε

1. οὐκ — λέγοντι]. Der Antithese zu Liebe überbietet Lysias
noch die anderwärts angewandte
Uebertreibung: ἀπορῶ διὰ τὸ πλῆθος τῶν ἁμαρτημάτων πόθεν ἄρξομαι [Andok.] IV, 10. Demosth.
XVIII,129, und ähnliche Wendungen in epideiktischer Rede Hypereid. Epitaph. § 6 (Sauppe). [De-
mosth.] LX, 15. Vgl. Cic. de imp.
Pomp. 1, 3: huius orationis diffi-
cilius est exitum quam principium
invenire. — παύσασθαι λέγον-
τι] Die Assimilation des Particips
an das Pronomen im Hauptsatze
wie Isokr. VIII, 145: ἐμοὶ ἀμφότερα συμβουλεύει παύσασθαι λέγοντι. Kr. 55, 2, 5. Wie sehr der
Sprachgebrauch die Wahl frei lässt
zwischen Assimilation und engen
Anschluss an den Infin., beweist
Xenoph. An. I, 2, 2: παραγγέλλει
τῷ Κλεάρχῳ λαβόντι ἥκειν (τὸ
στράτευμα) — καὶ Ξενίᾳ ἥκειν
παραγγέλλει λαβόντα τοὺς ἄνδρας.
— τοιαῦτα τὸ μέγεθος]. Die
auffällige Verbindung des quali-
tativen τοιαῦτα mit dem quantita-
tiven μέγεθος erklärt sich daraus,
dass Lysias, um den im Eingange vorherrschenden antithetischen
Parallelismus (ἄρξασθαι — παύσασθαι, ψευδόμενον — τἀλ. βουλόμενον εἰπεῖν, τὸν κατήγ. ἀπει-

πεῖν — τὸν χρόνον ἐπιλ.) consequent durchzuführen, die sonst
übliche Wendung τοιαῦτα καὶ τοσαῦτα τὸ πλῆθος (Isokr. XII, 55.
167. Demosth. XXII, 74; XXIV,
182) im ersten Gliede durch einen
Beziehungsaccusativ vervollstän-
digte. Der Grad (μέγεθος) eines
Verbrechens kann ja nur nach seiner Beschaffenheit bemessen
werden. Der gewöhnliche Sprachgebrauch liesse τηλικαῦτα für τοιαῦτα erwarten (τοσαῦτα τὸ πλῆθος καὶ τηλικαῦτα τὸ μέγεθος
Isokr. IV, 136; XV, 257), doch
vervollständigt τοιαῦτα gegenüber τοσαῦτα den Parallelismus
auch rhythmisch. — τοιαῦτα und
τοσαῦτα begründen den starken
Ausdruck δοκεῖ ἄπ. εἶναι παύσ.
λέγ., daher das scheinbare Asyndeton (Kr. 59, 1, 5, ebenso unten
§. 84 u. o.); mit ὥστε ('so dass')
stehen sie nicht unmittelbar in
Verbindung. Die Satzform genau
so XIII, 60 und Plat. Menex 235ᵇ:
αὕτη ἡ σεμνότης παραμένει μοι
ἡμέρας πλείω ἢ τρεῖς· οὕτως ἐναυ-
λος ὁ λόγος ἐνδύεται εἰς τὰ ὦτα,
ὥστε μόγις τετάρτῃ ἡμέρᾳ ἀνα-
μιμνήσκομαι ἐμαυτοῦ. — αὐτοῖς]
Eratosthenes und seine Amtsgenossen, die in der unmittelbar
vorher vom Gerichtsschreiber ver-

μήτ' ἂν ψευδόμενον δεινότερα τῶν ὑπαρχόντων κατηγορῆσαι, μήτε τάληθῆ βουλόμενον εἰπεῖν ἅπαντα δύνασθαι, ἀλλ'
ἀνάγκη ἢ τὸν κατήγορον ἀπειπεῖν ἢ τὸν χρόνον ἐπιλιπεῖν.
2 Τοὐναντίον δέ μοι δοκοῦμεν πείσεσθαι ἢ ἐν τῷ πρὸ τοῦ
χρόνῳ. Πρότερον μὲν γὰρ ἔδει τὴν ἔχθραν τοὺς κατηγόρους
ἐπιδεῖξαι, ἥτις εἴη πρὸς τοὺς φεύγοντας· νυνὶ δὲ παρὰ
τῶν φευγόντων χρὴ πυνθάνεσθαι, ἥτις ἦν αὐτοῖς πρὸς τὴν
πόλιν ἔχθρα, ἀνθ' ὅτου τοιαῦτα ἐτόλμησαν εἰς αὐτὴν ἐξαμαρτάνειν. Οὐ μέντοι ὡς οὐκ ἔχων οἰκείας ἔχθρας καὶ συμ-

lesenen Klagschrift (E. 7.) genannt waren. — μήτ' ἄν] ἄν gehört über κατηγορῆσαι und εἰπεῖν
hinweg zu δύνασθαι. Vgl. Demosth. XV, 12: δοκεῖ μᾶλλον ἂν
ὑμᾶς ἔχειν ἢ 'κεῖνον λαβεῖν βούλεσθαι. Die bei Demosthenes,
Isäos, Antiphon und Platon (mehr
noch bei den Dichtern) so häufige
Wiederholung (ἐπανάληψις) des
ἄν beim Verbum kommt bei Lysias nicht vor. Subject zu δύνασθαι ist formell nicht τὸν κατηγο-
ρον, sondern das indefinite Pronomen ('man', hier in der Form
μηδένα), wie §. 85: ὧν ἄξιον ἐπιμεληθῆναι, ἐνθυμουμένους ein τινὰς vorschwebt. Kr. 55, 2, 6. —
δεινότερα] Vgl. Cic. p. Rosc.
Am. 5, 14: ea quae facta sunt
indigniora sunt quam haec sunt
quae dicimus. — τὸν κατηγο-
ρον] wie § 99. — τὸν χρόνον
ἐπιλιπεῖν] Eine beliebte Ueber-
treibungsformel. [Andok.] IV, 27:
περὶ τῆς παρανομίας καθ' ἕκαστον
εἰ δεήσει λέγειν οὐκ ἂν ἐξαρκέ-
σειεν ὁ παρὼν χρόνος. Vgl. Demosth. XXI, 129.131. Cic. p. Rosc.
Am. 32, 89: tempus te citius quam
oratio deficeret. Sallust. Jugurth.
42.

2. πείσεσθαι] Das Futurum
zugleich mit Rücksicht auf alle,
die künftig in ähnlicher Sache
klagen werden. Daher die vom
einzelnen Falle absehenden Plurale δοκοῦμεν und παρὰ τῶν φευγόντων. — πρότερον — φεύ-
γοντας] Um dem Verdachte der
συκοφαντία (XXII, 1) und φιλο-
πραγμοσύνη (Demosth. XXXIX, 1)
oder φιλονεικία (Lykurg. 5) zu
entgehen weisen die Sprecher vor

Gericht gern darauf hin, dass sie
nicht aus Chicane, sondern aus
wohl begründeter Feindschaft gegen den Gegner klagen (Lys. XIII,
1; XIV, 2; XV, 12; vgl. XXIV, 2.
Aesch. I, 1. Demosth. XXII, 1;
XXIII, 1. LVIII, 1; LIX, 1.).
Vgl. besonders Demosth. LIII, 1:
οὐ συκοφαντῶν, ἀλλ' ἀδικούμενος
καὶ ὑβριζόμενος ὑπὸ τούτων καὶ
οἰόμενος δεῖν τιμωρεῖσθαι τὴν
ἀπογραφὴν ἐποιησάμην. LIX, 15:
ᾐδίκηται ὑπὸ Στεφάνου τουτουΐ,
ὥστε καὶ ἀνεπίφθονον αὐτῷ τιμωρεῖσθαι τὸν ὑπάρξαντα. Cic. p.
Rosc. Am. 19, 55 hält es dem Eru-
cius als Beweis seiner Käuflichkeit vor, dass er ohne persönliche
Feindschaft gegen Roscius klage.
Wo die Sprecher ohne persönliches Interesse für den Staat als
Kläger auftreten, suchen sie
dies ausdrücklich zu entschuldigen
(Lys. XXXI, 1.2. Lykurg 5).
νυνὶ δὲ — ἐξαμαρτάνειν]. In
der (freilich formell besser als
logisch gelungenen) Antithese:
'Früher mussten die Kläger den
Grund ihrer Feindschaft und ihres
Auftretens gegen den Angeklagten nachweisen — jetzt die Angeklagten den Grund ihres feind-
seligen Auftretens gegen den
Staat' erscheint der Staat wie
eine moralische Person als Kläger
(wie § 81), Lysias als sein Sachwalter. — οὐ μέντοι — ποιοῦ-
μαι] Damit genügt er doch noch
der herkömmlichen Sitte und con-
statiert sein persönliches Interesse
bei der Klage neben der Verpflichtung, das des Staates zu vertreten, wie Demosth. XXIV, 8. —
ἔχθρας] der Plural des Abstracts:

φορὰς τοὺς λόγους ποιοῦμαι, ἀλλ' ὡς ἅπασι πολλῆς ἀφθο
νίας οὔσης ὑπὲρ τῶν ἰδίων ἢ ὑπὲρ τῶν δημοσίων ὀργίζε
σθαι. Ἐγὼ μὲν οὖν, ὦ ἄνδρες δικασταί, οὔτ' ἐμαυτοῦ πώ- 3
ποτε οὔτε ἀλλότρια πράγματα πράξας νῦν ἠνάγκασμαι ὑπὸ
τῶν γεγενημένων τούτου κατηγορεῖν, ὥστε πολλάκις εἰς πολ
λὴν ἀθυμίαν κατέστην, μὴ διὰ τὴν ἀπειρίαν ἀναξίως καὶ

'Veranlassungen zur Feindschaft', wie Demosth. XXXIX, 11: πότερ' ἄν βελτίους εἶημεν τῶν ὑπαρχουσῶν δυσκολιῶν ἀπαλλαττόμενοι ἢ καινὰς ἐχθρας ποιούμενοι.— τοὺς λόγους ποιοῦμαι] von der Anklage, wie IX, 2; XXII, 1.3. XXV, 2. Isokr. XX, 5. Hypereid. für Enxen. S. 4, 19 (Schneidewin), doch auch = causam dicere von der Vertheidigung. XIV, 34. Isokr. XVIII, 1.— οὐχ ὡς οὐκ — ἀλλά] non quin — sed. — ἀλλ' ὡς] 'in der Ueberzeugung, dass.' Der Gedanke soll sein: Alle haben so gut wie ich Grund, in ihrem wie im öffentlichen Interesse (wie XIII, 48) aufgebracht zu sein, jede Klage gegen die Tyrannen wird also dem Postulat, aus dem Affect hervorgegangen zu sein, entsprechen. Die Parallele zwischen der Gesammtheit und dem Redner wird aber durch die Alternative ὑπὲρ τῶν ἰδίων ἢ ὑπὲρ τῶν δημοσίων gestört und scheint vor ἢ ein οὐχ ἧττον ausgefallen zu sein. — ὀργίζεσθαι] treffender als κατηγορεῖν, mit Hindeutung auf das nach antiker Anschauung lautere Motiv eines etwaigen Auftretens.

3. οὔτ' ἐμαυτοῦ — πράξας] So wenig es wahrscheinlich ist, dass Lysias vor dem Verluste seines Vermögens sich zum Redeschreiber hergab (P. 9), so schliesst doch der Ausdruck dies an sich nicht aus, denn πράγματα πράττειν geht auf die personliche Vertretung eigener oder fremder Händel (als συνήγορος zu § 86) vor Gericht. Demosthenes XXXVI, 53: τίς οὐκ οἶδεν, ὅσα πράγματα πράττων οὐ πέπαυσαι, οὐ μόνον δίκας ἰδίας διώκων, ἀλλὰ δημοσίᾳ συκοφαντῶν καὶ κρίνων

τινάς; So διαπράττεσθαι τὰ πράγματα 'durchführen' Antiph. V, 18. πράγματα ein sehr häufiger Euphemismus von Processhändeln, in πράγματα ἔχειν Demosth. XXXXVII, 4, τρέμειν Aristoph. Ritt. 265; ἔστι μοι πράγματα πρός τινα Antiph. VI, 12; daher die Verbindung πράγματα καὶ δίκαι Demosth. XXXXVII, 28. Aristoph. Wesp. 1392. 1426. In diesem Sinne sucht Euelpides bei Arist. Vög. 44 einen τόπος ἀπράγμων und rühmt sich Trygäos im Frieden 191, er sei nicht Sykophant οὐδ' ἐραστής πραγμάτων. — ἀπειρίαν] Die Redner vor Gericht entschuldigen gern durch Hinweis auf ihre ἀπραγμοσύνη (Isokr. XV, 4) den Mangel an Routine und Gewandtheit, im Gegensatz zu der Redefertigkeit (δεινότης) und Praxis (ἐμπειρία πραγμάτων Lys. fragm. 78, 4.) der Gegner. Isae. X,1: ἐγὼ μὴ ὅτι ὑπὲρ ἄλλου ἀλλ' οὐδὲ ὑπὲρ ἐμαυτοῦ πώποτε δίκην ἰδίαν εἴρηκα, ὥστε πολλῆς δεῖ με συγγνώμης τυχεῖν παρ' ὑμῶν. Sie bezeichnen sich als ἄπειροι πραγμάτων (Lys. fragm. 16, 1, Demosth. XXVII, 2. LV, 7), δικῶν (Antiph. I, 1); δικαστηρίων (Isae. VIII, 5), τοῦ ἀγωνίζεσθαι (Antiph. V, 3). Solche ἀπειρία (Lys. XIX, 2. Antiph. V, 5. Isokr. XV, 26. [Demosth.] LVIII, 3), die fori iudiciorumque insolentia bei Cic. p. Rosc. Am. 31, 88 erweckte zugleich ein günstiges Vorurheil für den Sprecher (zu § 4). — ἀναξίως] 'unangemessen', der Wichtigkeit der Sache nicht entsprechend. Aeschin. III, 260: καλῶς καὶ ἀξίως τοῦ ἀδικήματος κατηγόρηκα. [Andok.] IV, 34; vgl. Lykurg 8; Isokr. X, 13; XIII, 12. Demosth. VI, 11; also zuwider der

ἀδυνάτως ὑπὲρ τοῦ ἀδελφοῦ καὶ ἐμαυτοῦ τὴν κατηγορίαν ποιήσομαι· ὅμως δὲ πειράσομαι ὑμᾶς ἐξ ἀρχῆς ὡς ἂν δύνωμαι δι' ἐλαχίστων διδάξαι.

4 Οὑμὸς πατὴρ Κέφαλος ἐπείσθη μὲν ὑπὸ Περικλέους εἰς ταύτην τὴν γῆν ἀφικέσθαι, ἔτη δὲ τριάκοντα ᾤκησε, καὶ οὐδενὶ πώποτε οὔτε ἡμεῖς οὔτε ἐκεῖνος δίκην οὔτε ἐδικασάμεθα οὔτε ἐφύγομεν, ἀλλ' οὕτως ᾠκοῦμεν δημοκρατούμενοι ὥστε μήτε εἰς τοὺς ἄλλους ἐξαμαρτάνειν μήτε ὑπὸ τῶν

Rhetorenvorschrift: ἴσους τοὺς λόγους τῷ μεγέθει τῶν ἔργων ἐξευρεῖν Isokr. IV, 13, facta verbis consequi ad Herenn.III,6, 11 oder exaequare Sallust.Catil.3. — ἀδυνάτως] 'matt, wirkungslos' ohne die erforderliche Redefähigkeit. Das Geständnis, ἀδύνατος λέγειν zu sein (XVII, 1. XXXI, 4. Demost. LII, 2. LV, 2) ist eine geläufige Appellation an die Nachsicht der Richter und eine Garantie gegen den Verdacht der Sykophantie (Platon Staat IX, 575[b]); in dem Streite des λόγος δίκαιος und ἄδικος bei Aristophanes (Wolk. 1077) bilden die Nachtheile, die dieser Mangel zur Folge hat, ein gewichtiges Argument für die Unentbehrlichkeit des letzteren. Gegenüber dieser ἀδυναμία τοῦ λέγειν (Antiph. V, 2) Aeschin. II, 48: δυνατῶς εἰπεῖν. — μὴ ποιήσομαι] μή mif dem Indic. hinter Verbis timendi ist als Fragwort ('ob nicht') zu fassen. Kr. 54, 8, 12. — δι' ἐλαχίστων] Sonst immer διὰ βραχυτάτων. Doch ähnlich Isokr. V, 154: λοιπόν ἐστι τὰ προειρημένα συναγαγεῖν, ὡς ἐν ἐλαχίστοις κατίδοις τὸ κεφάλαιον τῶν συμβεβουλευμένων. — διδάξαι] mit Auslassung eines allgemeinen Objects, wie τὰ γενόμενα, τὰ πραχθέντα (Demosth. XXXX, 5) oft beim Uebergange zur narratio. XIII, 4; vgl. VII, 3. Demosth. LΠ, 2: ἐξ ἀρχῆς ὑμῖν διηγήσομαι. Die Ankündigung einer erschöpfenden narratio durch ἐξ ἀρχῆς fast stehend. I, 5; XIII, 4. XVII, I; XXXII, 3. Andok. I, 8. Demosth. XXXXV, 2; XXXXVII, 3.

4. Κέφαλος — ἀφικέσθαι] P. 1. 2. — ᾤκησε] als Metök. nur mit Rücksicht auf das Domicil, nicht die politische Stellung, wie XXXI, 9: ἐν Ὠρωπῷ μετοίκιον κατατιθεὶς ἐπὶ προστάτου ᾤκει. Ebenda §. 14. Lykurg 21: ᾤκει ἐν Μεγάροις προστάτην ἔχων, ebenda § 145, und so vom Metöken Kallias V, 3, vom Pankleon XXIII, 15 erst μετῴκει, dann ᾤκει. Erforderlich ist das (auch hier verlangte) μετοικεῖν nur bei Hervorhebung des rechtlichen Zustandes (XXII, 5) gegenüber den Vollbürgern, wie § 20. XXXI, 9. Isokrat. XVI, 47. — οὐδενὶ — ἐφύγομεν] Noch nie als Kläger oder Verklagter vor Gericht gestanden zu haben ist ein Lob, das sich die Sprecher gern als günstiges Präjudiz für die Lauterkeit ihrer Sache im vorliegenden Falle vindicieren. Isokr. XV, 144: ἀποφαίνεις σαυτὸν μήτε δεδικασμένον μηδενὶ μήτε πεφευγότα. Vgl. Lys. XVI, 12; XIX, 55; XXI, 18 sq. Isokr. XV, 27. Isae.I,1. Hypereid. für Lykophr. S. 29, 1. Nicht φιλόδικος (Demosth. LVI, 14) zu sein, war freilich ein begründetes Lob in Athen, dessen Bürger im Rufe des φιλοδικεῖν standen (Thukyd. I, 77). Platon Staat III, 405[b]: αἴσχρον, ὅταν τις τὸ πολὺ τοῦ βίου ἐν δικαστηρίοις φεύγων τε καὶ διώκων κατατρίβηται. — ἡμεῖς] wir Brüder. — οὐδενί] bei diesem Dativ schwebte nur ἐδικασάμεθα vor, ἐφύγομεν hängt nur mit δίκην zusammen. — δημοκρατούμενοι] = ἕως ἐδημοκρατούμεθα, Zeitbestimmung gegenüber dem ἐπειδή § 5. — ὥστε —

ἄλλων ἀδικεῖσθαι. Ἐπειδὴ δ' οἱ τριάκοντα πονηροὶ καὶ 5
συκοφάνται ὄντες εἰς τὴν ἀρχὴν κατέστησαν, φάσκοντες
χρῆναι τῶν ἀδίκων καθαρὰν ποιῆσαι τὴν πόλιν καὶ τοὺς
λοιποὺς πολίτας ἐπ' ἀρετὴν καὶ δικαιοσύνην τραπέσθαι, τοιαῦτα λέγοντες οὐ τοιαῦτα ποιεῖν ἐτόλμων, ὡς ἐγὼ περὶ τῶν
ἐμαυτοῦ πρῶτον εἰπὼν καὶ περὶ τῶν ὑμετέρων ἀναμνῆσαι
πειράσομαι. Θέογνις γὰρ καὶ Πείσων ἔλεγον ἐν τοῖς τριά- 6
κοντα περὶ τῶν μετοίκων, ὡς εἶέν τινες τῇ πολιτείᾳ ἀχθό-

ἐξαμαρτάνειν] wie es Euripides (Hiket. 892 ff.) von rechtschaf-
fenen Metöken fordert: ὡς χρὴ
τοὺς μετοικοῦντας ξένους, λυπη-
ρὸς οὐκ ἦν οὐδ' ἐπίφθονος πόλει
οὐδ' ἐξεριστὴς τῶν λόγων. Vgl.
§ 20.

5. ἐπειδὴ — ἐτόλμων] Der
Nachsatz beginnt mit φάσκοντες;
der Inhalt des φάσκοντες wird
aber durch τοιαῦτα λέγοντες nochmals zusammengefasst und der
Schluss des Nachsatzes nicht, wie
strenge Logik es forderte, an das
φάσκοντες, sondern rhetorisch an
τοιαῦτα λέγοντες angeschlossen.
Dem φάσκοντες — τραπέσθαι hätte etwa der Ausgang αὐτοὶ πάντων ἐγένοντο ἀδικώτατοι entspro-
chen. Wie hier τοιαῦτα λέγοντες
den Inhalt der Aussage, so reci-
piert bei Isokrates öfters ein ταῦτα διανοηθείς die Gesammtheit
einer Reihe von Erwägungen, wie
XII, 46: μαθόντες — τὰς πόλεις
τούτων εἶναι δοκούσαξ κτλ. —
ταῦτα διανοηθέντες οὐδὲν ἐπαύ-
οντο etc. XVI, 32. und ähnlich
ταῦτα λογιζόμενος XVII, 9. Auch
einmal so bei Lys. III, 13: ἐγὼ
ἡγούμενος ἐκεῖνον μὲν ἐκφεύξε-
σθαι etc. — ταῦτα διανοηθεὶς
ᾠχόμην ἀπιών. Kr. 65, 9, 2. —
πονηροὶ — ὄντες] hervorgehoben wegen der anspruchsvollen
Selbstbenennung der Oligarchen
als καλοὶ καὶ ἀγαθοί und βέλτιστοι
oder χρηστοί [Xenoph.] Staat der
Athener 1, 5. Aehnlich von den
Dreissig Theramenes bei Xenoph.
Hellen. II, 3, 22: οὐ δοκεῖ μοι καλὸν εἶναι φάσκοντας βελτίστους
εἶναι ἀδικώτερα τῶν συκοφαντῶν

ποιεῖν. — φάσκοντες] Die
Dreissig kehrten anfangs die
Schärfe ihres Regiments gegen
Leute von zweifelhafter politischer Reinheit (XXV, 19. Vgl.
XVIII, 11. Xenoph. Hell. II, 3, 38.
Sallust. Catil. 50), freilich nach
XXX, 13. auch dies in Verfolgung
ihrer Parteibestrebungen und
nicht, wie Diodor XIV, 4 meint,
unter dem unbedingten Beifall
der ἐπιεικέστατοι. Auch Xenoph.
Hell. II, 3, 12 sagt, dass sie in den
Sykophanten die Gegner der Aristokraten (τοῖς καλοῖς καὶ ἀγαθοῖς βαρεῖς) beseitigt hätten. —
καθαρὰν ποιῆσαι] Wie es
scheint, ein Lieblingsschlagwort
radicaler Oligarchen. Vgl. Platon
Staat VIII, 567ᶜ. — τραπέσθαι]
Dazu ist τοὺς λοιποὺς πολίτας Subject. — περὶ τῶν ὑμετέρων
ἀναμνῆσαι] nicht διδάξαι, weil
er, um stärkere Wirkung zu erzielen, die Richter an Selbster-
lebtes mahnen will. Vgl. Cic. Philipp. II, 19, 47: Debet talibus in
rebus excitare animos non cogni-
tio solum rerum, sed etiam recordatio.

6. ἐν τοῖς τριάκοντα] 'In
der Sitzung der Dreissig', wie ἐν
τοῖς νομοθέταις Demosth. III, 10,
ἐν τοῖς δικασταῖς Antiph. VI, 23,
ἐν δισχιλίοις Lys. XIII, 35 (ἐν
ὑμῖν Lys. XXXI, 2), ἐν τοῖς Ἀμ-
φικτυόσι Aesch. III, 114. Demosth.
XIX, 181. Kr. 68, 12, 3. — τῇ πο-
λιτείᾳ] 'Verfassung', bei den
attischen Rednern in der Regel
κατ' ἐξοχήν die demokratische
(vgl. Isokr. XVI, 20) im Gegensatz zur Oligarchie (Demosth. XV,
20), Monarchie (Isokr. IV, 125)

μενοι· καλλίστην οὖν εἶναι πρόφασιν τιμωρεῖσθαι μὲν δοκεῖν,
τῷ δ᾽ ἔργῳ χρηματίζεσθαι· πάντως δὲ τὴν μὲν πόλιν πένε-
7 σθαι, τὴν ἀρχὴν δὲ δεῖσθαι χρημάτων. Καὶ τοὺς ἀκούοντας
οὐ χαλεπῶς ἔπειθον· ἀποκτιννύναι γὰρ ἀνθρώπους περὶ
οὐδενὸς ἡγοῦντο, λαμβάνειν δὲ χρήματα περὶ πολλοῦ ἐποιοῦντο. Ἔδοξεν οὖν αὐτοῖς δέκα συλλαβεῖν, τούτων δὲ δύο
πένητας, ἵνα αὐτοῖς ᾖ πρὸς τοὺς ἄλλους ἀπολογία, ὡς οὐ
χρημάτων ἕνεκα ταῦτα πέπρακται, ἀλλὰ συμφέροντα τῇ πολι-

und Tyrannis (Isokr. VIII, 99),
steht bei Lysias öfters, auch an
Stellen, wo nicht wie hier und
§ 77 ein Euphemismus beabsichtigt sein kann, von der Oligarchie
der Dreissig; XVI, 5. XXX, 15.
Auch Theramenes bei Xenoph.
Hell. II, 3, 40 sagt: εὔδηλον ἦν
ὅτι οἱ μέτοικοι ἅπαντες πολέμιοι
τῇ πολιτείᾳ ἐσοίνετο.— τιμωρεῖσθαι μὲν δοκεῖν, τῷ δ᾽ ἔργῳ
χρηματίζεσθαι]. Nicht blos
Schein und Wirklichkeit stehen sich gegenüber (sonst müsste
μέν hinter δοκεῖν stehen), sondern die scheinbare und thatsäch-
liche Handlung. Vgl. I, 26: ἀδικεῖν μὲν ὡμολόγει, ἠντεβόλει δέ,
wo nicht Zugeständnis und Bitte,
sondern Schuldzugeständnis und
Flehen den Gegensatz bilden. Ein
ähnlicher Fall auch Isokr. XII,
192. — τὴν πόλιν πένεσθαι]
Ueber die pecuniäre Erschöpfung
Athens nach dem peloponnesischen
Kriege (σπάνις ἀργυρίου ἢ νῦν
ἐστιν ἐν τῇ πόλει XIX, 11) vgl.
die beredte Schilderung XXX, 22.
und die Klagen XXI, 13. Isokr.
VIII, 47. Der Wunsch, dieser
zu schweren Ungerechtigkeiten
(zu XXV, 26) verleitenden πενία
τοῦ πλήθους abzuhelfen, veranlasste etwa 40 Jahre später den
Xenophon, mit seinem Vorschlage
einer Reform des Staatshaushaltes
(der Schrift πόροι ἢ περὶ προσόδων)
hervorzutreten. — τὴν μὲν πόλιν, τὴν ἀρχὴν δέ] Zur Stellung von μέν und δέ vgl. Demosth.
XXIV, 111: ἐπ᾽ ἀποστερήσει τῶν
μὲν ὁσίων τῆς διπλασίας, τῶν
ἱερῶν δὲ τῆς δεκαπλασίας und zu
XXV, 27. — δεῖσθαι] nament-

lich zur Löhnung der in die Akropolis gelegten lakedämonischen
Hilfsschaar (zu § 94), deren Ver-
pflegung und Besoldung den Dreissig oblag. Xenoph. Hell. II, 3, 13.
21. — Ueber die willkürlichen und
eigennützigen Finanzoperationen
der Oligarchen fällt ein hartes
Urtheil Phrynichos, selbst ein
Oligarch, bei Thukyd. VIII, 48,
wo sie deshalb πορισταί ('Geld-
beschaffer') genannt werden.

7. περὶ οὐδενὸς ἡγοῦντο]
anstatt des gewöhnlichen παρ᾽ οὐδὲν ἡγοῦντο wegen des Parallelismus mit dem zweiten Gliede
dieses Isokolon (P. 13), wie VII,
26: τὰς μικρὰς ζημίας οὕτω περὶ
πολλοῦ ποιοῦμαι, τοὺς δὲ κινδύνους περὶ οὐδενὸς ἡγοῦμαι (auch
ohne diese Veranlassung XXXI,
31). Kr. 68, 31. 5. — δέκα] Wenn
nicht eine Verwechselung der
Zahlzeichen für δέκα (ι´) und τριάκοντα (λ´) stattgefunden hat, dürfte der Widerspruch zwischen Lysias und Xenophon, nach dessen Worten (Hell. II, 3, 21. 40)
auf die Verhaftung von 30 Metöken zu schliessen ist, schwerlich
zu lösen sein. Im Ganzen sollen
während der Schreckenszeit 60
Metöken hingerichtet worden sein
(Diodor XIV, 5). — ἵνα — ᾖ] der
Conjunctiv mit Rücksicht auf das
Fortbestehen der Absicht, die ja
in der Gegenwart als Rechtferti-
gungsgrund zur Geltung kam.
Kr. 54, 8, 2. Die Dreissig handelten nach dem von Isokr. XXI,
17 ausgesprochenem Erfahrungs-
satze: πάντες ἄνθρωποι, ὅταν περ
ἀδικεῖν ἐπιχειρῶσιν, ἅμα καὶ τὴν

τεία γεγένηται, ὥσπερ τι τῶν ἄλλων εὐλόγως πεποιηκότες.
Διαλαβόντες δὲ τὰς οἰκίας ἐβάδιζον. Καὶ ἐμὲ μὲν ξένους ἐστι- 8
ῶντα κατέλαβον, οὓς ἐξελάσαντες Πείσωνί με παραδιδόασιν·
οἱ δὲ ἄλλοι εἰς τὸ ἐργαστήριον ἐλθόντες τὰ ἀνδράποδα ἀπε-
γράφοντο. Ἐγὼ δὲ Πείσωνα μὲν ἠρώτων εἰ βούλοιτό με σῶσαι χρήματα λαβών· ὁ δ᾽ ἔφασκεν, εἰ πολλὰ εἴη. Εἶπον 9
οὖν ὅτι τάλαντον ἀργυρίου ἕτοιμος εἴην δοῦναι· ὁ δ᾽ ὡμο-
λόγησε ταῦτα ποιήσειν. Ἠπιστάμην μὲν οὖν ὅτι οὔτε θεοὺς

ἀπολογίαν σκοποῦνται. — ὥσπερ
— πεποιηκότες] Das Particip
ist κατὰ σύνεσιν auf ἵνα αὐτοῖς ἢ
ἀπολογία bezogen, weil dies =
ἵνα — ἀπολογεῖσθαι ἔχωσιν. Kr.
56, 9, 4. Vgl. XXXII, 23: ἐξῆν
αὐτῷ μισθῶσαι τὸν οἶκον ἀπηλ-
λαγμένος πολλῶν πραγμάτων und
zu XIII, 85. Xenoph. Kyrop. VIII,
8, 10: ἦν αὐτοῖς νόμιμον μηδὲ προ-
χοΐδας εἰσφέρεσθαι εἰς τὰ συμπό-
σια, δηλονότι νομίζοντες etc. Umgekehrt Demosth. XXXXI, 5: τὴν
προῖκα οὐ κομισάμενος ἅπασαν —
πρὸς ἐκεῖνον ἦν μοι τὸ συμβόλαιον.
Geläufiger noch wäre die Anakoluthie im Anschluss an ἔδοξεν αὐτοῖς
(Kr. 45, 2, 3) doch gehört ὥσπερ
— πεποιηκότες lediglich dem Fi-
nalsatze an. ὥσπερ giebt dem Gedanken einen herben ironischen
Ausdruck wie z. B. XXV, 31. —
τι τῶν ἄλλων] 'einen ihrer sonstigen Schritte.'
8. διαλαβόντες] nicht blos:
διανειμάμενοι, sondern das Resultat der Vertheilung, die Wahl
der Einzelnen mit einschliessend:
'nachdem die Einzelnen — gewählt.' [Platon] Alkib. II, 140ᵇ:
οἱ δημιουργοὶ ἔχουσι διειληφότες
δημιουργίας μέρη. — ἐμὲ μέν]
Gegensatz dazu ist nicht οἱ δὲ ἄλλοι, was dem Πείσωνι gegenüber
steht. Vielmehr schwebt dem Redner der Gegensatz zu seinem Bruder vor, der freilich nachher nicht
in entsprechender Weise durchge-
führt wird. Aehnliche latente Gegensätze eines μέν auch XIII, 21.
37. XXV, 16 und in häufigen Wendungen wie ἐγὼ μὲν οἶμαι, ἐγὼ
μὲν οὐκ οἶδα, worüber zu XIII,
74. — κατέλαβον] sc. οἱ παρα-

λαβόντες τὴν ἐμὴν οἰκίαν, die § 12
Genannten. — εἰς τὸ ἐργαστή-
ριον] P. 6. — ἀπεγράφοντο]
Nicht von der gesetzlichen Inven-
tarisierung der zu confiscierenden
Güter (ἀπογραφή) zu verstehen,
denn das müsste ἀπέγραφον heissen, sondern 'sie schrieben sich
auf'; denn nach § 19 behielten ja
die Tyrannen die besten Sklaven
für sich. Herakl. Pont. bei Athen.
XII, 554ᵉ: αὐτοῦ τὰ πλοῖα ὑπελάμβανεν αὐτοῦ εἶναι καὶ ἀπεγρά-
φετο αὐτά. Ebenso das Simplex
Lys. XIII, 24. Xenoph. Oekon. 9,
10. — ἔφασκεν] sc. σώσειν με.
τάλαντον ἀργυρίου] das attische Silbertalent betrug etwas
über 1570 Thaler. Hultsch, griech.
und römische Metrologie 173. —
ταῦτα ποιήσειν] Der Plural
des Pronomens nachlässig, obgleich nur von einer Einheit (dem
σώσειν) zu verstehen, wie § 14. 1,
22: ὡμολόγει ταῦτα ποιήσειν. XIII,
21. 27. Kr. 44, 4. 3.
9. οὔτε θεοὺς οὔτ᾽ ἀνθρώ-
πους νομίζει] Die Geläufigkeit
von Formeln wie schon bei Homer
(Ilias 9, 238) τίειν ἄνδρας καὶ θεούς, αἰδεῖσθαι καὶ θεοὺς καὶ ἀνθρώπους Xenoph. Hell. II, 4, 21,
δεδιέναι οὔτε θεοὺς οὔτ᾽ ἀνθρώπους Antiph. 1, 27 hat die unge-
wöhnliche Verbindung des νομίζειν auch mit ἀνθρώπους veranlasst. νομίζειν etwa 'anerkennen,
gelten lassen' (vgl. Plato Gorg.
466ᵇ), und daher im Verhalten auf
sie Rücksicht nehmen. Der Sinn
der Phrase dürfte etwa in dem
Urtheile des Theramenes über seine Amtsgenossen enthalten sein:
οὗτοι οὐ μόνον εἰσὶ περὶ ἀνθρώ-

οὔτ' ἀνθρώπους νομίζει, ὅμως δ' ἐκ τῶν παρόντων ἐδόκει
10 μοι ἀναγκαιότατον εἶναι πίστιν παρ' αὐτοῦ λαβεῖν. Ἐπειδὴ
δὲ ὤμοσεν ἐξώλειαν ἑαυτῷ καὶ τοῖς παισὶν ἐπαρώμενος, λαβὼν τὸ τάλαντόν με σώσειν, εἰσελθὼν εἰς τὸ δωμάτιον τὴν
κιβωτὸν ἀνοίγνυμι· Πείσων δ' αἰσθόμενος εἰσέρχεται καὶ
ἰδὼν τὰ ἐνόντα καλεῖ τῶν ὑπηρετῶν δύο, καὶ τὰ ἐν τῇ κι-
11 βωτῷ λαβεῖν ἐκέλευσεν. Ἐπεὶ δὲ οὐχ ὅσον ὡμολόγησα εἶχεν,
ὦ ἄνδρες δικασταί, ἀλλὰ τρία τάλαντα ἀργυρίου καὶ τετρακοσίους κυζικηνοὺς καὶ ἑκατὸν δαρεικοὺς καὶ φιάλας ἀρ-
γυρᾶς τέτταρας, ἐδεόμην αὐτοῦ ἐφόδιά μοι δοῦναι· ὁ δ'

πους ἀδικώτατοι, ἀλλὰ καὶ περὶ
θεοὺς ἀσεβέστατοι (Xenoph. Hell.
II, 3, 53). — ἐκ τῶν παρόντων]
Kr. 68, 17, 10.

10. ἐξώλειαν] Der Schwur
κατ' ἐξωλείας machte nicht nur
den Schwörenden, sondern sein
ganzes Geschlecht für den Mein-
eid verantwortlich (zu § 36). Dem
Wesen nach ist er schon Homer.
Il. III, 300 f. ausgesprochen. Antiph. V, 11: δεῖ σε διομόσασθαι
ὅρκον τὸν μέγιστον καὶ ἰσχυρότατον, ἐξώλειαν αὐτῷ καὶ γένει καὶ
οἰκίᾳ τῇ σῇ ἐπαρώμενον. Demosth.
LIX, 10. So schwört auch der
Sprecher Demosth. LIV, 41: εἰ
ἐπιορκῶ, ἐξώλης ἀπολοίμην αὐτός
τε καὶ εἴ τί μοι ἔστιν ἢ μέλλει ἔσεσθαι. Auch in öffentliche Schwur-
und Verfluchungsformeln ging er
über, wie in das Edict der Am-
phiktyonen Aeschin. III, 111, den
Richtereid nach Andok. I, 31, die
feierliche ἀρά vor der Volksversammlung Demosth. XIX, 71. Verstärkt ἐξώλης ἀπολοίμην καὶ προώ-
λης Demosth. XIX, 172; XVIII,
324, und ἐξώλης καὶ πανώλης auf
Inschriften (z. B. Corp. Inscr.III,
p. 1120). — εἰς τὸ δωμάτιον]
das Schlafgemach, wie I, 17. 24.
27. Aristoph. Lysistr. 160. Ekkl. 8.
Dort bewahrte man Kostbarkeiten
u. dgl. auf (Xenoph. Oekon. 9, 3),
τὰ ἐν τῷ δωματίῳ XXXII, 6. —
τὴν κιβωτόν] die zur Aufbe-
wahrung der Gelder und Kostbarkeiten bestimmte (Schol. zu Aristoph. Ritt. 1219, Dindf.: ἡ κιβω-
τός ἐστιν εἰς ὑποδοχὴν ἱματίων

καὶ χρυσοῦ): daher der Artikel.
Kr. 50, 2, 4. Ueber den Wechsel
der Tempora zu XIII, 5.
§ 11. οὐχ ὅσον] = οὐ τοσοῦτον (μόνον) ὅσον. [Xenoph.] Staat
der Ath. 1, 15: τοῖς δημοτικοῖς δοκεῖ μεῖζον ἀγαθὸν εἶναι τὰ τῶν
συμμάχων ἀγαθὰ ἕνα ἕκαστον ἔχειν
Ἀθηναίων, ἐκείνους δὲ ὅσον ζῆν.
Thuk. I, 51, 1: οἱ Κορίνθιοι ὑπε-
τόπησαν τὰς ναῦς ἀπ' Ἀθηνῶν εἶναι, οὐχ ὅσας ἑώρων, ἀλλὰ πλείους. — κυζικηνοὺς] vollständig
στατῆρας κυζικηνούς. XXXII, 6,
eine sehr courante Goldmünze, ursprünglich = 20 attischen Drachmen (etwa über 5¹/₅ Thaler), doch
mit wechselnden Cours (bei Demosth. XXXIV; 23 ist der Kyzikener = 28 Drachmen oder 7¹/₃
Thaler). — δαρεικούς] persi-
scheReichsgoldmünze, seit Dareios
Hystaspis (der nach Herodot IV,
166 besonderen Werth auf ihre
reine Ausmünzung legte) in Griechenland viel im Umlauf (Hultsch,
Metrologie 277), dem Kyzikener
an Werth gleich. — Im Ganzen
betrug also die Baarsumme 3 Ta-
lente Silber und 10,000 Drachmen
Gold, etwas über 7,300 Thaler.
— φιάλας] Mit kostbaren Trink-
gefässen trieb man zu Athen grossen Luxus. Demosth. XXII, 75:
φιάλαι πλούτου εἰσὶ σημεῖον. Daher renommiert Meidias bei Demosth. XXI, 158 mit seinen Trink-
hörnern (ῥυτά) und Trinkschalen
(φιάλαι); bei Tisch bildeten sil-
berne φιάλαι eine wesentliche Ta-
felzierde (Demosth. XXXIX, 22).
Vgl. auch Athen. XI, 465 ᶜ. —

ἀγαπήσειν με ἔφασκεν, εἰ τὸ σῶμα σώσω. Ἐξιοῦσι δ' ἐμοὶ καὶ 12
Πείσωνι ἐπιτυγχάνει Μηλόβιός τε καὶ Μνησιθείδης ἐκ τοῦ
ἐργαστηρίου ἀπιόντες καὶ καταλαμβάνουσι πρὸς αὐταῖς ταῖς
θύραις καὶ ἐρωτῶσιν ὅποι βαδίζοιμεν· ὁ δ' ἔφασκεν εἰς τὰ τοῦ
ἀδελφοῦ τοῦ ἐμοῦ, ἵνα καὶ τὰ ἐν ἐκείνῃ τῇ οἰκίᾳ σκέψηται.
Ἐκεῖνον μὲν οὖν ἐκέλευον βαδίζειν, ἐμὲ δὲ μεθ' αὐτῶν ἀκο-
λουθεῖν εἰς Δαμνίππου. Πείσων δὲ προσελθὼν σιγᾶν μοι 13
παρεκελεύετο καὶ θαρρεῖν, ὡς ἥξων ἐκεῖσε. Καταλαμβάνομεν
δὲ αὐτόθι Θέογνιν ἑτέρους φυλάττοντα, ᾧ παραδόντες ἐμὲ
πάλιν ᾤχοντο. Ἐν τοιούτῳ δ' ὄντι μοι κινδυνεύειν ἐδόκει,
ὡς τοῦ γε ἀποθανεῖν ὑπάρχοντος ἤδη. Καλέσας δὲ Δάμνιπ- 14
πον λέγω πρὸς αὐτὸν τάδε· ,,Ἐπιτήδειος μέν μοι τυγχάνεις

ἀγαπήσειν — εἰ σώσω] Aus
der directen Rede (ἀγαπήσεις, εἰ
σώσεις) ist Modus und Tempus beibehalten; bei ἀγαπᾶν wird die
Veranlassung zur Zufriedenheit
meist durch einen conditionalen
Satz (XII, 15; XXVI, 3), selten
durch ὅτι, das Particip ium oder
den Infinitiv gegeben.

12. ἐπιτυγχάνει Μηλόβιος
καὶ Μνησιθείδης ἀπιόντες]
Bei Voraussschickung des Verbs
vor mehreren persönlichen Sub-
jecten steht der Singular nicht selten, selbst wenn eine prädicative
oder appositionelle Bestimmung
im Plural folgt und sofort in einem coordinierten Satzgliede das
Verb im Plural erscheint. Kr. 63,
4. Xen. An. II, 4, 16: ἔπεμψέ με
Ἀριαῖος καὶ Ἀρτάοζος πιστοὶ ὄντες
Κύρῳ καὶ κελεύουσι φυλάττεσθαι;
ebenda VI, 1, 1. Demosth. XXIII,
12. Aehnlich bei vorausgeschick-
tem Particip. Demosth. XXXXIX,
44: παρὼν ὁ Φορμίων καὶ ὁ Εὐ-
φραῖος ἐξήλεγχον αὐτόν. Lys. XIII,
17. 23. — πρὸς αὐταῖς ταῖς
θύραις] 'gerade an der Thür'
(Kr. 51, 6, 9), wie also Lys. schon
nahe daran war, zu entkommen.
— εἰς τὰ τοῦ ἀδελφοῦ] 'nach
dem Grundstücke.' Demosth.
LIV, 7: παρέρχεται Κτησίας ἐγγὺς
τῶν Πυθοδώρου. Aristoph. Wesp.
1432: παράτρεχ' εἰς τὰ Πιττάλου.
In einer Gesetzesformel bei De-

mosth. XXXXIII, 62: γυναῖκα μὴ
ἐξεῖναι εἰσιέναι εἰς τὰ τοῦ ἀποθανόντος. Kr. 43, 3, 7. — ἵνα — σκέ-
ψηται] Der Conjunctiv bleibt aus
der oratio recta: βαδίζω ἵνα σκέ-
ψωμαι. — μεθ' αὐτῶν ἀκολου-
θεῖν] Kr. 48, 7, 12. Platon Laches
187ᵉ: μετὰ τοῦ πατρὸς ἀκολουθῶν
ἐπλησίασέ σοι. So auch ἕπεσθαι
μετά τινος und σύν τινι. — εἰς
Δαμνίππου] wie § 16 εἰς Ἀρχένεω, Platon Staat I, 328ᵇ: εἰς τοῦ
Πολεμάρχου. Kr. 43, 3, 6.
13. ᾧς] 'unter dem Vorgeben.'
— Θέογνιν] § 6. Ausser Lysias
gedenkt seiner nur noch Xenophon. — ἐν τοιούτῳ] 'in solcher Lage', wie ἐν τῷ τοιούτῳ τοῦ
κινδύνου Xenoph. An. I, 7, 5. ἐν
τοιούτῳ ἐσμέν Kyrop. IV, 2, 21.
Auch im Plural ἐν τοῖς τοιούτοις
[Lys.] XX, 12. So auch τοῦτο κατ-
έστημεν XXX, 3 neben εἰς ταῦθ'
ἧκει [Demosth.] LVIII, 22. Ursprünglich local zu fassen. Kr. 43,
4, 4. — κινδυνεύειν] 'etwas zu
riskieren.' Doch ist der prägnante
Gebrauch ohne τι auffällig (vgl.
τολμᾶν τι Diphilos bei Athen. II,
35ᵈ, audendum aliquid ratus, Iustin V, 9). Mit Gefahr verknüpft
war zwar nicht die Bitte an Dam-
nippus, wohl aber der dabei beabsichtigte Fluchtversuch, den er
dann allein ausführte. — ὑπάρ-
χοντος] 'vor der Thür sei.'
14. ἐπιτήδειος — ἀπόλλυ-
μαι] Die stossweise gesproche-

ὧν, ἥκω δ᾽ εἰς τὴν σὴν οἰκίαν, ἀδικῶ δ᾽ οὐδέν, χρημάτων
δ᾽ ἕνεκα ἀπόλλυμαι. Σὺ οὖν ταῦτα πάσχοντί μοι πρόθυμον
παράσχου τὴν σεαυτοῦ δύναμιν εἰς τὴν ἐμὴν σωτηρίαν." Ὁ
δ᾽ ὑπέσχετο ταῦτα ποιήσειν. Ἐδόκει δ᾽ αὐτῷ βέλτιον εἶναι
πρὸς Θέογνιν μνησθῆναι· ἡγεῖτο γὰρ ἅπαν ποιήσειν αὐτόν,
15 εἴ τις ἀργύριον διδοίη. Ἐκείνου δὲ διαλεγομένου Θεόγνιδι
— ἔμπειρος γὰρ ὢν ἐτύγχανον τῆς οἰκίας, καὶ ᾔδειν ὅτι ἀμ-
φίθυρος εἴη — ἐδόκει μοι ταύτῃ πειρᾶσθαι σωθῆναι, ἐνθυμουμένῳ ὅτι, ἐὰν μὲν λάθω, σωθήσομαι, ἐὰν δὲ ληφθῶ,
ἡγούμην μέν, εἰ Θέογνις εἴη πεπεισμένος ὑπὸ τοῦ Δαμνίππου χρήματα λαβεῖν, οὐδὲν ἧττον ἀφεθήσεσθαι, εἰ δὲ μή,

nen kurzen Sätze malen trefflich
die Seelenangst des Sprechenden.
— ἥκω — οἰκίαν] Appellatiou
an den Schutz des Hausrechts, zu
§ 30. — πρόθυμον] πρόθυμος
ist meist Attribut einer Person,
weshalb man προθύμως wollte.
Doch die in höchster Angst gesprochenen Worte binden sich
nicht an den Sprachgebrauch und
dies entschuldigt wohl die Personification der δύναμις (P. 12, Anmerk. 60). — ταῦτα] zu § 9. —
μνησθῆναι] sc. περὶ τούτου,
eine Ellipse wie Xenoph. Kyrop.
I. 4, 12: τίς οὖν ἂν ἡμὶν Ἀστυάγει
μνησθείη;

15. ἔμπειρος γάρ] Die Vor-
ausschickung des erläuternden
Satzes nach Kr. 69, 14, 3. Andok.
II. 15: κἀγὼ — θόρυβος γὰρ τοιοῦτος ἐγίγνετο τῶν βουλευτῶν — εὐθὺς προσπηδῶ πρὸς τὴν ἑστίαν. —
ἀμφίθυρος] Den Zugaug von
der Strasse in den Hof verschloss
die αὔλειος θύρα (§.16), den Ein-
gang vom Hofe aus ins Hinter-
gebäude die μέταυλος θύρα (I, 17).
Guhl und Koner, das Leben der
Griechen und Römer 86 (II). —
ταύτῃ] 'auf diese Weise', mit
Benutzung der Ortskenntnis, nicht
durch Verwendung des Damu. —
ἐνθυμουμένῳ — ἐὰν ληφθῶ,
ἡγούμην] Die an das ἐὰν δὲ ληφθῶ sich knüpfende Eventualität
ist eine doppelte: ἀφεθήσεσθαι
und ἀποθανεῖσθαι, jede wieder
für sich von einer Voraussetzung

(εἰ — λαβεῖν und εἰ δὲ μή) abhängig (ähnlich, nur weniger zusam-
mengedrängt Demosth. XVI, 8:
ἐὰν δ᾽ ἀδικῶσι, εἰ μὲν ὑπὲρ τούτου βουλευτέον, συγχωρῶ ἐᾶσαι·
εἰ δ᾽ ἅπαντες ἐπίστασθε ὅτι ἴασιν
ἐπὶ Μεσσήνην, φρασάτω τις ἐμοί
κτλ.); daher sollte die zweiglie-
drige Apodosis zu ἐὰν δὲ ληφθῶ
lauten: εἰ — λαβεῖν, οὐδὲν ἧττον
ἀφεθήσομαι, εἰ δὲ μή, ὁμοίως
ἀποθανοῦμαι. Die Schwerfällig-
keit des aus einer hypothetischen
Antithese bestehenden Nachsatzes zu dem conditionalen Vordersatze veranlasst aber, dass die
Abhängigkeit der ganzen Periode
von dem ἐνθυμουμένῳ ὅτι verlassen und in ἡγούμην anakoluthisch
ein Stützpunkt für dieselbe gesucht wird. Beim Uebersetzen
denke man hinter σωθήσομαι ein
Kolon. Ganz ähnlich Xenoph. Hell.
VII, 5, 18: οὐκ ἐδόκει αὐτῷ δυνατὸν εἶναι ἀμαχεὶ παρελθεῖν, λο-
γιζομένῳ ὅτι, εἰ μὲν νικῴη, πάντα
ἀναλύσοιτο, εἰ δὲ ἀποθάνοι, κα-
λὴν τὴν τελευτὴν ἡγήσατο ἔσεσθαι.
— ἡγούμην μέν] μέν sollte nach
strenger Logik hinter εἰ stehen.
Doch wird, wenn zwei antitheti-
sche Sätze von einem gemeinsamen Verb abhängen, μέν zuweilen aus dem ersten Gliede der Antithese zum regierenden Verbum
gezogen, welches letztere dann
eigentlich anaphorisch zum zweiten Gliede mit δέ wiederholt werden sollte, wo dann aber δέ gleich
in das letztere eingeschoben wird.

ὁμοίως ἀποθανεῖσθαι. Ταῦτα διανοηθεὶς ἔφευγον, ἐκείνων 16
ἐπὶ τῇ αὐλείῳ θύρᾳ τὴν φυλακὴν ποιουμένων· τριῶν δὲ
θυρῶν οὐσῶν, ἃς ἔδει με διελθεῖν, ἅπασαι ἀνεῳγμέναι ἔτυχον. Ἀφικόμενος δὲ εἰς Ἀρχένεω τοῦ ναυκλήρου ἐκεῖνον
πέμπω εἰς ἄστυ, πευσόμενον περὶ τοῦ ἀδελφοῦ· ἥκων δὲ ἔλεγεν ὅτι Ἐρατοσθένης αὐτὸν ἐν τῇ ὁδῷ λαβὼν εἰς τὸ δεσμωτήριον ἀπαγάγοι. Καὶ ἐγὼ τοιαῦτα πεπυσμένος τῆς ἐπιού- 17
σης νυκτὸς διέπλευσα Μέγαράδε. Πολεμάρχῳ δὲ παρήγγειλαν οἱ τριάκοντα τὸ ἐπ' ἐκείνων εἰθισμένον παράγγελμα,
πίνειν κώνειον, πρὶν τὴν αἰτίαν εἰπεῖν δι' ἥντινα ἔμελλεν
ἀποθανεῖσθαι· οὕτω πολλοῦ ἐδέησε κριθῆναι καὶ ἀπολογή-

Platon Staat I, 334ᶜ: εἰκὸς μέν,
οὓς ἄν τις ἡγῆται χρηστούς, φι-
λεῖν, οὓς δ' ἂν πονηρούς, μισεῖν.
— ὁμοίως] ebenso, als wenn ich
den Fluchtversuch nicht gemacht
hätte. Seine Lage konnte sich dadurch nicht verschlimmern.

16. ἔφευγον] 'machte mich
davon', das Imperf. wie § 42 ohne
Rücksicht auf den ja anfangs zwei-
felhaften nur durch günstigen
Zufall ermöglichten Erfolg der
Flucht. Xenoph. Anab. VI, 5, 27:
ἐνταῦθα οὐκέτι ἐδέξαντο οἱ πολέμιοι, ἀλλὰ ἔφευγον· καὶ Τιμασίων
ἐφείπετο καὶ ἀπεκτίννυσαν ὅσονσ-
περ ἐδύναντο. Kr. 53, 2, 2. —
τριῶν θυρῶν] die des Zimmers,
in dem er sich befand, die μέταυλος θύρα und die nach der Strasse
führende Hinterthür des Hinter-
gebäudes. — εἰς ἄστυ] Archeneos
wie Lysias wohnten im Peiräeus
(P. § 6). — ἄστυ im individuellen
Sinne steht bei Lysias wechselnd
mit und ohne Artikel. XXXII, 8:
τοὺς παῖδας εἰς ἄστυ ἀναπέμπει,
dagegen XIII, 80: τὴν πομπὴν
συμπέμπειν πρὸς τὸ ἄστυ; XIII,
24: ἀπιέναι εἰς ἄστυ, dagegen ib.
§ 81: εἰσιέναι εἰς τὸ ἄστυ. Vgl.
zu XXV, 18 und zu XIII, 88. Kr.
50,2.15.— ἥκων] 'zurückgekehrt';
wie III, 11; XIII, 8. Andok. I, 40:
ἥκων εἰς τὸ ἄστυ (von Laurion);
daher von Gesandten Demosth.
VI, 29. Aeschin II, 119, auch von
Verbannten Demosth. XXIII, 72.
Andok. I, 25. 35. In der Verspot-

tung eines äschyleischen Verses
(Choeph. 3: ἥκω καὶ κατέρχομαι)
sagt Eurip. bei Aristoph. Frösche
1157: ἥκω ταὐτόν ἐστι τῷ κατέρχομαι. Ebenso ἀφικνεῖσθαι und
ἔρχεσθαι (unten § 54 und zu XIX,
50). — ἔλεγεν] Kr. 53, 2, 1. —
ἐν τῇ ὁδῷ] nicht daheim, hervorgehoben mit Rücksicht auf
die Benutzung dieses Umstandes
§ 30 f.

17. διέπλευσα] 'hinüber' über
den saronischen Meerbusen. — τὸ
— κώνειον] Der Schierlingsbecher war das gewöhnliche Mord-
werkzeug der Dreissig. Lys.XVIII.
24. Andok. III, 10. Xen. Hell. II,
3, 56. — πρίν] 'ohne zuvor.' Die
Handlung des Hauptsatzes steht
im Zeitverhältnis nicht zu einer
wirklichen, sondern zu einer nur
gedachten Handlung, deren Eintritt durch die erstere verhindert
ward. Aesch. III, 235: οἱ τριάκοντα χιλίους καὶ πεντακοσίους
τῶν πολιτῶν ἀκρίτους ἀπέκτειναν, πρὶν καὶ τὰς αἰτίας ἀκοῦσαι,
ἐφ' αἷς ἔμελλον ἀποθνήσκειν. Lys.
XIX, 7: Νικόφημος καὶ Ἀριστο-
φάνης ἀπέθανον, πρὶν παραγενέσθαι τινὰ αὐτοῖς ἐλεγχομένοις ὡς
ἠδίκουν. Madvig § 167. — ἐδέ-
ησε] persönlich. XXIII, 13: Πλα-
ταιεὺς εἶναι πολλοῦ δεῖ; XXX, 8:
οὗτο πολλοῦ ἐδέησα τῶν τετρακοσίων γενέσθαι. Kr. 47, 16, 2. —
κριθῆναι] Es ist eine von den
Rednern oft gegen die Dreissig
(wie von Phrynichos bei Thuk.

18 σασθαι. Καὶ ἐπειδὴ ἀπεφέρετο ἐκ τοῦ δεσμωτηρίου τεθνεώς,
τριῶν ἡμῖν οἰκιῶνο ὑσῶν ἐξ οὐδεμιᾶς εἴασαν ἐξενεχθῆναι, ἀλλὰ
κλεισίον μισθωσάμενοι προύθεντο αὐτόν. Καὶ πολλῶν ὄντων
ἱματίων αἰτοῦσιν οὐδὲν ἔδοσαν εἰς τὴν ταφήν, ἀλλὰ τῶν φίλων ὁ μὲν ἱμάτιον, ὁ δὲ προσκεφάλαιον, ὁ δὲ ὅ τι ἕκαστος
19 ἔτυχεν ἔδωκεν εἰς τὴν ἐκείνου ταφήν. Καὶ ἔχοντες μὲν ἑπτα-
κοσίας ἀσπίδας τῶν ἡμετέρων, ἔχοντες δὲ ἀργύριον καὶ χρυ-
σίον τοσοῦτον, χαλκὸν δὲ καὶ κόσμον καὶ ἔπιπλα καὶ ἱμάτια
γυναικεῖα ὅσα οὐδεπώποτε ὤοντο κτήσασθαι, καὶ ἀνδράποδα
εἴκοσι καὶ ἑκατόν, ὧν τὰ μὲν βέλτιστα ἔλαβον, τὰ δὲ

VIII, 48 gegen die Oligarchen
überhaupt) erhobene Anklage, dass
sie ihre Opfer entweder ganz ohne
Urtheil und Recht (ἀκρίτους) oder
höchstens durch ein Scheinverfah-
ren des ihnen durchaus ergebenen
Rathes (zu § 82, XIII, 35), ge-
stützt auf ein von ihnen selbst er-
lassenes Gesetz (Xen. Hell. II, 3,
51), hinrichten liessen, ein Terrorismus, der bei der Gewöhnung
der Athener an die bis ins Kleinste
ausgeprägten, durch den Eid der
Buleuten und des ganzen Volks
(Andok. IV, 3) garantierten gerichtlichen Formen um so uner-
träglicher erschien. Vgl. §§ 36.
82. 83. 96. XXVI, 13. Andok. I, 94.
Isokr. IV, 113. VII, 67. XX, 11.
Aesch. III, 235. Demosth. XXXX,
46. Schol. zu Aesch. I, 39. In einzelnen Fällen freilich liess auch
die Demokratie sich diese schwere
Rechtsverletzung, die Isokr. XV,
22 als Symptom der tiefsten Zerrüttung betrachtet, zu Schulden
kommen. Lys. XXV, 26. vgl. XIX,
7. Hitzköpfe waren schnell mit
solchem Rathe vor dem Volke
bei der Hand. VI, 54; XXII, 2;
XXVII, 8.

18. τριῶν οἰκιῶν οὐσῶν] P.
2. 6. — κλεισίον] 'eine Barracke.'
— προύθεντο] Die Leiche pflegte einen Tag vor der Beerdi-
gung (Antiph. VI, 34. Demosth.
XXXXIII, 62) im Vorderhause im
weissen Todtenkleide ausgestellt
zu werden (προκεῖσθαι Lys. frag-
ment. 23). Lukian, de lucta 12:

λούσαντες αὐτοὺς καὶ μύρῳ τῷ
καλλίστῳ χρίσαντες τὸ σῶμα καὶ
στεφανώσαντες τοῖς ὡραίοις ἄν-
θεσι προτίθενται λαμπρῶς ἀμφιέ-
σαντες Schömann, griech. Alter-
thümer II, 541 (2. Auflage). Auch
den Hingerichteten ward diese
Ehre nicht versagt; für den Sokrates übernahm sie Kriton (Platon
Phaedon 115ᵉ). Hier sorgen die
Tyrannen, obwohl mit Verletzung
des Decorums, selbst dafür, um
die Verwandten und Freunde des
Hingerichteten möglichst fern zu
halten; zu § 87. — ἔτυχεν] sc.
δούς. Kr. 56, 4, 2.
19. τῶν ἡμετέρων] 'aus un-
serem Eigenthum.' — χαλκόν]
das Rohmaterial für die Schild-
fabrik. — ὤοντο κτήσασθαι]
Der Infin. Aoristi hinter den Verbis des Hoffens, Erwartens und
den in gleichem Sinne gebrauchten wie οἴεσθαι, νομίζειν, ἡγεῖσθαι noch bei Lysias, XIII, 53,
XXVI, 1: ἡγούμενος ἀκριβῆ νῦν
τὴν δοκιμασίαν αὐτοὺς ποιήσασθαι. Ebenso unten § 93 der Inf.
Praes. An allen drei Stellen hat
die Kritik die Umwandelung ins
Futur oder die Einschiebung von
ἄν versucht. Der Infin. Aor. bezeichnet die Handlung an sich
ohne Rücksicht auf die Zeit des
Eintritts, welche letztere ja durch
den Begriff des regierenden Verbs
hinlänglich angedeutet ist. Bei
οἴεσθαι noch Isokr. VIII, 29. Antiph. V, 85; bezeichnend ist der
Wechsel zwischen Aorist und Futur Demosth. XXXXIX, 3: ᾤετο

λοιπὰ εἰς τὸ δημόσιον ἀπέδοσαν, εἰς τοσαύτην ἀπληστίαν
καὶ αἰσχροκέρδειαν ἀφίκοντο καὶ τοῦ τρόπου τοῦ αὑτῶν
ἀπόδειξιν ἐποιήσαντο· τῆς γὰρ Πολεμάρχου γυναικὸς χρυ-
σοῦς ἑλικτῆρας, οὓς ἔχουσα ἐτύγχανεν, ὅτε τὸ πρῶτον
ἦλθεν εἰς τὴν οἰκίαν, Μηλόβιος ἐκ τῶν ὤτων ἐξείλετο.

Καὶ οὐδὲ κατὰ τὸ ἐλάχιστον μέρος τῆς οὐσίας ἐλέου παρ' 20
αὑτῶν ἐτυγχάνομεν, ἀλλ' οὕτως εἰς ἡμᾶς διὰ τὰ χρήματα
ἐξημάρτανον, ὥσπερ ἂν ἕτεροι μεγάλων ἀδικημάτων ὀργὴν ἔχοντες, οὐ τούτων ἀξίους γε ὄντας τῇ πόλει, ἀλλὰ πάσας

ὁ πατήρ, εἰ σωθείη Τιμόθεος, οὐ
μόνον τὰ ἑαυτοῦ κομίσασθαι (κο-
μιεῖσθαι nur in der vulgata), ἀλλὰ καὶ ἄλλον εἴ τοῦ δέοιτο πρὸς Τι-
μόθεον πρᾶξαι ὑπάρξειν αὐτῷ.
Kr. 53, 1, 10. Der annloge Gebrauch von sperare mit dem Infin.
Praes. ist ja zugestanden. — εἰς
τοσαύτην ἀπληστίαν ἀφί-
κοντο· τῆς γάρ| Gewöhnlicher
wäre εἰς τοσοῦτον ἀπληστίας (Kr.
47, 10, 3); doch wie hier XXXII,
19: εἰς τοσαύτην ὑποψίαν πάντας
ἀνθρώπους καθίστησιν.Isokr.VIII,
47: εἰς τοσαύτην ἀπορίαν ἐληλυ-
θότες. Ebenda VI, 67. — Der Satz
mit γάρ vertritt die Stelle desFol-
gesatzes, wie [Lys.] VI, 17: το-
σοῦτο οὗτος Διαγόρου ἀσεβέστερος
γεγένηται· ἐκεῖνος γάρ etc. VIII,
14. Andok. III, 33, und ebenso
nach οὕτως Lys. XIII.80.Hier noch
ungezwungener, weil die Wortexal
— ἐποιήσαντο dazwischen treten.
— ὅτε τὸ πρῶτον] 'quum primum', wieXVII,3.Demosth.XVIII,
141: εἶπον τότ' εὐθὺς ἐν τῷ δήμῳ, ὅτε πρῶτον εἶδον τουτονὶ τοῦ
πράγματος ἁπτόμενον, zu erklären wie ἐπειδὴ τάχιστα, ἐπειδὴ
πρῶτον (Isae. VI, 37. Kr. 65, 7, 4)
und ὅτε νεωστί (zu XIII, 78 und
XIX, 48). Auch ὅταν πρῶτον Demosth. XX, 137. Es kennzeichnet
die Brutalität des Melobios, dass
er, kaum eingetreten, sich an der
Frau vergreift, ohne auch nur die
Verhaftung des Gatten abzuwar-
ten.
20. καὶ οὐδὲ — ἐτυγχάνο-
μεν] Der Ausdruck wie Isae. V,
10: καὶ οὐδὲ κατὰ τὸ ἐλάχιστον
μέρος τῆς οἰκειότητος ἐλέου παρ'

αὐτοῦ ἔτυχον. — ὥσπερ ἂν ἕτε-
ροι] DieTyrannen vergingen sich
so gegen uns um des Geldes willen, wie andere es thun würden
im Zorn über erlittenes schweres
Unrecht, welches letztere Motiv
nach antiker Anschauung gerechtfertigt gewesen wäre. — Ueber
die Ergänzung des Verbums aus
dem Hauptsatze zu ὥσπερ ἂν Kr.
69, 64. 3. Selten ist die vollstän-
dige Form des Vergleichungs-
satzes. Xenoph. Hell. III, 1, 14:
ἐκείνῳ ἐπίστευε καὶ ἡσπάζετο,
ὥσπερ ἂν γυνὴ γαμβρὸν ἀσπάζοιτο.
Vgl. Demosth. XXXIX, 22. Der
hier durch das Particip ausge-
drückte condicionale Vordersatz
(= εἰ ἔχοιεν) wird bei dieser ellip-
tischen Satzform meist durch εἰ
angefügt; wie hier noch Demosth.
XXI, 225 Andok. I, 57. — ἀδικη-
μάτων] Genit. obj. von ὀργὴ abhängig, wie Demosth. XVIII, 99:
τούτων τὴν ὀργὴν εἰς τἆλλα ἔχετε
(wo Westermann). — τούτων
ἀξίους ὄντας τῇ πόλει] Kr.
48, 6, 7. Xen. Mem. I, 1, 1: Σωκράτης ἄξιός ἐστι θανάτου τῇ πόλει u. ö. — ἀλλὰ πάσας] Die
Aufzählung der dem Staate erwie-
senen Leistungen ist eine allezeit
schlagfertige Waffe im Munde
des Klägers wie des Angeklagten.
Durch die Vorrechnung der geleisteten Leiturgieen und Hinweisung auf die dem gemeinen Besten
mit Gut und Leib geleisteten
Dienste, deren Uebernahme zuweilen ausdrücklich als im Hin-
blick auf spätere Anklagen erfolgt
bezeichnet wird (XVI, 17. XX, 31.
XXV, 13; vgl. Isokr. XVIII, 67).

3*

μὲν τὰς χορηγίας χορηγήσαντας, πολλὰς δ' εἰσφορὰς εἰσενεγκόν
τας, κοσμίους δ' ἡμᾶς αὐτοὺς παρέχοντας καὶ πᾶν τὸ προστατ
τόμενον ποιοῦντας, ἐχθρὸν δ' οὐδένα κεκτημένους, πολλοὺς δ'

hoffte man die Sympathie der Richter für sich zu gewinnen (III, 47;
VII, 31; XVIII, 21; XXV, 12).
Der Sprecher der 21. Rede (ἀπο
λογία δωροδοκίας) specificiert § 1
— 5 sogar die für die Leiturgieen
aufgewendete Summe bis ins Einzelnste. Auch die Verdienste des
Vaters und der Vorfahren überhaupt wurden noch aufgezählt
(X, 27; XVIII, 2; XIX, 57 ff.; besonders Andok. I, 141 ff.; Isokr.
XVI, 24. 35 [Demosth.] XXV,
76 ff.); und selbst die Lossprechung anderer suchte man durch
die Erinnerung an den eigenen
Patriotismus zu erwirken (XX,
15; XXI, 17. Lykurg 139). Dass
solche Speculationen auf die φιλ
ανθρωπία der Richter selbst auf
Kosten des Rechts nicht wirkungslos blieben, sagt Lysias XXX, 1:
ἤδη τινὲς εἰς κρίσιν καταστάντες
ἀδικεῖν μὲν ἔδοξαν, ἀποφαίνον
τες δὲ τὰς τῶν προγόνων ἀρετὰς
καὶ τὰς σφετέρας αὐτῶν εὐερ
γεσίας συγγνώμην ἔτυχον παρ'
ὑμῶν; ebenda § 27. [Demosth.]
XXV, 76. Andrerseits suchte man
dem Gegner im Voraus diese Waffe (durch Hinweis auf das allein
massgebende Gesetz Demosth. XXI,
225) zu entziehen, wie es Lysias
§ 38 ff. thut; vgl. XIV, 24: ἐπειδὴ
καὶ τῶν ἀπολογουμένων ἀποδέ
χεσθε λεγόντων τὰς σφετέρας αὐ
τῶν ἀρετὰς καὶ τὰς τῶν προγόνων
εὐεργεσίας, εἰκὸς ὑμᾶς καὶ τῶν
κατηγόρων ἀκροᾶσθαι, ἐὰν ἀπο
φαίνωσι τοὺς φεύγοντας πολλὰ εἰς
ὑμᾶς ἡμαρτηκότας καὶ τοὺς προ
γόνους αὐτῶν πολλῶν κακῶν αἰ
τίους γεγενημένους; vgl. XXVI,
4; XXVII, 10. — τὰς χορηγίας]
Schömann, griech. Alterthüm. I,
475 (2). Die Metöken sollen zwar
nach einem spätern Zeugnis (Schol.
zu Aristoph. Plut. 954) nur am
Feste der Lenäen Choregie geleistet haben; die Isotelen aber wurden zu allen Leistungen für den
Staat wie die Bürger herangezo

gen; nur von der Trierarchie müssen sie wenigstens damals befreit
gewesen sein, sonst würde der
Redner diese kostspieligste aller
Leiturgieen gewiss erwähnt haben. — εἰσφοράς] Schömann I,
471. Vgl. XXV, 12. Die Kriegssteuer wurde, unter Umständen wenigstens, auf die Metöken insgesammt nach dem Verhältnis ihres Vermögens repartiert; vgl. besonders Isokr. XVII,
41. — κοσμίους] Der eigentliche
Ausdruck vom politischen Wohlverhalten des Bürgers. VII, 41:
κόσμιον ἐμαυτόν καὶ ἐν δημοκρα
τίᾳ καὶ ἐν ὀλιγαρχίᾳ παρέσχον;
vgl. XIV, 29; XV, 9; XXI, 19;
XXVII, 7; daher XXVI, 3 in Verbindung mit der von Platon so betonten Bürgerpflicht τὰ ἑαυτοῦ
πράττειν, 1, 26 mit τοῖς νόμοις
πείθεσθαι, und Isae. fragm. 30
(Scheibe) sieht darin die grösste
Leiturgie; Gegensatz ἄκοσμος III,
45. ἀκοσμεῖν XIV, 21. — πᾶν τὸ
προσταττόμενον ποιοῦντας]
Der Ausdruck fasst alle Ansprüche des Staates an den Einzelnen
zusammen, doch besonders mit
Beziehung auf die Leiturgieen
(vgl. Isokr. VIII, 128: διεξίασι τὸ
πλῆθος τῶν προσταγμάτων καὶ τῶν
λειτουργιῶν). Lys. XXV, 13: πλείω
τῶν ὑπὸ τῆς πόλεως προσταττομέ
νων ἐδαπανώμην. VII, 31; XIV,
20; XVIII, 6; XXI, 23. Isokr. XV,
150: λειτουργῶ καὶ ποιῶ τὸ προσ
ταττόμενον; und so Demosthenes
XXXXVII, 48. Isae. IV, 27; X, 25.
Anderwärts bezeichnet der Ausdruck die militärische Subordination (Lys. XVI, 17) und politische
Abhängigkeit (oft bei Isokrates,
z. B. VII, 64. XII, 257). — πολ
λοὺς — λυσαμένους] Ausser
der patriotischen Leistung der
Leiturgieen berühmen sich die
Redner auch gern der Acte der
Humanität gegen Unbemittelte
(φιλανθρωπίαι Demosth. VIII, 70;
XXV, 86). Dahin gehörte die λύ

Ἀθηναίων ἐκ τῶν πολεμίων λυσαμένους τοιούτων ἠξίωσαν, οὐχ ὁμοίως μετοικοῦντας ὥσπερ αὐτοὶ ἐπολιτεύοντο. Οὗτοι γὰρ 21 πολλοὺς μὲν τῶν πολιτῶν εἰς τοὺς πολεμίους ἐξήλασαν, πολλοὺς δ᾽ ἀδίκως ἀποκτείναντες ἀτάφους ἐποίησαν, πολλοὺς δ᾽ ἐπιτίμους ὄντας ἀτίμους τῆς πόλεως κατέστησαν, πολλῶν δὲ θυγατέρας μελλούσας ἐκδίδοσθαι ἐκώλυσαν. Καὶ 22 εἰς τοσοῦτόν εἰσι τόλμης ἀφιγμένοι, ὥσθ᾽ ἥκουσιν ἀπολογησόμενοι, ὡς οὐδὲν κακὸν οὐδ᾽ αἰσχρὸν εἰργασμένοι εἰσίν. Ἐγὼ δ᾽ ἐβουλόμην ἂν αὐτοὺς ἀληθῆ λέγειν· μετῆν γὰρ ἂν

σις αἰχμαλώτων, deren sich Demosthenes (XVIII. 268; XIX, 169. 229) und der Sprecher bei Lys. XIX, 59 rühmt und deren Unterlassung Isae. V, 44 dem Gegner vorgerückt wird. Plutarch zollt deshalb (Philop. 4) dem Philopoimen Lob. Allerdings erwarb dadurch der Befreier ein Eigenthumsrecht auf die Person des Befreiten, wenn er das Lösegeld nicht wieder erstattete (Lys. IV, 13. Demosth. LIII, 11). — τοιούτων ἠξίωσαν] bitter: 'hielten sie uns solches Lohnes werth.' Da die Participien sich an εἰς ἡμᾶς anschliessen, wären die Worte entbehrlich, nehmen aber, auch wegen des Gegensatzes zu οὐ τούτων ἀξίους γε ὄντας τῇ πόλει, nach der langen Reihe von Participien anakoluthisch das οὗτως ἐξημάρταρον wieder auf.

21. εἰς τοὺς πολεμίους ἐξήλασαν] zu § 95. εἰς τοὺς πολεμίους wegen des Gegensatzes zu ἐκ τῶν πολεμίων; in Wahrheit fanden die Verbannten an den meisten Orten freundliche Aufnahme. — ἀτάφους ἐποίησαν] nur von der Versagung des solennen Begräbnisses, der νομιζομένη ταφή (§. 96), durch die Verwandten zu verstehen, wie auch Lykurg 45 ἄταφον γίγνεσθαι von der Versagung des üblichen Leichenconducts steht. ἀτ. ποιεῖν ist zwar ἅπαξ εἰρημένον, doch durch ἄταφον γίγνεσθαι und ἔχειν (Eurip. Suppl. 540) gerechtfertigt. — ἀτίμους τῆς πόλεως] etwa =

ἀτίμους τῶν πολιτικῶν τιμῶν (denn πόλις ist wie in den Redensarten μετέχειν τῆς πόλεως, μεταδοῦναι τῆς π., ἀποστερεῖν τῆς πόλεως der Inbegriff der bürgerlichen Ehrenrechte = πολιτεία, zu XXV, 3), wie Platon Ges. IX, 868¹: ἄτιμος τῶν παιδικῶν τιμῶν. Der Genitiv wie ἄτιμος τοῦ συμβουλεύειν Demosth. XV, 33 ἄτιμος ἐκφορᾶς Aeschyl. Sieb. 1024 (Dindorf). Kr. 47,26,10.11. — ἐκώλυσαν] durch Hinrichtung oder Beraubung derer, denen die ἔκδοσις oblag, hier der Väter, in dem XIII,45 erzählten Falle der Brüder (vgl. zu XVI, 10). ἐκδίδοσθαι ist zu μελλούσας wie zu ἐκώλυσαν zu denken.

22. ἥκουσιν ἀπολογησόμενοι, ὡς] Aus dem Munde des Eratosthenes, der sich seiner Mässigung wohl rühmen konnte, auf die Dreissig im Allgemeinen übertragen (E. 7) und in dieser Allgemeinheit freilich schreiende Unwahrheit. Der Ausdruck wie Deinarch III, 3: ἀπολογησόμενος ἥκει, ὡς οὐδὲν τούτων διαπέπρακται; vgl. zu XIII,89. — ἐβουλόμην ἂν· νῦν δέ] In dieser Form des Gegensatzes von (unerfüllbarem) Wunsch und Wirklichkeit fehlt μέν im ersten Gliede in der Regel, wenn ἄν bei ἐβουλόμην steht (seltene Ausnahme Demosth. prooem.23), wogegen ohne ἄν ἐβουλόμην μέν geläufiger ist. Annahme und Wirklichkeit tritt immer durch εἰ μέν — νῦν (νυνὶ) δέ einander entgegen, während bei der Gegenüberstellung von (nicht erfüllter) Forde-

28 καὶ ἐμοὶ τούτου τοῦ ἀγαθοῦ οὐκ ἐλάχιστον μέρος· νῦν δὲ οὔτε
πρὸς τὴν πόλιν αὐτοῖς τοιαῦτα ὑπάρχει οὔτε πρὸς ἐμέ· τὸν
ἀδελφὸν γάρ μου, ὥσπερ καὶ πρότερον εἶπον, Ἐρατοσθένης
ἀπέκτεινεν, οὔτε αὐτὸς ἰδίᾳ ἀδικούμενος οὔτε εἰς τὴν πόλιν
ὁρῶν ἐξαμαρτάνοντα, ἀλλὰ τῇ ἑαυτοῦ παρανομίᾳ προθύμως
24 ἐξυπηρετῶν. Ἀναβιβασάμενος δ' αὐτὸν βούλομαι ἐρέσθαι,
ὦ ἄνδρες δικασταί. Τοιαύτην γὰρ γνώμην ἔχω· ἐπὶ μὲν τῇ
τούτου ὠφελείᾳ καὶ πρὸς ἕτερον περὶ τούτου διαλέγεσθαι
ἀσεβὲς εἶναι νομίζω, ἐπὶ δὲ τῇ τούτου βλάβῃ καὶ πρὸς αὐτὸν

rung und Wirklichkeit *μέν* belie-
big fehlt und steht (vgl. § 32 und
64 u. o.) *νῦν δί* dann wie nunc
vero, nunc autem, 'so aber.' —
οὐκ ἐλάχιστον μέρος] Kr. 47,
15. 1. Lys. XVIII, 2: τῶν κακῶν
οὐκ ἐλάχιστον μετέσχε μέρος. —
Der Sinn: 'denn dann hätte ich
meinen Bruder und mein Vermögen noch.'

23. *τοιαῦτα ὑπάρχει*] 'stehen
in solchem Verhältnis.' Antiph. V,
60: *ταὐτὰ ὑπῆρχεν αὐτῷ εἰς ἐκεῖνον ἅπερ ἐμοί.* Lys. XVIII, 6:
τοιαῦτα ἐνομίζετο] τὰ *ὑπάρχοντα
αὐτῷ πρὸς τὸ ὑμέτερον πλῆθος εἶναι.* — *ὥσπερ — εἶπον*] Rückkehr von der Digression über das
Verhalten der Dreissig im Allgemeinen (§ 19 ff.) zum speciellen
Fall und Uebergang zur refuta-
tio. — *ἀπέκτεινεν*] Wir sagen:
'er hat seinen Tod veranlasst'
(§§ 26. 27. XIII, 2. 12. 42 u. o.),
der Athener nach seiner juristischen Anschauung: 'er war sein
Mörder' (E. 1). — *προθύμως*]
Also war der Mord *ἑκούσιος φόνος.*

24. *ἀναβιβασάμενος — ἐρέσθαι*] Das attische Gerichtswe-
sen gestattete dem Redenden, im
Verlauf der Rede mit dem Gegner
ein Kreuzverhör anzustellen oder
auch seinen Zeugen selbst zu ver-
nehmen (wie Andok. I, 14); die
Ergebnisse eines solchen Verhörs
(nach Xenoph. Symp. 5, 2, vgl.
Andok. I, 101, scheint ausser *ἐρώτησις* auch *ἀνάκρισις* der Name
dafür gewesen zu sein) hatten je-

doch nicht die entlastende oder
belastende Kraft regelrechter Zeu-
genaussagen, nach der Gesetzesformel bei [Dem.] XXXXVI, 10:
τοῖν ἀντιδίκοιν ἐπάναγκες εἶναι
ἀποκρίνεσθαι ἀλλήλοις τὸ ἐρωτώ-
μενον, μαρτυρεῖν δὲ μή. Ein anderes Beispiel Lys. XXII, 5, wogegen XIII, 30. 32 die Formeln,
Isae. XI, 5 wenigstens die Antwor-
ten weggelassen sind; Deinarch
I, 83 und Andok. I, 101 benutzt
diesen Brauch rhetorisch und Sokrates in der platonischen Apolo-
gie (24ᵈ ff.) macht daraus einen
förmlichen Dialog mit Meletos. In
Beobachtung attischer Process-
formen lässt auch Aeschylos (Eumen. 586 Dindorf) die Eumeniden
vor dem Gerichtshof den Orestes
auffordern, ihnen Punkt für Punkt
Rede zu stehen (ἔπος ἀμείβου
πρὸς ἔπος ἐν μέρει τιθείς), Lukian
hat im *δὶς κατηγορούμενος* wie
andere Punkte des attischen Ge-
richtsbrauchs so auch diese *ἐρώτησις* parodiert (c. 22). — *ἐπὶ —
νομίζω*] Es galt als Impietät
(ἀσεβές), mit oder auch nur von
dem zu reden, der den Tod eines
nahen Verwandten veranlasst hatte (vgl. Antiph. VI, 34. 40); bei
Isae. IX, 16. 20 wird erwähnt, dass
Astyphilos nie mit dem Kleon gesprochen, weil des Letzteren Vater im Streit den Vater des Astyphilos bis auf den Tod mishandelt
habe. Konnte aber durch eine An-
näherung an den Mörder diesem
geschadet werden, so wurde sie
nach dem Gebote der Blutrache
zur Forderung der Pietät (ὅσιον

τοῦτον ὅσιον καὶ εὐσεβές. Ἀνάβηθι οὖν μοι καὶ ἀπόκριναι,
ὅ τι ἄν σε ἐρωτῶ.
Ἀπήγαγες Πολέμαρχον ἢ οὔ; „Τὰ ὑπὸ τῶν ἀρχόντων 25
προσταχθέντα δεδιὼς ἐποίουν." Ἧσθα δ' ἐν τῷ βουλευτη-
ρίῳ, ὅτε οἱ λόγοι ἐγίγνοντο περὶ ἡμῶν; „Ἦν." Πότερον
συνηγόρευες τοῖς κελεύουσιν ἀποκτεῖναι ἢ ἀντέλεγες; „Ἀντέλεγον." Ἵνα ἀποθάνωμεν; „Ἵνα μὴ ἀποθάνητε." Ἡγούμενος ἡμᾶς ἄδικα πάσχειν ἢ δίκαια; „Ἄδικα". —
Εἶτ', ὦ σχετλιώτατε πάντων, ἀντέλεγες μὲν ἵνα σώ- 26
σειας, συνελάμβανες δὲ ἵνα ἀποκτείνειας; καὶ ὅτε μὲν τὸ πλῆθος ἦν ὑμῶν κύριον τῆς σωτηρίας τῆς ἡμετέρας, ἀντιλέγειν
φῂς τοῖς βουλομένοις ἡμᾶς ἀπολέσαι, ἐπειδὴ δὲ ἐπὶ σοὶ μόνῳ
ἐγένετο καὶ σῶσαι Πολέμαρχον καὶ μή, εἰς τὸ δεσμωτήριον
ἀπήγαγες; εἶθ' ὅτι μὲν ὡς φῂς ἀντειπὼν οὐδὲν ὠφέλησας,
ἀξιοῖς χρηστὸς νομίζεσθαι, ὅτι δὲ συλλαβὼν ἀπέκτεινας, οὐκ
οἴει ἐμοὶ καὶ τουτοισὶ δοῦναι δίκην;

καὶ εὐσεβές). — ἀνάβηθι] Ueber
das ἀνά zu § 47.
25. Τὰ — ἐποίουν] Anstatt
des einfachen ἀπήγαγον diese Antwort, um gleich seine wesentlich-
ste Entschuldigung mit einzu-
flechten. ὑπὸ τῶν ἀρχόντων, nicht
συναρχόντων, weil nach erfolglo-
ser Opposition der Einzelne dem
Majoritätsbeschluss ohne eigenen
Willen unbedingt unterworfen
war. Man sieht, wie er sich geflissentlich nur als ausführendes
Organ der unumschränkten Behörde darstellt. — οἱ λόγοι] § 6.
Das Rathhaus scheint das Sitzungs-
local der Dreissig gewesen zu
sein, auch wenn nicht der Rath
selbst versammelt war. — ἵνα
ἀποθάνωμεν] Nach ἀντέλεγες
lässt sich ἵνα ἀποθάνωμεν höchst-
stens durch eine zornige Ironie
erklären: 'Wie, du widersprachst
in der Absicht, dass wir sterben
sollten?' Doch wäre der Affect in
dieser Formel, die nur durch die
alternativen Fragen Zugeständ-
nisse erzielen will, um daran die
Antithesen § 26 anzulehnen, kaum
am Platze. Die Concinnität scheint
aber nicht die Einschiebung eines
μή, sondern die Doppelfrage ἵνα

ἀποθάνωμεν ἢ ἵνα μὴ ἀποθάνωμεν
zu fordern, deren erstes Glied
dann ebenso die wegen des ἀντιλέγειν nicht vorauszusetzende Absicht ins Auge fasst, wie in der
folgenden Frage das zweite Glied
die aus demselben Grunde nicht
vorauszusetzende Ansicht.

26. εἶτα] 'und dá', zieht an
der Spitze von Fragsätzen ein die
Indignation oder Verwunderung
erregendes Ergebnis aus dem
Vorhergehenden [VI, 36]. X, 14;
XXXIV, 6 erklärt durch ein τοιούτων ὑμῖν ὑπαρχόντων. Kr. 69,
24, 2. — τὸ πλῆθος ὑμῶν] 'die
Majorität von euch', während τὸ
ὑμέτερον πλῆθος stehender Ausdruck für die Gesammtheit des
Demos (τὸ πλῆθος τῶν πολιτῶν
Isokr. XX, 21) und seiner Interessen, oft geradezu 'die Demokratie' ist, wie § 42. XIII, 16. XX,
7. 10 u. o. — ἀντιλέγειν] Infin. Imperf. parallel dem ἀντέλε
γον (Kr. 53, 2, 9), hebt den hart-
näckig während der Berathung
festgehaltenen Widerspruch hervor, dagegen ἀντειπεῖν § 27 nur
die Thatsache an sich ohne Rücksicht auf ihren Verlauf. — οἴει

27   *Καὶ μὴν οὐδὲ τοῦτο εἰκὸς αὐτῷ πιστεύειν, εἴπερ ἀληθῆ λέγει φάσκων ἀντειπεῖν, ὡς αὐτῷ προσετάχθη. Οὐ γὰρ δή που ἐν τοῖς μετοίκοις πίστιν παρ' αὐτοῦ ἐλάμβανον. Ἔπειτα τῷ ἧττον εἰκὸς ἦν προσταχθῆναι ἢ ὅστις ἀντειπών γε ἐτύγχανε καὶ γνώμην ἀποδεδειγμένος; Τίνα γὰρ εἰκὸς ἦν ἧττον ταῦτα ὑπηρετῆσαι ἢ τὸν ἀντειπόντα οἷς ἐκεῖνοι ἐβούλοντο*

δοῦναι] 'denkt zu büssen.' Das δεῖν, das man einsetzen wollte, ist wohl entbehrlich, weil die verba ἡγεῖσθαι, νομίζειν, οἴεσθαι, δοκεῖν in dem des ἀξιοῦν 'für Recht und billig erachten' zusammentreffen und der abhängige Infin. sonach schon an sich das bezeichnet, was man nach den Gesetzen der Billigkeit oder den Anforderungen der Vernunft glaubt thun zu müssen; Deinarch I, 89: τούτων οἴεσθε τὴν αἰτίαν τουτοισὶν ἀναθεῖναι Platon Laches 200ᵇ. Δάμωνος σὺ οἴει καταγελᾶν. Kr. 55, 3, 15. — Diese Antithesen bereiten den Nachweis, dass er überhaupt gar nicht widersprochen (§ 33) vor, durch Hinweis auf das mit der angeblichen Opposition contrastierende Thun des Eratosthenes.

27. τοῦτο] weist auf das ὡς — προσετάχθη hin. — προσετάχθη] sc. συλλαμβάνειν τὸν Πολέμ. — ἐν τοῖς μετοίκοις] ἐν 'an' fägt bei den Begriffen der Wahrnehmung, des Erprobens, des Beweisens die Person oder Sache bei, an der die Wahrnehmung oder die Probe gemacht, der Beweis gegeben wird. So oft πεῖραν λαμβάνειν ἔν τινι, δεικνύναι τι ἔν τινι [Lys.] XX, 16: ἐν πολλοῖς δηλοῖ ὑμῖν, ὅτι etc. — πίστιν ἐλάμβανον] πίστιν λαμβάνειν hier 'sich einen Beweis der Treue geben lassen'; denn πίστις ist nicht blos Versicherung der Treue (wie § 9), sondern auch thätlicher Beweis. Garantie derselben, wie § 77: ἔργῳ δοῦναι πολλὰς πίστεις. XXV, 13, 17; XVIII, 19. Isokr. XV, 125. 278: αἱ πίστεις μεῖζον δύνανται αἱ ἐκ τοῦ βίου γεγενημέναι ἢ αἱ ὑπὸ

τοῦ λόγου πεπορισμέναι. Der Gedankengang dieser schwierigen Stelle scheint folgender zu sein: Es ist ihm nicht zu glauben, dass ihm, wenn er in Wahrheit dem Beschlusse sich widersetzt hatte, die Ausführung desselben übertragen worden ist. Denn seine Zuverlässigkeit wollten sie doch wohl an den Metöken nicht erproben (in welchem einzigen Falle es sich erklären liesse, dass man ihn, den Widersacher der Massregel, mit der Ausführung derselben beauftragt hatte, weil es sich da gerade hätte zeigen müssen, ob er die Treue gegen die Genossen höher stellte als seine persönliche Anschauung), sondern nur um die reiche Beute war es ihnen zu thun. Dann (ἔπειτα, wenn sie nicht πίστιν λαμβάνειν wollten) mussten sie vernünftigerweise jedem anderen eher als einem solchen Opponenten den Auftrag ertheilen; denn ein entschiedener Gegner der Massregel konnte leicht ehrliche Hilfsleistung bei der Ausführung versagen (was § 31 f. ja auch als Pflicht des Eratosthenes bezeichnet wird, wenn er ernstlich der Gewaltthat abgeneigt war) und ihnen die Beute entschlüpfen lassen. — ἐλάμβανον] Das Imperf. nach Kr. 53, 2, 2: fidem tentaturi erant. — γνώμην ἀποδεδειγμένος] Ueber die Beschaffenheit der γνώμη lässt das ἀντειπών keinen Zweifel und daher bedarf es des Zusatzes von ἐναντίαν nicht: er hatte, wie er behauptete, nicht nur überhaupt widersprochen, sondern unverhohlen seine Ansicht bei der Berathung kund gegeben. Der Artikel fehlt bei γνώμην ἀποδείκνυσθαι und ἀποφαί-

πραχθῆναι; Ἔτι δὲ τοῖς μὲν ἄλλοις Ἀθηναίοις ἱκανή μοι 28
δοκεῖ πρόφασις εἶναι τῶν γεγενημένων εἰς τοὺς τριάκοντα
ἀναφέρειν τὴν αἰτίαν· αὐτοὺς δὲ τοὺς τριάκοντα, ἂν
εἰς σφᾶς αὐτοὺς ἀναφέρωσι, πῶς εἰκὸς ὑμᾶς ἀποδέχεσθαι;
Εἰ μὲν γάρ τις ἦν ἐν τῇ πόλει ἀρχὴ ἰσχυροτέρα αὐτῆς, ὑφ' 29
ἧς αὐτῷ προσετάττετο παρὰ τὸ δίκαιον ἀνθρώπους ἀπολλύναι, ἴσως ἂν εἰκότως αὐτῷ συγγνώμην εἴχετε· νῦν δὲ παρὰ
τοῦ ποτε καὶ λήψεσθε δίκην, εἴπερ ἐξέσται τοῖς τριάκοντα
λέγειν, ὅτι τὰ ὑπὸ τῶν τριάκοντα προσταχθέντα ἐποίουν;

νεσθαι sehr häufig (Demosth. IV,
1; XVIII, 189. Xen. Memor. IV,
4, 11), nicht etwa blos, wo γνώμην sich allenfalls 'als Ansicht'
übersetzen liesse, wie [Andok.]
IV, 22. Xen. Anab. V, 5, 3. u. ö.

28. πρόφασις] nicht blos Vorwand, sondern auch triftiger Ent-
schuldigungsgrund, προφ. ἀληθής
[Andok.] IV, 17, oder δικαία (Demosth. XXXV, 67) καὶ καλή Demosth. XXI, 98, und oft bei Thukydides. Sogar geradezu 'Veranlassung' Lys. XXIV, 1. Isokr.
XV, 69. 244. — εἰς σφᾶς αὐ-
τούς] nicht = εἰς ἀλλήλους, sondern: 'auf sich selbst', um das
(scheinbar) Widersinnige der Entschuldigung hervorzuheben. In
Wahrheit war dieser Einwand
sehr wohl begründet. Eratosthenes musste sich majorisieren lassen und die Majorität der Dreissig
war für ihn eben die ἀρχὴ ἰσχυροτέρα (§ 29), deren Zwang nach
Lysias Ansicht dem Angeklagten
Anspruch auf die Nachsicht der
Richter geben musste. Widersetz-
lichkeit mit mehr als Worten war
gefährlich und Eratosthenes konnte sich zu denen rechnen, die διὰ
τὴν ἑαυτῶν σωτηρίαν (§ 31) anderer Tod veranlassten. Sonach
durfte er es versuchen, den φόνος
ἀκούσιος nachzuweisen.

29. αὐτῆς] ad sensum auf τοὺς
τριάκοντα bezogen = τῆς ἀρχῆς
τῆς τῶν τριάκοντα. Denn eine ἀρχή
(magistratus) blieb bei alledem
das Collegium der Dreissig (§§ 6.
36. 48. 94. Plat. Apol. 32ᵈ), da

durch ein formell nicht anfecht-
bares Plebiscit ihre Wahl erfolgt
war (§ 75. Isokr. VII. 67: ψηφί-
σματι παρέλαβον τὴν πόλιν. Xen.
Hell. II, 3, 2: ἔδοξε τῷ δήμῳ τρια-
κοντα ἄνδρας ἑλέσθαι). — ὑφ' ἧς]
bezieht sich auf die ἀρχὴ ἰσχυροτέρα. — προσετάττετο] 'befoh-
len worden wäre.' Tempus und
Modus des relativen Zwischen-
satzes richtet sich nach dem der
condicionalen Protasis. Xen. Memor. III, 5, 8. Antiph. V, 74: εἰ
ἐγὼ κατεμαρτύρουν ἃ μὴ σαφῶς
ᾔδειν, δεινὰ ἂν ἔφη πάσχειν ὑπ'
ἐμοῦ. Isae. fragm. 23, 3 (Scheibe).
Kr. 54, 10, 6. — νῦν δέ] zu § 22.
— παρὰ τοῦ ποτε καὶ] ποτε
καὶ ('denn eigentlich' wie nam
tandem) fordert mit Nachdruck
Antwort auf eine Frage, die sich
unter den obwaltenden Umständen oder bei einer denselben ent-
nommenen Voraussetzung auf-
drängt und die der Fragende sich
nicht selbst zu beantworten vermag. Kr. 69, 32, 16. [Andok.] IV,
39: ἐνθυμοῦμαι τίνας ποτὲ καὶ
πείσει δεόμενος. — τοῖς τριάκοντα — ἐποίουν] Anspielung
auf eine damals jedenfalls oft ge-
brauchte Entschuldigungsphrase
(zu § 90). Daher zu betonen τοῖς
τριάκοντα, im Gegensatz zu τοῖς
μὲν ἄλλοις Ἀθηναίοις. Das Sophistische dieser Worte liegt darin,
dass das, was bei Eratosthenes
gerechtfertigt war, die Zurückschiebung der Schuld auf die Gesammtheit der Dreissig, auf die
letztere selbst übertragen wird
und nun natürlich widersinnig
scheint.

30 Καὶ μὲν δὴ οὐκ ἐν τῇ οἰκίᾳ ἀλλ' ἐν τῇ ὁδῷ, σώζειν τε αὐτὸν καὶ τὰ τούτοις ἐψηφισμένα παρόν, συλλαβὼν ἀπήγαγεν. Ὑμεῖς δὲ πάντες ὀργίζεσθε, ὅσοι εἰς τὰς οἰκίας ἤλθον τὰς ὑμετέρας ζήτησιν ποιούμενοι ἢ ὑμῶν ἢ τῶν ὑμετέρων τινός.

30. Gegen den Einwand des Eratosthenes: τὰ ὑπὸ τῶν ἀρχόντων προσταχθέντα δεδιὼς ἐποίουν und das ἀντέλεγον (§ 25) hat Lysias bis jetzt behauptet: 1) Hattest du wirklich widersprochen, so hatten dir die Dreissig vermuthlich gar nicht den Befehl ertheilt (§ 27); 2) hatten sie ihn dir ertheilt, so kannst du, selbst Mitglied der unumschränkten Regierung, dich vernünftiger Weise nicht auf den Zwang eben dieser Regierung berufen (§ 28 f.). Es folgt 3) konntest du diesem Zwange dich wirklich nicht entziehen, so gestatteten dir günstige Zufälle, dem Wortlaut des Beschlusses und zugleich der Humanität zu genügen (§ 30 f.). Dies neue Argument wird ankündigend der Ausführung vorausgeschickt.
— σώζειν—παρόν] durch wörtliche Auslegung des Beschlusses der Dreissig, welcher die Verhaftung der Metöken in ihrem Hause anordnete (§ 8). σώζειν ('wahren') ist durch eine Art traductio zu αὐτόν im wörtlichen, zu ἐψηφισμένα im tropischen Sinne zu verstehen, wie τοὺς σοὺς λόγους σώζοντες Eurip. Hel. 1552. σώζειν τὰ κείμενα Plat. Staat VI, 484ᵈ. τοὺς νόμους Gesetze VIII, 847ª. Soph. Antig. 1114. Ein ähnlicher Uebergang von der wörtlichen zur tropischen Bedeutung Virg. Aen. II, 160: Tu servata serves·Troia fidem. Ueber die Stellung des τέ, welches hinter αὐτόν stehen sollte, vgl. Isae. II, 1: βοηθεῖν τε τῷ πατρὶ καὶ ἐμαυτῷ. Plat. Protag. 336ᶜ: λόγον τε δοῦναι καὶ δέξασθαι. Kr. 69, 59, 2. — ὑμεῖς πάντες ὀργίζεσθε] Die Dreissig suchten ihre Verantwortlichkeit auf die Bürger der aristokratischen Partei zu übertragen und die Interessen gerade der Gemässigten mit den ihrigen zu identificieren, indem sie dieselben zur Ausführung

ihrer Gewaltmassregeln herbeizogen, βουλόμενοι ὡς πλείστους ἀναπλῆσαι αἰτιῶν (Plat. Apol. 32ᶜ), ἵνα (sagt Kritias bei Xenoph. Hell. II, 4, 9) ταὐτὰ ἡμῖν θαρρῆτε καὶ φοβῆσθε. Isokr. XVIII, 17: ἐνίοις καὶ προσέταττον ἁμαρτάνειν, (Lys. XXV, 13:) ὡς ταύτην παρ' ἡμῶν πίστιν εἰληφότες; denn (Isokr. XXI, 12) τοὺς ἀδικοῦντας πιστοὺς ἐνόμιζον. Sokrates, der überhaupt mit den Häuptern der Dreissig in Conflict gerieth (Xen. Memor. I, 2, 32 ff.), widerstand solchem Ansinnen entschieden. — ὅσοι] Die Ellipse des Demonstrativs davor wie XIX, 10; XIV, 5: ὁ νόμος οὐ περὶ τούτων κελεύει μόνον, ἀλλὰ καὶ ὁπόσοι ἂν μὴ παρῶσιν ἐν τῇ πεζῇ στρατιᾷ. Doch scheint der Gedanke πᾶσιν zu fordern: Euer Zorn trifft alle ohne Unterschied, die so handelten, selbst die, welche den von den Dreissig geübten Zwang und das Gebot der Selbsterhaltung für sich anführen können, um wie viel mehr muss er Eratosthenes treffen. (Aehnlicher Gedanke Demosth. XXIV, 215.) — εἰς τὰς οἰκίας] die Massregel der Haussuchung erschien den Alten noch gewaltthätiger als uns bei ihrer hohen Meinung von der Heiligkeit des Hauses (Cic. de domo κ·a 41, 109: quid est sanctius, quid omni religione munitius quam domus uniuscuiusque civium? Hoc perfugium est ita sanctum omnibus, ut inde abripi neminem fas sit). Die Demokratie gestattete daher Verletzung des Hausrechts nur kraft eines besonderen Volksbeschlusses (Demosth. XVIII, 132); dass die Dreissig dasselbe respectierthätten, behauptet zwar Demosthenes (XXII, 52; XXIV, 164) um eines rhetorischen Gegensatzes willen, wird aber entschieden bestritten von Thrasybul bei Xen. Hell. II, 4, 14: συνελαμβανόμεθα δειπνοῦντες καὶ καθ-

Καίτοι εἰ χρὴ τοῖς διὰ τὴν ἑαυτῶν σωτηρίαν ἑτέρους ἀπολέ- 31
σαι συγγνώμην ἔχειν, ἐκείνοις ἂν δικαιότερον ἔχοιτε· κίν-
δυνος γὰρ ἦν πεμφθεῖσι μὴ ἐλθεῖν καὶ καταλαβοῦσιν ἐξάρ-
νοις γενέσθαι. Τῷ δὲ Ἐρατοσθένει ἐξῆν εἰπεῖν ὅτι οὐκ
ἀπήντησεν, ἔπειτα ὅτι οὐκ εἶδεν· ταῦτα γὰρ οὔτ' ἔλεγχον
οὔτε βάσανον εἶχεν, ὥστε μηδ' ὑπὸ τῶν ἐχθρῶν βουλομένων
οἷόν τ' εἶναι ἐξελεγχθῆναι. Χρῆν δέ σε, ὦ Ἐρατόσθενες, 32
εἴπερ ἦσθα χρηστός, πολὺ μᾶλλον τοῖς μέλλουσιν ἀδίκως
ἀποθανεῖσθαι μηνυτὴν γενέσθαι ἢ τοὺς ἀδίκως ἀπολουμέ-
νους συλλαμβάνειν. Νῦν δέ σου τὰ ἔργα φανερὰ γεγέ- 33
νηται οὐχ ὡς ἀνιωμένου ἀλλ' ὡς ἡδομένου τοῖς γιγνομέ-
νοις, ὥστε τούσδε ἐκ τῶν ἔργων χρὴ μᾶλλον ἢ ἐκ τῶν λόγων
τὴν ψῆφον φέρειν, ἃ ἴσασι γεγενημένα τῶν τότε λεγομένων

εὔδοντες καὶ ἀγοράζοντες; vgl. unten § 96.

31. δ ι κ α ι ό τ ε ρ ο ν] als dem
Eratosthenes, der dies nicht für
sich geltend machen kann. — κ ί γ-
δ υ ν ο ς ἦ ν] hier = ἐπικίνδυνον ἦν
(Kr. 61, 7, 5), dagegen XIII, 27
und XXXI, 25 = periculum est ue.
— ἐ ξ ῆ ν ε ἰ π ε ῖ ν — ε ἰ δ ε ν] Lysias will nicht einsehen, dass in
diesem Falle die ὑπηρέται, die er
natürlich so gut wie Peison (§ 10)
bei sich hätte, den Eratosthenes
leicht hätten lügen strafen können.
— ἔ π ε ι τ α] wenn man ihm die Be-
gegnung mit Polemarch (§ 16)
vorgehalten hätte. — τ α ῦ τ α] geht
nur auf das οὐκ εἶδεν, da sich
Eratosthenes stellen konnte, als
sähe er den Polemarch nicht; das
ἀπαντᾶν war ja zu constatieren.
— ε ἶ χ ε ν] 'trug in sich', also 'liess
sich weder widerlegen, noch beweisen', wie Thukid. III, 53: τὰ
ψευδῆ ἔλεγχον ἔχει. Dionysius
Com. bei Athen. IX, 381°: ὅσα
οὔτ' ἀριθμὸν οὔτ' ἔλεγχον ἐφ'
ἑαυτῶν ἔχει. Isokr. I, 34: τὸ ἀ-
φανὲς ἐκ τοῦ φανεροῦ ταχίστην
ἔχει τὴν διάγνωσιν. Demosthenes
XXXXV, 84: ἔχει δικαίαν ταῦθ'
ὑποψίαν. So im Latein: praeteriti doloris recordatio habet de-
lectationem Cic. ad famil. V, 12,
15 (ἡδονὰς ἔχειν Isokr. VII, 43),
reversio plus admirationis habet
Cic. Philipp. I, 3, 7. — β ο υ λ ο μ έ-
ν ω ν] Wir mit activer Wendung

des Satzes: 'beim besten Willen.'
Demosth. IX, 63: τοῖς ὑπὲρ τοῦ
βελτίστου λέγουσιν οὐδὲ βουλομένοις ἔνεστιν ἐνίοτε πρὸς χάριν οὐδὲν εἰπεῖν. Xenoph. Kyrop. I, 4, 5:
Κῦρος ἤσθετο ὅτι βουλόμενος οὐ
δύναιτό οἱ ζῶντα πολλὰ παρέχειν.
32. μ η ν υ τ ὴ ν γ ε ν έ σ θ α ι] 'ein
Warner werden.' In der Regel ist
μηνυτής, doch nicht immer im ge-
hässigen Sinne, der 'Angeber.' Im
Falle des Polemarch war freilich
keine Zeit zu einer Warnung, da
die Ausführung dem Beschlusse
unmittelbar folgte (§ 8).
33. ν ῦ ν δ έ] zu § 22. — ὡς
ἡ δ ο μ έ ν ο υ τ ο ῖ ς γ ι γ ν ο μ έ ν ο ι ς]
damit kommt der Redner zu dem
Schluss, dass das ἀντέλεγον des
Eratosthenes (§ 25) gar nicht auf
Wahrheit beruhe, da es mit seinem Thun unvereinbar sei, wiederum ein Argument für den φόνος ἑκούσιος. — ὥ σ τ ε — φ έ ρ ε ι ν]
Eine sehr beliebte Provocation an
die gesunde Vernunft der Richter,
τοὺς λόγους μὴ πιστοτέρους τῶν
ἔργων νομίζειν XXXIV, 5; VII,
30; vgl. XXV, 13. Isokr. XVIII,
65. [Demosth.] XXV, 42. Antiph.
V, 84; VI, 47 rückt es den Gegnern vor: οἱ μὲν ἄλλοι ἄνθρωποι
τοῖς ἔργοις τοὺς λόγους ἐξελέγχου-
σιν, οὗτος δὲ τοῖς λόγοις ζητοῦσι
τὰ ἔργα ἄπιστα καθιστάναι. 'Thatsachen', nicht 'Worte' forderten
die Richter von den Sprechern
(Plat. Apol. 32*). — τ ῶ ν τ ό τ ε

τεκμήρια λαμβάνοντας, ἐπειδὴ μάρτυρας περὶ αὐτῶν οὐχ οἶόν
τε παρασχέσθαι. Οὐ γὰρ μόνον ἡμῖν παρεῖναι οὐκ ἐξῆν, ἀλλ'
οὐδὲ παρ' αὐτοῖς εἶναι, ὥστ' ἐπὶ τούτοις ἐστὶ πάντα τὰ κακὰ
εἰργασμένοις τὴν πόλιν πάντα τἀγαθὰ περὶ αὐτῶν λέγειν.
34 Τοῦτο μέντοι οὐ φεύγω, ἀλλ' ὁμολογῶ σοι, εἰ βούλει, ἀντειπεῖν. Θαυμάζω δὲ τί ἄν ποτε ἐποίησας συνειπών, ὁπότε ἀντειπεῖν φάσκων ἀπέκτεινας Πολέμαρχον.

λεγομένων] In der Berathung über die Inhaftnahme der Metöken. — τεκμήρια] 'Merkmale des wahren Inhalts seiner damaligen Worte, die nicht aus einem ἀνιᾶσθαι, sondern einem ἥδεσθαι hervorgingen und also keinesfalls Opposition machten. — παρεῖναι] bei den Berathungen der Dreissig, hervorgehoben gegenüber der Oeffentlichkeit der Berathungen der Ekklesia wie der Bule (zu XIII, 21) unter der Demokratie — παρ' αὐτοῖς εἶναι] Wortspiel mit παρεῖναι 'daheim- dabei sein.' Dies veranlasst die seltene Phrase παρ' αὐτοῖς εἶναι (ètre chez nous, d. h. im Vaterlande); so noch Isokr. II, 30: αὐτοὶ παρ' αὐτοῖς ὄντες (Gegensatz zu ἐν τῷ φανερῷ) μᾶλλόν σου τὴν γνώμην ἢ τὴν τύχην θαυμάζουσιν. Bei Späteren häufiger οἴκοι παρὰ σαυτῷ u. dgl., Lukian Hahn 10 (so Jacobitz). Aehnlich steht das Reflexiv in πρὸς αὐτόν. Isae. VII, 15. Ebenso Cic. de or. I, 50, 214: Scaurum ruri apud se esse audio. de fato fragm. 2 (Klotz): erat apud se ad Lavernium Scipio. — Das Geschlossene der Redensart entschuldigt den Gebrauch des Pron. reflex. der 3. Person in Beziehung auf ἡμῖν, eine Freiheit, die bei anderen Rednern häufig (Kr. 51, 2, 15), bei Lysias nur noch in Beziehung auf die 2. Person und nur im Plural vorkommt; XVIII, 15: ἃ αὐτοῖς ἐψηφίσασθε, ῥᾳδίως διαλύσετε. XXVIII, 16: εὖ περὶ αὐτῶν βουλεύσεσθε, so auch Pseudolys. VIII, 5: ἀποφαίνετε σκαιοτάτους ἑαυτούς. — πάντα τὰ κακὰ — πάντα τἀγαθά] 'alles mögliche Ueble—Gute,' wie § 41. [Demosth.] XXV, 101: ἐξὸν ἅπαντας ἅπασι πάντα τἀγαθὰ εὔχεσθαι.

Dagegen § 57: πάντα κακὰ εἰργασμένοις 'lauter Uebles' Aristoph. Ach. 982: ἐπὶ πάντ' ἀγάθ' ἔχοντας ἐπικωμάσας εἰργάσατο πάντα κακά. Lysistr. 1045: πάντ' ἀγαθὰ καὶ λέγειν καὶ δρᾶν. 34. τοῦτο — φεύγω] 'ich gehe dem nicht aus dem Wege' (will mich darauf einlassen); φεύγειν wie Demosth. XXXVIII, 19: ἀκούω αὐτὸν τὰ περὶ τῶν νόμων δίκαια φεύξεσθαι, παρεσκευάσθαι δὲ λέγειν etc. So fugere Cic. de or. II, 75, 303: Dixi solere me cedere et, ut planius dicam, fugere ea, quae valde causam meam premerent.— ὁμολογῶ] Das Zugeständnis, Eratosthenes habe widersprochen, wird eine neue rhetorische Waffe, um den Widerspruch zwischen seinem Thun und Reden hervor-zuheben. — θαυμάζω τί] 'es soll mich doch wundern, was', wie XIII, 49. Der Inhalt der Antwort auf solche Fragen nach θαυμάζω wird im voraus als Gegenstand der Verwunderung bezeichnet. — τί ἄν ἐποίησας — Πολέμαρχον] Eine geläufige Form des Schlusses a minori ad maius wie XXV, 30; IX, 16: τί ἄν ἔπραξαν μέλλοντες μεγάλα μὲν ἐμὲ βλάψειν, πολλὰ δ' ἑαυτοὺς ὠφελήσειν, οἵτινες οὐδετέρου τούτων ὑπάρχοντος πάντα περὶ ἐλάττονος ποιοῦνται τοῦ ἀδίκου. XXXI, 10. — φέρε δή] Abschluss des Nachweises des φόνος ἑκούσιος, und auf diesem fussend, die Frage an die Richter: 'Nun denn, was könnte euch bestimmen ihn freizusprechen, und wäret ihr seine nächsten Verwandten?' Dass die Freisprechung in keinem Falle möglich sei, wird weiter durch den Hinweis begründet, dass Eratosthenes wie die That selbst, so auch

ΚΑΤΑ ΕΡΑΤΟΣΘΕΝΟΥΣ.

45

Φέρε δή, διὰ τί ἄν, εἰ καὶ ἀδελφοὶ ὄντες ἐτύχετε αὐτοῦ ἢ
καὶ υἱεῖς, ἀπεψηφίσασθε; Δεῖ γάρ, ὦ ἄνδρες δικασταί, Ἐρατοσθένην δυοῖν θάτερον ἀποδεῖξαι, ἢ ὡς οὐκ ἀπήγαγεν αὐτόν, ἢ ὡς δικαίως τοῦτ' ἔπραξεν. Οὗτος δὲ ὡμολόγηκεν ἀδί- 35
κως συλλαβεῖν, ὥστε ῥᾳδίαν ὑμῖν τὴν διαψήφισιν περὶ αὐτοῦ πεποίηκεν. Καὶ μὲν δὴ πολλοὶ καὶ τῶν ἀστῶν καὶ τῶν
ξένων ἥκουσιν εἰσόμενοι τίνα γνώμην περὶ τούτων ἕξετε.
Ὧν οἱ μὲν ὑμέτεροι ὄντες πολῖται μαθόντες ἄπιασιν ὅτι ἢ
δίκην δώσουσιν ὧν ἂν ἐξαμάρτωσιν, ἢ πράξαντες μὲν ὧν

deren Nichtberechtigung zugestanden habe. — εἰ καὶ — υἱεῖς]
Die rhetorische Wendung ähnlich
[Lys.] VI, 53: ποῖον συγγενῆ χρὴ
τούτῳ χαρισάμενον κρύβδην φανερῶς τοῖς θεοῖς ἀπέχθεσθαι; vgl.
Cic. in Verr. II, 5, 52, 136. — εἰ
καὶ 'wenn sogar', hebt den Begriff ἀδελφοί allein hervor (daher
das steigernde καί vor υἱεῖς wiederholt), καὶ εἰ würde den ganzen condicionalen Satz urgieren.
Kr. 65, 5, 16. — Die Aoriste ἐτύχετε und ἐψηφίσασθε, die man
durch die Imperfecta ersetzen
wollte, stellen den blos angenommenen, nie zur Gegenwart wer-
denden Fall als schon abgethan
und beseitigt, daher der Vergangenheit anheimgefallen hin. Aehnlich Aeschin. I, 79: φέρε δή, εἰ
περὶ τοῦ ἐπιτηδεύματος τούτου
ἐδέησε δοῦναι ψῆφον Τίμαρχον,
τί ἂν ἐψηφίσασθε. — δεῖ γὰρ]
Sonderung der That- und der
Schuldfrage. Der Redner darf
sich nicht begnügen, den φόνος
ἑκούσιος nachgewiesen zu haben;
in gewissen Fällen gestattete ja
das Gesetz vorsätzliche Tödtung
und gewährte dem ἀποκτείνας
Straflosigkeit vor menschlichem
und göttlichem Gericht (Schömann
I, 486); also muss noch die Nichtberechtigung der That bewiesen
werden. Die Forderung, entweder die Unwahrheit des zur Last
gelegten Factums darzulegen oder
dasselbe zu rechtfertigen wie XIII,
49. 51. 84. Cic. p. Milone 3, 8: ut
quisquam qui hoc ignoret, quum de
homine occiso quaeratur, aut ne-
gari solere omnino esse factum

aut recte et iure factum esse de-
fendi? Demosth. XIX, 203: ἡ δικαία ἀπολογία ἐστὶν ἢ ὡς οὐ πέπρακται τὰ κατηγορημένα δεῖξαι
ἢ ὡς πεπραγμένα συμφέρει τῇ πόλει (Cic. de or. I, 31, 139). —
ἢ ὡς οὐκ ἀπήγαγεν) die That
an sich hat Eratosthenes schon
§ 25 zugestanden. — ὡμολόγηκεν ἀδίκως συλλαβεῖν] Eratosthenes hatte freilich § 25 nur
das Zugeständnis gemacht, den
Metöken sei durch den Beschluss
der Dreissig Unrecht widerfah-
ren, nicht aber, wie er Lysias hier
darstellt, dadurch sich selbst verurtheilt, sondern durch die Betonung seines Widerspruchs die
ἀδικία von sich ab auf die Majorität der Dreissig zu wälzen gesucht; die ihm aufgenöthigte Ausführung des Beschlusses machte
ihn selbst doch nicht für das Unrecht verantwortlich. — διαψή-
φισιν] Die Sonderung des verurtheilenden vom freisprechenden Stimmsteine, also 'die Wahl
des Stimmsteins.' Diese Bedeutung des διά in διαψήφισις und
διαψηφίζεσθαι geht hervor aus
Stellen wie Xen. Hell. I, 7, 23:
διαψηφίζεσθαι ἐάν τε ἀδικεῖν δο-
κῶσιν ἐάν τε μή. Der entsprechende innere Vorgang im Ab-
stimmenden ist διάγνωσις ('Entscheidung'); Isae. I, 21: ὥστ' ἐκ
τούτων τῶν λόγων ῥᾳδίαν ὑμῖν τὴν
διάγνωσιν πεποιήκασι περὶ αὐτῶν.
Antiph. VI, 15.

35. τῶν ἀστῶν] geht vornehmlich auf die Genossen der Fraction
ἐξ ἄστεος. — ὅτι δίκην δώσου-

ἐφίενται τύραννοι τῆς πόλεως ἔσονται, δυστυχήσαντες δὲ τὸ
ἴσον ὑμῖν ἕξουσιν· ὅσοι δὲ ξένοι ἐπιδημοῦσιν, εἴσονται πότερον ἀδίκως τοὺς τρι´κοντα ἐκκηρύττουσιν ἐκ τῶν πόλεων ἢ
δικαίως· εἰ γὰρ δὴ αὐτοὶ οἱ κακῶς πεπονθότες λαβόντες

σιν] Die Redner lieben und va-
riieren vielfach den Satz, dass an
dem Angeklagten ein Exempel
statuiert werden müsse (παράδειγμα ποιῆσαι XIV, 45 Demosth.
XIX, 345; XXI, 97. 227; XXIV,
101. 218; XXV, 53; XXXXV, 87,
παράδειγμα καθιστάναι Deinarch
II, 24), um seine Gesinnungsgenossen einzuschüchtern, entsprechend der Abschreckungstheorie,
welche Platon Protag. 324ᵇ ausspricht: ὁ μετὰ λόγον ἐπιχειρῶν
κολάζειν οὐ τοῦ παρεληλυθότος
ἕνεκα ἀδικήματος τιμωρεῖται, ἀλλὰ τοῦ μέλλοντος χάριν, ἵνα μὴ
αὖθις ἀδικήσῃ μήτε αὐτός οὗτος
μήτε ἄλλος ὁ τοῦτον ἰδὼν κολα-
σθέντα (so auch Gorg. 525ᵇ; Lykurg 9). Sie gewinnen dadurch
zugleich den Vortheil, dem ἴδιος
ἀγών die Bedeutnng des κοινός
zu geben. Lys. XXX, 23: προσέ-
χουσι τὸν νοῦν οἱ βουλόμενοι τὰ
κοινὰ κλέπτειν, ὅπως Νικόμαχος
ἀγωνιεῖται, οἷς ὑμεῖς, ἐὰν μὴ τοῦτον τιμωρήσεσθε, πολλὴν ἄδειαν
ποιήσετε, ἐὰν δὲ καταψηφισάμενοι τῶν ἐσχάτων αὐτῷ τιμήσετε,
τῇ αὐτῇ ψήφῳ τοὺς ἄλλους βελτίους
ποιήσετε. I, 47; XV, 9. XXVII, 6 f.;
XXVIII, 10 f. Deinarch I, 107.
— δυστυχήσαντες] nicht = μὴ
τυχόντες, sondern im Gegensatz
zu πράξαντες: 'wenn es ihnen mis-
glücken sollte', wie II. 68 im Gegensatz zu νικήσαντες. Unten §98.
— Der Gedanke ist: Die Gesinnungsgenossen des Eratosthenes
werden zu der Ueberzeugung kommen, dass sie bei ihren hochverrätherischen Bestrebungen nur
gewinnen, im schlimmsten Falle
nichts verlieren können.—τὸ ἴσον
ὑμῖν ἕξουσιν] so gut wie Erat.
im Falle seiner Freisprechung. τὸ
ἴσον ἔχειν ist wie § 92 II, 56 der
Inbegriff der Gleichberechtigung
aller im demokratischen Staate,
der ἰσηπολιτεία (Aeschb. I, 5), denn

δημοκρατουμένης τῆς πόλεως τῶν
αὐτῶν ἅπαντες τυγχάνομεν Isokr.
XX, 20, daher οἱ ἐξ ἴσου πολι-
τευόμενοι = die Demokraten Isokr.
X, 34. Die drei Hauptmerkmale
dieser demokratischen ἰσότης (Isokrat. XII, 241 aequabilitas iuris
Cic. de rep. I, 34, 53) sind gleiche
Freiheit des Wortes (ἰσηγορία),
Gleichheit vor dem Gesetz (ἰσο-
νομία) und Gleichberechtigung zu
Staatsämtern (ἰσοτιμία). Der Gegensatz dazu ist einerseits das un-
berechtigte Höherstreben des Einzelnen, das πλέον ἔχειν ζητεῖν
(Lys. II, 64. Vgl. [Andok.] IV, 16.
Isokr. XXI, 15. Plat. Gorg. 483ᶜ.
[Xen.] Staat der Athen. II, 18),
andrerseits die verfassungswidri-
ge Rechtsverkürzung, das ἔλαττον
ἔχειν (Isokr. VII, 67) oder ἐλαττοῦσθαι (Lys. II, 64). — ξένοι]
Der Hinweis auf den Constrast
der im Auslande getroffenen Massregeln und einer etwaigen Freisprechung durch die unmittelbar
interessierten Athener ähnlich
Lys. VI, 16. — ἐκκηρύττου-
σιν] der eigentliche Ausdruck von
solenner Ausweisung unter He-
roldsruf, wie §§ 95. 97. XXV, 22;
XXXI, 8. Aesch. III, 258: Ἄρθ-
μιον οἱ πατέρες ὑμῶν ἐξεκήρυξαν
ἐκ τῆς πόλεως καὶ ἐξ ἁπάσης ἧς
Ἀθηναῖοι ἄρχουσιν. Man hat aus
dieser Stelle schliessen wollen,
Eleusis sei zu der Zeit, wo die
Rede gehalten, bereits gefallen
gewesen und einige der Tyrannen, dem Blutbad daselbst entgangen, hätten sich in die hier angedeuteten Städte geflüchtet. Aber
vermuthlich hatten sich gleich bei
der Reaction, welche zu der Vertreibung der Dreissig nach Eleusis führte, einzelne der letzteren,
die nicht Lust hatten, ihren Amtsgenossen auf den isolierten Posten
zu folgen, nach anderen Orten ge-
wendet. — εἰ δή] 'wenn wirk-

ἀφήσουσιν, ἤ που σφᾶς αὐτοὺς ἡγήσονται περιέργους ὑπὲρ
ὑμῶν τιμωρούντας. Οὐκ οὖν δεινόν, εἰ τοὺς μὲν στρατη- 36
γοὺς οἳ ἐνίκων ναυμαχοῦντες, ὅτε διὰ χειμῶνα οὐχ οἷοί τ᾽
ἔφασαν εἶναι τοὺς ἐκ τῆς θαλάττης ἀνελέσθαι, θανάτῳ ἐζη-

lich' Demosth. VIII, 36: ἐκεῖνος
ὑμῶν ὑγιαινόντων, εἰ δὴ τοὺς τὰ
τοιαῦτα ποιοῦντας ὑγιαίνειν φή-
σαιεν, δύο τυράννους κατέστησε
(wo Rehdantz), Bäumlein, Partikeln S. 106. — λ α β ό ν τ ε ς] zu
XIII, 56. Wie hier [Demosthenes]
XXV, 27: ὑμεῖς αὐτοὶ τὸν παρὰ
τοὺς νόμους πράττειν τι βιαζόμε-
νον λαβόντες ἀφήσετε; — ἢ που]
'wohl gewiss', emphatisch der
Nachsatz zum causalen oder condicionalen Vordersatze einleitend,
öfters durch γε oder σφόδρα verstärkt. XIII, 57. 69; XXV, 17;
auch mit ironischem Klange, wie
Demosth. LV, 18: εἰ γε εἰς τὴν
ὁδὸν ὀκνήσω τὸ ὕδωρ ἐξάγειν, ἢ
που σφόδρα θαρρῶν εἰς τὸ τοῦ
πλησίον χωρίον ἀφείην ἄν. —
τ ι μ ω ρ ο ῦ ν τ α ς] τιμωρεῖν ὑπέρ
τινος 'als Rächer auftreten für
Jemand' (XIII, 1. 51), τινα 'an
Jemand' (ibid. § 41. 42. 92). Das
Motiv der Rache wird durch ἀντί
(XII, 94), περί (XIV, 2), ὑπέρ
(XV, 9) oder den blossen Genitiv
gegeben (Xen. Anab. VII, 1, 25).
Ebenso im Activ (sehr selten im
Med. Eurip. El. 1095) τιμωροῦν
τινι 'als Rächer beistehen' (XIII,
97), τι 'in etwas' (VI, 11). Das
Medium steht von der selbstvoll-
zogenen Rache für erlittene eigene Beleidigungen und Nachtheile.
Uebrigens ist dies Verbum ein
Lieblingswort des Lysias.
36. δ ε ι ν ό ν, ε ἰ μ έ ν — τούτους δ έ] Bei solcher Hervorhebung des Widerspruchs zwischen
einem Factum und einer Annahme oder der Gegenüberstellung
zweier einander widersprechen-
der Facta subordinieren wir das
erste Glied der Antithese (während) ; die Coordination ist
aber logisch wohl begründet, da
das δεινόν eben auf dem V e r -
hältnisse beider Satzglieder zu
einander, nicht auf dem zweiten

allein beruht. So XIII, 91; XXIX,
4. 11; XXXIV, 11: δεινόν ἂν εἴη,
εἰ ὅτε μὲν ἐφεύγομεν ('während
wir im Exil') ἐμαχόμεθα Λακεδαιμονίοις, ἵνα κατέλθωμεν, κατελθόντες δὲ φευξόμεθα, ἵνα μὴ
διαμαχώμεθα. Ebenso im Lateinischen Cic. in Verr. accus. V,
41, 107: omnibus indignissimum
visum est, homines honestissimos
in vincla coniectos, Cleomenem
propter flagitiorum societatem fa-
miliarissimum esse praetori. Zuweilen empfiehlt sich auch die
Subordination des zweiten Gliede,
wie § 87 und VI, 13. Vgl. zu § 47.
Kr. 69, 16, 3. Bäumlein, Partikeln
168 ff. — ἐ ν ί κ ω ν] 'Sieger waren',
wie Andok. III, 19: Λακεδαιμόνιοι ἕτοιμοί εἰσιν εἰρήνην ποιεῖσθαι, οἳ ἐνίκων μαχόμενοι. Kr. 53,
1, 3. — ν α υ μ α χ ο ῦ ν τ ε ς] bei den
Arginusen im September 406. —
δ ι ὰ χ ε ι μ ῶ ν α] διὰ τὸν χειμῶνα
οὐδὲ πλεῖν, μὴ ὅτι ἀναιρεῖσθαι
τοὺς ἄνδρας δυνατὸν ἦν Xen Hell.
II, 3, 35. Cic. de rep. IV: quod in-
sepultos reliquissent eos, quos ad
mari propter vim tempestatis ex-
cipere non potuissent, innocentes
necaverunt (fragm. bei Klotz IV,
2, p. 320). — ὅ τ ε] causal, wie XIX,
5: ὅτ᾽ οὖν τοιαῦτα πολλὰ γεγένηται, εἰκὸς ὑμᾶς μήπω τοὺς τῶν κατηγόρων λόγους πιστοὺς ἡγεῖσθαι,
πρὶν ἂν καὶ ἡμεῖς εἴπωμεν. Kr. 54,
16, 3. — τ ο ὺ ς ἐ κ τ ῆ ς θ α λ ά τ-
τ η ς]. Die Präposition der Bewegung proleptisch wegen des ἀνελέσθαι. Kr. 50, 8, 14. Bei Lysias
findet sich kein weiteres Beispiel
dieses Sprachgebrauchs. — Die
Hinzufügung eines ναυαγούς ist
gewiss überflüssig, da die Zuhö-
rer ja genau wussten, wer die οἱ
ἐκ τῆς θαλάττης gewesen seien.
Ebenso Sokrates in der Apol. 32ᵇ:
τοὺς δέκα στρατηγοὺς τοὺς οὐκ
ἀνελομένους τοὺς ἐκ τῆς ναυμα-
χίας. — Θ α ν ά τ ῳ ἐ ζ η μ ι ώ σ α τ ε]

μιώσατε, ἡγούμενοι χρῆναι τῇ τῶν τεθνεώτων ἀρετῇ παρ᾿
ἐκείνων δίκην λαβεῖν, τούτους δέ, οἳ ἰδιῶται μὲν ὄντες καθ᾿
ὅσον ἐδύναντο ἐποίησαν ἡττηθῆναι ναυμαχοῦντας, ἐπειδὴ δὲ
εἰς τὴν ἀρχὴν κατέστησαν, ὁμολογοῦσιν ἑκόντες πολλοὺς τῶν
πολιτῶν ἀκρίτους ἀποκτιννύναι, οὐκ ἄρα χρὴ αὐτοὺς καὶ τοὺς
παῖδας ὑφ᾿ ὑμῶν ταῖς ἐσχάταις ζημίαις κολάζεσθαι;

Die Hinweisung auf sonstige rigorose Strenge und die daraus sich ergebende Consequenz für den vorliegenden weit schlimmeren Fall ist ein gern gebrauchtes rhethorisches Mittel. XXII, 16. XXIX, 11. Lykurg 53. Isokr. XXI, 3. Aesch. III, 232. 252. 268 f. Demosth. XXI, 175 ff. Hypereid w. Demosth. 20 (Sauppe). Ein ähnliches exemplum a minori ad maius Cic. de imp. P. 5, 11. — ἡγούμενοι — λαβεῖν] beachtenswerther Hinweis auf die richtige Beurtheilung des Gefühls, welches die Athener in dem Feldherrnprocess (Xen. Hell. I, 7) leitete und sie über die hochgehaltenen Rechtsformen hinwegsehen liess. Wie Lysias darüber dachte, ist nicht aus dieser Stelle zu ersehen, da das οἳ ἐνίκων μαχόμενοι (im Gegensatz zu ἐποίησαν ἥττ. ναυμ.) nicht die absolute, sondern nur die relative Unbilligkeit des Verfahrens gegenüber einer etwaigen Freisprechung des Eratosthenes und seiner Genossen hervorhebt. Spätere haben nur das Uebereilte und Tumultuarische des Verfahrens ins Auge gefasst und die Pietät übersehen. — τῇ ἀρετῇ] Der Dativ ist hart mit δίκην λαβεῖν verbunden und wohl eher ein Begriff wie βοηθοῦντας oder τιμωροῦντας ausgefallen. — ἐποίησαν] Unter den sechs Feldherren bei Aegospotamoi waren oligarchische Verräther. Pausan. IV, 17, 2. (Die Möglichkeit des Verrathes deutet Lysias auch II, 58 an), besonders der später deshalb vom Konon (Demosth. XIX, 191) verklagte Adeimantos, der Sohn des Leukolophides (Lys. XIV, 38. Xenoph. Hell. II, 1, 32), und Tydeus (Pausan. X, 9, 5). — ἑκόντες] Gegen-

satz zu dem ὅτε — ἀνελέσθαι: die Feldherrn liessen nothgedrungen die Schiffbrüchigen im Stich, die Tyrannen tödteten freiwillig die Bürger. — ἀκρίτους] zu § 17. — οὐκ ἄρα χρὴ — κολάζεσθαι] Anakoluthischer kräftiger Abschluss der condicionalen Periode, indem die Rection des δεινὸν εἰ verlassen und zum directen Fragsatz übergesprungen wird. Thuk. I, 121: δεινὸν ἂν εἴη, εἰ οἱ μὲν ἐκείνων ξύμμαχοι ἐπὶ δουλείᾳ τῇ αὐτῶν χρήματα φέροντες οὐκ ἀπεροῦσιν, ἡμεῖς δὲ ἐπὶ τῷ σώζεσθαι οὐκ ἄρα δαπανήσομεν; Madvig § 189, Anm. 2. Aehnlich Lys. XXXI, 29: οὐ γὰρ ἂν δήπου, εἰ μέν τις λίποι τὴν τάξιν, ἐτέθη νόμος ὡς μεγάλα ἀδικοῦντος, εἰ δέ τις αὐτῆς τῆς πόλεως ἐν κινδύνῳ οὔσης λίποι τὴν πόλιν αὐτήν, οὐκ ἂν ἄρα ἐτέθη; Σφόδρα γ᾿ ἄν, εἴ τις ᾠήθη etc. — αὐτοὺς καὶ τοὺς παῖδας] Dass die Sünde der Väter noch an den Kindern geahndet werden müsse (wenn gleich arge Sünder auch selbst der Strafe nicht entgehen Lysias fragm. 53,3), ist ein der sittlichen Anschauung der Hellenen geläufiger Satz. Demosth. LVII, 29: περὶ ὧν μὲν ἄν τις ζῶν αἰτίαν σχῇ, δίκαιον τοὺς παῖδας τὴν ἀειλογίαν παρέχειν, Solon 13, 31 Bergk. Eurip. Herc. fur. 1265: ὅταν χρηπὶς μὴ καταβληθῇ γένους ὀρθῶς, ἀνάγκη δυστυχεῖν τοὺς ἐκγόνους. Hippol. 1340, dazu der Satz der Stoiker bei Cic. de nat. deor. III, 38, 90: ea vis deorum est, ut etiam si quis morte poenas sceleris effugerit, expetantur eae poenae a liberis, a nepotibus, a posteris. Angewandt ist dieser Satz auf den Meineidigen schon II. 3, 301. Orakel bei Herod. VI, 86. Lykurg 79;

Ἐγὼ τοίνυν, ὦ ἄνδρες δικασταί, ἠξίουν ἱκανὰ εἶναι 37
τὰ κατηγορημένα· μέχρι γὰρ τούτου νομίζω χρῆναι κατηγορεῖν ἕως ἂν θανάτου δόξῃ τῷ φεύγοντι ἄξια εἰργάσθαι· ταύτην γὰρ ἐσχάτην δίκην δυνάμεθα παρ' αὐτῶν λαβεῖν. Ὥστ'
οὐκ οἶδ' ὅ τι δεῖ πολλὰ κατηγορεῖν τοιούτων ἀνδρῶν, οἳ οὐδ'
ὑπὲρ ἑνὸς ἑκάστου τῶν πεπραγμένων δὶς ἀποθανόντες δίκην
δοῦναι δύναιντ' ἄν. Οὐ γὰρ δὴ οὐδὲ τοῦτο αὐτῷ προσήκει 38
ποιῆσαι, ὅπερ ἐν τῇδε τῇ πόλει εἰθισμένον ἐστίν, πρὸς μὲν
τὰ κατηγορημένα μηδὲν ἀπολογεῖσθαι, περὶ δὲ σφῶν αὐτῶν

auf den Tyrannen (Solon 33. Polos
bei Platon Gorg. 473°); auf die
ἀσεβεῖς im Allgemeinen [Lys.] VI,
20. Praktisch ward er auf sacra-
lem Gebiete in dem Schwur κατ'
ἐξωλείας (zu §. 10), auf politi-
schem (wogegen freilich Platon
Gesetze IX, 855ᵃ, 856ᶜᵈ und [De-
mosth.] Brief 3, 14 sich erklären)
in der Vererbung der Atimie auf
die Kinder der Hochverräther und
Staatsschuldner (vgl. Pseudolys.
XX. 34); und den Commentar dazu
geben Beispiele der Volksjustiz,
wie an den Kindern der lakonisierenden Thebaner (Xen. Hell.
V, 4,12), der Giftmischerin Theo-
ris (Demosth. XXV, 79), des oligarchisch gesinnten Ephesiers
Syrphax (Arrian. Anab. I, 17, 12),
des zum ehrlosen Frieden rathen-
den Buleuten Lykides (Herod. IX.
5); der jüngere Alkibiades entging mit Mühe ähnlichem Schick-
sal (Lys. XIV, 17. Isokr. XVI.45).
Im Jahre 403 dagegen bewährte
sich die Mässigung des Volks in
der Ausdehnung der Amnestie auf
die Kinder der Dreissig (Demosth.
XXXX, 32).

37. Uebergang zum λόγος ἔξω
τῆς γραφῆς (Isokr. XV, 104). —
ἠξίουν] ohne ἄν, weil subjecti-
ver Ausdruck eines ἄξιον ἦν:
Nach Fug und Recht sollte das
Gesagte genügen (vgl. XXII, 7),
allein das Verfahren des Eratosthenes (die Abwälzung der Schuld
auf die Majorität der Dreissig, die
Fürsprache Andrer für ihn und die
Berufung auf Theram.) nöthigt
mich, die Klage weiter auszudeh-

nen. So Antiph. V, 86: ἠξίουν
περὶ τῶν τοιούτων εἶναι τὴν δίκην
κατὰ τοὺς νόμους, κατὰ μέντοι τὸ
δίκαιον ὡς πλειστάκις ἐλέγχεσθαι.
— τῷ φεύγοντι] verb. mit εἰργάσθαι. — ταύτην ἐσχάτην
δίκην] zu XXV, 13. — παρ' αὐ-
τῶν] Der Plural bezüglich auf das
collective τῷ φεύγοντι. Kr. 58, 4,
4. — δὶς ἀποθανόντες] Rhetorische Steigerung des Gedankens: ἄξιόν ἐστιν ἕκαστον ἔργον
(αὐτοῦ) θανάτου XXVI, 23. Weitere Steigerungen XXVIII, 1: οὐκ
ἄν μοι δοκεῖ δύνασθαι Ἐργοκλῆς
ὑπὲρ ἑνὸς ἑκάστου τῶν πεπραγμένων αὐτῷ πολλάκις ἀποθανὼν
δοῦναι δίκην ἀξίαν. Demosth.
LIV, 22: τίν' ἂν οὗτος ἀξίαν τῶν
πεπραγμένων ὑπόσχοι δίκην; ἐγὼ
μὲν γὰρ οὐδ' ἀποθανόντα οἶμαι. und so [Demosth.] XXV, 59.
Lykurg. 9. Aehnliches zu XIII,
91. — δίκην] Ungern vermisst
man eine Qualificierung des Begriffs wie ἀξίαν oder ἱκανήν. Auch
der Artikel würde genügen, denn
ἡ δίκη ist oft 'die gebührende
Strafe', wie XXVIII, 17; ebenso
ἡ τιμωρία Lykurg 111. Kr. 50,
2, 4.
38. οὐ γὰρ δή] begründet weiter das ἠξίουν: Das Gesagte sollte
genügen, denn die Todeswürdig-
keit des Angeklagten ist nachgewiesen und auch auf ihre Verdienste können sie nicht pochen.
Der Grund, warum er doch fort-
fahren muss, wird §41 theilweise
angedeutet. — ὅπερ] 'was freilich.' — πρὸς—ἀπολογεῖσθαι]
Ein πάλαισμα δικαστηρίου nennt
Aeschin. III, 205 dies Ausbie-

ἕτερα λέγοντες ἐνίοτε ἐξαπατῶσιν, ὑμῖν ἀποδεικνύντες ὡς
στρατιῶται ἀγαθοί εἰσιν, ἢ ὡς πολλὰς τῶν πολεμίων ναῦς
ἔλαβον τριηραρχήσαντες, ἢ πόλεις πολεμίας οὔσας φίλας
39 ἐποίησαν· ἐπεὶ κελεύετε αὐτὸν ἀποδεῖξαι ὅπου τοσούτους
τῶν πολεμίων ἀπέκτειναν ὅσους τῶν πολιτῶν, ἢ ναῦς ὅπου
τοσαύτας ἔλαβον ὅσας αὐτοὶ παρέδοσαν, ἢ πόλιν ἥντινα
τοιαύτην προσεκτήσαντο οἵαν τὴν ὑμετέραν κατεδουλώσαντο.
40 Ἀλλὰ γὰρ ὅπλα τῶν πολεμίων ἐσκύλευσαν τοσαῦτα ὅσα περ
ὑμῶν ἀφείλοντο, ἀλλὰ τείχη τοιαῦτα εἷλον οἷα τῆς ἑαυτῶν

gen von der Sache, wie es Lys.
XXVI, 3 vom Euandros erwartet:
ἀκούω αὐτὸν ὑπὲρ τῶν αὐτοῦ κατηγορημένων διὰ βραχέων ἀπολογη-
σεσθαι, λέξειν δὲ ὡς πολλὰ εἰς τὴν
πόλιν ἀνηλώκασι (zu § 20), wogegen Mantitheos XVI, 9: δοκεῖ μοι
ἐν τοῖς ἀγῶσι περὶ αὐτῶν μόνων
τῶν κατηγορημένων προσήκειν ἀ-
πολογεῖσθαι. Dass man sogar bei
der γραφὴ φόνου solche Mittel
nicht verschmähte, zeigt Antiph.
II, β, 12. Aufforderungen an die
Richter, dem Gegner Dinge, die
nicht strict zur Sache gehören,
abzuschneiden, sind häufig (zu
XIII, 89). — λέγοντες ἐνίοτε
ἐξαπατῶσιν] Das zweite Glied
der Antithese verlässt die Infini-
tiv-Construction wie Isae. I, 20:
τίς ἂν γένοιτο ταύτης μανία μεί-
ζων ἢ τότε μὲν ἡμᾶς κακῶς ποιεῖν, νυνὶ δὲ χρώμενος ἡμῖν ἐβου-
λήθη τοὺς ἀδελφιδοῦς ἀκλήρους
ποιῆσαι τῶν ἑαυτοῦ. Vgl. auch
Lys. XXII, 19. — ἐξαπατῶσιν]
οἱ φεύγοντες. Vermuthlich wollte
sich Eratosthenes auf seine Trierarchie im Jahre 411 (§. 42) und
die dabei angeblich bewiesene er-
folgreiche Tapferkeit berufen. —
Den Vorwurf, getäuscht worden
zu sein, müssen sich die Richter
oft bieten lassen (z. B. XIX, 51.
Aeschin. III,168. Aristoph. Wesp.
281 f.); Aristoph. Ri. 1115 vom
Demos: εὐπαράγωγος εἶ θωπενό-
μενός τε χαίρεις κάξαπατώμενος.
Daher die häufige Verheissung der
Sprecher, solchem Beginnen (ἐξαπατᾶν, παρακρούεσθαι, φενακί-
ζειν) der Gegner entgegen treten
zu wollen, wie Lys. XXXI, 16. De-

mosth. XVIII, 276. — στρατιῶται ἀγαθοί] Dieses Selbstlob bekämpft Isae. V, 46.

39. ἐπεὶ κελεύετε] Der Causalsatz giebt den Grund zu dem
οὐ προσήκει an: 'denn heisset ihn
doch nachweisen.' ἐπεί für uns
coordinierend wie öfters in Impe-
rativsätzen, ἐπεὶ σὺ δεῖξον Demosth. XXXIX, 32; ἐπεὶ λέγε μοι.
Platon Charmid. 165° und in der
Formel ἐπεὶ φέρε. Oefterer noch
in Fragsätzen. — παρέδοσαν]
den Lakedämoniern bei Aegospotamoi und nach dem Falle Athens
(zu XIII, 15). — οἵαν τὴν ὑμε-
τέραν] 'wie die eure, welche.'

40. ἀλλὰ γάρ] at enim, 'aber
freilich' (Kr. 69,14,4), nicht Fragsätze, sondern höhnisch unwillige
Behauptungen aus dem Sinne der
Angeklagten, wie § 83, eine häufige Form der Hypophora oder
Subiectio. — ὅσα περ ὑμῶν
ἀφείλοντο]Nach dem Tyrannen-
grundsatze, den Plat. Staat VIII,
569ᵇ ausspricht, und dem Vorbilde
des Hippias (Thuk. VI, 58) nahmen die Dreissig den nicht zu ihnen haltenden Bürgern trotz Theramenes' Widerspruch die Waffen (Xen. Hell. II, 3, 20. 41), ein
Vorwurf,der § 95 wiederkehrt und
dessen Schwere nach dem Werthe
bemessen werden muss, den vor
dem Ueberhandnehmen des Söld-
nerwesens der Bürger auf seinen
Ehrenposten als Hoplit (Isokr.
VIII,48) und auf seine Waffen als
das heilige Geschenk der stadt-
schützenden Göttin (Lykurg 76)
legte. — οἷα τῆς ἑαυτῶν πα-

πατρίδος κατέσκαψαν· οἵτινες καὶ τὰ περὶ τὴν Ἀττικὴν φρού-
ρια καθεῖλον καὶ ὑμῖν ἐδήλωσαν, ὅτι οὐδὲ τὸν Πειραιᾶ Λακεδαιμονίων προσταττόντων περιεῖλον, ἀλλ᾽ ὅτι ἑαυτοῖς τὴν
ἀρχὴν οὕτω βεβαιοτέραν ἐνόμιζον εἶναι.

Πολλάκις οὖν ἐθαύμασα τῆς τόλμης τῶν λεγόντων ὑπὲρ 41
αὐτοῦ, πλὴν ὅταν ἐνθυμηθῶ, ὅτι τῶν αὐτῶν ἐστιν αὐτούς
τε πάντα τὰ κακὰ ἐργάζεσθαι καὶ τοὺς τοιούτους ἐπαινεῖν.

τρίδος] 'wie sie welche in ihrem Vaterlande'; der Genitiv hängt von οἷα ab; vgl. zu § 82. — οἵτι-νες] Das emphatische Relativum ('sie die'), ὅς wie ὅστις (auch ὅς γε, wie Isae. V, 10. Plat. Gorg. 487ᵇ) ersetzt nachdrücklich einen das Vorherige begründenden Satz; meist liegt darin der Ton des Vorwurfs wie §§ 56. 65, zuweilen auch der der Anerkennung (wie II, 80; X, 27). Madvig § 105ᵈ. — τὰ — καθεῖλον] Ein sonst nicht bezeugtes Factum; jedenfalls gilt der Plural nicht von allen festen Plätzen Attikas, wenigstens behielten Eleusis und Phyle (χωρίον ἰσχυρόν Xen. Hell. II, 4, 2) ihre Befestigungen. — ἐδήλωσαν] durch die auf Theramenes' Anlass erfolgte Verschärfung der Friedensbedingungen, in denen anfangs von einer Schleifung des Peiräeus nicht die Rede war (XIII, 8). — οὐδέ] ebenso wenig wie die ganze Länge der Mauern (zu § 70). — τὸν Πειραιᾶ περιεῖ-λον] Breviloquenz, wie unser: 'eine Festung schleifen' = τὰ τείχη τοῦ Πειραιῶς περιελεῖν (Diodor XIII, 107 und so Lys. XIII, 14). So auch Xenoph. Hell. II, 2, 20: τά τε μακρὰ τείχη καὶ τὸν Πειραιᾶ καθελόντες und in dem Friedensinstrumente selbst bei Plut. Lysander 14: καββαλόντες (= κα-ταβ.) τὸν Πειραιᾶ. Zur Sache vgl. zu § 70. — ἀλλ᾽ ὅτι] nicht von ἐδήλωσαν abhängig, sondern Causalsatz, parallel dem Λακεδαιμο-νίων προσταττόντων. — βεβαιο-τέραν] Die Oligarchen erkannten in der maritimen Bedeutung Athens die Hauptgrundlage der Demokratie (οἱόμενοι τὴν κατὰ

θάλατταν ἀρχὴν γένεσιν εἶναι δη-μοκρατίας Plutarch Themist. 19 vgl. Isokr. XII, 114); denn, sagt der Verfasser der pseudoxeno-phonteischen Schrift vom Staat der Athener (1, 2) in seiner sarkastischen Weise, ὁ δῆμος πλέον ἔχει τῶν γενναίων διὰ τόδε ὅτι ὁ δῆμός ἐστιν ὁ ἐλαύνων τὰς ναῦς καὶ ὁ τὴν δύναμιν περιτιθεὶς τῇ πόλει. Die Seeleute widerstrebten vermöge der von Euripides (Hek. 607) getadelten ναυτικὴ ἀναρχία der strafferen Zucht oligarchischer Verfassung (ναυτικὸς ὄχλος οὐ μέ-νειν ἐθέλει ἐν τῷ ὀλιγαρχικῷ κό-σμῳ Thuk. VIII, 72), und deshalb bezeichnet Aristoteles (Polit. VIII, 3, S. 199) die Bewohner des Peiräeus als μᾶλλον δημοτικοί als die der Stadt; daher das Streben der Oligarchen, der Seeherrschaft Athens unter allen Umständen zu brechen (Lys. XIV, 34). Daraus erklärt sich die Perfidie des Theramenes bei den Friedensverhandlungen (zu § 70), die Auslieferung der Flotte (zu XIII, 15), die Zerstörung nicht blos der Befestigungen, sondern auch der Werfte (zu § 99).

41. τῶν λεγόντων] da er auf die gerichtlichen Fürsprecher erst § 85 zu sprechen kommt, sind hier wohl Vertheidiger des Eratosthenes in Privatkreisen gemeint. — πλὴν ὅταν ἐνθυμηθῶ] nicht ὅτε ἐνθυμηθείην, weil Verwunderung und Erwägung vorkommenden Falls auch in der Gegenwart noch statt findet. — ὅτι — ἐπαινεῖν] Ueber den Gedanken zu § 85.

4 *

42 Οὐ γὰρ νῦν πρῶτον τῷ ὑμετέρῳ πλήθει τὰ ἐναντία ἔπραξεν,
ἀλλὰ καὶ ἐπὶ τῶν τετρακοσίων ἐν τῷ στρατοπέδῳ ὀλιγαρχίαν
καθιστὰς ἔφευγεν ἐξ Ἑλλησπόντου τριήραρχος καταλιπὼν τὴν
ναῦν, μετὰ Ἰατροκλέους καὶ ἑτέρων, ὧν τὰ ὀνόματα οὐδὲν
δέομαι λέγειν. Ἀφικόμενος δὲ δεῦρο τἀναντία τοῖς βουλομένοις δημοκρατίαν εἶναι ἔπραττε. Καὶ τούτων μάρτυρας ὑμῖν
παρέξομαι.

ΜΑΡΤΥΡΕΣ.

43 Τὸν μὲν τοίνυν μεταξὺ βίον αὐτοῦ παρήσω· ἐπειδὴ δὲ
ἡ ναυμαχία καὶ ἡ συμφορὰ τῇ πόλει ἐγένετο, δημοκρατίας

42. ο ὐ γ ά ρ] Begründung des
πολλάκις ἐθαύμασα τῆς τόλμης:
Es gehört Frechheit dazu, einen
zu vertheidigen, der von jeher ein
Hochverräther gewesen ist. — τῷ
ὑμετέρῳ πλήθει] 'der Demokratie' zu § 26. — ἐπὶ τῶν τε-
τρακοσίων] nicht exact von der
Zeit des Regiments der 400 — denn
diese Umtriebe fanden vor ihrer
Einsetzung statt —, sondern überhaupt von dem Zeitabschnitt, in
den ihre Herrschaft fiel. — ἐν τῷ
στρατοπέδῳ] E. § 2. — καθι-
στάς] Particip Imperf.: 'versuchte zu errichten.' — τριήραρχος—ναῦν] Das Gesetz forderte
Anwesenheit des Trierarchen auf
seinem Schiff (Demosth. XXI, 165.
LI, 11), für welches er, ausser im
Falle freiwilliger Schenkung, dem
Staate verantwortlich (ὑπεύθυ-
νος) war (Aeschin. III, 19; Demosth. L, 60). Eratosthenes also
konnte, der Desertion schuldig,
durch die γραφὴ λειποναυτίου belangt werden. — ὧν — λέγειν]
um nicht zu verletzen (ἵνα μὴ
πολλοῖς ἀπεχθάνωμαι sagt in einem ähnlichen Falle Aeschin. III,
172); denn ἀηδὲς ἴσως ἐστὶν ὀνο-
μαστὶ περί τινων μεμνῆσθαι Demosth. XXIV, 132 (vgl. XXI, 58.
Cic. p. Rosc. A. 16, 47). Aehnlich Sokrates in der Apol. 21ᶜ:
διασκοπῶν τοῦτον — ὀνόματι γὰρ
οὐδὲν δέομαι λέγειν, ἦν δέ τις
τῶν πολιτικῶν — ἐδοξέ μοι οὗτος
ὁ ἀνὴρ δοκεῖν μὲν εἶναι σοφός, εἶναι δ' οὔ. Iatrokles, sonst nicht

bekannt, mochte todt oder nicht
in Athen sein. — ἀφικόμενος]
E. § 2.
43. ἡ ναυμαχία καὶ ἡ συμ-
φορά] ἡ ναυμαχία in den Reden
jener Zeit öfters κατ' ἐξοχήν von
der unglücklichen Schlacht bei Ai-
gospotamoi (XIV, 39, ähnlich Andok. I, 142: ἐπειδὴ αἱ νῆες διεφθάρησαν,=ἡ ναυμαχία ἐν Ἑλλησπόντῳ XIX. 16), zuweilen durch
τελευταία näher bestimmt (XVIII.
4; XXI, 9). Durch ἡ συμφορά wird
die ganze daran sich schliessende
Unglückszeit (Belagerung u. Einnahme der Stadt, die Vorberei-
tungen zum Umsturz der Verfassung, zuweilen auch dieser selbst)
mit eingeschlossen, worauf ἡ
συμφορά auch VI, 46; XXXI, 8
geht. Vgl. Lys. II, 58: ἀπολομέ-
νων τῶν νεῶν ἐν Ἑλλησπόντῳ καὶ
συμφορᾶς ἐκείνης μεγίστης γενομένης, und ähnlich Isokr. VII, 64;
dagegen ἡ ἐν Ἑλλησπόντῳ συμφορά
(Lys. XVI, 4) oder ἀτυχία (Isokr.
IV, 119; XII. 99) natürlich nur
von der Seeschlacht (ἡνίκα ἀπωλέσαμεν τὰς ναῦς ἐν Ἑλλησπόντῳ
Andok. III, 21). In andrem Zusammenhange ist dagegen ἡ ναυμαχία die Siegesschlacht von Kni-
dos (Andok. III, 22. Isokr. V, 63.
Xenoph. Hell. IV. 8, 1. 3. vgl. Lys.
XIX, 28). — δημοκρατίας—οὔ-
σης] Nicht Zeitbestimmung, sondern eine den hochverrätherischen
Charakter (στάσις) der Massregel
documentirende Hinweisung auf
die damals noch zu Recht beste-

ἔτι οὔσης, ὅθεν τῆς στάσεως ἦρξαν, πέντε ἄνδρες ἔφοροι
κατέστησαν ὑπὸ τῶν καλουμένων ἑταίρων, συναγωγεῖς μὲν
τῶν πολιτῶν, ἄρχοντες δὲ τῶν συνωμοτῶν, ἐναντία δὲ τῷ
ὑμετέρῳ πλήθει πράττοντες· ὧν Ἐρατοσθένης καὶ Κριτίας
ἦσαν. Οὗτοι δὲ φυλάρχους τε ἐπὶ τὰς φυλακὰς κατέστησαν, 44

hende demokratische Verfassung.
— ο θ ε ν — ἦ ρ ξ α ν] 'der erste
Schritt zum Aufruhr', bezieht sich
auf πέντε ἄνδρες — ἑταίρων. Ueber die Stellung des Satzes mit
ὅθεν vgl. Isae. VI, 8: ὡς ἐξὸν αὐτῷ ταῦτ' ἔπραξεν, ὅθεν δικαιότατα ἡγοῦμαι τὰ τοιαῦτ' εἶναι
μανθάνειν, τοῦτον ὑμῖν παρέξομαι
τὸν νόμον. Aeschin. III, 236. So
δι' ἃ Lykurg 61: δι' ἃ οὐκ ἀλόγως
ἐπετήδευον, ἐπίστασθε μόνοι τῶν
Ἑλλήνων τοὺς ἀγαθοὺς ἄνδρας τιμᾶν. — ἔφοροι] E. 3. — ἑταί-
ρων] P. 5. καλουμένων ist spöttisch beigesetzt, weil der Zweck
dieser Genossenschaften dem un-
schuldig klingenden Namen sehr
unähnlich war. — συναγωγεῖς]
Wie die Verba συνιστάναι, συνί-
στασθαι (Kleon bei Aristoph. Ri.
869 rühmt sich: ἔπαυσα τοὺς ξυν-
ωμότας· καὶ μ' οὐ λέληθεν οὐδὲν ἐν τῇ πόλει ξυνιστάμενον, vgl.
Demosth. XXXXVI, 25) und συνάγειν (συνάγειν ἑταιρείας καὶ ξυνω-
μοσίας Plat. Staat II, 365ᵈ, ἑταιρι-
κὸν συνάγειν in einem Gesetz bei
Hypereid.f.Eux. 8.5,17 Schneidew.
συνάγειν ἑταιρείαν Isokr. XVI, 6)
deutet auch συναγωγεύς auf conspiratorische Umtriebe; nach dem
Zeugnis des Eustathios zur Odyss.
p. 1660, Z. 45: συνωμότης ὁ κατὰ
τοῦ δήμου ἀνιστάμενος, συναγω-
γεὺς ὁ τοὺς τοιούτους ὑποδεχό-
μενος. Sie sollten also die 'Werber' für die Hetärieen abgeben.
— συνωμοτῶν] Die Mitglieder
der Hetärieen verpflichteten sich
eidlich zur gegenseitigen Treue
und zum strengsten Geheimnis (zu
§77), daher συνωμόται und ἑταῖροι
öfters wesentlich gleichbedeutend
(vgl. die obige Stelle aus Platon
und [Andok.] IV,4 von den Häuptern derselben: οἱ τοὺς ἑταίρους
καὶ συνωμότας κεκτημένοι). Der
ursprüngliche Zweck dieser ξυνω-

μοσίαι, gegenseitige Unterstützung zur Erlangung wichtiger
Staatsämter und zur Beeinflussung der Gerichte (ξυνωμοσίαι ἐπὶ
δίκαις καὶ ἀρχαῖς bei Thukyd.).
artete bald zum hochverrätherischen Streben nach Verfassungsumsturz aus. — ἐναντία — πράτ-
τοντες] Hervorhebung des wirklichen Charakters, der hinter den
(an sich noch nichts gegen sie
beweisenden) Namen 'Aufseher,
Werber, Führer der Eidgenossen'
stak. — Κριτίας] bald nach dem
Sturz der 400 war Kritias verbannt worden, wie es scheint, vom
Demagogen Kleophon (zu XIII, 7)
angeklagt (Aristot. Rhetor. I, 15,
S. 50 Bekker) und hielt sich, wenigstens im Jahre 406, in Thessa-
lien auf (Xen. Hell. II, 3, 15. 35.
Memor. I, 2, 24). Nach Athen zurückgekehrt sein kann er erst nach
der Einnahme der Stadt, denn erst
dann ward die Rückberufung der
Exilierten angeordnet (zu § 77).
Er mag da an die Stelle eines anderen minder bedeutenden Mit-
glieds des Ephorenausschusses ge-
treten sein. Die Nennung gerade
des Kritias neben Eratosthenes
soll wohl in gehässiger Weise den
Schein erwecken, als seien beide
Gesinnungsgenossen gewesen.
44. φυλάρχους] die Befehlshaber der zehn φυλαί der athenischen Bürgerreiterei. Sie boten
zu diesem Treiben gern die Hand,
da die ἱππεῖς, alle den wohlhaben-
den Geschlechtern angehörig (zu
XIX, 45), während der ganzen
Krisis durchaus zur oligarchischen
Partei hielten (XVI, 3. 6. XXVI,
10. Xen. Hell. III, 1, 4), vgl. den
politischen Erfahrungssatz bei Aristot. Polit. VI, 3, S. 148: ὅσαις
πόλεσιν ἐν τοῖς ἵπποις ἡ δύναμις
ἦν, ὀλιγαρχίαι παρὰ τούτοις ἦσαν.
— κατέστησαν] nicht zum Schutz

καὶ ὅ τι δέοι χειροτονεῖσθαι καὶ οὕστινας χρείη ἄρχειν παρήγ-
γελλον, καὶ εἴ τι ἄλλο πράττειν βούλοιντο, κύριοι ἦσαν.
οὕτως οὐχ ὑπὸ τῶν πολεμίων μόνον ἀλλὰ καὶ ὑπὸ τούτων
πολιτῶν ὄντων ἐπεβουλεύεσθε, ὅπως μήτ' ἀγαθὸν μηδὲν ψη-
45 φίσαισθε πολλῶν τε ἐνδεεῖς ἔσεσθε. Τοῦτο γὰρ [καὶ] ἠπίσταντο, ὅτι ἄλλως μὲν οὐχ οἷοί τε ἔσονται περιγενέσθαι,
κακῶς δὲ πραττόντων δυνήσονται, καὶ ὑμᾶς ἡγοῦντο τῶν
παρόντων κακῶν ἐπιθυμοῦντας ἀπαλλαγῆναι περὶ τῶν μελ-
46 λόντων οὐκ ἐνθυμήσεσθαι. Ὡς τοίνυν τῶν ἐφόρων ἐγένετο,
μάρτυρας ὑμῖν παρέξομαι, οὐ τοὺς τότε συμπράττοντας —
οὐ γὰρ ἂν δυναίμην —, ἀλλὰ τοὺς αὐτοῦ Ἐρατοσθένους

gegen die belagernden Feinde, mit
denen sie doch unter einer Decke
steckten, sondern, wo nicht um
wirksame Vertheidigung zu ver-
hindern, zur Verhütung gewaltsamer Bewegungen des Demos gegen die Umtriebe der Oligarchen
(Aehnliches geschah 415 während
der Aufregung nach der Hermo-
kopie. Andok. I, 45). — ὅ τι δέοι
χειροτονεῖσθαι — παρήγγελ-
λον] Man vgl. dazu die Schilderung ähnlichen Treibens der He-
tärristen im Jahre 411 bei Thuk.
VIII, 66: δῆμος ἔτι ξυνελέγετο,
ἐβουλεύοντο δὲ οὐδὲν ὅτι μὴ τοῖς
ξυνεστῶσι δοκοίη, ἀλλὰ καὶ οἱ λέγοντες ἐκ τούτων ἦσαν etc. — οὕστινας χρείη ἄρχειν] Die Illu-
stration dazu bietet der § 76 erzählte Vorgang. — παρήγγελ-
λον] charakteristisch für ihr Auftreten: 'sie commandierten,' wie
§ 76, anstatt παρῆνουν, des eigentlichen Wortes von dem, der mit
Vorschlägen vor die Ekklesia tritt.
— κύριοι ἦσαν] Nicht so ie iure, sondern de facto. — τῶν πολεμίων]
den Belagerern. — πολεμίων
πολιτῶν] Ein sehr beliebtes Spiel
mit dem gleichen Anlaute, wie § 39.
Isokr. VI, 67: μᾶλλον τοὺς πολίτας
ἢ τοὺς πολεμίους δεδίασιν XVI, 42
Lys. II, 62. Lykurg 130. u. öft. —
ἀγαθὸν μηδέν] zur Vertheidigung der Stadt und Linderung
der Noth. — πολλῶν — ἔσεσθε]
'an vielem Mangel littet,' von der
durch die Perfidie der Oligarchen
geflissentlich genährten (XIII, 11)

Hungersnoth zu verstehen. Doch
wäre πάντων sachgemässer, wie
[Demosth.] LIX, 103: οἱ Πλαταιεῖς
ἐνδεεῖς ἦσαν ἁπάντων. — ἔσεσθε]
Ueber das Futur nach ὅπως Kr.
54, 8, 5.
46. [καὶ] ἠπίσταντο]Schwer-
lich entspricht καί dem καὶ ὑμᾶς
ἡγοῦντο, denn der Gedanke καὶ
ὑμᾶς — ἐνθυμηθ. ist ja nur die
Ausführung des κακῶς πραττόντων δυνήσονται. Vielleicht κακῶς
ἠπίσταντο? Auch die Stellung des
nur zu ἠπίσαντο gehörigen τοῦτο
widerräth die Correlation von καὶ
ἠπίσαντο und καὶ ἡγοῦντο. —
κακῶς πραττόντων] Ueber die
Ellipse des Personalpronomens
Kr. 47, 4, 3. So fehlt ἐμοῦ XVII,
5; αὐτοῦ I, 38 und unten § 64.
αὐτῶν II, 49. Vgl. zu XIII, 82. —
δυνήσονται] zum Gedanken
XIII, 11. — τῶν παρόντων κα-
κῶν] die Leiden der Belagerung.
— τῶν μελλόντων] welche die
Umtriebe der Oligarchen gegen
die Verfassung erwarten liessen.
46. οὐ δυναίμην] Warum er
die συμπράττοντες nicht als Zeugen vorführen kann, erklären die
ὄρκοι § 47 (zu § 43). — τοὺς —
ἀκούσαντας] Wären die Ephoren eine öffentlich in der Ekklesia
constituirte Behörde gewesen, so
würde er nicht auf das problema-
tische Zeugnis der ἀκούσαντες haben recurrieren müssen, sondern
hätte leicht einige der ψηφισά-
μενοι aufrufen oder auch das betreffende Psephisma selbst verle-

ἀκούσαντας. Καίτοι εἰ ἐσωφρόνουν κατεμαρτύρουν ἂν αὐ- 47
τῶν καὶ τοὺς διδασκάλους τῶν σφετέρων ἁμαρτημάτων
σφόδρ᾽ ἂν ἐκόλαζον, καὶ τοὺς ὅρκους, εἰ ἐσωφρόνουν, οὐκ
ἂν ἐπὶ μὲν τοῖς τῶν πολιτῶν κακοῖς πιστοὺς ἐνόμιζον, ἐπὶ δὲ
τοῖς τῆς πόλεως ἀγαθοῖς ῥᾳδίως παρέβαινον. Πρὸς μὲν οὖν
τούτους τοσαῦτα λέγω, τοὺς δὲ μάρτυράς μοι κάλει. Καὶ
ὑμεῖς ἀνάβητε.

ΜΑΡΤΥΡΕΣ.

sen lassen können. Der Verschwie-
genheitseid der Hetäristen konnte
doch vernünftiger Weise nicht auf
eine Sache, die in öffentlicher Ver:
sammlung vorgebracht, discutiert
und beschlossen worden war, angewandt werden; er passt nur auf
eine im Schosse der Hetärieen ver-
abredete conspiratorische Mass-
nahme.
47. κατεμαρτύρουν αὐτῶν]
die Hetäristen gegen ihre Häupter, d. h. eben die Dreissig. —
διδασκάλους] 'Lehrmeister',
wie § 78 und XIV, 30 vom Alkibiades: διδάσκαλος πάντων τῶν
τῆς πόλεως κακῶν ἐγίνετο. — τοὺς
ὅρκους] Im ersten Falle (ἐπὶ —
κακοῖς) die Eidschwüre der Hetäristen (zu § 77), die sie um so un-
bedenklicher brechen konnten, als
sie durch das noch nicht aufgeho-
bene Gesetz des Demophantos
(Andok. I, 96) ausdrücklich davon entbunden waren (ὁπόσοι ὅρκοι ὀμώμονται Ἀθήνησιν ἢ ἐν τῷ
στρατοπέδῳ ἢ ἄλλοθί που ἐναντίοι
τῷ δήμῳ τῶν Ἀθηναίων, λύω καὶ
ἀφίημι, schwuren die Athener bis
zum Erlass des Amnestiegesetzes);
im zweiten Falle (ἐπὶ — ἀγαθοῖς)
sind es die dem Staate geleisteten
Treueschwüre, der Ephebeneid (zu
XIII, 62), eventuell der Heliasten-
eid und die bei dem Antritt der
Staatsämter abgelegten eidlichen
Versicherungen. — εἰ ἐσωφρό-
νουν] nachdrückliche Wiederholung der vergeblichen Berufung
auf ihren gesunden Verstand. —
οὐκ — μὲν — δέ] Der Negation
οὐκ sind die beiden Satzglieder
mit μὲν — δέ gleichmässig unter-
geordnet(Madvig § 189), denn der
Grieche hebt durch Nebeneinan-

derstellung den mit dem gesunden Verstande nicht verträglichen
Widerspruch der beiden gesetzten Thatsachen hervor; wir
lösen das eine Glied (hier das
zweite) aus der Negation und damit aus der hypothetischen Form
und stellen es subordiniert ('während', zu § 36) der gesetzten als
vollendete Thatsache gegenüber. Aehnlich § 80. VII, 26: οὐ
δήπου τὰς μὲν μικρὰς ζημίας οὕτω
περὶ πολλοῦ ποιοῦμαι, τοὺς δὲ περὶ
τοῦ σώματος κινδύνους περὶ οὐδενὸς ἡγοῦμαι. Zuweilen hat das
zweite Glied noch seine besondere
Negation, wie XIV, 36: οὐ δήπου,
ὅτε μὲν ἔφευγε, κακῶς οἷος τ᾽ ἦν
ποιεῖν τὴν πόλιν, ἐπειδὴ δὲ κατῆλθε, οὐ τοὺς πολεμίους ἐδύνατο
ἐκ τῆς χώρας ἐκβαλεῖν. Vgl. Cic.
p. Milone 31, 84: est profecto illa
vis (divina), neque in his corpo-
ribus inest quiddam, quod vigeat
et sentiat, non inest in hoc tanto
naturae motu. — παρέβαινον]
mit der Negation gehört auch ἄν
noch zu παρέβαινον wie Demosth.
XXVII, 55: εἰ ἐπίστευεν, οὐκ ἂν
τῇ μὲν μητρί μου ταῦτα φυλάττειν
ἔδωκεν, αὐτὴν δ᾽ ἐκείνην τούτῳ
γυναῖκ᾽ ἔδωκεν. Isokr. XXI, 16:
οὐκ ἄν ποτ᾽ ἀδικεῖν ἐπιχειρῶν τὰ
μὲν δύο μέρη τῆς παρακαταθήκης
ἀπέδωκε, τὸ δὲ τρίτον μέρος ἀπε-
στέρησεν. — ἐπί] 'bei', wo es sich
handelt um. Isokr. XVIII, 24: δεινόν, εἰ ἐπὶ μὲν τοῖς ὑμετέροις αὐτῶν πράγμασιν ἐμμένετε τοῖς ὅρκοις, ἐπὶ δὲ τῇ τούτου συκοφαντία
παραβαίνειν ἐπιχειρήσετε, ebenda
§ 56: ὅστις ἐπὶ τοῖς ἀλλοτρίοις
πράγμασιν οὕτω πονηρός ἐστι, τί
οὐκ ἂν ἐπὶ τοῖς αὐτοῦ τολμήσειεν:
— κάλει] oder κάλεσον (XXI, 10)

48 *Τῶν μὲν μαρτύρων ἀκηκόατε. Τὸ δὲ τελευταῖον εἰς*
τὴν ἀρχὴν καταστὰς ἀγαθοῦ μὲν οὐδενὸς μετέσχεν, ἄλλων
δὲ πολλῶν. Καίτοι εἴπερ ἦν ἀνὴρ ἀγαθός, ἐχρῆν αὐτὸν πρῶτον
μὲν μὴ παρανόμως ἄρχειν, ἔπειτα τῇ βουλῇ μηνυτὴν γίγνε-
σθαι περὶ τῶν εἰσαγγελιῶν ἁπασῶν, ὅτι ψευδεῖς εἶεν, καὶ

Anrede an den im Gerichtshofe
anwesenden κῆρυξ, seltner (doch
nicht wörtlich zu nehmen) καλῶ
(XX, 26 [Demostheues] LIX, 24.
vgl. 25). Dagegen ἀνάγνωθι (XIII,
35. 60 und öfters, recita bei Cic.,
und λαβέ (IX, 8. selten) φέρε
Lykurg 129, bei Lysias nie λέγε)
Aufforderung an den Gerichtsschreiber, dessen Titel (γραμ-
ματεύ) zuweilen hinzugefügt wird
(Demosth. XIX, 270; XXXXII,29;
oft bei Lykurg. 36. 77. 114. 118.
120); auf denselben bezieht sich
das häufige ἀναγνώσεται (wie Lys.
XIII, 33), wozu ausnahmsweise
auch ὁ γραμματεύς gesetzt wird
(Aeschin. III, 124. 190). — ἀνά-
βητε] Während der Vorlesungdes
Zeugnisses traten die aufgerufe-
neu Zeugen, um persönlich die
Echtheit der Urkunde zu constatieren, auf ein Podium in der Nähe,
vielleicht vor der Rednerbühne
(gewiss nicht auf diese selbst, wie
Schömann, Process 677 meint),
von wo aus sie die Richter übersehen konnten (Andok. I, 18);
daher ἀνάβητε, ἀναβιβάζεσθαι
τοὺς μάρτυρας (§ 24). Dass das Podium in der Nähe des βῆμα des
Sprechers war, zeigen Aufforderungen wie καί μοι ἀνάβητε δεῦρο
([Lys.] XX, 29. Isae. VII, 10),
δεῦρο ἴτε (Lys. VII, 10), κάλει
τοὺς μάρτυρας δευρί (Demosth.
XXXXIV,14). War blos ein Zeu-
ge aufzurufen, so scheint er wohl
auch sein Zeugnis selbst gesprochen zu haben (daher Lys. XVI,
8: ἀνάβηθί μοι καὶ μαρτύρησον),
vermuthlich indem ihm der Schreiber das vorher vereinbarte Formular vorsagte. Auch in Rom erhoben sich die Zeugen während der
Verlesung(Cic. p. Cluent. 60, 168).
43. εἰς τὴν ἀρχήν] zu § 29.
Die Wirksamkeit der Ephoren
war, wie dieser Gegensatz zeigt,

keine ἀρχή, die Ephoren sonach
keine vom Volk gewählte 'Behörde.' — μετέσχεν] μετέχειν
hier nicht 'Antheil haben', sondern 'sich betheiligen an', wie
§ 58. 62. 66. XVIII, 2: ὅσα ἄκων
ἠναγκάσθη ποιῆσαι, τῶν κακῶν
οὐδ' ἐλάχιστον αὐτὸς μετέσχε μέρος. Demosth.XIX,117.(Gegensatz
zwischen αἴτιοι und μὴ μετεσχη-
κότες.) 294. Isokr. X, 20. — ἄλ-
λων] Den in ἄλλων liegenden Euphemismus. (der in einer Interpolierten Handschrift in κακῶν ver-
wässert ist) erkennt an Demosth.
prooem. 25: καὶ γὰρ εὐτυχῶς καὶ
ἄλλως πράξασι (λέγειν γὰρ εὐφή-
μως πάντα δεῖ) κοινὰ ἂν ἦν τὰ τῆς
αἰτίας ὑμῖν καὶ τῷ πείσαντι. Ganz
wie hier Xenoph. Kyrop. II, 3, 6:
δέδοικα μὴ ἄλλου τινος μᾶλλον
ἢ τοῦ ἀγαθοῦ μεθέξω; sprachlich wohl zu erklären nach Xenophon Memor. IV, 4, 25: τὰ
δίκαια ἢ ἄλλα τῶν δικαίων. Ebenso ἐναντίος Deinarch I, 74: αἴτιος ἁπάντων καὶ τῶν ἀγαθῶν
καὶ τῶν ἐναντίων τοῖς πολίταις.
— εἰσαγγελιῶν] εἰσαγγελία ist
'die beim Rathe oder der Volksversammlung angebrachte Klage
wegen eines die Interessen des
Staates verletzenden Verbrechens'
(Schömann, Alterth. I, 496). Da
die Volksversammlung zur Zeit
der Dreissig völlig lahm gelegt
war (auch von einer Zusam-
menberufung der τρισχίλιοι (zu
XXV, 16) wird nirgends berichtet), konnte hier nur von dem aus
den Werkzeugen der Tyrannen
gebildeten Rath (zu XIII, 35) die
Rede sein. — ὅτι — εἶεν καὶ
μηνύοσιν] Der Wechsel des
obliquen und directen Modus wie
Isae. VI, 13: ἐρομένων ἡμῶν ὅστις
εἴη καὶ εἰ ζῇ ἢ μή, ἔφασαν. Thuk.
VIII, 50: ἔγνω ὅτι ἔσοιτο περὶ τῆς
τοῦ Ἀλκιβιάδου καθόδου λόγος καὶ

Βάτραχος καὶ Αἰσχυλίδης οὐ τἀληθῆ μηνύουσιν, ἀλλὰ τὰ ὑπὸ τῶν τριάκοντα πλασθέντα εἰσαγγέλλουσι, συγκείμενα ἐπὶ τῇ τῶν πολιτῶν βλάβῃ. Καὶ μὲν δή, ὦ ἄνδρες δικασταί, 49 ὅσοι κακόνοι ἦσαν τῷ ὑμετέρῳ πλήθει, οὐδὲν ἔλαττον εἶχον σιωπῶντες· ἕτεροι γὰρ ἦσαν οἱ λέγοντες καὶ πράττοντες ὧν οὐχ οἷόν τ᾽ ἦν μείζω κακὰ γενέσθαι τῇ πόλει. Ὁπόσοι δ᾽ εὔνοί φασιν εἶναι, πῶς οὐκ ἐνταῦθα ἔδειξαν, αὐτοί τε τὰ βέλτιστα λέγοντες καὶ τοὺς ἐξαμαρτάνοντας ἀποτρέποντες; Ἴσως δ᾽ ἂν ἔχοι εἰπεῖν ὅτι ἐδεδοίκει, καὶ ὑμῶν τοῦτο ἐνίοις 50

ὅτι Ἀθηναῖοι ἐνδέξονται αὐτήν. Häufiger noch steht der Optativ an zweiter Stelle, wie [Demosth.] LIX, 81: ἔλεγεν ὅτι οὐκ ᾔδει, ἀλλ᾽ ἐξαπατηθείη καὶ — ποιήσαιτο. Isokr. XVII, 21: ἔλεγεν ὅτι οὐδὲν αὐτῷ πλέον ἔσται, εἰ τὰ μὲν χρήματα ἀποδώσει, αὐτὸς δὲ καταγέλαστος ἔσοιτο. Kr. 54, 6, 2.

— Βάτραχος] ein dienstwilliges Werkzeug der Dreissig als Ankläger vor dem Tribunal der Bule, ὁ πάντων πονηρότατος Βάτραχος, γενόμενος ἐπὶ τῶν τριάκοντα μηνυτής [Lys.] VI, 45. Nach der Wiederherstellung der Demokratie entwich er trotz der Amnestie aus Athen. Die Lexikographen citieren eine Rede des Lysias ὑπὲρ τοῦ Βατράχου φόνου. — Ueber Aeschylides ist sonst nichts bekannt. — ἐπὶ — βλάβῃ] ἐπί ᾽zu᾽. Kr. 68, 41, 7. Ebenso bezeichnet ἐπί den Zweck § 60; I, 36: ἐπὶ τούτῳ(᾽zu diesem Zwecke). VI, 31: ἃ τούτῳ ὁ θεὸς οὐκ ἐπὶ σωτηρίᾳ ἐπινοεῖν δίδωσιν. Isokr. IV, 130: τοὺς ἐπὶ βλάβῃ τοιαῦτα λέγοντας — τοὺς ἐκ᾽ ὠφελείᾳ λοιδοροῦντας, ebenso VIII, 72. Xen. Hell. V, 4, 30: χρηματίζεσθαι ἐπὶ κακῷ τῆς πόλεως. Κλέπτειν ἐπ᾽ ἀγαθῷ τῇ πόλει Aristoph. Ri. 1226. Vgl. zu XIII, 20.
49. οὐδὲν ἔλαττον εἶχον] ᾽standen sich nicht schlechter᾽, also ist das Schweigen noch kein Beweis guter Gesinnung; diese konnte nicht durch Passivität, bei der man nichts aufs Spiel setzte und hinter der sich auch κακόνοια verstecken konnte, sondern nur durch entschiedenes Auftreten ge-

gen die Uebelthäter documentiert werden. Der Vorwurf wie Demosth. XXII, 41: τί δὴ ταῦτ᾽ εἴα φάσκων ἐπιεικὴς εἶναι, αὐτὸν ἐρωτᾶτε· ἂν σιωπᾷν φάσκῃ, πῶς οὐκ ἀδικεῖ, εἰ παρὸν ἐξαμαρτάνειν μέλλοντας ἀποτρέπειν τοῦτο οὐκ ἐκόλει; wie man ihn abwehrte, zeigt [Lys.] XX. 8. — ἕτεροι] deneu die σιωπῶντες unter den Dreissig das active Verfahren gegen den Staat überliessen, nach des Redners Darstellung aus Feigheit. nicht aus Abneigung dagegen. Ueber die Redeform zu XIII, 21. — εὔνοι] Der εὔνοια gegen den Demos berühmten sich gern die Staatsmänner (Demosth. prooem. 35, 1, Pseudodemosthen. XXV, 64) und das Volk liess sich durch diese Versicherung leicht ködern (τιμᾷ, ἐάν τις φῇ μόνον εὔνους εἶναι ᾽τῷ πλήθει Platon Staat VIII, 558ᵇ). Persifliert hat dies Aristophanes in den Rittern in dem ergötzlichen Wettstreit um die Gunst des Demos zwischen dem ᾽Paphlagonier᾽ (Kleon) und dem ᾽Wursthändler᾽, der auch als der εὐνούστατος τῇ πόλει (874) anerkannt wird. — πῶς οὐκ ἔδειξαν] ᾽wie kam es, dass sie nicht᾽, wie Aristoph. Vög. 963: πῶς ταῦτ᾽ οὐκ ἐχρησμολόγεις πρὶν ἐμὲ τὴν πόλιν οἰκίσαι;
50. ὅτι ἐδεδοίκει] nicht bei einem einzelnen Fall (daher nicht ἔδεισεν), sondern überhaupt während seiner Amtsführung habe ihn die Furcht an activem Widerstand gegen die Majorität verhindert. Lysias argumentiert dagegen so: Gut; dann darf es sich aber nicht herausstellen, dass er ohne schlim-

ἱκανὸν ἔσται. Ὅπως τοίνυν μὴ φανήσεται ἐν τῷ λόγῳ τοῖς
τριάκοντα ἐναντιούμενος· εἰ δὲ μή, ἐνταυθοῖ δῆλος ἔσται
ὅτι ἐκεῖνά τε αὐτῷ ἤρεσκε καὶ τοσοῦτον ἐδύνατο, ὥστε ἐναν-
τιούμενος μηδὲν κακὸν παθεῖν ὑπ᾽ αὐτῶν. Χρῆν δ᾽ αὐτὸν
ὑπὲρ τῆς ὑμετέρας σωτηρίας ταύτην τὴν προθυμίαν ἔχειν,
ἀλλὰ μὴ ὑπὲρ Θηραμένους, ὃς εἰς ὑμᾶς πολλὰ ἐξήμαρτεν.
51 Ἀλλ᾽ οὗτος τὴν μὲν πόλιν ἐχθρὰν ἐνόμιζεν εἶναι, τοὺς δ᾽
ὑμετέρους ἐχθροὺς φίλους, ὡς ἀμφότερα ταῦτα ἐγὼ πολλοῖς

me Folgen für sich in 'irgend
einer Verhandlung' (ἐν τῷ
λόγῳ) Opposition gemacht habe,
sonst hätte er es ebenso gut in anderen Fällen thun können, ohne
Schlimmes befürchten zu müssen.
Da er nun wirklich zwar ohne Erfolg, doch auch ohne selbst dafür
zu büssen, für Theramenes gegen
die Majorität gesprochen hat, hat
er dadurch den Beweis geliefert,
dass er ohne Furcht auch sonst
hätte sich widersetzen können,
dass er es aber nicht wollte, weil
erselbst an demTreiben der Dreissig (wo es nicht sein Parteiinter-
esse berührte) Gefallen fand. Dagegen aber konnte Eratosthenes
einwenden 1) dass er die Probe
gefahrloser Opposition an dem
Falle des Theramenes erst gegen
das Ende der Herrschaftder Dreissig machen konnte. 2) Dass die Ma-
.jorität nach dem Sturze des Theramenes dessen Anhänger nicht
mehr zu fürchten brauchte und
deshalb die Opposition des unbe-
deutenden Eratosthenes in diesem
einen Falle so hingehen liess. —
ὅπως μὴ — φανήσεται] 'dass
nur nicht.' Kr. 54, 8, 7. So noch I,
21: ὅπως τοίνυν ταῦτα μηδεὶς ἀνθρώπων πεύσεται. — εἰ δὲ μή]
'andernfalls' (Kr. 65, 5, 12), nach
negativem Satze zu ergänzen durch
das vorhergehende Verbum mit
der Negation (daher scheinbar
in diesem Falle = εἰ δέ). [Lys.]
VI, 18: μὴ οὓς ἔχετε ἀδικοῦντας
ἀφίετε· εἰ δὲ μή, δόξετε τοῖς Ἑλ-
λησι κομπάζειν. — ἐνταυθοῖ]
'darin' (in dem ἐναντιοῦσθαι ἐν
τῷ λόγῳ), nicht von ἐνταῦθα un-
terschieden. Andok. I, 89: ἐνταυ-

θοῖ ἔστιν ὅ τι ὑπολείπεται τῶν
γενομένων πρότερον ψηφισμάτων.
Demosth. XXXXI, 20: ἐνταυθοῖ
αὐτὸς οὗτός μοι μέγιστος ἔσται
μάρτυς. — ἐκεῖνα] ad sensum
bezogen auf τοῖς τριάκοντα: 'das
Thun der Dreissig' — Hinter αὐτῶν vermisst man die bestimmte
Angabe, dass Eratosthenes in dem
einen Falle des Theram. (denn
in dem Falle der Metöken hat Lysias das ἀντιλέγειν des Eratosthenes bestritten, konnte darauf also
sich nicht berufen) den Dreissig
entgegengetreten sei; doch setzt
dies der Redner wohl als bekannt
voraus und knüpft sofort an das
Factum, das den Hörern von selbst
bei dem ἐν τῷ λόγῳ einfiel, die
weitere Ausbeutung desselben. —
ταύτην τὴν προθυμίαν] das
ἐναντιοῦσθαι. — ὑπὲρ Θηρα-
μένους] E. 4.

51. οὗτος — φίλους] Zuwider
dem Merkmale des πολίτης εὔνους
bei Isokr. XVI, 41: τοὺς αὐτοὺς
ἐχθροὺς καὶ φίλους ὑμῖν νομίζων.
Aehnlich Memmius bei Sallust,
Iug. 31 von den gewissenlosen
Optimaten: sociis vestris veluti
hostibus, hostibus pro sociis utun-
tur. — ἀμφότερα ταῦτα] die
Feindseligkeit gegen den Staat
und das Einverständniss mit den
Feinden, wozu als neuer Gegenstand des Beweises noch die Behauptung kommt, dass die Zerwürfnisse unter den Tyrannen
nur auf Egoismus, nicht auf Patriotismus der Opposition beruh-
ten. Doch ist der Uebergang zu
dem neuen Gedanken ebenso hart
wie formell der Uebergang vom

τεκμηρίοις παραστήσω καὶ τὰς πρὸς ἀλλήλους διαφορὰς οὐχ
ὑπὲρ ὑμῶν ἀλλ' ὑπὲρ ἑαυτῶν γιγνομένας, ὁπότεροι ταὐτὰ
πράξουσι καὶ τῆς πόλεως ἄρξουσιν. Καὶ γὰρ εἰ ὑπὲρ τῶν ἀδι- 52
κουμένων ἐστασίαζον, ποῦ κάλλιον ἦν ἀνδρὶ ἄρχοντι, ἢ Θρα-
συβούλου Φυλὴν κατειληφότος τότ' ἐπιδείξασθαι τὴν αὐτοῦ
εὔνοιαν; ὁ δ' ἀντὶ τοῦ ἐπαγγείλασθαί τι ἢ πρᾶξαι ἀγαθὸν
πρὸς τοὺς ἐπὶ Φυλῇ, ἐλθὼν μετὰ τῶν συναρχόντων εἰς Σα-

Objectsaccusativ zum Accusativ c.
Particip, und das ὡς in seiner Beziehung auf οὗτος — φίλους lässt
sich logisch gar nicht auf καὶ —
γιγνομένας übertragen. Vermuthlich ist vor καί eine Lücke anzunehmen. — ὑπὲρ ἑαυτῶν) Das
Gegentheil rühmt Isokr. XVI, 36
vom Alkibiades: τοὺς μὲν ἄλλους
εὑρήσεθ' ὑπὲρ αὐτῶν στασιάσαν-
τας, ἐκεῖνον δ' ὑπὲρ ὑμῶν κινδυ-
νεύοντα. — γιγνομένας] das
Particip Imperf. mit Rücksicht auf
die sich wiederholenden Zerwürfnisse unter den Dreissig, daher
auch § 52 ἐστασίαζον. — ὁπότε-
ροι] welche Fraction unter den
Tyrannen, die des Kritias oder des
Theramenes. — ταὐτὰ πράξου-
σι] spöttisch: Die Zerwürfnisse
gingen nicht aus verschiedenen
Tendenzen hervor, sondern dreh-
ten sich nur um die Frage, welche
von beiden Fractionen ganz das
Nämliche (wie die andere) thun
solle, also nur um einen Perso-
nen-, nicht um einen Systemwech-
sel; erläutert wird das ταὐτὰ πράξουσι durch καὶ ('und zwar') τῆς
πόλεως ἄρξουσιν. Dagegen rühmt
Isokr. IV, 79 von den Vorfahren:
οὕτω πολιτικῶς εἶχον, ὥστε καὶ
τὰς στάσεις ἐποιοῦντο πρὸς ἀλλήλους, οὐχ ὁπότεροι τοὺς ἑτέρους
ἀπολέσαντες τῶν λοιπῶν ἄρξουσιν,
ἀλλ' ὁπότεροι φθήσονται τὴν πόλιν ἀγαθόν τι ποιήσαντες.

52. ποῦ κάλλιον ἦν] denn
damals bedurfte die gerechte Sache der ἀδικούμενοι noch sehr
der Unterstützung. — ἀνδρὶ ἄρ-
χοντι] dem Freiheit und Grösse
des Staates mehr als anderen am
Herzen liegen musste. Lysias
XXVIII, 14: τούτοις (τοῖς ἄρχου

σιν) ὑμᾶς αὐτοὺς ἐπετρέψατε, ὡς
μεγάλην καὶ ἐλευθέραν τὴν πόλιν
ποιήσωσιν. Ueber den Ausdruck
zu XIII, 79. — τότε] nach dem
Particip fixiert nochmals den Zeitpunkt (wie εἶτα und ἔπειτα, selten μετὰ ταῦτα. Deinarch II, 16.
Herodot VIII, 25), ebenso wie das
geläufigere οὕτως den Zustand,
der durch das Particip eingetreten ist (XIII, 39; II, 79; VI, 34,
XXVII, 13). Kr. 56, 10, 3. — ἐπαγ-
γείλασθαι] in geheimen Verhandlungen.—πρᾶξαι ἀγαθόν]
durch offenen Uebertritt, wie es
damals manche bisherige Anhänger der Dreissig thaten (zu XIII,
77), oder doch durch Vorschlag,
den er dem Patrioten im Kampfe
hätte leisten können. Im Ernste
konnte freilich das niemand vom
Eratosthenes, dem bei aller Ge-
neigtheit zur milden Handhabung
des Regiments doch entschiedenen
Aristokraten, verlangen, wenn er
nicht eine politische Wetterfahne
war. — τοὺς ἐπὶ Φυλῇ] 'auf'
Phyle, wie Aeschin. III, 187: ἐπο-
λιορκήθησαν ἐπὶ Φυλῇ; denn das
wohl befestigte Bergschloss Phyle, zum Stamm Oineis gehörig,
lag 100 Stadien von Athen hoch
im Kithäron (daher Θρασύβουλος καταβαίνει Xenoph. Hell.
II, 4, 5). Nach dem Abmarsche
von Phyle heissen die Patrioten ἀπὸ oder οἱ ἐκ Φυλῆς (XVI,
4; XXXI, 8); ebenso ist das Lo-
calverhältnis berücksichtigt bei
dem Wechsel der Bezeichnungen
οἱ ἐν Πειραιεῖ (§ 56) und οἱ ἐκ
Πειραιῶς (ϑ 53); die Gegner heissen οἱ ἐν ἄστει, aber auch οἱ ἐξ
ἄστεος mit Rücksicht auf ihre von
der Stadt aus unternommenen Angriffe. Vgl. Kr. 50, 5, 7. — εἰς

λαμῖνα καὶ Ἐλευσῖνάδε τριακοσίους τῶν πολιτῶν ἀπήγαγεν
εἰς τὸ δεσμωτήριον καὶ μιᾷ ψήφῳ αὐτῶν ἁπάντων θάνατον
53 κατεψηφίσατο. Ἐπειδὴ δὲ εἰς τὸν Πειραιᾶ ἤλθομεν καὶ αἱ
ταραχαὶ γεγενημέναι ἦσαν καὶ περὶ τῶν διαλλαγῶν οἱ λόγοι
ἐγίγνοντο, πολλὰς ἑκάτεροι ἐλπίδας εἴχομεν τὰ πρὸς ἀλλήλους
ἔσεσθαι ὡς ἀμφοτέροις ἔδοξεν. Οἱ μὲν γὰρ ἐκ Πειραιῶς
54 κρείττους ὄντες εἴασαν αὐτοὺς ἀπελθεῖν· οἱ δὲ εἰς τὸ ἄστυ

Σαλαμῖνα καὶ Ἐλευσῖνάδε]
Salamis oder Eleusis hatten sich
die Tyrannen für den Nothfall als
Zufluchtsort ausersehen und puri-
ficierten daher die Bürgerschaft
beider Orte durch einen Act bru-
taler Gewalt, wozu die ἱππεῖς
willig die Hand boten (zu § 44),
von den ihnen verdächtigen Elementen. Xen.Hell. II,4,8, ff. spricht
nur von Eleusis, weil dies später
wirklich das Bollwerk der Tyrannen ward, doch Lys. XIII, 44 und
Diodor XIV, 32 nennen auch Salamis, von wo früher schon trotz
des Widerspruchs des Sokrates
und Theramenes (Plat. Apol. 32ᶜ.
Xen. Hell. II, 3, 39) der angesehene
im peloponnesischen Kriege als
Strateg bewährte Leon nach Athen
zum Tode geschleppt worden war
(Andok. I, 94). — μιᾷ ψήφῳ]
'durch eine Abstimmung', zuwider dem Gesetz des Kannouos
(Xen. Hell.I,7,34. Aristoph. Ekkl.
1089), welches vorschrieb, mehrere in gleicher Sache Verklagte
sollten nicht ἀθρόοι (Platon Apol.
32ᵇ), sondern δίχα ἕκαστος gerichtet werden. Derselben Unge-
setzlichkeit machte sich das Volk
in dem Feldherrnprocess nach der
Arginusenschlacht schuldig (Xen.
Mem. I, 1, 18). Ebenso μιᾷ ψήφῳ
καὶ ἑνὶ ἀγῶνι Deinarch I, 112 (uno
iudicio, ad Herenn. IV, 39, 51),
ὑπὸ μιᾶς ψήφου Aristoph. Lysistr.
270. Anderwärts ist μιᾷ ψήφῳ
'durch Mehrheit einer einzigen
Stimme' [Andok.] IV, 9, oder bezieht sich auf die durch den einen
Act der Abstimmung über den Angeklagten erzielten verschiedenen
Resultate (Demosthenes XXI, 227:
πάντ' ἐστὶν ἐν ὑμῖν μιᾷ ψήφῳ
διαπράξασθαι = ἐν μιᾷ ψήφῳ

Isae. VI, 4); dagegen Eurip. Ion
1223 ist ἐν ψήφῳ μιᾷ 'einstimmig'.

53. ἤλθομεν] P. 8. — αἱ τα-
ραχαί] 'die Wirren', mildernder
Ausdruck für ἡ μάχη; gemeint ist
der hitzige Kampf auf den Höhen
von Munychia (Xen. Hell. II, 4,
11ff.). Lysias spricht, im frischen
Andenken an den Bürgerkrieg, mit
ersichtlicher Schonung der städtischen Partei und sucht alle Schuld
auf die Dreissig und ihre Nachfol-
ger im Regiment zu schieben. Man
vergleiche, wie noch mehrere Jahre
später Andokides I, 80 von denselben Vorgängen spricht: ἐγένετο
ὑμῖν ὧν ἐγὼ οὐδὲν δέομαι μεμνῆσθαι οὐδ' ἀναμιμνήσκειν ὑμᾶς
τῶν γεγενημένων κακῶν. — περὶ
τῶν διαλλαγῶν οἱ λόγοι ἐγί-
γνοντο] Diese Verhandlungen
(λόγοι wie XIII, 5 und oft εἰς λόγους ἄγειν, ἔρχεσθαι) wurden
nach dem Gefecht in Munychia
zunächst privatim angeknüpft (Xenoph. Hell. II, 4, 19: προσιόντες
ἀλλήλοις πολλοὶ διελέγοντο). Von
denselben sagt Isokr. XVIII, 17:
περὶ διαλλαγῶν ἦσαν οἱ λόγοι. Der
Artikel mit Rücksicht auf den damals angebahnten, später wirklich
zu Stande gekommenen allbekannten Vergleich, zu XIII, 80.
— τὰ πρὸς ἀλλήλους ἔσεσθαι]
'wir würden uns zu einander stellen'. τὰ πρὸς ἀλλήλους ('die gegenseitigen Beziehungen') ist Beziehungsaccusativ, wie Demosth.
XVIII, 163: ἐν οἷς ἦτε τὰ πρὸς
ἀλλήλους, εἴασθε. Ebenso τὰ
πρὸς ἡμᾶς διαλύεσθαι Isokr. IV,
131. τὰ πρὸς σφᾶς αὐτοὺς διαλύεσθαι V, 9. τὰ πρὸς Φωκέας V,
50. τὰ πρὸς Λακεδαιμονίους VII,
65. — ὡς ἀμφοτέροις ἔδοξεν]

ἐλθόντες τοὺς μὲν τριάκοντα ἐξέβαλον πλὴν Φείδωνος καὶ
Ἐρατοσθένους, ἄρχοντας δὲ τοὺς ἐκείνοις ἐχθίστους εἵλοντο,
ἡγούμενοι δικαίως ἂν ὑπὸ τῶν αὐτῶν τούς τε τριάκοντα μι-
σεῖσθαι καὶ τοὺς ἐν Πειραιεῖ φιλεῖσθαι. Τούτων τοίνυν 55
Φείδων [ὁ τῶν τριάκοντα] γενόμενος καὶ Ἱπποκλῆς καὶ Ἐπι-
χάρης ὁ Λαμπτρεὺς καὶ ἕτεροι οἱ «δοκοῦντες εἶναι ἐναντιώ-
τατοι Χαρικλεῖ καὶ Κριτίᾳ καὶ τῇ ἐκείνων ἑταιρείᾳ, ἐπειδὴ

sc. εἶναι 'wie es beiden Parteien
gut, vortheilhaft schien', d. h. wie
es die Interessen beider Parteien
zu fordern schienen. Wodurch die
Hoffnung vereitelt ward, zeigt
§ 55, wo er zur Anklage des Eratosthenes und seines Gesinnungsgenossen Pheidon zurückkehrt; die
Begründung der Hoffnung liegt
in den beiden Thatsachen οἱ μὲν
γὰρ — εἵλοντο. — εἴασαν] nach
Nepos (Thrasyb. 2) auf Befehl des
Thrasybul. — αὐτούς] τοὺς ἐξ ἄ
στεος; das Verständnis konnte,
nachdem von den ἑκάτεροι die eine
Seite, οἱ ἐκ Πειραιῶς, genannt
war, nicht zweifelhaft sein.

54. ἐλθόντες] 'zurückgekehrt.'
Zu § 16. — τοὺς τριάκοντα]
Bezeichnung des Collegiums als
Behörde ohne Rücksicht auf die
noch vorhandene Zahl; in Wahrheit waren es nur noch 25 (Theramenes war hingerichtet, Kritias
und Hippomachos gefallen, Eratosthenes und Pheidon blieben zurück). Ebenso Xen. Hell. II, 4, 23 f.
vgl. II, 3, 18: Κριτίας καὶ οἱ ἄλλοι
τριάκοντα. — ἐξέβαλον] nicht
gewaltsam, sondern durch einen
Volksbeschluss der τρισχίλιοι (Xen.
Hell. II, 4, 23). Diodor milder:
ἐξέπεμψαν. — ἄρχοντας] E. 5.
Die Dekaduchen waren Vertreter der gemässigt aristokratischen
Grundsätze und allerdings ent-
schiedene Gegner des Terrorismus eines Kritias. Aus jeder Phyle
ward einer gewählt (Xen. Hell. II,
4, 24) und die Behörde mit dicta-
torischer Gewalt bekleidet (δέκα
ἄνδρας κατέστησαν αὐτοκράτορας
Diod. XIV, 33). — δικαίως ἂν]
Vorbereitung des Dilemma in § 57
und von derselben absichtlich fal-

schen Voraussetzung ausgehend,
dass ein Gegner der Dreissig nothwendig den Standpunkt der Patrioten als deu allein berechtigten
(δικαίως ἂν gehört vornehmlich
zu φιλεῖσθαι) ansehen musste. Wir
würden den Gedanken durch Subordination geben: dass von denen,
welche den Dreissig abgeneigt wären, mit Recht nur die Partei der
Patrioten ergriffen werden könne.
Wohl möchte man auf den ersten
Blick εἰκότως für δικαίως schreiben, doch macht Lysias denen ἐξ
ἄστεος ein grösseres Compliment,
wenn er sie bei ihrer Ansicht nicht
vom Wahrscheinlichkeits-, sondern
vom Rechtsstandpunkte ausgehen
lässt.

55. γενόμενος] Ueber den Singular des Particips vgl. zu § 12,
und über τούτων γενόμενος Kr.
47, 9, 2. — Ἱπποκλῆς] sonst nicht
bekannt. — Ἐπιχάρης] aus dem
Demos Lamptrae der Phyle Erechtheis, ein übelberufener Sykophant
(Andok. I, 99), dann Buleut und
Ankläger unter den Dreissig (ebenda § 95. 101), später einer der Ankläger des Andokides und nach
dessen Zeugnis ὁ πάντων πονηρότατος καὶ βουλόμενος εἶναι τοιοῦτος. — ἕτεροι] wie Rhinon (Isokrat. XVIII, 6); die Namen der
Uebrigen sind unbekannt. — Χα-
ρικλεῖ] Sohn des Apollodoros, einer der bedeutendsten Parteiführer und Haupt einer einflussreichen Hetärie, in die nach seiner
Rückkehr aus dem Exil auch Kritias eintrat. Im Hermokopiden-
process hatte er um die Volksgunst
gebuhlt (Andok. I, 36), war aber
später exiliert worden (Isokr. XVI,
42). Als Haupt der Dreissig neben
Kritias nennt ihn auch Xenophon

αὐτοὶ εἰς τὴν ἀρχὴν κατέστησαν, πολὺ μείζω στάσιν καὶ πόλε-
56 μον ἐπὶ τοὺς ἐν Πειραιεῖ τοῖς ἐξ ἄστεος ἐποίησαν· οἳ καὶ
φανερῶς ἐπεδείξαντο, ὅτι οὐχ ὑπὲρ τῶν ἐν Πειραιεῖ οὐδ' ὑπὲρ
τῶν ἀδίκως ἀπολλυμένων ἐστασίαζον οὐδ' οἱ τεθνεῶτες αὐτοὺς ἐλύπουν οὐδ'. οἱ μέλλοντες ἀποθανεῖσθαι, ἀλλ' οἱ μεῖ-
57 ζον δυνάμενοι καὶ θᾶττον πλουτοῦντες. Λαβόντες γὰρ τὰς
ἀρχὰς καὶ τὴν πόλιν ἀμφοτέροις ἐπολέμουν, τοῖς τε τριάκοντα
πάντα κακὰ εἰργασμένοις καὶ ὑμῖν πάντα κακὰ πεπονθόσι.
Καίτοι τοῦτο πᾶσι δῆλον ἦν, ὅτι εἰ μὲν ἐκεῖνοι δικαίως ἔφευ-

Memor. I, 2, 31. und Aristot. Pol.
VIII, 5 (S. 205 Bekker): *ἐν τοῖς
τριάκοντα οἱ περὶ Χαρικλέα ἰσχυ-
σαν.* — αὐτοί] ein betontes 'sie.'
Der Gedanke: Die Genannten hatten die Dreissig angefeindet; nachdem sie aber das Regiment er-
langt, machten sie es noch schlimmer als jene.

56. οἳ] zu § 40. — καί] Sie haben nicht nur den Zweck ihrer
Einsetzung, die Versöhnung der
Streitenden, nicht erreicht, sondern auch den Beweis geliefert,
dass ihre Opposition gegen die
Häupter der Dreissig auf Egoismus beruhte. — οἱ τεθνεῶτες
— οἱ μέλλοντες ἀποθανεῖ-
σθαι] im Bürgerkriege. — οἱ
μεῖζον δυνάμενοι] denn ver-
letzter persönlicher Ehrgeiz ist in
der Oligarchie nach dem Urtheile
des Thuk. VIII, 89 häufig die Veranlassung zur Conspiration gegen
die mächtigeren Gesinnungsgenossen. Zu § 66. — θᾶττον πλου-
τοῦντες] Gehässige Anspielung
auf die Sentenz: οὐδεὶς ἐπλούτη-
σεν ταχέως δίκαιος ὤν (Menander
bei Stobae. floril X, 21), die auch
Aristoph. Plut. 353 andeutet. Daher ταχέως πλουτῆσαι öfters mit
verdächtigendem Seitenblick, wie
Lys. XVIII, 18; XXV, 30, wo vgl.

57. λαβόντες τὰς ἀρχὰς καὶ
τὴν πόλιν] man möchte παραλαβόντες, das 'eigentliche Wort
von gesetzlicher Uebernahme der
Staatsämter (παραλαβόντες τὴν
πόλιν XXVI, 9. Isokr. VII, 67. Diodor XIV, 33 von den Zehn: παρα-

λαβόντες τὴν ἀρχήν). Doch bedeu-
tet λαβόντες: 'nachdem sie — in
ihre Gewalt bekommen' (als αὐτο-
κράτορες). Lys. XXXI, 14: ἐάν
ποτε (ὃ μὴ γένοιτο) λάβωσι τὴν
πόλιν. Isokr. VIII, 111: ἐπειδὰν
λάβωσι τὰς δυναστείας. Geflissentlich stellt er das Treiben der Dekaduchen als ein gewaltsames hin,
um nicht die ἐν ἄστει des Einverständnisses mit ihnen beschuldi-
gen zu müssen; die Bürgerschaft
betrachtet er in dem δι' ὑμᾶς, ὑμῖν
§ 57. 58 und dem τῆς πόλεως und
τὴν πόλιν § 60 schon als innerlich
geeint und nur durch Zwang noch
äusserlich getrennt. — τοῖς τριά-
κοντα] Dies ist anderwärts nicht
bezeugt; vielmehr erscheinen bei
Xenoph. (Hell. II, 4, 28) Gesandte
der Zehn zum Theil als zu gleichem Zwecke in Sparta. Doch mag
Lysias, dem Parteitreiben näher
stehend, genauer berichten und
die Dekaduchen sich pro forma
feindlich gegen die Tyrannen gestellt haben. — τοῖς — πεπον-
θόσι] Ein Isokolon. P. 13. —
πάντα κακά] zu § 33. — δῆλον
ἦν ὅτι]. Das Dilemma mit seinem
tertium non datur geht von der
Fiction aus, es habe nur zwei mögliche Parteistandpunkte gegeben.
für deren einen man sich habe entscheiden und damit den andern
als unberechtigt ansehen müssen.
Geflissentlich ignoriert Lysias die
Existenz einer Mittelpartei, die
sich weder mit den extremen
Oligarchen (den Dreissig) noch
mit den Demokraten im Peiräeus
identificierte. Ihr gehörten die
Zehn an und konnten daher recht

γον, ὑμεῖς ἀδίκως, εἰ δ᾽ ὑμεῖς δικαίως, οἱ τριάκοντα ἀδί-
κως· οὐ γὰρ δὴ ἑτέρων ἔργων αἰτίαν λαβόντες ἐκ τῆς πόλεως ἐξέπεσον, ἀλλὰ τούτων. Ὥστε σφόδρα χρὴ ὀργίζεσθαι, 58
ὅτι Φείδων αἱρεθεὶς ὑμᾶς διαλλάξαι καὶ καταγαγεῖν, τῶν αὐτῶν ἔργων Ἐρατοσθένει μετεῖχε καὶ τῇ αὐτῇ γνώμῃ τοὺς
μὲν κρείττους αὑτῶν δι᾽ ὑμᾶς κακῶς ποιεῖν ἕτοιμος ἦν, ὑμῖν
δὲ ἀδίκως φεύγουσιν οὐκ ἠθέλησεν ἀποδοῦναι τὴν πόλιν,
ἀλλ᾽ ἐλθὼν εἰς Λακεδαίμονα ἔπειθεν αὐτοὺς στρατεύεσθαι,

wohl gegen beide Extreme sich
feindlich stellen. Der Bau des Dilemma wie Aeschin. III, 188: εἰ
τοῦτ᾽ ἔχει καλῶς, ἐκεῖνο αἰσχρῶς·
εἰ ἐκεῖνοι κατ᾽ ἀξίαν ἐτιμήθησαν,
οὗτος ἀνάξιος ὢν στεφανοῦται. —
τούτων] der gegen den Demos
verübten. Ein anderer Grund zur
Vertreibung der Dreissig lag nicht
vor als die Uebelthaten gegen
euch; befehdeten also die Dekaduchen zugleich die Dreissig u. euch,
so geriethen sie mit sich selbst in
Widerspruch und mussten einer
von beiden Parteien nothwendig
Unrecht thun. In Wahrheit waren
es aber wirklich ἕτερα ἔργα, welche den Sturz der Dreissig veranlassten; nicht der Umsturz der
Democratie, sondern der Misbrauch der Gewalt und die unvor-
sichtige Kriegsführung gegen die
Patrioten. — αἰτίαν λαβόν-
τες] statt des gewöhnlichen αἰτίαν
σχόντες (XIII, 62), wie Hypereid.
f. Lykophr. 29, 3 (Schneidewin):
αἰτίαν πονηρὰν οὐδεμίαν ἔλαβον.
Thuk. VI, 60: οἱ περὶ τῶν μυστικῶν
τὴν αἰτίαν λαβόντες; ders. II, 18.

58. Φείδων] Der Angriff auf
die Amtsführung des Pheidon hat
den doppelten Zweck, diesen einerseits als den Ausführer der
verderblichen Gedanken des Eratosthenes, der hinter seinen früheren Amtsgenossen sich gesteckt
habe, darzustellen, andrerseits
dem Pheidon im voraus den Boden für die vermuthlich auf Grund
seiner angeblichen Verdienste beabsichtigte Fürsprache für Eratosthenes (zu § 85) zu entziehen.
— αἱρεθεὶς — καταγαγεῖν]

Diodor XIV, 33: δέκα ἄνδρας κατέστησαν αὐτοκράτορας, εἰ δύναιντο
μάλιστα φιλικῶς διαλύεσθαι τὸν
πόλεμον. — τῇ αὐτῇ γνώμῃ]
sc. Ἐρατοσθένει, 'in Uebereia-
stimmung mit E.' (daher der Plural αὐτῶν), wie oft τὴν αὐτὴν
γνώμην ἔχειν τινι, τοῖς νόμοις
(I, 36); anderwärts tritt zu solchem Dativ ein χρώμενος (XXXIII,
6). — τοὺς κρείττους αὑτῶν]
die (nun vertriebene) Majorität
der Dreissig. — δι᾽ ὑμᾶς—ὑμῖν]
ohne Rücksicht auf die damals
noch bestehende Spaltung der Bürgerschaft (zu § 57). — δι᾽ ὑμᾶς]
'durch euer Einschreiten.' διά c.
accus. bezeichnet die Person nicht
als das benutzte Mittel (also nicht
= διά c. gen., per), sondern als
selbstthätig einwirkend (opera ali-
cuius oder propter, wie vivere
propter aliquem Cic. p. Mil. 22,
58. p. Rosc. Am. 22, 63. propter
quem civitas non fuit Paradox.
IV, 2, 30). Dies ergiebt sich aus
Verbindungen wie δεινόν ἐστι διά
τινα (§ 87), σώζεσθαι διά τινα
(XXV, 29, 33, σώζεσθαι διὰ τοὺς
θεοὺς καὶ τοὺς δικάζοντας Demosthenes XXIV, 7, vgl. XXXII, 8),
δι᾽ ἡμᾶς ἀπαλλαγῆναι ἀθῴον [Lys.]
VI, 4, διὰ τήνδε τὴν πόλιν (durch
das Auftreten dieser Stadt) II, 16.
Vgl. noch XXV, 27, und zu § 77.
Kr. 68, 23. — οὐκ ἠθέλησεν]
'konnte sich nicht entschliessen',
wie II, 28: ἐξὸν αὐτῷ χιλίαις ναυσὶ
διαβιβάσαι τὴν στρατιὰν οὐκ ἠθέλησεν. III, 7: οὐ πρότερον ἠθέλησεν ἀπελθεῖν πρὶν αὐτὸν οἱ παρα-
γενόμενοι ἐξήλασαν. Anderwärts
'sich weigern.' Zu § 69. — ἔπει-
θεν] 'redete zu.' Kr. 53. 1, 7.

διαβάλλων ὅτι Βοιωτῶν ἡ πόλις ἔσται, καὶ ἄλλα λέγων οἷς
50 ᾤετο πείσειν μάλιστα. Οὐ δυνάμενος δὲ τούτων τυχεῖν, εἴτε
καὶ τῶν ἱερῶν ἐμποδὼν ὄντων εἴτε καὶ αὐτῶν οὐ βουλομένων, ἑκατὸν τάλαντα ἐδανείσατο, ἵνα ἔχοι ἐπικούρους μι-

Aristoph. Wesp. 116: ἀνέπειθεν
αὐτὸν μὴ ἐξιέναι· ὁ δ' οὐκ ἐπεί-
θετο. Xen. Kyrop. V, 5, 22: ἐλθὼν ἔπειθον αὐτοὺς καὶ οὓς ἔπει-
σα, τούτους ἔχων ἐπορευόμην. Herodot V, 104. — διαβάλλων ὅτι]
Wie διαβάλλειν τι ('eine Sache
gehässig darstellen', Demosthenes
XXVIII, 1. XXXXI, 18), so auch
διαβάλλειν ὅτι oder ὡς = διαβάλ-
λοντα λέγειν, 'in gehässiger Weise
aussprechen.' Isokr. XV, 56: ὁ κατήγορος διαβάλλει ὅτι τοιούτους
γράφω λόγους. XVI, 10: διαβάλλειν ἐπιχειροῦσιν ὡς Δεκέλειαν
ἐπετείχισεν ὁ πατήρ. Xen. Hell.
VI, 3, 12. Ueber eine ähnliche
Prägnanz von ἐξαπατᾶν zu XIII,
70. — Βοιωτῶν] 'in der Gewalt
der Böoter' Kr. 47, 6, 7. Theben
hatte die Exulanten lebhaft unterstützt und die Ansammlung der
Schaar des Thrasybul gestattet
(Lys. fragm. 78. Deinarch I, 25
und zu § 95). Daher suchte Pheidon die Lakedämonier auf den
grossen Einfluss aufmerksam zu
machen, den die Thebaner nach
dem Siege der Patrioten in Athen
gewinnen müssten (die Hyperbel
ähnlich, wie ἡ πόλις ὑπὸ τῶν Λακεδαιμονίων ἤρχετο XXVI, 2 und
Λακεδαιμόνιοι εἶχον τὴν πόλιν
XIV, 33 von der Stelluug der Lakedämonier zu dem von den Oligarchen beherrschten Athen). Die
Furcht vor den 30 Jahre später
verwirklichten Hegemoniebestre-
bungen Thebens mochte schon damals in Sparta sich regen, wie
andrerseits die Thebaner die Absichten Spartas auf Athen arg-
wöhnisch betrachteten (Xen. Hell.
II, 4, 30).

59. εἴτε καὶ — εἴτε καὶ] Gewöhnlich fehlt καί an erster Stelle,
doch wie hier Platon Staat V, 471 d:
εἰ τὸ θῆλυ συστρατεύοιτο εἴτε καὶ
ἐν τῇ αὐτῇ τάξει εἴτε καὶ ὄπισθεν

ἐπιτεταγμένον und öfters bei Xenophon. Ebenso ἐάν τε καὶ — ἐάν τε
καί ebenda VIII, 557ᵃ (wo Stallbaum) und Lysis 212ᵉ. — τῶν
ἱερῶν] Wenn die Spartaner dadurch sich bestimmen liessen, so
fällt Pheidons Anwesenheit in
Sparta in die erste Hälfte des
spartanischen Monats Karneios
(zweite Hälfte des August) oder
kurz zuvor; denn während des in
diesem Monat gefeierten neuntägi-
gen Festes der Karneien enthiel-
ten sich die Dorer alles Waffen-
werks (Thuk. V, 54. Herodot VII,
206), wie aus der Weigerung der
Spartaner, den Athenern bei dem
Angriff des Jahres 490 zu Hilfe zu
kommen, bekannt ist (Herod. VI,
106). Diese Zeitbestimmung harmoniert mit der sonstigen Chro-
nologie der damaligen Ereignisse.
Denn die Einsetzung der Dekaduchen fällt frühestens in den April
oder Mai des Jahres 403, die Rückkehr der Verbannten Ende September (E. 6). Die Mission des
Pheidon erfolgte, wie Xenophons
Bericht zeigt, geraume Zeit nach
der Einsetzung der Zehn; der indirect durch Pheidons Gesandtschaft hervorgerufene militärisch-
diplomatische Feldzug des Pausa-
uias dauerte nicht lange Zeit (Plutarch Lysander 21: τοῦτο [die Versöhnung der Parteien] ὁ Παυσαν.
διεπράξατο ῥᾳδίως. — οὐ βου-
λομένων] Es gab in Sparta eine
starke Partei, welche unbeding-
tem Eintreten für die Oligarchen
theils aus sittlichen Motiven, theils
aus Eifersucht gegen Lysander
widerstrebte. — ἑκατὸν τάλαν-
τα] durch Vermittelung des Lysander (Xen. Hell. II, 4, 28. Plutarch Lys. 21). Später entwickel-
ten sich aus dieser Anleihe ärger-
liche Verwickelungen mit Sparta
(Lys. XXX, 22), da anfangs viele
dafür sprachen, man solle sich

σθοῦσθαι, καὶ Λύσανδρον ἄρχοντα ᾐτήσατο, εὐνούστατον
μὲν ὄντα τῇ ὀλιγαρχίᾳ, κακονούστατον δὲ τῇ πόλει, μισοῦντα
δὲ μάλιστα τοὺς ἐν Πειραιεῖ. Μισθωσάμενοι δὲ πάντας ἀν- 60
θρώπους ἐπ᾽ ὀλέθρῳ τῆς πόλεως καὶ πόλεις ἐπάγοντες καὶ
τελευτῶντες Λακεδαιμονίους καὶ τῶν συμμάχων ὁπόσους ἐδύναντο πεῖσαι, οὐ διαλλάξαι ἀλλ᾽ ἀπολέσαι παρεσκευάζοντο

zur Tilgung der Schuld an das
Privatvermögen der städtischen
Partei halten; doch ward um der
Eintracht willen schliesslich dieselbe auf die Staatskasse übernommen (Isokr. VII, 68. Demosth.
XX, 11). — ᾐτήσατο] Die Verschiedenheit der Angaben über die
Sendung des Lysander, der hier
und Diodor XIV, 33 den Dekaduchen, Plut. Lys. 21 den Dreissig
zugesandt wird, erklärt sich daraus, dass die beiden oligarchischen Fractionen, durch den Fort-
gang der Ereignisse gezwungen,
gegen den gemeinsamen Feind im
Peiräeus nunmehr zusammenstan-
den. Nach Xenophon (Hell. II, 4,
29) begab sich Lysander zwar nach
Eleusis, aber die städtische Partei zählte unbedingt auf ihn. —
εὐνούστατον] Plut. Lys. 21:
Λύσ. ἔπεισε τοὺς Λακεδαιμονίους
ταῖς ὀλιγαρχίαις βοηθεῖν καὶ τοὺς
δήμους κολάζειν.

60. πάντας ἀνθρώπους]'alle
Welt', sehr geläufige Hyperbel,
die durch die Uebersetzung 'alle
möglichen' abgeschwächt wird.
(Gemildert wird sie durch μικροῦ
δεῖν Isokr. VIII, 44; ὀλίγου δέω
λέγειν Demosth. XV, 19; ὡς εἰπεῖν
Xen. Hell. VII, 2, 2; ὡς ἔπος εἰπεῖν Plat. Alkib. I, 105ᵉ). So Lys.
II, 61 von den Freiheitskämpfern:
πάντας πολεμίους κεκτημένοι εἰς
τὸν Πειραιᾶ κατῆλθον, am häufigsten aber eben in der Formel πάντες ἄνθρωποι, wie Demosth. VIII,
5: πάντας ἀνθρώπους συσκευάζε-
ται ἐφ᾽ ἡμᾶς. XVIII, 72. LI, 13.
Isokr. VIII, 21. Andok. III, 25.
Herod. VII, 56 (wo Stein). Xenoph.
Kyrop. VII, 5, 52. Ebenso πάντες
Ἕλληνες καὶ βάρβαροι Plat. Menex.
243ᵇ. πᾶσα ἡ οἰκουμένη Demosth.

XVIII, 48. Hypereid. Epitaph.
col. 9. Deinarch I, 13.— Xenophon
sagt: Λύσανδρος συνέλεγεν ὁπλί-
τας πολλοὺς Πελοποννησίους; doch
waren es nur 1000 Mann (der geordnete Bundesauszug [φρουρά]
der Peloponnesier folgte erst später), nach Diodor XIV, 33. Zugleich blokierte Lysander's Bruder Libys den Peiräeus mit 40
Schiffen. — πόλεις ἐπάγοντες]
'Städte in Bewegung setzten', hy-
perbolischer Ausdruck zur Cha-
rakterisierung der gewaltigen An-
strengungen der 10. Gemeint sein
können nur die nachher angedeuteten Städte der spartanischen
Symmachie. — ὁπόσους] nach
Xen. Hell. II, 4, 30 und III, 5, 5
alle ausser Theben und Korinth.
— ἀπολέσαι εἰ μὴ δι᾽ ἄν-
δρας ἀγαθούς[Breviloquenz
für ἀπολέσαι καὶ ἀπώλεσαν ἄν εἰ
μή etc. Das εἰ μή ergänzt man gewöhnlich durch ἐκωλύθησαν, doch
weniger willkürlich suppliert man
ἦν: 'wenn es nicht an wackeren
Männern gelegen hätte', d. h. wenn
nicht wackere Männer gewesen
wären. (Vgl. Kr. 54, 12, 10.) Denn
διά c. accus. ist öfters quantum
est in aliquo, wie Isokr. XX, 8:
ὧν οὐδὲν διὰ τὸν φεύγοντα τὴν
δίκην ἀγένητόν ἐστιν, ἀλλὰ κατὰ
τὸ τούτου μέρος ἅπαντα πέπρακται
(ebenso per Liv. XXII. 21: qui-
etum reliquum aestatis tempus
fuisset per Poenum). Vgl. noch
Isokr. V, 92: ἐκράτησαν ἄν τῶν
βασιλέως πραγμάτων, εἰ μὴ διὰ
Κῦρον. — Die ἄνδρες ἀγαθοί
sind die Freunde der athenischen
Sache (besonders Ismenias in
Theben Justin V, 9) oder die Gegner spartanischer Vergewaltigung
in den bundesgenössischen Staaten, wohl auch die Gegner des

τὴν πόλιν εἰ μὴ δι' ἄνδρας ἀγαθούς, οἷς ὑμεῖς δηλώσατε
παρὰ τῶν ἐχθρῶν δίκην λαβόντες, ὅτι καὶ ἐκείνοις χάριν
61 ἀποδώσετε. Ταῦτα δὲ ἐπίστασθε μὲν καὶ αὐτοί, καὶ οἶδ'
ὅτι οὐ δεῖ μάρτυρας παρασχέσθαι· ὅμως δέ· ἐγώ τε γὰρ δέομαι ἀναπαύσασθαι ὑμῶν τ' ἐνίοις ἥδιον ὡς πλείστων τοὺς
αὐτοὺς λόγους ἀκούειν.

ΜΑΡΤΥΡΕΣ.

62 Φέρε δή, καὶ περὶ Θηραμένους ὥς ἄν δύνωμαι διὰ βρα-

Lysander in Sparta, wie man denn
in den Worten eine Hindeutung
auf den Athen wohlgesinnten König Pausanias finden kann. — οἷς
δηλώσατε] der Imperativ nach
dem Relativ, wie § 99. XIX, 61.
Isae. XI, 24 u. ö. (Kr. 54, 13, 2),
im Deutschen nicht ohne Hilfswort
('müssen' oder 'mögen') wieder-
zugeben. — καὶ ἐκείνοις χάριν ἀποδώσετε] nach demselben auf dem sittlichen Grundsatze der Widervergeltungspflicht
beruhenden Gerechtigkeitsgefühl,
nach welchem ihr die Feinde zur
Strafe zieht. Denn τὰ ὀφειλόμενα
ἑκάστῳ ἀποδιδόναι δίκαιόν ἐστι,
sagt Simonides bei Plat. Staat I,
331 ° (τοῦτο νοεῖ, τοῖς μὲν ἐχθροῖς
βλάβην ὀφείλεσθαι παρὰ τοῦ δι-
καίου ἀνδρός, τοῖς δὲ φίλοις ὠφέ-
λειαν ebenda 335°) und selbst
nach dem Urtheile eines Sokrates
(bei Xen. Memor. II, 6, 35) gehört
es zur Tugend, νικᾶν τοὺς μὲν φίλους εὖ ποιοῦντα, τοὺς δὲ ἐχθροὺς
κακῶς (ähnlich Plat. Kleitoph. 410ª.
Isokr. I, 26); nur Wenige (Platon)
erhoben sich über diesen Glauben
an das ius talionis (vgl. zu XIII, 4).

61. ὅμως δέ] sc. παρέξομαι;
die Ellipse wie Eurip. Med. 501,
häufiger noch nach ἀλλ' ὅμως, wie
Eurip. Hek. 843: παράσχες χεῖρα
τῇ πρεσβύτιδι τιμωρόν, εἰ καὶ μηδέν ἐστιν, ἀλλ' ὅμως. Aristoph.
Ach. 402. 408. — Auch für allbe-
kannte Dinge führen die Redner
gern Zeugen vor, um dem gerichtlichen Brauche zu genügen und
zugleich ihren Eifer im Nachweis
der Wahrheit zu bekunden. Aesch.

I, 65: ταῦτα ὅτι ἀληθῆ λέγω, πάντες ἴστε, ὅμως δὲ ἐπειδὴ ἐν δικαστηρίῳ ἐσμέν, κάλει μοι etc. ebenda § 45: καίπερ ὁμολογουμένου
τοῦ πράγματος, ἐπειδὴ ἐν δικαστηρίῳ ἐσμέν, γέγραφα μαρτυρίαν·
Demosth. XXX, 32; XXXX, 54.
Lys. X, 5: σχεδὸν ἐπίστασθε ἅ-
παντες ὅτι ἀληθῆ λέγω· ὅμως δὲ
μ' ὀτρύνας αὐτῶν παρέξομαι. —
ἥδιον] zu XIII, 3. Welche Punkte
der vorhergehenden Anklage gegen Pheidon und Eratosthenes
Lysias bezeugen liess, steht dahin.
Dass aber eine Reihe von Zeugnissen verlesen ward, beweist
das ἀναπαύσασθαι; der Sprecher
konnte sich also während der Verlesung 'ausruhen'.

62. περὶ Θηραμένους] Auf
ihn besonders als das Haupt der
gemässigten Partei wollte sich
Eratosthenes berufen. Die von
Lysias nur flüchtig § 77 f. angedeutete Hinrichtung des Theramenes (welche später zum marter-
vollen Tode ausgeschmückt ward.
Plutarch consol. ad Apollon. c. 6)
hatte diesem viele Sympathien erworben und seine Anhänger konnten ihn als Märtyrer der auch
von ihnen vertretenen guten Sache
darstellen. Auch spätere unkriti-
sche Historiker, vor allen Diodor
(XIV, 3. 4), etwas vorsichtiger
Plutarch (Nicias 2) haben sich dadurch zu einem günstigen Urtheile
über Theramenes' politische Gesinnung und Haltung stimmen lassen, wie denn auch Cicero seines
Lobes voll ist (Tusc. I, 40, 96. de
orat. III, 19, 56); gleichzeitige
Schriftsteller aber machen ihn vor

χυτάτων διδάξω. Δέομαι δ' ὑμῶν ἀκοῦσαι ὑπέρ τ' ἐμαυτοῦ
καὶ τῆς πόλεως. Καὶ μηδενὶ τοῦτο παραστῇ, ὡς Ἐρατοσθένους κινδυνεύοντος Θηραμένους κατηγορῶ· πυνθάνομαι γὰρ
ταῦτα ἀπολογήσεσθαι αὐτόν, ὅτι ἐκείνῳ φίλος ἦν καὶ τῶν
αὐτῶν ἔργων μετεῖχε. Καίτοι σφόδρ' ἂν αὐτῷῖ οἶμαι μετὰ 63
Θεμιστοκλέους πολιτευόμενον προσποιεῖσθαι πράττειν ὅπως

allen verantwortlich für den zwei-
maligen Umsturz der Demokratie,
Thuk. VIII, 68 bei aller Anerkennung seiner hohen Begabung (σο-
φὸς ἀνὴρ καὶ δεινός εἰς τὰ πάντα
Aristoph. Frō. 968) für die Revo-
lution d. J. 411, Kritias bei Xen.
(Hell. II, 3, 28) für die des J. 404
(ebenso Schol. zu Aristoph. Frō.
545). Nur dass er es verstand, vorkommenden Falls es auch einmal
mit der andern Partei zu halten,
woher sein von den Komikern
gern erwähnter Beiname ὁ κό-
θορνος (Xen. Hell. II, 3, 31. 47.
Aristoph. Frō. 541), διὰ τὸν περὶ
τὴν πολιτείαν ἀμφοτερισμόν nach
Pollux Onom. VII, 91. — ὑπὲρ
ἐμαυτοῦ] weil es dem Redner
unmöglich ward, seinen Bruder
am Eratosthenes zu rächen, wenu
dieser die Richter durch seine Berufung auf Theramenes gewann.
— μηδενὶ τοῦτο—κατηγορῶ]
τοῦτο kündigt den unmittelbar aus
dem Sinn der Richter gesprochenen Gedanken an: ‘möge keinem
von euch der Gedanke kommen,
dass ich ja den Theramenes anklage, während doch Eratosthenes’, also ἔξω τοῦ πράγματος
spreche. Der Redner stellt also
nicht in Abrede, dass er den
Theramenes anklage, sondern er
wünscht, dass dieser (die Richter
befremdende) Gedanke gar nicht
in ihnen auftauche. Thuk. IV, 95:
παραστῇ μηδενὶ ὑμῶν, ὡς ἐν τῇ
ἀλλοτρίᾳ οὐ προσῆκον τοσόνδε κίνδυνον ἀναρριπτοῦμεν (der Inhalt
der in den Soldaten möglicher
Weise aufsteigenden Reflexion, die
sie widerwillig machen musste);
ebenso IV, 61: χρὴ παρεστάναι
μηδενὶ ὡς οἱ μὲν Δωριεῖς ἡμῶν
πολέμιοι τοῖς Ἀθηναίοις, τὸ δὲ

Χαλκιδικὸν ἀσφαλές. Plat. Phaedr.
233ᶜ. — πυνθάνομαι] zu XIII,
88. — Das γὰρ begründet den in
dem Vorhergehenden enthaltenen
Gedanken, dass die Anklage des
Theramenes nicht ἔξω τοῦ πράγματος sei. — ἀπολογήσεσθαι]
zu XIII, 77. — μετείχε] zu § 48.

63. καίτοι σφόδρ' ἂν etc.]
Im Anschluss an den Gedanken,
dass sich Eratosthenes berühme,
an den Thaten des Theramenes
Antheil gehabt zu haben, hebt der
Redner aus diesen ἔργα eins, die
durch seine Perfidie bewirkte Zerstörung der Mauern, heraus. Der
Spott liegt in der Betonung einer
so verderblichen Folge der Politik
des Theramenes, während Eratosthenes dessen angebliche Verdienste und seine eigene Betheiligung daran hervorheben will; nun
erscheint er umgekehrt als sein
Helfershelfer bei der empfindlich-
sten Schädigung des Staats durch
Theramenes. Der Gedanke ist
also: Wie würde er erst, wenn er
politischer Freund des Themistokles gewesen wäre, sich die Mit-
wirkung bei der Erbauung der
Mauern vindicieren, da er schon
als der des Theramenes sich etwas
darauf einbildet, bei ihrer Niederreissung mitgewirkt zu haben.
Der Vergleich zwischen Themistokles und Theramenes, den schon
bei den Friedensverhandlungen in
der Volksversammlung der Demagog Kleomenes in ähnlicher Weise
wie hier Lysias ausbeutete (Plut.
Lysander 14), lag ebenso nahe,
wie seine Kehrseite, der zwischen
Themist. und dem Wiederherstel-
ler der Mauern, Konon (Demosth.
XX, 74).

5*

οἰκοδομηθήσεται τὰ τείχη, ὁπότε καὶ μετὰ Θηραμένους ὅπως καθαιρεθήσεται. Οὐ γάρ μοι δοκοῦσιν ἴσου ἄξιοι γεγενῆσθαι· ὁ μὲν γὰρ Λακεδαιμονίων ἀκόντων ᾠκοδόμησεν αὐτά, 64 οὗτος δὲ τοὺς πολίτας ἐξαπατήσας καθεῖλε. Περιέστηκεν οὖν τῇ πόλει τοὐναντίον ἢ ὡς εἰκὸς ἦν. Ἄξιον μὲν γὰρ καὶ τοὺς φίλους τοὺς Θηραμένους προσαπολωλέναι, πλὴν εἴ τις ἐτύγχανεν ἐκείνῳ τἀναντία πράττων· νῦν δὲ ὁρῶ τάς τε ἀπολογίας εἰς ἐκεῖνον ἀναφερομένας τούς τ᾽ ἐκείνῳ συνόντας τιμᾶσθαι πειρωμένους, ὥσπερ πολλῶ̣ ἀγαθῶν αἰτίου ἀλλ᾽ 65 οὐ μεγάλων κακῶν γεγενημένου. Ὃς πρῶτον μὲν τῆς προτέρας ὀλιγαρχίας αἰτιώτατος ἐγένετο, πείσας ὑμᾶς τὴν ἐπὶ τῶν τετρακοσίων πολιτείαν ἑλέσθαι. Καὶ ὁ μὲν πατὴρ αὐτοῦ

— ὁπότε καί] 'da schon', schwächt das Gewicht des Nebensatzes gegenüber dem Gedanken des Hauptsatzes, da die Verbindung mit Theramenes weit hinter der mit Themistokles zurückstehe, eine Wechselform des Schlusses a minori ad maius, so καί XXII, 16: τί χρὴ αὐτοὺς τοὺς ἀδικοῦντας ὑφ᾽ ὑμῶν πάσχειν, ὁπότε καὶ τοὺς οὐ δυναμένους φυλάττειν ἀποκτείνετε. Ebenso etiam Cic. p. Ligar. 5, 15: quam multi essent de victoribus, qui te crudelem esse vellent, cum etiam de victis reperiantur. p. Mil. 12, 33.
— μετὰ Θηραμένους] sc. πολιτενόμενος προσποιεῖται πράττειν.
— οὐ γὰρ ἴσου] erklärt das nachdrücklich vorausgeschickte σφόδρα. Die Litotes οὐκ ἴσος ('nicht ganz gleich'), οὐχ ὅμοιος dient oft zur Schärfung beissenden Spottes. Xen. Anab. III, 4, 47: οὐκ ἐξ ἴσου, ὦ Ξενοφῶν, ἐσμέν· σὺ μὲν γὰρ ἐφ᾽ ἵππου ὀχεῖ, ἐγὼ δὲ χαλεπῶς κάμνω τὴν ἀσπίδα φέρων. Lys. XIV, 34: οὐχ ὁμοίων τῶν ἔργων ἀμφοτέροις (Alkibiades und den Kämpfern für die Freiheit im Jahre 403) γεγενημένων τοὺς λόγους ποιεῖται. — Λακεδαιμονίων ἀκόντων] Curtius, griech. Gesch. II, 95 f. — ἐξαπατήσας] § 68 ff.
64. περιέστηκεν τοὐναντίον] 'das Gegentheil hat sich herausgestellt', wie Thuk. VI, 24:

τοὐναντίον περιέστη αὐτῷ.—πλὴν εἴ τις] Schonende Beschränkung des Dankens; es mochten manche Freunde des Theramenes unter den Richtern sein, die er damit stillschweigend dieser Kategorie zuweist. — νῦν δέ] zu § 22.
εἰς ἐκεῖνον ἀναφερομένας] 'auf ihn zurückgeführt', wie als Grundlage und Stützpunkt der Vertheidigung. Ueber die Construction zu § 81. — γεγενημένου] zu § 45.

65. ὅς] zu § 40.— πρῶτον μέν] Die Aufzählung der ferneren Hochverrathsacte des Theram. (§ 68 ff.) erfolgt ohne ein entsprechendes ἔπειτα. — τῆς προτέρας ὀλιγαρχίας] vom Regiment der 400 wie XXV, 9; ebenso XXV, 19 ἡ προτέρα δημοκρατία, die Zeit vor der Einsetzung der Dreissig im Gegensatz zu der wiederhergestellten Demokratie. — τὴν — πολιτείαν] ihre Grundzüge bei Curtius II. 601. — ὁ πατὴρ αὐτοῦ] Sein Adoptivvater Hagnon, Sohn des Nikias (denn gebürtig war Theramenes von der Insel Keos. Plutarch Nic. 2), zwar Gegner des Perikles und Vertreter einer gemässigt aristokratischen Richtung, doch beim Volke beliebt (Plut. a. a. O.) wegen seiner hervorragenden Wirksamkeit im Kriege wie in der Diplomatie; er war Oikist der Colonie Amphipolis nach

τῶν προβούλων ὧν ταῦτ᾽ ἔπραττεν, αὐτὸς δὲ δοκῶν εὐνούστατος εἶναι τοῖς πράγμασι στρατηγὸς ὑπ᾽ αὐτῶν ᾑρέθη. Καὶ ἕως 66
μὲν ἐτιμᾶτο, πιστὸν ἑαυτὸν παρεῖχεν· ἐπειδὴ δὲ Πείσανδρον
μὲν καὶ Κάλλαισχρον καὶ ἑτέρους ἑώρα προτέρους αὐτοῦ γι-
γνομένους, τὸ δὲ ὑμέτερον πλῆθος οὐκέτι βουλόμενον τούτων
ἀκροᾶσθαι, τότ᾽ ἤδη διά τε τὸν πρὸς ἐκείνους φθόνον καὶ τὸ παρ᾽

Thuk. V, 11, unter den Gesandten,
welche den Frieden des Jahres
421 abschlossen (ebenda V, 19),
aber auch als Strateg vielfach thätig (I. 117; II, 58. 95 α. ö.). — τ ῶ ν
π ρ ο β ο ύ λ ω ν] Das aristokratisch
zusammengesetzte Collegium der
πρόβουλοι (ἀρχή τις πρεσβυτέρων
ἀνδρῶν, οἵτινες περὶ τῶν παρόντων, ὡς ἂν καιρὸς ᾖ, προβουλεύ-
σουσιν Thuk. VIII, 1), nach der
sicilischen Katastrophe eingesetzt,
sollte die vor das Volk zu brin-
genden Angelegenheiten, wie bisher die Bule, vorberathen (Aristot.
Pol. VI, 14, S. 171; VII, 8, S. 192
Bekker). — τ α ῦ τ᾽ ἔ π ρ α τ τ ε ν]
'wirkte eben dafür'; denn dass
die Probulen zur Oligarchie der
400 wesentlich mitwirkten, bezeugt Aristot. Rhetor. III, 18 ausdrücklich und speciell vom Hagnon
bestätigt dies Kritias bei Xenoph.
Hell. II, 3, 30: κατὰ τὸν πατέρα
Ἅγνωνα ('nach dem Vorbilde')
προπετέστατος ἐγένετο (Theram.)
τὴν δημοκρατίαν μεταστῆσαι εἰς
τοὺς τετρακοσίους.— τ ο ῖ ς π ρ ά γ-
μ α σ ι] 'der Ordnung der Dinge,
der Verfassung'. wie ἐν τοῖς πράγμασιν ἐκείνοις [Lys.] XX, 5. κατα-
προδοῦναι τὰ πράγματα XX, 6.
μετέχειν τῶν πραγμάτων XXV, 18.
23. Xen. Hell. II, 3, 18. τὰ ὑμέτερα πράγματα die Demokratie
XX, 20. Vgl. noch unten § 93; XIII,
5. 21. 25; XXV, 3 (τὰ καθεστηκότα
πράγματα). 10 (τῶν πραγμάτων
μεταπεσόντων, wie μετεπεπτώκει
τὰ πράγματα XX, 14). 12. 14. —
σ τ ρ α τ η γ ό ς] bestätigt von Thukyd. VIII, 89.

66. π ι σ τ ό ν] seinen Parteigenossen. — Π ε ί σ α ν δ ρ ο ν] P. aus
Acharnä, ein zur Zeit der 400 und
schon vorher im Hermokopiden-

process (Audok. I, 36) vielgenann-
ter Parteigänger von wechselnder
Farbe, doch schliesslich einfluss-
reicher Führer der Oligarchen und
tonangebend unter den 400 (Lys.
XXV, 9.'Thuk. VIII, 53 ff. 90. Vgl.
Andok. II, 14), vom Aristophanes
und Xenophon (Sympos. 2, 14)
wegen seiner Feigheit arg ver-
spottet. Nach dem Sturz der 400
entwichen nach Dekeleia (Thuk.
VIII, 98); seine Güter wurden ein-
gezogen (Lys. VII, 4). — Κ ά λ λ-
α ι σ χ ρ ο ν] K. Sohn des Kritias,
und Vater des Tyrannen Kritias,
bei Thukyd. nicht genannt, einer
der Führer der extremen Fraction
unter den 400. Curtius II, 610. —
π ρ ο τ έ ρ ο υ ς] 'ihn überholten'
πρότερος oft tropisch, wie prior;
XXXIV, 3: οὐσία καὶ γένει πρότερος τῶν ἀντιλεγόντων (ähnlich
Isae. I, 17. 38). Platon Laches 183ᵇ:
ὁμολογήσειαν ἂν πολλοὺς σφῶν
προτέρους εἶναι πρὸς τὰ τοῦ πολέμου. Aristoph. Frösche 76. Gegensatz ὕστερος (Demosth. XXIII,
132. Eurip. Herc. fur. 522) oder
δεύτερος (Thuk. VIII, 68. Platon
Menex. 239ᶜ). — τ ό τ᾽ ἤ δ η] Theramenes, der anfangs unter den
400 einen der ersten Plätze behauptet (Xen. Hell. II, 3, 30. Thuk.
VIII, 89) ward einerseits durch
die Gewissheit, dass dieser Versuch der Oligarchen an der noch
nicht gebrochenen Kraft des Demos scheitern müsse, andrerseits
durch persönlichen Ehrgeiz (κατ
ἰδίαν φιλοτιμίαν Thukyd.) bestimmt, ihren Sturz herbeizuführ-
ren. Beide Gründe deutet Lysias
an. — τ ὸ π α ρ᾽ ὑ μ ῶ ν δ έ ο ς] 'die
von euch herrührende, von euch
eingejagte Furcht', nicht etwa
Umschreibung des genit. objecti-
vus; so ὁ παρὰ τῶν πολιτῶν φόβος

67 ὑμῶν δέος μετέσχε τῶν Ἀριστοκράτους ἔργων. Βουλόμενος
δὲ τῷ ὑμετέρῳ πλήθει δοκεῖν πιστὸς εἶναι Ἀντιφῶντα
καὶ Ἀρχεπτόλεμον φιλτάτους ὄντας αὐτῷ κατηγορῶν ἀπέκτεινεν, εἰς τοσοῦτον δὲ κακίας ἦλθεν, ὥστε ἅμα μὲν διὰ
τὴν πρὸς ἐκείνους πίστιν ὑμᾶς κατεδουλώσατο, διὰ δὲ τὴν
68 πρὸς ὑμᾶς τοὺς φίλους ἀπώλεσεν. Τιμώμενος δὲ καὶ τῶν μεγίστων ἀξιούμενός, αὐτὸς ἐπαγγειλάμενος σώσειν τὴν πόλιν

Lykurg 130 (wo Mätzner). Deinarch. II, 23. ὁ παρ' ὑμῶν κίνδυνος
Lys. IX, 7. Vgl. zu § 88. — Ἀρι-
στοκράτους] Sohn des Skel-
lios, entschiedeuer Aristokrat (Aristoph. Vög. 126) aus vornehmer
Familie (Plat. Gorg. 472ª), einer
der Friedensvermittler von 421.
(Thuk. V, 19. 24), Taxiarch zur
Zeit der 400 (Thuk. VIII, 92), mit
Theramenes der Haupturheber ihres Sturzes; bei [Dem.] LVIII, 67
wird er deshalb und wegen seiner
kriegerischen Verdienste sehr gerühmt. Als einer der Strategen in
der Arginusenschlacht ward er 406
hingerichtet (Xen. Hell. I, 7, 2.
31. Diodor XIII, 101).

67. βουλόμενος — εἶναι]
Theramenes selbst sagt bei Xen.
Hell. II, 3, 15: πολλὰ τοῦ ἀρέσκειν
ἔνεκα τῇ πόλει καὶ εἶπον καὶ
ἔπραξα. Das verwerfliche Mittel
zur Erzielung des Credits beim
Volke tadelt ähnlich am Demosthenes Aeschin. III, 81. — Ἀντι-
φῶντα] Antiphon, des Sophilos'
Sohn, zur Unterscheidung von
gleichnamigen ὁ ῥήτωρ oder ὁ
Ῥαμνούσιος (aus dem Demos Rham-
nus) genannt, ein Mann von grosser sittlicher und politischer Bedeutung (Thuk. VIII, 68), der be-
gabteste Mann unter den 400. —
Ἀρχεπτόλεμον] wahrscheinlich
der Sohn des in Athen eingebür-
gerten milesischen Baumeisters
Hippodamos, aus dem Demos
Agryle in der Phyle Erechtheis
(Schol. zu Aristoph. Ritt. 327. Vgl.
Curtius II, 700, Anm. 57), in den
Rittern des Aristophanes als Gegner des Kleon und Befürworter

des Friedens mit Sparta charakterisiert. Das Aechtungsdecret, das
gegen ihn und Antiphon und
ihre ganze Familie ausgesprochen
ward, ist bei [Plut.] Vit. X. orat.
834ª erhalten. — κατηγορῶν
ἀπέκτεινεν] den förmlichen Antrag auf Eiuleitung des Processes
gegen Antiph. und Archept. stellte
jedoch nicht Theramenes, sondern
Audron, ebenfalls zuvor Mitglied
des Raths der 400 (Pseudoplutarch
und Harpokration). — διὰ τὴν.—
πίστιν] 'um ihr Vertrauen zu
gewinnen.' — διὰ δὲ] Wegen des
vorhergebeuden ἅμα μέν wollte
man ἅμα δὲ διά (wie XIII, 55).
Doch die Freiheit der Variatiun
des zweiten Gliedes beweist Platon Gesetze XII, 950ª: τὸ μὴ ἄλλους δέχεσθαι ἅμα μὲν οὐκ ἐγχω-
ρεῖ τό γε παράπαν, ἔτι δὲ ἄγριον
φαίνοιτ' ἂν τοῖς ἄλλοις ἀνθρώποις.

68. τιμώμενος] Schneller
Sprung bis zum Jahre 404. Die
dazwischen liegenden Ereignisse
werden durch die den Zwischen-
zustand bezeichnenden Participia
τιμώμενος und τῶν μεγίστων ἀξιού-
μενος (Theram. bekleidete während dieser Jahre wiederholt das
Strategenamt. Xen. Hell. I, 1, 12.
22; zu XIII, 9) flüchtig angedeutet, wobei die Perfidie des Theramenes im Feldherrnprocess aus
Rücksicht auf die Reizbarkeit der
an diesem Justizmord mit schuldigen Richter übergangen wird. —
αὐτὸς ἐπαγγειλάμενος σώ-
σειν — αὐτὸς ἀπώλεσε] αὐτός
hier 'von selbst', wie § 70. XXXI,
15 in der Verbindung mit ἐπαγγέλ-
λεσθαι; vgl. Aesch. III, 239: οὐκ

αὐτὸς ἀπώλεσε, φάσκων πρᾶγμα εὑρηκέναι μέγα καὶ πολλοῦ ἄξιον· ὑπέσχετο δὲ εἰρήνην ποιήσειν μήτε ὅμηρα δοὺς μήτε τὰ τείχη καθελὼν μήτε τὰς ναῦς παραδούς· ταῦτα δὲ εἰπεῖν μὲν οὐδενὶ ἠθέλησεν, ἐκέλευσε δὲ αὐτῷ πιστεύειν. Ὑμεῖς δέ, ὦ ἄνδρες Ἀθηναῖοι, πραττούσης 09 μὲν τῆς ἐν Ἀρείῳ πάγῳ βουλῆς σωτήρια, ἀντιλεγόντων δὲ πολλῶν Θηραμένει, εἰδότες δὲ ὅτι οἱ μὲν ἄλλοι ἄνθρωποι τῶν πολεμίων ἕνεκεν τἀπόρρητα ποιοῦνται, ἐκεῖνος δ᾽ ἐν τοῖς

αἰτούντων Ἀθηναίων αὐτὸς ἑκὼν κατέπεμψε κτλ. Kr. 51, 6, 8. Die Schärfe der Worte liegt namentlich in der Wiederholung dieses αὐτός bei ἀπώλεσεν; vgl. Xenoph. Anab. III, 2, 4: αὐτὸς ὀμόσας ἡμῖν, αὐτὸς ἐξαπατήσας συνέλαβε τοὺς στρατηγούς. Aeschyl. bei Platon Staat II, 383ᵇ: ὁ δ᾽, αὐτὸς ὑμνῶν, αὐτὸς ἐν θοίνῃ παρών, αὐτὸς τάδ᾽ εἰπὼν αὐτός ἐστιν ὁ κτανὼν τὸν παῖδα τὸν ἐμόν. — πρᾶγμα εὑρηκέναι μέγα] die mysteriöse Andeutung wie XIII, 9. — ὑπέσχετο δέ] die Verrätherei des Theramenes bei den Friedensverhandlungen bestätigt Lys. XIII. 9 ff. Xen. Hell. II, 2, 16 ff. — δέ] nicht adversativ, sondern explicativ fast = γάρ, wie Demosth. XXVII, 18: ἄλλας ἔχει τριάκοντα μνᾶς· ἐμοὶ δ᾽ ὁ πατὴρ κατέλιπε τριάκοντα μνᾶς. Xen. Kyrop. IV, 5, 2: τοὺς ἄρχοντας ἐπὶ τὰς μεγίστας σκηνὰς ἄγετε, γιγνώσκετε δέ (wo Hertlein). Ebenso autem. — ὅμηρα] Geiseln sind, soviel wir wissen, in der That nachmals nicht gestellt worden. — τὰ τείχη] Die Erhaltung der Mauern war ein Hauptpunkt der Instruction für die erste athenische Friedensgesandtschaft (Xen. Hell. II, 2, 11). Die Lakedämonier traten dem mit einer Forderung auf theilweise Schleifung (zu § 70 und XIII, 8) entgegen; die Entrüstung des Volks über diese Forderung benutzte Theramenes zu seinem unerwartet Günstiges versprechenden Anerbieten. — τὰς ναῦς] zu XIII, 14. — εἰπεῖν] betont: 'sagen wollte er das (das πρᾶγμα μέγα) keinem', sondern begnügte sich mit unbestimmten Andeutun-

gen und forderte für die Wahl der Mittel Vertrauen.

69. πραττούσης — σωτήρια] Dem Areopag scheint in dieser Zeit der Noth, vielleicht nur de facto, eine gewisse politische Competenz (die φυλακὴ τῆς πόλεως Deinarch I, 67) zurückgegeben worden zu sein, wie er auch nach der Schlacht bei Chäroneia politische Verbrecher verfolgte (Lykurg 52). Beachtenswerth ist die Notiz in der zweiten Hypothesis zu Demosthenes' Rede gegen Androtion: ἡ ἐν Ἀρείῳ πάγῳ βουλή, ἡνίκα μεγίστη ἀνάγκη ἐγένετο, τότε περὶ δημοσίαν συνήγετο; vgl. Deinarch. I, 9: ὁ δῆμος τῷ συνεδρίῳ (dem Areopag) τὴν πολιτείαν καὶ τὴν δημοκρατίαν πολλάκις ἐγκεχείρικεν. Die damaligen Verhandlungen des Areopags bezogen sich wohl auf Massregeln, welche durch Versöhnung der politischen Parteien eine Vereinigung aller Kräfte zur Vertheidigung der Stadt ermöglichen sollten (zu XXV, 27). — πολλῶν] vermuthlich besonders Kleophon; zu XIII, 7. — πραττούσης μέν — εἰδότες δέ] die Verbindung des absoluten mit dem construirten Particip durch μέν — δέ wie XXV, 31, sonst bei Lysias nicht so häufig wie z. B. bei Isokrates, Thukydides, Xenophon. Kr. 56, 14, 2. Ebenso im Latein. Livius XXII, 28 Anf.: nihil eum fallebat et perfugis multa indicantibus et per suos explorantem. — τῶν πολεμίων ἕνεκεν] damit sie sie nicht erfahren. Ein Zusatz wie βλάβης würde den Gegensatz zu ἐκεῖνος — εἰπεῖν aufheben. —

αὐτοῦ πολίταις οὐκ ἠθέλησεν εἰπεῖν ταῦτα ἃ πρὸς τοὺς πολεμίους ἔμελλεν ἐρεῖν, ὅμως ἐπετρέψατε αὐτῷ πατρίδα καὶ
70 παῖδας καὶ γυναῖκας καὶ ὑμᾶς αὐτούς. Ὁ δὲ ὢν μὲν ὑπέσχετο οὐδὲν ἔπραξεν, οὕτως δὲ ἐνετεθύμητο ὡς χρὴ μικρὰν
καὶ ἀσθενῆ γενέσθαι τὴν πόλιν, ὥστε περὶ ὧν οὐδεὶς πώποτε οὔτε τῶν πολεμίων ἐμνήσθη οὔτε τῶν πολιτῶν ἤλπισε,
ταῦθ' ὑμᾶς ἔπεισε πρᾶξαι, οὐχ ὑπὸ Λακεδαιμονίων ἀναγκα-
ζόμενος, ἀλλ' αὐτὸς ἐκείνοις ἐπαγγελλόμενος, τοῦ τε Πει-
ραιῶς· τὰ τείχη περιελεῖν καὶ τὴν ὑπάρχουσαν πολιτείαν κατα-

οὐκ ἠθέλησεν] 'weigerte sich',
wie XIII, 26; I, 12; IV, 10; XXXII,
12 u. ö. — Freilich konnte sich bei
seiner WeigerungTheramenes auf
den leidigen Erfahrungssatz berufen, der bei Andok. III, 33 ausgesprochen wird: οὐδείς πώποτε
τὸν δῆμον τῶν Ἀθηναίων ἐκ τοῦ
φανεροῦ πείσας ἔσωσεν, ἀλλὰ
δεῖ λαθόντας αὐτὸν εὖ ποιῆσαι.—
παῖδας καὶ γυναῖκας] Ueber
den bei dieser Formel gewöhnlich
(vgl. II, 84 doch auch τοὺς ὑμετέρους παῖδας καὶ γυναῖκας XXVIII,
11. πρὸς τοὺς παῖδας καὶ τὰς γυναῖκας Χen. Anab. III, 4, 46) feh-
lendenden Artikel Kr. 50, 3, 8;
ebenda über die seltenere Weglassung des Artikels bei πατρίδα.
παῖδες καὶ γυναῖκες die gewöhnliche Wortstellung, mit Rücksicht
auf die nach griechischer Anschauung höhere Bedeutung der
Kinder als der Erhalter des Namens und Geschlechtes. In der
verwandten Formel παῖδές τε καὶ
οἰκέται ('Hausgenossen') Herod.
VIII, 4 werden sogar die Frauen
gar nicht besonders genannt.
70. ἐνετεθύμητο] statuerat
'es stand ihm fest.' — ὡς — πό-
λιν] In seiner Vertheidigung bei
Xenoph. Hell. II, 3, 41 rühmt allerdings Theramenes von sich gerade das Gegentheil: οὐκ ἐνόμιζον χρῆναι ἀσθενῆ τὴν πόλιν ποιεῖν. — ἤλπισε] 'erwartet hatte',
wie XXXI, 27: τίς ἄν ποτε νομο-
θέτης ἤλπισεν ἁμαρτήσεσθαί τινα
τῶν πολιτῶν τοσαύτην ἁμαρτίαν;
[Demosth.] Brief 3, 34: εἰ γὰρ ἃ
μηδεὶς ἂν ἤλπισεν, ὁρῶν γεγενημένα κτλ. Vgl. Platon Gesetze I,

644ᶜ: κοινὸν μὲν ὄνομα ἐλπίς,
ἴδιον δὲ φόβος μὲν ἡ πρὸ λύπης
ἐλπίς, θάρρος δὲ ἡ πρὸ τοῦ ἐναν-
τίου. Daher geradezu 'fürchten'
Lys. II, 36: ἃ ὑπὸ τῶν βαρβάρων
τοὺς ὑπεκτεθέντας ἤλπιζον πείσεσθαι. Demosth. XIX, 240: δεινὸν ἄν τι παθεῖν σαυτὸν ἤλπιζες.
So auch ἐλπίς Demosth. XXIII,
106. — ἔπεισε πρᾶξαι] in der
Volksversammlung am Tage nach
seiner Rückkehr. Xen. Hell. II, 2,
22 (zu XIII, 17). — οὐχ — ἀναγ-
καζόμενος] Die Lakedämonier
hatten ursprünglich nur die
Schleifung eines Theils der langen Verbindungsmauern zwischen
Stadt und Hafen gefordert (Lys.
XIII, 8. Xen. Hell. II, 2, 15). Den
Oligarchen aber war vor allem
daran gelegen, die maritime Bedeutung Athens zu untergraben
(zu § 40); daher erwirkte es Theramenes unter Benutzung seiner
unumschränkten Vollmacht (er
war αὐτοκράτωρ XIII, 9 f.), dass
bei der definitiven Formulierung
der Friedensbedingungen die Zerstörung nicht blos der ganzen
Befestigungslinie, sondern auch
der damit in Verbindung stehenden Werke des Peiräeus, sowie
die Auslieferung der Flotte gefordert ward, ein Schlag, den Lys.
XIII, 15 geradezu mit der Vernichtung der Demokratie identificiert (vgl. XVIII, 5; XXVIII. 11).
— τὴν — καταλῦσαι] Die Aenderung der Verfassung war nicht
unter den Forderungen der Lakedämonier, wie die Friedensformel
bei Plutarch Lys. 14 beweist (die
Angabe Diodors XIV, 3, dass es

λῦσαι, εὖ εἰδὼς ὅτι, εἰ μὴ πασῶν τῶν ἐλπίδων ἀποστερη-
θήσεσθε, ταχεῖαν παρ' αὐτοῦ τὴν τιμωρίαν κομιεῖσθε. Καὶ 71
τὸ τελευταῖον, ὦ ἄνδρες δικασταί, οὐ πρότερον εἴασε τὴν
ἐκκλησίαν γενέσθαι, ἕως ὁ λεγόμενος ὑπ' ἐκείνων καιρὸς
ἐπιμελῶς ὑπ' αὐτοῦ ἐτηρήθη καὶ μετεπέμψατο μὲν τὰς μετὰ
Λυσάνδρου ναῦς ἐκ Σάμου, ἐπεδήμησε δὲ τὸ τῶν πολεμίων
στρατόπεδον. Τότε δὲ τούτων ὑπαρχόντων, καὶ παρόντων 72
Λυσάνδρου καὶ Φιλοχάρους καὶ Μιλτιάδου, περὶ τῆς πολι-

ausdrücklich den Atheñern an-
heimgestellt worden sei, τῇ πατρίῳ
πολιτείᾳ χρῆσθαι, ist unrichtig),
sondern war die Folge einer zwischen den Oligarchen und Lysander angesponnenen Intrigue (Diodor a. a. O. Plutarch Lys. 15);
durch die von den Lakedämonieru
verlangte Rückberufung der Verbannten (zu § 77) war ihr aller-
dipgs wesentlich vorgearbeitet. —
εὖ εἰδώς] Ein Gedanke, der den
Staatsmännern oft als Grund ihres
Handelns untergeschoben wird;
vgl. besonders XXVIII, 7: δεδιότες ὑπὲρ ὧν ὑφῄρηνται, ἕτοιμοί
εἰσιν — ὀλιγαρχίαν καθιστάναι καὶ
πάν.α πράττειν, ὅπως ὑμεῖς ἐν
τοῖς δεινοτάτοις κινδύνοις καθ'
ἑκάστην ἡμέραν ἔσεσθε· οὕτω γὰρ
ἡγοῦνται οὐκέτι τοῖς σφετέροις
αὐτῶν ἁμαρτήμασι τὸν νοῦν ὑμᾶς
προσέξειν, ἀλλ' ὑπὲρ ὑμῶν αὐτῶν
ὀρρωδοῦντας ἡσυχίαν πρὸς τούτους ἕξειν. ΧΧΙΧ, 10; vom Demosthenes so Hypereid. w. Demosth.
23 (Sauppe); vom Perikles Aristoph. Fried. 606ff.; denn, sagt der
syrakusanische Demagog Athenagoras bei Thukyd. VI, 36, οἱ δεδιότες ἰδίᾳ τι βούλονται τὴν πόλιν
ἐς ἔκπληξιν καθιστάναι, ἵνα τῷ
κοινῷ φόβῳ τὸν σφέτερον ἐκηλυ-
γάζωνται.
71. οὐ πρότερον ἕως] 'als
bis', statt des gewöhnlicheren οὐ
πρότερον πρίν oder des blossen
οὐχ — ἕως (Demosth. XXXXVII,59,
μή — ἕως Demosth. XVIII, 32),
wie XXV, 26; XV, 6: δεινὸν τοὺς
στρατηγοὺς μὴ ἂν τολμῆσαι πρότερον ἡμῶν ἡγήσασθαι, ἕως ἐδοκι-
μάσθησαν, eine ähnliche, wohl der
alltäglichen Redeweise geläufige
Kürze, wie die Weglassung des ἤ

hinter ἡ προτεραία, ἡ ὑστεραία
u. dgl. (zu XIX, 22). — τὴν ἐκ-
κλησίαν] περὶ τῆς πολιτείας § 72
(vgl. zu XIII, 17). Daher der Artikel von der allbekannten Ekklesia, die zum Sturz der Demokratie führte. — ὑπ' ἐκείνων]
von den Lakedämonieru in den
zwischen den Oligarchen und Lysandros gepflogenen Unterhand-
lungen (Diodor). — ὑπ' αὐτοῦ]
Theramenes erscheint als der im
Augenblicke einflussreichste unter den oligarchischen Parteiführ-
rern, dessen Ansehen selbst dem
des Ephorenausschusses mindestens gleich wog (§ 76). Daher
auch εἴασε. — ἐκ Σάμου] Die
Samier allein boten den Lakedämoniern nach dem Falle Athens
noch Trotz (Xen. Hell. II, 2, 6;
3, 6). Während der Belagerung
von Samos (Xenophon, nach Diodor XIV, 3, nach dem Falle der
Stadt) fand die hier erwähnte
Volksversammlung statt, zu der
sich Lysandros mit einer Flotte
von 100 Schiffen einfand, nachdem er den Thorax vor Samos
zurückgelassen. — ἐπεδήμη-
σε] 'in die Stadt gekommen war',
wie Aesch. III, 258: Ἀρθμιος
ἐπεδήμησε εἰς τὴν πόλιν. — τὸ
στρατόπεδον] gemeint ist
im Gegensatze zu τὰς — ναῦς jedenfalls das Landheer unter Agis,
der zur Unterstützung dieses
Staatsstreichs aus Dekeleia berufen worden sein wird; denn ge-
räumt ward Attika von ihm erst
nach der Einsetzung der Dreissig
(Xen. Hell. II, 3, 3). — Die Conjunction ἕως regiert alle drei Satzglieder.
72. Φιλοχάρους καὶ Μιλ-

τείας τὴν ἐκκλησίαν ἐποίουν, ἵνα μήτε ῥήτωρ αὐτοῖς μηδεὶς
ἐναντιοῖτο μηδὲ διαπειλοῖτο ὑμεῖς τε μὴ τὰ τῇ πόλει συμφέ-
73 ροντα ἕλοισθε, ἀλλὰ τἀκείνοις δοκοῦντα ψηφίσαισθε. Ἀναστὰς
δὲ Θηραμένης ἐκέλευσεν ὑμᾶς τριάκοντα ἀνδράσιν ἐπιτρέψαι
τὴν πόλιν καὶ τῇ πολιτείᾳ χρῆσθαι, ἣν Δρακοντίδης ἀπέ-
φαινεν. Ὑμεῖς δ' ὅμως καὶ οὕτω διακείμενοι ἐθορυβεῖτε ὡς

τιάδ ον] sonst unbekannt, doch,
wie die Namen zeigen, Athener,
einflussreiche Aristokraten in der
Umgebung des Lysandros (wie
Aristoteles Xen. Hell. II, 2, 18),
vielleicht die Sendboten der Oligarchen, die den Lysandros von
Samos abgeholt hatten (Diodor.
XIV, 3: οἱ τὰς ὀλιγαρχίας αἱρού-
μενοι πρὸς Λύσανδρον διεπρεσβεύ-
σαντο· διέπλευσαν οὖν εἰς Σάμον).
— τὴν ἐκκλησίαν ἐποίουν)
'veranstalteten' (vgl. zu XIII, 35),
von der anordnenden Behörde
(deren Function hier die Häupter
der Oligarchen usurpierten). Aeschin. III, 39 u. ö.: προστέτα-
κται τοὺς πρυτάνεις ποιεῖν ἐκκλησίαν, und so von den Prytauen
auch Demosth. XXI, 9. Aristoph.
Acharn. 169, von den Ephoren Xen.
Hell. II, 2, 19, συλλογὴν ἐποίει von
einem Strategen (Lys.) XX, 26 und
anderes oft bei Thukydides. Vgl.
Kr. 52, 8, 1. Oft ist auch der Name
des berufenden Magistrats weggelassen (Xen. Hell. II, 2, 4) oder
aus dem Volksnamen zu entnehmen (Thuk. VI, 72: Συρακόσιοι
ἐκκλησίαν ἐποίουν). Von den Theil-
nehmern an der Volksversammlung
ist selten ἐκκλησίαν ποιεῖσθαι (De-
mosth.XIII,1 ; XVIII,213), gewöhnlich ἐκκλησιάζειν. — ῥήτωρ] zu
XIII, 73. Wodurch die Oligarchen
ausserdem das Volk mundtodt
machten, zeigt Lys. XIII, 17 ff.

73. Ἀναστὰς Θηραμένης]
Eine ganz andere Rolle lässt den
Theramenes Diod. XIV, 3 spielen,
indem bei ihm der Vorschlag vom
Lysandros ausgeht und Theramenes ihm vergeblich entgegentritt.
Die Unrichtigkeit seiner Erzählung ergiebt sich aus § 74, da Lysias bei einer etwaigen Fälschung
der Thatsachen doch nicht an das

Zeugnis der Richter appellieren
konnte. — Δρακοντίδης] ὁ τὸ
περὶ τῶν τριάκοντα ψήφισμα περὶ
ὀλιγαρχίας γράψας Aristoteles bei
Schol. zu Aristoph. Wesp. 157,
ein übelberufener, von den Komikern verspotteter Mensch, der als
dienstwilliges Werkzeug der Oligarchen dann auch unter die Dreissig aufgenommen ward. — ἀπέ-
φαινεν] 'veröffentlichte' nicht
als einen zur Discussion gestell-
ten Antrag ans Volk (dies wäre
γράφειν oder εἰπεῖν), sondern als
einfach anzunehmendes Gesetz,
denn νόμον ἀποφαίνειν (Platon
Gesetze VI, 780ᵃ) oder ἀποδεικνύναι (Lys. XXX, 11, 13. Xen. Hell.
II, 3, 11) sagt man vom Nomothe-
ten, der das vou ihm redigierte
(συγγράφειν) Gesetz publicirt. Die
formelle Gutheissung des Volks
holten die Oligarchen wohl ein,
aber unterblieben war die verfas-
sungsmässige Beauftragung des
Drakontides, ein solches Gesetz zu
entwerfen. — ὅμως καὶ οὕτω
διακείμενοι] Genau genommen
sollte das ὅμως dem Particip folgen (Demosth. XVIII, 53: ἵνα καίπερ εἰδὼς ὅμως ἀκούσῃ und öfter
bei den Dichtern), wird aber in
der Regel, das Verhältnis des con-
cessiven Particips zum regierenden Verb im Voraus andeutend,
dem ersteren vorausgeschickt (selten wird auch das verb. fin. selbst
mit vorgeschoben, wie Herodot
VIII, 52: οἱ πολιορκεόμενοι ὅμως
ἠμύνοντο, καίπερ ἐς τὸ ἔσχατον
κακοῦ ἀπιγμένοι). καί dann = καίπερ. Isokr. XVII, 2; ὅμως καὶ τούτων ὑπαρχόντων ἡγοῦμαι φανερὸν
πᾶσι ποιήσειν, ebenso VIII, 15;
dagegen XV, 272: ὅμως καίπερ
οὕτω διακείμενος ἐπιχειρήσω δια-
λεχθῆναι περὶ αὐτῶν. Kr. 56, 13,
3. Ebenso steht im Lateinischen

οὐ ποιήσοντες ταῦτα· ἐγιγνώσκετε γάρ, ὅτι περὶ δουλείας καὶ
ἐλευθερίας ἐν ἐκείνῃ τῇ ἡμέρᾳ ἠκκλησιάζετε. Θηραμένης 74
δέ, ὦ ἄνδρες δικασταί — καὶ τούτων ὑμᾶς αὐτοὺς μάρτυρας
παρέξομαι — εἶπεν, ὅτι οὐδὲν αὐτῷ μέλοι τοῦ ὑμετέρου θο-
ρύβου, ἐπειδὴ πολλοὺς μὲν Ἀθηναίων εἰδείη τοὺς τὰ ὅμοια
πράττοντας αὐτῷ, δοκοῦντα δὲ Λυσάνδρῳ καὶ Λακεδαιμονίοις λέγοι. Μετ᾽ ἐκεῖνον δὲ Λύσανδρος ἀναστὰς ἄλλα τε
πολλὰ εἶπε καὶ ὅτι παρασπόνδους ὑμᾶς ἔχοι, καὶ ὅτι οὐ περὶ

zuweilen nilominus oder tamen vor
dem Particip, wie Cic. in Verr. II,
5, 54, 142: illi nilominus iacenti
latera tundebant, p. Sestio 67, 140.
In ὅμως οὐδ᾽ οὕτως aber (Lys. I,
14) ist das Particip nicht concessiv, sondern temporal aufzulösen
und ὅμως gehört lediglich zum
Verb. fin. — ἐθορυβεῖτε] Das
stehende Wort von der Beifalls-
wie der Misfallsäusserung der
Versammlung (admurmurare).
Platon Staat VI, 492ᵈ: συγκαθε-
ζόμενοι εἰς ἐκκλησίας σὺν πολλῷ
θορύβῳ τὰ μὲν ψέγουσι τῶν λεγομένων ἢ πραττομένων, τὰ δὲ ἐπαι-
νοῦσι καὶ ἐκβοῶντες καὶ κροτοῦν-
τες. [Demosth.] XXV, 95 ist der
θόρυβος als Correctionsmittel des
Volks dargestellt.

74. καὶ τούτων — παρέξο-
μαι] Rhetorische Wendung, die
bei als unzweifelhaft dargestellten Thatsachen gern gebraucht
wird (vgl. XIII, 65; VII, 25 Isokr.
XV, 93. Andok. I, 37. Isae. fragm.
33 Scheibe. Platon Apol. 19ᶜᵈ);
denn τῶν λόγων τούτους χρὴ δι-
καιοτάτους ἡγεῖσθαι οὓς ἂν οἱ
καθήμενοι τῷ λέγοντι μαρτυρῶσιν
ἀληθεῖς εἶναι (Demosth.XXI, 18);
die Gegner freilich protestieren
gegen eine solche Umgebung förm-
licher Zeugnisse. Demosth.XXXX,
53: οὕτω κακοῦργός ἐστιν, ὥστε
περὶ ὧν ἂν μὴ ἔχῃ μάρτυρας παρασχέσθαι, ταῦτα φήσει ὑμᾶς εἰδέναι, ὃ πάντες ποιοῦσιν οἱ μηδὲν
ὑγιὲς λέγοντες. — πολλοὺς μὲν
Ἀθηναίων] πολλούς ist prädicat,
Ἀθηναίων gehört zu τοὺς πράττοντας: 'zahlreich wisse er seine
Parteigenossen unter den Athenern' (und die Lakedämonier

habe er ganz für sich). So ist kein
Grund, an dem τοὺς Anstoss zu
nehmen. Vgl. Isokr. VIII, 139:
πολλοὺς ἕξομεν τοὺς ἑτοίμως συν-
αγωνιζομένους ἡμῖν. — δοκοῦντα — λέγοι] Kritias bei Xen.
Hell. II, 3, 25: σὺν τῇ Λακεδαι-
μονίαν γνώμῃ τήνδε τὴν πολιτείαν καθίσταμεν. Die schamlose
Einschüchterung der Patrioten
musste um so wirksamer sein, als
die Feinde in der Stadt, ihre Flotte
im Hafen war. Der Ausdruck wie
Xen. Hell. IV, 1, 10: δοκοῦντα
ταῦτα καὶ Σπιθριδάτῃ λέγεις. —
παρασπόνδους] Diodor XIV, 3:
ὁ Λύσανδρος ἔφη λελύσθαι τὰς
συνθήκας ὑπὸ Ἀθηναίων, ὕστερον
γὰρ τῶν συγκειμένων ἡμερῶν καθ-
ῃρηκέναι τὰ τείχη. Man hatte sich
also auf den Friedenstractat, der
eine Verfassungsänderung nicht
forderte, berufen, Lysandros aber
erklärte, er sei von den Athenern
gebrochen und also auch für Sparta
nicht mehr bindend. Uebrigens ist
daraus nicht zu schliessen, dass
die Mauern damals noch gar nicht
geschleift gewesen seien; denn
das war nach Xenophon Diodor
und Plutarch (vgl. auch Lys.XIII,
34) unzweifelhaft vor der Einsetzung der Dreissig geschehen, nur
nicht in der ursprünglich festgestellten Frist (über den Grund der
Verzögerung zu XIII, 16) und erst
in Folge lakedämonischer Zwangs-
massregeln. Bei Plutarch Lysandros 15 spricht Lys. diese Drohungen nicht erst in der entschei-
denden Volksversammlung, sondern schon bei sonst nicht bekannten Vorverhandlungen durch eine
Botschaft (ἀποστείλας πρὸς τὸν δῆμον) aus; doch ist es wohl denk-

πολιτείας ὑμῖν ἔσται ἀλλὰ περὶ σωτηρίας, εἰ μὴ ποιήσεθ᾿
75 ἃ Θηραμένης κελεύει. Τῶν δ᾿ ἐν τῇ ἐκκλησίᾳ ὅσοι ἄνδρες
ἀγαθοὶ ἦσαν, γνόντες τὴν παρασκευὴν καὶ τὴν ἀνάγκην, οἱ
μὲν αὐτοῦ μένοντες ἡσυχίαν ἦγον, οἱ δ᾿ ᾤχοντο ἀπιόντες,
τοῦτο γοῦν σφίσιν αὐτοῖς συνειδότες, ὅτι οὐδὲν κακὸν τῇ
πόλει ἐψηφίσαντο· ὀλίγοι δέ τινες, καὶ πονηροὶ καὶ κακῶς
76 βουλευόμενοι, τὰ προσταχθέντα ἐχειροτόνησαν. Παρηγγέλλετο γὰρ αὐτοῖς δέκα μὲν οὓς Θηραμένης ἀπέδειξε χειροτο-
νῆσαι, δέκα δὲ οὓς οἱ καθεστηκότες ἔφοροι κελεύοιεν, δέκα
δ᾿ ἐκ τῶν παρόντων· οὕτω γὰρ τὴν ὑμετέραν ἀσθένειαν
ἑώρων καὶ τὴν ἑαυτῶν δύναμιν ἠπίσταντο, ὥστε πρότερον

bar, dass er sich nicht scheute,
auch in der Ekklesia selbst sich
nochmals auf diesen (inzwischen
abgestellten) Vertragsbruch zu berufen. — ὑμῖν ἔσται περὶ σω-
τηρίας]. In der Vulgata steht
noch ὁ λόγος dabei. Doch ist ἔστι
περί τινος 'es geht um etwas', wohl
Ausdruck des Umgangstons, wie
Aristoph. Ri. 87: περὶ πότου ἐστί
σοι. Demosth. XXIV, 5: περὶ αὐτοῦ τούτου νῦν ὑμῖν ἔστι, πότερον
δεῖ etc. Auch mit dem Accusativ
bei Isokr. XXI, 13: οὐ περὶ τοῦτ᾿
ἔστι Νικία, ὅπως συκοφαντῶν τάλ-
λότρια λήψεται. Aehnlich ἔστι τινὶ
πρός τινα ('es geht gegen') Demosthenes XVIII, 278 (daselbst Westermann). — Nach Plutarch a. a.
O. dachte damals eine extreme
Partei im spartanischen Haupt-
quartier, an deren Spitze der Thebaner Erianthosstand, an die Vernichtung der Stadt; doch die Spartaner selbst widersprachen (Andok. III, 21. Isokr. XIV, 32).

75. τὴν παρασκευήν] die
'Verabredung' zwischen den Oligarchen und Lysandros. So XIII,
22: ἐκ παρασκευῆς. — τὴν ἀνάγ-
κην] den (durch die Lakedämonier geübten) 'Zwang.' — καὶ
πονηροὶ καὶ κακῶς βουλευό-
μενοι] Unter die 'Schlechtbera-
thenen' konnten sich die von den
Richtern rechnen, die an jenem
ψήφισμα sich betheiligt hatten.
καὶ — καί verbindet nicht, sondern lässt die Wahl, fast=εἴτε —

εἴτε, wie in den Redensarten καὶ
δικαίως κἀδικῶς, καὶ λόγῳ καὶ
ἔργῳ; im Griechischen werden
einander ausschliessende Thatsachen oder Möglichkeiten oft summarisch zusammen, im Deutschen einander gegenüber gestellt. Vgl. Demosth. XXIV, 113:
τούτων (τὸν κλέπτην). ἔξεστι καὶ
ἀποκτείναι καὶ τρῶσαι καὶ ἀπα-
γαγεῖν. Isae. V, 32: ἤθελον καὶ
ἀνώμοτοι καὶ ὀμόσαντες ἀποφή-
νασθαι ἃ ἐγίγνωσκον. Ebenso
durch τὲ — καί Xenophon Anab.
IV, 7, 22: ἀπέκτεινάν τέ τινας καὶ
ἐξώγρησαν. Platon Staat VI, 492ᵈ:
τὸ μὴ πειθόμενον ἀτιμίαις τε καὶ
χρήμασι καὶ θανάτοις κολάζουσιν;
das einfache καί Platon Symp.
223ᶜ: τοὺς ἄλλους εἶδε καθεύδον-
τας καὶ οἰχομένους. Ebenso que
— que, z. B. Virg. Aen. III, 459:
quo quemque modo fugiasque fe-
rasque laborem expediet.

76. παρηγγέλλετο] von den
die Verhandlungen leitenden Oligarchen. Ueber das Verbum vgl.
zu § 44 und das vorhergehende τὰ
προσταχθέντα. — οἱ καθεστηκότες (ὑπὸ τῶν ἑταίρων) ἔφοροι]
zu § 43. — ἐκ τῶν παρόντων]
scheinbar eine Concession der Oligarchen; jedenfalls war der grössere Theil der noch Zurückgebliebenen ihnen zugethan, der Rest
wenigstens eingeschüchtert. —
πρότερον ἤδεσαν] Die Oligarchen hatten sich über den Gang
der Verhandlungen und die Na-

ἤδεσαν τὰ μέλλοντα ἐν τῇ ἐκκλησίᾳ πραχθήσεσθαι. Ταῦτα 77
δὲ οὐκ ἐμοὶ δεῖ πιστεῦσαι, ἀλλὰ ἐκείνῳ· πάντα γὰρ τὰ ὑπ'
ἐμοῦ εἰρημένα ἐν τῇ βουλῇ ἀπολογούμενος ἔλεγεν, ὀνειδίζων
μὲν τοῖς φεύγουσιν, ὅτι δι' αὐτὸν κατέλθοιεν οὐδὲν φροντιζόντων Λακεδαιμονίων, ὀνειδίζων δὲ τοῖς τῆς πολιτείας
μετέχουσιν, ὅτι πάντων τῶν πεπραγμένων τοῖς εἰρημένοις

men der Vorzuschlagenden in Vor-
versammlungen der Hetärieen ge-
einigt, wie sie Thuk. VIII, 66 aus
dem Jahre 411 schildert: ὁ δῆμος
καὶ ἡ βουλὴ ἐβουλεύοντο οὐδὲν ὅτι
μὴ τοῖς ξυνεστῶσι δοκοίη, ἀλλὰ καὶ
οἱ λέγοντες ἐκ τούτων ἦσαν καὶ
τὰ ῥηθησόμενα πρότερον αὐτοῖς
προύσκεπτο. Auf die Vorverhandlungen unter den Oligarchen über
die zu proklamierenden Mitglieder der neuen Regierung deutet
auch Lys. XVIII, 4.

77. ἐκείνῳ] Den Angeklagten
durch seine Worte oder Thaten
gegen sich selbst zeugen zu lassen, ist ein sehr beliebtes rhetorisches Mittel, ein μέγιστον καὶ
ἰσχυρότατον τεκμήριον nach Antiph. VI, 31. Vgl. Demosth. XXXXI,
20: αὐτός οὗτός μοι μέγιστος ἔ-
σται μάρτυς ἔργῳ περιφανεῖ. und
XVIII, 118; XIX, 240; XXXI, 4;
XXXXVII, 4. Aesch. III, 27. Isae.
II, 38. Isokr. XVII, 42; XXI, 14.
Antiph. V. 9. — ἐν τῇ βουλῇ] zu
XIII, 35. In der Vertheidigungsrede, die Xenophon (Hell. II, 3,
35 ff.) dem Theramenes in den
Mund legt, stebt davon allerdings
nichts; doch lag es nahe, dass er
sich auf seine Verdienste um die
Errichtung des oligarchischen Regiments berief. — ὅτι — κατέλ-
θοιεν] nach der Uebergabe der
Stadt (Xen. Hell. II, 2, 20. Andok.
I, 80; III, 11). Da die Verbannung
natürlich meist Aristokraten be-
troffen hatte, so führte diese erst
auf Theram. Veranlassung in die
Friedensbedingungen aufgenommene Massregel eine wesentliche
Verstärkung der oligarchischen
Partei herbei; daher findet Andok.
III, 12 in diesem Schritt vornehmlich die Ursache des Verfassungs-

umsturzes, denn die κάθοδος τῶν
φευγόντων gehört zu den verderb-
lichsten, auf δήμου κατάλυσις abzielenden Massregeln (Demosth.
XXIV, 153). Auch Dionysios I be-
reitete durch die Zurückberufung
der Verbannten am wirksamsten
die Tyrannis vor (Diod. XIII, 92).
— δι' αὐτόν] 'durch sein Auftreten' (zu § 58), wie propter se
Cic. ad famil. VII, 27. Demosth.
V, 22: ἐβούλετο τὴν δόξαν τοῦ πολέμου λαβεῖν τοῦ δοκεῖν δι' αὐτὸν
κρίσιν εἰληφέναι Isokr. XVI, 29.
Anderwärts: 'im eigenen Interesse' (Thuk. VI, 9), oder 'von
freien Stücken' (Demosth. XIX,
157). Alle drei Bedeutungen weisen zurück auf die ursprüngliche:
'um seinet willen.' — οὐδὲν —
Λακεδαιμονίων] denen es ja
weit mehr auf die Schwächung der
Macht, als dem Umsturz der Verfassung Athens ankam (zu § 70).
Auch nach der Einnahme von
Phlius im J. 393 riefen die Lakedämonier die lakonisch gesinnten
Exulanten nicht zurück und taste-
ten die Verfassung nicht an (Xen.
Hell. VI, 4, 15). — τῆς πολιτείας]
zu XXV, 3. — τοῖς εἰρημένοις
τρόποις ὑπ' ἐμοῦ] Diese Trennung der Präposition von dem Particip durch Zurückschiebung hinter das Nomen ist bei Demosthenes sehr häufig (z. B. XIX, 174:
τὴν γραφεῖσαν ἐπιστολὴν ὑπ' ἐμοῦ),
kommt aber bei Lysias sonst nicht
vor, wohl aber die gleiche Trennung des abhängigen Casus vom
Particip (zu XIII, 43). Umgekehrt
die Nachstellung des unbeton-
ten Particips XXXIV, 4: ἐν ταῖς
ἐφ' ἡμῶν ὀλιγαρχίαις γεγενημέναις
und XIII, 61: τῆς τότε πολιτείας
καθισταμένης. wo vgl. Ueberhaupt Kr. 50, 10, 2. 3.

τρόποις ὑπ' ἐμοῦ αὐτὸς αἴτιος γεγενημένος τοιούτων τυγχάνοι, πολλὰς πίστεις αὐτῷ τῷ ἔργῳ δεδωκὼς καὶ παρ' ἐκείνων,
78 ὅρκους εἰληφώς. Καὶ τοσούτων καὶ ἑτέρων κακῶν καὶ αἰσχρῶν καὶ πάλαι καὶ νεωστὶ καὶ μικρῶν καὶ μεγάλων αἰτίου
γεγενημένου τολμήσουσιν αὐτοὺς φίλους ὄντας ἀποφαίνειν,
οὐχ ὑπὲρ ὑμῶν ἀποθανόντος Θηραμένους, ἀλλ' ὑπὲρ τῆς
αὐτοῦ πονηρίας, καὶ δικαίως μὲν ἐν ὀλιγαρχίᾳ δίκην
δόντος — ἤδη γὰρ αὐτὴν κατέλυσε — δικαίως δ' ἂν
ἐν δημοκρατίᾳ· δὶς γὰρ ὑμᾶς κατεδουλώσατο, τῶν μὲν
παρόντων καταφρονῶν, τῶν δὲ ἀπόντων ἐπιθυμῶν, καὶ

τοιούτων τυγχάνοι] 'solchen
Lohn erndte', die Anklage und vor-
aussichtliche Hinrichtung; wie Andok. I, 102: ἆρ' ἂν οἴεσθε ἄλλων
τινῶν τυχεῖν με δι' ὑμᾶς. Eurip.
Troad. 499: οἳ 'γὼ τάλαινα, διὰ
γάμον μιᾶς γυναικὸς οἵων ἔτυχον
ὧν τε τεύξομαι! — πολλὰς πίστεις — δεδωκώς] zu § 27. —
ὅρκους] Die Eidschwüre, wodurch sich die Glieder der Hetärieen gegenseitig nicht blos zum
Schweigen (§ 47; XIII, 21), sondern auch zur wechselseitigen Unterstützung im Kampfe gegen den
'verfluchten' Demos (κατάρατος
δῆμος in der Grabschrift des Kritias beim Schol. zu Aeschin. I, 39)
verpflichteten. Aristot. Polit. VIII,
9, p. 215 (Bekker) führt einen Passus aus einem solchen 'ὅρκος ὀλιγαρχικός' an: καὶ τῷ δήμῳ κακό-
νους ἔσομαι καὶ βουλεύσω ὅτι ἂν
ἔχω κακόν. — Theramenes hob hervor, dass er viele Garantieen seiner Treue und zwar durch die That
selbst (nicht blos mit Worten) gegeben und andrerseits von jenen
eidliche Zusicherungen unver-
brüchlicher Bundestreue erhalten
habe, die Bewährung der letzteren also wegen seines Verhaltens
mit Recht nun auch erwarten
dürfe.

78. καὶ τοσούτων — καὶ με-
γάλων] Ein Polysyndeton wie
Isokr. IV, 27: ἀνάγκη προαιρεῖ-
σθαι τῶν εὐεργεσιῶν τὰς διὰ τὸ
μέγεθος ὑπὸ πάντων ἀνθρώπων
καὶ πάλαι καὶ νῦν καὶ πανταχοῦ

καὶ λεγομένας καὶ μνημονευομένας.
— οὐχ ὑπὲρ ὑμῶν] wie seine
Anhänger behaupteten, um auf
sein Martyrium sich zu stützen. —
ὑπὲρ — πονηρίας] Für ὑπέρ
wollte man ἀπό. Doch ὑπέρ, welches schon wegen der Antithese
kaum entbehrlich ist, ist = ἕνεκα, wie § 37; II, 40 (ἐλεεῖν τινα
ὑπέρ τινος). XV, 22 (τιμωρεῖσθαί
τινα ὑπέρ τινος). Auch wir übersetzen ὑπέρ beidemal: 'um — willen.' — ἤδη — κατέλυσε] im J.
411; vgl. zu § 66. Man vermisst
ein πρότερον, da das blosse ἤδη
mit dem Aorist gewöhnlich nicht
das einmalige Vorkommnis in der
Vergangenheit, sondern den er-
fahrungsmässig öfter vorgekommenen Fall andeutet (zu XXX, 1).
— δικαίως δ' ἄν] nach dem Sturz
der 400, wenn er sich da nicht
durch Perfidie beim Demos insi-
nuirt, und nach dem der Dreissig,
wenn er ihn erlebt hätte. — τῶν
— ἐπιθυμῶν] Ein schön geform-
tes durch das Homoioteleuton
('verachtend — trachtend') wirksames Isokolon. — Der alte Grund-
satz griechischer Ethik στέργειν
τὰ παρόντα (Isokr. I, 29; VIII, 6.
23. Herodot IX, 117), dessen Beobachtung Plutarch dem Agesilaos
so hoch anrechnet (Agesil. 19),
charakterisiert den ἀνὴρ σώφρων,
aber das ἐπιθυμεῖν τῶν ἀπόντων
den μάταιος (Pindar Pyth. 3, 20,
Böckh; vgl. den Vorwurf bei Lucretius III, 957: quia semper aves
quod abest, praesentia temnis).
So sagt Theopomp bei Athen. VI.

τῷ καλλίστῳ ὀνόματι χρώμενος δεινοτάτων ἔργων διδάσκαλος καταστάς.

Περὶ μὲν τοίνυν Θηραμένους ἱκανά μοί ἐστι τὰ κατη- 70
γορημένα· ἥκει δ᾽ ὑμῖν ἐκεῖνος ὁ καιρός, ἐν ᾧ δεῖ συγγνώμην καὶ ἔλεον μὴ εἶναι ἐν ταῖς ὑμετέραις γνώμαις, ἀλλὰ
παρὰ Ἐρατοσθένους καὶ τῶν τούτου συναρχόντων δίκην
λαβεῖν, μηδὲ μαχομένους μὲν κρείττους εἶναι τῶν πολεμίων,
ψηφιζομένους δὲ ἥττους τῶν ἐχθρῶν· μηδ᾽ ὧν φασι μέλλειν 80
πράξειν πλείω χάριν αὐτοῖς ἴστε, ἢ ὧν ἐποίησαν ὀργίζεσθε·
μηδ᾽ ἀποῦσι μὲν τοῖς τριάκοντα ἐπιβουλεύετε, παρόντας δ᾽

261ᵃ von den ἑταῖροι des Philippos: τῶν μὲν ὑπαρχόντων ἡμέλουν, τῶν δὲ ἀπόντων ἐπεθύμουν, und Nikias bei Thukyd. VI, 13 tadelt den Alkibiades und seine Genossen als δυσέρωτες τῶν ἀπόντων. Den Theramenes trifft dieser Tadel als den stets mit den bestehenden Ordnung der Dinge unzufriedenen Neuerer, wie ihn auch Kritias bei Xen. Hell. II, 3, 27 als ψέγων τὰ παρόντα schildert. — τῷ καλλίστῳ ὀνόματι] indem er sich als den Vorkämpfer der wahren ἐλευθερία und den Träger ächter καλοκἀγαθία gerierte und in diesem Sinne für die σωτηρία der Stadt zu wirken vorgab. Er rechnete dabei auf den Nationalfehler der Athener, sich durch schönklingende Worte bestechen zu lassen [Andok.] IV, 27: κατέμαθεν (Alkibiades) ὑμᾶς τοῦ μὲν ὀνόματος φροντίζοντας, τοῦ δὲ πράγματος ἀμελοῦντας Demosth. XXIV, 156: εὗρε τοῦτο ὃ πεποίηκε, νόμῳ τοὺς νόμους καταλῦσαι, ἵνα τἀδικήματ᾽ αὐτοῦ τὸ τῆς σωτηρίας ὄνομ᾽ ἔχῃ. Τὴν τοῦ ὀνόματος φιλανθρωπίαν, ὅτι ταύτην μάλιστα προσίεσθε, κατεῖδεν. u. vgl. Aeschin. III, 248. Daher klagt der greise Isokrates XV, 283: οὐδὲ τοῖς ὀνόμασιν ἔνιοί τινες ἔτι χρῶνται κατὰ φύσιν, ἀλλὰ μεταφέρουσιν ἀπὸ τῶν καλλίστων πραγμάτων ἐπὶ τὰ φαυλότατα τῶν ἐπιτηδευμάτων.

79. Vor dem Uebergang zur Motivierung des Strafantrags

sucht der Redner alle weicheren Regungen aus den Herzen der Richter zu bannen (ähnlich XIV, 40: χρὴ μήτε ἔλεον μήτε συγγνώμην μήτε χάριν μηδεμίαν περὶ πλείονος ποιήσασθαι τῶν νόμων, bei Cic. Philipp. V, 5, 14 erscheint die misericordia als Zug des athen. Nationalcharakters); vgl. P. 15, Anm. 73; daher bearbeitet er bis zum Schluss der Rede vornehmlich das Rachegefühl. — μηδὲ μαχομένους μὲν] Man subordiniere das erste Glied (zu § 47). — τῶν πολεμίων — τῶν ἐχθρῶν] beidemal sind die Dreisig zu verstehen, πολέμιοι als die Gegner im Bürgerkriege, ἐχθροί als politische Gegner in der wiederhergestellten Demokratie.

80. μηδ᾽ ὧν — ὀργίζεσθε] Der Gedanke ähnlich XXXI, 25: σωφρονέστερόν ἐστιν ὑστέρον πᾶσι τῶν ἔργων τὰς χάριτας ἀποδιδόναι· δεινὸν γὰρ ἔμοιγε δοκεῖ εἶναι, εἰ ἐξ ὧν μὲν ἤδη ἡμάρτηκε, μηδέποτε τιμωρηθήσεται, ἐξ ὧν δὲ μέλλει εὖ ποιήσειν, ἤδη τετιμήσεται. — ἢ ὀργίζεσθε] ,,als ihr ihnen zürnen müsst''; denn wie in dem zu § 60 besprochenen Falle können wir in dem zu § Hülfswort einschieben bei der Wiedergabe des Imperativs nach μᾶλλον ἢ und dergl. nicht entbehren; ebenso wenig nach Conjunctionen wie ὥστε, dem fragenden εἰ. Vgl. Matthiae § 511, 5, b. — ἐπιβουλεύετε] vor Eleusis. Zur Satzform vgl. zu § 47 (im

ἀφῆτε· μηδὲ τῆς τύχης, ἢ τούτους παρέδωκε τῇ πόλει, κάκιον ὑμῖν αὐτοῖς βοηθήσητε.

81 Κατηγόρηται δὴ Ἐρατοσθένους καὶ τῶν τούτου φίλων, οἷς τὰς ἀπολογίας ἀνοίσει καὶ μεθ' ὧν αὐτῷ ταῦτα πέπρακται. Ὁ μέντοι ἀγὼν οὐκ ἐξ ἴσου τῇ πόλει καὶ Ἐρατοσθένει· οὗτος μὲν γὰρ κατήγορος καὶ δικαστὴς αὐτὸς ἦν τῶν κρινο-

Deutschen stelle man das erste Glied durch 'während' als Thatsache der Forderung im zweiten gegenüber), über den Modus- und Tempuswechsel μηδ' ἐπιβουλεύετε —ἀφῆτε Kr. 54, 2, 2 und zum Gedanken [Lys.] VI, 18: μὴ οὓς μὲν ἔχετε ἀδικοῦντας ἀφίετε, τοὺς δὲ φεύγοντας ζητεῖτε συλλαμβάνειν. — τῆς τύχης — κάκιον βοηθήσητε] denn, sagt Demosth. II, 2 den Athenern, τῶν αἰσχίστων ἐστὶ τῶν ὑπὸ τῆς τύχης παρασκευασθέντων καιρῶν φαίνεσθαι προϊεμένους, und Isokr. V, 152: αἰσχρόν ἐστι καλῶς τῆς τύχης ἡγουμένης ἀπολειφθῆναι. Daher ähnliche Ermahnungen wie hier Deinarch. I, 29: μὴ ἀφῆτε αὐτὸν ἀτιμώρητον μηδὲ τῆς ἀγαθῆς τύχης τοῦτον ὑμῖν ἀποκτεῖναι παραδούσης αὐτοὶ τοῖς πᾶσι συμφέρουσιν ἐναντιωθῆτε, ebenso § 98 und ähnlich Cic. Philipp. III, 13, 32: non tempore oblato, deorum immortalium beneficio utemini? (zur Vernichtung des Antonius). Die Athener betrachteten sich als besondere Günstlinge der τύχη (vgl. den pseudodemosthen. Brief 4), müssen sich aber freilich vom Demosth. IV, 12 sagen lassen: ἡ τύχη ἀεὶ βέλτιον ἢ ἡμεῖς ἡμῶν αὐτῶν ἐπιμελούμεθα; vgl. Eupolis bei Athen. X, 425ᵇ.
81. Durch die vorhergehenden Antithesen war nur die Nothwendigkeit der richterlichen Bestrafung überhaupt nachgewiesen, es folgt die Rechtfertigung des auf den Tod als die allein zulässige Strafe lautenden Antrags (E. 11). — κατηγόρηται δή] „die Anklage ist nun vollzogen", das Weitere muss ich als Ankläger euch, den Richtern, überlassen (ein ähnlicher Gedanke in der trümmerhaften Stelle

bei Hypereid. w. Demosth. 28 Sauppe). Aber freilich ist dadurch Eratosth. als Angeklagter jetzt dem Ankläger gegenüber in weit günstigerer Lage als früher die Opfer seiner willkürlichen Justiz ihm selbst gegenüber; denn für diese war er Kläger und Richter zugleich und es gab kein geordnetes Rechtsverfahren, während er jetzt durch die ihm verstattete ἀπολογία die Möglichkeit hat, den Ankläger zu bekämpfen und die Richter sich günstig zu stimmen. Damals also war der Ausgang seiner Anklagen nicht zweifelhaft, jetzt ist der der meinigen problematisch. — οἷς ἀνοίσει] Die gewöhnliche Constr. ist ἀναφέρειν τι εἰς (§ 64), seltener ἐπί (Demosth. XVIII, 224 [X, 35] Isokr. V, 32); der Dativ der Person z. B. Eurip. Orest. 432: τὸ Τροίας μῖσος ἀναφέρων πατρί; Lys. VII, 17: ἵν', εἴ τις αὐτοὺς ᾐτιᾶτο, εἶχον ἀνενεγκεῖν (τὸ πρᾶγμα), ὅτῳ παρέδοσαν (τὸ χωρίον) ist wohl auch vor ὅτῳ eher ἐκείνῳ als εἰς ἐκεῖνον zu verstehen. — Dieser Zusatz beweist, dass τῶν τούτου φίλων vornehmlich auf Therameues zu beziehen ist.— τῇ πόλει] der Staat, als Ankläger (zu § 2) gedacht, Lysias als sein Sachwalter, hat nicht so den Ausgang des Processes in der Gewalt, wie früher Eratosthenes.—δικαστής] entweder unmittelbar durch willkürlichen Spruch (wie über Polemarch § 17) oder mittels der den Dreissig unbedingt ergebenen Bule (zu XIII, 35). Man sieht, wie Eratosthenes wieder für das Thun der Gesammtheit der Tyrannen verantwortlich gemacht wird. — αὐτός] 'in Einer Person' Man wollte αὐτός; doch bezeichnet auch αὐτός; die Vereinigung

μένων, ἡμεῖς δὲ νυνὶ εἰς κατηγορίαν καὶ ἀπολογίαν καθέ-
σταμεν. Καὶ οὗτοι μὲν τοὺς οὐδὲν ἀδικοῦντας ἀκρίτους 82
ἀπέκτειναν, ὑμεῖς δὲ τοὺς ἀπολέσαντας τὴν πόλιν κατὰ τὸν
νόμον ἀξιοῦτε κρίνειν, παρ᾽ ὧν οὐδ᾽ ἂν παρανόμως βουλόμενοι δίκην λαμβάνειν ἀξίαν τῶν ἀδικημάτων ὧν τὴν πόλιν
ἠδικήκασι λάβοιτε.

Τί γὰρ ἂν παθόντες δίκην τὴν ἀξίαν
εἴησαν τῶν ἔργων δεδωκότες; Πότερον εἰ αὐτοὺς ἀποκτεί- 83
νοιτε καὶ τοὺς παῖδας αὐτῶν, ἱκανὴν ἂν τοῦ φόνου δίκην
λάβοιμεν, ὧν οὗτοι πατέρας καὶ υἱεῖς καὶ ἀδελφοὺς ἀκρίτους
ἀπέκτειναν; ἀλλὰ γὰρ εἰ τὰ χρήματα τὰ φανερὰ δημεύσετε,

mehrerer Eigenschaften in einer
Person. Der Schlüssel zur Erklärung dieses Gebrauchs liegt in
Stellen wie Eurip. Suppl. 590:
αὐτὸς σίδηρον ὀξὺν ἐν χεροῖν ἔχων
αὐτός τε κῆρυξ χωρήσομαι. So
Lys. XIV, 4: εἰκός ἐστιν πρῶτον
περὶ τούτων δικάζοντας μὴ μόνον
δικαστάς, ἀλλὰ καὶ νομοθέτας αὐτοὺς γενέσθαι. Plato Staat. I,
348ᵇ: ἅμα αὐτοί τε δικασταὶ καὶ
ῥήτορες ἐσόμεθα (ebenso das einfache ἅμα Isae. V, 10) Demosth.
XXIV, 178: αὐτὸς ῥήτωρ χρυσο-
χόος ταμίας ἀντιγραφεὺς ἐγένετο.
Dass allerdings auch αὐτός so ge-
bräuchlich, zeigt z. B. Lukian Fi-
scher 9: οἱ αὐτοὶ κατηγορεῖτε καὶ
δικάζετε. (Soph. Philokt. 119.
Eubulos bei Athen. X, 449 f.
Thuk. II, 40). — νυνί] nach Wiederherstellung der demokratischen
Verfassung und der verfassungsmässigen Gerichtsformen wie sie
[Andok.] IV, 3 hervorhebt. Unter
den Dreissig waren die Civilpro-
cesse entweder völlig suspendiert
(Isokr. XXI, 7) oder rechtswidrig
zusammengesetzten Dikasterien
übergeben gewesen (Demosth.
XXIV, 56 ff.), Criminal- und fis-
kalische Processe wurden von der
Bule entschieden. — καθέστα-
μεν] 'sind wieder eingetreten in.'
82. καὶ οὗτοι] Fortsetzung der
Begründung des οὐκ ἐξ ἴσου Selbst
im schlimmsten Falle ist Eratosthenes immer noch besser daran
als die Opfer der Dreissig. Denn
diese endeten schuldlos ohne Urtheil und Recht, Eratosthenes, der
Hochverräther, wird nach dem Ge-

setz gerichtet. — ἀκρίτους] zu
§ 17. ἄκριτος steht, wie indemna-
tus (z. B. Cic. in Verr. II, 5, 6, 12),
öfters von dem, der unter Versagung der gesetzlichen Rechtsformen gerichtet wird, daher der
Gegensatz κατὰ τὸν νόμον κρίνειν
wie XXII, 2. — τί γὰρ ἂν παθόντες κτλ.] Nachweis, dass 1)
die höchste Leibesstrafe (παθεῖν) im Verhältnis zu dem Verbrechen gering sei. — δίκην τὴν
ἀξίαν] Strafe, die entsprechende
wenigstens; über die Stellung des
Attributs zu § 96.

83. αὐτοὺς καὶ τοὺς παῖδας
αὐτῶν] zu § 36. Einfacher
Tod nach dem Gesetze ist für
die Dreissig noch nicht genug;
denn sie haben wider das Gesetz vielfachen Mord verübt.
— ὧν] bezogen auf das in λάβοιμεν enthaltene Pronomen. Kr. 51,
13, 14. — ἀλλὰ γάρ] Uebergang
von der negierenden Frage zur
spöttischen Behauptung, wie § 40.
— εἰ δημεύσετε — ἂν ἔχοι]
Kr. 65, 5, 6. Bei Lysias ist das
Futur im condicionalen Vordersatze mit Potential im Nachsatze
nicht selten, auch wo der Eintritt
der Bedingung zweifelhaft oder
sogar in der Vorstellung der Redenden unwahrscheinlich ist, wie
VII, 41: ἀθλιώτατος ἂν γενοίμην,
εἰ φυγὰς κατασταίην, und so III,
43. XIII, 94 (womit vgl. Lykurg
56). — τὰ χρήματα] Beweis, dass
2) auch die höchste Geldstrafe
(ἀποτῖσαι) noch zu gering sei. —
τὰ φανερά] Die φανερὰ οὐσία

καλῶς ἂν ἔχοι τῇ πόλει, ἧς οὗτοι πολλὰ εἰλήφασιν, ἢ τοῖς
84 ἰδιώταις, ὧν τὰς οἰκίας ἐξεπόρθησαν. Ἐπειδὴ τοίνυν πάντα
ποιοῦντες δίκην παρ' αὐτῶν οὐκ ἂν δύναισθε λαβεῖν, πῶς
οὐκ αἰσχρὸν ὑμῖν καὶ ἡντινοῦν ἀπολιπεῖν, ἥντινά τις βού-
λοιτο παρὰ τούτων λαμβάνειν; Πᾶν δ' ἂν μοι δοκεῖ τολμῆσαι, ὅστις νυνί, οὐχ ἑτέρων

(XX, 33) umfasst die Grundstücke, Gebäude, Mobilien, den Sklaven- und Viehstand, gegenüber der οὐσία ἀφανής (XXXII, 4. fragm. 79), dem Baarvermögen, daher der Gegensatz von φανερὰ οὐσία und ἀργύριον Isae. VI, 30. So auch τὴν οὐσίαν ἀφανῆ καθιστάναι vom Verkauf der Grundstücke [Lys.] XX, 23, = τὴν οὐσίαν φα- νερὰν ἐξαργυρίζειν Demosth. V, 8. ἀποκρύπτεσθαιτὴνοὐσίανXXVIII, 3. Nicht ganz zutreffend erklärt Harpokr.: ἀφανὴς μὲν ἡ ἐν χρή- μασι καὶ σώμασι καὶ σκεύεσι, φα- νερὰ δ' ἡ ἔγγειος. — δημευσετε] Die Confiscation des Vermögens der Dreissig ward in der Thatzugleich mit der Amnestie verordnet (Ne- pos Thrasyb. 3) und der Erlös daraus zu Wiederanschaffung der von ihnen verschlenderten heili- gen Festgeräthe bestimmt (Har- pokr. unter πομπεῖα). Lysias kann hier nur von dem Grund- und Mobiliarbesitz sprechen, weil sie ihr Baarvermögen unzweifel- haft mitgenommen hatten. — κα- λῶς ἂν ἔχοι] 'wäre damit ge- dient', wie Eurip. Hippol. 50: τὸ τῆσδ' οὐ προτιμήσω κακὸν τὸ μὴ οὐ παρασχεῖν τοὺς ἐμοὺς ἐχ- θροὺς ἐμοὶ δίκην τοσαύτην, ὥστ' ἐμοὶ καλῶς ἔχειν. — ἧς — πολλά] Der Genitiv von πολλά abhängig nach Kr. 47, 10, 2. So XIX, 31: ἔπιπλα ὅσα οὐδενὸς πώποτ' ἐλά- βετε. Demosth. XIX, 151: ἃ εἰλή- φει τῆς πόλεως. XVIII, 26: ὅσα τῆς πόλεως προλάβοι. XXXXVII, 75: ὅσα ἔχουσί μου. Vgl. auch oben zu § 40 und zu XIII, 83. — ἐξε- πόρθησαν] nicht = κατέσκαψαν (denn die Zerstörung der Häuser war eine Massregel, welche die Tyrannen nur gegen ihre erbittert- sten Gegner verhängten, wie die Peisistratiden gegen die Alkmäo-

niden nach Isokr. XVI, 26), son- dern ἐκπορθεῖνund πορθεῖν steht häufig von der Plünderung, wie Isokr. XV, 124: οὐκ ἐφῆκε τοῖς στρατιώταις ἁρπάζειν καὶ κλέπτειν καὶ πορθεῖν τὰς οἰκίας Demosth. XXXXVII, 60: ὁρῶντες τὴν οἰκίαν πορθουμένην τὴν ἐμήν. Thuk. IV, 57: τήν τε πόλιν κατέκαυσαν καὶ τὰ ἐνόντα ἐξεπόρθησαν. Als Be- leg für die Anklage kann das § 19 geschilderte Verfahren der 30 gelten.

84. δίκην] Wie § 37 ist wohl auch hier ein ἀξίαν oder ἱκανήν wegen des Gegensatzes zu ἡντιν- οῦν kaum entbehrlich. — πάντα ποιοῦντες] 'und wenn ihr alles aufbietet', wie [Lys.] VIII, 5: ἐφάσκετε πάντα ποιοῦντες οὐκ ἔχειν ὅπως ἀπαλλαγητέ μου. Demosth. XXI, 2: πάντα ποιοῦντος τούτου ὁ δῆμος οὐκ ἐπείσθη. — ἥντινα — λαμβάνειν] Da keine Strafe ausreichend ist, müsst ihr jedwe- dem Strafantrage und gebe er noch so weit, der sich gegen die Dreissig richtet, zustimmen; Ab- schluss der Rechtfertigung der Höhe des τίμημα. — ἥντινα — τις βούλοιτα] 'welche einen — mag vollziehen wollen.' DerOpta- tiv giebt, von dem wirklichen An- trage des Lysias absehend, den Fall nur als einen gedachten, auch anderweit noch möglichen. Xen. Kyrop. II, 4, 10: οὑτῶν εἰς τὸν πόλεμον ἔργων ποιήσασθαί τις βούλοιτο συνεργοὺς προθύμους, τούτους ἔμοιγε δοκεῖ θηρατέον εἶναι. Soph. Oed. Tyr. 979: εἰκῆ κράτιστον ζῆν, ὅπως δύναιτό τις. Andok.III,1.Isae.X,13.[Demosth.] XXV. 82. Kr. 54. 14, 4. — πᾶν δ' ἂν — τολμῆσαι] Der Gedan- kengang: Zwar giebt die wieder- hergestellte Verfassung dem An-

ὄντων τῶν δικαστῶν ἀλλ' αὐτῶν τῶν κακῶς πεπονθό-
των, ἥκει ἀπολογησόμενος πρὸς αὐτοὺς τοὺς μάρτυρας τῆς
τούτου πονηρίας· τοσοῦτον ἢ ὑμῶν καταπεφρόνηκεν ἢ
ἑτέροις πεπίστευκεν. Ὧν ἀμφοτέρων ἄξιον ἐπιμεληθῆναι 85

geklagten das Recht der Vertheidigung (§81); aber dass er es wagt
davon Gebrauch zu machen und
nicht lieher dem Processe, so lange
es möglich war (§ 85), aus dem
Wege ging, beweist, dass er entweder euch geringschätzt oder auf
die mächtige Fürsprache einfluss-
reicher Parteigenossen baut. —
ὅστις — πονηρίας] der Gedanke
wie XXVI, 1: ἀγανακτῶ εἰ ταύτη
τῇ ἐλπίδι εἰς ὑμᾶς ἥκει πι-
στεύων, ὥσπερ ἄλλων μέν τινων
ὄντων τῶν ἠδικημένων, ἑτέρων δὲ
τῶν ταῦτα διαψηφιουμένων, ἀλλ'
οὐκ ἀμφότερα τῶν αὐτῶν καὶ πε-
πονθότων καὶ ἀκουσομένων. —
τῆς τούτου πονηρίας] man
erwartet αὐτοῦ, auf ὅστις bezogen.
Jedoch das einmal zur Bezeichnung des Gegners übliche οὗτος
verdrängt nicht selten das durch
die Beziehung des Pron. auf das
Subject eigentlich geforderte Re-
flexivum, hier mit schnellem Ab-
sprunge vom allgemeinen Gedanken (ὅστις) zur speciellen Anwendung auf die Person des Angeklagten, ganz wie XIII, 77. Vgl.
III, 11: οὗτος αἰσθόμενος ἥκον-
τα τὸν Θεόδοτον παρεκάλεσέ τινας
τῶν τούτου ἐπιτηδείων. §28: λέγει
ὡς ἡμεῖς ἤλθομεν ἐπὶ τὴν οἰκίαν
τὴν τούτου. XXVIII, 7: ἡγοῦνται
οὐκέτι τοῖς σφετέροις αὐτῶν ἁμαρτήμασι τὸν νοῦν ὑμᾶς προσέξειν,
ἀλλ' ἡσυχίαν πρὸς τούτους ἕξειν.
So oft bei Lysias und Demosth. —
τοσοῦτον]erläuternd, daher ohne
Verbindungspartikel; zu § 1. —
καταπεφρόνηκεν] weil er, wie
die Zeugen § 87, euch für gutmüthig und vergesslich hält. Der
Vorwurf, dass die Gegner Volk
und Gesetze mit Geringschätzung
und ohne Furcht vor Strafe be-
handeln, eine Wegsetzung über
das demokratische ἴσον (zu § 35),
ist eine sehr beliebte invidiöse
Wendung. XIII, 73. IX, 17: κατεφρόνησαν τοῦ ὑμετέρου πλήθους.

XIV, 9: οὕτως ὑμῶν κατεφρόνη-
σα. [Andok.] IV, 16. Demosth.
XXXXIII, 72: τί ποτ' οἴεσθε ἡμᾶς
πάσχειν, ὅπου ὑμῶν, πόλεως τη-
λικαυτησί, κατεφρόνησαν καὶ τῶν
νόμων τῶν ὑμετέρων. XXX, 8.
Aesch. III, 203. Isokr. VIII, 36.
Deinarch I, 85. III, 3. Lykurg 68.
Hypereid. w. Demosth.4 (Sauppe).
— ἑτέροις] die gemässigt aristokratische Partei zählte gewiss
unter den Richtern selbst ihre Anhänger (E. 10), um so mehr konnten einflussreiche Männer derselben auf Erfolg ihrer Fürsprache
rechnen. Vorsichtig begnügt sich
auch hier Lysias damit, durch allgemeine Beschuldigungen, ohne
Namen zu nennen, im Voraus gegen die Beistände Abneigung bei
den Richtern zu erwecken, eine
sehr häufig wiederkehrende Prak-
tik, indem die βοηθοῦντες als
dem Angeklagten gleichgesinnt
dargestellt werden. Demosth.XXI,
127 δεῖ τοὺς βοηθοῦντας μὴ συν-
ηγόρους μόνον, ἀλλὰ καὶ δοκι-
μαστὰς τῶν τούτῳ πεπραγμένων
ὑπολαμβάνειν εἶναι. Vgl. Lys.
XIV, 20 ff. XXVII, 12 ff. XXX, 31 ff.
Lykurg. 63 ff. 135. 138. Aesch.III.
196 ff. Deinarch I, 111 f. Antiph.
II, β, 13: εἰ ὑπὸ ζῶντος ἐδιωκόμην,
αὐτόν τε τοῦτον καὶ τοὺς τούτῳ
βοηθοῦντας ἀπέδειξα ἂν ἀδικοῦντας. Wie solche Angriffe auf die
Beistände abgewiesen werden,
zeigt Hypereid. f. Euxen. S. 6
(Schneidewin).

85. ὧν — ἐπιμεληθῆναι] 'um
diese beides (das καταφρονεῖν u. das
ἑτέροις πιστεύειν) muss man sich
wohl kümmern', damit Er. sich
sowohl in der Speculation auf
euere Gutmüthigkeit als in der
Hoffnung auf den Beistand der
Freunde verrechne. ἐπιμελεῖσθαι
nähert sich dem Begriff des μέλειν.
Plat. Staat II, 365ᵈ: εἰ μὲν μὴ εἰσὶ
θεοὶ ἢ μηδὲν αὐτοῖς τῶν ἀνθρω-

6*

ἐνθυμουμένους, ὅτι οὔτ᾽ ἂν ἐκεῖνα ἐδύναντο ποιεῖν μὴ ἑτέρων συμπραττόντων οὔτ᾽ ἂν νῦν ἐπεχείρησαν ἐλθεῖν μὴ ὑπὸ
τῶν αὐτῶν οἰόμενοι σωθήσεσθαι, οἳ οὐ τούτοις ἥκουσι βοηθήσοντες, ἀλλὰ ἡγούμενοι πολλὴν ἄδειαν σφίσιν ἔσεσθαι
τῶν τε πεπραγμένων καὶ τοῦ λοιποῦ ποιεῖν ὅ τι ἂν βούλωνται, εἰ τοὺς μεγίστων κακῶν αἰτίους λαβόντες ἀφήσετε.

86 Ἀλλὰ καὶ τῶν συνερούντων αὐτοῖς ἄξιον θαυμάζειν,

πίνων μέλει, καὶ ἡμῖν μελητέον
τοῦ λανθάνειν· εἰ δὲ εἰσί τε καὶ
ἐπιμελοῦνται κτλ. [Andok.] IV,
40. Im Folgenden wird nur der
zweite Punkt als Gegenstand der
Beachtung motiviert, da das καταφρονεῖν in dem Vorhergehenden
seine Begründung hatte und in
der geschilderten Frechheit (πᾶν
— πονηρίας) für die Richter hin-
reichende Aufforderung zu einem
ἐπιμεληθῆναι auch in dieser Beziehung lag. — ἐνθυμουμένους]
zu §1. — ἐκεῖνα] 'jenes frühere'
den Umsturz der Verfassung und
die Knechtung der Stadt. — ἂν
ἐδύναντο] Man erwartet ἂν
ἐδυνήθησαν, doch vgl. zu XIII, 36.
— ἐπεχείρησαν ἐλθεῖν] Eratosthenes hatte weder die vertrags-
mässige Erlaubnis vor der Rückkehr der Verbannten nach Eleusis
zu entweichen (Xen. Hell. II, 4, 38)
noch die bei Mordklagen dem
Verklagten gesetzlich offen gelas-
sene Möglichkeit, vor der entschei-
denden Verhandlung freiwillig ins
Exil zu gehen (Schömann I, 486)
benutzt. Was ihm hier Lysias
als Frechheit auslegt, wird Eratosthenes vermuthlich gerade als
moralischen Beweis für seine
Schuldlosigkeit verwerthet und
sein Verbleiben in der Stadt und
das Erscheinen vor Gericht als
Merkmale eines guten Gewissens
ausgelegt haben, wie in ähnlicher
Lage Audok. I, 2, Leokrates bei
Lykurg 90. Denn auf den Beweis
aus der consecutio (ad Herenn. II,
5, 8), dem Benehmen des Beklag-
ten nach der That, legten die Alten
grosses Gewicht. — ἐπεχείρη-
σαν] = ἐτόλμησαν, oft vom
frechen 'sich unterfangen'. Demosth. XXVI, 4: οὐδείς ἐστιν οὕτως ἀναιδής, ὅστις ἀντιλέγειν ἐπι-

χειρήσει πλὴν τουτουὶ καὶ τῆς τούτου τόλμης. Lys. fragm. I, 2: οἰόμενος τουτονὶ Αἰσχίνην οὐκ ἂν
ποτε ἐπιχειρῆσαι οὐδὲ τολμῆσαι
ἅπερ οἱ πονηρότατοι ἄνθρωποι
ἐπιχειροῦσι πράττειν. So auch
XIII, 66. — ἐλθεῖν] 'sich stellen',
wie Lykurg 20: πολλοὶ ἐπείσθησαν
τῶν μαρτύρων ἢ ἀμνημονεῖν ἢ μὴ
ἐλθεῖν παρὰ τὸν δικαστήν. Plat.
Gorg. 481ᵃ. Antiph. V, 13: προσ-
κληθέντα μὴ ἐλθεῖν. Unnöthig
wollte man εἰσελθεῖν korrigieren
(zu XIII, 12). — οὐ — βοηθή-
σοντες] obgleich dies der osten-
sible Zweck ihres Auftretens ist.
— ἄδειαν] Ueber den rechtlichen
Begriff des Wortes zu XIII, 55.
Metaphorisch in ähnlichen rhetorischen Wendungen XXX, 34:
ἐλπίζουσιν ἄδειαν εἰς τὸν λοιπὸν
χρόνον λήψεσθαι τοῦ ποιεῖν ὅ τι
ἂν βούλωνται, ebenda § 23. I, 36.
48; XXII, 19: ἂν ἀζημίους ἀφῆτε
πολλὴν ἄδειαν αὐτοῖς ἐψηφισμένοι
ἔσεσθε ποιεῖν ὅ τι ἂν βούλωνται.
XXIX, 13. Abhängig von ἄδειαν
ist zuerst der Genitiv (wofür zuweilen auch ὑπέρ, wie XXV, 28),
sodann der Infin., wie in der obigen Stelle XXII, 19. [Demosth.]
XIII. 17. Hypereid. fragm. 45
(Turic.) nach Kr. 50, 6, 6, wofür
häufiger τοῦ mit dem Infin. steht
(z. B. Demosth. XIX, 149; XXIV,
31; LIX, 113). — εἰ — ἀφήσετε]
Man vergleiche, wie Andok. I, 90
nach Erlass der Amnestie diese
den Dreissig bedingungsweise gewährte Schonung benutzt: ὅπου
αὐτοῖς τοῖς τριάκοντα ὤμνυτε μὴ
μνησικακήσειν, τοῖς μεγίστων κακῶν αἰτίοις, ἦ που σχολῇ τῶν ἄλλων πολιτῶν τινι ἠξιοῦτε μνησικακεῖν.

86. ἀλλὰ καὶ τῶν συνερ. —
θαυμάζειν] Man nahm Anstoss

πότερον ὡς καλοὶ κἀγαθοὶ αἰτήσονται, τὴν αὐτῶν ἀρετὴν
πλείονος ἀξίαν ἀποφαίνοντες τῆς τούτων πονηρίας· ἐβουλόμην μέντ' ἂν αὐτοὺς οὕτω προθύμους εἶναι σώζειν τὴν πόλιν, ὥσπερ οὗτοι ἀπολλύναι· ἢ ὡς δεινοὶ λέγειν ἀπολογή-

an dem καί, weil die συνεροῦντες
ja doch nur eine Classe der vorher schon kritisirten βοηθήσοντες
seien und wollte ein τοῦτο hinter
καί einschieben. Aber § 85 wendet sich ja der Redner hauptsäch-
lich noch gegen Eratosthenes und
heleuchtet nur nebenbei die unlau-
teren Beweggründe seiner Beistände; also bezeichnet das καί in
der That den Uebergang zu einem
neuen Punkte der Polemik, den
Fortschritt von der Hervorhebung
der beispiellosen Frechheit des
Eratosthenes zu der Abfertigung
der συνεροῦντες. Wie hier Lykurg 135 nach nochmaliger herber
Kritik der hochverrätherischen
Feigheit des Leokrates: θαυμάζω
δὲ καὶ τῶν συνηγορεῖν αὐτῷ μελλόντων. — τῶν συνερούντων]
Lysias theilt die vorher allgemein
als βοηθήσοντες charakterisierten
Beiständedes Eratosthenes in zwei
Classen, seine Fürsprecher und
seine Entlastungszeugen. Die συνεροῦντες sind hier nicht die pro-
fessionsmässigen Vertheidiger re-
deunfertiger Verklagter (die μισθοῦ συναπολογούμενοι bei Lykurg 138), die nach attischem Gerichtsbrauch den Verklagten, so-
bald er nur wenige Worte vorausgeschickt, ablösen durften, sondern die advocati der Römer, einflussreiche Freunde (die συναγο-
ρεύοντες φίλοι Xen. Apol. 22) und
Parteigenossen, die freilich auch
oft wie jene συνήγοροι genannt
werden. Vgl. über diesen Brauch
Hypereid. f. Euxen. S. 6: τί τούτου δημοτικώτερον ἢ ὁπόταν
τις ἰδιώτης εἰς ἀγῶνα καταστὰς
μὴ δύνηται ὑπὲρ ἑαυτοῦ ἀπολογεῖσθαι, τούτω τὸν βουλόμενον
τῶν πολιτῶν ἐξεῖναι ἀναβάντα
βοηθῆσαι; f. Lykophr. S. 27. —
πότερον κτλ.] Nachdem Lysias
§ 85 beiläufig die Motive der
Beistände verdächtigt hat, sucht

er ihnen im bitteren Tone die beiden präsumptiven Wege ihres Ein-
tretens für den Angeklagten im
voraus abzuschneiden. Sie werden entweder Fürbitte für ihn
einlegen mit Berufung auf ihre
ἀρετή, um deren willen man über
die πονηρία des Eratosthenes hinwegsehen könne. (Dies Abwägen
des zngestandenen Unrechtes gegenüber angeblichem grösseren
Verdienste heisstbei den Rhetoren
ἀντίστασις, compensatio). Aber,
repliciert sofort der Redner, diese
ἀρετή fällt sicherlich nicht mehr
ins Gewicht als des Angeklagten
πονηρία, denn ihr Eifer für das
Wohl der Stadt kommt durchaus
nicht demdes Angeklagten für den
Ruin derselben gleich, ein Gedanke wie XXX, 33: ἐνθυμεῖσθε
ὅτι τῶν αἰτησομένων οὐδεὶς τοσαῦτα ἀγαθὰ πεποίηκε τὴν πόλιν
ὅσα οὗτος ἠδίκηκεν und ähnlich
XIV, 23. Lykurg 140. — καλοὶ
κἀγαθοί] mit leisem Spott an-
klingend an den anspruchsvollen
Parteinamen der Aristokraten,
wenn gleich wegen des folgenden
ἀρετή die sittliche Bedeutung vor-
wiegt. Als καλοὶ κἀγαθοί suchten
sich die συνήγοροι gern den Richtern darzustellen [Demosth.] XXV,
78: συγγενεῖς πολλοὶ καὶ καλοὶ
κἀγαθοὶ παραστάντες αὐτὸν ἐξαιτήσονται. — αἰτήσονται]
'Fürbitte einlegen werden.' Ge-
bräuchlicher von diesem Losbit-
ten (ἡ τῶν φίλων ἐξαίτησις [De-
mosth.] LIX, 117, bei den Römern deprecatio) ist allerdings
ἐξαιτεῖσθαι, doch das Simplex
genügend bezeugt. Andok. I, 149:
ὑμεῖς με παρ' ὑμῶν αὐτῶν αἰτη-
σάμενοι σώσατε. Lys. XIV, 22;
XXVII,13; XXX,33. — ἀπο-
φανοῦσιν] Oder sie werden als
redefertige Leute euch nachweisen, die Thaten des Angeklagten
seien im Grunde höchst verdienst-

σονται καὶ τὰ τούτων ἔργα πολλοῦ ἄξια ἀποφανυυσιν· ἀλλ'
οὐχ ὑπὲρ ὑμῶν οὐδεὶς αὐτῶν οὐδὲ τὰ δίκαια πώποτε ἐπεχεί-
ρησεν εἰπεῖν.

86 Ἀλλὰ τοὺς μάρτυρας ἄξιον ἰδεῖν, οἳ τούτοις μαρτυροῦντες αὐτῶν κατηγοροῦσι, σφόδρα ἐπιλήσμονας καὶ εὐή-

voll; ähnlich XIV, 16: ἐξαιτήσονται καὶ ἀντιβολήσουσιν ὑμᾶς, ὡς
ἐκείνων πολλῶν ἀγαθῶν ἀλλ' οὐχὶ
πολλῶν κακῶν αἴτιανγεγενημένον.
Darin liegt eine herbe Anspielung
auf die sophistische τὸν ἥττω λόγον κρείττω ποιεῖν, die Verkeh-
rung des Unrechts in das Recht,
wie auch δεινός λέγειν (nicht aber
δυνατός λέγειν oder δυνάμενος
εἰπεῖν) nicht selten mit Seiten-
blik auf die Kraft sophistischer
Rhetorik gesagt wird (Isokr. XV,
15 charakterisiert das τοὺς ἥττους
λόγους κρείττους δύνασθαι ποιεῖν
den δεινός). Die δεινότης ἐν τοῖς
λόγοις stellt Isokr. I, 4 ausdrücklich der Charakterbildung als den
höchsten Ziel der Jugendbeleh-
rung entgegen; Antiphon war
nach Thuk. VIII, 68 gerade διὰ
δόξαν δεινότητος dem Volke ver-
dächtig; denn μάλιστα συκοφαντεῖν ἐπιχειροῦσιν οἱ λέγειν δεινοί
Isokr. XXI. 5. Und so steht δεινός und δεινότης oft invidiös als
Merkmal des Sophisten und Sykophanten (im Gegensatz zum
ἐπιεικής Demosth. prooem. 32, 1;
33, 1) wie Demosth. XXIII, 5:
λέγειν μὲν ἴσως οὐ δεινοί, βελτίο-
νες δὲ ἄνθρωποι τῶν δεινῶν
XVIII. 276: δεινὸν καὶ σοφιστὴν
ὀνομάζων. XXIX. 32. XXXIX, 14.
Isokr. XV, 230: ἡ περὶ τοὺς λόγους
δεινότης ποιεῖ τοῖς ἀλλοτρίοις ἐπιβουλεύειν (nach der Ansicht des
Klägers). Lykurg 31: ἀναβοήσε-
ται ὡς ὑπὸ τῆς τοῦ ῥήτορος καὶ
συκοφάντου δεινότητος ἀναρπα-
ζόμενος. Daher protestiert der
Landmann bei Lys. VII, 12 so entschieden gegen die Bezeichnung
als δεινὸς καὶ ἀκριβής. Vgl. zu
§ 3. — ἀλλ' οὐχ — εἰπεῖν] Aber
in eurem Interesse antwortet der
Redner, den Dreissig gegenüber
hat keiner von ihnen seine δεινότης, selbst nichteinmal zur Vertre-

tung des Rechts geltend machen
wollen, während sie sie jetzt zur
Beschönigung des Unrechts auf-
bieten. Aehnlich XIV, 20: ἀξιῶ,
ἐάν τινες τῶν συγγενῶν αὐτῶν
ἐξαιτήσονται, ὀργίζεσθαι ὅτι τούτου μὲν οὐκ ἐπεχείρησαν δεηθῆναι
ποιεῖν τὰ ὑπὸ τῆς πόλεως προσ-
ταττόμενα, ὑμᾶς δὲ πείθειν πει-
ρῶνται, ὡς οὐ χρὴ παρὰ τῶν ἀδικούντων δίκην λαμβάνειν. Οὐ γὰρ
δεῖ, sagt Lykurg 138 gegen die
συνήγοροι, καθ' ὑμῶν γεγενῆσθαι
δεινόν, ἀλλ' ὑπὲρ ὑμῶν, wie es der
Verfasser des 2. pseudodemosthenischen Briefs § 9 vonsich rühmt.

87. ἄξιον ἰδεῖν] spöttisch:
'die Zeugen sind sehenswerth.' —
αὐτῶν κατηγοροῦσι] indem sie
für eine schlechte Sache eintreten
und im Vertrauen auf die Ver-
gesslichkeit und Bonhommie der
Richter auch Fälschungen und
Verdrehungen durch ihr Zeugniss
bekräftigen. — ἐπιλήσμονας]
Speculation auf die Vergesslich-
keit der Hörer wird dem Verklagten öfters vorgerückt, wie XXVI,
1. Aesch. III, 221. — εὐήθεις]
'gutmüthig', ein spöttischer Euphemismus für 'einfältig' (Plat.
Alkib. II, 140⁶: οἱ ἐν εὐφημοτά-
τοις ὀνόμασι βουλόμενοι κατονο-
μάζειν τοὺς ἄφρονας καλοῦσιν εὐή-
θεις), wie XXVI, 5. Dieses zwei-
deutige Lob der εὐήθεια wird den
Athenern von den Rednern nicht
selten gespendet (Demosth. XXIV,
186. Deinarch I, 104); vgl. [De-
mosth.] XXV, 12: ἀπὸ τῆς συνή-
θους εὐηθείας εἰσεληλυθότες καθ-
εδεῖσθε. — Schnelles Vergessen
erlittenen Unrechts ist ein Zug des
athenischen Volkscharakters, der
bald als Tadel (Lys. XXXIV, 2.
Demosth. VI, 30. vgl. Sallust Iu-
gurth. 31 a. E.) bald als Lob ausgesprochen wird (Demosth. XVIII,

θεις νομίζοντες ὑμᾶς εἶναι, εἰ διὰ μὲν τοῦ ὑμετέρου πλήθους
ἀδεῶς ἡγοῦνται τοὺς τριάκοντα σώσειν, διὰ δὲ Ἐρατοσθένην
καὶ τοὺς συνάρχοντας αὐτοῦ δεινὸν ἦν καὶ τῶν τεθνεώτων
ἐπ᾽ ἐκφορὰν ἐλθεῖν. Καίτοι οὗτοι μὲν σωθέντες πάλιν ἂν 88
δύναιντο τὴν πόλιν ἀπολέσαι· ἐκεῖνοι δέ, οὓς οὗτοι ἀπώλεσαν, τελευτήσαντες τὸν βίον ..... πέρας ἔχουσι τῆς παρὰ τῶν

99). Für die Zeitbestimmung der
Rede (E. 6) ergiebt sich auch aus
dieser Stelle die Gewissheit, dass
die Amnestie noch nicht promul-
giert war; denn die ἐπιλησμοσύνη
des Volks, auf welche als auf eine
Schwäche Lysias hier die Zeugen nur erst hoffen lässt, ward
ja durch den Schwur μὴ μνησικακεῖν zu einer That des Patriotismus. — εἰ διὰ μὲν —
διὰ δέ] Ueber den Bau der Periode zu § 36. — διὰ τοῦ ὑμετέρου πλήθους] für δι᾽ ὑμῶν, um
den politischen Begriff des Demos
(zu § 26) den Dreissig gegenüber-
zustellen; die Frechheit der Oligarchen wird danu um so ein-
leuchtender, da sie durch den Demos die Rettung ihrer Parteigenossen erzielen wollen. Der Genitiv bei διά, weil die Richter
durch ihre Suffragien unmittelbar,
als benutztes Werkzeug der Oligarchen, die Retter werden. Dagegen nachher διά mit dem Accusativ der Person (zu § 58), weil
die Dreissig im gegebenen Falle
nur mittelbar- (durch ihre Scher-
gen) einwirkten. — δεινὸν ἦν —
ἐλθεῖν] Um Aufregung zu verhüten, verboten die Dreissig den
üblichen Conduct der Verwandten
und Freunde bei der Bestattung
ihrer Opfer, eine schwere Verletzung der in diesen Punkten so
gewissenhaften Pietät der Athener, denen die Bestattung durch
die Angehörigeu ein unerlässliches
νόμιμον schien (zu XIII, 45). Vgl.
oben zu § 18. 21. 96. und Aesch.
III, 235: οἱ τριάκοντα οὐδ᾽ ἐπὶ
τὰς ταφὰς καὶ ἐκφορὰς τῶν τελευ-
τησάντων εἴων τοὺς προσήκοντας
παραγενέσθαι.

88. Fortsetzung des Gedankens:
Die Thätigkeit für die Rettung der

Dreissig ist um so verwerflicher,
als blosse Pietätserweisung für
die Opfer derselben Gefahr mit
sich brachte. Denn kommen die
Dreissig jetzt davon, sokönnen sie
den Staat noch einmal ins Verderben stürzen — und dennoch finden sich viele, die ihnen durchzu-
helfen suchen. Die von ihnen Hingerichteten aber waren unschädlich
gemacht — und dennoch durfte
man selbst den Todten nicht die
gebürende Theilnabme erweisen,
obwohl doch die Tudte durch die
Freunde nichts mehr gewinnen
kann (Gedanke ähnlich Antiph. V,
95). Die Ueberlieferung der Hdschr. lässt freilich den Gegensatz zu πάλιν ἂν δύναιντο τὴν πόλιν ἀπολέσαι, etwa den Gedanken:
'waren unschädlich gemacht' ver-
missen, und es ist das Wahrschein-
lichste, dass hinter τὸν βίον ein
paar Worte dieses Inhalts ausgefallen sind; die Worte πέρας
ἔχουσι können, wie das Präsens
zeigt. nicht auf die Zeit des δεινὸν ἦν bezogen werden, sondern
dürften die Trümmer einer den
vorhergehenden Gedanken : 'ihre
Opfer waren durch ihren Tod unschädlich gemacht' begründenden
allgemeinen Sentenz sein, etwa des
Inhalts: 'denn die Todten haben ja
das äusserste Mass der Rache von
Seiten der Feinde erlitten' wie II,
7: ἡγησάμενοι ἐκείνους, εἴ τι ἠδίκουν, ἀποθανόντας δίκην ἔχειν τὴν
μεγίστην. Vgl. Aristot. Eth. Ni-
com. III, 9, S. 48 Bekker: φοβε-
ρώτατος ὁ θάνατος· πέρας γάρ.
Wenn vielleicht diese Sentenz mit
οἱ γὰρ τελευτήσαντες τὸν βίον begann, erklärt sich das Abirren
der Abschreiber von den gleichen
Worten des vorhergehenden antithetischen Satzgliedes.— πέρας
ἔχουσι τῆς παρὰ τῶν ἐχθρῶν

ἐχθρῶν τιμωρίας. Οὔκουν δεινὸν εἰ τῶν μὲν ἀδίκως τεθνεώτων οἱ φίλοι συναπώλλυντο, αὐτοῖς δὲ τοῖς τὴν πόλιν ἀπο-
·λέσασι δήπου ἐπ' ἐκφορὰν πολλοὶ ἥξουσιν, ὁπότε βοηθεῖν
89 τοσοῦτοι παρασκευάζονται; Καὶ μὲν δὴ πολλῷ ῥᾴδιον ἡγοῦμαι εἶναι ὑπὲρ ὧν ὑμεῖς ἐπάσχετε ἀντειπεῖν, ἢ ὑπὲρ ὧν οὗτοι
πεποιήκασιν ἀπολογήσασθαι. Καίτοι λέγουσιν, ὡς Ἐρατοσθέ-

τιμωρίας] = εἰς τὸ ἔσχατον ἀφιγμένοι εἰσὶ τῆς — τιμωρίας. πέρας ἔχειν, ' ein Ende haben', metaphorisch: 'den höchsten Grad,
das äusserste Mass erreicht haben',
wie Isokr. IV, 5: ὅταν τις ἴδῃ τὸν
λόγον ἔχοντα πέρας (der Vor-
trefflichkeit) ὥστε μηδεμίαν λε-
λεῖφθαι ὑπερβολήν V, 141, besonders Lykurg 60: ὥσπερ ἀνθρώπῳ τελευτήσαντι συναναιρεῖται
πάντα, δι' ὧν ἄν τις εὐδαιμονή-
σειεν, οὕτω καὶ περὶ τὰς πόλεις
συμβαίνει πέρας ἔχειν τὴν ἀτυχίαν
(van den Es, adnot. ad Lycurgi
Leocr. p. 33 vermuthet, wohl mit
Recht, τῆς ἀτυχίας), ὅταν ἀνάστα-
τοι γένωνται; so auch τῆς τέχνης
πέρας τοῦτ' ἐστιν ἂνκτλ. Poseidipp
bei Athen. IX, 377². Ebenso τέλος
ἔχειν. Plat. Gorg.487°: ἡ ἐμὴ καὶ σὴ
ὁμολογία τέλος ἔχει τῆς ἀληθείας.
— τῆς παρὰ τῶν ἐχθρῶν τιμω-
ρίας] Kr. 68, 34, 2. — συναπώλ-
λυντο] 'Gefahr liefen mit umzu-
kommen' dem δεινὸν ἦν § 87 entsprechend. Kr. 53, 2, 2. So ἀπολλύμενος, XIII, 61 'in Todesgefahr.'
Antiph. V, 37: ἐπειδὴ τῷ ψεύδεσθαι
ἀπώλλυτο, ἡγήσατο τἀληθῆ κατει-
πὼν σωθῆναι ἄν. Eurip. Herc. fur.
537: τἀμ' ἔθνησκε τέκνα, ἀπωλλύ-
μην δ' ἐγώ. Ebenso peribant Cic.
in Verr. II, 5, 44, 116. Aehnliche
sogenannte Impfcta de conatu §93:
ἐκτῶντο; XIII, 80: συνέπεμπε τὴν
πομπήν und zu XIII, 54. — δήπου — ἥ ξ ο υ σ ι ν] ' sich wohl viele
zur Bestattung einstellen werden'
δήπου (opinor) gehört vornehmlich zu πολλοί und die Vermuthung
wird durch ὁπότε β. τοσοῦτοι παρ.
begründet, ein bitterer Ausfall
gegen die, die sich durch die Vertheidigung und die voraussicht-
liche Betheiligung am Leichenbe-
gängniss ungescheut als Freunde
von Hochverräthern documentie-

ren. ⁃ ἐπ' ἐκφοράν] nach der
von dem Redner als unzweifelhaft
dargestellten Verurtheilung des
Angeklagten zum Tode. — βοη-
θεῖν]betont: Zum Leichenbegäng-
niss der Hochverräther werden
wohl viele kommen, da sich zu
ihrer Unterstützung, die doch
viel gewagter ist als das Grabge-
leite, so viele rüsten. — παρα-
σκευάζονται] zu XIII, 77.
89. καὶ μὲν δὴ — ἀπολογή-
σασθαι] Der Gedanke lehnt sich
an das βοηθεῖν an: Und doch war es
gewiss viel leichter, in Betreff dessen was ihr erlittet, zu opponieren
(ἀντειπεῖν sc. τοῖς τριάκοντα) —
denn es galt nur einfach das Recht
und die Wahrheit zu sagen — als
jetzt dem Thun der Dreissig das
Wort zu reden, denn dazu bedarf es
des Aufgebots sophistischer Redekunst; ein Rückblick auf § 86. Das
βοηθεῖν ist die Veranlassung, dass
die bisherige Classification der
συνεροῦντες und μάρτυρες aufge-
geben u. wieder von den βοηθοῦντες im Allgemeinen gesprochen
wird. — πολλῷ ῥᾴδιον — ἤ]
ῥᾴδιον für ῥᾷον ein allerdings
bestrittener Atticismus. Isokr. V,
115: ῥᾴδιόν ἐστιν ἐκ τῶν παρόντων
κτήσασθαι τὴν καλλίστην δόξαν ἢ
ἐξ ὧν παρέλαβες ἐπὶ τὴν νῦν ὑπάρχουσαν προελθεῖν. VIII, 50. So
auch das Adverbium. Aeschin.
III, 207: οὗτος κλαίει ῥᾳδίως ἢ ἄλλοι γελῶσιν (ῥᾳδίως im cod. Ange-
licus und den guten pariser und
anderen Hdschr.). — καίτοι] Der
Gedankengang: Nun aber, da die
Vertheidiger die Qualität der
Thaten des Eratosthenes trotz
alles Aufwandes von Sophistik
nicht beschönigen könnte, suchen
sie wenigstens aus der Quanti-
tät ein Vertheidigungsmoment zu
entnehmen. Diesen, in der Sach-

νει ἐλάχιστα τῶν τριάκοντα κακὰ εἴργασται, καὶ διὰ τοῦτο
αὐτὸν ἀξιοῦσι σωθῆναι· ὅτι δὲ τῶν ἄλλων Ἑλλήνων πλεῖστα
εἰς ὑμᾶς ἐξημάρτηκεν, οὐκ οἴονται χρῆναι αὐτὸν ἀπολέσθαι.
Ἡμεῖς δὲ δείξατε, ἥν τινα γνώμην ἔχετε περὶ τῶν πραγμάτων. 90
Εἰ μὲν γὰρ τούτου καταψηφιεῖσθε, δῆλοι ἔσεσθε ὡς ὀργιζόμενοι τοῖς πεπραγμένοις· εἰ δὲ ἀποψηφιεῖσθε, ὀφθήσεσθε
τῶν αὐτῶν ἔργων ἐπιθυμηταὶ τούτοις ὄντες, καὶ οὐχ ἕξετε
λέγειν ὅτι τὰ ὑπὸ τῶν τριάκοντα προσταχθέντα ἐποιεῖτε· νυνὶ 91
μὲν γὰρ οὐδεὶς ὑμᾶς ἀναγκάζει παρὰ τὴν ὑμετέραν γνώμην
ἀποψηφίζεσθαι. Ὥστε συμβουλεύω μὴ τούτων ἀποψηφισα-

lage begründeten Einwand kann Lysias nicht widerlegen und hilft sich durch die rhetorische Ausbeutung desselben: Zugegeben, dass Eratosthenes von den Dreissig euch am wenigsten Leids zugefügt hat, hat er doch von allen übrigen Hellenen (mit Ausschluss der Dreissig) am meisten gegen uns gefrevelt, also als Bürger mehr als selbst die erbittertsten Landesfeinde. Also kann auch die relativ geringe Zahl seiner Verbrechen ihn nicht retten.

90. Nach der Zurückweisung der Beistände wendet er sich an die Richter der städtischen Fraction (denn nur auf diese passen die Ermahnungen und Drohungen in § 90 f.) mit der Aufforderung, die Lauterkeit ihrer Gesinnung durch Lossagung von Eratosthenes und seinen Helfershelfern zu konstatieren. — περὶ τῶν πραγμάτων] 'über das Vorgegangene', wie nachher τοῖς πεπραγμένοις. — δῆλοι ἔσεσθε ὡς] eine seltene, jedoch genügend bezeugte Construction; gewöhnlicher ist das einfache Particip: Xen. An. I, 5, 9: δῆλος ἦν Κῦρος ὡς σπεύδων πᾶσαν τὴν ὁδόν. So steht auch einmal ἀπροσδόκητος mit ὡς und dem Particip bei Thuk. VI, 69, ἐπιδεικνύμενος ὡς οἷός τε ὢν Plat. Phaedr. 235⁴. Die von Rost § 130, Anm. 8 angenommene Hindeutung auf eine 'nicht vollkommen sichere Wahrnehmung' ist nicht zutreffend. — εἰ δὲ ἀποψηφιεῖσθε]

Die Drohung ähnlich XXVIII, 17: ἐὰν τούτους σώσητε, ἡγήσονται καὶ ὑμᾶς ὁμογνώμονας γεγονέναι τοῖς αὐτοὺς προδεδωκόσιν; vgl. Aesch. III, 254: δόξετε, ἐὰν τοῦτον στεφανώσητε, ὁμογνώμονες εἶναι τοῖς παραβαίνουσι τὴν κοινὴν εἰρήνην. Demosth. XXI, 218 u. Lys. XIII, 93 f. — ὀφθήσεσθε ὄντες] 'werdet erkannt werden als', stärker als φανήσεσθε wie [Demosth.] XXV, 6: ὀφθήσεσθε ἐπὶ τοῖς ἀδικήμασιν ὀργιζόμενοι καὶ τιμωρούμενοι. Lys. XXVII, 3: οὐ νῦν πρῶτον ὤφθησαν ἀδικοῦντες u. ö. Beide Verba wechseln Demosth. XX, 138: καλῶς ὑμῖν ἔχει, ἃ τούτων ἕκαστος ὀκνεῖ τοὺς ἐχθροὺς ἀφαιρούμενος ὀφθῆναι, ταῦθ' ὑμᾶς τοὺς εὐεργέτας ἀφῃρημένους φαίνεσθαι. — οὐχ ἕξετε λέγειν] 'ihr werdet hinterdrein nicht sagen können, dass ihr (bei der Freisprechung) die Befehle der Dreissig vollzoget', eine pikante Anspielung auf die damals gewiss oft gehörte Entschuldigung (vgl. zu § 29), man habe nothgedrungen dem Befehle der Machthaber gehorchen und am Unrecht sich betheiligen müssen.

91. ἀποψηφίζεσθαι] Man wollte das Simplex. Aber ἀποψ. passt zu dem etwas maliziösen Tone der Stelle: Jetzt zwingt euch niemand, wider eure Ueberzeugung frei zu sprechen, wie ihr früher oft gezwungen worden zu sein behauptet zu verurtheilen (als Mitglieder der zum Criminal-

μένους ὑμῶν αὐτῶν καταψηφίσασθαι. Μηδ' οἴεσθε οἴσεσθαι
κρύβδην τὴν ψῆφον· φανερὰν γὰρ τῇ πόλει τὴν ὑμετέραν
γνώμην ποιήσετε.

92 Βούλομαι δὲ ὀλίγα ἑκατέρους ἀναμνήσας καταβαίνειν,
τούς τε ἐξ ἄστεος καὶ τοὺς ἐκ Πειραιῶς, ἵνα τὰς ὑμῖν διὰ
τούτων γεγενημένας συμφορὰς παραδείγματα ἔχοντες τὴν

gerichtshof gestempelten Bule; zu
XIII. 35). — μηδ' οἴεσθε οἴσεσθαι κρύβδ ην ἡν τὴν ψῆφον]
Nachdem Lysias zuvor gesagt:
Wer dem Eratosthenes freispricht,
wird sich selbst verurtheilen und
als Gesinnungsgenosse der Dreissig erkannt werden, konnte man
ihm leicht entgegenhalten: Diese
Drohung ist wirkungslos, denn
die geheime Abstimmung macht
ein Erkennen der Freisprechenden
unmöglich. Diesen Einwand bekämpft er so: meint nur nicht, der
Stimmstein werde geheim abge-
geben werden; denn deutlich erkennbar werdet ihr (er spricht nur
zu den Richtern der städtischen
Fraction) der Bürgerschaft trotz
der geheimen Abstimmung euer
Urtheil machen, da sie unter den
obwaltenden Umständen nicht
wird zweifeln können, von welcher
Partei unter den Richtern die etwaigen freisprechenden Stimmen
ausgegangen sind. Die Drohung
richtet sich allerdings nicht gegen
die Einzelnen, sondern wie der
ganze Passus gegen die Partei.
Die Worte μηδὲ — ψῆφον sagen
nicht, dass die gesetzliche geheime
Abstimmung in dem vorliegenden
Falle suspendiert sei, sondern
dass nach Lage der Dinge dieselbe
diesmal ihren Zweck, Freisprechende und Verurtheilende vollständig unkennbar zu machen,
nicht erreiche, also nur formell
noch ein occultum suffragium sei.
— οἴσεσθαι] Fut. med. mit passiver Bedeutung. Kr. 39, 11. So
Eurip. Or.440: ψῆφος καθ' ἡμῶν
οἴσεται τῇδ' ἡμέρᾳ. — κρύβδην]
Wie in Rom seit der lex tabellaria
des Volkstribunen L. Cassius (137
v. Chr.), so war in Athen die geheime Abstimmung in den Volks-

gerichtshöfen verfassungsmässig
(Lykurg 146. Demosth. XIX, 239.
[Lys.] VI, 53 vgl. Xenoph. Symp.
5, 8), eine wichtige Garantie demokratischer Freiheit und deshalb
von Staatsrechtstheoretikern wie
Platon (Gesetze VIII. 876ʰ) angefochten, bei den Römern lange Zeit
Gegenstand politischer Contro-
verse (Cic. Gesetze III, 15, 33).
Wo die Oligarchen ans Ruder kamen, verwandelten sie die ψῆφος
ἀφανής (Aesch. III, 233) in die
ψῆφος φανερά, ein terroristisches
Mittel, dessen sich die Dreissig
wiederholt (Lys. XIII, 37. Xen.
Hell. II, 4, 9) und die Oligarchen
zu Megara im. J.424 (Thuk. IV,74)
bedienten.

92. Im Epilog lässt der Redner
klüglich den drohenden Ton fallen
und appelliert zunächst an das
Ehr- und Schamgefühl der städtischen Fraction, indem er ihr
das entwürdigende Verhalten der
Dreissig gegen sie zu Gemüthe
führt.—Der Uebergang zum Epilog
in dieser Form nicht selten: Lykurg
146: βούλομαι δ' ἔτι βραχέα πρὸς
ὑμᾶς εἰπὼν καταβῆναι (wo Mätzner viele ähnliche Stellen anführt)
Hypereid f. Euxen. p. 17: βραχύ
δέ τι εἰπὼν περὶ τῆς ψήφου ἧς
ὑμεῖς μέλλετε φέρειν καταβήσο-
μαι. — καταβαίνειν] ἀπὸ τοῦ
βήματος Demosth. XIX, 113. Wie:
'abtreten.' — παραδείγματα]
'warnende Exempel', τῶν μελλόντων ἔσεσθαι XXII, 20, nach dem
Grundsatze XXV, 23: χρὴ τοῖς
πρότερον γεγενημένοις παραδείγμασι χρωμένους βουλεύεσθαι περὶ
τῶν μελλόντων ἔσεσθαι, ein sehr
beliebter Gemeinplatz (Isokr. IV,
141; VI, 59. Andok. III, 2), den
auch Isokrates in der Paränese an

ψῆφον φέρητε. Καὶ πρῶτον μὲν ὅσοι ἐξ ἀστέος ἐστε, σκέψασθε ὅτι ὑπὸ τούτων οὕτω σφόδρα ἤρχεσθε, ὥστε ἀδελφοῖς
καὶ υἱέσι καὶ πολίταις ἠναγκάζεσθε πολεμεῖν τοιοῦτον πόλεμον, ἐν ᾧ ἡττηθέντες μὲν τοῖς νικήσασι τὸ ἴσον ἔχετε, νικήσαντες δ᾽ ἂν τούτοις ἐδουλεύετε. Καὶ τοὺς ἰδίους οἴκους 93

Demonikos § 34 einschärft: βου-
λευόμενος παραδείγματα ποιοῦ τὰ
παρεληλυθότα τῶν μελλόντων. Wie
hier παράδειγμα (ebenso Demosth.
XXIII, 107. Thuk. IV, 92; VI. 77),
so Lys. XXXIV, 1 μνημεῖα: ἐνο-
μίζομεν τὰς γεγενημένας συμφορὰς ἱκανὰ μνημεῖα τῇ πόλει κα-
ταλελεῖφθαι. — ὅσοι ἐξ ἀστέος
ἐστε] und ebenso nachher ὅσοι ἐκ
Πειραιῶς ἐστε, nicht etwa, wie
man verlangte, ὅσοι τῶν ἐξ ἀστέος
ἐστε, denn die folgende Ansprache
richtet sich nicht blos an die aus
beiden Fractionen erlosten Richter, sondern an die Parteien überhaupt, deren Repräsentanten im
vorliegenden Falle die Richter
sind. — οὕτω σφόδρα ἤρχεσθε]
Das Gewaltsame liegt nicht blos
in dem σφόδρα (Aristoph. Vögel
508: ἤρχον οὕτω σφόδρα τὴν ἀρχήν), sondern auch in dem ἤρχεσθε,
(§ 94 Gegensatz πολιτεύεσθε), denn
der freie Bürger erkennt keine
andere Herrschaft als sittlich berechtigt an, als die des Gesetzes
(νόμος πάντων βασιλεύς Pindar
bei Herod. III, 38 und Plat. Gorg.
484ᵇ. ὁ νόμος τύραννος τῶν ἀνθρώπων Hippias bei Plat. Protag.
337ᵈ), dem allein gegenüber er
sich als δοῦλος fühlt (Plat. Kriton
50ᵉ Ges. III, 698ᶜ VI, 762ᵉ. Cic.
pro Cluent. 53, 146); um so herber
nachher τούτοις ἐδουλεύετε. Bei
Einzelnen aber oder einer Partei
ist ἄρχειν über die Mitbürger ausserhalb der gesetzlichen Competenz der Magistratur sittlich verwerflich. Isokr. VIII, 69: οὐ δίκαιόν ἐστι τοὺς κρείττους τῶν ἡττόνων
ἄρχειν, im Gegensatz zu dem von
Kallikles bei Plat.Gorg.483ᵈ aufge-
stellten sophistischen Satze: οὕτω
τὸ δίκαιον κέκριται, τὸν κρείττω τοῦ
ἥττονος ἄρχειν καὶ πλέον ἔχειν.
Den Dreissig wird es oft zum Vorwurf gemacht, dass sie, den Lan-

desfeinden knechtisch unterthan,
den Bürgern gegenüber die Herren spielten: Isokr. VII, 69: ἠ-
ξίουν τῶν μὲν πολιτῶν ἄρχειν, τοῖς
δὲ πολεμίοις δουλεύειν. XVI, 42.
XX, 10. Lys. XIV, 34. Memmius
bei Sallust Iug. 31, 23: dominari
illi volunt (die pauci), vos liberi
esse. — ἐν ᾧ ἡττηθέντες κτλ.]
Die vortreffliche Zeichnung der
Folgen des unnatürlichen Bruder-
kriegs wird unterstützt durch den
paradox klingenden Gegensatz:
ἡττηθέντες — τὸ ἴσον ἔχετε (ähnlich Isokr. VII, 67) und νικήσαντες — ἐδουλεύετε (Isokr. IV, 124
von den gegen die Hellenen kämpfenden Ionern: κατορθώσαντες
μᾶλλον δουλεύσουσιν). — τὸ ἴσον
ἔχετε] zu § 35.

93. τοὺς — ἐκτήσαντο] Die
schamlose Habsucht der Dreissig,
welche durch §§ 6. 8. 11. 19. 99
illustriert wird, wird vielfach bestätigt. Isokr. XXI, 12: ἐφ᾽ οἷς
ἦν ἡ πόλις, τοὺς ἔχοντας ἀφη-
ροῦντο καὶ ἡγοῦντο τοὺς πλου-
τοῦντας ἐχθρούς. Diod. XIV, 5:
οἱ τριάκοντα τοὺς πλουσίους ἐπι-
λεγόμενοι τούτοις ψευδεῖς αἰτίας
ἐπιρρίπτουν καὶ φονεύοντες τὰς
οὐσίας διήρπαζον. Xen. Hell. II,
3, 21 f. Freilich war das Bestreben,
sich durch Staatsgut zu mästen, allezeit die schwache Seite athenischer Staatsmänner (zu XXV, 19).
— οἴκους] Der Ausdruck wie
XXVIII, 13: τοὺς ἰδίους οἴκους ἐκ
τῶν ὑμετέρων μεγάλους ποιοῦσι.
Ueber den Begriff οἶκος Xen.
Oekon 1, 5: οἶκος τί δοκεῖ ἡμῖν
εἶναι; ἆρα ὅπερ οἰκία ἢ καὶ ὅσα τις
ἔξω τῆς οἰκίας κέκτηται, πάντα
τοῦ οἴκου ταῦτά ἐστιν; und 6, 4:
οἶκος ἡμῖν ἐφαίνετο ὅπερ κτῆσις
ἡ σύμπασα. So noch XXVIII, 3:
τῶν οἴκων τῶν ὑμετέρων μεγάλων
ὄντων. Demosth. XXVII, 61: τὸν

οὗτοι μὲν ἐκ τῶν πραγμάτων μεγάλους ἐκτήσαντο, ὑμεῖς
δὲ διὰ τὸν πρὸς ἀλλήλους πόλεμον ἐλάττους ἔχετε· συνωφελεῖσθαι μὲν γὰρ ὑμᾶς οὐκ ἠξίουν, συνδιαβάλλεσθαι δ᾽ ἠνάγ-
καζον, εἰς τοσοῦτον ὑπεροψίας ἐλθόντες ὥστε οὐ τῶν ἀγαθῶν κοινούμενοι πιστοὺς ὑμᾶς ἐκτῶντο, ἀλλὰ τῶν ὀνειδῶν
94 μεταδιδόντες εὔνους ᾤοντο εἶναι. Ἀνθ᾽ ὧν ὑμεῖς νῦν ἐν
τῷ θαρραλέῳ ὄντες, καθ᾽ ὅσον δύνασθε, καὶ ὑπὲρ ὑμῶν
αὐτῶν καὶ ὑπὲρ τῶν ἐκ Πειραιῶς τιμωρήσασθε, ἐνθυμηθέν-
τες μὲν, ὅτι ὑπὸ τούτων πονηροτάτων ὄντων ἤρχεσθε, ἐνθυ-
μηθέντες δὲ, ὅτι μετ᾽ ἀνδρῶν νῦν ἀρίστων πολιτεύεσθε καὶ
τοῖς πολεμίοις μάχεσθε καὶ περὶ τῆς πόλεως βουλεύεσθε,
ἀναμνησθέντες δὲ τῶν ἐπικούρων, οὓς οὗτοι φύλακας τῆς

οἶκον μεῖζω ποιῆσαι ἐκ τῶν προσόδων, und fast regelmässig οἶκος
=οὐσία in Verbindungen wie Lys.
XIX. 47: οἶκος ἑκατὸν ταλάντων,
XXVI, 22: οἶκος ὀγδοηκοντατά-
λαντος. Isae. VII,42: οἶκος πεντε-
τάλαντος u. ö. — ἐκ τῶν πραγ-
μάτων] 'in Folge der (durch sie
verschuldeten) Lage der Dinge',
deutlicher XXV, 16: ἐκ τῶν ὑμετέρων συμφορῶν; XXXI, 17: κερ-
δαίνεσθαι ἀπὸ τῶν ὑμετέρων συμφορῶν. Der Vorwurf ähnlich Isokr.
VIII,124: διὰ τὸν πόλεμον καὶ τὰς
ταραχάς, ἃς οὗτοι πεποιήκασι, τῶν
μὲν ἄλλων πολιτῶν πολλοὶ ἐκ τῶν
πατρῴων ἐκπεπτώκασιν, οὗτοι δ᾽
ἐκ πενήτων πλούσιοι γεγένηνται,
Lys. XXVII, 9 und zu XXV, 25,
während es doch Sache des guten
Bürgers ist, κοινωνεῖν τῶν τῆς πόλεως συμφορῶν (Isokr. XVI,37.39),
nicht dabei im Trüben zu fischen
(zu XIII,16). — συνωφελεῖσθαι
— οὐκ ἠξίουν] die Antithese ignoriert die Wahrheit; denn viele
bereicherten sich unter dem
Schutze der Dreissig Lys. XXV,
16. Isokr. XXI, 12 f. — συνδιαβάλλεσθαι — ἠνάγκαζον] zu
§ 30. — Zum Gedanken vgl. die
Worte des Syrakusan. Demagogen
Athenagoras bei Thukyd. VI, 39:
ὀλιγαρχία τῶν μὲν κινδύνων τοῖς
πολλοῖς μεταδίδωσι, τῶν δ᾽ ὠφε-
λίμων οὐ πλεονεκτεῖ μόνον, ἀλλὰ
καὶ ξύμπαν ἀφελομένη ἔχει, und
Catilina bei Sallust 20: omnis gra-
tia, potentia, honos, divitiae apud

paucos sunt, nobis reliquere peri-
cula — egestatem. — κοι ν ο ύ μ ε-
ν ο ι] sc. ὑμῖν nicht = μεταδιδόντες (was vielmehr κοινωνοῦντες
wäre), sondern ohne den Begriff
des Antheilgebens: 'gemeinsam
mit euch besitzend', wie Eurip.
Androm. 933: δούλησοι λέχους κοι-
νοῦται, mit zu ergänzendem Dativ
der Person Phoeniz. 1709: προθυ-
μεῖ τῆσδε κοινοῦσθαι φυγῆς (τῷ
πατρί) Kr. II,47,15, 3. — ἐκτῶν-
το] Ueber das Impf. zu § 88. —
εἶναι] zu § 19.
94. νῦν] nach Wiederherstellung von Gesetz und Recht. — ἐν
τῷ θαρραλέῳ ὄντες] Gewählter
Ausdruck für ἐν τῷ ἀσφαλεῖ, wie
dieses wohl ursprünglich lokal
(Kr. 43, 4, 4). Ebenso XXI, 25:
ἀξιῶ ὑμᾶς νυνὶ ἐν τῷ θαρραλέῳ
ὄντας ἐμὲ περὶ πολλοῦ ποιήσασθαι.
Thuk. II, 51: τὸν πονούμενον
ᾠκτίζοντο διὰ τὸ αὐτοὶ ἤδη ἐν τῷ
θαρραλέῳ εἶναι. — καθ᾽ ὅσον
δύνασθε] soweit die Dreissig in
eurer Gewalt sind. — νῦν] Das
Hyperbaton des νῦν ähnlich Demosth. XXXV, 46: χρὴ μὴ τοὺς
ἐπ᾽ ἐξαπάτῃ νῦν λόγους ὑπὸ τούτου ῥηθησομένους πιστοτέρους
ποιεῖσθαι τῶν νόμων. So τότε
Demosth. XVIII, 99: τῶν ἐθελον-
τῶν τότε τριηράρχων πρῶτον γενομένων. — τοῖς πολεμίοις] vor
Eleusis. Vgl. E. 6. Vor schwebt
der Gegensatz zu dem ἀδελφοῖς
καὶ υἱέσι καὶ πολίταις πολεμεῖν § 92.
— τῶν ἐπικούρων] 700 Lake-

σφετέρας ἀρχῆς καὶ τῆς ὑμετέρας δουλείας εἰς τὴν ἀκρόπολιν
κατέστησαν. Καὶ πρὸς ὑμᾶς μὲν ἔτι πολλῶν ὄντων εἰπεῖν 95
τοσαῦτα λέγω. Ὅσοι δ' ἐκ Πειραιῶς ἐστε, πρῶτον μὲν τῶν
ὅπλων ἀναμνήσθητε, ὅτι πολλὰς μάχας ἐν τῇ ἀλλοτρίᾳ μα-
χεσάμενοι οὐχ ὑπὸ τῶν πολεμίων ἀλλ' ὑπὸ τούτων εἰρήνης
οὔσης ἀφῃρέθητε τὰ ὅπλα, ἔπειθ' ὅτι ἐξεκηρύχθητε μὲν ἐκ
τῆς πόλεως, ἣν ὑμῖν οἱ πατέρες παρέδοσαν, φεύγοντας δὲ
ὑμᾶς ἐκ τῶν πόλεων ἐξῃτοῦντο. Ἀνθ' ὧν ὀργίσθητε 96

dämonier unter dem Harmosten
Kallibios, der sich zu allen Ge-
waltthaten hergab (Xen. Hell. II,
3, 14. Diod. XIV, 4. Iustin. V, 8.
Plat. Lys. 15). Die Fraction des
Theramenes hatte sich dieser
Massregel umsonst widersetzt
(Xen. a. a. O. § 42). Den Athenern mussten die fremden Waffen
auf der Burg ein Greuel sein (vgl.
Isokr. VIII, 92) nicht nur wegen
der militärischen Bedeutung derselben, sondern auch weil sie der
Mittelpunkt der sacralen Handlungen, die Grabstätte der Landes-
heroen, der Sitz der Schutzgottheit
und die Trägerin der heiligen
Palladien des Landes und der Mo-
numente aus Athens glänzendster
Periode war. Daher fehlt denndiese
Anklage auch anderwärts nicht
im Sündenregister der Dreissig.
XIII, 46. Aesch. II, 77. Isokr. VII,
67; XV, 319.

95. τοσαῦτα] 'nur so viel',
wie Demosth, XVIII, 124: ἤδη ἐπὶ
ταῦτα πορεύσομαι τοσοῦτον αὐτὸν
ἐρωτήσας und öfter τοσοῦτον εἰπεῖν Xen. An. II, 1. 9. Antiph. V,
65. τοσοῦτον ἴσμεν Eurip. Hippol.
804. ebenso oft tantum (z. B. Cic.
Philipp. II, 8, 20: nec vero tibi
plura respondebo: tantum dicam
breviter). Uebrigens kann auch
das beschränkende μόνον hinzu-
treten. Vgl. Demosth. IV, 13:
δεηθεὶς ὑμῶν τοσοῦτον; dagegen
Andok. II, 23: τοσοῦτον ὑμῶν μόνον δέομαι und vgl. Demosth. XV,
25; LII, 4. prooem. 20, 3. Isokr.
XI. 5. — ὅσοι δ' ἐκ Πειρ. ἐστε]
Die Erinnerung an die anfangs
unter der Herrschaft der Dreissig,
darauf im Exil und im Kampfe
ausgestandenen Leiden und Ge-

fahren ist wohl berechnet auf die
Wirkung des Rachegefühls in den
Herzen der Demokraten; denn
τραχύς γε δῆμος ἐκφυγὼν κακά
Aeschyl. Sieb. 1044. — ἀφῃρέθητε τὰ ὅπλα] zu § 40. — ἐξε-
κηρύχθητε] genauer sagt Lys.
XXV, 22 und XXXI, 8 statt ἐκ τῆς
πόλεως: ἐκ τοῦ ἄστεος; denn
nachdem Tode des Theramenes verhängten die Machthaber über den
Demos mit Ausnahme der 3000
(zu XXV, 16) eine Ausweisung en
masse nach dem Peiräeus und den
Landdistricten (Isokr. VII, 67.
Xen. Hell. II, 4, 1), von wo dann
die Demokraten, noch Schlimme-
res fürchtend, nach den Nachbar-
landschaften flohen (Lys. XIII,47.
Justin. V, 9); zu dieser radicalen
Massregel hatte früher Perian-
dros von Corinth (Diog. Laert.
I, 98. Herakleid. Pont. c. 5) und
andere Tyrannen das Beispiel gegeben. Die Gesammtzahl der
Flüchtlinge giebt Isokrates a. a.
O. auf 5000 an, nach Diodor. XIV,
5 mehr als die Hälfte der Bürgerschaft. — Ueber ἐκκηρύττειν zu
§ 35. — φεύγοντας — ἐξῃ-
τοῦντο] 'forderten, man solle
euch ihnen ausliefern.' denn im
Edict stand, die Exulanten sollten
ten ἀγωγίμους τοῖς τριάκοντα
εἶναι Diod.XIV, 6. Gewöhnlicher
ist das Activ von der Ausliefe-
rungsforderung, doch wie hier
II, 12: ἐξαιτουμένον αὐτοὺς Εὐ-
ρυσθέως Ἀθηναῖοι οὐκ ἠθέλησαν
ἐκδοῦναι (von demselben Isokr.
XII, 194: οὓς ἐξαιτῶν ἦλθεν und
Eurip. Herakl. 20: πέμπων κήρυ-
κας ἐξαιτεῖ ἡμᾶς.). Eurip. Suppl.
358: νεκρῶν σώματ' ἐξαιτούμενος.
Vgl. Kr. 52, 10. 5. — ἐκ τῶν πό-

ὥσπερ ὅτ᾽ ἐφεύγετε, ἀναμνήσθητε δὲ καὶ τῶν ἄλλων᾽κακῶν
ἃ πεπόνθατε ὑπ᾽ αὐτῶν, οἳ τοὺς μὲν ἐκ τῆς ἀγορᾶς τοὺς δ᾽
ἐκ τῶν ἱερῶν συναρπάζοντες βιαίως ἀπέκτειναν, τοὺς δὲ ἀπὸ
τέκνων καὶ γονέων καὶ γυναικῶν ἀφέλκοντες φονέας αὐτῶν
ἠνάγκασαν γενέσθαι καὶ οὐδὲ ταφῆς τῆς νομιζομένης εἴασαν
τυχεῖν, ἡγούμενοι τὴν αὑτῶν ἀρχὴν βεβαιοτέραν εἶναι τῆς

λεων] der damals fast ganz Griechenland umfassenden lakedämonischen Symmachie. Die Lakedämonier erliessen auf Ansuchen der
Dreissig und besonderen Betrieb
des Kritias (Philostr. Leben des
Kritias § 2) ein Edict (die bei solchen Edicten übliche Formel war:
τοὺς φυγάδας ἀγωγίμους εἶναι ἐκ
πάντων τῶν συμμαχῶν Xen. Hell.
VII, 3, 11), welches allen Genossen ihrer Symmachie Aufnahme
und Schutz der athenischen Exulanten als Vertragsbruch bei ho-
her Geldbusse verbot (Diod. und
Iustin a. a. O.); daher § 97 von
den Flüchtlingen: πανταχόθεν ἐκκηρυττόμενοι; doch ist das πανταχόθεν nicht wörtlich zu nehmen,
denn mehrere Städte weigerten
sich entschieden, das Edict zu
vollziehen, vor allen Theben (zu
§ 58. Diod. XIV,32. Plutarch. Lysander 27. Pelop. 6), Argos (Demosth. XV, 22). Megara (Xen. Hell.
II, 4, 1), Chalkis auf Euboia (Lys.
XXIV, 25) u. a.
96. ὅτ᾽ ἐφεύγετε] 'als ihr in
der Verbannung waret'; denn da
empfanden sie den Zorn und die
Rachlust am lebhaftesten. — πε-
πόνθατε] eure Partei. — ἐκ τῆς
ἀγορᾶς] Demosth. XXII. 52: τοῦτο
κατηγοροῦμεν τῶν τριάκοντας, ὅτι
τοὺς ἐκ τῆς ἀγορᾶς ἀδίκως ἀπῆ-
γον. Xen. Hell. II, 4, 14. Die Anklage ist zu beurtheilen nach der
Bedeutung, welche die Agora als
Mittelpunkt des bürgerlichen Lebens in politischer und socialer
Beziehung hatte; zugleich hatte
sie eine religiöse Weihe (wie ja
von ihr wie von den Heiligthümern
die ἀσεβεῖς ausgeschlossen waren)
und stand unter dem Schutze der
θεοὶ ἀγοραῖοι. Vgl. die Schilde-

rung des Blutbads unter den Aristokraten zu Korinth (393 v. Chr.)
bei Xenoph. Hell. IV, 4, 3: εὐθὺς
ἔφευγον οἱ βέλτιστοι, οἱ μὲν πρὸς
τὰ ἀγάλματα τῶν ἐν τῇ ἀγορᾷ θεῶν,
οἱ δ᾽ ἐπὶ τοὺς βωμούς· ἔνθα δὴ οἱ
ἀνοσιώτατοι ἔσφαττον καὶ πρὸς τοῖς
ἱεροῖς. — ἐκ τῶν ἱερῶν] wie § 98.
Als Beleg dient die Wegreissung
des Theramenes vom Altar der
Hestia im Buleuterion Xen. Hell.
II, 3, 55 (die angebliche Gewaltthat am Agoratos, Lys. XIII, 29,
gehört in die Zeit vor Einsetzung
der Dreissig). — βιαίως] zu § 17.
— φονέας αὑτῶν γενέσθαι]
durch den Schierlingsbecher; zu
§ 17. — ταφῆς τῆς νομιζομέ-
νης] 'nicht einmal Bestattung,
der bräuchliche wenigstens.' τῆς
νομιζομένης erläutert beschrän-
kend als Apposition das betont
vorangestellte ταφῆς. Die Stellung des Attributs ebenso § 82.
XIII,73. Thukyd. VI, 69: μάντεις
σφάγια προὔφερον τὰ νομιζόμενα.
Kr. 50, 8, 1. Madvig § 9, Anm. 3.
Ohne Beschränkung oben § 20:
ἀτάφους ἐποίησαν. — νομιζομέ-
νης] durch die Verwandten; zu
§ 87. — βεβαιοτέραν εἶναι — τι-
μωρίας] die sie herausforderten
durch die Antastung der Asylie
der heiligen Orte und die Versagung der νομιζόμενα bei der Bestattung. — Der Genitiv nach dem
Comparativ vertritt die Stelle eines ἢ ὥστε mit dem Infin. nach
Kr. 47, 27, 2, wie Lykurg 126:
κρείττους γίγνονται τῆς παρὰ τῶν
ἀδικουμένων τιμωρίας Demosth.
XXIII, 108: εἶδον μείζω τῆς πρὸς
αὑτοὺς πίστεως γιγνόμενον (αὑτόν).
Thuk. I, 84: ἀμαθέστερον τῶν νόμων τῆς ὑπεροψίας παιδευόμεθα.
Bei Dichtern häufiger.

παρὰ τῶν θεῶν τιμωρίας. Ὅσοι δὲ τὸν θάνατον διέφυγον, 97
πολλαχοῦ κινδυνεύσαντες καὶ εἰς πολλὰς πόλεις πλανηθέν-
τες καὶ πανταχόθεν ἐκκηρυττόμενοι, ἐνδεεῖς ὄντες τῶν ἐπιτηδείων, οἱ μὲν ἐν πολεμίᾳ τῇ πατρίδι τοὺς παῖδας καταλιπόντες, οἱ δ' ἐν ξένῃ γῇ, πολλῶν ἐναντιουμένων ἤλθετε εἰς
τὸν Πειραιᾶ. Πολλῶν δὲ καὶ μεγάλων κινδύνων ὑπαρξάν-
των ἄνδρες ἀγαθοὶ γενόμενοι τοὺς μὲν ἠλευθερώσατε, τοὺς
δ' εἰς τὴν πατρίδα κατηγάγετε. Εἰ δὲ ἐδυστυχήσατε καὶ 98
τούτων ἡμάρτετε, αὐτοὶ μὲν ἂν δείσαντες ἐφεύγετε μὴ πάθητε τοιαῦτα οἷα καὶ πρότερον, καὶ οὔτ' ἂν ἱερὰ οὔτε βωμοὶ

---

97. διέφυγον] Dem Schlusse
der Periode entspräche διεφύγετε.
Ein ähnlicher Wechsel der zweiten und dritten Person § 100. —
πλανηθέντες] Man vergl. die
Schilderung bei Valer. Maximus
IV, 1, ext. 4: Thrasybulus populum Atheniensem triginta tyran-
norum saevitia sedes suas relin-
quere coactum dispersamque et
vagam vitam miserabiliter exigen-
tem reduxit. — ἐν πολεμίᾳ τῇ
πατρίδι) 'in dem zu Feindes-
land gewordenen Vaterlande.' Kr.
50, 11, 2. — πολλῶν ἐναντιου-
μένων] stärker noch II, 61: πάντας πολεμίους κεκτημένοι εἰς τὸν
Πειραιᾶ κατῆλθον. — τοὺς μὲν
— τοὺς δ έ] bezüglich auf die
vorher bezeichneten beiden Classen der παῖδες, von deren Schick-
sal im Falle des Mislingens der
Unternehmung er mit Festhaltung
desselben Ortsunterschieds auch
§ 98 spricht. Dass er nur an die
Kinder, nicht an Weib und Kind
erinnert, ist durch die zu § 69 erwähnte höhere Wertbschätzung
der Kinder zu erklären. Aehnlich
Demosth. XIX, 310. [Aeschin.] Brief
12, 12 ff.

98. ἐδυστυχήσατε] zu § 35. —
τούτων) das ἐλευθεροῦν und das
κατάγειν. — δείσαντες — πρό-
τερον] die § 95 geschilderten Leiden. μή dürfte um der Stellung
der Worte willen lieber mit ἐφεύγετε als mit δείσαντες zu verbinden sein: 'ihr würdet voll Furcht
(δείσαντες absolut, wie Platon

Menex. 241 s) in der Verbannung
leben, um nicht (ins Vaterland zurückgekehrt) dergleichen erleiden
zu müssen, wie früher.' Der Conj.
πάθητε, weil die Absicht, das παθεῖν zu verhüten, bis zur Gegenwart bestehen würde; vgl. zu
§ 7. Man wollte ἐπάθετε, weil der
Hauptsatz nicht Wirkliches, sondern nur Angenommenes enthält
und demnach auch die Absicht nicht
verwirklicht werden kann (Kr. 54,
8, 8), doch vgl. Aken, Lehre vom
Tempus und Modus § 156. Demosth. XXIII, 7: εἰ τοῦτο μέγιστον
Ἀριστοκράτης ἠδίκει, ταῦτ' ἂν λέγειν ἐπεχείρουν, ἵν' εἰδῆτε. Lykurg 141: ἐχρῆν παῖδας καὶ γυναῖκας παρακαθισαμένους ἑαυτοῖς
τοὺς δικαστὰς δικάζειν, ὅπως
πικροτέρας τὰς γνώσεις παρασκευά-
ζωσιν. — οὔτε βωμοί] so ruft
Theramenes bei Xenoph. Hell. II,
3, 53 aus: τοῦτο οὐκ ἀγνοῶ ὅτι οὐδέν μοι ἀρκέσει ὅδε ὁ βωμός. —
ὠφέλησαν] wenn ihr als Besiegte
dahin geflohen wäret. — οὔτ' ἂν
ἱερὰ οὔτε βωμοὶ — ὠφέλη-
σαν] Bei οὔτε — οὔτε mit gemein-
schaftlichem Verb steht ἂν belie-
big einfach oder doppelt. Wie
hier XIII, 53. Xen. Memor. IV,
4, 7: πρὸς ἃ οὔτε σὺ οὔτ' ἂν ἄλλος οὐδεὶς δύναιτ' ἀντειπεῖν. Agesil. 1, 36. Dagegen doppelt Lys.
VII, 32. Demosth. prooem. 44, 2:
εἰ ἅπαντες ἐγιγνώσκετε ταῦτα,
οὔτ' ἂν εἰ — ἐδοκεῖτε παρῆλθον
οὔτ' ἂν εἰ τούναντίον. Plat. Apol.
31° (wo Stallbaum). Gorg. 475°;
dreifach Lys. XXVI, 18. Hat jedes

ὑμᾶς ἀδικουμένους διὰ τοὺς τούτων τρόπους ὠφέλησαν, ἃ
καὶ τοῖς ἀδικοῦσι σωτήρια γίνεται· οἱ δὲ παῖδες ὑμῶν, ὅσοι
μὲν ἐνθάδε ἦσαν, ὑπὸ τούτων ἂν ὑβρίζοντο, οἱ δ᾽ ἐπὶ ξένης
μικρῶν ἂν ἕνεκα συμβολαίων ἐδούλευον ἐρημίᾳ τῶν ἐπικου-
ρησόντων.

disjunctive Glied sein besonderes
Verb, so wird gewöhnl., doch nicht
ausnahmslos. ἄν wiederholt, wie
oben § 84. XIII, 58. — διὰ τοὺς
τούτων τρόπους] § 96. — τοῖς
ἀδικοῦσι] Thuk. IV. 98: τῶν
ἀκουσίων (Krüger ἑκουσίων)ἁμαρ-
τημάτων καταφυγή εἰσιν οἱ βωμοί.
Jedenfalls ist die Beschränkung
auf die ἄκοντες ἀδικοῦντες nicht
allgemein angenommen gewesen;
die heilige Stätte schützte, wofern nicht Gewaltthat die Pietät
verdrängte, jeden. Eurip. Herakl.
260: ἅπασι κοινὸν ῥύμα δαιμόνων
ἕδρα, wie auch aus der Klage des
Ion (Eurip. Ion 1312 ff.) hervorgeht. Vgl. Plutarch περὶ δεισιδαι-
μονίας c. 4: ἔστι καὶ λῃσταῖς ἀβέ-
βηλα πολλὰ τῶν ἱερῶν. καὶ πολεμίους φεύγοντες, ἂν ἀγάλματος λά-
βωνται ἢ ναοῦ, θαρροῦσιν. An gewissen Heiligthümern allerdings
haftete noch ein besonderes Vor-
recht der Asylie; zu XIII, 24. —
ὅσοι — ἦσαν] 'hier wären';
denn- die Wirkung des ἄν über-
trägt sich aus dem Hauptsatze in
den Nebensatz, wenn dieser als
integrierender Bestandtheil des
Hauptsatzes an dessen nur be-
dingter Existenz Theil hat, wobei
denn das Verbum des Nebensatzes
dem des Hauptsatzes assimiliert
wird. Kr. 54, 10, 6. Plat. Charmid.
171ᵈ: εἰ ᾔδει ὁ σώφρων ἅ τε ᾔδει
καὶ ἃ μὴ ᾔδει, ἀναμάρτητοι ἂν
τὸν βίον διεζῶμεν αὐτοί τε καὶ οἱ
ἄλλοι πάντες, ὅσοι ὑφ᾽ ἡμῶν ἠρ-
χοντο [Xenoph.] Staat der Athen.
1, 16: εἰ οἴκοι εἶχον ἕκαστοι
τὰς δίκας, τούτους ἂν σφῶν αὐτῶν ἀπώλλυσαν, οἵτινες φίλοι μάλιστα ἦσαν Ἀθηναίων τῷ δήμῳ. —
ἐπὶ ξένης] gehört eng zu οἱ δέ:
'die in der Fremde aber', ἐπὶ ξένης wie Isokr. IV, 168. Lykurg
25: ἐπὶ ξένης καὶ ἀλλοτρίας; Isokr.
XIX, 23: ἐπὶ ξένης καὶ παρ᾽ ἀλ-

λοτρίοις. Geschickt hebt Lysias
den doppelten Jammer der Hei-
matlosigkeit, und der drücken-
sten zur Unfreiheit führenden Ar-
muth hervor, wie Antipb. II, β, 9:
φυγὼν γέρων καὶ ἄπολις ὢν ἐπὶ
ξενίας πτωχεύσω. Vgl. Tyrtaeus
X, 3 ff. (Bergk): τὴν αὐτοῦ προ-
λιπόντα πόλιν πτωχεύειν πάντων
ἔστ᾽ ἀνιηρότατον κτλ. Isokr. XIV,
55: ἔστι οὐκ ἴσον κακὸν οὐδ᾽ ὅ-
μοιον τοὺς τεθνεῶτας ταφῆς εἴρ-
γεσθαι καὶ τοὺς ζῶντας πατρίδος
ἀποστερεῖσθαι, ἀλλὰ τὸ μὲν δει-
νότερον τοῖς κωλύουσιν ἢ τοῖς ἀτυ-
χοῦσιν, τὸ δὲ μηδεμίαν ἔχοντα
καταφυγὴν ἀλλ᾽ ἄπολιν γενόμενον
καθ᾽ ἑκάστην τὴν ἡμέραν κακο-
παθεῖν καὶ τοὺς αὑτοῦ περιορᾶν,
μὴ δυνάμενον ἐπαρκεῖν, τί δεῖ λέγειν ὅσον τὰς ἄλλας συμφορὰς
ὑπερβέβληκεν; Euripides Hippol.
597 f. — ἐδούλευον] wie Isokr.
XIV, 48· τίνα ἡμᾶς οἴεσθε γνώμην
ἔχειν ὁρῶντας τοὺς παῖδας — πολλοὺς μὲν μικρῶν ἕνεκα συμβολαίων
δουλεύοντας, ἄλλους δ᾽ ἐπὶ θη-
τείαν ἰόντας. Eurip. Phoeniz.395 f.
vom Verbannten: εἰς τὸ κέρδος
παρὰ φύσιν δουλευτέον. Uebrigens ist bei dem damaligen Zustande griechischer Cultur nicht
an wirklichen Verlust des status
libertatis im Falle der Insolvenz
zu denken, sondern das δουλεύειν
zu beziehen auf das Verhältnis des
πελάτης, der bis zur Tilgung der
Schuld gehalten war, dem Gläu-
biger ein entsprechendes Arbeits-
quantum zu leisten; bei dem
scharf ausgeprägten Begriff der
ἐλευθερία, von welchem ja sogar
jedes Lohnarbeiten, geistiges wie
materielles, ausgeschlossen war,
konnte dieser Zustand allerdings
als ein der Sklaverei nahe erscheinen (daher κατὰ συγγραφὴν δουλεύειν Dio Chrysostom. I, S. 453
Reiske), zumal für die Person sol-

Ἀλλὰ γὰρ οὐ τὰ μέλλοντα ἔσεσθαι βούλομαι λέγειν, τὰ 99
πραχθέντα ὑπὸ τούτων οὐ δυνάμενος εἰπεῖν· οὐδὲ γὰρ ἑνὸς
κατηγόρου οὐδὲ δυοῖν ἔργον ἐστίν, ἀλλὰ πολλῶν. Ὅμως δὲ
τῆς ἐμῆς προθυμίας οὐδὲν ἐλλέλειπται ὑπέρ τε τῶν ἱερῶν,
ἃ οὗτοι τὰ μὲν ἀπέδοντο τὰ δ᾽ εἰσιόντες ἐμίαινον, ὑπέρ τε

Eintritt'; denn das μιαίνειν lag
eher πελάται kein ausreichender
Rechtsschutz gegen Uebergriffe
ihrer zeitweiligen Herren bestand,
ein Uebelstand, um deswillen Dionysios von Halikarnass (antiq. II,
9: τοῖς πελάταις ὥσπερ ἀργυρω-
νήτοις ἐχρῶντο) die Athener speciell tadelt und wofür sich ein Beleg bei Platon Euthyphr. 4ᶜ, zahl-
reiche andere noch in Lukians
Schriften finden. — ἐρημία τῶν
ἐπικ.] da die Väter entweder im
Bürgerkriege getödtet oder doch
nicht im Stande sein würden sie
zu unterstützen. Isokr. XIV, 55.
99. ἀλλὰ γάρ] 'Doch genug davon, denn', UebergangzumSchluss-
wort wie Isokr. VIII, 141. Vgl. zu
XXV, 17. — τὰ μέλλοντα ἔσε-
σθαι] = ἃ ἔμελλεν ἔσεσθαι, nämlich, wenn der Freiheitskampf unglücklich geendet hätte. Da beim
Impf. ἔμελλεν ἄν fast immer fehlt
(wie Demosth. XXXXV, 14. Plat.
Apol. 20ᵇ Charmid. 171ᶜ, wo
Stallb.), ist es auch beim Particip
(Impf.) nicht erforderlich (Wir
etwa: 'das was zu geschehen
drohte'). — οὐ δυνάμενος εἰ-
πεῖν] Man wollte εἰπεῖν streichen;
doch vgl. Lys. XVII, 1. Isokr. IV,
11: ὥσπερ τὸν ἀκριβῶς ἐπιστάμε-
νον λέγειν ἁπλῶς οὐκ ἂν δυνάμενον εἰπεῖν. XV, 272: ἔγω μὲν εἰπεῖν, ὀκνῶ δὲ λέγειν. Demosth. VI,
11. Das Streben nach Parallelismus ist auch hier erkennbar. Vgl.
zu XXV, 22. — οὐδὲ γὰρ κτλ.]
Anklang an § 1. — ὅμως δέ] Gedanke: Obgleich ich allein die
Kraft nicht habe, hat es doch an
meinem guten Willen nicht ge-
fehlt. — τῆς ἐμῆς — ἐλλέλει-
πται] Geläufige Wendung besonders des Gesprächstons. Vgl. XIX,
21: οὐδὲν ἐνέλικε προθυμίας. Plat.
Symp. 210ᵃ: προθυμίας οὐδὲν ἀπο-
λείψω Staat VII, 533ᵃ: τό γ᾽ ἐμὸν

οὐδὲν ἂν προθυμίας ἀπολίποι. Menon 77ᵃ. Timae. 20ᶜ. Häufig im
tragischen Dialog. ὑπέρ ist davon
abhängig wie von προθυμίαν ἔχειν
(§ 50) oder παρέχεσθαι (Demosth.
I, 8). — τῶν ἱερῶν ἃ — τὰ μὲν
ἀπέδοντο τὰ δὲ — ἐμίαινον]
Es ist sehr gewagt, ἱερά zu τὰ μὲν
ἀπέδοντο zu fassen in der Bedeutung 'heilige Geräthe, Weih-
geschenke' (was anderwärts allerdings in ἱερά liegt, wie in ἱερὰ
κλέπτειν und ἱερῶν κλοπή), da es
doch zu τὰ δὲ — ἐμίαινον wegen
des εἰσιόντες nur local verstanden werden kann; ein solches
Schwanken der Bedeutung ist wohl
ohne Beispiel und unter die Fi-
gur der Traductio nicht leicht zu
subsumieren. Warum soll nicht
auch τὰ μὲν ἀπέδοντο auf die heiligen Stätten gehen? Die Ver-
pachtung einzelner Theile der
Heiligthümer, also namentlich der
Fruchthaine und Aecker derselben, zum Vortheil des Staatsscha-
tzes war eine ganz gewöhnliche
Finanzmassregel; Xenophon πόροι
4, 19: μισθοῦνται καὶ τεμένη καὶ
ἱερὰ παρὰ τῆς πόλεως (wo Bake,
scholica hypomn. IV, 254 καὶ ἱερά
ohne Grund beseitigen will); daher will auch Platon Ges. VI, 759ᶜ
ταμίαι gewählt wissen τῶν ἱερῶν
χρημάτων ἑκάστοις τοῖς ἱεροῖς καὶ
χρημάτων καὶ καρπῶν τούτων καὶ
μισθώσεων. Die Dreissig nun, deren freches Vergreifen an heiligen
Gütern auch Isokr. VII, 66 scharf
tadelt, mögen also nicht nur die
Tempelschätze nicht verschont
(eine bei Plat. Staat VIII, 568ᵈ
als ganz gewöhnlich bezeichnete
Gewaltsmassregel der Tyrannis,
vgl. Xenoph. Hell. VII, 3, 8), sondern sogar die Veräusserung der
heiligen Stätten, natürlich in ihrem Interesse, nicht gescheut haben. — εἰσιόντες] 'durch ihren

τῆς πόλεως, ἣν μικρὰν ἐποίουν, ὑπέρ τε τῶν νεωρίων, ἃ
καθεῖλον, καὶ ὑπὲρ τῶν τεθνεώτων, οἷς ὑμεῖς, ἐπειδὴ ζῶσιν
100 ἐπαμῦναι οὐχ ἠδύνασθε, ἀποθανοῦσι βοηθήσατε. Οἶμαι δ'
αὐτοὺς ἡμῶν τε ἀκροᾶσθαι καὶ ὑμᾶς εἴσεσθαι τὴν ψῆφον
φέροντας, ἡγουμένους, ὅσοι μὲν ἂν τούτων ἀποψηφίσησθε,
αὐτῶν θάνατον καταψηφιεῖσθαι, ὅσοι δ' ἂν παρὰ τού-

eben darin, dass sie als Blutbefleckte (οὐ καθαρὰς τὰς χεῖρας ἔ
χοντες Demosth. XXIV, 60. Lys.
XXVI, 8) die heiligen Orte betraten. Antiph. II, α. 10: ἀσύμφορον
ὑμῖν ἐστιν τόνδε μιαρὸν καὶ ἄνα
γνον ὄντα εἰς τὰ τεμένη τῶν θεῶν
εἰσιόντα μιαίνειν τὴν ἁγνείαν αὐ
τῶν; ebenda β, 11. — μικρὰν
ἐποίουν] ὥστε μηδὲν διαφέρειν
τῆς ἐλαχίστης πόλεως XIII, 46. —
τῶν νεωρίων] Die Erinnerung
an Hafen und Werfte als die Fundamente der Macht Athens (zu
§ 40) rhetorisches Mittel wie Lykurg 17. 150. Deinarch III, 13. —
Die νεωρία, welche aus den νεώς
οικοι (Docks), den ναυπήγια (den
eigentlichen Werften) und der
σκευοθήκη (Arsenal) bestanden,
waren mit einem Aufwande von
1000 Talenten erbaut (vor dem
peloponnesischen Kriege Andok.
III, 7) und in Stand gehalten worden. Die Dreissig aber verpachteten sie für einen Spottpreis
(Isokr. VII, 66) zum Abbruch, ein
Vorwurf, der XIII, 46 wiederkehrt
(zu § 40). Doch scheint man mit
dem Abbruch nicht fertig geworden zu sein, denn ums J. 399 werden sie als noch vorhanden, obschon im Verfall, erwähnt (Lys.
XXX, 22). — ὑπὲρ τῶν τεθνεώ
των] Der Gedanke ähnlich, doch
weiter ausgeführt XIII, 93 ff. Die
Erinnerung an die Todten und ihr
Urtheil über die Richter bildet öfters einen wirksamen rhetorischen
Effect, besonders am Schluss der
Reden (Aristot. rhetor. III, 19,
S. 147 Bekker bezeichnet die Erregung des Affects, das εἰς τὰ
πάθη τὸν ἀκροατὴν καταστῆσαι
als wesentliches Element des Epilogs); vgl. Aesch. III. 244. 259.
Demosth. XX, 87. XXIII, 210.

XXVII, 69. Isokr. XIV, 61 und
öfters: wie man diesen Mittel
zu entkräften suchte, zeigt Isokrat. XIX, 42. Demosth. XXXXIII,
60. — οἷς βοηθήσατε] zu § 60.
— Geflissentlich hat Lysias im
Epilog seines persönlichen Klagmotivs nicht mehr gedacht; so
bleiben die Richter in der frischen
Erinnerung dessen, was sie selbst
und der Staat erlitten.

100. οἶμαι—φέροντας] Kühnere Benutzung dieses rhetorischen Mittels als gewöhnlich; denn
meist wird es gemildert durch eine
Phrase wie εἴ τίς ἐστιν αἴσθησις
τοῖς τετελευτηκόσι περὶ τῶν ἐνθάδε
γιγνομένων (siquis est sensus in
morte Cic. Philipp. IX, 6, 13). —
ἡμῶν] mich und wer sonst für
sie spricht. Aehnlich ἡμεῖς § 81.
Von sich allein spricht Lysias nie
im Plural. — εἴσεσθαι] 'Kenntnis nehmen werden, wie ihr',
wie XXVII, 7: ἤκουσι πάντες οἱ
τὰ τῆς πόλεως πράττοντες οὐχ
ἡμῶν ἀκουσόμενοι, ἀλλ' ὑμᾶς εἰ
σόμενοι ἥντινα γνώμην περὶ τῶν
ἀδικούντων ἕξετε. In diesem Gegensatze zu den verbis audiendi
nähert sich εἰδέναι (immer von
unmittelbar persönlicher Kenntnisnahme) dem Begriff des ἰδεῖν.
Isokr. XII, 168: τίς γὰρ οὐκ οἶδεν
ἢ τίς οὐκ ἀκήκοεν. [Plat] Alkib. II,
141°: ταῦτα οὐκ ἄλλων ἀκηκόα
μεν ἀλλ' αὐτοὶ παρόντες οἴδαμεν.
Derselbe Gegensatz zwischen audire und nosse. Cic. in Verr. II,
5, 27, 68: lautumias Syracusanas
omnes audistis, plerique nostis.—
αὐτῶν] 'sie selbst', zu XXV, 11.
Also nicht αὐτῶν. — καταψη
φιεῖσθαι] Weil zugleich mit der
Lossprechung der Dreissig die Verurtheilung ihrer Opfer vollzogen

τῶν δίκην λάβωσιν, ὑπὲρ αὐτῶν τὰς τιμωρίας πεποιημένους ἔσεσθαι.
Παύσομαι κατηγορῶν. Ἀκηκόατε, ἑωράκατε, πεπόνθατε, ἔχετε· δικάζετε.

sei, wollte man κατεψηφίσθαι;
doch nichts hindert, beide Handlungen in der Zukunft gleichzeitig
zu setzen (denn der Conj. Aor. vertritt auch die Stelle des ersten
Futur, Aken. § 203), wie Lykurg
150: ἐὰν Λεωκράτην ἀπολύσητε,
προδιδόναι τὴν πόλιν ψηφιεῖσθε;
wogegen πεποιημένους ἔσεσθαι
das künftige Resultat des in der
Zukunft vorhergegangenen λάβωσι bezeichnet (Kr. 53, 9, 1) ein
Wechsel der Futura wie XXVII,
7: ἐὰν καταψηφισάμενοι θανάτου
τιμήσητε, τῇ αὐτῇ ψήφῳ τούς τε
ἄλλους κοσμιωτέρους ποιήσετε καὶ
παρὰ τούτων δίκην εἰληφότες ἔσεσθε. Demosth. XXXXV, 88; vgl.
auch XIII, 97 [Demosth.] XXV, 2.
— παύσομαι κτλ. — ἔχετε] Mit

steigender Stimme gesprochen,
um die Klimax der Begriffe wie-
derzugeben, dann nach einer Pause
mit ruhigem Tone δικάζετε: 'nun
richtet.'Das Asyndeton am Schluss
empfiehlt Aristot. Rhetor. III, 19,
9. 148: τελευτὴ τῆς λέξεως ἁρμόττει ἡ ἀσύνδετος, ὅπως ἐπίλογος,
ἀλλὰ μὴ λόγος ᾖ· εἴρηκα, ἀκηκόατε,
ἔχετε, κρίνατε. Aehnlich, doch in
absteigender Begriffsfolge [Lys.]
VI, 55: φανερῶς ἔχετε αὐτὸν ἀσε-
βοῦντα· εἴδετε, ἠκούσατε τὰ τούτου ἁμαρτήματα· ἀντιβολήσει καὶ
ἱκετεύσει ὑμᾶς· μὴ ἐλεεῖτε. —
ἔχετε] ἐν τῇ ὑμετέρᾳ ψήφῳ setzt
Lykurg 27 hinzu. Vgl. Demosth.
LI, 10: δοκοῖτ' ἂν ἁμαρτεῖν, εἰ
μὴ κολάσαιτε τοὺς τὰ τοιαῦτα ποιοῦντας, ἔχοντες. Vgl. zu XIII, 56.

7 *

Die Rede gegen Agoratos (XIII).

Einleitung.

1   Das trügerische Spiel, wodurch Theramenes dem verzwei-
felnden Volke Aussichten auf einen verhältnismässig günstigen
Frieden eröffnet hatte,[1]) enthüllte sich, als er nach perfidem
Zögern[2]) als Resultat seiner Friedensmission die harten Bedingungen vorlegte, welche der maritimen Bedeutung Athens auf
e i n e n Schlag ein Ende machen mussten[3]) und damit auch an die
Wurzeln der demokratischen Verfassung die Axt legten.[4]) (Frühjahr 404.)

2   Die extreme demokratische Partei, in Folge einer oligarchischen Intrigue ihres hervorragendsten Führers, des Kleophon.
beraubt,[5]) scheint keinen Widerstand versucht zu haben und
nahm den Frieden, der Erlösung von der furchtbaren Hungersnoth brachte, mit Freuden auf; der Zukunft sah sie mit dumpfer
Gleichgültigkeit entgegen.[6]) Aber die Häupter der gemässigten
Demokraten, deren Blick über das augenblickliche Ungemach
hinwegreichte, waren empört über die entehrenden und verderblichen Bedingungen, die den Sturz der freien Verfassung zur
Folge haben mussten;[7]) unter ihnen waren angesehene, mit
hohen militärischen Aemtern betraute Männer, wie der tüchtige
Strombichides,[8]) Eukrates, der Bruder des in Sicilien umgekom-
menen Nikias,[9]) und ein gewisser, sonst nicht weiter bekannter
Dionysodoros, vermuthlich einer der zehn Taxiarchen.[10]) Sie

---

1) § 9 ff. zu XII, 68. — 2) zu XIII, 11. — 3) XIII, 14. — 4) zu
XII, 40. — 5) XIII, 7 und zu § 12. — 6) vgl. XII, 45. — 7) XIII, 16.
— 8) zu XIII, 13. — 9) XVIII, 4 f. — 10) zu XIII, 7. Dass Dionysodor
Taxiarch war, scheint aus der geflissentlichen mehrfachen Hervorhebung der militärisch doch weniger ausgezeichneten ταξιαρχοῦντες
neben den στρατηγοῦντες hervorzugehen. §§ 7. 13. 18. 30. 32. Dass Eukrates mit zu dieser Opposition gehörte, vermuthet mit Recht Scheibe,
Umwälz. 52; wenn er dagegen aus Lys. XVIII, 5 schliesst, dass er
nicht mit den Uebrigen erst nach Einsetzung der Dreissig hingerichtet
worden sei, sondern schon vorher seinen Untergang gefunden habe,

erklärten rund heraus, den Abschluss eines so schmachvollen Friedens keinesfalls zulassen zu wollen. Diese Opposition mochte den Oligarchen, die das Volk hinlänglich mürbe gemacht glaubten, unerwartet kommen. Zwar die Annahme der Friedensbedingungen setzten sie in der gleich nach Theramenes Rückkehr gehaltenen Volksversammlung durch, da der Widerspruch Einzelner vor dem allgemeinen Nothschrei verstummen musste; [11]) aber einerseits gelang es doch der Thätigkeit der Patrioten, die Vollziehung der Friedensbedingungen aufzuhalten, [12]) andrerseits war es vorauszusehen, dass sich der Demos, von den Qualen des Hungers befreit, in den Umsturz der Verfassung nicht so leicht fügen würde wie in die Schmach des Friedens, wenn er nicht seiner Führer beraubt werde. Daher vertagten die Oligarchen die Ausführung ihrer Umsturzpläne bis nach der Beseitigung der Häupter der Opposition. Eine schlau eingefädelte Cabale, zu der der oligarchisch gesinnte Rath die Hand bot, sollte zu diesem Ziele führen. Es gingen beim Rathe Denunciationen ein wegen geheimer Umtriebe gegen den Staat; [13]) der Rath, mit unumschränkter Gewalt bekleidet, [14]) verfügte die Verhaftung der Denuncierten, welche nachträglich noch von einer Volksversammlung zu Munychia gut geheissen ward; die Aburtheilung der Verhafteten wies das Volk an einen Heliastengerichtshof. Inzwischen aber ging der Umsturz der Verfassung vor sich; die Dreissig wurden eingesetzt und liessen unverzüglich die in ihrer Gewalt befindlichen Häupter der demokratischen Partei im Rathe durch ein tumultuarisches Gerichtsverfahren zum Tode verurtheilen (Frühherbst 404). Unter den Hingerichteten befand sich Dionysodoros. [15])

Zur Ausführung ihrer Entwürfe hatte sich den Oligarchen 3 ein Mensch von geringer Herkunft, Agoratos, der Sohn des Eu-

so ist das eine zu ängstliche Auslegung des ἀπολέσθαι bei Lysias, was nicht blos auf die Hinrichtung, sondern auf das über ihn durch die Verhaftung (vor der Vollziehung der Friedensbedingungen) hereinbrechende Verderben überhaupt zu beziehen ist. — 11) Xen. Hell. II, 2, 22. — 12) zu XII, 72; XIII, 16. — 13) XIII, 48. — 14) zu XIII, 20. — 15) Grote IV, 491 (Meissner) nimmt an, Lysias verdrehe die Thatsachen, indem er die Anklage gegen die Feldherrn und Taxiarchen vor der Uebergabe der Stadt stattfinden lasse. Das sagt aber Lysias nirgends, sondern nur (§ 34), dass die Verhaftung derselben vor der Vollziehung der Friedensbedingungen erfolgt sei; diese letztere aber erfolgte erst geraume Zeit nach dem Friedensschluss (zu XII, 72). Unzweifelhaft fand das § 17 ff. Erzählte nach der Capitulation im Laufe des Frühlings und Sommers 404 statt. Das Misverständnis Grote's beruht wohl auf der fehlerhaften Benennung der ἐκκλησία περὶ τῆς εἰρήνης § 17, wo vgl. Die Ansicht Grote's bekämpft auch Bake, Mnemos. VIII, 304 ff., doch von der irrigen Voraussetzung aus, die Vorgänge § 17 ff. hätten stattgefunden zwischen der Rückkehr des Theramenes und der Volksversammlung, die den Frieden genehmigte; das ist nach Xenophon Hell. II, 2, 22 nicht denkbar.

mares, angeboten, der schon zur Zeit der 400 Verbindungen
mit der Fraction des Theramenes und Kritias unterhalten hatte
und damals wegen vorgeblicher Verdienste um den Staat das
Bürgerrecht erhalten haben wollte,[16]) eine Angabe, die vom
Sprecher der Rede entschieden bestritten wird. Auch jetzt hatte
er sich bereit finden lassen, seinen alten Gönnern in die Hände
zu arbeiten; von ihm, als angeblichem Theilnehmer an dem Ein-
verständnis gegen die Ausführung des Friedens, waren die Angaben vor dem Rathe gemacht worden, die zur Verhaftung und
später zum Tode des Dionysodoros und der übrigen Denuncierten führten.

4   Bei der weiten Ausdehnung des Begriffs φόνος im attischen
Criminalrecht,[17]) welche auch den entfernten Urheber (αἴτιος)
des vorsätzlichen Mordes zum φονεύς machte, war es möglich,
den Agoratos, obschon er nur das Werkzeug der Oligarchen gewesen war, unmittelbar als φονεύς oder ἀνδροφόνος zu verfolgen.[18]) Warum dies nicht bald nach der Wiederherstellung
der Verfassung geschah, geht aus der Rede nicht hervor; vielleicht scheute man doch den frischen Eindruck der Amnestie.
Erst geraume Zeit nach der Wiederherstellung der Demokratie[19])
trat, ermuthigt durch einen günstigen Präcedenzfall,[20] Dionysios, der Bruder des hingerichteten Taxiarchen Dionysodoros,
zugleich mit seinem Vetter, dessen Schwester Dionysodor's Gattin gewesen war, gegen Agorat mit einer Klage wegen vorsätzlichen Mordes auf; auch noch andere Verwandte scheinen die
Klage mitunterzeichnet zu haben.[21]) Die Rolle des Sprechers
vor Gericht hatte Dionysios' Vetter, dessen Name nicht bekannt
ist, übernommen.

5   Die Richtigkeit der Erzählung des Lysias vorausgesetzt kann
Agorat in der That den φόνος ἑκούσιος nicht bestreiten, obgleich der Sprecher offenbar diesen Einwand, den der Angeklagte durch Hinweisung auf seine angeblichen Verdienste um
den Demos im Jahre 411 und während des Befreiungskampfes
unterstützen wollte, erwartet und im voraus abzuschneiden
sucht.[22]) Ebenso wenig konnte es ihm glücken, die Berechtigung seines Verfahrens nachzuweisen[23]), und die beabsichtigte

16) XIII, 70 ff. — 17) Einleit. zur Rede XII, § 1. — 18) Vgl. besonders § 33. Antiph. V, 59 wird Einem mit einer γραφὴ φόνου ge-
droht, wenn er durch seine Anklage den Tod des Sprechers herbei-
führe. — 19) §§ 56. 83. Aus dem πολλῷ χρόνῳ ὕστερον an beiden Stellen lässt sich freilich auf das Jahr der Rede auch nicht annähernd
schliessen. Nur das lässt sich vermuthen, dass, da Agoratos den Einwand der Verjährung machen wollte, zwischen der That und dem Process wenigstens die herkömmliche Verjährungsfrist von 5 Jahren ver-
strichen war. Rauchenstein, Westermann, Scheibe, Hölscher (de vita
et script. Lys. 82), auch Sauppe (epist. crit. ad G. Herm. S. 140) setzen
gleichmässig die Rede nach dem Jahre 400 an. — 20) § 55 ff. — 21) zu
§ 90. — 22) zu § 19. — 23) zu § 49. und vgl. zu XII, 34.

Abwälzung eines Theils der Schuld auf einen anderen (Menestratos) ist, wenn wirklich versucht, ein noch unglücklicheres Manöver gewesen. Mehr Hoffnung mag Agorat auf andere Momente gesetzt haben, durch deren Geltendmachung er allerdings die Sache an sich zugab. Er berief sich auf das Amnestiegesetz, wenn er auch die durch das Gesetz des Archinos [24] zulässige formelle Einrede ($\pi\alpha\rho\alpha\gamma\rho\alpha\varphi\acute\eta$) gegen die Rechtsbeständigkeit der Klage, wie man sieht, unterliess; sonst hätte ihm zuerst das Wort zugestanden. Es wird dem Redner nicht leicht, dem Angeklagten diesen Einwand zu entwinden, [25] und gewiss vertraute er weniger auf seine spitzfindige Deduction [26] als auf die factische Lockerung des Gefühls der Verpflichtung auf das Amnestiegesetz, wie sie schon nach wenig Jahren sich eingestellt hatte und durch einzelne Fälle bezeugt ist (wie den des Menestratos, [27] trotz der Versicherungen der Redner von der Gewissenhaftigkeit des Demos in diesem Punkte; [28]) eine geschickte Bearbeitung des Rachegefühls verfehlte ja nicht leicht ihren Zweck bei athenischen Richtern.

Die Abfertigung des Einwandes wegen Verspätung der Klage ist juristisch ebenfalls nicht stichhaltig. [29]) Weit schwieriger noch war aber die Bekämpfung eines aus der Form der Klage hergenommenen Vertheidigungsargumentes. Dionysios hatte nämlich nicht die ordentliche $\gamma\rho\alpha\varphi\acute\eta$ $\varphi\acute ovov$ bei der hierbei competenten Behörde, dem Archon Basileus, zur Abgabe an das Heliastengericht eingereicht, sondern, um dem Angeklagten, der bei dieser Klage bis zur Entscheidung der Sache auf freiem Fusse blieb, die in diesem Falle zustehende Berechtigung, noch im letzten Augenblicke vor dem Verdict der Richter über Schuldig oder Nichtschuldig durch freiwilliges Exil [30] einer etwaigen Verurtheilung sich zu entziehen, abzuschneiden und der bei einer $\gamma\rho\alpha\varphi\acute\eta$ $\varphi\acute ovov$ durch den attischen Gerichtsgang unvermeidlichen Verschleppung der Sache [31]) vorzubeugen, hatte er zu der Apagoge [32]) gegriffen, durch welche der auf frischer That ($\dot\varepsilon\pi'$ $\alpha\dot v$-$\tau o\varphi\acute\omega\rho\dot\omega$) ergriffene Thäter vom Kläger persönlich zu den Elfmännern ($o\acute\iota$ $\ddot\varepsilon v\delta\varepsilon\kappa\alpha$), einer Executivbehörde, die eben nur bei. in Form der Apagoge und der verwandten $\dot\varepsilon\varphi\acute\eta\gamma\eta\sigma\iota\varsigma$ (unter Um-

24) Isokr. XVIII, 2. Scheibe, Umwälz. 142. — 25) Die Annahme Rauchensteins Philol. X, 599, dass die durch die Pietät geforderte Verfolgung der Mörder und ihrer Helfershelfer den Verwandten durch die Amnestie nicht hätte abgeschnitten werden können, wird ganz bestimmt durch Andok. I, 94 widerlegt.— 26) § 90.— 27) § 56. — 28) vgl. Demosth. XXXX, 46 und besonders Isokr. XVIII, 21 ff. — 29) zu § 83. — 30) zu XII, 85. Die Entziehung dieser Möglichkeit erscheint Antiph. V, 13 ausdrücklich als Grund der Anwendung der Apagoge (§ 85). — 31) Bohstedt. de rebus capitalibus Atheniensium S. 15 f. — 32) Durch eine nabeliegende Verwechslung irre geführt, citieren die Grammatiker die Rede: $\kappa\alpha\tau'$ $\mathit{A\gamma o\rho\acute\alpha\tau ov}$ $\dot\varepsilon v\delta\varepsilon\acute\iota\xi\varepsilon\omega\varsigma$; Hölscher, de vita etc. Lysiae 79.

ständen auch der *ἔνδειξις*) angebrachten Klagen competenter
Gerichtsvorstand war, abgeführt ward. Das der Apagoge folgende Verfahren war im Vergleich mit dem bei der *γραφὴ*
φόνου ein sehr abgekürztes. Nahmen die Elfmänner dieselbe
an, so ward der Angeklagte sofort ohne weitere Voruntersu-
chung, wofern er nicht drei Bürgen stellte, in Haft genommen;
ein Heliastengericht unter ihrem Vorsitze (*ἡγεμονία τοῦ δικαστηρίου*) trat zusammen, welches nach Anhörung der Anklage
und Vertheidigung sogleich seine Sentenz fällte.

7   Dionysios hatte bei der Anwendung der Apagoge nicht ver-
kannt, dass ihr in dem Falle des Agoratos das wesentliche
Merkmal der Ergreifung des Thäters in flagranti fehle und hatte
in der Klagschrift (ebenfalls *ἀπαγωγή* genannt[33]) die Worte *ἐπ'*
αὐτοφώρῳ klüglich weggelassen. Die Elfmänner aber hatten diesen absichtlichen Formfehler nicht übersehen und den nachträg-
lichen Zusatz *ἐπ' αὐτοφώρῳ* gefordert. Darauf baute Agorat den
Plan, die Gesetzlichkeit der Klagform anzufechten und, ohne das der
Anklage zu Grunde liegende Factum an sich zu bestreiten, den
Kläger auf den dem Angeklagten vortheilhafteren Weg der *γραφὴ φόνου* zu verweisen, da die Apagoge ihm, der doch nicht
bei wirklichem Mord auf frischer That ergriffen worden sei, gegenüber nicht zulässig sei.

8   Offenbar ist dieser Einwand rechtlich wohl begründet. Zwar
gab es einen bestimmten Fall, in welchem man auch noch nachträglich den *ἀνδροφόνος* durch Apagoge der Bestrafung über-
liefern konnte, wenn er sich nämlich, den Bestimmungen des
sacralen und bürgerlichen Rechts zuwider, auf der Agora oder an
heiligen Stätten sehen liess.[34]) Diese Bedingung der Zulässigkeit nachträglicher Apagoge kann aber hier nicht obgewaltet haben, sonst würde der Sprecher nicht verfehlt haben, sich auf
dies Gesetz zu beziehen. Auf die laxere Praxis, die sich all-
mählich bei der Anwendung der Apagoge eingeschlichen, der-
zufolge dieselbe manchmal in solchen Fällen angewandt ward,
wo zwar der Thäter nicht auf der That ergriffen, aber doch das
Factum unwiderleglich dargethan war und auch vom Angeklagten nicht bestritten ward, so dass dem Gericht nur die Entscheidung der Schuldfrage übrig blieb,[35]) konnte man rechtlich
und vor Gericht natürlich sich auch nicht berufen. So blieb
dem Sprecher nur der Weg übrig, dem Agoratos seine Ein-
sprache durch eine sehr sophistische Conclusion zu entziehen,
die wesentlich daraus hinausläuft, dass, da in dem vorliegenden

---

33) Zu § 85. — 34) Demosth. XXIII, 80. — 35) Meier, Process 228.
Crome, de undecimviris Atheniensium (Progr. Düsseldorf 1828) S. 9,
besonders Rauchenstein Philol. V, 517 f. — Besonders während des
Regiments der Dreissig war die Apagoge misbräuchlich angewandt
worden; zu XXV, 15.

Falle ein ἀποκτείνειν im engsten Sinne gar nicht stattgefunden (da die vom Agoratos Denuncierten im Gefängnisse vermuthlich durch den Giftbecher geendet hatten), nicht von einem ἀποκτείνας ἐπ' αὐτοφώρῳ die Rede sein könne, sondern nur von einem αἴτιος τοῦ θανάτου ἐπ' αὐτοφώρῳ γενόμενος; Urheber des Todes aber sei Agoratos unzweifelhaft gewesen und als solcher bei seiner Denunciation vor Rath und Volk auf der That ertappt, wenn auch die Verhältnisse die Benutzung dieses Umstandes erst später gestatteten.[36]) Dass diese Deduction rechtlich nicht schwer wiegt, ist klar; dem Sprecher kam dabei eben die dehnbare Auffassung des ἐπ' αὐτοφώρῳ, wie sie sich factisch zuweilen erwiesen, zu Hilfe.

Die Schwäche dieser Argumentation konnte dem Lysias selbst nicht entgehen. Darum hat er sie bis gegen das Ende der Rede aufgespart, nachdem zuvor durch die Darstellung der That des Agoratos, welche durchaus als φόνος ἑκούσιος charakterisiert wird, durch die Skizzierung der daran sich knüpfenden schlimmen Folgen, durch die Kritik des früheren Lebens des Agoratos und seiner angeblichen Verdienste um den Demos, durch die Schilderung seiner Usurpation und misbräuchlichen Anwendung des Bürgerrechts, durch den Hinweis auf die allgemeine Verachtung, die ihn in den Reihen der kämpfenden und siegreichen Demokraten getroffen, die Gemüther der Richter hinlänglich bearbeitet sind; den abkühlenden Eindruck, den die Spitzfindigkeit der Widerlegung machen musste, sucht er dann durch den glänzenden, auf das Rachegefühl der Richter berechneten Epilog wieder zu verwischen. Die Gliederung der Rede ist folgende:

§ 1—4. Proömium und Disposition (διάθεσις).

§ 5—48. Erzählung des Falles und seiner Folgen (διήγησις).

§ 49—61. Beweisführung (ἀπόδειξις), dass Agoratos weder δικαίως noch ἄκων getödtet habe, somit weder von einer gerechten noch von einer nachsichtigen Behandlung (συγγνώμη) des Falls etwas für sich hoffen dürfe, mit Anknüpfung eines instructiven Präcedenzfalles und Hinweisung auf das Benehmen Anderer in ähnlicher Lage, zum Beweise, dass Agoratos ἑκών in der Aussicht auf grosse Vortheile gehandelt habe.

§ 62—82. Argumentatio extra causam (ἔξω τοῦ πράγματος), Schilderung der unwürdigen Persönlichkeit des Angeklagten[37]) im Gegensatz zu seinen Opfern und Beleuchtung seiner angeblichen Verdienste um den Demos in gefährlicher Zeit, wodurch er seine Be-

36) Zu § 87. — 37) Auf diese aus dem sonstigen Leben des Geg-

hauptung, ἄκων gehandelt zu haben, moralisch unterstützen wollte.

§ 83—90. Widerlegung (λύσις) der Vertheidigungsargumente.

§ 91—97. Epilog.

Gesprochen ist die Rede nicht vor dem Areopag, der bei der Apagoge überhaupt nicht der zuständige Gerichtshof war, mochte auch der Mord ein vorsätzlicher gewesen sein,[38]) sondern vor einem Heliastengerichtshof unter Vorsitz der Elfmänner,[39]) vermuthlich ebenso wie die gegen Eratosthenes im Gerichtshofe beim Delphinion, da Agoratos Vertheidigungsmomente für seine That geltend zu machen suchte. Die Strafe im Falle der Verurtheilung war bei der Apagoge wegen Mordes der Tod und der Process ein ἀγὼν ἀτίμητος, d. h. ein solcher, bei dem das Strafmass (τίμημα) nicht erst durch einen Antrag (τίμησις) des Klägers und Gegenantrag (ἀντιτίμησις) des Verklagten gefunden zu werden brauchte, sondern ein für allemal im Gesetz bestimmt war.[40])

ners hergeleiteten Argumentation (probabile ex vita) ward grosses Gewicht gelegt; ad Herenn. II, 3. Cic. p. Sulla 24, 69: omnibus in rebus, quae graviores maioresque sunt, quid quisque voluerit, cogitarit, admiserit, non ex crimine, sed ex moribus eius qui arguitur, est ponderandum. — 38) Das langsame Verfahren vor dem Areopag (Antiph. VI, 42) hätte dem oben besprochenen summarischen bei der Apagoge ja geradezu widersprochen. Auch präsidierte im Areopag der Archon Basileus, nicht die Elfmänner. Ist die Ansicht richtig (Einl. zur Rede XII, Anm. 60), dass der Areopag nur über Bürger richtete, so konnte wohl auch Agorat, dessen Bürgerrecht bestritten war, nicht vor ihn gestellt werden. Auch die 5. Rede des Antiphon, in einer ἀπαγωγή gehalten, ist vor einem Heliastengerichtshof gesprochen (Schömann, Process 143). — 39) Crome, a. a. O. S. 9 ff. Irrig macht Bohstedt S. 17 den Archon Basileus auch bei der Apagoge zum competenten Gerichtsvorstand. — 40) Antiph. V, 10. Meier, Process 239.

ΚΑΤΑ ΑΓΟΡΑΤΟΥ.

Προσήκει μέν, ὦ ἄνδρες δικασταί, πᾶσιν ὑμῖν τιμω- 1
ρεῖν ὑπὲρ τῶν ἀνδρῶν, οἳ ἀπέθανον εὖνοι ὄντες τῷ πλήθει
τῷ ὑμετέρῳ, προσήκει δὲ κἀμοὶ οὐχ ἥκιστα· κηδεστὴς γάρ
μοι ἦν Διονυσόδωρος καὶ ἀνεψιός.

Τυγχάνει οὖν ἐμοὶ ἡ
αὐτὴ ἔχθρα πρὸς Ἀγόρατον τουτονὶ καὶ τῷ πλήθει τῷ ὑμε-
τέρῳ ὑπάρχουσα· ἔπραξε γὰρ οὗτος τοιαῦτα, δι' ἃ ὑπ' ἐμοῦ
νυνὶ εἰκότως μισεῖται, ὑπό τε ὑμῶν, ἂν θεὸς θέλῃ, δικαίως

1. πᾶσιν ὑμῖν — κἀμοί] Das
persönliche Interesse bei der Klage
(zu XII, 2) wird gern mit dem der
Gesammtheit identisch dargestellt,
um auf alle die Berechtigung und
Verpflichtung zu rächendem Einschreiten auszudehnen; § 92. I, 47.
Demosth. XXI, 8, εἴ τις ὑμῶν καὶ
τὸν ἔμπροσθεν χρόνον τῶν ἰδίων
τινὸς ἕνεκα γίγνεσθαι τὸν ἀγῶνα
τόνδ' ὑπελάμβανεν, ἐνθυμηθεὶς
νῦν, ὅτι δημοσίᾳ συμφέρει μηδενὶ μηδὲν ἐξεῖναι τοιοῦτο ποιεῖν,
ψηφισάσθω κτλ. ebenda § 123.
XXXIII, 71; XXXIV, 59. Isokr.
XVIII, 33 f. u. ö. Andrerseits
suchte man diese Waffe im voraus
dem Gegner zu nehmen durch
Protest gegen solche Ausdehnung
privater Interessen (Isokr. XVI, 3)
oder durch die Andeutung, er
verfolge unter dem Deckmantel
der Sorge für das Allgemeine egoi-
stische Zwecke (Aesch. III, 216).
— τιμωρεῖν ὑπέρ] zu XII, 35.—
κἀμοί] Der Sprecher, als der
Dionysodoros' Vetter (ἀνεψιός),
war in erster Linie gesetzlich berufen, dessen Tod zu ahnden, wie
alle Verwandte ἐντὸς ἀνεψιότητος (Demosth. XXXIII. 57; Plat.
Ges. IX, 871ᵇ), genauer alle bis

zu den Vetterskindern (μέχρι ἀνε-
ψιαδῶν Demosth. XXXXVII. 72).
Die Verschwägerung (κηδεστία)
verpflichtete dazu erst beim Mangel näherer Verwandten. — Ἀγόρατον τουτονί] zu § 16. —
τοιαῦτα δι' ἅ] Demosth. XXIV,
108: γέγραφε τοιαῦτα δι' ὧν
βλάπτει τὴν πόλιν; LIV,17.prooem.
50, 4. Xenoph. Hipparch. 8, 22. zu
§ 13. — ὑπό τε ὑμῶν] Das einfache τε zur Verbindung von
Sätzen oder Satztheilen in attischer Prosa ausser bei Platon und
Thukydides nicht häufig; unten
§ 82. XXXII, 1. Kr. 69,59, 1. Bäumlein Partikeln 215 ff. — ἂν θεὸς
θέλῃ] In dieser Formel (im Proömium ebenso [Demosth.] XXV, 2)
selten ἐθέλῃ, wie Dem. IV, 7. Plat.
Alkib. I. 127ᶜ. 135ᵈ. Hipp. I, 286ᶜ.
Ion.530ᵇ. Der Singular in dieser u.
ähnlichen volksthümlichen Wendungen, wie σὺν θεῷ εἰρήσεται,
σὺν θεῷ εἰπεῖν und πράττειν (neben σὺν θεοῖς εἰπεῖν Dem. XXIX,
1), ἢν θεὸς διδῷ (Xen. Oekon. 7,
12) oder μὴ ἀποκωλύῃ (ebenda
5, 13), ὅ τι ἂν τῷ θεῷ φίλον ᾖ
(Hell. VII, 4, 9), die Spur einer
wie unbewussten monotheistischen
Anschauung; seltener ἂν (οἱ) θεοί

2 τιμωρηθήσεται. Διονυσόδωρον γὰρ τὸν κηδεστὴν τὸν ἐμὸν
καὶ ἑτέρους πολλούς, ὧν δὴ τὰ ὀνόματα ἀκούσεσθε, ἄνδρας
ὄντας ἀγαθοὺς περὶ τὸ πλῆθος τὸ ὑμέτερον, ἐπὶ τῶν τριάκοντα ἀπέκτεινε, μηνυτὴς κατ' ἐκείνων γενόμενος. Ποιήσας
δὲ ταῦτα ἐμὲ μὲν ἰδίᾳ καὶ ἕκαστον τῶν προσηκόντων μεγάλα
ἐζημίωσε, τὴν δὲ πόλιν κοινῇ πᾶσαν τοιούτων ἀνδρῶν ἀπο-
3 στερήσας· οὐ μικρά, ὡς ἐγὼ νομίζω, ἔβλαψεν. Ἐγὼ οὖν,
ἄνδρες δικασταί, δίκαιον καὶ ὅσιον ἡγοῦμαι εἶναι καὶ ἐμοὶ
καὶ ὑμῖν ἅπασι τιμωρεῖσθαι καθ' ὅσον ἕκαστος δύναται· καὶ
ποιοῦσι ταῦτα νομίζω ἡμῖν καὶ παρὰ θεῶν καὶ παρ' ἀνθρώ-

θέλωσιν Aesch. III. 57. Antiph. I.
20. Aristoph. Plut. 405. Xen. An.
VII, 3, 31. Cyrop. VII, 19. Alexis.
bei Athen. VIII, 340ᵇ.
2. γὰρ] Begründung der Behauptung, dass Staat und Kläger
gleichen Grund zur Feindschaft
gegen den Angeklagten haben. —
ὧν δή] δή, (mit δῆλος verwandt)
'ja', stellt den Inhalt des Relativ-
satzes als etwas Selbstverständ-
liches, Vorauszusetzendes hin, wie
XXVI, 1 Demosth. prooem. 35, 1
und VIII, 63 (πεπόνθασιν ἃ δὴ
πάντες ἴσασιν). Xen. Hieron I, 4;
daher öfters δή in Relativsätzen
'bekanntlich', wie XXV, 9. Plat.
Phaedr. 270ᵃ. Gorg. 523ᵇ. Apol. 32ᶜ.
Bäumlein, Partikeln 106. — ἀκού-
σεσθε] § 38. — ἐπὶ τῶν τριά-
κοντα] nicht Zeitbestimmung,
denn deren bedurfte es für die
Richter schwerlich, sondern Hinweis auf die damalige Lage des
Staates, die sich Agor. wie viele
andere (zu XXV, 15) zu Nutze
gemacht habe; vgl. zu § 70. Was
in den Worten liegt, ist deutlich
aus Isokr. XVIII, 18: δοκεῖ ἂν
ὑμῖν, ὅστις ἐπὶ τῶν τριάκοντα
κόσμιον ἑαυτὸν παρέσχεν, εἰς τοῦτον ἀποθέσθαι τὸν χρόνον ἀδικεῖν; — ἀπέκτεινε] zu XII, 23.
ἐζημίωσε] bei der grossen Ca-
lamität, welche über die Stadt nach
des Sprechers Darstellung in Folge
von Agoratos' Denunciation kam.
Denn der Sprecher und vermuthlich die meisten Verwandten hatten zu den Exulanten gehört, wie
aus § 88 erhellt. Die Hervorhe-

bung des durch den Verlust des
Verwandten erlittenen Schadens
entspricht ganz der alten Anschauung von einer Compensation des
Mordes durch ein Sühngeld (κοινῇ)
im homerischen Zeitalter, wenn
auch die Legislatur späterer Jahr-
hunderte über diese materielle
Auffassung von der Sühne des
Mordes hinausging.

3. δίκαιον καὶ ὅσιον], wofür
§ 93 νόμιμον—ὅσιον, eine in Mordklagen in Anklage wie Vertheidigung oft vorkommende Wendung,
weil der Mörder menschliches
(δίκαιον) und göttliches (ὅσιον
vgl. Plat. Gorg. 507ᵃ) Recht ver-
letzt (§ 97. Antiph. IV, α, 2: ὅστις
ἀνόμως τινὰ ἀποκτείνει. ἀσεβεῖ
μὲν περὶ τοὺς θεούς, συγχεῖ δὲ τὰ
νόμιμα τῶν ἀνθρώπων; VI,7) und
andrerseits ungerechte Verurtheilung zum Tode die Richter selbst
in Conflict mit beiden bringt
(Antiph. V, 88: φονέα τὸν μὴ αἴτιον ψηφισθῆναι ἁμαρτία καὶ
ἀσέβειά ἐστιν εἴς τε τοὺς θεοὺς καὶ
εἰς τοὺς νόμους. ebenda § 91. VI,
6; III, β, 12: τήνδε εὐσέβειαν καὶ
τὸ δίκαιον ἀπολύομενοι ὁσίως καὶ
δικαίως ἀπολύετε ἡμᾶς. — καθ'
ὅσον — δύναται] ich durch die
Anklage, ihr durch euere Sentenz.
— καὶ παρὰ θεῶν — γίγνε-
σθαι] Wir: 'es wird uns bei
Göttern und Menschen zum Besten
dienen', wie Plat. Staat V, 463ᵈ:
μήτε πρὸς θεῶν μήτε πρὸς ἀνθρώπων αὐτῷ ἄμεινον ἔσται, ὡς
οὔτε ὅσια οὔτε δίκαια πράττοντος

πων ἄμεινον ἂν γίγνεσθαι. Δεῖ δ᾽ ὑμᾶς, ὦ ἄνδρες Ἀθη- 4
ναῖοι, ἐξ ἀρχῆς τῶν πραγμάτων ἁπάντων ἀκοῦσαι, ἵν᾽ εἰδῆτε πρῶτον μὲν ᾧ τρόπῳ ὑμῖν ἡ δημοκρατία κατελύθη καὶ
ὑφ᾽ ὅτου, ἔπειτα ᾧ τρόπῳ οἱ ἄνδρες ὑπ᾽ Ἀγοράτου ἀπέθανον, καὶ δὴ ὅ τι ἀποθνήσκειν μέλλοντες ἐπέσκηψαν· ἅπαντα
γὰρ ταῦτα ἀκριβῶς ἂν μαθόντες ἥδιον καὶ ὁσιώτερον Ἀγο-

ἂν, εἰ ἄλλα πράττοι ἢ ταῦτα;
ähnlich Isokr. XI, 28: εἰ καὶ μηδὲν αὐτῷ πλέον γίγνοιτο παρὰ τῶν
θεῶν; der Chiasmus δίκαιον —
ὅσιον — παρὰ θεῶν — παρ᾽ ἀνθρ.
wie Antiph. I, 25: καὶ γὰρ ἂν δικαιότερον καὶ ὁσιώτερον καὶ πρὸς
θεῶν καὶ πρὸς ἀνθρώπων γίγνοιτο
ὑμῖν.— ἄμεινον] sc. ἢ μὴ ποιοῦσι; Madvig93ᵇ. Dass dieser scheinbar den Positiv vertretende Comparativ durch die Beziehung auf
die entgegengesetzte Handlungs-
weise zu erklären ist, beweisen
Stellen wie Xen. Oekon. 20, 9:
προκαταλαμβάνειν τὰ ἐπίκαιρα
κρεῖττον ἢ μή. So schon bei
Homer oft ἄμεινον dann auch
βέλτιον. κάκιον, χεῖρον, κάλλιον
ἥδιον(XII,61); vgl.z. B. die feierliche Formel bei Xen. πόροι 6, 2:
ἐπερέσθαι τοὺς θεοὺς εἰ λῷον
καὶ ἄμεινον εἴη τῇ πόλει; so auch
Staat der Laced. 8, 5.

4. ἐξ ἀρχῆς] zu XII, 3. — πρῶ-
τον] § 5—17; ἔπειτα bis § 38;
καὶ δὴ bis §42. — ᾧ τρόπῳ] Mit-
ten zwischen indirecten Fragsätzen (ὅτου, ὅ τι) kann ᾧ τρόπῳ
unmöglich relativ (= τὸν τρόπον
ᾧ) gefasst werden; doch bedarf es
auch der Emendation ὅτῳ nicht;
denn ὅς vertritt häufig in schlichter Rede das indirect fragende
ὅστις, wie Thuk. VIII, 50: γράψας
καθ᾽ ἕκαστα, ᾧ ἂν τρόπῳ αὐτὰ
πράξειεν. Xen. Kyrop. VI, 1, 46:
πέμπει πρὸς τὸν Κῦρον εἰπὼν ὅς
ἦν. Thuk. 1, 137: φράξει τῷ ναυ-
κλήρῳ ὅστις ἦν καὶ δι᾽ ἃ φεύγει.
Soph. Oed. K. 571: σὺ γὰρ μ᾽ ὅς
εἶμι κἀφ᾽ ὅτου πατρὸς γεγώς, ἐ-
ρηκας. Madvig 198ᵇ. So auch § 8:
ἔλεγον ἐφ᾽ οἷς ἕτοιμοι εἰεν τὴν εἰρήνην ποιεῖσθαι.Ι, 20: κατηγόρει τὰς
εἰσόδους, οἷς τρόποις προσίοι.XIX,

55: ᾧ τρόπῳ κηδεσταί ἡμῖν ἐγένοντο, ἀκηκόατε.XXIV,15; XXV, 7.—
καὶ δή] Kr. 69, 17, 5, fügt nachdrücklich den für den Kläger
wichtigsten Punkt, das heilige Ver-
mächtniss der Sterbenden, hinzu.
— ἀκριβῶς ἂν μαθόντες] ἄν
ist vor das Particip geschoben,
obwohl es nur zu ἥδιον καταψηφίζοισθε gehört, weil es einmal
gern an Adverbien sich anschliesst;
logisch hat es mit dem ἀκριβῶς
nichts zu thun. Vgl. Demosth.
prooem. 21, 1: οὐ τὰ νῦν ἂν γεγενημένα συμβῆναι νομίζω. Aehnlich unten § 18, womit vgl. Antiph. VI, 29: δεινὸν εἰ οἱ αὐτοὶ
μάρτυρες τούτοις ἂν μαρτυροῦντες
πιστοὶ ἦσαν, ἐμοὶ δὲ μαρτυροῦντες
ἄπιστοι ἔσονται. Anders sind die
Stellen zu beurtheilen, wo ἄν dem
Particip und Verb zugleich angehört, wie Lys. VII, 14. Demosth.
XXXXV, 71. — ἥδιον] 'mit grösserer Lust', wenn ihr euch die
durch Agorat herbeigeführten Leiden vergegenwärtigt habt. Nach
der volksthümlichen Anschauung
von der Sittlichkeit des Wieder-
vergeltungsrechtes (ius talionis,
zu XII, 60) war die Befriedigung
der Rache nicht eine bedauerliche
Nothwendigkeit, sondern eine
Lust. Eurip. Herc. fur. 732: ἔχει
ἡδονὰς ἐχθροὺς τίνων τῶν δεδρα-
μένων δίκην. Agesilaos bei Xenoph. Hell. IV, 1, 10: ὑπερχαίρω
ὅταν ἐχθρὸν τιμωρῶμαι. Andok.
I, 7: ἐξηλέγχθησαν ψευδόμενοι
οὕτω φανερῶς, ὥστε ὑμᾶς πολὺ ἂν
ἥδιον δίκην λαβεῖν παρὰ τῶν κατηγόρων ἢ παρὰ τῶν κατηγορου-
μένων. — ὁσιώτερον] subjectiv,
wie das μαθόντες und die Gleichstellung mit ἥδιον zeigt: 'mit
grösserer Gewissensruhe' (mit fe-
sterer Ueberzeugung, ὁσίως zu

ράτου τουτουὶ καταψηφίζοισθε. Ὅθεν οὖν ἡμεῖς τε ῥᾷστα
διδάξομεν καὶ ὑμεῖς μαθήσεσθε, ἐντεῦθεν ὑμῖν ἄρξομαι διη-
γεῖσθαι.

5 Ἐπειδὴ γὰρ αἱ νῆες αἱ ὑμέτεραι διεφθάρησαν καὶ τὰ
πράγματα ἐν τῇ πόλει ἀσθενέστερα ἐγεγένητο, οὐ πολλῷ
χρόνῳ ὕστερον αἵ τε νῆες αἱ Λακεδαιμονίων ἐπὶ τὸν Πειραιᾶ
ἀφικνοῦνται καὶ ἅμα λόγοι πρὸς Λακεδαιμονίους περὶ τῆς
6 εἰρήνης ἐγίγνοντο. Ἐν δὲ τῷ χρόνῳ τούτῳ οἱ βουλόμενοι
νεώτερα πράγματα ἐν τῇ πόλει γίγνεσθαι ἐπεβούλευον, νομίζοντες κάλλιστον καιρὸν εἰληφέναι καὶ μάλιστα ἐν τῷ τότε
χρόνῳ τὰ πράγματα, ὡς αὐτοὶ ἠβούλοντο, καταστήσασθαι.

handeln); inwiefern die Rache am
Agor. auch für die Richter Ge-
wissensacbe sein müsse, wird
§ 92 näher begründet. — ἡμεῖς]
ich und meine Mitkläger, als deren Organ der Sprecher sich darstellt. — διηγεῖσθαι] zu XII, 3.

5. ἐπειδὴ — διεφθάρησαν] ἐν
τῇ τελευταίᾳ ναυμαχίᾳ setzt Lys.
XXI, 9 hinzu (zu XII, 43). Wie
hier auch Andok. I, 73. 142; genauer Isokr. VII, 64: ἐπειδὴ τὰς
ναῦς τὰς περὶ Ἑλλήσποντον ἀπωλέσαμεν. Ohne nähere Bestimmung auch Lys. XXX, 10: ἀπολο-
μένων τῶν νεῶν (ἐν Ἑλλησπόντῳ
II, 58). — ἀσθενέστερα ἐγε-
γένητο] 'mehr und mehr unhaltbar geworden waren', wie Thuk.
VII, 48: Νικίας ἐνόμιζε μὲν πονηρὰ σφῶν τὰ πράγματα εἶναι,
τῷ δὲ λόγῳ οὐκ ἐβούλετο αὐτὰ
ἀσθενῆ ἀποδεικνύναι. Gegensatz
Thuk. III, 18: κατεστήσαντο τὰ ἐν
ταῖς πόλεσι βεβαιότερα. Nicht nur
die Erschöpfung der Streitkräfte,
sondern auch die bei Xenoph. Hell.
II, 2, 3 geschilderte Verzweiflung
der Bürgerschaft und die Umtriebe
der Oligarchen (vgl. XII, 44)
verhinderten wirksame Verthei-
digungsmassregeln, obgleich ein
energischer Volksbeschluss vorlag
(Xen. a. a. O. § 4). — οὐ πολλῷ —
ὕστερον] etwa zwei Monate nach
der in den August oder September
405 fallenden Schlacht. — ἐπί]
Xen. Hell. II, 2, 9. Λύσανδρος δη-
ώσας Σαλαμῖνα ὡρμίσατο πρὸς τὸν

Πειραιᾶ ναυσὶ πεντήκοντα καὶ
ἑκατὸν καὶ τὰ πλοῖα εἶργε τοῦ εἶς-
πλου. — ἀφικνοῦνται — ἐγί-
γνοντο] Kr. 53, 1, 11. Der Wechsel der tempora wie § 67. XII, 10.
I, 23. II, 59 und öfter bei Lys. —
λόγοι] zu XII, 53. Ueber die ersten von den Ephoren höhnisch
zurückgewiesenen Friedensaner-
bietungen Athens Xen. Hell. II,
2, 11—13. — περὶ τῆς εἰρήνης]
über den so allbekannten, nachmals zu Stande gekommenen Frieden, daher der Artikel, wie § 8. 9;
anders § 16, wo nicht Ablehnung
des von Theram. vermittelten
Friedens,sondern überhaupt Frie-
densunlust gemeint ist. Vgl. zu
XII, 53 und XIII, 80.

6. ἐπεβούλευον] Das Impf.:
'brüteten über ihren Plänen', mit
denen sie dann hervortraten. —
καταστήσασθαι] abhängig von
καιρὸν εἰληφέναι (wie Pseudolys.
VIII, 1: ἐπιτήδειόν ·μοι δοκῶ
καιρὸν εἰληφέναι περὶ ὧν εἰπεῖν
ἐβουλόμην πάλαι, wo εἰπεῖν auch
zu καιρ. εἰλ. zu denken ist); die
Worte καὶ μάλιστα (vel maxime
Kr. 69, 32, 18) ἐν τῷ τότε χρόνῳ
gehören zu κ. εἰλ. denn gehässig
sagt der Sprecher: Sie meinten
gerade am allermeisten in der damaligen Unglückszeit die schönste
Gelegenheit gefunden zu haben
u. s. w. über das darin liegende
Merkmal des schlechten Bürgers
zu XII, 93 vgl. XXII, 15: εἰς τοῦτ'
ἔχθρας ἐληλύθασιν, ὥστ' ἐν τού-

Ἡγοῦντο δὲ οὐδὲν ἄλλο σφίσιν ἐμποδὼν εἶναι ἢ τοὺς τοῦ δή- 7
μου προεστηκότας καὶ τοὺς στρατηγοῦντας καὶ ταξιαρχοῦντας.
Τούτους οὖν ἐβούλοντο ἀμωσγέπως ἐκποδὼν ποιήσασθαι, ἵνα
ῥᾳδίως ἃ βούλοιντο διαπράττοιντο. Πρῶτον μὲν οὖν Κλεοφῶντι
ἐπέθεντο ἐκ τοιούτου τρόπου. Ὅτε γὰρ ἡ πρώτη ἐκκλησία περὶ τῆς 8

τοῖς τοῖς καιροῖς ἐπιβουλεύουσιν
ἡμῖν ἐν οἷσπερ οἱ πολέμιοι.

7. τοὺς — προεστηκότας]
häufige Bezeichnung der Demagogen ohne amtliche Auctorität, wie
des Perikles Xen. Mem. I, 2, 40,
des Archedemos Xen. Hell. I, 7, 2,
δήμου προστάτης bei Thucyd. VI,
35 vom Demagogen Athenagoras
zu Syrakus und öfter bei Xenoph.
und Thukyd.; auch προστάται τῆς
πόλεως Isokr. VIII, 54. XII, 15. Bei
Aristoph. Ritt. 1128 tadelt sich der
Demos selbst: κλέπτοντα βούλομαι τρέφειν ἕνα προστάτην. Die
Benennung δημαγωγός hat zwar
noch nicht immer bei den Rednern (vgl. Lys. XXVII, 10. Isokr.
VIII, 126; XV. 234), wohl aber
seit Aristoteles meist einen ver-
ächtlichen Klang. — τοὺς στρα-
τηγ. καὶ ταξ.] Die Taxiarchen
sind die Befehlshaber der 10 τάξεις, in welche, der Zahl der Stämme
entsprechend, das athenische Bür-
gerfussvolk eingetheilt war, während dem Collegium der 10 Strategen das gesammte Militärwesen
anvertraut war; Schömann I, 437 u.
zu §82. — Die Neuwahlen der Strategen nach der Niederlage von Aegospotamoi, aus welcher keiner
der commandierenden sechs Feldherrn nach Athen zurückgekehrt
war, waren nach dieser Stelle und
nach XVIII, 4 im gemässigt demokratischen Sinne ausgefallen. —
Vor ταξ. wullte man den Artikel;
doch werden durch τοὺς στρατ. καὶ
ταξ. die höheren Officiere zusammen den Demagogen gegenüber-
gestellt Vgl. Xen. An. III, 1. 9:
οἱ στρατηγοὶ καὶ λοχαγοὶ εἰς λόγους ἦλθον. Lykurg. 90: ὥσπερ οὐ
πάντας καὶ τοὺς κλέπτοντας καὶ
ἱεροσυλοῦντας τούτῳ τῷ τεκμηρίῳ
χρωμένους. [Lys.] VI, 39: οὐχ ἕνεκα ἑνὸς ἀνδρός, ἀλλ' ἕνεκα ἡμῶν

τῶν ἐξ ἄστεος καὶ ἐκ Πειραιῶς
αἱ συνθῆκαι ἐγίνοντο. Madvig §
16b. — ἀμωσγέπως] bei einem,
Eukrates, versuchten sie es in
Güte, doch ohne Erfolg. Lys. XVIII,
4 ff. — πρῶτον μὲν οὖν] Ohne
correspondierendes ἔπειτα, weil
der Beginn der Intrigue gegen die
Strategen und Taxiarchen (§ 17)
ohne Rückbeziehung auf die gegen
Kleophon berichtet wird. — Κλεο-
φῶντι] Kleophon, μέγιστος ὢν
τότε δημαγωγός (Diod. XIII, 53),
von dunkler Abkunft (Aelian. var.
hist. XII, 43), wohl der erbittertste
Eiferer gegen die Oligarchen im
letzten Stadium des pelop. Kriegs
(Aesch. II, 76. III, 150. Lys. XXX,
10 und zu XII, 43), als beharrlicher
Gegner des Friedens vom Isokrates VIII, 75 getadelt und von der
Komödie hart angegriffen, vom
Komiker Platon sogar in einem
nach ihm benannten Stücke (Kock
zu Aristoph. Frösche 679), daher
den oligarchischen Verschworenen
ein Dorn im Auge (Lys. XXX, 12),
bei aller Unbesonnenheit und ter-
roristischem Gebaren im Grunde
doch ein ehrlicher und uneigen-
nütziger Patriot (XIX, 48), wenn
er auch bei der Abwahl seiner politischen Mittel ein weites Gewissen
haben mochte. Höhnisch nannten
ihn seine Gegner den Leiermacher
(ὁ λυροποιός Aesch. II, 76. Andok.
I, 146), vermuthlich weil er eine
Lyrafabrik besass. Nach Aeschines war sein Bürgerthum zweifelhaft und auch der Schol. zu Aristoph. a. a. O. nennt ihn ξένος,
weil seine Mutter eine Thrakierin
war.

8. ἡ πρώτη ἐκκλησία] in
welcher unter Kleophons Einfluss
der Beschluss gefasst war, μὴ
ἐξεῖναι περὶ τούτων (περὶ ὧν προὔ-
καλοῦντο Λακεδαιμόνιοι) συμβου-

εἰρήνης ἐγίγνετο καὶ οἱ παρὰ Λακεδαιμονίων ἥκοντες ἔλεγον, ἐφ' οἷς ἕτοιμοι εἶεν τὴν εἰρήνην ποιεῖσθαι Λακεδαιμόνιοι, εἰ κατασκαφείη τῶν τειχῶν τῶν μακρῶν ἐπὶ δέκα στάδια ἑκατέρου, τότε ὑμεῖς τε, ὦ ἄνδρες Ἀθηναῖοι, οὐκ ἠνέ-
σχεσθε ἀκούσαντες περὶ τῶν τειχῶν τῆς κατασκαφῆς, Κλεοφῶν τε ὑπὲρ ὑμῶν πάντων ἀναστὰς ἀντεῖπεν, ὡς οὐδενὶ
9 τρόπῳ οἷόν τε εἴη ποιεῖν ταῦτα. Μετὰ δὲ ταῦτα Θηραμένης,
ἐπιβουλεύων τῷ πλήθει τῷ ὑμετέρῳ, ἀναστὰς λέγει ὅτι, ἐὰν
αὐτὸν ἕλησθε περὶ τῆς εἰρήνης πρεσβευτὴν αὐτοκράτορα,
ποιήσειν ὥστε μήτε τῶν τειχῶν διελεῖν μήτε ἄλλο τὴν πόλιν

λεγειν Xen. Hell. II, 2, 15, im
Gegensatz zu der, in welcher
schliesslich der Frieden, den The-
remenes unterhandelt hatte, rati-
ficiert ward (ebenda § 22). — ἥ-
κοντες] die aus Sellasia zurück-
gekehrten (ἥκοντες zu XII, 16)
Friedensgesandten.— ἐφ' οἷς] zu
§ 4. Ebenso Xen. Hell. II. 2, 22:
ἀπήγγελλον οἱ πρέσβεις, ἐφ' οἷς οἱ
Λακεδ. ποιοῖντο τὴν εἰρήνην. —
εἰ κατασκαφείη κτλ.] Der Sprecher hebt nur den im Ohre der Athener am härtesten klingenden Punkt
der lakedämonischen Forderungen
hervor, während gerade diesen
Aeschines II, 76 aus dem entgegengesetzten rhetorischen Interesse verschweigt. Die Lakedämonier wollten den Athenern ihre
Verfassung und Autonomie, von
den Insularbesitzungen aber nur
Lemnos, Imbros und Skyros lassen, Bedingungen, mit denen weder die eifrigen Demokraten noch
die Oligarchen sich einverstehen
möchten. — ἐπὶ δέκα στάδια]
'eine Strecke von 10 Stadien'
Subj. zu κατασκαφείη, wie es § 14
und Xen. Hell. II, 2, 15 (τῶν μακρῶν τειχῶν ἐπὶ δέκα σταδίους
καθελεῖν ἑκατέρου) Object ist.
Kr. 60, 8, 2. — ἑκατέρου] Gemeint sind die beiden 40 Stadien
langen Parallelmauern (τὰ μακρὰ
σκέλη in der Friedensformel bei
Plut. Lysander 14), welche die
Peiräeushalbinsel mit den Befestigungen der Stadt verbanden
(τὸ νότειον und βόρειον τεῖχος).
Die nach dem weiter südlich ge-

legenen alten Hafen Phaleron,
schon an sich militärisch von ge-
ringerer Bedeutung, mag schon
damals so verfallen gewesen sein,
dass sie nicht mehr demoliert zu
werden brauchte.

9. ἐπιβουλεύων—ὑμετέρῳ]
nachdrücklich hinzugefügt, um des
Theramenes angebliches Verdienst
ins rechte Licht zu setzen. Vgl. zu
XII, 62. — ὅτι—ποιήσειν] Eine
besonders bei Xenophon häufige
Vermischung zweier Constructionen, entsprechend dem Uebergang
ge von ὅτι zum Infin. im zweiten
Gliede (worüber zu XXXI, 15),
die man ohne Grund durch die
Aenderung ποιήσει hat beseitigen
wollen. Vgl. Xen. Hell. II, 2, 2:
εἰδὼς ὅτι — τῶν ἐπιτηδείων ἐν-
δειαν ἔσεσθαι. Thuk. V, 46: εἰπεῖν ἐκέλευον ὅτι καὶ σφεῖς — Ἀρ-
γείους συμμάχους πεποιῆσθαι. Kr.
55, 4. 10. — ποιήσειν] nämlich
den Frieden, wie XII, 68. ὥστε =
ἐφ' ᾧτε Kr. 65, 3. 1. Subject zu
διελεῖν und ἐλαττῶσαι ist Theramenes selbst; die Infinitive vom
Zugeständnis, nicht vom Voll-
zug der Bedingungen wie XII, 68
die Participia. — τῶν τειχῶν
διελεῖν] 'eine Lücke in die
Mauern reissen,' wie Thuk. II, 75:
διελόντες τούτειχους ᾗ προσέπιπτε
τὸ χῶμα ἐσεφόρουν τὴν γῆν. V, 2:
διελὼν τοῦ παλαιοῦ τείχους. An
eine Ergänzung von τι (μηδέν) ist
bei diesem genit. part. nicht zu
denken, denn nicht ein Stück, sondern das Ganze wird zerrissen.

ἐλαττῶσαι μηδέν· οἴοιτο δὲ καὶ ἄλλο τι ἀγαθὸν παρὰ Λακεδαιμονίων τῇ πόλει εὑρήσεσθαι. Πεισθέντες δὲ ὑμεῖς εἵλε- 10
σθε ἐκεῖνον πρεσβευτὴν αὐτοκράτορα, ὃν τῷ προτέρῳ ἔτει
στρατηγὸν χειροτονηθέντα ἀπεδοκιμάσατε, οὐ νομίζοντες εὔνουν εἶναι τῷ πλήθει τῷ ὑμετέρῳ. Ἐκεῖνος μὲν οὖν ἐλθὼν 11
εἰς Λακεδαίμονα ἔμεινεν ἐκεῖ πολὺν χρόνον, καταλιπὼν ὑμᾶς

— οἴοιτο δέ] Theramenes hüllte
seine Versprechungen in den
Schleier des Geheimnisses (XII,
68) und forderte unbedingtes Vertrauen. Das perfide ἄλλο τι ἀγαθόν εὑρήσεσθαι (ein dem publi-
cistischen Ausdruck entnomme-
ner, häufig in attischen Volksbeschlüssen vorkommender Passus) in seiner Auslegung war die
Vernichtung der Seemacht und die
Beseitigung der Demokratie, auf
welche die Lakedämonier an sich
kein Gewicht legten (zu XII, 70,
77). — Der Optativ setzt nach dem
Accus. c. Infin. oder nach ὅτι und
ὡς, besonders in Sätzen mit οὖν,
δέ, γάρ, seltener οὔκουν (Andok.
I, 40) und μέντοι (Antiph. VI, 22)
die oratio obliqua fort. Kr. 54, 6, 4.
So § 78. Demosth. L, 50: ἀποκρί-
νεται αὐτῷ ὅτι τριήραρχος ἐγὼ τῆς
νεὼς εἴην καὶ τὸν μισθὸν παρ
ἐμοῦ λαμβάνοι· πλεύσοιτο οὖν οἱ
ἐγὼ κελεύω, und oft bei den Rednern, Xenophon, Platon. Auffälliger nach einem Particip Isae.
IX, 5.
10. εἵλεσθε] nicht ohne viel-
seitigen Widerspruch XII, 69. Uebrigens sind hier, wie aus Xen.
Hell. II, 2, 16 ff. hervorgeht, zwei
Reisen des Theramenes verschmol-
zen, die eine nach Samos zum Lysandros, ohne bestimmte Vollmacht, um die Absichten der Lakedämonier überhaupt zu sondie-
ren, die andere nach Lakedämon
zum Abschluss des Friedens. —
ἐκεῖνον] mit neun anderen nach
Xenophon. — τῷ προτέρῳ ἔτει]
Die Volksversammlung, in welcher Theramenes mit der Führung
der Friedensverhandlungen be-
traut ward, fand im Anfange des
Jahres 404 statt, wie sich aus dem
Bericht Xenophons ergiebt. Da
das attische bürgerliche Jahr in

der Mitte des unsrigen mit dem
Monat Hekatombaion begann, so
muss dies Factum, welches τῷ
προτέρῳ ἔτει vor jener Volksversammlung stattgefunden, in die
letzte Hälfte des Jahres 406 oder
die erste des Jahres 405 fallen.
Daraus ergiebt sich, dass diese
Abweisung des Theramenes nicht
bei der Neuwahl der Strategen
nach der Schlacht bei Aegospotamoi (zu § 7) im Herbst 405, sondern bei der allerdings vorwie-
gend im oligarchischen Sinne aus-
gefallenen Ergänzungswahl nach
dem Feldherrnprocess (Xen. Hell.
II, 1, 16) im Frühjahre 405 stattgefunden hatte. — χειροτονηθέν-
τα] Die Strategen gehörten zu den
durch Handwahl (χειροτονία),
nicht durchs Loos zu designieren-
den Beamten. Schömann I. 437.
— ἀπεδοκιμάσατε] Ueber die
Prüfung (δοκιμασία) der Strategen (Lys. XV, 2) und anderen
Beamten vor Antritt ihres Amtes
vgl. Einleitung zur Rede XXV. —
οὐ νομίζοντες] Seine verhäng-
nissvolle Betheiligung an dem vom
Demos bald bereuten Feldherrnprocess (zu XII, 36) scheint ihn
beim Volke in Miscredit gebracht
zu haben (vgl. Xen. Hell. I, 7, 35):
die verwerfliche Ausbeutung der
tief verwundeten Pietät des Volkes durch die Oligarchen konnte
bei kühlerem Nachdenken nicht
verborgen bleiben.

11. ἐκεῖ] Ungenau. Bei Lysandros blieb er länger als 3 Monate
(Xen. Hell. II, 2, 16); die Gesandt-
schaftsreise nach Sparta selbst
scheint nicht über die Gebür aus-
gedehnt worden zu sein, da Theramenes ja dabei nicht allein handelte. — καταλιπὼν — εἰδώς —
νομίζων] die Participia stehen

πολιορκουμένους εἰδὼς τὸ ὑμέτερον πλῆθος ἐν ἀπορίᾳ ἐχό-
μενον καὶ διὰ τὸν πόλεμον καὶ τὰ κακὰ τοὺς πολλοὺς τῶν
ἐπιτηδείων ἐνδεεῖς ὄντας, νομίζων, εἰ διαθείη ὑμᾶς ἀπόρως,
ὥσπερ διέθηκεν, ἀσμένως ὁποιαντινοῦν ἐθελῆσαι ἂν εἰρή-
12 νην ποιήσασθαι. Οἱ δ᾽ ἐνθάδε ὑπομένοντες καὶ ἐπιβουλεύοντες καταλῦσαι τὴν δημοκρατίαν εἰς ἀγῶνα Κλεοφῶν-
τα καθιστᾶσι, πρόφασιν μὲν ὅτι οὐκ ἦλθεν εἰς τὰ ὅπλα,

nicht asyndetisch, sondern κατα-
λιπών ist causal dem εἰδώς, εἰδώς
concessiv und νομίζων causal dem
ἔμεινεν untergeordnet. Kr. 56, 15,
2. 5. Vgl. zu § 63. 67. — πολιορ-
κουμένους] zur See durch den
von Lysandros zurückgelassenen
Theil der Flotte, zu Lande durch
die Könige Agis und Pausanias.
— διὰ τὸν πόλεμον καὶ τὰ
κακά] 'wegen des Kriegs und seiner Leiden', eine Art des soge-
nannten ἓν διὰ δυοῖν, ähnlich VI,
47: ἀναμνήσθητε ἐξ ὅσων κακῶν
καὶ πολέμου ὑμᾶς αὐτοὺς περιε-
ποιήσατε. Isokr. XII, 164. Aesch.
III, 170: παρὰ τὰ δεινὰ καὶ τοὺς
πολέμους. — τῶν ἐπιτηδείων
ἐνδεεῖς] Die fürchterliche Hungersnoth schildert anschaulich Xenoph. Hell. II, 2, 11.14.21. In dem
allgemeinen Jammer bewahrte nur
Sokrates seinen Gleichmuth (Xen.
Apol. Sokr. 18). — ὥσπερ διέ-
θηκεν] 'wie er euch denn wirklich zugerichtet hat', bestätigt mit
Indignation den factischen Eintritt der Voraussetzung des Theram., eine bei den attischen Rednern u. Cicero sehr geläufige. nachdrückliche Wendung nach Condi-
cional- u. Concessivsätzen; vgl. z.
B. Deinarch I, 47: εἴπερ ἔστι που
δικαία τιμωρία κατὰ τῶν ἐπιόρκων,
ὥσπερ ἔστι. Dem. VIII, 75: εἰ ὁ Τιμόθεος εἶπεν ὡς οἷόν τε τὰ ἄριστα,
ὥσπερ εἶπεν; auch negativ Demosth. XXXXV, 25: εἰ τὰ μάλιστ᾽
ἐγίγνετο ἡ πρόκλησις, ὡς οὐκ ἐγίγνετο. Cic. Philipp IV, 4, 9: quam-
vis impii nefariique sint, sicut
sunt. Die neuerdings mehrseitig
geforderte Streichung des ἀπόρως
gäbe der Stelle eine ganz andere
Färbung (zu § 53). — ὁποιαντινοῦν — ποιήσασθαι] Aehnlich

Xen. Hell. II, 2, 16 vom Theram.:
ἐπετήρει, ὁπότε Ἀθηναῖοι ἔμελλον
διὰ τὸ ἐπιλελοιπέναι τὸν σῖτον
ἅπαντα ὅ τί τις λέγοι ὁμολογήσειν.
12. οἱ δέ] Die übrigen βουλόμενοι νεώτερα πράγματα ἐν τῇ πόλει γίγνεσθαι § 6. — ἐπιβουλεύοντες καταλῦσαι] Die Constr.
von ἐπιβουλεύειν wie III, 42: ἐπι-
βουλεύσαντες ἀποκτεῖναί τινα.
Demosth. XXXVII, 24. Aristoph.
Plut. 1111 und öfters. — πρόφασιν μὲν — τὸ δ᾽ ἀληθές] wie
Thuk. VI, 33: ὡρμηνται πρόφασιν
μὲν Ἐγεσταίων συμμαχίᾳ, τὸ δ᾽
ἀληθὲς Σικελίας ἐπιθυμίᾳ. Auch
προφάσει μέν steht so. Kr. 46, 3,
5. — οὐκ ἦλθεν εἰς τὰ ὅπλα]
Kleophon folgte entweder der
Aushebung der Strategen nicht
und dann musste er wegen Ver-
weigerung der Wehrpflicht(ἀστρα-
τείας) verklagt werden, oder (wie
das εἰς τὰ ὅπλα wahrscheinlicher
macht, welches oft speciell von
der Hoplitenbewaffnung steht
Plat. Symp. 221ᵉ. Xen. Anab. III,
2, 36 Isokr. VIII, 48, unten zu § 80)
er entzog sich willkürlich dem be-
schwerlichen und gefährlicheren
Hoplitendienste, was eine Klage
wegen Feigheit (δειλίας) nach sich
zog; Lys. XIV, 7. Das Verfahren
gegen ihn aber war verfassungs-
widrig (Xen. Hell. I, 7, 35: στάσεως τινος γενομένης, ἐν ᾗ Κλεοφῶν ἀπέθανεν) und der Gerichtshof ungesetzlich zusammengesetzt
(Lys. XXX, 11), daher der cha-
rakteristische Ausdruck (wie δικ.
κατασκευάζειν Hippias bei Athen.
VI, 259ᶜ) δικαστήριον παρασκευά-
σαντες 'nachdem sie einen Gerichtshof zu Wege gebracht', während sonst die Behörde einen
Gerichtshof 'niedersetzt' (καθίζει

ἀναπαυσόμενος, τὸ δ' ἀληθὲς ὅτι ἀντεῖπεν ὑπὲρ ὑμῶν μὴ
καθαιρεῖν τὰ τείχη. Ἐκείνῳ μὲν οὖν δικαστήριον παρασκευά-
σαντες καὶ εἰσελθόντες οἱ βουλόμενοι ὀλιγαρχίαν καταστήσασθαι ἀπέκτειναν ἐν τῇ προφάσει ταύτῃ. Θηραμένης δὲ 13
ὕστερον ἀφικνεῖται ἐκ Λακεδαίμονος. Προσιόντες δ' αὐτῷ
τῶν τε στρατηγῶν τινες καὶ τῶν ταξιάρχων, ὧν ἦν Στρομ-
βιχίδης καὶ Διονυσόδωρος, καὶ ἄλλοι τινὲς τῶν πολιτῶν εὐ-
νοοῦντες ὑμῖν, ὡς γ' ἐδήλωσεν ὕστερον, ἠγανάκτουν σφόδρα. Ἦλθε γὰρ φέρων εἰρήνην τοιαύτην, ἣν ἡμεῖς ἔργῳ

Demosth. XXXIX, 11. Aristoph.
Wesp. 305). Daraus erklärt sich
das Todesurtheil, während sonst
auf militärischen Vergehen dieser
Art nur Atimie stand (Andok. I, 74.
Aesch. III, 176. Demosth. XV, 32).
— ἀναπαυσόμενος] Ein nicht
gerade glücklich gewählter Zusatz des Redners (wie XII, 77
τοῖς εἰρημένοις τρόποις ὑπ' ἐμοῦ)
zur Entschuldigung des Kleophon:
'um sich auszuruhen'; auch dieser
Zusatz deutet auf ein Verlassen des
mühseligen Hoplitendienstes. —
ἀντεῖπεν μὴ καθαιρεῖν] Kr.
67, 12, 3. — εἰσελθόντες] εἰσ-
έρχεσθαι und εἰσιέναι (selten
παριέναι Demosth. XXXXI, 2) mit
oder ohne εἰς τὸ δικαστήριον oder
εἰς ὑμᾶς der stehende Ausdruck
sowohl vom Ankläger wie hier
(ebenso XXV, 26; IX, 11; XXXII, 1)
als vom Angeklagten (§ 38. III, 2.
Fragm. 16, 1), auch von beiden Parteien zugleich (Demosth.
XXXIX, 11) und von den Richtern
(Pseudolys. VI, 54). Entsprechend
vom Kläger εἰσάγειν τινά unten
§ 36, vom Angeklagten εἰσάγεσθαι
VI, 21. — ἀπέκτειναν] zu VII,
23. — ἐν] 'kraft' 'vermittelst' Kr.
68, 12, 6. Vgl. Antiph. V, 69: σύ
με ζητεῖς ἐναφανεῖ λόγῳ ἀπολέσαι
Eurip. Ion. 1223: θανεῖν ἐν μιᾷ
ψήφῳ Isae. VI, 4. Ebenso σώζεσθαι
ἔν τινι Lys. XXVI, 9. Andok. II,
9 [Xen.] Staat der Ath. 1, 4. (neben ἐπί τινι Andok. I, 30, wie man
auch hier ἐπί corrigiert hat). ἐν
deutet an, dass Untergang oder
Rettung innerhalb des Bereichs
des betreffenden Begriffs liegt.

13. Στρομβιχίδης] Sohn des

Diotimos, tüchtiger Feldherr im
letzten Decennium des pelop.
Kriegs, gemässigter Demokrat
und als solcher bewährt im Jahre
411 [Einl. zur Rede XII. § 2). —
εὐνοοῦντες] Der Redner will
den Schein egoistischer Motive
ihres Handelns abwehren, wie
§ 15 f. — ἐδήλωσεν] unpersön-
lich und intransitiv 'sich zeigte',
wie Xen. Cyrop. VII, 1, 30: πολλαχοῦ καὶ ἄλλοθι δῆλον—καὶ ἐν
τούτῳ δὲ ἐδήλωσεν Memor. I, 2, 32.
Kr. 61, 7, 5. Dass Wohlgesinntheit die Männer zu ihrem Wider-
spruche trieb, zeigte sich nachmals, als die schlimmen Folgen
über den Demos kamen, die sie
durch ihre patriotische Hand-
lungsweise eben hatten von ihm
fern halten wollen. — τοιαύτην,
ἥν] Man wollte οἵαν. Doch steht
nach τοιοῦτος das Relativ ὅς (sehr
selten ὅστις Plat. Theages 122ᵈ)
nicht etwa blos da, wo der Rela-
tivsatze nur ein nachträglicher
Zusatz zu dem in seinem Inhalt
schon durch den Zusammenhang
festgestellten τοιοῦτος und daher
ὅς sogar erforderlich ist (wie XII,
37. II, 71. VI, 7), sondern zuweilen
auch da, wo τοιοῦτος seinen Inhalt
durch den Relativsatz erst erhält.
Dass dabei überall eine Ellipse
wie οἷός ἐστιν anzunehmen sei,
ist kaum glaublich; es ist vielmehr
eine leichte, auch anderen Sprachen nicht fremde Nachlässigkeit
des Sprachgebrauchs (vgl. z. B.
Propert. II, 20. 34: ultima talis
erat quae mea prima fides). Kr.
61, 14, 16. Vgl. oben § 1. Lys.
VII, 40: τοιούτους ἐπιπέμπουσί

μαϑόντες ἔγνωμεν· πολλοὺς γὰρ τῶν πολιτῶν καὶ ἀγαϑοὺς
14 ἀπωλέσαμεν καὶ αὐτοὶ ὑπὸ τῶν τριάκοντα ἐξηλάϑημεν. Ἦν
γὰρ ἀντὶ μὲν τοῦ ἐπὶ δέκα στάδια τῶν μακρῶν τειχῶν διελεῖν ὅλα τὰ μακρὰ τείχη διασκάψαι, ἀντὶ δὲ τοῦ ἄλλο τι
ἀγαϑὸν τῇ πόλει εὑρέσϑαι τάς τε ναῦς παραδοῦναι τοῖς Λα-
15 κεδαιμονίοις καὶ τὸ περὶ τὸν Πειραιᾶ τεῖχος περιελεῖν. Ὁρῶντες δὲ οὗτοι οἱ ἄνδρες ὀνόματι μὲν εἰρήνην λεγομένην, τῷ
δ᾽ ἔργῳ τὴν δημοκρατίαν καταλυομένην, οὐκ ἔφασαν ἐπι-

μοι, οἷς ὑμεῖς οὐκ ἂν δικαίως πι-
στεύοιτε. XVIII, 5: ἐν τοιούτῳ
καιρῷ, ἐν ᾧ οἱ πλεῖστοι μεταβάλ-
λονται. Fragm. 53, 4: τοῖς τὰ
τοιαῦτα ἅπερ οὗτος ἐξημαρτηκόσιν. Isokr. XVI, 22: τοιαύτῃ παρ-
ρησίᾳ χρῶνται ἣν ἔδεισαν ἂν ποι-
ήσασϑαι περὶ ζῶντος. VIII, 77.
Aesch. III. 196: ἐν δημοκρατίᾳ,
ἐν τοιαύτῃ πολιτείᾳ, ἣν οἱ ϑεοὶ
σώζουσιν. Demosth. XVIII, 263.
prooem. 41, 2. Plat. Gorg. 473ᵃ.
τοιαῦτα λέγεις, ἀ οὐδεὶς ἂν φήσειεν.
Xenoph. Memor. IV, 4, 2. — πολλοὺς γάρ] Erläuterung des ἔργῳ
μαϑόντες. — αὐτοί] Geflissentlich ignoriert der Sprecher den
durch die Amnestie beseitigten
Zwiespalt der Bürgerschaft zur
Zeit der Dreissig. Dass unter
den Richtern gewiss auch viele
der städtischen Fraction angehört hatten, versteht sich von
selbst. Vgl. zu XII, 57 und unten
§ 47.
14. ἦν] 'es stand darin', wie
οὐδαμοῦ ἔστιν § 72. ἐκεῖ ἔστιν
Isae. VI, 47. Aesch. III, 185 nach
Verlesung einer Inschrift: ἔστι
που τὸ τῶν στρατηγῶν ὄνομα.
Xenoph. Memor. I, 1, 18: ἐν τῷ
ὅρκῳ ἦν κατὰ τοὺς νόμους βουλεύ-
σειν. und öfter ἔστιν ἐν τοῖς νόμοις
(Xen. Hell. II, 3, 51. VII, 5, 4), ἐν
ταῖς συνϑήκαις, ἐν ταῖς συγγρα-
φαῖς (Demosth. LIII. 10). Sonst
ἔνεστι (Lysias XXXI, 2. Aristoph.
Vög. 974), ἐνῆν (Demosth. XXXXV,
13 Xen. Hell. I, 4, 3. Thuk. VIII, 43),
τἀνόντα κἀγγεγραμμένα Eurip.
Iph. T. 760. — ἐπὶ δέκα στ. διε-
λεῖν] zu § 8. — διασκάψαι]
Das seltene erst in der späteren
Gräcität wiederkehrende Wort
wohl wegen des Parallelismus mit

διελεῖν. — τὰς ναῦς] πλὴν δώ-
δεκα Xen. Hell. II, 2, 20 (bis auf
zehn nach Diod. XIII, 107). In
der Regel wird diese Beschränkung bei der summarischen Angabe der demüthigenden Friedensbedingungen weggelassen, stand
aber ausdrücklich mit auf der
Friedenssäule (Andok. III, 12).
Warum Theram. so handelte, vgl.
zu XII, 70. — τὸ περὶ τὸν Π.
τεῖχος] Die Befestigungen der
Peiräeushalbinsel, die durch die
langen Mauern mit dem Verthei-
digungssystem Athens verbunden
waren.

15. ὀνόματι εἰρήνην λεγο-
μένην] 'dass dem Namen nach
von einem Frieden die Rede sei.'
Unabhängig hiesse es: εἰρήνη λέ-
γεται 'man spricht von einem
Frieden', wie etwa Eurip. Iph.
Taur. 545: Ἀτρέως ἐλέγετό τις
Ἀγαμέμνων ἄναξ. Der Artikel fehlt
bei ὀνόματι trotz τῷ ἔργῳ wie Demosth. XXXX, 1: ὀνόματι μὲν
ἀδελφὸς προσαγορεύεται, τῷ δ᾽
ἔργῳ κτλ. und ähnlich Aesch. I,
40: προφάσει μὲν — τῇ δ᾽ ἀλη-
ϑείᾳ; III, 89: τῷ λόγῳ — ἔργῳ δὲ
(vgl. Plat. Staat VII, 534ᵈ). Dagegen (Lys.] XX, 17 τῷ μὲν ὀνόματι — τῷ δ᾽ ἔργῳ. — Die Ansicht
derer, welche dem Frieden entge-
gentraten, ward auch später noch
vielfach festgehalten (Andok. III,
10) und dasselbe Argument im
Jahre 393 gegen einen Friedensschluss mit Lakedämon geltend gemacht (Andok. III, 1: λέγουσιν οἱ
ῥήτορες, ὡς ἔστι δεινότατον τῷ δήμῳ, γενομένης εἰρήνης ἡ νῦν οὖσα
πολιτεία μὴ καταλυϑῇ. — οὐκ
ἔφασαν ἐπιτρέψαι] Auch hier

τρέψαι ταῦτα γενέσθαι, οὐκ ἐλεοῦντες, ὦ ἄνδρες Ἀθηναῖοι, τὰ τείχη, εἰ πεσεῖται, οὐδὲ κηδόμενοι τῶν νεῶν,
εἰ Λακεδαιμονίοις παραδοθήσονται — οὐδὲν γὰρ αὐτοῖς
τούτων πλέον ἢ ὑμῶν ἑκάστῳ προσῆκεν — ἀλλ᾽ αἰσθό- 16
μενοι ἐκ τοῦ τρόπου τούτου τὸ ὑμέτερον πλῆθος καταλυθη-
σόμενον, οὐδ᾽, ὡς φασί τινες, οὐκ ἐπιθυμοῦντες εἰρήνην
γίγνεσθαι, ἀλλὰ βουλόμενοι βελτίω ταύτης εἰρήνην ποιήσασθαι. Ἐνόμιζον δὲ δυνήσεσθαι καὶ ἔπραξαν ἂν ταῦτα,

(vgl. zu XII, 19) hat man theils
ἐπιτρέψειν theils ἂν ἐπιτρέψαι
corrigiert. In direkter Rede wäre
οὐκ ἔφ. ἂν ἐπιτρ. = οὐκ ἂν ἐπι-
τρέψαιμεν, dagegen ohne ἂν energischer: οὐκ ἐπιτρέπομεν, denn
das οὐκ ἐπιτρέπειν war ja schon
vorhanden, als sie die Erklärung
abgaben, soweit es in ihrer Macht
stand. Wörtlich ist zu übersetzen:
'sie verweigerten die Zulassung'
nach Kr. 53, 1, 10, wie öftera bei
Xenophon: οὐκ ἔφασαν πορεύεσθαι
'sie verweigerten den Marsch',
οὐκ ἔφη δέξασθαι 'verweigerten
die Annahme.' Wie hier auch unten § 47. — Diesen Widerspruch
erhoben sie in der am Tage nach
Theram. Rückkehr gehaltenen
Volksversammlung (Xen. Hell. II,
2, 22), zwar ohne Erfolg, doch
hatten die Oligarchen die Ent-
schiedenheit der Opposition kennen gelernt und trafen danach
ihre Massnahmen.— ἐλεοῦντες]
'weil ihnen — leid thaten.' Der
Redner sagt, die Strategen und
Taxiarchen hatten so gehandelt,
nicht weil sie sich vor anderen berufen geglaubt hätten, die augen-
blicklich und jedem fühlbaren ma-
teriellen Verluste zu verhüten,
sondern weil sie, weiter blickend
als die anderen und von tiefer liegenden Beweggründen geleitet,
sich für verpflichtet erachtet hätten, die Verfassung zu schützen.
(§ 16). Damit beseitigt er den
Verdacht eines unberufenen Sich-
vordrängens.

16. τὸ ὑμέτερον πλῆθος]
vorher dafür τὴν δημοκρατίαν. zu
XII, 26. Ueber die Sache zu XII,

40. 70. — ὡς φασί τινες] Man
mochte ausgesprengt haben, Dionysodor und seine Schicksalsge-
nossen hätten zu denen gehört, die
principiell aus Egoismus Gegner
des Friedens gewesen seien, eine
oft ausgesprochene Invective gegen Demagogen oder Sykophanten,
die im Kriege im trüben fischen
zu könneu hofften. Isokr. V, 73.
VIII, 124 f. Lys. XXV, 26. (vgl.
mit XXVI, 22). [Demosth.] XII,
19. Man lese die herben Vorwürfe,
die von Aristophanes aus diesem
Grunde den Demagogen (δημαγω-
γοὶ καὶ πολεμοποιοί Plutarch Ki-
mon 19) wie Kleon (Ritter 802),
Kleigenes, (Frösche 715), Peisandros (Lysistr. 490) gemacht werden. — Zu οὐδέ wiederhole οὐκ
ἔφασαν ἐπιτρέψαι. οὐδέ negiert
also den Satz, οὐκ den einzelnen
Begriff. Kr. 67, 11. — ποιή-
σασθαι] Man erwartet ποιῆσαι,
denn sie wollten doch einen besseren Frieden herbeiführen
(εἰρ. ποιεῖν wie XII, 12, vgl. Kr.
52, 8, 1). Doch finden sich einzelne
Ausnahmen. Xen. Hell. IV, 8, 12:
πέμπουσιν Ἀνταλκίδαν προστά-
ξαντες αὐτῷ πειρᾶσθαι εἰρήνην
τῇ πόλει ποιεῖσθαι πρὸς βασιλέα.
— ἔπραξαν ἄν] Lysias ver-
schweigt, dass in der Ekklesia
der Widerspruch jener Männer
erfolglos blieb. Wohl aber scheint
es dieser Opposition zugeschrie-
ben werden zu müssen, dass die
Vollziehung der Friedensbedingungen monatelang verzögert (zu
XII, 74) und erst unter dem Drucke
lakedämonischer Drohungen nach
der Beseitigung der Opponenten
(unten § 34) durchgesetzt ward;

17 εἰ μὴ ὑπ' Ἀγοράτου τουτουΐ ἀπώλοντο. Γνοὺς δὲ ταῦτα Θηραμένης καὶ οἱ ἄλλοι οἱ ἐπιβουλεύοντες ὑμῖν, ὅτι εἰσί τινες,
οἳ κωλύσουσι τὸν δῆμον καταλυθῆναι καὶ ἐναντιώσονται περὶ
τῆς ἐλευθερίας, εἵλοντο, πρὶν τὴν ἐκκλησίαν [τὴν περὶ τῆς
εἰρήνης] γενέσθαι, τούτους πρότερον εἰς διαβολὰς καὶ κινδύνους καταστῆσαι, ἵνα μηδεὶς ἐκεῖ ὑπὲρ τοῦ ὑμετέρου πλήθους ἀντιλέγοι. Ἐπιβουλὴν οὖν τοιαύτην ἐπιβουλεύουσι.

18 Πείθουσι γὰρ Ἀγόρατον τουτονὶ μηνυτὴν κατὰ τῶν στρατηγῶν καὶ τῶν ταξιάρχων γενέσθαι, οὐ συνειδότα ἐκείνοις, ὦ
ἄνδρες Ἀθηναῖοι, οὐδέν — οὐ γὰρ δήπου ἐκεῖνοι οὕτως

vom Hunger erlöst, mochte der
Demos nicht mehr so leicht die
entehrenden Bedingungen sich
gefallen lassen, die er nothgedrungen angenommen. Letzter
Zweck für Strombichides u. s. w.
blieb dabei immer die Rettung
der Demokratie (§§ 17. 21). —
Ἀγοράτου τουτουΐ] Die Bemerkung von Krüger über den Wegfall des Artikels (§ 50, 11, 22) ist
neuerlich dahin präcisiert worden,
dass in der besseren Gräcität der
Artikel beim Nomen proprium
wegfalle, wenn durch οὑτοσί
deiktisch die anwesende, dass er
aber stehe (wie § 19. 55. 73), wenn
durch οὗτος logisch die bespro-
chene Person bezeichnet werde,
wenngleich bei dem Schwanken
der Hdschrr Consequenz darin
nur durch vielfache Emendationen möglich gewesen ist.

17. γνούς] aus den Verhandlungen in der Volksversammlung.
Ueber den Singular zu XII, 12. —
ταῦτα] Der durch das Vorhergehende schon bestimmte Begriff
des ταῦτα wird epexegetisch durch
ὅτι ('dass nämlich') nochmals
nachdrücklich in seinem Haupt-
punkte ausgesprochen, weil derselbe wesentlich ist, um das Verfahren der Oppenenten, deren
Volksfreundlichkeit mit Rücksicht
auf § 51 nachgewiesen werden
muss, ins rechte Licht zu setzen.
Ganz so mit Epexegese eines Par-
ticipialsatzes Thuk. III, 18: οἱ
Ἀθηναῖοι πυνθανόμενοι ταῦτα,

τοὺς Μυτιληναίους τῆς γῆς κρα-
τοῦντας κτλ. — εἰσί τινες οἵ]
Kr. 61, 5, 1. Dagegen XXV, 9: εἰσὶν
οἵτινες; auch εἰσί τινες οἵτινες Demosth. prooem. 29, 1. Hier konnte
τινες wegen des folgenden τούτους
nicht wohl entbehrt werden. —
περί] Man emendierte ὑπέρ, wie
XX, 8: ἐναντιοῦσθαι ὑπὲρ ὑμῶν.
Doch nähert sich περί nicht selten
dem ὑπέρ ('für'). Aristoph. Wesp.
593: οὐ προσώσειν ὑμᾶς φασίν,
περὶ τοῦ πλήθους δὲ μαχεῖσθαι.
So ἀπολογεῖσθαι περί τινος Lykurg 114 (neben ὑπὲρ 115). Demosth. XIV, 32: οὐχ ὑπὲρ ἄλλου
τινός ἐστιν ὁ πρὸς τὸν βάρβαρον
πόλεμος ἢ περὶ χώρας καὶ —
ἐλευθερίας. Thuk. VI, 76: περὶ
τῆς ἐλευθερίας οὗτοι τῶν Ἑλλή-
νων τῷ Μήδῳ ἀντέστησαν. — | τὴν
περὶ τῆς εἰρήνης] Dieser Zusatz würde das Verständnis sehr
erschwert haben. Denn keinesfalls kann die am Tage nach
Theram. Rückkehr gehaltene
Volksversammlung, die den Frieden genehmigte, gemeint sein,
vielmehr wie auch das ἵνα — ἀντιλέγοι (vgl. XII, 72) zeigt, nur
die, in welcher die Verfassungs-
frage entschieden ward. Vermuthlich ist τὴν — εἰρήνης eine
unverständige Glosse und τὴν ἐκκλησίαν (die entscheidende Volksversammlung) gesagt wie XII, 71.
Was der Gegenstand dieser Ekklesia sein sollte (die δῆμον κατάλυσις), ist ja in dem unmittelbar Vorhergehenden hinlänglich
angedeutet.

ἀνόητοι ἦσαν καὶ ἄφιλοι, ὥστε περὶ τηλικούτων ἂν πραγμάτων πράττοντες Ἀγόρατον ὡς πιστὸν καὶ εὔνουν, δοῦλον καὶ
ἐκ δούλων ὄντα, παρεκάλεσαν — ἀλλ' ἐδόκει αὐτοῖς οὗτος
ἐπιτήδειος εἶναι μηνυτής. Ἐβούλοντο οὖν ἄκοντα δοκεῖν 19
αὐτὸν καὶ μὴ ἑκόντα μηνύειν, ὅπως πιστοτέρα ἡ μήνυσις
φαίνοιτο· ὡς δὲ ἑκὼν ἐμήνυσε, καὶ ὑμᾶς οἶμαι ἐκ τῶν πεπραγμένων αἰσθήσεσθαι. Εἰσπέμπουσι γὰρ εἰς τὴν βουλὴν

18. τηλικούτων ἂν] Ueber
die Stellung des ἂν zu § 4. —
περὶ πραγμάτων — πράττον-
τες] dürfte wohl ἅπαξ εἰρημένον
für das sonst stehende πράγματα
πράττειν sein und man würde
πράττοντες gern entbehren, wenn
es nicht auch durch ein Citat bei
Priscian geschützt wäre. — δοῦλον καὶ ἐκ δούλων ὄντα] über-
treibend wie § 64. Unreine Abkunft wird auch auf Kosten der
Wahrheit dem Gegner gern vorgerückt. XXX, 2, 27. Demosth.
XVIII, 129 u. ö. Mit dem hier von
Lysias gebrauchten Ausdruck
warf auch Androtion gern um
sich, nach Demosth. XXII, 68: βοᾷ
ἐν ταῖς ἐκκλησίαις, ἐπὶ τοῦ βήματος, δούλους καὶ ἐκ δούλων καλεῖ
αὐτοῦ βελτίους καὶ ἐκ βελτιόνων
Aehnliche Wendungen sehr häufig
im Drama, dem Dialog und bei den
Rednern; bei Lys. noch X, 23:
βελτίων καὶ ἐκ βελτιόνων ὁ φεύγων ἐμοῦ (bona bonis prognata
Terent. Phorm. I, 2, 65). — ἀλλ'
ἐδόκει] Selbständiger Abschluss
der Periode mit Aufgabe der par-
ticipialen Satzform; dem (con-
cessiven) οὐ συνειδότα entspräche
genau genommen ein schwerfäl-
liges (causales)ἀλλὰ δοκοῦντα etc.
Dieser Uebergang vom Particip
zum selbständigen Satze ist in der
mannigfachsten Art variiert worden. Vgl. zu § 85. VII, 27: οὐ λέγω ὡς τότε δυνάμενος, ἀλλ' ὡς
τῷ βουλομένῳ τότε μᾶλλον ἐξῆν
ἀδικεῖν ἢ νυνί, wo man ἐξὸν
schreiben wollte.

19. καὶ μὴ ἑκόντα] wie es
nach der Behauptung des Sprechers wirklich der Fall war. ἄκοντα καὶ μὴ ἑκόντα ist nicht etwa

eine blosse Doppelsetzung desselben Begriffs (wie κακὰ ἑκόντα
κοὐκ ἄκοντα Soph. Oed. Tyr. 1229.
ἑκόντες οὐκ ἄκοντες Eurip. Androm. 357 Herakl. 531), wie sie
vorliegt in Formeln wie im Homerischen κατ' αἶσαν οὐδ' ὑπὲρ
αἶσαν, dem sophokleischen γνωτὰ
κοὐκ ἄγνωτα, bei den Rednern in
ἐρῶ καὶ οὐκ ἀποκρύψομαι, ψεύδε-
ται καὶ οὐκ ἀληθῆ λέγει (Lys.
IV, 12), und unten § 31 in ἑκὼν
οὐδεμιᾶς ἀνάγκης οὔσης, sondern betont den wirklichen vom
Sprecher wiederholt hervorgeho-
benen (§ 28 f. 52 ff.) Sachverhalt
(ἑκών) gegenüber dem von den Verschworenen angestrebten Schein
(ἄκων), da es bei einer Mordklage
ja auf die Frage, ob ἑκών oder
ἄκων der Thäter gehandelt habe,
wesentlich ankam (Einl. zu Rede
XII, § 1. Demosth. XXI, 43). So
Demosth. LVI, 42: ὅτι ἑκόντες καὶ
οὐκ ἐξ ἀνάγκης (wie sie selbst behaupteten) ταῦτ' ἔπραξαν, δῆλον.
Vgl. zu § 51. Lys. XXIV, 4: φησὶ
τῷ σώματι δύνασθαί με καὶ οὐκ
(wie ich sage) εἶναι τῶν ἀδυνάτων.
Schon bei Homer Il. ε, 287: ἤμ-
βροτες οὐδ' (wie du wähntest)
ἔτυχες. — εἰσπέμπουσι] Das
handschriftliche ἐκπέμπουσι liesse
sich zur Noth vertheidigen durch
eine Metapher: 'sie senden aus
ihren Reihen' wie als vorgescho-
benen Posten; doch dem εἰσελθών
§ 21 entspricht die Emendation
εἰσπέμπ.. wie Isokr. XVI, 7: μη-
νυτὰς εἰσέπεμπον (οἱ ἐπιβουλεύ-
σαντες τῷ δήμῳ) κ. εἰς τὴν βουλήν. Plat. Euthyd. 305ᵇ: ἢν ὁ προσ-
ελθών σοι ῥήτωρ τις ἢ τῶν τους
τοιούτους εἰσπεμπόντων (εἰς τὰ
δικαστήρια); Andok. II, 4. — εἰς
τὴν βουλήν] welche Denuncia-

· τὴν πρὸ τῶν τριάκοντα βουλεύουσαν Θεόκριτον τὸν τοῦ Ἐλα-
φοστίκτου καλούμενον· ὁ δὲ Θεόκριτος οὗτος ἑταῖρος ἦν τῷ
20 Ἀγοράτῳ καὶ ἐπιτήδειος. Ἡ δὲ βουλὴ ἡ πρὸ τῶν τριάκοντα
βουλεύουσα διέφθαρτο καὶ ὀλιγαρχίας ἐπεθύμει, ὡς ἴστε,
μάλιστα. Τεκμήριον δέ· οἱ γὰρ πολλοὶ ἐξ ἐκείνης τῆς βουλῆς τὴν ὑστέραν βουλὴν τὴν ἐπὶ τῶν τριάκοντα ἐβούλευον. Τοῦ
δ' ἕνεκα ταῦτα λέγω ὑμῖν; Ἵν' εἰδῆτε, ὅτι τὰ ψηφίσματα τὰ ἐξ

tionen dieser Art entgegenzuneh-
men pflegte. Andok. I, 15. Aristoph. Ritter 475. 629. — τὴν —
βουλεύουσαν] Der Zusatz 'nämlich die, die vor den Dreissig am-
tierte' nicht blosse Zeitbestimmung, sondern im Voraus ein Wink
über die den Richtern wohl bekannte (ὡς ἴστε § 20) Corruption
dieser Körperschaft in jenem Jahre,
um das Vorgehen der Oligarchen
ins rechte Licht zu stellen. Ebenso § 36 τὴν βουλὴν τὴν ἐπὶ τῶν
τριάκοντα, wo eine Zeitbestimmung nach dem § 35 Gesagten
auch unnöthig wäre; auch § 74. —
Ἐλαφοστίκτου] 'Bunthirsch',
vermuthlich Name eines Sklaven
oder Freigelassenen, den man dem
des Sohnes in höhnischer Erinnerung an die unfreie Abkunft
beifügte.

20. διέφθαρτο] XXX, 10:
Κλεοφῶν τὴν βουλὴν ἐλοιδόρει φάσκων συνεστάναι καὶ οὐ τὰ βέλτιστα
βουλεύειν τῇ πόλει. In der Bule vor
der Oligarchie hatten sich zuerst die
Freunde des Friedens um jeden
Preis geregt (Xen. Hell. II, 2, 15);
auch jetzt war es ihr wohl mehr um
Aufrechthaltung des Friedens als
um Errichtung der Oligarchie
zu thun. — οἱ πολλοὶ ἐξ ἐκείνης τῆς βουλῆς] 'die Mehrzahl
der Mitglieder jener Bule (ἐξ ἐκ.
τῆς β. = τῶν τότε βουλευόντων)
im Gegensatz zum Reste der Buleuten desselben Jahres, wie § 73
οἱ πολλοὶ τῶν τετρακοσίων; der
Artikel vor ἐξ würde den Sinn
geben: 'die Mehrzahl der Mitglieder jener Bule', im Gegensatz
zur Mehrzahl einer anderweitigen
Bule, wie nachher τὰ ψηφίσμ. τὰ
ἐξ ἐκείνης τῆς βουλῆς im Gegen-

satz zu den Beschlüssen andrer
Rechtsjahrgänge, und so § 50. —
τὴν ὑστέραν βουλήν] 'die den
folgenden Jahres' (zu § 35), wie
XXII, 9 ἡ προτέρα 'die vorjährige.'
Das seltene βουλὴν βουλεύειν nach
Analogie des geläufigen ἀρχὴν ἄρχειν. — τοῦ δ' ἕν. — λέγω] Solche
rhetorische Fragen, die, aus der
Seele der Hörer entnommen, der
Rede den Charakter der Wechsel-
wirkung zwischen Sprecher und
Hörer geben, überaus häufig bei
Demosthenes, sind sehr selten bei
Lysias, gemäss der Schlichtheit
seines Ausdrucks. P. 12. Wie hier
z. B. Demosth. IV, 3. — τὰ ἐξ]
'die aus jenem Senat hervorge-
gangenen Beschlüsse' wie § 50.
Wie gewöhnlich war der Senat
nur berechtigt, einen vorläufigen
gutachtlichen Beschluss (προβού-
λευμα) zur Vorlage in der Ekklesia zu fassen; zu selbständigen
Beschlüssen (ψηφίσματα) war er
nur in laufenden Verwaltungs-
massregeln berechtigt (wie bei
Demosth. XXXXVII, 33) und auch
deren Gültigkeit erlosch mit Ab-
lauf des Amtsjahres (Demosth.
XXIII, 92). Wenn die Bule hier
in so wichtiger Sache selbständig
handelt und Beschlüsse fasst (denn
die theilweise Zuziehung des Volkes § 32 war, wie der Wortlaut
zeigt, ein freiwilliger Entschluss
der Leiter der oligarchischen Bewegung, um sich für alle Fälle zu
decken), so muss sie, sei es durch
Volksbeschluss sei es (was wahrscheinlicher) durch Usurpation,
mit unumschränkter Gewalt bekleidet (αὐτοκράτωρ, κυρία) gewesen sein, in welchem Falle ihr
das Recht definitiver Beschlüsse
in der ihr überwiesenen Angele-

ἐκείνης τῆς βουλῆς οὐκ ἐπ' εὐνοίᾳ τῇ ὑμετέρᾳ, ἀλλ' ἐπὶ
καταλύσει τοῦ δήμου τοῦ ὑμετέρου ἅπαντα ἐγένετο, καὶ ὡς
τοιούτοις οὖσιν αὐτοῖς τὸν νοῦν προσέχητε. Εἰσελθὼν δὲ 21
εἰς ταύτην τὴν βουλὴν ἐν ἀπορρήτῳ Θεόκριτος μηνύει, ὅτι
συλλέγονταί τινες ἐναντιωσόμενοι τοῖς τότε καθισταμένοις
πράγμασι. Τὰ μὲν οὖν ὀνόματα οὐκ ἔφη αὐτῶν ἐρεῖν καθ'

genheit zustand (Andok. I, 15. Demosth. XIX, 154). — ἐπ' εὐνοίᾳ
— ἐπὶ καταλύσει] ἐπί an erster
Stelle propter (in derselben Formel XXII, 11. 13), an zweiter
causa; zu XII, 48. Thuk. VI, 28:
ἐβόων ὡς ἐπὶ δῆμον καταλύσει
τὰ μυστικὰ γένοιτο. Andok. I, 36.
— εὐνοίᾳ τῇ ὑμετέρᾳ] 'gegen
euch' (ἡ πρὸς ὑμᾶς εὔνοια, XVIII,
3. ἡ εἰς ὑμᾶς εὔν. Andok. I. 141
[Dem.] Brief 2, 6); ebenso [Lys.]
XI, 9; VI,42: ἑτέρα ὀργή 'gegen einen andern'; XX, 21: τὸ δέος τότε
ὑμέτερον καὶ τὸ τῶν κατηγόρων;
Plat. Gorg. 486ᵃ: εὐνοίᾳ τῇ σῇ;
Aesch. III, 139: ἡ ὑμετέρα φιλία;
Antiph.V,41: χάριτι τῇ ἐμῇ.Kr. 47,
7, 8. — τοῦ δήμου τοῦ ὑμετέ-
ρου] So gewöhnlich τὸ ὑμέτερον
πλῆθος,so selten ist ὁ δῆμος ὁ ὑμέ-
τερος (bei Lysias nur noch unten
§ 51) und logisch nicht leicht zu
rechtfertigen, hier vielleicht zur
um die Antithese zu ἐπ' εὔν. τῇ
ὑμ. mehr anzuprägen. — ὡς τοιούτοις οὖσιν] 'mit Rücksicht
auf solche ihre Beschaffenheit.'
In einer interpolierten Handschrift steht μὴ προσέχητε. Aber
der Sprecher fordert gerade eine
scharfe Kritik dieser Rathsbe-
schlüsse und der Motive ihrer
Fassung und führt § 28 einen derselben zur Bekräftigung seiner
Darstellung an.

21. ἐν ἀπορρήτῳ]'in geheimer
Sitzung.' Für gewöhnlich waren
die Rathssitzungen öffentlich (Demosth. XIX, 17 vgl. Lys. XIX 55).
Bei Berathungen aber. deren Natur Geheimbaltung forderte,muss-
te der durch eine Barriere (κιγκ-
λίς oder δρύφακτοι Aristoph. Ri.
641. 675. Xen. Hell. II, 3, 50) gesonderte Zuhörerraum auf den

Rufdes Herolds: μετάστητε ἔξω ge-
räumt werden. ([Demosth.] XXV,
23. Aesch. III, 125). Eine solche
geheime Sitzung wird in der ko-
mischen Scene bei Aristoph. Ritt.
648 ff. und bei Andok. II, 3 geschildert. — τότε] vom Standpunkte des Referenten, nicht von
dem des Denuncianten aus, wie
im Latein, oft tunc in der aus der
Vergangenheit referierten Rede
für nunc steht. — καθισταμέ-
νοις] 'welche im Werke waren'
(nämlich um das Friedenswerk
durch Ausführung der Bedingungen zu Ende zu führen), wie § 61
und XVI, 4: μεθισταμένης τῆς
πολιτείας 'als die Verfassungsänderung sich vollzog.' Dagegen
τὰ καθεστηκότα πράγματα 'die
(eingetretene, bestehende) Lage'
oder 'Ordnung der Dinge' XVI,
3. XXV, 3. Deinarch I. 35. Aesch.
III, 57.159, auch blos τὰ καθεστῶ-
τα. Isokr. XII, 145; XVI. 5; XXI.
3. Aesch. III. 165. Demosth. IX,
24. XX, 17. Xen. Hell. I, 6, 5, = ἡ
κατάστασις Isokr. III, 55. — τὰ
μέν] Der Gegensatz ist nicht αὐτὸς δέ (was dem ἑτέρους entge-
gengesetzt ist). sondern latent in
dem εἶναι ἑτέρους κτλ. (zu XII,8).
— ἑτέρους]ausser Agoratos noch
die beiden § 54 Genannten. Theokrit hielt sich spitzfindig an den
Wortlaut des Eides und nannte
keine Namen von Mitverschwore-
nen, bezeichnete aber andere, die,
obgleich nicht συνωμόται. doch
um die Sache wussten. Die Namen der von Th. Genannten im
Tenor der Rede anzuführen, war
nicht nöthig.'da sie unzweifelhaft
in dem nachher verlesenen Pae-
phisma vorkamen; also war die
Erwähnung des Agor. § 23 den
Hörern verständlich.

ἕκαστον· ὅρκους τε γὰρ ὀμωμοκέναι τοὺς αὐτοὺς ἐκείνοις
καὶ εἶναι ἑτέρους οἳ ἐροῦσι τὰ ὀνόματα, αὐτὸς δὲ οὐκ ἄν ποτε
22 ποιῆσαι ταῦτα. Καίτοι εἰ μὴ ἐκ παρασκευῆς ἐμηνύετο, πῶς
οὐκ ἂν ἠνάγκασεν ἡ βουλὴ εἰπεῖν τὰ ὀνόματα Θεόκριτον καὶ
μὴ ἀνώνυμον τὴν μήνυσιν ποιήσασθαι; νυνὶ δὲ τοῦτο τὸ
ψήφισμα ψηφίζεται.

ΨΗΦΙΣΜΑ.

23 Ἐπειδὴ τοίνυν τοῦτο τὸ ψήφισμα ἐψηφίσθη, κατέρχον-
ται ἐπὶ τὸν Ἀγόρατον εἰς τὸν Πειραιᾶ οἱ αἱρεθέντες τῶν βουλευτῶν καὶ περιτυχόντες αὐτῷ ἐν ἀγορᾷ ἐζήτουν ἄγειν.
Παραγενόμενος δὲ Νικίας καὶ Νικομένης καὶ ἄλλοι τινές,
ὁρῶντες τὰ πράγματα οὐχ οἷα βέλτιστα ἐν τῇ πόλει ὄντα,

ὅρκους ὁμωμοκέναι] als Genos-
se der συνωμοσία zu XII, 77. — εἶναι ἑτέρους οἳ] XII, 49 hiess es:
ἕτεροι ἦσαν οἱ λέγοντες 'andere
waren da, welche die Rolle hatten
zu reden' (Madvig 180, Anm. 1).
Man siebt, dass Theokrit, wenn er
τοὺς ἐροῦντας sagte, aus der
Scbule geschwatzt hätte, wofern
die Sache wirklich abgekartet war.
— ταῦτα] zu XII, 9.

22. ἐκ παρασκευῆς] und ἀπὸ
παρασκευῆς Antiph., V, 22 = ex
composito. — πῶς οὐκ ἂν ἠνάγ-
κασεν] 'wie hätte es möglich
sein können, dass nicht', wie § 26.
Vergangenheit von πῶς οὐκ ἂν
mit Optativ. Akeo, Tempus und
Modus § 73. — ἠνάγκασεν]
durch die Folter, da er, wie es
scheint (zu §19) von unfreier Abkunft war. Dasselbe drohte dem
Agorat § 25. Vgl. zu §27. — νυνὶ
δέ] zu XII, 22. — ψήφισμα]
über Abordnung einiger Senatoren,
um des Agorat (und wohl auch der
§ 54 Genannten) sich zu ver-
sichern. Die Senatoren selbst
vollziehen die Verhaftung wegen
der Wichtigkeit der Sache und
der Nothwendigkeit, das Geheim-
niss zu wahren, wie nach den Denunciationen über die Hermoko-
pie. Andok. I, 12. 45.

23. ἐπὶ τὸν Ἀγόρατον] Kr. 68,
42, 2. Andok. I, 12: οἱ φυντάνεις
ἥεσαν ἐπὶ τὸ μειράκιον. — Inwiefern Agorat als in die Conspira-

tion eingeweiht dargestellt ward,
bleibt unerwähnt; dass er nicht
als Mitverschworner bezeichnet
ward, gebt aus § 21 hervor. —
ἐν ἀγορᾷ] die Ἱπποδάμειος ἀγο-
ρά im Peiräeus (Andok. I, 45. Xen.
Hell. II, 4, 11), auch bloss ἡ Ἱππο-
δάμεια (Demosth. XXXXIX,22),ein
Werk des in Athen eingebürger-
ten milesischen Baumeisters Hippodamos, des Schöpfers eines mo-
dernen Baustils (ὁ Ἱπποδάμειος
τρόπος Aristot. Polit. IV, 11, p. 113
Bekker). — Der Artikel fehlt
nach Kr. 50, 2, 15 wie Demosth.
LIV, 7: ἐν ἀγορᾷ περιεπάτουν.
Plat. Staat II, 371ᵈ. Anders in den
Formeln βαδίζειν εἰς ἀγοράν (I, 16)
und παρέχειν εἰς ἀγοράν(XXIII,9).
wo das Lokale hinter der commer-
ciellen und gerichtlichen Bedeutung der Agora zurücktritt. —
ἄγειν] in Haft, wie Xen. Hell.
II, 4, 1. οἱ τριάκοντα ἦγον ἐκ τῶν
χωρίων. Plat. Apol. 32ᵈ. Denn
ἄγειν ist oft 'Fortschleppen', wie
§ 78. III, 38 ἄγειν βίᾳ ἐζήτουν. —
παραγενόμενος] zu XII, 12. —
Νικίας] sonst wohl nicht bekannt. Ob Nikomenes, derselbe
ist, der nach dem Schol. zu Aesch.
I, 39 später dem Staatsmann Ari-
stophon entgegentrat (Schäfer, Demosth. I, 124), wird sich schwerlich entscheiden lassen.— ἄλλοι
τινές] wie Aristophanes § 58. —
οὐχ οἷα βέλτιστα] 'nicht zum
Besten', eine Litotes. Die ursprüngliche Gestalt solcher For-

ἄγειν μὲν τὸν Ἀγόρατον οὐκ ἔφασαν προήσεσθαι, ἀφῃροῦντο
δὲ καὶ ἠγγυῶντο καὶ ὡμολόγουν παρέξειν εἰς τὴν βουλήν.
Γραψάμενοι δὲ οἱ βουλευταὶ τὰ ὀνόματα τῶν ἐγγυωμένων 24
καὶ κωλυόντων ἀπιόντες ᾤχοντο εἰς ἄστυ. Ὁ δὲ Ἀγόρατος
καὶ οἱ ἐγγυηταὶ καθίζουσιν ἐπὶ τὸν βωμὸν Μουνυχίασιν·
ἐπειδὴ δὲ ἐκεῖ ἦσαν, ἐβουλεύοντο τί χρὴ ποιεῖν. Ἐδόκει οὖν
τοῖς ἐγγυηταῖς καὶ τοῖς ἄλλοις ἅπασιν ἐκποδὼν ποιήσασθαι
τὸν Ἀγόρατον ὡς τάχιστα, καὶ παρορμίσαντες δύο πλοῖα 25
Μουνυχίασιν ἐδέοντο αὐτοῦ παντὶ τρόπῳ ἀπελθεῖν Ἀθήνη-
θεν, καὶ αὐτοὶ ἔφασαν συνεκπλευσεῖσθαι, ἕως τὰ πράγματα

meln ergiebt sich aus Xen. Memor., IV, 8, 11: Σωκράτης ἐδόκει τοιοῦτος εἶναι οἷος ἂν εἴη ἄριστος ἀνήρ. Wie hier Plat. Apol. 23ᵃ: πολλαὶ ἀπέχθειαί μοι γεγόνασι καὶ οἷαι χαλεπώταται Xen. An. IV, 8, 2. vgl. Aristoph. Ritt. 978. Ach. 384. Kr. 49, 10, 4. — ἀφῃροῦντο] ἄγειν (εἰς δουλείαν) und ἀφαιρεῖσθαι (εἰς ἐλευθερίαν) anderwärts vom flüchtigen Sklaven, der von dem angeblichen Eigenthümer abgeführt, von anderen unter der Behauptung, er sei ein freier Mann, der Wegführung entzogen wird (XXIII, 9. Plat. Gesetze XI, 914ᵉ Isokr. XVII, 14 Isae. fragm. 15, 3 Scheibe), vielleicht mit absichtlicher Bitterkeit vom Aguratos, dem δοῦλος καὶ ἐκ δούλων, gesagt. ἀφαιρεῖσθαι von der Befreiung von der Arretur auch Demosth. XXIII, 91.218. — καὶ ὡμολόγουν] wäre entbehrlich, da παρ. — βουλὴν den Gegenstand der geleisteten Bürgschaft bildet, wie XXIII, 9: ἐγγυησάμενοι παρέξειν εἰς ἀγοράν. Xen. Hell. VII, 4. 38: ἡ πόλις ἠγγυᾶτο ἦ μὴν παρέξειν εἰς τὸ κοινόν. — παρέξειν] Das handschriftliche παρέξειν ist mehrfach angefochten und dafür παράξειν gefordert worden. Doch παρέχειν εἰς τὴν βουλήν (wie an den eben genannten Stellen aus Lys. und Xen.) ist: in senatum sistere, was nicht die gesetzlich auch gar nicht erforderliche Gestellung des ἀφαιρεθείς durch die Bürgen persönlich einschliesst, dagegen §§42 55 παράγειν εἰς τὸν δῆμον ad populum producere, wofür auch

ἄγειν εἰς τὴν ἀγοράν in ähnlichem Sinne Demosth. XXXVII, 18. Ausser den anderseitig schon für παρέχειν angeführten Stellen vgl. Antiph. V, 36: ἐνθάδε παρέχειν τὸν μηνυτὴν und Platon Gesetze IX, 871ᶜ: παρεχέτω τρεῖς ἐγγυητὰς παρέξειν ἐγγυωμένους εἰς δίκην. und ebenda: τὴν ἀρχὴν (τὸν δεδέντα) παρέχειν εἰς τὴν κρίσιν. Das Medium dagegen steht von der Stellung von Zeugen im eigenen Interesse, daher hier nicht anwendbar.

24. γραψάμενοι] zu XII, 8. — εἰς ἄστυ] Ueber das Fehlen des Artikels zu XII, 16. — καθίζουσιν] um sich unter den Schutz der Asylie (zu XII, 98) zu stellen; Agor. musste sich das wohl oder übel gefallen lassen. Gemeint ist das Heiligthum der Μουνυχία Ἄρτεμις (Pausan. I, 1, 4. Xen. Hell. II, 4. 11), welches eine besonders bevorrechtete Asylie besass(Schol. zu Demosth. XVIII, 107). — τοῖς ἄλλοις ἅπασιν] wohl auf das zusammengelaufene Volk zu beziehen, keinesfalls auf die Strategen und Taxiarchen. Vgl. Aesch. I, 60: ὁ Πιττάλακος καθίζει ἐπὶ τὸν βωμὸν τῆς μητρὸς τῶν θεῶν· ὄχλου δὲ συνδραμόντος, οἷον εἰῶθε γίγνεσθαι κτλ.

25. αὐτοὶ — συνεκπλευσεῖσθαι] unter — αὐτοί sind nur noch die Bürgen zu verstehen. Durch ihr Anerbieten, welchem nicht etwa eine sentimentale Rücksicht auf Theilung der Gefahr mit Agor. zu Grunde lag, wollten sie

κατασταίη, λέγοντες ὅτι, εἰ κομισθείη εἰς τὴν βουλήν, βασα-
νιζόμενος ἴσως ἀναγκασθήσεται ὀνόματα εἰπεῖν Ἀθηναίων
ὧν ἂν ὑποβάλωσιν οἱ βουλόμενοι κακόν τι ἐν τῇ πόλει ἐργά-
26 ζεσθαι. Ταῦτα ἐκείνων δεομένων καὶ παρασκευασάντων
πλοῖα καὶ αὐτῶν ἑτοίμων ὄντων συνεκπλεῖν, οὐκ ἠθέλησε
πείθεσθαι αὐτοῖς Ἀγόρατος οὑτοσί. Καίτοι, ὦ Ἀγόρατε, εἰ
μή τί σοι ἦν παρεσκευασμένον καὶ ἐπίστευες μηδὲν κακὸν
πείσεσθαι, πῶς οὐκ ἂν ᾤχου καὶ πλοίων παρεσκευασμένων
καὶ τῶν ἐγγυητῶν ἑτοίμων ὄντων σοι συνεκπλεῖν; Ἔτι γὰρ
27 οἷόν τέ σοι ἦν, καὶ οὔπω ἡ βουλή σου ἐκράτει. Ἀλλὰ μὲν δὴ
οὐχ ὅμοιά γε σοὶ καὶ ἐκείνοις ὑπῆρχεν. Πρῶτον μὲν γὰρ Ἀθη-

dem Agoratos jeden Vorwand, den
er aus angeblicher Rücksicht auf
die Verantwortlichkeit der Bürgen für die Gestellung seiner Person herleiten konnte, abschneiden
(§ 26. 52). Ihr opferbereiter Patriotismus lag nicht sowohl in dem
Erbieten selbst (denn wenn sie
den Agoratos nicht stellten, lag es
in ihrem eigenen Interesse, sich
in Sicherheit zu bringen. Andok.
I, 44), als darin, dass sie zur Verhütung der Denunciation Bürgschaft leisteten trotz der Voraussicht, das Vaterland verlassen zu
müssen (vgl, § 27). — ἕως κατα-
σταίη] angeschlossen an ἀπελθεῖν
und an συνεκπλευσεῖσθαι : 'bis die
öffentlichen Zustände sich gebes-
sert hätten' und damit der gesetz-
widrigen Willkür der Oligarchen
ein Ziel gesetzt sei. Dann konnte
das Psephisma des Raths leicht
durch einen Volksbeschluss beseitigt werden. καταστῆναι eigentlich vom reconvalescierenden Kör-
pers, wie Plat. Gesetze VII, 798*:
τὸ κατ' ἀρχὰς συνταραχθεὶς ὑπὸ
νόσων μόγις ποτὲ κατέστη, öfters
übertragen auf die Consolidierung
öffentlicher Verhältnisse, wie Isokrat. IV, 138: ὅταν τὰ τῶν βαρβάρων καταστῇ (Gegensatz ἐν ταρα-
χαῖς εἶναι). Cicero bei Dio Cass.
XXXXIV, 33: ἐπειδὰν καταστῇ
τὰ πράγματα, τότε περὶ τῶν λοιπῶν σκεψόμεθα. Demosth. XX, 11 :
τὰ πράγματ' ἐκεῖνα (im Jahre 403)
κατέστη. Gegensatz: ἀκαταστά-
τως εἶχε τὰ ἐν τῇ πόλει Isokr. XXI,

7. Entsprechend das transitive
καθιστάναι(wie constituere Cic.p.
Mil. 28, 78. Philipp II, 36, 92. X,
10, 22) ' befestigen', z. B. [Lys.]
VI, 36: ἐτάραξε μὲν οὗτος τὴν πόλιν, κατεστήσατε δ' ὑμεῖς. — βα-
σανιζόμενος] zu § 27.

26. οὐκ ἠθέλησε] zu XII, 26.
— σοι παρεσκευασμένον] 'von
dir abgemacht', sc. πρὸς τοὺς βουλομένους etc., ebenso παρεσκευάσθη § 28. Unter dem τι ist die
ἄδεια zu verstehen (zu § 55), wie
§ 28. — ἔτι γὰρ κτλ.] Betonung
des Punktes, der § 52 ff. ein Fun-
dament der Vertheidigung untergraben soll.

27. ἀλλὰ μὲν δή] 'atqui cer-
te', stellt das Folgende in Verhältnis zu dem obigen οὐκ ἠθέλησε. Der Redner argumentiert
folgendermassen: Die Bürgen waren bereit, das Land zu verlassen, du weigertest dich. Nun war
aber doch gewiss ihre Situation
eine ganz andere als die deinige.
Denn jene verloren durch ihre
Flucht weit mehr und riskierten
beim Bleiben weniger — und dennoch waren sie bereit das Opfer
zu bringen (wobei freilich die zu
§ 25 angedeutete Gefahr der Bürger im Falle ihres Bleibens klüglich übergangen ist); du verlorest
nichts und riskiertest das Aergste,
dennoch weigertest du dich, Athen
zu verlassen. Also musstest du geheime Bewegründe haben (ἦν τί
σοι παρεσκευασμ.). — Ἀθηναῖοι]

ναῖοι ἦσαν, ὥστε οὐκ ἐδέδισαν βασανισθῆναι· ἔπειτα· πατρίδα σφετέραν αὐτῶν καταλιπόντες ἕτοιμοι ἦσαν συνεκπλεῖν
μετὰ σοῦ, ἡγησάμενοι ταῦτα μᾶλλον λυσιτελεῖν ἢ τῶν πολιτῶν πολλοὺς καὶ ἀγαθοὺς ὑπὸ σοῦ ἀδίκως ἀπολέσθαι. Σοὶ
δὲ πρῶτον μὲν κίνδυνος ἦν βασανισθῆναι ὑπομείναντι,
ἔπειτα οὐ πατρίδα ἂν σαυτοῦ ἀπέλιπες· ὥστ' ἐκ παντὸς τρό- 28
που σοὶ μᾶλλον ἢ ἐκείνοις ἐκπλεῦσαι συνέφερεν, εἰ μή τι ἦν
ᾧ ἐπίστευες· νῦν δὲ ἄκων μὲν προσποιῇ, ἑκὼν δὲ πολλοὺς
καὶ ἀγαθοὺς Ἀθηναίων ἀπέκτεινας. Ὡς δὲ παρεσκευάσθη

'athenische Bürger', wie in
Ἀθηναῖον γίγνεσθαι, ποιεῖν, ποιεῖσθαι (zu § 70). — ὥστε οὐκ
βασανισθῆναι] Die Person des
athenischen Bürgers war (ebenso
wie die des römischen) vor der
Folter gesichert, durch das Gesetz des Skamandrios (Andok. I,
43). In solchen Zeiten freilich, wo
die Autorität der Gesetze wankte,
war auf diese Sicherheit wohl
nicht immer zu bauen, wie der
Vorschlag des Peisandros bei Andok. a. a. O. und die Art, wie man
dem Aristophanes aus Cholleidae
den Schutz des Gesetzes entziehen
wollte (§59), beweist.— πατρίδα
σφετέραν αὐτῶν] 'eigenes Hei-
matsland', ohne Artikel, weil es
nicht auf ein bestimmtes Vaterland, sondern auf die Eigenschaft
als vaterländischen Boden überhaupt ankommt. So auch πατρίδα
σαυτοῦ und z. B. noch Plat. Menex.
237ᵇ: τοὺς ἐκγόνους ἀπεφήνατο
οὐ μετοικοῦντας ἐν τῇ χώρᾳ, ἀλλ'
αὐτόχθονας καὶ ἐν πατρίδι οἰ-
κοῦντας. Die Bedeutung des an-
gebotenen Opfers bemesse man
nach Stellen wie Eurip. El. 1314;
τίνες ἄλλαι στοναχαὶ μείζους ἢ
γῆς πατρῴας ὅρον ἐκλείπειν: Phoeniz. 388 fragt Iokaste: τί τὸ στέρεσθαι πατρίδος; ἢ κακὸν μέγα;
daraufPolyneikes: μέγιστον· ἔργῳ
δ' ἐστὶ μεῖζον ἢ λόγῳ. Med. 649:
μόχθων οὐκ ἄλλος ὑπέρθεν ἢ γῆς
πατρίας στέρεσθαι. Andok. I, 144:
οἶδα μὲν οἷόν ἐστι πόλεως τοιαύ-
της πολίτην εἶναι, οἶδα δὲ οἷόν
ἐστι ξένον εἶναι ἐν τῇ τῶν πλησίον.
Vgl. zu XII, 98. — συνεκπλεῖν

μετά] Der scheinbare Pleonasmus
('zugleich mit') wie § 58. XXI, 8;
ähnlich συναχολουθεῖν, συζῆν μετά
τινος u. dgl. — κίνδυνος ἦν]
Consequent betrachtet der Sprecher den Agoratos trotz seiner
Prätention, das Bürgerrecht seiner Verdienste wegen erhalten
zu haben (§ 70), als Nichtbürger.
Metöken und Sklaven waren der
Folter nach dem Ermessen der Behörden unterworfen. Schömann,
Process 685. — ταῦτα] zu XII, 9.
— οὐκ ἀπέλιπες] würdest nicht
im Stich gelassen haben', wozu sich
die Bürgen trotz der bedrängten
Lage des Staates auf Kosten ihrer
Vaterlandsliebe hätten entschliessen müssen; dem Agoratos wäre
ein solches Opfer nicht zugemu-
thet worden.

28. νῦν δέ] zu XII, 22. —
προσποιῇ] ἀποκτεῖναι; die Ergänzung des Infin. bei προσποιεῖσθαι wie § 75. Demosth. XVIII,
125: ὅρα μὴ τούτων μὲν ἐχθρὸς
ᾖς, ἐμοὶ δὲ προσποιῇ. Isokr. XII,
263. Beachtenswerth ist hier die
Ergänzung aus einem folgenden
Verbum. Kr. 55, 4. 11. So noch
Fragm. 11: μὴ μέλλοντες (sc. πείσεσθαι) μὲν ὑπισχνεῖσθε, παθόντες δ' ἀφαιρεῖσθε. — ἄκων
ἑκών] zu § 19. — μάρτυρες]
welche natürlich nicht die geheimen Abmachungen, sondern nur
das diesbehufs verrathende, ohne
die Voraussetzung derselben unbegreifliche Verfahren des Agoratos zu Munychia bezeugen konnten.

ἅπαντα ἃ ἐγὼ λέγω, καὶ μάρτυρές εἰσι καὶ αὐτὸ τὸ ψήφισμα
σοῦ τὸ τῆς βουλῆς καταμαρτυρήσει. ΜΑΡΤΥΡΕΣ. ΨΗΦΙΣΜΑ.

29 Ἐπειδὴ τοίνυν τοῦτο τὸ ψήφισμα ἐψηφίσθη καὶ ἦλθον
οἱ ἐκ τῆς βουλῆς Μουνυχίαζε, ἐκὼν ἀνέστη Ἀγόρατος ἀπὸ
30 τοῦ βωμοῦ· καίτοι νῦν γε βίᾳ φησὶν ἀφαιρεθῆναι. Ἐπειδὴ
δὲ εἰς τὴν βουλὴν ἐκομίσθησαν, ἀπογράφει Ἀγόρατος πρῶτον μὲν τῶν αὑτοῦ ἐγγυητῶν τὰ ὀνόματα, ἔπειτα τῶν στρατηγῶν καὶ τῶν ταξιάρχων, ἔπειτα δὲ καὶ ἄλλων τινῶν πολιτῶν. Ἡ δὲ ἀρχὴ αὕτη τοῦ παντὸς κακοῦ ἐγένετο. Ὡς δὲ
ἀπέγραψε τὰ ὀνόματα, οἶμαι μὲν καὶ αὐτὸν ὁμολογήσειν· εἰ
δὲ μή, ἐπ᾽ αὐτοφώρῳ ἐγὼ αὐτὸν ἐξελέγξω. Ἀπόκριναι δή μοι.
ΕΡΩΤΗΣΙΣ.

31 Ἐβούλοντο τοίνυν, ὦ ἄνδρες δικασταί, ἔτι πλειόνων

ψήφισμα] Unzweifelhaft war
in dem Rathsbeschlusse dem Denuncianten die (vorher vertrau-
lich in Aussicht gestellte) ἄδεια
(zu § 55) verbürgt. Im Verlauf der
Rede erwähnt er allerdings dieses
den Agoratos belastenden Umstandes nicht ausdrücklich, weil
die Vorlesung dieses Actenstücks
ihn genügend constatierte.

29. οἱ ἐκ τῆς βουλῆς] Die
neuerdings zur Ergreifung des
Agorat abgeordneten Senatoren,
wovon vermuthlich ebenfalls in
dem so eben verlesenen Psephisma
die Rede war.

30. ἐκομίσθησαν] der Plural
geht nicht, wie man meinte, mit
auf die Strategen und Taxiarchen,
denn deren Haftnahme ward erst
nach der Denunciation des Agoratos vollzogen (§ 34), sondern
auf Agoratos und die beiden anderen auf Grund der Anzeige des
Theokrit in den Rath Geführten,
deren Festnehmung genauer zu
berichten nicht zur Sache gehörte,
Xenophon und Hippias (§ 54), deren Namen jedenfalls in dem § 22
verlesenen Psephisma genannt waren. Von ihnen liess nur Agorat
sich willig finden, Angaben zu
machen. — ἀπογράφει] 'giebt
zu Protocoll', das stehende Wort

bei der μήνυσις. Andok. I, 13:
ἐμήνυσε ταῦτα καὶ ἀπέγραψε τούτους. § 15. 17. 34 u. ö — ἡ ἀρχή
— ἐγένετο] Uebertreibend macht
er den Agor. wiederholt (§ 34. 43.
48. 95) verantwortlich für die ganze
folgende Katastrophe (die Vollziehung des verderblichen Friedens und den Umsturz der Verfassung), weil er dem Staate die Männer entzogen habe, die seine Ehre
und Freiheit nach aussen und in-
nen hätten schützen können, nach
dem von Demosth. XVIII, 159 ausgesprochenen Satze: ὁ τὸ σπέρμα
παρασχὼν οὗτος τῶν φύντων κακῶν αἴτιος. — ἐπ᾽ αὐτοφώρῳ]
uneigentlich: 'auf Grund unbe-
strittener Thatsachen', die in der
folgenden ἐρώτησις (zu XII, 24)
ausgesprochen wurden. So Aesch.
III, 10: πολλοὶ τῶν ὑπευθύνων ἐπ᾽
αὐτοφώρῳ κλέπται τῶν δημοσίων
χρημάτων ὄντες ἐξελέγχονται (bei
der Rechenschaftsablegung). Demosth. XXXIX. 26: ἐπ᾽ αὐτοφώρῳ
συκοφάντην ἐπιδεικνύει τοῦτον.
Anklang an die Argumentation
§. 87.

31. ἐβούλοντο] die oligarchi-
schen Tonangeber im Rath. — Der
Satz οὕτω — ἐργάζεσθαι ist Com-
mentar des Sprechers zu dem
Drängen des Senats zu weiteren
Denunciationen; nach dieser Pa-

αὐτὸν τὰ ὀνόματα ἀπογράψαι — οὗτω σφόδρα ἔρρωτο ἡ βουλὴ
κακόν τι ἐργάζεσθαι —, Ἀγόρατος γὰρ οὐκ ἐδόκει αὐτοῖς ἅπαντα τἀληθῆ πω κατηγορηκέναι. Τούτους μὲν οὖν ἅπαντας ἑκὼν
ἀπογράφει, οὐδεμιᾶς αὐτῷ ἀνάγκης οὔσης. Ἐπειδὴ δὲ ἡ ἐκ- 32
κλησία Μουνυχίασιν ἐν τῷ θεάτρῳ ἐγίγνετο, οὗτω σφόδρα
τινὲς ἐπεμελοῦντο, ὅπως καὶ ἐν τῷ δήμῳ περὶ τῶν στρατηγῶν καὶ τῶν ταξιάρχων μήνυσις γένοιτο — περὶ δὲ τῶν ἄλλων ἀπέχρη ἐν τῇ βουλῇ μόνῃ γεγενημένη —, ὥστε καὶ ἐκεῖ
παράγουσιν εἰς τὸν δῆμον. Καί μοι ἀπόκριναι, ὦ Ἀγόρατε·

renthese folgt die ironische Motivierung des ἐβούλοντο — ἀπογράψαι, als ob die Bule so gehandelt
habe, weil es ihr um die Erforschung der vollen Wahrheit zu
thun gewesen sei. Dass Agorat
dem Wunsche des Senats will-
fahrte, lehrt der Zusammenhang.
— ἔρρωτο] Wir etwa: 'war darauf erpicht' (bei Phrynichos wird
ἐρρῶσθαι durch προθυμεῖσθαι erklärt). Vgl. Thukyd. II, 8 a. E.:
ἔρρωτο πᾶς καὶ ἰδιώτης καὶ πόλις
ξυνεπιλαμβάνειν αὐτοῖς. — οὐκ
ἐδόκει — πω] Die Negation in
οὔπω zum regierenden Verb gezogen wie Platon Gorg. 506ᵃ: ἐμοὶ
οὐ δοκεῖ χρῆναι πω ἀπιέναι. —
κατηγορηκέναι] 'ausgesagt zu
haben', κατηγορεῖν = καταγορεύ-
ειν, doch stets mit dem Nebenbe-
griff des Anklagens, wie I, 20:
κατηγόρει ὡς αὐτῇ προσίοι. VII,
35: περὶ αὐτῶν οἱ βασανιζόμενοι
κατηγοροῦσιν. Demosth. XXXXV,
20: ἐστι τοῦτο τὸ δηλοῦν καὶ κατη-
γοροῦν, ὅτι πᾶν τὸ πρᾶγμα κατε-
σκευάκασιν. Antiph. I, 10: τὰ γε-
γονότα κατηγορεῖν. — τούτους
ἅπαντας] sowohl die § 30 bezeichneten als die ἔτι πλείονες dieses §. wie ἅπαντας zeigt. — ἑκὼν
— οὔσης] Ueber die nachdrückliche Doppelsetzung des Begriffs
'freiwillig' zu § 19.

32. ἐν τῷ θεάτρῳ] Genauer
bezeichnet die Localität Thukyd.
VIII, 93: τὸ πρὸς τῇ Μουνυχίᾳ
Διονυσιακὸν τὸ ἐν τῷ Πειραιεῖ
θέατρον; auch Xen. Hell. II, 4, 32:
τὸ Πειραιοῖ θέατρον. Das Theater
war Eigenthum der Demoten des

Peiräeus (Corp. Inscr. I, No. 101).
— Eine Volksversammlung ἐν Πειραιεῖ, also doch wohl in demselben
Theater, über einen weniger wichtigen Gegenstand erwähnt Dem.
XIX, 60. Den kleinen Raum anstatt des grossen Dionysostheaters
in der Stadt oder der Pnyx hatten
die Leiter der Bewegung wohl absichtlich gewählt, um die Massen
fern zu halten. Der Wortlaut hier
wie § 55 zeigt, dass die Denunciation des Agor. nicht der eigentliche Gegenstand dieser Ekklesia
war, sondern diese nur von den
Oligarchen für ihre Zwecke benutzt ward; sie mochten mit der
Ausführung der Friedensbedingungen und den Drohungen Ly-
sanders (zu XII, 74) zusammenhän-
gen. — περὶ τῶν στρατηγῶν
καὶ τῶν ταξιαρχῶν] bei so
einflussreichen Beamten scheute
man also doch die gegen die Uebrigen verübte schnöde Willkür.
Dass die Oligarchen aber dabei
nur vorsichtiger Klugheit, nicht
einer Nothwendigkeit folgten, geht
aus der Erzählung hervor; zu § 20.
— ἀπέχρη — γεγενημένη] Sub-
jectist μήνυσις und ἀποχρῆσαι persönlich mit dem Particip construirt
nach Analogie von ἄρχεῖν. Kr. 66,
8, 1. Weit üblicher allerdings ist
das impersonale ἀπόχρη mit dem
Infin. — ἐκεῖ] Man wollte ἐκεῖσε.
Doch ist die Deutung: 'sie führen
ihn dort auch dem Volke vor'
nicht anzufechten. καί gehört nicht
blos zu ἐκεῖ, sondern zu dem
ganzen Satze und zu betonen ist
δῆμον. — παράγουσιν] Befremdlich ist das Fehlen des Objects;

ἀλλ' οἶμαί σε ἔξαρνον γενήσεσθαι ἃ ἐναντίον Ἀθηναίων₁
ἁπάντων ἐποίησας.

ΕΡΩΤΗΣΙΣ.

33 Ὁμολογεῖ μὲν καὶ αὐτός, ὅμως δὲ καὶ τὸ ψήφισμα
ὑμῖν τοῦ δήμου ἀναγνώσεται.

ΨΗΦΙΣΜΑ.

Ὅτι μὲν ἀπέγραψεν Ἀγόρατος οὑτοσὶ τῶν ἀνδρῶν ἐκείνων τὰ ὀνόματα, καὶ τὰ ἐν τῇ βουλῇ καὶ τὰ ἐν τῷ δήμῳ,
καὶ ἔστι φονεὺς ἐκείνων, σχεδόν τι οἶμαι ὑμᾶς ἐπίστασθαι·
ὡς τοίνυν ἁπάντων τῶν κακῶν αἴτιος τῇ πόλει ἐγένετο καὶ
οὐδ' ὑφ' ἑνὸς αὐτὸν προσήκει ἐλεεῖσθαι, ἐγὼ οἶμαι ὑμῖν ἐν
34 κεφαλαίοις ἀποδείξειν. Ἐπειδὴ γὰρ ἐκεῖνοι συλληφθέντες
ἐδέθησαν, τότε καὶ ὁ Λύσανδρος εἰς τοὺς λιμένας τοὺς ὑμετέ-

vgl. § 55. — ἀλλ' οἶμαί] Nach
der Aufforderung ἀπόκριναι zeigt
Agoratos keine Lust, der Aufforderung, im Kreuzverhör Rede zu
stehen, zu genügen und macht keine
Miene, sich zu erheben (zu XII, 24).
Verwundert und indigniert ruft
darauf der Sprecher: 'Aber ich
glaube, du wirst noch leugnen,
was' u. s. w. Dann erst macht
Agorat. dazu Anstalt.

33. ὅμως δέ] weil die ἐρώτησις
keine juristische Beweiskraft hat;
zu XII, 24. — ἀναγνώσεται]
zu XII, 47. Der hier verlesene
Volksbeschluss ist derselbe, von
dem § 35 ein Passus nochmals zur
Vorlesung kommt, über die Einleitung der Untersuchung gegen
die von Agor. Denuncierten (soweit sie dem Volke mitgetheilt
worden waren), ihre Verhaftung
und die Form des gerichtlichen
Verfahrens gegen sie. Jedenfalls
war dies alles in ein ψήφισμα zusammengefasst, und demnach ist
das handschriftliche τὰ ψηφίσματα
nicht haltbar. Allerdings ward
in derselben Versammlung noch
ein Beschluss gefasst (§ 55), dessen Verlesung aber an hiesiger
Stelle nicht am Platze war. —
καὶ τὰ ἐν τῇ βουλῇ καὶ τὰ ἐν
τῷ δήμῳ]. sc. ἀπογραφέντα. Er

sondert die genannten Namen in
Klassen nach der Localität, die
für jede von beiden wesentlich
in Frage kam. Dass τὰ ἐν τῷ δήμῳ ὀνόματα (die der Strategen
und Taxiarchen) zuvor schon in
der Bule genannt waren, beein-
trächtigt insofern nicht die Logik
der Eintheilung, als die Vorsicht
der Oliarchen (zu § 32) für diese
Kategorie der Denuncierten nicht
die Angabe vor dem Volke, sondern
die vor dem Volke als wesentlich
betrachtete. Die Weglassung des
Artikels τά dagegen gäbe den
Sinn, Agor. habe die Namen insgesammt sowohl in der Bule als
vor dem Volke angegeben, was
nach § 32 unrichtig. — ἔστι φονεὺς ἐκείνων] K. zu Rede XII,
§ 1; XIII, 6 4. — σχεδόν τι] 'so
ziemlich'; zu § 43. — ἐν κεφα-
λαίοις] 'in den Hauptpunkten,
summarisch', wie Isokr. II, 9. Demosth. XXIX, 14. Xen. Agesil. 11,
1; auch ἐν κεφαλαίῳ Demosth.
XXIV, 5; XXXII, 13; XXXX, 35;
ἐπὶ κεφαλαίων Aesch. II, 45. Hypereid. Epit. col. 3.
34. ἐπειδή κτλ.] Herbe Ampli-
fication des Gedankens: Nach der
Beseitigung jener Männer ward der
schmähliche Friede mit seinen
Consequenzen vollzogen. — εἰς
τοὺς λιμένας] Der Plural mit

ϱους εἰσέπλευσε καὶ αἱ νῆες αἱ ὑμέτεραι Λακεδαιμονίοις
παρεδόθησαν καὶ τὰ τείχη κατεσκάφη καὶ οἱ τριάκοντα
κατέστησαν, καὶ τί οὐ τῶν δεινῶν τῇ πόλει ἐγένετο; Ἐπειδὴ 35
τοίνυν οἱ τριάκοντα κατέστησαν, εὐθέως κρίσιν τοῖς ἀν-
δράσι τούτοις ἐπυίουν ἐν τῇ βουλῇ· ὁ δὲ δῆμος ἐν τῷ δικα-

Rücksicht auf die verschiedenen Hafenbecken der Peiräeushalbinsel (Emporion, Kantharos, Zea, Munychia); an den damals kaum noch benutzten Hafen Phaleron ist nicht mit zu denken. — εἰσέπλευσε] bei den XII, 71 ff. geschilderten Vorgängen Diod. XIV, 3. Nach der Capitulation der Stadt im Frühjahr 404 hatte sich Lysandros nicht länger in der Stadt Athen aufgehalten, sondern war sofort gegen Samos aufgebrochen. (Diod.). Auch bei Xen. Hell. II, 2, 23 bezieht sich das κατέπλει εἰς τὸν Πειραιᾶ ersichtlich nicht auf die Zeit, wo der Friede geschlossen, sondern wo er vollzogen ward. — αἱ νῆες] zu § 14. — τί οὐ τῶν δεινῶν] Wir ohne Frage: 'alle denkbare Schrecknis'; bei den Rednern ist diese lebhafte Wendung des Gedankens sehr häufig; vgl. z. B. Isokr. XV, 317: ἐκ ταύτης τῆς μεταβολῆς τί τῶν δεινῶν οὐ συνέπεσε τῇ πόλει; VIII, 111: αἷς (ταῖς μοναρχίαις) τί τῶν δεινῶν ἢ τῶν χαλεπῶν οὐ πρόσεστι; So Cic. Philipp. II, 22, 55: quid mali non vidimus? Ueber den Genitiv Kr. 47, 28, 11.

35. κρίσιν ἐποίουν] κρίσιν ποιεῖν von der obrigkeitlichen Autorität, welche ein 'gerichtliches' Verfahren anordnet' (ähnlich κρίσιν προθεῖναί τινι Lys. XXVII, 8) wie Thuk. VI, 60: κρίσεις ποιήσαντες αὐτοὺς ἀπέκτειναν, ebenda I, 77 (wo Classen im Anhang) Aristoph. Frösche 779: ὁ δῆμος ἀνεβόα κρίσιν ποιεῖν; oder vom Gesetzgeber, welcher ein solches feststellt, wie Demosth. XXIII, 81 (analog γραφὴν ποιεῖν Deinarch II, 17). Dagegen τὰς κρίσεις ποιεῖσθαι von den Parteien: 'processieren' (wie Isokr. IV, 40), und τὴν κρίσιν ποιεῖσθαι

vom Richter, der sein Urtheil fällt (sich sein Urtheil bildet), wie Lys. XXV, 10. Isokr. XVIII, 22. Zu XII, 72. — ἐν τῇ βουλῇ] betont ans Ende gestellt, im Gegensatz zu ἐν τῷ δικαστ. — Die Dreissig bildeten nach ihrem Gutdünken aus ihren Parteigenossen (§§ 20. 74. Diod. XIV, 4) einen Rath (Xen. Hell. II, 3, 11), welcher, wenn Lysias unten § 74 genau berichtet, aus weniger Mitgliedern als den gesetzlichen 500 bestand. Diesem Rath übergaben sie, soweit es ihnen beliebte, die Gerichtsbarkeit in politischen und fiskalischen (wie aus Isokr. XVIII, 6 zu schliessen) Processen (zu XII, 81), als einem willigen Werkzeuge ihrer Blut- und Willkürmassregeln (§ 38. XII, 48); die Gemässigten in ihm (Xen. Hell. II, 3, 50) wusste man nöthigenfalls einzuschüchtern (ebenda § 55). Daher denn nach der Restauration nicht selten die Beschuldigung, Mitglied dieser Bule gewesen zu sein (Andok. I, 95. Isokr. XVI, 43), wogegen der Sprecher bei Lys. XXV, 14 energischen Protest erhebt. — ἐν τῷ δικαστηρίῳ, ἐν δισχιλίοις] beides gesonderte Momente von Wichtigkeit; ἐν τῷ δικ. betont den legitimen Heliastengerichtshof gegenüber dem ungesetzlich richtenden Bule, ἐν δισχιλίοις die absichtlich hoch gegriffene Zahl der Richter, welche eine oligarchische Beeinflussung erschweren sollte (vgl. Pseudoxen. Staat der Ath. 3, 7: φήσει τις χρῆναι δικάζειν μέν, ἐλάττους δὲ δικάζειν. Ἀνάγκη τοίνυν ὀλίγοι ἢ ἑκάστῳ ἔσονται καὶ δικαστηρίῳ, ὥστε καὶ διασκευάσασθαι ῥᾴδιον ἔσται πρὸς ὀλίγους δικαστὰς καὶ συνδικάσαι πολὺ ἧττον δικαίως δικάζειν). — ἐν τῷ δικαστηρίῳ] der Artikel bezeichnet nicht einen bestimmten

στηρίῳ ἐν δισχιλίοις ἐψήφιστο. Καί μοι ἀνάγνωθι τὸ ψήφισμα.

ΨΗΦΙΣΜΑ.

36 Εἰ μὲν οὖν ἐν τῷ δικαστηρίῳ ἐκρίνοντο, ῥᾳδίως ἂν
ἐσώζοντο· ἅπαντες γὰρ ἤδη ἐγνωκότες ἦτε, οὐ ἦν κακοῦ ἡ
πόλις, ἐν ᾧ οὐδὲν ἔτι ὠφελεῖν ἐδύνασθε· νῦν δ' εἰς τὴν
βουλὴν αὐτοὺς τὴν ἐπὶ τῶν τριάκοντα εἰσάγουσιν. Ἡ δὲ κρί-

Gerichtshof, sondern generell die
richtende Autorität gegenüber
der Berathenden, wie § 65
ἐν τῷ δικαστ. dem ἐν τῷ δήμῳ
gegenüber steht; eben so wie hier
XXX, 11. — ἐν δισχιλίοις] δικασταῖς zuzusetzen war nach ἐν
τῷ δικαστ. nicht nöthig. Die
grosse Zahl der Heliasten, das
Drittel aller für das Jahr ausge-
losten Geschworenen, zeigt, wie
hohe Wichtigkeit das Volk der
Sache beilegte. Soweit uns bekannt, ist diese Zahl nur zweimal
überstiegen worden; 2500 Richter
werden von Deinarch I, 52, alle
6000 von Andok. I, 17 bei Gelegenheit des Mysterienfrevels erwähnt. — Ueber ἐν zu XII, 6. —
ἐψήφιστο] ist wohl mit Recht
für das handschriftliche ἐψηφίσατο
geschrieben worden; der Aorist
würde das Zeitverhältnis der Handlungen ἐποίουν und ἐψηφίσατο
unter einander nicht andeuten,
sondern beide einfach der Vergangenheit zuweisen (Madvig 114c,
Anm. 2); ἐψήφιστο aber (sc. τὴν
κρίσιν ποιεῖν) giebt den passenden Sinn: 'der Volksbeschluss lag
vor.' — τὸ ψήφισμα] zu § 33.

36. εἰ—ἐκρίνοντο,—ἂν ἐσώ-
ζοντο] Da der gesetzte Fall der
Vergangenheit angehört, erwartet
man die Aoriste. Doch wird in dem
Bestreben, Vergangenes lebhaft
veranschaulichend in die Gegenwart zu rücken, in hypothetischen
Sätzen öfters das Impf. für den
Aorist oder mit ihm wechselnd
gebraucht, oder auch so, dass die
Impfcta zuweilen den in der Vergangenheit dauernden Zustand

hypothetisch ausdrücken. Kr. 54,
10, 3. In beiden Satzgliedern wie
hier auch XXV, 19 (zuständlich)
und I, 88: εἰ ἐργου μηδενὸς γεγενημένου μετελθεῖν ἐκέλευον ἐκεῖνον,
ἠδίκουν ἄν. In der Protasis I, 31:
εἴ τινα εἶχε μείζω τιμωρίαν, ἐποίησεν ἄν; in der Apodosis XII, 85;
IV, 7: οὐκ ἂν οὕτως ἤλθομεν, ἀλλ'
ἔχοντές τι ἐβαδίζομεν. XX, 27:
εἰ μὴ εὔνους ἦν τῇ πόλει, οὐκ ἂν
ποτε τοιαῦτα ἐπέστελλεν, vgl.
XIV, 14 und unten § 74, wo τιμωρεῖσθαι ἄν als Inf. Impf. parallel
dem vorhergehenden τιμωρήσασθαι; in der Apodosis zuweilen
selbst dann das Impf., wenn die
Vergangenheit durch τότε mar-
kiert wird, wie Andok. II, 4. Demosth. XVIII, 224. — ἐν τῷ δι-
καστηρίῳ] Eine ähnliche Erwägung bestimmte die Oligarchen in
dem Processe des Kleophon, die
Bule mitwirken zu lassen. XXX,
11. — ἤδη] 'nachgerade.' Zu betonen ist ἅπαντες; auch die, die
früher den Frieden um jeden Preis
gewollt und der Opposition ge-
grollt hatten (§ 16), waren jetzt
anderen Sinnes geworden und
würden danach ihre Abstimmung
gerichtet haben.— οὐ ἦν κακοῦ]
wie Demosth. XXIII, 156: ᾔσθετο
οὐ ἦν κακοῦ. Kr. 47, 10, 4. — ἐν
ᾧ] sc. χρόνῳ, erläutert das ἤδη,
wie VII,7 ein τότε, unten § 93 und
Thuk. II, 11 ein νῦν (wofür Isokr.
XVIII, 35: νυνὶ ἐν ᾧ χρόνῳ), Antiph. V, 62 ein ἐνταῦθα. — οὐδὲν ὠφελεῖν] nämlich der Stadt.
Wohl aber hätte es noch in ihrer
Macht gestanden, die Angeklagten
zu retten. — νῦν δέ] zu XII, 22.
— τὴν ἐπὶ τῶν τριάκοντα]

σις τοιαύτη ἐγένετο, οἵαν καὶ ὑμεῖς αὐτοὶ ἐπίστασθε. Οἱ 37
μὲν γὰρ τριάκοντα ἐκάθηντο ἐπὶ τῶν βάθρων, οὗ νῦν οἱ
πρυτάνεις καθίζονται· δύο δὲ τράπεζαι ἐν τῷ πρόσθεν τῶν
τριάκοντα ἐκείσθην· τὴν δὲ ψῆφον οὐκ εἰς καδίσκους ἀλλὰ
φανερὰν ἐπὶ τὰς τραπέζας ταύτας ἔδει τίθεσθαι, τὴν μὲν
καθαιροῦσαν ἐπὶ τὴν ὑστέραν· ὥστε ἐκ τίνος τρόπου ἔμελλέ
τις αὐτῶν σωθήσεσθαι; Ἑνὶ δὲ λόγῳ, ὅσοι εἰς τὸ βουλευτή- 38
ριον ἐπὶ τῶν τριάκοντα εἰσῆλθον κριθησόμενοι, ἁπάντων
θάνατος κατεγιγνώσκετο καὶ οὐδενὸς ἀπεψηφίσαντο, πλὴν

Hinweis auf den allbekannten politischen Charakter dieser Körperschaft, zu § 19.

37. ἐπὶ τῶν βάθρων] ver-
muthlich erhöhte Subsellien im
Buleuterion, in deren Nähe die Ab-
stimmungstische aufgestellt waren. Die Dreissig gerierten sich
als Vorsitzende in der Bule. —
νῦν] nach wiederhergestellter Demokratie, wie XII, 81. — οἱ πρυ-
τάνεις] Die mit der Besorgung
der laufenden Geschäfte und dem
Vorsitz in den Plenarsitzungen
des Raths und in der Ekklesia be-
auftragte Fünfziger - Section der
Bule. — δύο τράπεζαι] Man
wollte τραπέζα. Doch vgl. Kr.
44, 2, 3 und 63, 3, 1, auch Madvig § 1ᵃ, Anmerk. 2. — εἰς καδί-
σκους] Bei der gesetzlichen geheimen Abstimmung (zu XII, 91)
warfen die Richter die der Form
oder Farbe nach verschiedenen
freisprechenden und verurtheilenden Stimmsteine in die 'giltige'
Urne (κύριος καδίσκος), aus der
sie dann ausgezählt wurden, die
nicht gebrauchten in die 'ungil-
tige' (ἄκυρος καδίσκος). DieDreis-
sig beseitigten mit der geheimen
Abstimmung zugleich die Urnen,
um nicht durch die Form an die
Sache zu erinnern. Sonst hätten
sie sich auch durch Aufstellung
eines 'freisprechenden' (ἀπολύων)
und 'verurtheilenden' (ἀπολλύς)
καδίσκος helfen können, wie in
der Scene bei Aristoph. Wesp.
986 ff. (mit dem Schol.). — τὴν
μὲν καθαιροῦσαν ἐπὶ τὴν
ὑστέραν] Der Gegensatz: 'den

freisprechenden auf den vorderen', ist so selbstverständlich, dass
ein Zusatz wie τὴν δὲ σώζουσαν
ἐπὶ τὴν προτέραν, wie er schon im
interpolierten codex Laurentianus
versucht ist, gewiss überflüssig
ist. (Ueber das μέν zu XII, 8.)
Die Dreissig hatten das schlau berechnet. Vor dem offenen Hervortreten an den vorderen Tisch unter die Augen der präsidierenden
Dreissig scheuten sich unwillkür-
lich die etwaigen Gemässigten.
Ein ähnliches, doch minder raffi-
niertes Verfahren ward auch in
dem Probuleuma im Feldherrnprocess (Xen. Hell. I, 7, 9) empfohlen: θεῖναι δύο ὑδρίας· ὅτῳ
δοκοῦσιν ἀδικεῖν οἱ στρατηγοί, εἰς
τὴν προτέραν ψηφίσασθαι, ὅτῳ δὲ
μή, εἰς τὴν ὑστέραν. — καθαι-
ροῦσαν] ein, wie es scheint, in
diesem Sinne (suffragium conde-
mnans) archaistischer terminus,
dessen Bedeutung zu entnehmen
aus Stellen wie Eurip. Orest. 862:
τίνες ἐν Ἀργείοις λόγοι καθεῖλον
ἡμᾶς; — Die Worte des Lysias
sollen nicht besagen, dass jeder
Buleut 2 Stimmsteine erhielt und
einen von beiden abgab, sondern
jeder hatte einen Stein (daher
vorher τὴν ψῆφον); ward dieser
auf den hinteren Tisch gelegt, so
war er καθαιροῦσα, wenn auf den
vorderen, σώζουσα. Eines Unter-
schiedes der Stimmsteine bedurfte
es natürlich nicht, wenn der Ort,
wo sie niedergelegt wurden, ihre
Geltung als freisprechend oder
verurtheilend bestimmte.

38. εἰσῆλθον] zu § 12. — οὐ-
δενός] doch wohl auch Menestra-

9*

'Αγοράτου τουτουΐ· τούτον δὲ ἀφεῖσαν ὡς εὐεργέτην ὄντα.
Ἵνα δὲ εἰδῆτε, ὡς πολλοὶ ὑπὸ τούτου τεθνᾶσι, βούλομαι ὑμῖν
τὰ ὀνόματα αὐτῶν ἀναγνῶναι.

ΟΝΟΜΑΤΑ.

39 Ἐπειδὴ τοίνυν, ὦ ἄνδρες δικασταί, θάνατος αὐτῶν
κατεγνώσθη καὶ ἔδει αὐτοὺς ἀποθνήσκειν, μεταπέμπονται
εἰς τὸ δεσμωτήριον ὁ μὲν ἀδελφήν, ὁ δὲ μητέρα, ὁ
δὲ γυναῖκα, ἥτις ἦν ἑκάστῳ αὐτῶν προσήκουσα, ἵνα τὰ
ὕστατα ἀσπασάμενοι τοὺς αὐτῶν οὕτω τὸν βίον τελευτή-
40 σειαν. Καὶ δὴ καὶ Διονυσόδωρος μεταπέμπεται τὴν ἀδελφὴν τὴν ἐμὴν εἰς τὸ δεσμωτήριον, γυναῖκα ἑαυτοῦ οὖσαν.
Πυθομένη δ' ἐκείνη ἀφικνεῖται, μέλαν τε ἱμάτιον ἠμφι-

tos (§ 55 f.), der jedenfalls mit in
derselben Sache vor der Bule stand.
— ὡς εὐεργέτην ὄντα] bit-
tere Anspielung (ähnl. Demosth.
XXIV, 89) auf die zu § 72 bespro-
chene Ehrenerweisung an ver-
dienstvolle Männer, wofern nicht
gar dies ein in der freisprechenden Sentenz vorkommendes Motiv
war; — ὡς πολλοί] betont mehr
als ὅσοι (neben dem es § 44 steht)
den Begriff 'viele.' Dagegen Andok. I, 47: τὰ ὀνόματα ὑμῖν ἀνα-
γνώσομαι τῶν ἀνδρῶν ὧν ἀπέγραψεν, ἵν' εἰδῆτε ὅσους — ἀπώλλυεν.
So bekanntlich quam multi neben
quot.

39. μεταπέμπονται] Eine
ähnliche tragische Scene im Ker-
ker schildert Andok. I, 48. — ἥ-
τις ἦν) In den Handschriften steht
nochmals ὁ δέ vor ἥτις. Doch
scheint das ἑκάστῳ αὐτῶν die
Beziehung auf nur einen Theil
der Eingekerkerten (ὁ δέ) auszu-
schliessen und nach Schwester,
Mutter und Gattin bleibt ein wei-
terer naher Verwandtschafts-
grad weiblicher Seits kaum übrig
(auch bei Andokides ἧκον τῷ μὲν
μήτηρ, τῷ δὲ ἀδελφή, τῷ δὲ γυνὴ
καὶ παῖδες). Nach Beseitigung des
ὁ δέ bezieht sich ἥτις passend auf
die drei vorher bezeichneten Gra-
de der Angehörigkeit: 'wer gerade jedem von ihnen verwandt

war.' — τοὺς αὐτῶν] τούς ohne
Rücksicht auf das Geschlecht der
Herbeigeholten; durch dieselben
empfingen ja zugleich auch die
übrigen Verwandten die letzten
Grüsse (§ 41). — οὕτω] zu XII, 52.

40. καὶ δὴ καί] 'und also
auch', Fortschritt vom Allgemeinen zum Speciellen, wie z. B. Demosth. LIV, 14, prooem. 24, 2; anderwärts vom Vergleich zum Ver-
glichenen, wie Aesch. III, 228.
Bäumlein Partikeln 151. — ἡμ-
φιεσμένη] Die Lücke, auf
welche das τὲ hindeutet, ist
passend durch ein Particip wie
καὶ κεκαρμένη oder ἀποκειραμένη ausgefüllt worden. Denn
nicht nur dunkle Kleidung (schon
das Trauergewand der Thetis
bei Hom. Il. ω, 94 ist schwarz),
und Ablegung jedes Schmuckes,
sondern auch das Abscheren
des Haupthaares (die πένθιμοι
κουραί Eurip. Suppl. 973) ist Zeichen der Trauer (daher κείρασθαι
synonym mit πενθεῖν Lys. II, 60)
und die Verbindung beider Merkmale der Trauer fast stehend. Vgl.
Xen. Hell. I, 7, 8; ἄνθρωποι μέ-
λανα ἱμάτια ἔχοντες καὶ ἐν χρῷ
κεκαρμένοι. Isae. IV, 7: τίς οὐκ
ἀπεκείρατο ἢ τίς οὐ μέλαν ἱμάτιον
ἐφόρησεν; besonders häufig bei
Euripides (Iph. A. 1438 f.; Alk.
425. 818; Orest 457; Phoeniz. 372.

εσμένη . . . , ὡς εἰκὸς ἦν ἐπὶ τῷ ἀνδρὶ αὐτῆς τοιαύτη συμφορᾷ κεχρημένῳ. Ἐναντίον δὲ τῆς ἀδελφῆς τῆς ἐμῆς Διονυ- 41
σόδωρος τά τε οἰκεῖα τὰ αὐτοῦ διέθετο ὅπως αὐτῷ ἐδόκει,
καὶ περὶ Ἀγοράτου τουτουὶ ἔλεγεν ὅτι αἴτιος ἦν τοῦ θανάτου, καὶ ἐπέσκηπτεν ἐμοὶ καὶ Διονυσίῳ τουτωΐ, τῷ ἀδελφῷ
τῷ αὐτοῦ, καὶ τοῖς φίλοις πᾶσι τιμωρεῖν ὑπὲρ αὐτοῦ Ἀγό-
ρατον· καὶ τῇ γυναικὶ τῇ αὐτοῦ ἐπέσκηπτε, νομίζων αὐτὴν 42
κυεῖν ἐξ αὐτοῦ, ἐὰν γένηται αὐτῇ παιδίον, φράζειν τῷ γενομένῳ, ὅτι τὸν πατέρα αὐτοῦ Ἀγόρατος ἀπέκτεινε, καὶ
κελεύειν τιμωρεῖν ὑπὲρ αὐτοῦ ὡς φονέα ὄντα. Ὡς οὖν ἀληθῆ
λέγω, μάρτυρας τούτων παρέξομαι.

ΜΑΡΤΥΡΕΣ.

Οὗτοι μὲν τοίνυν, ὦ ἄνδρες Ἀθηναῖοι, ὑπ' Ἀγοράτου 43
ἀπογραφέντες ἀπέθανον· ἐπεὶ δὲ τούτους ἐκποδὼν ἐποιή-

Helena 1186 ff.). — ἐπί] angeschlossen an das zu ergänzende
ἠμφιέσθαι (καὶ ἀποκείρασθαι)
als die Aeusserung der Trauer.
Vgl. Eurip. Suppl. 1056: οὐκ ἐπ'
ἀνδρὶ πένθιμος πρέπεις ὁρᾶν. Kr.
68, 41, 6.
41. ἐναντίον τῆς ἀδελφῆς]
wie auch Sokrates beim Platon
(Phaed. 116ᵇ) in Gegenwart der
οἰκεῖαι γυναῖκες sein Haus bestellt (τὰ οἰκεῖα διατίθεται). —
ὅτι — θανάτου] die Beziehung
auf Dionysodor ist wohl auch ohne
ein zugesetztes Pronomen wie
αὐτῷ oder οἱ klar. — ἐπέσκη-
πτεν] Vgl. Antiph. I, 29: οἱ ἐπι-
βουλευόμενοι πρὶν ἀποθανεῖν καὶ
φίλους καὶ ἀναγκαίους τοὺς σφετέρους καλοῦσι καὶ λέγουσιν αὐτοῖς, ὑφ' ὧν ἀπόλλυνται, καὶ ἐπι-
σκήπτουσι τιμωρῆσαι σφίσιν αὐτοῖς ἠδικημένοις. — τοῖς φίλοις]
diesen natürlich erst in zweiter
Linie. Noch weiter dehnt der
Sprecher die Pietätsverpflichtung
§ 92 aus. — τιμωρεῖν ὑπέρ] zu
XII, 35.
42. τῷ γενομένῳ] τὸ γενόμενον substantivisch 'das Kind', wie
Plat. Kriton 50ᵈ: οἱ νόμοι περὶ
τὴν τοῦ γενομένου τροφήν. Alkib.
I, 121ᵈ. Lysis 237ᵉ. Die Emendation ἀνδρὶ αὐτῷ γενομένῳ ist
schwerlich zutreffend. Denn es

entspricht ganz dem Wesen der
Blutrache, dass dem Kinde der
Hass gegen den Mörder des Vaters eingepflanzt und es in demselben aufgezogen wird, wie z. B.
auch der Sprecher bei Antiph. I,
30, obgleich noch Kind, den Auftrag der Rache vom sterbenden
Vater, nicht erst nachträglich, etwa durch einen Freund desselben,
erhalten hat. Vgl. auch Isae. IX,
20. Der angebliche Pleonasmus in
ἐὰν γένηται παιδίον und τῷ γενομένῳ ist nicht vorhanden, da παιδίον offenbar 'Knäbchen' bedeu-
tet, eine Voraussetzung, die ja
erst die Vollziehung des Rache-
auftrags ermöglicht. — ἀπέκτει-
νε] was eben erst αἴτιος ἦν τοῦ
θανάτου hiess; zu XII, 23. —
ὡς φονέα ὄντα] E. § 4. — ὡς
ἀληθῆ λέγω, μάρτυρας παρέ-
ξομαι] Brevilonnenz, durch ein
ἵν' εἰδῆτε (vgl. XXXI. 14) zu ergänzen, wie § 66. 81. Kr. 66, 1, 6.
43. An die narratio schliesst er
bis § 48 ἔξω τοῦ πράγματος eine
Schilderung der vielen schlimmen
Ereignisse, die angeblich der Beseitigung der von Agorat Denuncierten gefolgt seien. Er redet
sich dabei so in den Eifer hinein,
dass er § 46 auch Dinge mit auf-
zählt, die nicht nach dem Tode
der Denuncierten (nach der Ein-

σαντο οἱ τριάκοντα, σχεδὸν οἶμαι ὑμᾶς ἐπίστασθαι, ὡς πολλὰ
καὶ δεινὰ μετὰ ταῦτα τῇ πόλει ἐγένετο· ὧν οὗτος ἁπάντων
αἴτιός ἐστιν, ἀποκτείνας ἐκείνους. Ἀνιῶμαι μὲν οὖν ὑπο-
44 μιμνήσκων τὰς γεγενημένας συμφορὰς τῇ πόλει, ἀνάγκη δ᾽
ἐστίν, ὦ ἄνδρες δικασταί, ἐν τῷ παρόντι καιρῷ, ἵν᾽ εἰδῆτε
ὡς σφόδρα ὑμῖν ἐλεεῖν προσήκει Ἀγόρατον. Ἴστε μὲν γὰρ
τοὺς ἐκ Σαλαμῖνος τῶν πολιτῶν κομισθέντας, οἷοι ἦσαν καὶ
ὅσοι, καὶ οἵῳ ὀλέθρῳ ὑπὸ τῶν τριάκοντα ἀπώλοντο· ἴστε δὲ
τοὺς ἐξ Ἐλευσῖνος, ὡς πολλοὶ ταύτῃ συμφορᾷ ἐχρήσαντο·
μέμνησθε δὲ καὶ τοὺς ἐνθάδε διὰ τὰς ἰδίας ἔχθρας ἀπαγομέ-

setzung der Dreissig), sondern
(wie § 34 richtig angegeben) nach
ihrer Verhaftung (vor der Einsetzung jener) stattfanden, die
Niederreissung der Mauern und
Auslieferung der Flotte. Der Sprecher hat einmal das beliebte Regi-
ster gezogen und will dabei nicht
gern etwas auslassen. Mit Unrecht
hat man auch neuerdings noch die
zweite Hälfte von § 46 (nach ἤδί-
στων) gestrichen; in diesem Falle
wäre die Aufzählung der πολλὰ
καὶ δεινὰ ganz unvollständig, und
das πρὸς τούτοις τὰ ἴδια ἀπωλέσατε § 47 fordert doch wohl vorher die Erwähnung der Verluste
der Gemeinde im Gegensatz zu
der nun berührten Schädigung der
Privaten. — σχεδόν] propemo-
dum 'wohl so ziemlich', oben § 33
und XXIII, 18 σχεδόν τι, dagegen
σχεδόν auch § 88 und X, 5. Kr.51,
16, 5. Es gehört zu ἐπίστασθαι,
wie z. B. noch Aristoph. Plut. 860:
ἐγὼ σχεδόν τὸ πρᾶγμα γιγνώσκειν
δοκῶ. Plat. Staat. VI. 505ᵃ: σχεδὸν
οἶσθ᾽ ὅτι τοῦτο μέλλω λέγειν. Beschränkt wird dadurch nur die
Aussage, nicht die subjective Gewissheit. — αἴτιος] zu § 30. —
ἀνιῶμαι κτλ. — ἀναγκάζομαι
δέ] Eine Art der Praemunitio
(προδιόρθωσις), worüber Aquila
Romanus de figuris § 1: Haec
figura ubi aliquid necessarium
dictu et insuave audientibus et
odiosum nobis dicturi sumus, prae-
munit. Aehnlich XXXI, 8: τῆς
συμφορᾶς καθ᾽ ὅσον ἀναγκάζομαι, κατὰ τοῦτο μέμνημαι. Lykurg
16: δέομαι ὑμῶν μὴ ἄχθεσθαι,

ἐὰν ἄρξωμαι ἀπὸ τῶν τῇ πόλει τότε
συμβάντων, ἀλλὰ τοῖς αἰτίοις ὀργίζεσθαι καὶ δι᾽ οὓς ἀναγκάζομαι
νῦν μεμνῆσθαι περὶ αὐτῶν. Aesch.
III, 252. — τὰς — τῇ πόλει] Die
Trennung des Casus vom Particip
durch die Stellung des erstern
hinter das Substantiv wie [Lys.]
XX, 36: πρὸς τῶν ὑπαρχόντων
ἀγαθῶν ἑκάστῳ. Andok. II, 1:
τὰ γιγνόμενα ἀγαθὰ τῇ πόλει.
Deinarch I, 71: τοὺς οὐ γεγενημένους υἱεῖς σαυτῷ. Demosth.
XXIV, 5: τῶν ὄντων ἀγαθῶν τῇ
πόλει. XXVIII, 20. LIX, 7. Kr. 50,
10, 2 und vgl. zu XII, 77.

44. ὡς σφόδρα ἐλεεῖν] Die
Ironie, die man früher durch Einsetzung eines οὐκ vor ἐλεεῖν ver-
darb, sucht im Voraus dem Agorat die beliebte Provocation an
das Erbarmen der Richter (zu
XII, 79) abzuschneiden. — τοὺς
ἐκ Σαλαμῖνος — τοὺς ἐξ
Ἐλευσῖνος] zu XII, 52. — τοὺς
— τῶν πολιτῶν κομισθέντας]
im Gegensatz zu τοὺς ἐνθάδε. Der
genit. partit. zwischen Artikel und
Particip (statt τῶν πολιτῶν τοὺς
κομισθέντας) nicht selten bei Thukydides (Böhme zu III, 36), hin
und wieder bei Isokrates (VII,41;
XII,23); bei Lysias wohl nirgends
weiter. In der Regel (Ausnahme
Xen. Hell. VII, 4, 34: οἱ τῶν ἀρχόντων διακεχειρηκότες) folgt auf
den Artikel noch ein Casus oder
eine adverbiale Bestimmung. Madvig § 50, a. 1. — ὡς πολλοί] zu
§ 38. — διὰ τὰς ἰδίας ἔχθρας]
Die Zerrüttung aller Rechtszu-

νους εἰς τὸ δεσμωτήριον· οἳ οὐδὲν κακὸν τὴν πόλιν ποιήσαν- 45
τες ἠναγκάζοντο αἰσχίστῳ καὶ ἀκλεεστάτῳ ὀλέθρῳ ἀπόλλυ-
σθαι, οἱ μὲν γονέας σφετέρους αὐτῶν πρεσβύτας καταλεί-
ποντες, οἳ ἤλπιζον ὑπὸ τῶν σφετέρων αὐτῶν παίδων γηρο-
τροφηθέντες, ἐπειδὴ τελευτήσειαν τὸν βίον, ταφήσεσθαι, οἱ
δὲ ἀδελφὰς ἀνεκδότους, οἱ δὲ παῖδας μικροὺς πολλῆς ἔτι θεραπείας δεομένους· οὕς, ὦ ἄνδρες δικασταί, 46
ποίαν τινὰ οἴεσθε γνώμην περὶ τούτου ἔχειν, ἢ ποίαν τινὰ
ἂν ψῆφον θέσθαι, εἰ ἐπ᾽ ἐκείνοις γένοιτο, ἀποστερηθέντας

stände ward vielfach, und nicht
blos von den Machthabern, zur
Beseitigung persönlicher Gegner
oder zu Erpressungen ausgebeu-
tet (wie in Rom zur Zeit des ma-
rianischen und sullanischen Terrorismus); Isokr. XVIII, 16: οὐδένα φανήσομαι τῶν πολιτῶν οὔτε
χρήμασι ζημιώσας οὔτε περὶ τοῦ
σώματος εἰς κίνδυνον καταστή-
σας· καίτοι πολλοὺς ἐπῆρεν ἡ τῶν
τριάκοντα πονηρία τοιαῦτα ποι-
εῖν· οὐ γὰρ ὅτι τοὺς ἀδικοῦντας
ἐκόλαζον, ἀλλ᾽ ἐνίοτε καὶ προσέταττον ἐξαμαρτάνειν (zu XII, 30).
Xen. Hell. II, 3, 21. Daher berühmen sich öfters die Angeklagten, die Gunst der Zeitumstände
nicht in dieser verwerflichen Weise
benutzt zu haben, ein Beweis ihres Wohlverhaltens (κοσμιότης);
so Lys. VII, 27; XXV, 15; vgl.
mit XXIV, 25. Isokr. XVIII, 18.—
ἀπαγομένους] Vgl. zu XXV, 15.
45. σφετέρους αὐτῶν] nicht
besonders zu betonen, ebenso wenig wie § 97: τοῖς ὑμετέροις αὐτῶν φίλοις τετιμωρηκότες ἔσεσθε
oder XXVIII, 7: ἡγοῦνται τοῖς
σφετέροις αὐτῶν ἁμαρτήμασι τὸν
νοῦν ὑμᾶς προσέξειν. Lykurg 141.
Isae. VIII, 1; denn der Begriff des
αὐτῶν tritt in Verbindung mit
Possessivis häufig kaum noch hervor. — ἤλπιζον — γηροτρο-
φηθέντες — ταφήσεσθαι] Die
Pflege der greisen Eltern, γηρο-
τροφεῖσθαι, γηροβοσκεῖσθαι (Isokrat. XIV, 48. Aristoph. Ach. 687)
durch die Kinder als die οἰκειότα-
τοι γηροτρόφοι (Pseudodemosth.
LX, 36) und die Bestattung durch
dieselben erscheinen als Güter

von hohem Werth (daher Gesichtspunkte bei der Adoptiou Isae. II,
10), deren Verlust Medea bei Eurip. Med. 1032 ff. schmerzlich be-
klagt, und Adrastos (Eurip. Alk.
662 ff.) seinem Vater androht;
rhetorisch benutzt hat dies auch
Lykurg 144. Die Bestattung durch
die Angehörigen galt sogar als
wesentlich zur ταφή νομιζομένη
(vgl. XII, 21. 87. 96); denn τῆς
ταφῆς τὴν ἐπιμέλειαν παραδίδο-
σθαι εἰκός ἐστι τοῖς οἰκείοις Demosth. XXXXIV, 32. Vgl. Platon
Hipp. Mai. 291ᵉ; die Kinder waren zu einer dem Ritus entsprechenden Bestattung (τὰ νομιζόμενα ποιεῖν) durch Gesetz und
Pietät (νόμος καὶ θεῖον Aesch. I,
14; vgl. Demosth. XXIV, 107) verpflichtet und die Versagung derselben wird nicht selten Gegenstand eines herben Vorwurfs vor
Gericht (Demosth. XXV, 54. Deinarch II, 8. 18; vgl. Lys. XXXI,
21); bei der Prüfung der Behörden war der Nachweis solcher Impietät genügend, um den Designa-
ten abzuweisen (Xen. Memor.
II, 3, 13). — ἀδελφὰς ἀνεκδό-
τους] zu XII, 21.
46. οὕς] wohl auf alle drei Classen der im vorhergehenden § bezeichneten Hinterlassenen zu beziehen. — εἰ — γένοιτο] Die lebhafte Einbildungskraft der Griechen setzt nicht selten für den Augenblick einen Fall als möglich,
wenn auch in Wirklichkeit an die
Realisation der Bedingung nicht
zu denken ist, wie z. B. Demosth.
XX, 87: εἴ τινες τῶν τετελευτηκό-
των λάβοιεν τοῦ γιγνομένου αἰ-

διὰ τοῦτον τῶν ἡδίστων; Ἴστε δὲ τὰ τείχη ὡς κατεσκάφη καὶ
αἱ νῆες τοῖς πολεμίοις παρεδόθησαν καὶ τὰ νεώρια καθῃ-
ρέθη καὶ Λακεδαιμόνιοι τὴν ἀκρόπολιν ἡμῶν εἶχον,
καὶ ἡ δύναμις ἅπασα τῆς πόλεως παρελύθη, ὥστε μη-
47 δὲν διαφέρειν τῆς ἐλαχίστης πόλεως. Πρὸς δὲ τούτοις τὰ
ἴδια ἀπωλέσατε, καὶ τὸ τελευταῖον συλλήβδην ἅπαντες ὑπὸ
τῶν τριάκοντα ἐκ τῆς πατρίδος ἐξηλάθητε. Ταῦτα ἐκεῖνοι οἱ ἀγαθοὶ ἄνδρες αἰσθόμενοι οὐκ ἔφασαν ἐπιτρέψαι
48 τὴν εἰρήνην, ὦ ἄνδρες δικασταί, ποιήσασθαι· οὓς σύ, Ἀγόρατε, βουλομένους ἀγαθόν τι πρᾶξαι τῇ πόλει ἀπέκτεινας,
μηνύσας αὐτοὺς τῇ πόλει ἐπιβουλεύειν, καὶ αἴτιος εἶ ἁπάν-

σθησιν, πῶς ἂν ἀγανακτήσειαν;
ähnlich XXIII, 210. XXVII, 69.
Soph. El. 548: φαίη ἂν ἡ θανοῦ-
σα, εἰ φωνὴν λάβοι. Demnach ἂν
θέσθαι aufzulösen durch ἂν θεῖν-
το. — τῶν ἡδίστων] Neutrum:
'der theuersten Güter', wie öfter
τὰ φίλτατα. — τὰ τείχη] zu § 8.
— αἱ νῆες] zu § 14. — τὰ νεώ-
ρια] zu XII. 99. — τὴν ἀκρό-
πολιν] zu XII, 94.

47. ἅπαντες — ἐξηλάθητε]
ausser den τρισχίλιοι. Auch hier
wie § 13 übergeht er die damalige
Spaltung der Bürgerschaft in zwei
Parteien. — ταῦτα] den voraus-
sichtlichen Eintritt dieser Folgen. — αἰσθόμενοι] 'weil sie
ahnten'; man wollte προαισθόμενοι. Doch αἰσθάνεσθαι von der
Voraussicht künftiger Dinge auch
oben § 16. Isae. IV, 10: ᾔσθετο
ὅτι περὶ τοῦ γένους ἐλεγχθήσοιτο;
ebenso εἰδέναι XIX, 13: εἰδὼς
τὴν ἐσομένην διαβολήν. — Den
ganzen Passus ταῦτα ἐκεῖνοι —
τῶν γεγενημένων hat man als aus
§ 15. 16. 33 zusammengesetzt aus-
scheiden wollen. Aber die wiederholte Hinweisung auf das patriotische, von allem Eigennutz ent-
fernte Streben jener Männer und
auf des Agoratos Hauptschuld in
allem Unheil ist am Schluss der
narratio und vor der Aufforderung zur Rache (§ 48) ganz am
Platze. — οὐκ ἔφασαν ἐπι-
τρέψαι] zu § 15. — τὴν εἰρήνην, ὦ ἄνδρες δικασταί] Die

Anrede ὦ ἄνδρες δικασταί an dieser Stelle macht aufmerksam auf
(das zu betonende) τὴν εἰρήνην
als die Wurzel alles Unglücks,
wogegen sich die Opfer der Denunciation des Agorat. in richti-
ger Voraussicht der unheilvollen
Consequenzen entschieden erklärt
hatten. § 70.

48. ἀγαθόν τι πρᾶξαι τῇ
πόλει] Irrthümlich ist τὴν πόλιν
gefordert worden. πράττειν τινί
τι (wobei τινι nicht Object, sondern dativus commodi ist) ist die
regelmässige Construction (Kr.
46,12,3), τινά τι nur bei Dichtern
und späteren Prosaikern (z. B.
Arrian An. IV, 2, 4). — τῇ πόλει
ἐπιβουλεύειν] τῇ πόλει bei ἐπιβουλεύειν wiederholt um den Gegensatz zu ἀγαθόν τι πρᾶξαι τῇ
πόλει ausserlich abzurunden. Dass
die Denunciation auf ein angebliches Complot gegen das Wohl
der Stadt begründet war, zeigt
§ 21. Die misverständliche Verbindung des τῇ πόλει mit μηνύσας
veranlasste die sinnwidrige Ergänzung τῷ πλήθει τῷ ὑμετέρῳ in
den Handschriften; nicht eine
Verschwörung gegen die Demokraten, sondern gegen das nach
Angabe der Oligarchen heilbrin-
gende Friedenswerk war der Inhalt der ἀπογραφή; Wühlereien
gegen die demokratische Verfassung konnten doch dem Oligarchen
gegenüber kein Anklagetitel werden, und ἐπιβουλεύειν τῷ πλ. τῷ

των τῇ πόλει τῶν κακῶν τῶν γεγενημένων. Νῦν οὖν μνη-
σθέντες καὶ τῶν ἰδίων ἕκαστος δυστυχημάτων καὶ τῶν κοινῶν τῆς πόλεως τιμωρεῖσθε τὸν αἴτιον τούτων.

Θαυμάζω δ᾽ ἔγωγε, ὦ ἄνδρες δικασταί, ὅ τί ποτε τολ- 49
μήσει πρὸς ὑμᾶς ἀπολογεῖσθαι· δεῖ γὰρ αὐτὸν ἀποδεῖξαι ὡς
οὐ κατεμήνυσε τῶν ἀνδρῶν τούτων οὐδ᾽ αἴτιος αὐτοῖς ἐστι
τοῦ θανάτου· ὃ οὐκ ἂν δύναιτο ἀποδεῖξαι. Πρῶτον μὲν γὰρ 50
τὰ ψηφίσματα αὐτοῦ, τὰ ἐκ τῆς βουλῆς καὶ τὸ τοῦ δήμου, κατα-
μαρτυρεῖ, διαρρήδην ἀγορεύοντα· ᾽περὶ ὧν Ἀγόρατος κατεί-

ὑμ. etwa als scheinbare Rechtfertigung der Denunciation im Sinne
des Agorat anzusehen, ist nicht
denkbar, da in diesem Falle der
Redner eine solche Verdrehung
der Thatsachen gewiss nicht un-
besprochen gelassen hätte, schon
um dem Agorat den Recurs auf
diesen angeblichen Hochverrath
der Denuncierten abzuschneiden.
49. θαυμάζω ὅτι] zu XII, 34.
— δεῖ γάρ] Agorat. soll entweder die Unwahrheit des zur Last
gelegten Factums oder (§ 51) dessen Berechtigung nachweisen. Vgl.
zu XII, 34. — οὐδέκοτε ἀπο-
δεῖξαι] Die Wiederholung des
ἀποδεῖξαι ist unbedenklich, wie
ja auch § 51 ἀποδεικνύναι das
ἀποφαίνειν wieder aufnimmt. Dass
Lysias trotz seines vom Dionysios
gerühmten 'knappen Ausdrucks'
(στρογγύλη λέξις) manchmal der
äusserlichen Abrundung der Sätze
der Glieder den Vorzug vor der
Kürze giebt, beweisen Stellen wie
XXVIII, 3: καὶ τῶν οἴκων τῶν
ὑμετέρων μεγάλων ὄντων καὶ τῶν
δημοσίων προσόδων μεγαλῶν οὐσῶν und über eine ähnliche Er-
scheinung zu XXV, 22. So auch
Pseudolys. VI, 7: τέχνην ταύτην
ἔχει τοὺς μὲν ἐχθροὺς μηδὲν ποιεῖν κακόν, τοὺς δὲ φίλους ὅ τι ἂν
δύνηται κακόν (wo man das zweite
κακόν vielfach verdächtigt hat);
vgl. 19: ὁ θεὸς ὑπῆγεν αὐτὸν ἵνα
— δοίη δίκην. Ἐλπίζω μὲν οὖν
αὐτὸν καὶ δώσειν δίκην. 44: ἡγούμενοι ἀποδημοῦντες μὲν ἐπίτιμοι
δόξειν εἶναι, ἐπιδημοῦντες δὲ παρὰ
τοῖς πολίταις πονηροὶ δόξειν καὶ
ἀσεβεῖς εἶναι.

50. τὰ ψηφίσματα, τὰ ἐκ τῆς
βουλῆς καὶ τὸ τοῦ δήμου] Der
Senat hatte in der Sache mehrere
Beschlüsse gefasst, den über Agoratos Festnehmung (§ 22), über
die Gewährung der ἄδεια (§ 28),
jedenfalls auch noch einen dritten
über die Verhaftung wenigstens
derjenigen Denuncierten, über
welche eine Vorlage an die Volksversammlung nicht für angemes-
sen erachtet ward (§ 32), wenn
dieser letztere auch nirgends ausdrücklich erwähnt wird. Die beiden letztgenannten müssen hier
verlesen worden sein, denn durch
sie wurde die Thatfrage entschieden. Da nun aber τὰ ἐκ (über ἐκ
zu § 20) nicht mit zu τοῦ δήμου
gezogen werden kann (denn nur
das einzige § 33 erwähnte ψήφισμα des Volks lag vor und ψήφισμα
ἐκ τοῦ δήμου wird wohl nirgends
gelesen), so scheint die Einsetzung
eines τό vor τοῦ δήμου erforderlich, zumal τὰ ψηφίσμ. τὰ ἐκ τῆς
βουλῆς καὶ τοῦ δήμου die falsche
Deutung offen liesse, als seien
sämmtliche Psephismata von beiden berathenden Körperschaften
gefasst worden, was nur von dem
letztbezeichneten gilt. — Die Worte: περὶ ὧν Ἀγ. κατείρηκεν sind
ein Citat aus den nachher verlesenen Beschlüssen. — ἡ κρίσις]
das Urtheil, welches über ihn in
dem Processe gegen ihn von den
Denuncierten, in deren Conspiration er eingeweiht gewesen zu sein
behauptete, wenn auch nicht als
συνωμότης (zu § 23), gefällt ward:
seine Freilassung (§ 38) war also
durch das Verdienst, das er sich

ρηκεν·' ἔπειτα ἡ κρίσις, ἣν ἐκρίθη ἐπὶ τῶν τριάκοντα καὶ
ἀφείθη, διαρρήδην λέγει· ' διότι' φησίν ' ἔδοξε τἀληθῆ εἰς-
αγγεῖλαι.' Καί μοι ἀνάγνωθι.

ΨΗΦΙΣΜΑΤΑ. ΓΝΩΣΙΣ.

'Ως μὲν οὖν οὐκ ἀπέγραψεν, οὐδενὶ τρόπῳ δύναιτ' ἂν ἀπο-
δεῖξαι· δεῖ τοίνυν αὐτὸν ὡς δικαίως ἐμήνυσε ταῦτα ἀποφαί- 2
νειν, ὁρῶν αὐτοὺς πονηρὰ καὶ οὐκ ἐπιτήδεια τῷ δήμῳ τῷ
ὑμετέρῳ πράττοντας. Οἶμαι δ' οὐδ' ἂν τοῦτο αὐτὸν ἐπιχειρῆσαι ἀποδεικνύναι. Οὐ γὰρ δήπου, εἴ τι κακὸν τὸν δῆμον

durch angeblich wahrheitsgemässe
Angaben erworben, motiviert;
denn die Constatierung der Wahrheit durch das eingeleitete Verfahren machte die vorläufig gewährte ἄδεια (zu § 55) definitiv zur
Straffreisprechung. — ἥ ν ἐ κ ρ ί-
ϑ η] Zum Ausdruck vgl. Demosth.
XXI, 64: ἐκρίνετο τὴν περὶ Ὠρω-
ποῦ κρίσιν. XXIV, 134: κριϑεὶς
τὰς κρίσεις ἐν τῷ δήμῳ. Kr. 52, 4,
7. — καὶ ἀφ ε ί ϑ η] hinzugefügt,
um das Verständnis der folgenden Citats aus dem richterlichen
Erkenntnis zu erleichtern. — Da
nicht κρίσις (Urtheil) im Umfange
des Begriffs ἀφιέναι liegt, sondern
umgekehrt, und demnach nicht gesagt werden kann: κρίσιν ἀφιέναι τινά, so ist ἥν nicht mit ἀφεί-
ϑη zu verbinden, sondern καὶ ἀφ-
εί ϑη ('und zwar ward er freige-
sprochen') tritt aus dem relativen
Satzverhältnis heraus, wie z. B.
I, 26: ὁ νόμος, ὃν σὺ περὶ ἐλάττονος τῶν ἡδονῶν ἐποιήσω καὶ μᾶλλον εἵλου τοιοῦτον ἁμάρτημα ἐξαμαρτάνειν. VI, 10: οἱ νόμοι, οὓς οὐδεὶς κύριος ἐγένετο καϑελεῖν οὐδὲ
ἐτόλμησεν ἀντειπεῖν οὐδὲ αὐτὸν
τὸν ϑέντα ἴσασιν. Eine Speciali-
tät dieser Freiheit im Satzbau zu
XXV, 11. — φησίν] 'heisst es',
häufiges Einschiebsel bei Citaten
aus Actenstücken u. dgl. Vgl. z. B.
Aeschin.III, 110: γέγραπται οὕτως
ἐν τῇ ἀρᾷ· εἴ τις τάδε, φησί, πα-
ραβαίνοι. Demosth. XX, 69. Aus
Stellen wie die vorliegende scheint
hervorzugehen, dass ursprünglich
das betreffende Document als
Subject vorschwebte. Aehnlich

inquit Cic. in Verr.II, 5, 57, 148:
scriptum extat in isdem libris,
quod iste intellegere non potuit:
'ἐδικαιώϑησαν', inquit. — Von
den folgenden Titeln ist γνῶσις
das Erkenntnis des zum Gerichtshof gemachten Senats in Betreff
der Freilassung des Agor.; denn
dass nicht ein Gesammterkennt-
nis erging, sondern nach dem
Gesetze des Kannonos (zu XII, 52)
gegen die Theilnehmer und Mit-
wisser der angeblichen Verschwörung verfahren ward, dürfte aus
der Erzählung des Lysias § 37 f.
zu entnehmen sein.

51. ἐ μ ή ν υ σ ε τ α ῦ τ α] ταῦτα
'diese (angeblichen) Umtriebe und
die, welche damit umgingen.' —
πονηρὰ καὶ οὐκ ἐπιτήδεια]
Wie § 19 nicht umschreibende
Wiederholung des Begriffs, sondern Hervorhebung der Behauptung des Sprechers (vgl. § 13. 17.
47. 48. 92.), die Denuncierten hätten ἐπιτήδεια τῷ δήμῳ ausführen
wollen, deren Grundlosigkeit
Agor. durch den Nachweis, dass
ihr Streben gemeinschädlich gewesen sei, darthun soll. Also
καὶ οὐκ 'und nicht vielmehr.' —
τῷ δήμῳ τῷ ὑμετέρῳ] zu § 20.
— Die Forderung, die Berechtigung seiner Anzeige nachzuweisen, ist natürlich vom verfassungsmässigen Standpunkte des Demokraten aus an Agor. gerichtet.
Insofern war der Nachweis freilich unmöglich und der Sprecher
bekämpftihn daher gar nichternst-
lich, da ja die Thatsachen für den

τῶν Ἀθηναίων εἰργάσαντο, οἱ τριάκοντα, δεδιότες μὴ καταλυθείη ἂν ὁ δῆμος, τιμωροῦντες ὑπὲρ τοῦ δήμου ἂν αὐτοὺς
ἀπέκτειναν, ἀλλ᾽ οἶμαι πολὺ τοὐναντίον τούτου.
Ἀλλ᾽ ἴσως φήσει ἄκων τοσαῦτα κακὰ ἐργάσασθαι. Ἐγὼ 52
δ᾽ οὐκ οἶμαι, ὦ ἄνδρες δικασταί, οὐδ᾽ ἐάν τις ὑμᾶς ὡς μάλιστα ἄκων μεγάλα κακὰ ἐργάσηται, ἂν μὴ οἷόν τε γενέσθαι
ἐστὶν ὑπερβολήν, οὐ τούτου ἕνεκα οὐ δεῖν ὑμᾶς ἀμύνεσθαι.

Patriotismus der Denuncierten gesprochen hatten, sondern fertigt ihn durch den Hinweis auf das im Falle eines gegen die Demokraten intendierten Hochverraths unbegreifliche Verfahren der Dreissig gegen jene Männer ab. — δεδιότες — δῆμος] Den bitteren Hohn: ‘aus zarter Sorge, es könne möglicher Weise die Demokratie gestürzt werden’ (da doch die Dreissig und ihre Partei den Umsturz schon vollzogen hatten), wodurch die Widersinnigkeit eines etwa versuchten Nachweises des δικαίως um so greller hervortritt, hat man theils ganz verdrängt theils durch die Auswerfung des ἄν hinter καταλυθείη (in den Hdschrr. καταλυθείησαν ὁ) abgeschwächt. Die Berechtigung des μὴ καταλυθείη ἄν ergiebt sich, wenn man sich den Gedanken positiv vorstellt: ἡγούμενοι ὅτι καταλυθείη ἄν ὁ δ. Aken. § 163. — τιμωροῦντες ὑπέρ] zu XII, 35. — τοῦτον] Pikanter Abschluss dieser höhnischen Abfertigung: ‘in diesem Falle würden sie, denk᾽ ich, im Gegentheil diesen getödtet haben’, weil er durch seine Anzeige die Denuncierten verhindert hätte, dem Demos Schaden zu thun. In der (sprachlich zu rechtfertigenden) handschriftlichen Lesart: ἀλλ᾽ οἶμαι πολὺ τοὐναντίον τούτου ist οἶμαι, welches doch die mit δήπου angebahnte höhnische Färbung fortsetzt, zwecklos.

52. ἄκων] Die beiden Hauptfragen in einer γραφὴ φόνου, ob der Mord vorsätzlich gewesen sei und ob er sich gesetzlich rechtfertigen lasse (zu § 19 und XII, E. 1. 8) werden in dieser Rede in der der

Behandlung in der Rede gegen Eratosthenes entgegengesetzten Ordnung erörtert (zu XII, 34). — ἐγὼ δ᾽ οὐκ οἶμαι κτλ.] Der Satz widerstreitet der häufig geäusserten und gesetzlich bestätigten Maxime, dass ἀκούσια ἀδικήματα Anspruch auf Verzeihung (συγγνώμη) gewähren. Antiph. V, 92. Demosth. XXI,43; Plat. Hipp. II, 372ᵃ: πολλὴ δοκεῖ συγγνώμη εἶναι, ἐὰν μὴ εἰδώς τις ἀδικήσῃ· καὶ οἱ νόμοι πολὺ χαλεπώτεροί εἰσι τοῖς ἑκοῦσι κακὰ ἐργαζομένοις ἢ τοῖς ἄκουσιν. Aristot. Eth. III, 1: ἐπὶ τοῖς ἀκουσίοις συγγνώμη γίγνεται, ἐνίοτε δὲ καὶ ἔλεος. Wie solche Gemeinplätze nach Befinden zugestutzt und modificiert werden, zeigt auch Antiph. III, γ, 7. — οὐκ οἶμαι, οὐδ᾽ ἐὰν — ἐργάσηται, οὐ — οὐ δεῖν] An der vierfachen Negation hat man mit Unrecht Anstoss genommen. Das οὐκ vor οἶμαι deutet im Voraus den negativen Charakter des Satzes an, worauf mit οὐδέ der Gegenstand der speciellen Verneinung folgt, wie in dem bekannten homerischen Vers (Od. γ, 27): οὐ γὰρ ὀίω οὔ σε θεῶν ἀέκητι γενέσθαι, syntaktisch nicht verschieden von Lys. XXV, 14; οὐ τοίνυν οὐδ᾽ ἐπειδὴ οἱ τριάκοντα κατέστησαν, οὐδείς με ἀποδείξει; die Wiederaufnahme der Negation beim Hauptsatze (οὐ vor τούτου) nach vorhergehendem durch οὐδέ eingeleiteten condicionalen Satze ist fast stehend (Ausnahme Antiph. VI. 50) und bei Lysias noch fünfmal zu lesen. Der vorliegenden Stelle ähnlich Herod. VII₁, 101: οὐ γάρ, ὡς ἐγὼ δοκέω, οὐδ᾽ εἰ πάντες Ἕλληνες — συλλεχθείησαν, οὐκ ἀξιόμαχοί εἰσιν. Endlich

Εἶτα δὲ καὶ ἐκείνων μέμνησθε, ὅτι ἐξῆν Ἀγοράτῳ τουτωί,
πρὶν εἰς τὴν βουλὴν κομισθῆναι, ὅτ᾽ ἐπὶ τοῦ βωμοῦ ἐκάθητο
Μουνυχίασι, σωθῆναι· καὶ γὰρ πλοῖα παρεσκεύαστο καὶ οἱ
53 ἐγγυηταὶ ἕτοιμοι ἦσαν συναπιέναι.⟩ Καίτοι εἰ ἐκείνοις ἐπί-
θου καὶ ἠθέλησας ἐκπλεῦσαι μετ᾽ ἐκείνων, οὔτ᾽ ἂν ἑκὼν
οὔτε ἄκων τοσούτους Ἀθηναίων ἀπέκτεινας· νῦν δὲ πεισθεὶς
ὑφ᾽ ὧν τότε ἐπείσθης, εἰ τῶν στρατηγῶν καὶ τῶν ταξιάρχων
τὰ ὀνόματα μόνον εἴποις, μέγα τι ᾤου παρ᾽ αὐτῶν διαπράξασθαι. Οὔκουν τούτου ἕνεκα δεῖ σε παρ᾽ ἡμῶν συγγνώμης τινὸς τυχεῖν, ἐπεὶ οὐδὲ ἐκεῖνοι παρὰ σοῦ οὐδεμιᾶς ἔτυ-
54 χον, οὓς σὺ ἀπέκτεινας. Καὶ Ἱππίας μὲν ὁ Θάσιος καὶ Ξενο-

οὔ τor δεῖν gehört lediglich zu diesem Worte. Richtig ist übersetzt
worden: 'non puto, ne si noluerit
quidem, ne tum quidem eum non
esse ulciscendum.' — ἐκείνων]
'jener oben (§ 24 ff.) erwähnten
Umstände', denn nicht bloss die
Möglichkeit des Entweichens
(ἐξῆν), sondern auch die dieselbe
herbeiführenden Umstände (καὶ
γὰρ — συναπιέναι) sollen sich die
Richter ins Gedächtnis rufen. —
ἕτοιμοι ἦσαν] wodurch sie dir
jeden Vorwand für dein Bleiben
abschnitten: zu § 25.
53. οὔτ᾽ ἂν — οὔτε] zu XII,
98. — πεισθεὶς ὑφ᾽ ὧν ἐπεί-
σθης] Diese und ähnliche wohl
dem Umgangstone entnommene
Formeln lehnen das Eingehen auf
eine (unerquickliche, odiöse oder
zu weit führende) Thatsache ab
und constatieren nur das Factum;
wir ähnlich: 'es geht wie es geht'
(vgl. Aeschyl. Agam. 1287 Dindorf:
εἶδον Ἰλίου πόλιν πράξασαν ὡς
ἔπραξεν. Eurip. Orest. 660: ἐμοῦ
πράσσοντος ὡς πράσσω τὰ νῦν.
Elektra 85), 'es ist wie es ist',
(Aeschyl. Agam. 67: ἔστι ὅπη νῦν
ἐστι), 'ich weiss was ich weiss'
u. dgl., nicht selten mit euphemi-
stischer Färbung; vgl. Eurip.
Med. 889: ἐσμὲν (αἳ γυναῖκες) οἷόν
ἐσμεν, οὐκ ἐρῶ κακόν. Nicht selten solche Wendungen bei Demosthenes, am häufigsten im tragischen Dialog. Vgl. Pseudolys.
VI, 35: τίς τῶν μεγάλων κακῶν
αἴτιος ἐγένετο; οὐκ αὐτὸς οὗτος,
ποιήσας ἃ ἐποίησεν; — μόνον]

verbinde mit ὀνόματα; der Ton
der Rede wird wieder spöttisch:
'für das blosse Aussprechen der
Namen'; Agoratos, der die Denunciation als eine Speculation betrachtete, hoffte für kleine
Mühe grossen Profit. Aehnlich
Isae. VI, 13: ὡς ἐξαρκέσον, εἰ
ὄνομα μόνον πορίσαιντο τὸν Πι-
στόξενον; 'vgl. Plat. Staat VIII,
558ᶜ: ἡ πόλις τιμᾷ, ἐάν τις φῇ μόνον
εὔνους εἶναι τῷ πλήθει. — μέγα
τι] an die Vulgärsprache anstrei-
fend: 'was Grosses', deutlicher
ausgesprochen § 61. — διαπρά-
ξασθαι] Ueber den Infin. Aor. zu
XII, 19. — οὐδεμιᾶς] Die Einschiebung eines ῥᾳστώνης nach
ἔτυχον bräche der Parallele die
Spitze ab. Man übersetze συγγνώμης τυχεῖν 'Gnade finden'; im
ersten Gliede (οὔκουν — τυχεῖν)
ist dann συγγνώμη als richterliche
Berechtigung, im zweiten als hu-
mane Eigenschaft gedacht. Ein
ähnliches leichtes Zeugma Cic. p.
Milone 4, 10: quum ei, qui leges
expectare velit, ante iniusta poena luenda sit quam iusta repe-
tenda, wo poena im ersten Gliede
nicht von gesetzlicher Bestrafung,
sondern von unverschuldetem Dulden zu verstehen ist. — Zum Ausdruck u. Gedanken vgl. [Demosth.]
XXV, 83: τίνος συγγνώμης οἱ σε-
συκοφαντημένοι τετυχήκασι παρὰ τούτου; — εἶτα σοὶ συγγνώμη; πόθεν ἢ παρὰ τοῦ;
54. Im Anschluss an ἐπεί — ἀπέκτεινας zeigt der Sprecher an
dem Beispiele zweier Fremden,

φῶν ὁ Καριδεύς, οἳ ἐπὶ τῇ αὐτῇ αἰτίᾳ τούτῳ ὑπὸ τῆς βουλῆς μετεπέμφθησαν, οὗτοι μὲν ἀπέθανον, ὁ μὲν στρεβλω-
θείς, Ξενοφῶν, ὁ δὲ Ἱππίας οὕτω, διότι οὐκ ἄξιοι ἐδόκουν
τοῖς τριάκοντα σωτηρίας εἶναι· οὐδένα γὰρ Ἀθηναίων ἀπώλ-

wie Agorat, der doch Athener zu
sein behaupte, seinen Patriotismus, wenn auch mit eigener Gefahr, hätte beweisen können. Demselben Zwecke dient die Erwähnung des Aristophanes § 58 f. —
Ἱππίας—Καριδεύς] Diese beiden Metöken, Hippias von der Insel Thasos und Xenophon aus der
phrygischen Stadt Karis, waren
also unter den von Theokrit der
Bule Genannten (§ 21) und von
den dazu abgeordneten Senatoren
aus demselben Grunde wie Ag.
(ἐπὶ τῇ αὐτῇ αἰτίᾳ τούτῳ) vor
dieselbe Gefährten (§ 30). Theokrit hatte nur solche bezeichnet,
denen man nöthigenfalls durch
die Folter glaubte Geständnisse
abpressen zu können (zu § 27);
bei Agorat, dessen Bürgerrecht
wenigstens leicht anzufechten war,
bedurfte es dieses Zwangsmittels
nicht. — οὗτοι μέν] Die Epana-
lepsis des μέν nach dem Zwischen-
satze bei Wiederaufnahme des
vorhergehenden Namens durch
οὗτος wie [Lys.] XX, 19: δεινά γ'
ἂν πάθοιμεν, εἰ τοὺς μὲν οὐχ οἵους
τε ὄντας ἐξαίρνους εἶναι μὴ οὐ χρήματα ἔχειν ὑμῶν, τούτους μὲν ἀφ-
εῖτε. Isokr. IV, 60: τῷ μὲν ὑπερ-
ενεγκόντι τὴν ἀνθρωπίνην φύσιν,
ὃς — ἔσχε, τούτῳ μὲν ἐπιτάττων
διετέλεσεν. Hypereid. Epit. col. 5.
Ebenso δέ Antiph. V, 42: τοῖς δὲ
ἐπὶ τοῦ τροχοῦ λεγομένοις (λόγοις),
οὓς — ἔλεγεν, τούτοις δὲ διεφέ-
ρετο. — στρεβλωθείς] offenbar
nicht Strafschärfung, sondern
Zwangsmittel um ein Geständniss
zu erpressen, wie ja auch Agorat
dasselbe befürchten musste, (§ 27)
und der gleiche Zwang dem Aristophanes (§ 59) und bei Andok.
I, 43 zwei Buleuten drohte. Das
zeigt der Gegensatz zu Agoratos'
Benehmen: Xen. trug lieber Fol-
terqual und Tod, als dass er die
gewünschten Angaben machte. —

Agor. denuncierte ohne peinlichen
Zwang in der Hoffnung auf hohen
Lohn, eine Beleuchtung des Einwandes: φήσει ἄκων τοσαῦτα κακὰ ἐργάσασθαι. — οὕτω] 'so', d.
h. ohne gefoltert worden zu sein.
ein Gebrauch von οὕτως, der wohl
aus der Schlichtheit der Umgangssprache entnommen ist. Ebenso
XXVIII, 8: Θρασύβουλος καλῶς
ἐποίησεν οὕτω τελευτήσας τὸν βίον·
οὐ γὰρ ἔδει αὐτὸν — νφ' ὑμῶν
ἀποθανεῖν: 'es ist ein Glück, dass
Thrasybul so (d. h. ohne euer Einschreiten) gestorben ist.' Aehnlich IV, 7: οὐκ ἂν οὕτως 'so', d. h.
ohne Waffen) ἤλθομεν, ἀδήλου
ὄντος εἰ — εὑρήσομεν ὄστρακον,
ἀλλ' οἴκοθεν ἔχοντες ἂν ἐβαδίζομεν. Aristoph. Frösche 624 ff.
sagt Aiakos zum Pseudoherakles:
ἄν τι πηρώσω σοι τὸν παῖδα τύ-
πτων, τἀργύριόν σοι κείσεται, der
andere antwortet zuvorkommend:
μὴ δῆθ' ἔμοιγε· οὕτω δὲ (d. h.
ohne Erlegung einer Entschädi-
gungssumme) βασάνιζε. — Warum
die peinliche Frage nicht auch
über Hippias verhängt ward,
lässt sich natürlich nicht ermitteln.
Das Todesurtheil gegen beide
(στρεβλ. ist nicht causal, sondern
temporal zu ἀπέθανον zu con-
struieren) erfolgte jedenfalls zugleich mit der Fällung der Sentenz gegen die von Agorat Denuncierten (§ 38). — διότι οὐκ
ἄξιοι ἐδόκουν — διότι ἐδόκει ἐκείνοις τὰ ἢ δ. πεποιηκ.]
Grelle Zeichnung der Willkür,
die nur nach subjectivem Ermessen (ἐδόκουν — ἐδόκει) entschied.
— οὐδένα — ἀπώλλυσαν]
'brachten (durch eine Aussage)
in Todesgefahr', wie das Impf.
von ἀπολλύναι nicht selten zu
übersetzen ist (Andok. I, 41. 58.
60); ebenso unten § 63 ἀπέκτεινεν; zu XII, 88. — Zum Gedanken
vgl. Andok. I, 102: ὑπὸ τῶν τριά-

λυσαν· Άγόρατος δὲ ἀφείθη, διότι ἐδόκει ἐκείνοις τὰ ἥδιστα
πεποιηκέναι.

55 Ἀκούω δ' αὐτὸν καὶ εἰς Μενέστρατον ἀναφέρειν τι
περὶ τῶν γραφῶν τούτων. Τὸ δὲ τοῦ Μενεστράτου πρᾶγμα
τοιοῦτον ἐγένετο. Ὁ Μενέστρατος οὗτος ἀπεγράφη ὑπὸ τοῦ
Ἀγοράτου καὶ συλληφθεὶς ἐδέδετο· Ἀγνόδωρος δ' ἦν Ἀμφι-
τροπαιεύς, δημότης τοῦ Μενεστράτου, Κριτίου κηδεστὴς τοῦ
τῶν τριάκοντα. Οὗτος οὖν, ὅτε ἡ ἐκκλησία Μουνυχίασιν ἐν
τῷ θεάτρῳ ἐγίγνετο, ἅμα μὲν βουλόμενος τὸν Μενέστρατον
σωθῆναι, ἅμα δὲ ὡς πλείστους ἀπογραφέντας ἀπολέσθαι,
παράγει αὐτὸν εἰς τὸν δῆμον, καὶ εὑρίσκονται αὐτῷ κατὰ
τὸ ψήφισμα τουτὶ ἄδειαν.

ΨΗΦΙΣΜΑ.

κοντα διὰ τοῦτ' ἂν ἀπωλόμην,
ὅτι εἰς τὴν πόλιν οὐδὲν ἥμαρτον,
ὥσπερ καὶ ἑτέρους ἀπέκτειναν. —
διότι — πεποιηκέναι] herbe
Paraphrase der die Freilassung
des Agor. motivierenden Worte
in dem Erkenntnis § 50: διότι
ἐδοξε τἀληθῆ εἰσαγγεῖλαι. Aehnlich § 96.

55. ἀκούω] wie πυνθάνομαι
eine sehr geläufige Einleitung der
Anteoccupatio (προκατάληψις) zu
erwartender Anklage- oder Vertheidigungsmomente; §§ 77. 85. 88.
XXVI, 3 (ἀκούομεν). 16; XXX, 17;
XXXI, 27 u. ö. Lykurg 55 (wo
Mätzner). Man sprach und stritt
ja vor den Gerichtsverhandlungen
auf der Agora und in den beliebten Versammlungsorten Unbe-
schäftigter, den Läden und Buden
der Handwerker, über bedeutendere Rechtsfälle soviel pro und
contra, dass solche Nachrichten
leicht den Parteien zufliessen konnten. Plutarch de garrul. 7. Isokr.
XVIII, 9. Vgl. Cic. p. Cluent.
52, 143. — ἀναφέρειν τι]
'einen Theil der Schuld', denn
ganz konnte sie Agor. nicht von
sich abwälzen wollen, da Menestratos nur noch weitere Denunciationen (προσαπογράφει § 56) zu
denen des Agor. hinzufügte. — τὸ
τοῦ M. πρᾶγμα] 'Die Sache mit
Menestr.', wie [Demosth.] XXV,
95: ἄνιατον τὸ πρᾶγμά ἐστι τὸ
τούτου. Heniochos bei Athen. IX,

408 b: τὸ πρᾶγμα τοῦ Παύσωνος.
Es konnte πρᾶγμα auch fehlen,
wie Thuk. VI, 60: τὸ τῶν Ἑρ-
μῶν. Platon Charmid. 156 d: τοι-
οῦτόν ἐστι τὸ ταύτης τῆς ἐπῳδῆς.
— Ἀγνόδωρος δ' ἦν] nicht mit
κηδεστής zu verbinden, sondern
im Tone schlichter Erzählung:
'da war aber ein Hagnodoros aus
Amphitrope' (einem Demos der
Phyle Antiochis, in der Nähe von
Laurion). — τοῦ τῶν τριάκον-
τα] Kr. 47, 9, 1. Damals freilich
war er's noch nicht; man möchte
ein γενόμενον dabei wünschen. —
οὗτος] Hagnodoros. Die Nennung des Namens möchte unbedenklich sein, weil Hagnod. vielleicht todt (worauf ἦν jedoch
nicht nothwendig deutet, da das
Impf. nur die damalige Beziehung des Hagnod. zu dem Falle des
Menestr. ins Auge fasst), jedenfalls aber nicht anwesend war.
— ἡ ἐκκλησία] zu § 32. — παράγει εἰς τὸν δ.] zu § 23. — εὑ-
ρίσκονται] Hagnod. und seine
einflussreichen Freunde (Kritias).
— ἄδειαν] ἄδεια, Zusicherung
der Straflosigkeit, die fides pu-
blica der Römer, ward in einem
Falle wie der vorliegende dem
gewährt, der unter Geständnis
eigener Schuld wichtige Ent-
deckungen zu machen sich erbot;
in der Regel gewährte sie das
Volk, der Rath nur, wenn er au-
τοκράτωρ war (zu § 28. Andok. I,

KATA ΑΓΟΡΑΤΟΥ.

Ἐπειδὴ δὲ τοῦτο τὸ ψήφισμα ἐγένετο, μηνύει ὁ Μενέ- 56
στρατος καὶ προσαπογράφει ἑτέρους τῶν πολιτῶν. Τοῦτον
μέντοι οἱ μὲν τριάκοντα ἀφεῖσαν ὥσπερ Ἀγόρατον τουτονί,
δόξαντα τἀληθῆ εἰσαγγεῖλαι, ὑμεῖς δὲ πολλῷ χρόνῳ ὕστερον
λαβόντες ἐν δικαστηρίῳ ὡς ἀνδροφόνον ὄντα, θάνατον δικαίως καταψηφισάμενοι, τῷ δημίῳ παρέδοτε καὶ ἀπετυμ-
πανίσθη. Καίτοι εἰ ἐκεῖνος ἀπέθανεν, ἢ που Ἀγόρατός γε 57
δικαίως ἀποθανεῖται, ὅς γε τόν τε Μενέστρατον ἀπογράψας
αἴτιος ἐκείνῳ ἐστὶ τοῦ θανάτου, καὶ τοῖς ὑπὸ Μενεστράτου
ἀπογραφεῖσι τίς αἰτιώτερος ἢ ὁ εἰς τοιαύτην ἀνάγκην ἐκεῖνον καταστήσας;

15), in Rom nur der Senat. Stellte
sich durch das auf diese Anzeige
begründete gerichtliche Verfahren die Wahrheit derselben heraus, so ward die vorläufige Straf-
freiheit bestätigt (Pseudolys. VI,
23), andernfalls der Angeber mit
dem Tode bestraft (Andok. I, 20).

56. δόξαντα τἀληθῆ εἰσαγ-
γεῖλαι] Der Artikel in τἀληθῆ
(in den Hdschrr. ἀληθῆ) ist nothwendig, da die Worte dem an den
entsprechenden Gesetzespassus
(Andok. I, 20: ὁ νόμος οὕτως εἶχεν·
εἰ τἀληθῆ μηνύσειέ τις, εἶναι
τὴν ἄδειαν) angelehnten Wortlaut des richterlichen Erkennt
nisses ebenso gut wie die §50 und
Pseudolys. VI,24 entnommen sind.
— πολλῷ χρόνῳ ὕστερον] hervorgehoben mit Bezug auf den
beabsichtigten Verjährungsein-
wand des Angeklagten (§ 83). In
dem analogen Falle liegt ein un-
günstiges Präjudiz für den des
Agoratos; daher das nachdrückliche δικαίως vor καταψηφισάμενοι ein Hinweis auf die Berechtigung der Verurtheilung auch
des Agoratos. — λαβόντες ἐν
δικαστηρίῳ] λαμβάνειν oft von
den Vertretern der Justiz, welche
den Uebelthäter 'fassen.' Demosth.
XXIV, 208: τοῦτον ὑμεῖς λαβόντες
οὐκ ἀποκτενεῖτε; [Dem.] XXV, 27.
u. ö. = λαβεῖν ὑπὸ τὰς ψήφους Plat.
Alkib. 20. Das Resultat dieses
λαβεῖν ist ἔχειν in dem zu XII,
100 berührten Sinne. Auch von

dem Geschädigten steht λαμβάνειν
z.B. Lys. XII, 35. Demosth. XXIV,
175, ein Begriff, welcher der zu
§ 77 besprochenen Reihe von Metaphern angehört. — τῷ δημίῳ]
Gewöhnlicher heisst der Scharf-
richter ὁ δημόσιος. Doch ὁ τῆς
πόλεως κοινὸς δήμιος auch bei
Platon Gesetze IX, 872b. — ἀπε-
τυμπανίσθη] Das Erschlagen
mit der Keule, eine harte Form
der Todesstrafe, scheint vornehmlich gegen die κακοῦργοι im en-
gern Sinne (Meier, Process 76),
zu denen auch die Mörder gehörten, angewandt worden zu sein;
so auch gegen den λωποδύτης
§ 68. Dagegen ist es § 67 ein Act
kriegsrechtlicher Justiz, das fu-
stuarium der Römer.

57. εἰ ἐκεῖνος ἀπέθανεν]
'wenn er hat sterben müssen' (ἀ-
πέθανεν—θανάτου ἠξιώθη in der
verwandten Stelle § 69). Unnö-
thiger Weise wollte man das δικαίως von καταψηφ. hierher versetzen. Im Folgenden ist Ἀγόρατος zu betonen, denn der Gedanke
ist: Wenn Menestratos, der
doch nur einen Theil der Schuld
trug, hat sterben müssen, so wird
wohl gewiss (ἢ που — γε, zu XII,
35) Agorat, der an allem Schuld
ist, mit Recht den Tod erleiden.
— τίς αἰτιώτερος] Energisches
Ueberspringen von der relativen
Satzform, welche αἰτιώτατος ἢν
erwarten liess, zur directen Frage,
trotz der engen Verbindung der

58 Ἀνόμοιος δέ μοι δοκεῖ Ἀριστοφάνει γενέσθαι τῷ Χολ-
λείδῃ, ὃς ἐγγυητὴς τότε τούτου ἐγένετο καὶ τὰ πλοῖα παρα-
σκευάσας Μουνυχίασιν ἕτοιμος ἦν συνεκπλεῖν μετὰ τούτου.
Καὶ τό γε ἐπ' ἐκεῖνον εἶναι ἐσώθης, καὶ οὔτ' ἂν Ἀθηναίων
οὐδένα ἀπώλεσας οὔτ' ἂν αὐτὸς σὺ εἰς τοιούτους κινδύνους
59 κατέστης· νῦν δὲ καὶ τὸν σωτῆρα τὸν σαυτοῦ ἐτόλμησας
ἀπογράψαι, καὶ ἀπογράψας ἀπέκτεινας καὶ ἐκεῖνον καὶ τοὺς
ἄλλους ἐγγυητάς. Τοῦτον μέντοι ὡς οὐ καθαρῶς Ἀθηναῖον
ὄντα ἐβούλοντό τινες βασανισθῆναι καὶ τουτὶ τὸ ψήφισμα
τὸν δῆμον ἀναπείθουσι ψηφίζεσθαι.
ΨΗΦΙΣΜΑ.

Glieder durch τὲ — καί. Vgl. zu
XII, 36.

58. τῷ Χολλείδῃ] aus dem Demos Cholleidae der Phyle Leontis.
— τότε] § 23. — συνεκπλεῖν
μετὰ τούτου] zu § 27. — τό γε
ἐπ' ἐκεῖνον] 'quantum in illo
erat' Gewöhnlicher ist der Dativ
bei ἐπί in diesem Sinne (Kr. 68,
41, 9), wie z. B. XII, 26. 33; XIII,
46. u. s. w.; doch ist der Accusativ
gesichert durch zweifellose Stellen, wie Eurip. Orest. 1345: σώ-
θηθ' ὅσον γε τοὐπ' ἐμέ, Iph. Aul.
1557: τοὐπ' ἐμ' εὐτυχεῖτε. Alk.
666: τέθνηκα τοὐπὶ σέ. Hek. 514.
Xen. Cyrop. I, 4, 12 (wo Hertlein)
εἶναι ist zugesetzt wie Lys.
XXVIII. 14: τὸ ἐπὶ τούτοις εἶναι
ἐν τοῖς δεινοτάτοις κινδύνοις καθ-
εστήκατε, Xen. Hell. III, 5, 9:
τὸ ἐπ' ἐκείνοις εἶναι ἀπωλώλειτε.
Thuk. IV, 28: ἐκέλευεν — τὸ ἐπὶ
σφᾶς εἶναι ἐπιχειρεῖν; nach Kr.
55, 1, 1. — οὔτ' ἄν] ἄν tritt ein,
weil das Folgende mehr an
τό γε ἐπ' ἐκεῖνον εἶναι angeschlossen ist und nicht wie ἐσώθης innerhalb jener Beschränkung unbedingte Existenz hat, sondern
Apodosis ist zu der vorschwehen-
den Protasis εἰ ἐσώθης. καί vor
οὔτε ist 'und dann', zur Einführung der Folge des ἐσώθης, wie
[Lys.] VI. 50: δοκείτω ὑμῖν ἢ γνώμη
ὁρᾶν ἃ οὗτος ἐποίει, καὶ διαγνώ-
σεσθε ἄμεινον. VII, 20: χρῆν σε
φανερὸν ποιεῖν τὸ πρᾶγμα· καὶ
ἐμοὶ οὐδεμίαν ἂν ἀπολογίαν ὑπέ-

λιπες. vgl. zu § 60 Bäumlein, Partikeln 147. — εἰς τοιούτους
κινδύνους] aus welchen du die
Vertheidigung, unfreiwillig gehandelt zu haben, herleitest.

59. τὸν σωτῆρα] der ihn den
Händen der zu seiner Verhaftung
abgeordneten Senatoren entrissen
und ihm die Mittel zur Flucht
verschafft hatte (§ 23 ff.). — καὶ
τοὺς ἄλλους ἐγγυητάς] mit
erwähnt, weil des Agoratos Verhalten gegen sie aus gleichem
Grunde wie das gegen Aristoph.
verdammlich war. Doch stören
die (auch handschriftlich unsiche-
ren) Worte καὶ ἀπογράψας —
ἐγγυητάς die Einheit des vom
Aristoph. handelnden Abschnittes,
erschweren das Verständniss des
Pron. τοῦτον und sind wohl eher
ein Anhängsel (gerade wie § 61
das Einschiebsel καὶ Ξενοφῶν
ὁ στρεβλωθεὶς καὶ Ἱππίας ὁ Θάσιος),
um die scheinbar unvollständige
Erzählung (τὸν σωτῆρα ἐτολμ.
ἀπογρ.) aus § 30 zu ergänzen. —
ὡς οὐ καθαρῶς Ἀθηναῖον
ὄντα] 'Athener von reiner Abkunft', d. h. der Sohn aus der Ehe
eines athenischen Bürgers mit einer Athenerin (ἐκ δυοῖν ἀστῶν γε-
γονώς Diodor. com. bei Athen. VI,
239ᵈ) καθαρῶς also = γνησίως,
wie Demosth. LVII, 55: τί ἐποίησα
ἄν, ὅσοι μὴ καθαρῶς ἦσαν πολῖται, πεποιηκότες φαίνονται; in
diesem Sinne heisst Athen bei
Eurip. Ion. 673 eine καθαρὰ πό-

Μετὰ τοῦτο τοίνυν προσιόντες τῷ Ἀριστοφάνει οἱ 60
πράττοντες τότε τὰ πράγματα ἐδέοντο αὐτοῦ κατειπεῖν καὶ
σώζεσθαι, καὶ μὴ κινδυνεύειν ἀγωνισάμενον τῆς ξενίας τὰ
ἔσχατα παθεῖν. Ὁ δὲ οὐκ ἔφη οὐδέποτε· οὕτω χρηστὸς ἦν
καὶ περὶ τοὺς δεδεμένους καὶ περὶ τὸν δῆμον τῶν Ἀθηναίων,
ὥστε εἵλετο μᾶλλον ἀποθανεῖν ἢ κατειπεῖν καὶ ἀδίκως τινὰς
ἀπολέσαι. Ἐκεῖνος μὲν τοίνυν καὶ ὑπὸ σοῦ ἀπολλύμενος 61
τοιουτοσὶ ἐγένετο [καὶ Ξενοφῶν ὁ στρεβλωθεὶς καὶ Ἱππίας ὁ
Θάσιος], σὺ δ' οὐδὲν τοῖς ἀνδράσιν ἐκείνοις συνειδώς,
πεισθεὶς δὲ ὡς σύ γε, ἂν ἐκεῖνοι ἀπόλωνται, μεθέξεις

λις. Das handschriftliche καλῶς
würde besagen, er sei nicht edler
Abkunft gewesen (Gegensatz κακῶς γεγονέναι, zu XIX, 15); natürlich aber begründete nur der
Nachweis unreiner, nicht der
plebejischer Abstammung die
Gesetzlichkeit der Folterung (zu
§27). — τουτὶ τὸ ψήφισμα] Der
Beschluss muss die Anstellung
einer γραφὴ ξενίας (actio pere-
griuitatis), d. h. einer Klage wegen Anmassung des Bürgerrechts,
nicht auf dem gewöhnlichenRechts-
wege vor den Thesmotheten, sondern von Staatswegen in Form
einer Eisangelia (zu XII, 48) angeordnet haben. Der in einem
solchem Processe schuldig befun-
dene verlor nicht nur sein Bürgerthum (und damit die rechtliche
Sicherheit vor der Folter), sondern, wie es scheint, sogar die
persönliche Freiheit (Meier, Process 348). Es scheint jedoch nach
§ 60, dass es zur Folterung nicht
kam; vielmehr wird auch Aristoph.
schlüsslich durch das § 35 ff. geschilderte Verfahren vor dem
Rath seinen Untergang gefunden
haben.

60. οἱ πράττοντες τὰ πράγ-
ματα] τὰ πράγματα bei Lysias
zuweilen speciell die Umtriebe der
Oligarchen und die dadurch her-
beigeführte Ordnung der Dinge,
wie XII, 65; XXV, 18; [Lys.] XX,
22. — κατειπεῖν] gegen seine
Mitgefangenen (οἱ δεδεμένοι) in
Betreff der angeblich bestandenen Verschwörung. — καὶ σώ-
ζεσθαι] 'und dadurch', zur Ver-
LYSIAS REDEN.

knüpfung von Ursache und Wirkung (vgl. zu §68), wie gleichnach-
her κατειπεῖν καὶ ἀπολέσαι; [Lys.]
VI, 24: ἔδοξε τἀληθῆ μηνῦσαι καὶ
('und deshalb') ἐλύθη. Isokr. IV,
45 (wo Schneider). — τῆς ξε-
νίας] Der(sonst beim Gegenstand
der Klage gewöhnlich fehlende)
Artikel weist zurück auf die §59
angedeutete, im verlesenen Psephisma ebenfalls berührte Usurpation des Bürgerrechts, die man
dem Aristoph. schuld gab. Aehnlich Andok. I, 22: Σπεύσιππον
ἐδίωκεν ὁ πατὴρ τῶν παρανόμων
(mit Rücksicht auf § 17), wo man
früher denArtikel streichen wollte.
— οὕτω — ὥστε] Ueber den
Satzbau zu XII, 1. ὥστε 'so dass'.

61. καὶ ὑπὸ σοῦ ἀπολλύμε-
νος] Zu betonen ἀπολλύμενος 'obgleich durch dich sogar in Todesgefahr schwebend', hebt die hel-
denmüthige Standhaftigkeit des
Aristoph. gegenüber der schnellen
Fügsamkeit des Ag. ns (§30.31)
hervor. Ueber ἀπολλύμενος zu
XII, 88, über καί Kr. 66, 13, 2 und
so [Lys.] VI, 45: Βάτραχος δείσας
ὑμῶν οὓς ἠδίκησεν ἐν ἑτέρᾳ πόλει
ᾤκει· Ἀνδοκίδης δὲ καὶ αὐτοὺς
τοὺς θεοὺς ἀδικήσας περὶ ἐλάττονος αὐτοὺς ἔθετο ἢ Βάτρ. τοὺς
ἀνθρώπους. — τοιουτοσί] wie
ich ihn euch eben gezeichnet habe.
Das Jota wegen der Anschaulichkeit des entworfenen Bildes. Ebenso οὑτωσί Isae. I, 33. — οὐδὲν
συνειδώς] §18. — σύ γε] σύ betont im Gegensatz zu ἐκεῖνοι;
Agorat glaubte den Versicherun-

10

τῆς τότε πολιτείας καθισταμένης, ἀπέγραφες καὶ ἀπέκτεινας
Ἀθηναίων πολλοὺς καὶ ἀγαθούς.

62 Βούλομαι δ᾽ ὑμῖν, ὦ ἄνδρες δικασταί, ἐπιδεῖξαι οἵων
ἀνδρῶν ὑπ᾽ Ἀγοράτου ἀπεστέρησθε. Εἰ μὲν οὐ πολλοὶ ἦσαν,
καθ᾽ ἕκαστον ἂν περὶ αὐτῶν ἠκούετε, νῦν δὲ συλλήβδην
περὶ πάντων.

Οἱ μὲν γὰρ στρατηγήσαντες ὑμῖν πολλάκις
μείζω τὴν πόλιν τοῖς διαδεχομένοις στρατηγοῖς παρεδίδοσαν,
οἱ δ᾽ ἑτέρας μεγάλας ἀρχὰς ἄρξαντες καὶ τριηραρχίας πολλὰς

gen der oligarchischen Unterhänd-
ler, er werde, wenn jene Männer,
der Hort der Demokratie, beseitigt seien, seine Rolle in der
neuen Ordnung der Dinge spielen
können (vgl. XXV, 13). Dass diese
Aussicht in Erfüllung gegangen
sei, davon weiss Lysias nichts zu
berichten (vgl. zu § 77). — τῆς
τότε πολιτ. καθιστ] Dader Ton
nur auf τότε (die damalige, re-
volutionäre Verfassung im Gegensatz zur legitimen, demokratischen, in der Agor. eine wesentliche Rolle zu spielen nicht ver-
mocht hatte), ist die Nachstellung
des Particips unbedenklich (zu
XII, 77). Ebenso Demosth. XX,
55: εἴ τις ἐκείνους τοὺς καιροὺς
ἰδὼν ἀκοῦσαι τοῦ νόμου τούτου
τὰς τότε δωρεὰς δοθείσας ἀφαι-
ρουμένου. Aeschin. II, 118: ἵνα
μὴ διατρίβω τοὺς ἐκεῖ λόγους ὀη-
θέντας νῦν πρὸς ὑμᾶς ἀκριβῶς
διεξιών. — Ueber καθισταμένης
zu XIII, 21.

62. Im Anschluss an das ἀγαθούς des vorigen § ein allgemei-
nes auf die Steigerung des Un-
willens in den Richtern berech-
netes Enkomium der Opfer des
Agorat. Dadurch wird der Uebergang zur argumentatio extra causam gewonnen. — εἰ μέν] Andere nach einer interpolierten
Hdschr. εἰ μὲν οὖν. Doch warum
soll der Gedanke nicht als ein
neuer, ohne Beziehung zu der
vorhergehenden Ankündigung,
gedacht werden können? Aehnliche Asyndeta werden vielfach
anderwärts von den Mscrr. geschützt, wie z. B. XIV, 3: ἐγὼ πειράσομαι μεθ᾽ ὑμῶν αὐτὸν (den

Gegner) τιμωρήσασθαι. Περὶ μὲν
τῶν ἄλλων Ἀρχεστρατίδης ἱκανῶς
κατηγόρησεν. Vgl. Kr. 59, 1, 11.—
εἰ οὐ πολλοί] Die Erklärung,
dass οὐ in Condicionalsätzen berechtigt sei, wenn es mit dem folgenden Begriffe eine Einheit bilde
(οὐ πολλοί = ὀλίγοι Kr. 67, 4, 1)
ist willkürlich und hat im Wesen
des οὐ keine Rechtfertigung. Vielmehr muss, wo οὐ in einem wirklichen Condicionalsatz steht (denn
Fälle wie unten § 82 und XXX,
32 gehören nicht hierher) angenommen werden, dass οὐ mit dem
ihm folgenden Begriffe verbunden
schon in einem als wirklich ausgesprochenen, oder als Möglichkeit gesetzten οὐ erforderndem
Behauptungssatze (ob des redenden Subjects oder eines anderen,
ob für richtig gehalten oder nicht,
bleibt dabei unentschieden) stand,
ehe es in den Bedingungssatz aufgenommen ward. Agor. oder sonst
wer konnte sagen: οὐ πολλοὶ ἦσαν;
diese Behauptung tritt als solche
in die hypothetische Form: 'Wenn
es wahr wäre, dass es nicht viele
seien.' So § 76: ἐὰν οὐ φάσκῃ:
falls die (vom Sprecher nicht aus-
geschlossene) Möglichkeit eintritt,
dass er es nicht behauptet. -Vgl.
[Lys.] XX, 19: δεινά γ᾽ ἂν πάθοιμεν, εἰ ἡμῖν — οὐ χαριεῖσθε:
wenn die gehegte Befürchtung:
οὐ χαριεῖσθε zur Wahrheit werden sollte. — στρατηγήσαντες
ὑμῖν πολλάκις] Das Lob wie
X, 27; XVIII, 3. Der Dativ wie
z. B. Demosth. XXXXIX, 25: βα-
σιλεῖ ἐστρατήγησε τὸν ἐπ᾽ Αἴγυ-
πτον πόλεμον.—μείζω τοῖς διαδεχομένοις στρατηγοῖς παρ-
εδίδοσαν] στρατηγοῖς ist viel-

τριηραρχήσαντες οὐδεπώποτε ὑφ' ὑμῶν οὐδεμίαν αἰτίαν αἰ-
σχρὰν ἔσχον. Οἱ δ' αὐτῶν περιγενόμενοι καὶ σωθέντες, οὓς 63
οὗτος μὲν ἀπέκτεινεν ὠμῶς, καὶ θάνατος αὐτῶν κατεγνώσθη,
ἡ δὲ τύχη καὶ ὁ δαίμων περιεποίησε· — φυγόντες γὰρ
ἐνθένδε οὐ συλληφθέντες οὐδὲ ὑπομείναντες τὴν κρίσιν

fach angezweifelt worden, weil
die Verpflichtung, Mehrer des Va-
terlandes zu sein, nicht blos den
Strategen, sondern allen jungen
Bürgern in Folge des beim Eintritt ins bürgerliche Leben abgelegten Eides (τὴν πατρίδα οὐκ
ἐλάσσω παραδώσω, πλείω δὲ καὶ
ἀρείω ὅσης ἂν παραδέξωμαι Stobae. Floril. XXXXIII, 48. Lykurg
76); τοῖς διαδεχομένοις, dann =
τῇ διαδοχῇ 'der folgenden Generation.' Aber die Strategen hatten
doch vornehmlich die Verpflichtung, das Vaterland zu mehren,
da in ihrer Hand am meisten die
Mittel dazu lagen; vermuthlich
kam in dem von ihnen wie von jedem anderen Beamten (Lykurg 79),
wahrscheinlich bei Vollziehung
des Antrittsopfers (εἰσιτήρια; vgl.
Demosth. XIX, 190) geleisteten Eid
ein dem Ephebeneid entsprechender Passus vor. — ὑφ' ὑμῶν
ἔσχον] in diesem Zusammenhange
geht die αἰτία αἰσχρά wohl vor-
zugsweise auf die Beschuldigung
des Unterschleifs seitens der Beamten (vgl. den Hohn bei Aristoph.
Wesp. 556). — αἰτίαν ἔχειν (cri-
men habere Tibull. I, 6, 41) bei
Lysias oft 'beschuldigt sein' wie
V, 3 (οὐδεμίαν σχῶν αἰτίαν), X,
28 (αἰτίαν ἔχειν τεθνάναι ὑπὸ
τῶν παίδων, mit Infin. wie Isokr.
X. 15. Demosth. XVIII, 200. Aristoph. Wesp. 506), XXII. 18. Entsprechend αἰτίαν λαβεῖν (zu XII,
57) und αἰτίαν φέρεσθαι (Thuk.
II, 60). Anderwärts ist αἰτίαν
ἔχειν τινός 'die Verantwortung
tragen für etwas', wie XVIII, 2:
τὴν αἰτίαν τῆς συμφορᾶς ἔχειν.
Isokr. V. 7. Demosth. XVIII, 4.

63. Der § entspricht logisch
nicht mehr der Ankündigung §62:
βούλομαι ἐπιδεῖξαι, οἵων ἀνδρῶν
ἀπεστέρησθε. Dem Sprecher
schwebt ein Gedanke wie οἵους

ἀπέγραψεν oder ἀπώλλνεν vor. —
An οἱ δ' αὐτῶν περιγ. καὶ σωθ.
sollte τιμῶνται ὑφ' ὑμῶν unmittelbar angeschlossen werden; der
Relativsatz aber veranlasst ein
Anakoluthon, sodass in Folge
des Erklärungssatzes zu ἡ τύχη
— περιεποίησε das οἱ δ' αὐτῶν
ohne Prädicat bleibt. — οὓς]
gehört gleichmässig zu ἀπέκτεινε
wie zu περιεποίησε, die Worte καὶ θάνατος αὐτῶν κατεγνώσθη stehen selbständig διὰ μέσου
(also αὐτῶν nicht nach der Bemerkung zu XXV, 11 zu beurtheilen). — ἀπέκτεινεν] zu § 54.
— αὐτῶν] natürlich ἀπόντων,
wie Andok. I, 52: ἐλογιζόμην ὅτι
οἱ μὲν ἤδη ἐτεθνήκεσαν, οἱ δὲ
φεύγοντες ᾤχοντο καὶ αὐτῶν θάνατος κατέγνωστο. — ἡ τύχη καὶ
ὁ δαίμων] verbunden wie Aesch.
III, 115: τὸν δαίμονα καὶ τὴν τύχην τὴν συμπαρακολουθοῦσαν τῷ
ἀνθρώπῳ φυλάξασθαι. Demosth.
XVIII, 303. Eurip. Iph. Aul. 1136.
Nägelsbach, nachhomer. Theolo-
gie 111 ff. Das Verhältnis des
δαίμων zur τύχη ergiebt sich aus
Demosth. XVIII, 208: τῇ τύχῃ, ἣν
ὁ δαίμων ἔνειμεν Ἀθήναιος, ταύτῃ
κέχρηνται; vgl. Eurip. Med. 671:
ἄπαιδές ἐσμεν δαίμονός τινος τύχῃ. Lysias braucht den Begriff
ὁ δαίμων von der Gottheit selten,
und nur sofern sie als Vorsehung
unmittelbar das Geschick des Einzelnen lenkt, wie II, 78: ὁ δαίμων
ὁ τὴν ἡμετέραν μοῖραν εἰληχὼς
ἀπαραίτητος. XXIV, 22: τῶν μεγίστων ἀρχῶν ὁ δαίμων ἀπεστέ-
ρησεν ἡμᾶς. Den Singular θεός
braucht er nirgends (ausser in
der stehenden Wendung ἂν θεὸς
θέλῃ XIII, 1, dagegen ὁ θεός Pseudolys. VI, 20. 31), sodass man in
δαίμων seinen speculativen Got-
tesbegriff erkennen muss. — οὐ
συλληφθέντες οὐδὲ ὑπομεί-

10*

κατελθόντες ἀπὸ Φυλῆς τιμῶνται ὑφ' ὑμῶν ὡς ἄνδρες ἀγαθοὶ ὄντες.

64 Τούτους μέντοι τοιούτους ὄντας Ἀγόρατος τοὺς μὲν
ἀπέκτεινε, τοὺς δὲ φυγάδας ἐντεῦθεν ἐποίησε, τίς ὢν αὐτός; Δεῖ γὰρ ὑμᾶς εἰδέναι ὅτι δοῦλος καὶ ἐκ δούλων ἐστίν,
ἵν' εἰδῆτε οἷος ὢν ὑμᾶς ἐλυμαίνετο. Τούτῳ μὲν γὰρ πατὴρ
ἦν Εὐμάρης, ἐγένετο δὲ ὁ Εὐμάρης οὗτος Νικοκλέους καὶ
Ἀντικλέους. Καί μοι ἀνάβητε μάρτυρες.

ΜΑΡΤΥΡΕΣ.

65 Πάντα τοίνυν, ὦ ἄνδρες δικασταί, ὅσα κακὰ καὶ αἰ-
σχρὰ καὶ τούτῳ καὶ τοῖς τούτου ἀδελφοῖς ἐπιτετήδευται,

παντες] 'Da sie der Verhaftung
entgangen waren und dem Processe sich entzogen hatten.' Die
Participia sind causal dem φυγόντες, dies wieder temporal dem
κατελθόντες untergeordnet; zu
§ 11. — κατελθόντες ἀπὸ Φυ-
λῆς] vgl. zu § 77.

64. τούτους μέν] Der Gegensatz zu μὲν liegt implicite in τίς
ὢν αὐτός = αὐτὸς δὲ τίς ἐστι. —
τίς ὢν αὐτός] Satzabschluss wie
Demosth. XXIII, 39: ἵνα μὴ τοῦτο
ᾗ, ἔγραψεν 'ἐάν τις — κτείνῃ', τί
τοῦτο λέγων; — τίς fragt nicht
blos nach dem 'Wer' (§ 64), sondern auch nach dem 'Was für
einer' (§ 65 f.), wie Deinarch. I,
35: ἐν τούτοις τοῖς καιροῖς Δημο-
σθένης τίς ἦν; Aeschin. III, 176:
θεωρεῖτ' αὐτοῦ τὸν βίον καὶ σκο-
πεῖτε μὴ τίς φησὶν εἶναι ἀλλὰ τίς
ἐστιν. Ebenso ὅστις Aesch. III.
162: ἠγνόηται ὅστις ποτ' ἐστὶ καὶ
πῶς βεβιωκώς. — δεῖ γὰρ etc.]
Die Erwähnung der niedrigen
Herkunft des Agor. lässt den Verlust der eben geschilderten wackeren Bürger um so bitterer em-
pfinden, da ein so unwürdiger ihn
herbeigeführt. — δοῦλος καὶ
ἐκ δούλων] § 18; die Phrase ver-
räth sich hier recht deutlich als
einmal geläufige Invective, da der
Nachweis des δοῦλός ἐστιν gar
nicht versucht wird. In ähnlicher
Uebertreibung nennt Cic. p. Rosc.
Am. 48, 140 Sulla's Freigelassenen

Chrysogonus einen servus nequis-
simus. — ἐγένετο Νικοκλέους
καὶ Ἀντικλέους] wohl beider
zugleich, falls es Brüder oder Ge-
schäftscompagnons waren. Der
Genitiv bezeichnet den Eigenthümer nach Kr. 47, 6, 4, wie Demosth. XXXVI, 48: Φορμίων τοῦ
σοῦ πατρὸς ἐγένετο LIII, 19:
Κέρδων ἦν Ἀρεθουσίου. LIX, 20.
23; daher Andok. I, 17: Λύδος ὁ
Φερεκλέους (δοῦλος).

65. Dieser und der folgende §
sind mehrseitig als den Zusammenhang störend und im Einzelnen
Unrichtigkeiten enthaltend, auch
wegen der der späteren Gräcität
angehörigen Form ὤφλησεν, welche § 65 in den Hdschrr. für
ὤφλεν steht, als unächtes Einschiebsel bezeichnet worden, das
den Agor. möglichst schwarz malen solle. Aber nach der Aufzählung der Verdienste der Gemor-
deten (§ 62 f.) ist das Sündenregister des Mörders ein, wenn auch
nicht unentbehrliches, doch sehr
passendes Gegenstück, und in den
Worten τοῦ πολλὰ ἐξημαρτηκότος
— ζημία ἐστὶν § 69 wird ja offenbar auf eine Schilderung der Uebelthaten des Agor. Bezug genommen, da das ἕκαστον ἁμαρτήμα-
τος unmöglich auf den einen Fall
der Denunciation und ihrer Folgen gehen kann. Die Erwähnung
der Brüder des Agor. § 65, schon
bevor ihrer specieller gedacht

πολὺ ἂν εἴη ἔργον λέγειν. Περὶ δὲ συκοφαντίας, ὅσας οὗτος ἢ
δίκας ἰδίας συκοφαντῶν ἐδικάζετο ἢ γραφὰς [ὅσας] ἐγράφετο ἢ
ἀπογραφὰς ἀπέγραφεν, οὐδέν με δεῖ καθ᾽ ἕκαστον λέγειν·
συλλήβδην γὰρ ὑμεῖς ἅπαντες καὶ ἐν τῷ δήμῳ καὶ ἐν τῷ δικαστηρίῳ συκοφαντίας αὐτοῦ κατέγνωτε καὶ ὦφλεν ὑμῖν μυρίας

wird, erklärt sich leicht, wenn
man annimmt, dass in den eben
mitgetheilten Zeugnissen von der
ganzen Sippschaft des Agor. die
Rede war; dass er § 67 f. auf dieselben weiter zu sprechen kommt,
geschieht weniger, um ihre Nichts-
würdigkeit zu schildern, als um aus
der Bestrafung derselben wegen
eines Verbrechens § 69 den Schluss
zu ziehen auf die gerechte Strafe
dessen, der eine Menge todes-
würdiger Dinge begangen habe.
Wie aber ist dieser Schluss a minori ad maius gerechtfertigt, ohne
die wichtige Prämisse von Agoratos' vielfachen Sünden vorher
bewiesen zu haben? — περὶ συκοφαντίας, ὅσας — ἀπέγρα-
φεν] Das ankündigend vorausgeschickte περὶ συκοφ. (περί' was an-
betrifft' Kr. 68, 31, 3) wird durch
den indirecten Fragsatz ὅσας κτλ.
erläutert ; ähnlich Demosthenes
XXXXVII, 4: περὶ τῆς μαρτυρίας,
ὅτι ψευδῆ μεμαρτυρήκασιν, αὐτοὶ
δοκοῦσιν ἔργῳ ἐξελέγχειν αὐτήν.
Isokr. XV, 60: περὶ τῆς ἡγεμο-
νίας, ὡς δικαίως ἂν εἴη τῆς πόλεως, ῥάδιον καταμαθεῖν; und so
Lys. XIX, 56: περὶ τοῦ πατρός,
ἐπειδὴ — αἱ κατηγορίαι γεγένηνται, συγγνώμην ἔχετε, ἐὰν λέγω
ἃ ἀνήλωσεν. Der Artikel fehlt in
solchen Ankündigungen, wenn sie
nur allgemein den Gegenstand der
folgenden Betrachtung andeuten,
auch sonst, wie Demosth. I, 19:
περὶ χρημάτων πόρου, ἔστιν χρήματα ὑμῖν. Plat. Phaedr. 250ᵉ:
περὶ κάλλους, μετ' ἐκείνων τε ἔλαμ-
πεν ὂν δεῦρό τε ἐλθόντες κατειλή-
φαμεν αὐτό etc. — δίκας ἰδίας
— γραφάς] Privat- und öffentliche Klagen, causae privatae —
publicae (Schömann I, 497. 500),
häufiger den Inbegriff aller Processe umfassender Gegensatz, mit
oder ohne die genauer bestim-

menden Attribute. ἰδία resp. δη-
μοσία. Vgl. I, 44: οὔτε συκοφαντῶν γραφάς με ἐγράψατο οὔτε
ἰδίας δίκας ἐδικάζετο XVI, 12.
Isokr. XVIII, 51. Isae. XI, 28. Demosth. XXI, 28. 32 u. ö. — ἀπο-
γραφάς] Aus den öffentlichen
Klagen hebt er speciell als besonders geeignete Handhabe für die
Sykophantie die ἀπογραφή hervor, d. h. die Klage gegen den, der
gesetzlich dem Staate anheim-
gefallenes Gut dem Fiscus vor-
enthielt (Schömann I, 496), wobei
für den Kläger etwas mit abfiel.
(Demosth. LIII, 2). Eine Anklagerede in einem solchen Processe ist
des Lysias Rede gegen Philokra-
tes (XXIX), Vertheidigungsreden
die über das Vermögen des Aristophanes (XIX) und für den
Soldaten Polyaenos (IX). — καὶ
ἐν τῷ δήμῳ καὶ ἐν τῷ δικαστη-
ρίῳ] nicht in zwei verschiedenen
Processen, sondern es konnte die
γραφὴ συκοφαντίας, ehe sie beim
Heliastengericht angebracht ward,
durch das Verfahren der προβο-
λή dem Volke vorgelegt (Isokr.
XV, 314) und dadurch vor dem
Rechtsspruch der Heliasten ein
Präjudiz des Volks erzielt werden (Meier, Process 336). In dem
Falle des Agorat hatte also das
Volk ein vorläufiges Urtheil mittels Handaufhebens (καταχειρο-
τονία) und darauf dem entsprechend der Gerichtshof die Sentenz
gegen den Angeklagten gefällt. —
συκοφαντίας αὐτοῦ κατέ-
γνωτε] IV, 14. προσήκει ὑμῖν αὐτοῦ συκοφαντίαν καταγιγνώσκειν.
Ueber den selteneren Genitiv Kr.
47, 24, 2. Isokr. IV, 157: πολλῶν
μηδισμοῦ κατέγνωσαν. — μυρίας
δραχμάς] die γραφὴ συκοφαντίας war ein abschätzbarer Process (ἀγὼν τιμητός. vgl. E. § 10),
die Strafe der Tod oder hohe

δραχμάς, ώστε τοῦτο μὲν ἱκανῶς ὑπὸ ὑμῶν ἁπάντων μεμαρ-
66 τύρηται. Γυναῖκας τοίνυν τῶν πολιτῶν τοιοῦτος ὢν μοιχεύειν καὶ διαφθείρειν ἐλευθέρας ἐπεχείρησε καὶ ἐλήφθη
μοιχός· καὶ τούτου θάνατος ἡ ζημία ἐστίν. Ὡς δὲ ἀληθῆ
λέγω, μάρτυρας κάλει.

ΜΑΡΤΥΡΕΣ.

67 Ἦσαν τοίνυν οὗτοι, ὦ ἄνδρες δικασταί, τέτταρες ἀδελφοί. Τούτων εἰς μὲν ὁ πρεσβύτερος ἐν Σικελίᾳ παραφρυ-
κτωρευόμενος τοῖς πολεμίοις ληφθεὶς ὑπὸ Λαμάχου ἀπετυμ-
πανίσθη· ὁ δὲ ἕτερος εἰς Κόρινθον μὲν ἐντευθενὶ ἀνδρά-
ποδον ἐξήγαγεν, ἐκεῖθεν δὲ παιδίσκην αὐτόσ᾽ ἐξάγων ἁλί-

Geldbusse. — τοῦτο μέν] Dem
μέν entspricht das folgende τοίνυν. Kr. 69, 35, 3. — [κανῶς —
μεμαρτύρηται] Ueber die rhetorische Wendung zu XII, 74.

66. τοιοῦτος ὢν] nämlich δοῦλος
καὶ ἐκ δούλων. Um des Gegensatzes
willen daher das bei Bürgers-
frauen selbstverständliche ἐλευθέρας. — μοιχεύειν καὶ δια-
φθείρειν] διαφθ. nach μοιχεύειν
von der sittlichen Verderbnis
wie I, 4: ἐμοίχευε Ἐρατοσθένης
τὴν γυναῖκα τὴν ἐμὴν καὶ ἐκείνην
διέφθειρε. — ἐπεχείρησε] zu
XII, 85. — θάνατος ἡ ζημία]
Nichtblos, wie man früher glaubte
(Meier, Process 330), der belei-
digte Ehemann hatte das Recht,
den ertappten Ehebrecher auf der
Stelle zu tödten (I, 30), sondern
auch den in einem Process wegen
Ehebruch (γραφὴ μοιχείας) Ue-
berführten traf die Todesstrafe
verbunden mit Versagung der
Bestattung in heimischer Erde
(Hypereid. f. Lykophr. S. 30
Schneidew.). Die Erwähnung der
gesetzlichen Strafe bereitet den
Schluss § 69 vor.

67. τοίνυν] nach Ausweis des
§ 64 verlesenen Zeugnisses. —
ὁ πρεσβύτερος] sc. τῶν λοιπῶν.
Man wollte πρεσβύτατος; aber der
Comparativ drückt im Griechischen wie im Lateinischen zuweilen das Verhältnis des Einen gegenüber einer zusammengefassten

Mehrheit aus; auch X. 5 heisst
der älteste Bruder gegenüber seinen noch unmündigen Geschwi-
stern (ἐπιτροπεύσας ἡμᾶς) ὁ
πρεσβύτερος ἀδελφός. Xen. Kyrop.
V, 1, 6 : ἡμῶν ὁ γεραίτερος εἶπεν,
wo nach § 7 (τοῖς ἄλλοις ἅπασι)
von einer Mehrheit die Rede ist.
Sallust Iug. 10: ante hos (Adher-
bal und Hiempsal) te. Iugurtha,
qui aetate et sapientia prior es,
providere decet. Liv. II. 2. 8:
dicere incipientem primores ci-
vitatis circumsistunt. Et ceteri
quidem movebant minus; post-
quam Lucretius, maior aetate
et dignitate, agere coepit etc.
— παραφρυκτ. ληφθείς]
kein Asyndeton, sondern παραφρ.
ist temporal dem ληφθείς untergeordnet, wie προδιδοὺς ληφθείς
[Lys.] VI, 26; vgl. zu § 11.— Ueber
παραφρυκτωρεύεσθαι vgl. Suidas
unter φρυκτός und παραφρυκτω-
ρευόμενος: οἱ κακουργοῦντες περὶ
τὰς φυλακὰς καὶ φρυκτοὺς ἀνα-
τείνοντες ἐναντίους τοῖς πεπιστευ-
κόσι τὴν φυλακὴν ἐπὶ τῷ συμφέ-
ροντι τῶν ἀντικαθεζομένων παραφρυκτωρεύεσθαι λέγονται. Ebenso
παραφρυκτωρεῖν. — ὑπὸ Λαμά-
χου] dem 414 vor Syrakus gefallenen Strategen. — ἀπετυμπα-
νίσθη] zu § 56. — ἐξήγαγεν]
als Seelenverkäufer (ἀνδραποδιστής); X. 10: ἢ τις παῖδα ἐξάγων ληφθείη, οὐκ ἂν φάσκοις αὐτὸν ἀνδραποδιστήν. εἴπερ μάχῃ
τοῖς ὀνόμασιν; das Etymol. Magn.

σχεται καὶ ἐν τῷ δεσμωτηρίῳ δεδεμένος ἀπέθανε· τὸν δὲ 68
τρίτον Φαινιππίδης ἐνθάδε λωποδύτην ἀπήγαγε καὶ ὑμεῖς
κρίναντες αὐτὸν ἐν τῷ δικαστηρίῳ καὶ καταγνόντες αὐτοῦ
θάνατον ἀποτυμπανίσαι παρέδοτε. Ὡς δὲ ἀληθῆ λέγω, καὶ
αὐτὸν οἶμαι ὁμολογήσειν τοῦτον καὶ μάρτυρας παρέξομαι.

ΜΑΡΤΥΡΕΣ.

Πῶς οὖν οὐχ ἅπασι προσήκει ὑμῖν τούτου καταψηφί-] 69
ζεσθαι; Εἰ γὰρ τούτων ἕκαστος δι᾽ ἓν ἁμάρτημα θανάτου
ἠξιώθη, ἦ που τοῦ γε πολλὰ ἐξημαρτηκότος καὶ δημοσίᾳ εἰς
τὴν πόλιν καὶ ἰδίᾳ εἰς ἕκαστον ὑμῶν, ὧν ἑκάστου ἁμαρτή-

102, 6 erklärt: ἀνδραποδιστής οὐ
μόνον τοὺς ἐλευθέρους ἀπάγων
εἰς δουλείαν, ἀλλὰ καὶ ὁ τοὺς δούλους ἀπὸ τῶν δεσποτῶν ἀποσπῶν
εἰς ἑαυτόν. — αὐτόσε] 'hierher',
d. h. nach Athen. So öfters αὐτοῦ
und αὐτόθεν; § 68 ἐνθάδε. —
παιδίσκην] Zu unsauberem Ge-
werbe. Korinth war in dieser Hin-
sicht berüchtigt (Schol. zu
Aristoph. Plut.149), wie auch aus
der pseudodemosthenischen Rede
gegen Neaera bekannt ist. — ἀπ-
έθανε] wodurch er der Hinrichtung zuvorkam, die wie in
Athen so wohl auch in den anderen Staaten Griechenlands den
überwiesenen ἀνδραποδιστής traf.
Xen. Memor. I, 2, 62. Apol. Socr.
25. Aristoph. Plut. 524. Lykurg
bei Harpokr. unter ἀνδραποδιστής.
Die Festnahme und der Tod des
Menschen erfolgte in Korinth. wie
schon das gegensätzliche ἐνθάδε
§ 68 zeigt.

68. λωποδύτην] ὃς ἀποδύει
τοὺς παριόντας τὰς ἐσθῆτας Etym.
Magn. 570, 26; ὁ τὰ τῶν νεκρῶν
ἱμάτια κλέπτων Anecd. Bekk. 276,
13. Ein Pröbchen ihres Treibens
bei Aristoph. Vög. 497. — ἀπή-
γαγε] Die Kleiderdiebe gehörten
zu den κακοῦργοι im engeren Sinne;
daher gestattete das Gesetz die
Anwendung der Apagoge (E. § 6)
gegen sie (Lys. X, 10. Demosth.
LIV, 1). — ἐν τῷ δικαστηρίῳ]
unter Vorsitz der Elfmänner. —
θάνατον] Demosth. IV, 47: οἱ
στρατηγοὶ τὸν τῶν ἀνδραποδιστῶν

καὶ λωποδυτῶν θάνατον μᾶλλον
αἱροῦνται τοῦ προσήκοντος. —
παρέδοτε] τῷ δημίῳ § 56. παραδιδόναι das eigentliche Wort von
der Ueberantwortung des Verur-
theilten seitens der Justiz an die
Executivbehörde, mit oder ohne
einen Dativ wie τοῖς ἕνδεκα; die
Behörde selbst παραλαμβάνει. Vgl.
IX, 13; XIV, 17; XXII, 2. Plut.
Demosth. 26 (παραδοθεὶς εἰς τὸ
δεσμωτήριον). Auch vom Kläger,
der den Schuldigen der Justiz über-
giebt, steht παραδιδόναι, mit oder
ohne εἰς τοὺς δικαστάς, εἰς τὸν
δῆμον u. dgl. Demosth. XXI, 2;
[Dem.] XXV, 36. Xen. Hell. I, 7, 3.
— Ueber ἀποτυμπανίσαι zu § 56.

69. ἅπασι] Da ihr alle seine
Schlechtigkeit kennt (§ 65) und
unmittelbar oder mittelbar selbst
habt erfahren müssen (§ 1 ff. 92). —
εἰ γὰρ κτλ.] Folgerungen dieser
Art a minori ad maius sind bei den
Rednern sehr beliebt. Vgl. zu
XII, 36. Lykurg 78: εἶτα τοῦτον
οὐκ ἀποκτενεῖτε τὸν ἀπάσαις ταῖς
ἀδικίαις ἔνοχον ὄντα; τίνας οὖν
τιμωρήσεσθε; τοὺς ἕν τι τούτων
ἡμαρτηκότας; Demosth. XXI, 175:
δείξω τί πεποιηκότες ἔνιοι τίνος
ὀργῆς τετυχήκασι παρ᾽ ὑμῶν, ἵνα
ταῦτα πρὸς τὰ τούτῳ πεπραγμένα
ἀντιθῆτε. — ἦ που — γε] zu XII,
35. — εἰς ἕκαστον ὑμῶν] Diese
weitgehende Behauptung gründet
sich nicht blos auf die § 65 f. er-
örterten Uebelthaten, sondern
auch auf die Schädigung der Interessen des Staats und jedes Ein-

μματος ἐν τοῖς νόμοις θάνατος ἡ ζημία ἐστί, δεῖ ὑμᾶς σφόδρα
θάνατον αὐτοῦ καταψηφίσασθαι.

70 Λέξει δέ, ὦ ἄνδρες δικασταί, καὶ ἐξαπατῆσαι ὑμᾶς πει-
ράσεται, ὡς ἐπὶ τῶν τετρακοσίων Φρύνιχον ἀπέκτεινε, καὶ
ἀντὶ τούτου φησὶν αὐτὸν Ἀθηναῖον τὸν δῆμον ποιήσασθαι,

zelnen durch Agoratos' Denunciation und ihre Folgen. — αὐ-
τοῦ] nimmt nach dem langen
Zwischeusatze den Genitiv τοῦ
— ἐξημαρτηκότος wieder auf, wie
Isokr. XIX, 11: τὸ τελευταῖον
φθόη ἰσχόμενον αὐτόν — οὕτως
ἐπιπόνως καὶ καλῶς αὐτὸν ἐθε-
ράπευσα. Xenoph. I, 3, 15:
πειράσομαι τῷ πάππῳ — συμμα-
χεῖν αὐτῷ. Platon Staat III, 398ᵃ.
Kr. 51, 5, 1. Auffälliger Isokr.
XII, 109: τῶν ἀποδεχομένων ἁπά-
σας τὰς Λακεδαιμονίων πράξεις
τοὺς μὲν βελτίστους αὐτῶν ἡγοῦμαι — ἐπαινέσεσθαι. Aehnlich
οὗτος Demosth. prooem. 40, 2: οἱ
πλεῖστοι οὐ τοὺς ὑμετέρους φίλους
— θεραπεύειν τούτους οἴονται
δεῖν.
70. Das folgende gehört insu-
fern noch zu der § 64 begonnenen
Beurtheilung der Persönlichkeit
des Agorat, als der Sprecher den
Nachweis versucht, der Angeklagte (den er ja δοῦλος καὶ ἐκ
δούλων genannt hatte) sei kein
athenischer Bürger, um so unver-
zeiblicher also sein Verfahren gegen wohlverdiente Bürger. —
ἐξαπατῆσαι] Die Worte καὶ πει-
ράσεται stehen nicht διὰ μέσου,
sondern ἐξαπ. ist 'durch die Angabe täuschen', und ὡς hängt auch
von ἐξαπ. mit ab, wie Xenoph.
An. V, 7, 6: ἔστιν ὅστις τοῦτο ἂν
δύναιτο ὑμᾶς ἐξαπατῆσαι, ὡς ἥ-
λιος ἔνθεν μὲν ἀνίσχει, δύεται δὲ
ἐνταῦθα. Plat. Protag. 323ᵃ: ἵνα
μὴ οἴη ἀπατᾶσθαι, ὡς ἡγοῦνται
πάντες ἄνθρωποι πάντα ἄνδρα
μετέχειν δικαιοσύνης. Arrian Anab.
III, 2, 4. — ἐπὶ τῶν τετρακο-
σίων] Nicht an die den Richtern
bekannte Zeit der Ermordung des
Phryn. wollte Agorat damit erinnern, sondern an die damaligen
Umstände, wie er, der jetzt der
Beihilfe bei der Ausführung oli-

garchischer Umsturzpläne beschuldigt sei, zur Zeit der ersten
Oligarchie ja doch eine dem Demos nützliche That vollbracht
und in gefährlicher Zeit sich um
die Demokratie wohl verdient gemacht habe. Aehnliches §§ 2. 19.
36. — Φρύνιχον] Phrynichos,
Sohn des Stratonides, aus dem
Gau Deirades, von niederer Herkunft (Pseudolys. XX, 11), aber
grosser Energie und scharfem
Blick, ein Ueberläufer aus dem
demokratischen Lager (XXV, 9),
neben Peisandros, Antiphon und
Theramenes eine der bedeutendsten Persönlichkeiten in der Oligarchie des Jahres 411 (unten
§ 73. Thuk. VIII, 68. 90. Aristot.
Polit. VIII, 5, 8. 205 Bekker). —
φησίν] nicht blos in seiner zu
erwartenden Vertheidigung (daher nicht φήσει), sondern immer,
wenn etwa sein Bürgerrecht angezweifelt wird; ebenso § 91 und
ähnlich Aeschin. III, 17: πρὸς τὸν
ἄφυκτον λόγον, ὅν φησι Δημο-
σθένης, βραχέα βούλομαι προει-
πεῖν. λέξει γὰρ οὗτος κτλ. —
Ἀθηναῖον ποιήσασθαι] Der
Ausdruck ist von der Adoption
(ποιεῖσθαι τινα υἱόν) hergenom-
men, wie [Demosth.] LIX, 89. Aristoph. Ach. 145, πολίτην ποιεῖσθαι Isokr. IX, 54, wobei auch,
sogut wie bei der Adoption υἱόν,
der Begriff Ἀθηναῖον fehlen kann
(Demosth. XXXVI, 47); passivisch
πολίτην oder Ἀθηναῖον ποιεῖσθαι
(§§ 72. 76. Demosth. XXXXV, 13)
von γίγνεσθαι (§ 73. Xen. Hell.
II, 2, 1). Daher heissen solche
Neubürger πολῖται ποιητοί oder
δημοποίητοι, im Gegensatz zu den
γένει πολῖται (Demosth. XXXXV,
78), das Volk selbst vom Standpunkte des gleichsam adoptierten
Bürgers aus bildlich πατὴρ ποιητός unten § 91. — Das athenische

ψευδόμενος, ὦ ἄνδρες δικασταί· οὔτε γὰρ Φρύνιχον ἀπέκτεινεν οὔτε Ἀθηναῖον αὐτὸν ὁ δῆμος ἐποιήσατο. Φρυνίχῳ γάρ, 71
ὦ ἄνδρες δικασταί, κοινῇ Θρασύβουλός τε ὁ Καλυδώνιος καὶ
Ἀπολλόδωρος ὁ Μεγαρεὺς ἐπεβούλευσαν· ἐπειδὴ δὲ ἐπετυ-
χέτην αὐτῷ βαδίζοντι, ὁ μὲν Θρασύβουλος τύπτει τὸν Φρύνιχον καὶ καταβάλλει πατάξας, ὁ δὲ Ἀπολλόδωρος οὐχ ἥψατο,
ἀλλ' ἐν τούτῳ κραυγὴ γίγνεται καὶ ᾤχοντο φεύγοντες. Ἀγόρατος

Bürgerrecht ward 'δι' ἀνδραγα-
θίαν εἰς τὸν δῆμον τῶν Ἀθηναίων'
([Dem.] LIX, 89) als das 'schönste und würdigste Geschenk' an
Wohltäter des Staates ursprünglich nur selten und mit weitläufi-
gen unwürdige Verleihung ver-
hütenden Formalitäten verliehen.
Die Parteileidenschaft aber ver-
schleuderte auch dieses Kleinod
des Staates auf Kosten des Na-
tionalstolzes (Andok. II, 23). —
ψευδόμενος] 'und das lügt er',
wie Demosth. XXIX, 13. XXXVII,
23. LVIII, 31. Das Particip charakterisiert an Stelle eines Satzes
die vorausgehende Aeusserung,
wie καλῶς λέγων Xen. de re eq.
I, 3; oder wie das geläufige καλῶς
und εὖ ποιῶν, das seltenere προς-
ήκοντα ποιῶν (Isokr. IX, 54)
eine vorher geschilderte Handlung, und zuweilen σωφρονοῦντες
(Isokr. V, 7) oder κακῶς φρονοῦν-
τες (Eurip. Med. 250) die bei einer
That oder einem Urtheile obwal-
tende geistige Disposition. Vgl.
Madvig 176ᶜ. — ὦ ἄνδρες δι-
κασταί] Die Anrede steigert den
auf ψευδ. ruhenden Nachdruck.
Vgl. § 47.

71. Der Bericht über die Ermordung des Phrynichos stimmt
in der Hauptsache mit den Angaben Lykurgs § 112, weicht aber
bezüglich der Mörder und der
sonstigen Umstände wesentlich
ab von Thukyd. VIII, 92, der wieder nicht ganz mit Plutarch Alkib.
25 harmoniert. Da nach Plutarch
und Thukydides die Zahl der zu
dieser That Verschworenen nicht
gering war, mochten später, als
das Volk dieselbe als verdienst-
lich anerkannte, sich viele zu den

Belohnungen melden (§ 72). An-
stifter des Mordes war die Oppo-
sitionsminorität unter den 400 unter Theramenes' u. Kritias' Führung. — Καλυδώνιος] aus Kaly-
don in Aetolien. Thrasybul und
Apollodor waren vermuthlich
Leute aus dem von den 400 in
Sold genommenen Corps der περίπολοι (Thukyd.), welches ganz
oder zum Theil aus Ausländern bestanden haben mag (sonst sind die
περίπολοι attische Epheben). Auch
bei Thuk. ist einer der am Mord
Betheiligten ein Fremder, ein Ar-
giver. — βαδίζοντι] 'als er spa-
zieren ging', wie Isokr. XVIII, 5:
ἔτυχον μετὰ Πατροκλέους βαδίζων.
Lys. III, 17: αὐτοῖς μόνος βαδίζων ἐντυγχάνω. Antiphanes bei
Athen. III, 103 f. Der Mord geschah auf der Agora (Thuk. Plut.),
παρὰ τὴν κρήνην ἐν τοῖς οἰσύοις
nach Lykurg, eine Lokalität,
welche neuerdings, wohl mit Recht,
als ein Theil der Agora betrachtet worden ist. Die Quelle dürfte
die vom Burgfelsen herabströ-
mende sein, welche Pausan. I, 28,
4 erwähnt. — πατάξας] ἐγχει-
ριδίῳ Plut. — οὐχ ἥψατο] hervorgehoben, um zu beweisen, dass
es nur eines Mannes bedurfte
und Agor. jedenfalls nicht mit
Hand anlegte. — ἐν τούτῳ] 'in
diesem Augenblick', wie Xen. Hell.
II, 4, 6: ἐπεὶ πρὸς ἡμέραν ἐγίγνετο,
ἐν τούτῳ οἱ περὶ Θρασύβουλον
δρόμῳ προσέπιπτον Anab. IV, 3,
32. — κραυγὴ γίγνεται] der
Mord geschah nach Lyk. bei Nacht,
nach Thukyd. freilich ἐν τῇ ἀγορᾷ πληθούσῃ. — ᾤχοντο φεύ-
γοντες] nach Lykurg wurden
beide, nach Thuk. der, der den
Streich nicht geführt hatte, fest-

δὲ οὑτοσὶ οὔτε παρεκλήθη οὔτε παρεγένετο οὔτε οἶδε τοῦ
πράγματος οὐδέν. Ὡς δὲ ἀληθῆ λέγω, αὐτὸ τὸ ψήφισμα
δηλώσει.

ΨΗΦΙΣΜΑ.

72 Ὅτι μὲν οὐκ ἀπέκτεινε Φρύνιχον, ἐξ αὐτοῦ τοῦ ψηφί-
σματος δῆλον· οὐδαμοῦ γάρ ἐστιν ''Ἀγόρατον Ἀθηναῖον εἶναι'
ὥσπερ Θρασύβουλον καὶ Ἀπολλόδωρον· καίτοι εἴπερ ἀπέκτεινε Φρύνιχον, ἔδει αὐτὸν ἐν τῇ αὐτῇ στήλῃ, ἵναπερ
Θρασύβουλον καὶ Ἀπολλόδωρον, Ἀθηναῖον πεποιημένον

genommen. — παρεκλήθη] zum
Complot; ähnlich oben § 18. —
οὔτε οἶδε — οὐδέν] Er nahm
nicht nur nicht Theil an der Ausführung, sondern weiss überhaupt
nichts von dem Plane (πρᾶγμα).
Man hat εἶδε corrigiert oder auch
οἶδε von der Wahrnehmung als
Augenzeuge deuten wollen (zu
XII, 100); doch dies liegt ja schon
in παρεγένετο. Vielmehr will der
Redner gerade den Agor. als dem
Entwurfe wie der Ausführung der
Sache gänzlich fremd darstellen;
um so frecher dann sein § 72 ge-
schildertes Unterfangen. — τὸ
ψήφισμα] Nach dem Sturze der
400 ward nachträglich dem ermordeten Phrynichos auf Kritias' Antrag ein Hochverrathsprocess gemacht (Lykurg 113 ff.) und die in
dieser Sache gefassten Beschlüsse
(τὰ ψηφίσματα τὰ περὶ Φρυνίχου
in den vit. X orat. p. 833) auf einer Schandsäule eingegraben. Zugleich stellten Diokles (vermuthlich das spätere Mitglied der
Dreissig, da die ganze Sache von
der Fraction des Theramenes und
Kritias ausging), Erasinides (vielleicht der Strateg der Arginusenschlacht) und Eudikos eine Reihe
von Anträgen, die Mörder des
Phryn. als Wohlthäter des Staates
mit dem Bürgerrecht, öffentlichen
Bekränzung an den grossen Dio-
nysien und sonstigen Auszeichnungen (z. B. erhielt Apollodor
die confiscierten Güter des ver-
triebenen Peisandros; Lys. VII, 4)
zu belohnen. Auch anderen, die

vielleicht an dem Complot (Thuk.
Plut.) theil genommen haben wollten oder etwa in dem Processe
gegen den ermordeten Phrynichos
sich als Zeugen bemerklich gemacht hatten, bewilligte das Volk
auf Diokles' Antrag zwar nicht
das Bürgerrecht, wohl aber andere
Auszeichnungen und ehrenvolle
Erwähnung auf der Säule, auf
welcher das über diese drei An-
träge ergangene Psephisma eingegraben ward. Ansehnliche
Bruchstücke dieser Säule wurden
im Jahre 1842 in Athen aufgefun-
den und unter den dort genannten belohnten εὐεργέται des Volks
erscheint auch Agoratos. Unzweifelhaft ist dies das Psephisma,
welches der Sprecher hier verlesen liess, soweit es sich auf Thrasybul und Apollodor bezog.
72. ἔστιν] zu § 14. Die folgenden Worte ein angenommenes Citat aus dem Decret, abhängig gedacht von den Eingangsworten
desselben ἔδοξε τῇ βουλῇ καὶ τῷ
δήμῳ. — πεποιημένον] Dahinter ist nicht nur ein Infin. ausgefallen wie γεγράφθαι, sondern
auch ein Gedanke des Inhalts,
dass ausser Thrasybul und Apollodor sich noch andre auf Grund
angeblicher Verdienste bei dem
Morde oder dem Processe des
Phrynichos gemeldet und es beim
Antragsteller durchgesetzt hätten,
dass er wenn auch nicht das Bürgerrecht, so doch andere Vergün-
stigungen und ehrende Nennung
als Wohlthäter des Volkes auf der

[γεγράφθαι] .... τὰ μέντοι ὀνόματα διαπράττονται σφῶν αὐτῶν, δόντες ἀργύριον τῷ ῥήτορι, προσγραφῆναι εἰς τὴν στήλην ὡς εὐεργέτας ὄντας. Καὶ ὡς ἀληθῆ λέγω, τοῦτο τὸ ψήφισμα ἐλέγξει.

ΨΗΦΙΣΜΑ.

Säule für sie beantrage. Subj. zu διαπράττονται sind eben diese Leute, nach den trümmerhaften Worten des Decrets ausser Agoratos noch Komon, Simos, Philinos und drei andere, deren Namen unlesbar sind. — τὰ ὀνόματα — σφῶν αὐτῶν] σφῶν αὐτῶν selten in possessiver Bedeutung beim Nomen, häufiger (besonders bei Thukyd.) σφῶν, welche Pronominalform aber bei Lysias ausser in Verbindung mit αὐτῶν etc. nicht vorkommt. Wie hier noch Andok. II, 2: νομίζουσι τῆς πόλεως εὖ πραττούσης καὶ τὰ ἴδια σφῶν αὐτῶν ἄμεινον ἂν φέρεσθαι. Thukyd. II, 68: οἱ Ἀμπρακιῶται τὴν ἔχθραν ἀπὸ τοῦ ἀνδραποδισμοῦ σφῶν αὐτῶν ἐποιήσαντο. Vgl. Kr. 47, 9, 13. — τῷ ῥήτορι] der in dem verlesenen Psephisma genannte Diokles. ῥήτωρ oft nicht im technischen Sinne, sondern publicistisch: der Sprecher in der Volksversammlung, der 'Antragsteller' Suidas s. v. ῥήτωρ: ῥήτωρ τὸ παλαιὸν ἐκαλεῖτο ὁ δήμῳ συμβουλεύων καὶ ὁ ἐν τῷ δήμῳ ἀγορεύων, εἴτε ἱκανός λέγειν εἴτε καὶ ἀδύνατος. So Lys. XXXI, 27. Hypereid. Euxen. p. 6 (Schneidew.): παρὰ τοῖς ῥήτορσιν ἔστι τὸ γράφειν τὰ ψηφίσματα. Aristoph. Ritt. 1350. Ihre Käuflichkeit ist ein Lieblingsthema der Redner und Komiker und ῥήτωρ daher oft injuriöse Bezeichnung eines Politikers, der aus dem Reden vor Gericht und in der Ekklesia eine lucrative Profession macht. Eine Hauptstelle darüber ist Demosth. XXI, 189. Daneben Aristoph. Plut. 30: ἕτεροι ἐπλούτουν, ἱερόσυλοι, ῥήτορες καὶ συκοφάνται. 379. 567. Lys. XVIII, 16: οὕτως ἤδη οἱ τὰ τῆς πόλεως πράττοντες διάκεινται, ὥστ' οὐχ ὅτι ἂν τῇ

πόλει βέλτιστον ᾖ, τοῦτο οἱ ῥήτορες λέγουσιν, ἀλλ' ἀφ' ὧν ἂν αὐτοὶ κερδαίνειν μέλλωσι, ταῦτα ὑμεῖς ψηφίζεσθε (Gedanke wie Isokr. XII, 12) XXX, 22. Deinarch I, 19; II, 26; III, 19. — ὡς εὐεργέτας ὄντας] nachlässig an τὰ ὀνόματα σφῶν αὐτῶν angeschlossen, als ob σφᾶς αὐτούς vorangegangen wäre. Der Ehrentitel εὐεργέτης, öfters mit sonstigen Auszeichnungen verbunden (Demosth. XIX, 330. Lykurg. 51) ward, zuweilen erblich, Bürgern wie Nichtbürgern (Pseudolys. XX, 19) durch Volksbeschluss zuerkannt; die darauf bezügliche Ehrensäule pflegte auf der Akropolis aufgestellt zu werden. Xenophon in seiner Schrift über die Reform des athenischen Staatshaushaltes (3, 11) rieth den Athenern, die Verleihung dieses Titels zu einer Finanzspeculation zu benutzen. — Die darauf bezüglichen Worte des Antrags des Diokles lauten in der neuerdings vollzogenen Wiederherstellung: τοὺς δὲ μετὰ αὐτῶν ὅσοι εὖ ἐποίησαν τὸν δῆμον τὸν Ἀθηναίων...... καὶ Ἀγόρατον καὶ Κώμωνα καὶ .... καὶ Σίμον καὶ Φιλῖνον καὶ .... εὐεργέτας ἀναγράψαι ἐν πόλει (der Akropolis) ἐν στήλῃ λιθίνῃ τὸν γραμματέα τῆς βουλῆς, — τοῦτο τὸ ψήφισμα] Nach § 71 war nur der auf Thrasybuls und Apollodors Bürgerrecht bezügliche Passus des umfänglichen Decrets verlesen worden; die Nichterwähnung des Agorat an jener Stelle entschied eben gegen seine Prätension. Jetzt wird der Theil verlesen, der dem Agorat und Consorten zwar verschiedene Ehren und Vortheile, aber nicht das Bürgerrecht verlieh. Im Gegentheil war in den Worten des Pse-

73 Οὗτω μέντοι οὑτοσὶ πολὺ ὑμῶν κατεφρόνει, ὥστε οὐκ
ὢν Ἀθηναῖος καὶ ἐδίκαζε καὶ ἠκκλησίαζε καὶ γραφὰς τὰς ἐξ
ἀνθρώπων ἐγράφετο, ἐπιγραφόμενος Ἀναγυράσιος εἶναι.
Ἔπειτα δὲ καὶ ἕτερον μέγα τεκμήριον ὡς οὐκ ἀπέκτεινε Φρύνιχον, δι' ὃ Ἀθηναῖός φησι γεγενῆσθαι. Ὁ Φρύνιχος γὰρ
οὗτος τοὺς τετρακοσίους κατέστησεν· ἐπειδὴ δ' ἐκεῖνος ἀπέ-

phisma, es solle Agorat das Recht
des Grundbesitzes (ἔγκτησιν εἶναι
αὐτοῖς ὧνπερ Ἀθηναίοις, καὶ γη-
πέδων καὶ οἰκίας, καὶ οἴκησιν
Ἀθήνησι) deutlich ausgesprochen,
dass das Bürgerrecht, welches
diese Berechtigung von selbst mit
einschloss, ihm nicht ertheilt
ward.

73. οὗτω — πολύ] bei dieser
Trennung des οὕτως (adeo) von
dem gesteigerten Begriffe (wie
von σφόδρα XIV, 27, von μέγας
XIV, 35, wie hier Xen. Hell. IV,
4. 12: οὕτως ἐν ὀλίγῳ πολλοὶ ἔπε-
σον. Isae. XI, 18.) fällt der Haupt-
ton auf οὕτως. Oft bei Isokrates
und Demosthenes. — μέντοι] 'jedoch', trotzdem dass er das Bürgerrecht ungeachtet seiner Be-
mühungen nicht erhalten hatte. —
κατεφρόνει] zu XII, 84. —
ἐδίκαζε καὶ ἠκκλησ. καὶ γραφὰς ἐγράφετο] Diese Functionen nebst dem ἄρχειν (inclus. βουλεύειν) die wesentlichsten Aeus-
serungen der Rechte des Vollbür-
gers (πολίτης ἐπίτιμος). Aehnlich
XXVI, 2: τοῦ δικάζειν καὶ τοῦ
ἐκκλησιάζειν περὶ τῶν κοινῶν μετ-
έδοτε αὐτοῖς. — γραφὰς τὰς
ἐξ ἀνθρώπων] 'alle menschen-
möglichen', wohl Phrase des Umgangstons, ursprünglich durch
einen Casus von πᾶς zu ergänzen
(Fragm. des Pytheas bei Dionys.
Halic. V, S. 591 Reiske: πονηρίαν
τῷ Δημοσθένει καὶ κακίαν τὴν ἐξ
ἀνθρώπων πᾶσαν ἐνοικεῖν ἔφησεν).
Wie hier Plat. Theaet. 170ᵉ: τὰ
ἐξ ἀνθρώπων πράγματα παρέχουσί
μοι. Aesch. I, 59: αὐτὸν ἐμαστί-
γουν τὰς ἐξ ἀνθρώπων πληγάς. —
ἐπιγραφόμενος] wie § 76 τοὔνομα ἐπιγραφόμενος, nämlich auf
den Klagschriften (Demosthenes
XXXX, 16: ἐπεγράψατο ἐπὶ τὸ
ἔγκλημα Βοιωτόν), welche nach

Angabe des Archonten und des-
Datums durch den vollständigen
Namen des Klägers eingeleitet
wurden (Schömann Process 606ff.).
ἐπιγράφεσθαι der stehende Ausdruck für das 'Eintragen lassen'
(denn die Redaction der Klagschrift nach der Eingabe des Klägers besorgte wohl der Gerichtsschreiber) des eigenen oder eines
fremden Namens in Documente,
wie in κλητῆρα ἐπιγράφεσθαι
(Demosth. LIII, 14.) u. dgl. Das
Medium nach Kr. 52, 11. — Ἀνα-
γυράσιος] aus dem Demos Ana-
gyrus der Phyle Erechtheis. —
δι' ὅ] sachgemässer, weil auf das
Factum ἀποκτεῖναι Φρύνιχον
Agor. seine Ansprüche gründet,
als das handschriftliche δι' ὅν,
was sogar an sich zweideutig
(propter quem und cuius opera)
sein könnte. — κατέστησεν]
übertrieben (vgl. zu § 70), um die
folgende Argumentation zu unterstützen. Um nämlich nachzuweisen, dass dem Agor. aus seiner
Angabe, er habe den Phrynichos
ermordet, unter allen Umständen
kein Vortheil erwachsen dürfe,
baut der Sprecher folgenden Dop-
pelschluss.
A. Zugegeben, du hast den Phrynichos getödtet.
a) Phryn. war das Haupt und
die Stütze der Oligarchie des
J. 411, die mit ihm zusammen-
brach.
b) Die Mitglieder der Oligarchie
des J. 404 waren aus der des
Jahres 411 hervorgegangen und
sämmtlich nach dem Sturze
derselben exiliert gewesen.
c) Also hätten dich dieselben jedenfalls wegen des Mordes
des Phrynichos zur Strafe gezogen,
d) Wofern du nicht durch grös-

θάνεν, οἱ πολλοὶ τῶν τετρακοσίων ἔφυγον. Πότερον οὖν 74
δοκοῦσιν ὑμῖν οἱ τριάκοντα καὶ ἡ βουλὴ ἡ ἐπὶ τῶν τριάκοντα βουλεύουσα, οἳ αὐτοὶ ἦσαν ἅπαντες τῶν τετρακοσίων τῶν φυγόντων, ἀφεῖναι ἂν λαβόντες τὸν Φρύνιχον ἀποκτείναντα ἢ τιμωρήσασθαι ὑπὲρ Φρυνίχου καὶ
τῆς φυγῆς ἧς αὐτοὶ ἔφυγον; Ἐγὼ μὲν οἶμαι τιμωρεῖσθαι
ἄν. Εἰ μὲν οὖν μὴ ἀποκτείνας προσποιεῖται, ἀδικεῖ, ὡς ἐγώ 75

seres der Demokratie zuge-
fügtes Unheil den der Oligarchie 411 versetzten Schlag in
Vergessenheit gebracht hast.
e) Dann trifftdichgerechteStrafe
wegen dieses Unheils (§75f.).
B. Oder du hast den Phryn. nicht
getödtet.
a) Dann fehlt dir jede Begründung für die angebliche Er-
langong des Bürgerrechts.
b) In diesem Falle verdienst du
Strafe wegen der Anmassung
der wichtigsten bürgerlichen
Functionen (§ 76).
Gegen den zweiten Theil dieser
Alternative ist nichts einzuwen-
den. Im ersten aber ist Punkt a
übertrieben, Punkt b falsch (zu
§ 74), die Voraussetzung c unbegründet, denn dieTonangeber der
Oligarchie des J. 404, Kritias und
Theramenes, waren Gegner des
Phrynichos und hatten vermuthlich selbst dessenErmordung veranlasst (zu § 71), daher für sie
kein Grund vorlag, den Mörder
zurStrafe zuziehen. Damitbricht
die Annahme d und der Schluss e
zusammen. — οἱ πολλοὶ — ἔφυ-
γον] wie es scheint, arge Uebertreibung (noch schlimmer Justin.
V, 3). Bei dem Verfahren gegen
die 400, soweit sie überhaupt zur
Rechenschaft gezogen wurden,
war man imGanzen (von derHin-
richtung des Antiphon und Ar-
cheptolemos abgesehen) sehr mild
(Pseudolys. XX, 14), nur die äusserste Fraction entwich (Thuk.
VIII, 98) und gegen diese ward
die Strafe der Verbannung und
Güterconfiscation noch feierlich
ausgesprochen und ihre Namen
auf Schandsäulen aufgezeichnet.
(Andok. I, 78).
74. ἡ ἐπὶ τῶν τρ. βουλευόυ-

σα] zu § 19. — ἅπαντες] Ein jedenfalls beabsichtigter Irrthum.
Eratosthenes z. B. und Theramenes waren gar nicht, Kritias wenigstens wohl nicht wegen seiner
Betheiligung am Regiment der
400 verbannt worden (zuXII, 43).
Ueberhaupt aber waren nicht die
Dreissig alle unter den Vierhundert gewesen. Doch hat sich Lysias nicht, wie man gemeint hat,
durch die Angabe XXV, 9: ἔνιοι
τῶν ἐκείνους ἐκβαλόντων αὐτοὶ
αὖθις τῶν τριάκοντα ἐγένοντο
selbst widerlegt, da unter den ἐκ-
βαλόντες dieser Stelle selbst Mitglieder der 400 zu verstehen
sind; denn der Umsturz der ersten Oligarchie war das Werk der
eigenen Partei (XII, 66). — τι-
μωρήσασθαι] Das ἄν aus dem
ersten Gliede der Frage wirkt
noch nach. Aehnlich I, 40: δοκῶ
ἄν ὑμῖν τὸν συνδειπνοῦντα ἀφεὶς
μόνος καταλειφθῆναι ἢ κελεύειν
ἐκεῖνον μένειν; — ἐγὼ μὲν οἶ-
μαι] In solchen Formeln stellt
μέν (ἐγὼ μέν ein betontes 'ich')
das subjective Urtheil mit Be-
scheidenheit, jedoch oft als das
veruünftiger Weise allein statt-
hafte mit Ironie der etwaigen Ansicht anderer gegenüber. Kr. 69,
35, 2. Bei Lysias nach § 83; I, 35.
47; III, 36; IV, XXVI, 7. Analog XXIX, 14: ἐγὼ μὲν παραινῶ,
und ähnlich XVII, 1: οἶομαι μὲν
οὖν, das Glauben einem (zu an-
massend klingenden) Wissen ent-
gegenstellend (wie Antiph. V, 57.
Plat. Protag. 327b. Staat IV, 423b,
ebenso δοκεῖ μέν μοι Krit. 43d).
Vgl. zu XII, 8. — τιμωρεῖσθαι
ἄν] Inf. Impf.; zu § 36.

75. προσποιεῖται] sc. ἀποκτεῖναι (zu § 28) und deshalb das

φημι· εἰ δὲ ἀμφισβητεῖς καὶ φῇς Φρύνιχον ἀποκτεῖναι, δῆλον ὅτι μείζω τὸν δῆμον τῶν Ἀθηναίων κακὰ ποιήσας τὴν
ὑπὲρ Φρυνίχου αἰτίαν πρὸς τοὺς τριάκοντα ἀπελύσω· οὐδέποτε γὰρ πείσεις οὐδένα ἀνθρώπων, ὡς Φρύνιχον ἀποκτείνας ἀφείθης ἂν ὑπὸ τῶν τριάκοντα, εἰ μὴ μεγάλα τὸν δῆμον
76 τῶν Ἀθηναίων καὶ ἀνήκεστα κακὰ εἰργάσω. Ἐὰν μὲν οὖν φάσκῃ Φρύνιχον ἀποκτεῖναι, τούτων μέμνησθε καὶ τοῦτον
τιμωρεῖσθε ἀνθ᾽ ὧν ἐποίησεν· ἐὰν δ᾽ οὐ φάσκῃ, ἔρεσθε
αὐτὸν, δι᾽ ὅ τι φησὶν Ἀθηναῖος ποιηθῆναι. Ἐὰν δὲ μὴ ἔχῃ
ἀποδεῖξαι, τιμωρεῖσθε αὐτὸν ὅτι καὶ ἐδίκαζε καὶ ἠκκλησίαζε καὶ ἐσυκοφάντει πολλοὺς ὡς Ἀθηναῖος τοὔνομα ἐπιγραφόμενος.

77 Ἀκούω δ᾽ αὐτὸν παρασκευάζεσθαι ἀπολογεῖσθαι, ὡς ἐπὶ

Bürgerrecht erhalten zu haben,
ein Gedanke, der wohl auch ohne
die Annahme einer Lücke nach
προσπ. (man wollte πολίτης oder
ποιητὸς εἶναι ergänzen) aus dem
Zusammenhang sich ergiebt. —
ἀδικεῖ] indem er sich auf Grund
dieses Vorgebens politische Rechte
anmasst. — ὡς ἐγώ φημι] nicht
blos auf ἀδικεῖ, sondern auf den
ganzen Gedanken εἰ — ἀδικεῖ zu
beziehen: 'und das ist meine Ansicht' (wie sie schon §§ 70. 72. 73
ausgesprochen ist); daher der Gegensatz εἰ δὲ ἀμφισβητεῖς ('dies
bestreitest')καὶ φῇς('behauptest')
Φρ.ἀποκτ., denn der Sprecher will
ernstlich gar nicht die Möglichkeit zugeben, dass Agorat des
Phryn. Mörder gewesen, wohl im
Bewusstsein der Schwäche des
daraus gezogenen Schlusses. —
μείζω] als den Oligarchen durch
die Ermordung des Phryn. —
πρὸς τοὺς τρ. ἀπελύσω] 'den
Dreissig gegenüber dich frei gemacht hattest' Demosth. XVIII,
50: ἑωλοκρασίαν τινά μου τῶν ἀ-
δικημάτων κατεσκέδασας, ἣν ἀναγ-
καῖον ἦν πρὸς τοὺς νεωτέρους
τῶν πραγμάτων ἀπολύσασθαι (wo
Vömel).
76. τούτων] 'dieser meiner
Worte', nicht auf κακά zu beziehen; denn diese sind hier
nicht an sich Object der Be-
sprechung, demnach auch nicht

der späteren auf diesem Theil der
Rede fussenden Erinnerung der
Richter. — ἐάν — οὐ φάσκῃ]
zu § 62. — ὡς Ἀθηναῖος] Ueber
ὡς Kr. 69, 63, 2.

77. ἀκούω] zu § 55. Auch
dies so gut wie den Mord des
Phrynichos wollte Agor. anführen
zur Constatierung seiner bürger-
freundlichen Gesinnung, um die
Beschuldigung, dass den Oligarchen unter einer Decke gesteckt
und sonach freiwillig denunciert
zu haben, abzuwehren. — παρα-
σκευάζεσθαι] 'sich rüstet', das
verbum proprium von der Vorbereitung der Parteien auf den Process (um τὴν ἐν τῷ δικαστηρίῳ
μάχην ἀγωνίζεσθαι Plat. Euthydem. 272¹), zu derselben Reihe
von Metaphern vom Kriegswesen
gehörig wie ὁ ἀγών, ἀγωνίζεσθαι,
nachher ἀγώνισμα, ὁ φεύγων, ὁ
διώκων, αἱρεῖν, ἁλίσκεσθαι, λαβεῖν (zu § 56). So παρασκευάζεσθαι XII,88; XXVI,13 u.ö.; ebenso παρασκευή die Vorbereitung
der streitenden Parteien, oft mit
gehässiger Hindeutung auf un-
lautere Waffen, wie XXVIII, 11;
λόγων παρασκευαί Isae. fragm.
22, 2 (Scheibe). — ἀπολογεῖσθαι ὡς] zu § 89. — ἐπὶ Φυλὴν
ᾤχετο] Ein Verdienst, auf das
man sich in den nächsten Jahren
nach der Restauration gern und

Φυλήν τε ᾤχετο καὶ συγκατῆλθε ἀπὸ Φυλῆς, καὶ τοῦτο μέγιστον ἀγώνισμα εἶναι. Ἐγένετο δὲ τοιοῦτον. Ἦλθεν οὗτος
ἐπὶ Φυλήν· καίτοι πῶς ἂν γένοιτο ἄνθρωπος μιαρώτερος,
ὅστις εἰδὼς, ὅτι εἰσί τινες ἐπὶ Φυλῇ τῶν ὑπὸ τούτου ἐκπεπτω-
κότων, ἐτόλμησεν ἐλθεῖν ὡς τούτους; Ἐπειδὴ δὲ εἶδον αὐτόν, 78
τάχιστα συλλαβόντες ἄγουσιν ἄντικρυς ὡς ἀποκτενοῦντες,
οὕπερ καὶ τοὺς ἄλλους ἀπέσφαττον, εἴ τινα λῃστὴν ἢ κα-

nicht ohne Erfolg berief. Vgl.
XXVIII, 12: Ἐργοκλῆς ἐρεῖ, ὡς
ἀπὸ Φυλῆς κατῆλθε καὶ ὡς τῶν
κινδύνων τῶν ὑμετέρων μετέσχεν.
Die Kehrseite bildet der Vorwurf
der Gleichgültigkeit bei der Wiederherstellung der Freiheit XXXI,
8. — συγκατῆλθεν] Die Beziehung des σύν ist so deutlich, dass
es der auch neuerdings noch festgehaltenen Interpolation τοῖς ἀπὸ
Φυλῆς nicht bedarf. Ebenso συγ-
κατελθεῖν XXXI, 9. — καὶ ἀγώνισμα εἶναι] abhängig von ἀ-
κούω. ἀγώνισμα ist ein Punkt der
παρασκευή, ein glückliches Vertheidigungsmoment gegenüber dem
Ankläger, μέγ. ἀγών. also etwa
'Hauptstreich'; so Antiph. V, 36:
ἐχρῆν αὐτοὺς ἐνθάδε παρέχοντας
τὸν μηνυτὴν ἀπελέγχειν ἐμὲ καὶ
αὐτῷ τούτῳ χρῆσθαι ἀγωνίσματι.
Aehnlich πάλαισμα τοῦ δικαστηρίου Aesch. III, 205. (Wir etwa
'Fechterstreich', Finte.') Xenoph.
Memor. II, 1, 14. — ἐγένετο] Das
unbestimmte Subj. liegt im Verbum. Kr. 61, 5, 6. — ἦλθεν οὗτος ἐπὶ Φυλήν] Manche, die der
Herrschaft der Dreissig nicht langen Bestand zutrauten, sagten
sich nach der Einnahme von Phyle
früher oder später von ihnen los
und schlugen sich zu den Patrioten. XXV, 9, besonders aber XXXI,
9. Isokr. XVIII, 49. — πῶς ἂν
— ἐτόλμησεν] Es ist wohl weder an die Ellipse von τούτου vor
μιαρώτερος noch an die von ἢ vor
ὅστις (Kr. 49, 2, 2 und zu Thukyd.
I, 33) zu denken, sondern Subject
zu ἂν γένοιτο ist der in ὅστις angedeutete τίς: 'Wie könnte einer,
der — gewagt hat, ein noch ruch-
loserer Mensch werden?', also mit
Beseitigung der Fragform = μια-

ρώτατος ἂν εἴη ἄνθρωπος, ὅστις.
Ebenso Antiph. VI, 47: καίτοι
πῶς ἂν ἄνθρωποι σχετλιώτεροι ἢ
ἀνομώτεροι γένοιντο, οἵτινες ἅπερ
αὐτοὶ σφᾶς αὐτοὺς οὐκ ἔπεισαν,
ταῦθ᾽ ὑμᾶς ἀξιοῦσι πεῖσαι; Ein
anderer Gedanke liegt vor, wenn
in solchen Sätzen ἤ hinzutritt wie
[Lys.] XX, 13: πῶς ἂν γένοιτο
δημοτικώτερος ἢ ὅστις ὑμῶν ψη-
φισαμένων πεντακισχιλίοις παραδοῦναι τὰ πράγματα ἐνακισχιλίους
κατέλεξε; — ὑπὸ τούτου] Der Gedanke, der allgemein (ὅστις) be-
gonnen hat, wird auf die in Rede
stehende Person beschränkt; zu
XII, 84. — ἐπὶ Φυλῇ] zu XII, 52.

78. ἐπειδὴ — τάχιστα] Diese
(sonst bei Lysias nirgends vorkommende) Trennung des τάχιστα
('unverzüglich') von ἐπειδὴ ver-
anschaulicht die Entstehung der
Conjunction ἐπειδὴ τάχιστα (quam
primum), in welcher das τάχιστα
nicht dem Nebensatze angehört,
sondern das Zeitverhältnis des
Hauptsatzes zum Nebensatze an-
giebt. Man vgl. οὗτοι, ἐπεὶ εὐθέως ᾔσθοντο τὸ πρᾶγμα, ἀπεχώ-
ρησαν Xen. Hell. III, 2, 4, mit εὐ-
θύς, ἐπειδὰν λάβωσι τὰς δυναστείας, ἐν τοσούτοις κακοῖς εἰσιν.
Isokr. VIII, 111. — ἀπέσφατ-
τον] wozu sie sich berufen glaubten als Vertreter der legitimen
Verfassung und der Gerechtig-
keit, von denen die sittliche Re-
generation des Staates ausgehen
müsse. Vgl. die Worte des Thrasybul bei Xen. Hell. II, 4, 40. Die
damalige Zerrüttung des Staats
machten sich manche zu Expedi-
tionen auf eigene Faust als Frei-
beuter (λῃσταί) zu Nutze, wie
Philon nach Lys. XXXI, 17 f. —

κοῦργον λάβοιεν. Στρατηγῶν δὲ Ἄνυτος οὐκ ἔφη χρῆναι
ποιεῖν αὐτοὺς ταῦτα, λέγων ὅτι οὔπω οὕτω διακέοιντο, ὥστε
τιμωρεῖσθαί τινας τῶν ἐχθρῶν, ἀλλὰ νῦν μὲν δεῖν αὐτοὺς
ἡσυχίαν ἔχειν, εἰ δέ ποτε οἴκαδε κατέλθοιεν, τότε καὶ τιμω-
70 ρήσοιντο τοὺς ἀδικοῦντας. Ταῦτα λέγων αἴτιος ἐγένετο τοῦ
ἀποφυγεῖν τοῦτον ἐπὶ Φυλῇ· ἀνάγκη δὲ ἦν στρατηγοῦ ἀνδρὸς ἀκροᾶσθαι, εἴπερ ἔμελλον σωθήσεσθαι. Ἀλλ' ἕτερον·
οὔτε γὰρ συσσιτήσας τούτῳ οὐδεὶς φανήσεται οὔτε σύσκηνος

Ἄνυτος] der Sohn des Anthe-
mion, von niederem Stande, aber
durch sein Handwerk reich geworden (πλούσιος ἦν ἐκ σκυτο-
δεψικῆς Schol. zu Platon Apol.
18ᵇ), sowohl als Feldherr im deke-
leischen Krieg wie als Staatsmann
nicht unbedeutend (Plat. Menon
90ᵇ), daher bei Xenoph. Hell. II,
3, 42 vom Theramenes neben Thrasybul und Alkibiades als einfluss-
reicher Parteiführer genannt und
nach der Rückkehr der Verbannten einer der Mächtigsten in der
Stadt (Isokr. XVIII, 23). Aufrich-
tiger Patriot, war er doch zu beschränkt, um die Persönlichkeit
des Sokrates von den Sophisten
zu unterscheiden und ward daher,
auch persönlich von Sokrates ver-
letzt, die Hauptperson in der Anklage gegen ihn. — δεῖν] Man
änderte dies in θέοι. Doch nicht
selten springt die mit ὡς oder ὅτι
begonnene indirecte Rede in den
(Accus. c.) Infin. über; X, 15:
ὑμᾶς πάντας εἰδέναι ἡγοῦμαι ὅτι
ἐγὼ μὲν ὀρθῶς λέγω, τοῦτον δὲ
οὕτω σκαιὸν εἶναι. Thuk. I, 87:
εἶπον ὅτι σφίσι μὲν δοκοῖεν ἀδικεῖν οἱ Ἀθηναῖοι, βούλεσθαι δὲ
καὶ τοὺς πάντας συμμάχους παρα-
καλέσαι Demosth. XVIII, 185.
Madvig § 159, Anmerk. 4. — οἴκαδε κατέλθοιεν] οἴκαδε
war entbehrlich und ist sonst von
Lysias bei κατέρχεσθαι und κατιέναι nicht hinzugefügt worden;
dagegen bei Platon öfters οἴκαδε
κατιέναι. — τιμωρήσοιντο]
Ueber den Optativ zu § 9. Auf
diese Satisfaction leistete der
Demos nachher verständig Ver-
zicht. Vgl. Andok. I, 81: ἐπειδὴ
ἐπανήλθετε ἐκ Πειραιῶς, γενό-

μενον ἐφ' ὑμῖν τιμωρεῖσθαι, περὶ
πλείονος ἐποιήσασθε σώζειν τὴν
πόλιν ἢ τὰς ἰδίας τιμωρίας. Lys.
XVIII, 18.

79. ἐπὶ Φυλῇ] Absichtlich wiederholt der Sprecher die Nennung
des Ortes bei dem dort dem Agor.
widerfahrenen Schimpf, weil Agoratos gerade auf seinen Aufenthalt
'ἐπὶ Φυλῇ' als eine rühmliche
Thatsache pochte. — στρατηγοῦ
ἀνδρός] Diese bei Lysias seltene
Verbindung legt das Gewicht auf
den Standesbegriff; ἀνὴρ ἄρχων
XII, 52 (auch in ἀνὴρ ἐξαιτούμενος [Lys.] XX, 19 fällt der Ton auf
das Attribut), mit verächtlichem
Klange ἄνθρωποι ὑπογραμματεῖς
('Schreibersubjecte') XXX, 28. —
σωθήσεσθαι] 'glücklich heim-
kehren', öfters von Verbannten,
wie XXV, 22 (parallel κατιέναι).
29 [Demosth.] Brief 4, 2 (ἐὰν ἀφί-
κωμαί ποτε καὶ σωθῶ); ebenso von
Reisenden, Gefangenen, auswärts
stehenden Truppen Aristoph. Plut.
1180 Xen. Hellen. I, 6, 7 (σώζεσθαι
οἴκαδε, wie ἡ οἴκαδε σωτηρία Demosth. L, 16). Isae. IX, 15. Menander bei Athen. XI, 474ᶜ. Demosth. LVII, 18 (wo Westermann);
stehend vom heimkehrenden Schiff
Lys. XXXII, 25. Dem. XXXII, 5. 8.
LVI, 22. 32. 37. 42 (ἡ ναῦς σέσωσται
εἰς τὸν Πειραιᾶ). — ἀλλ' ἕτερον]
'doch noch eins' (denn der Sprecher wollte diesen Punkt schon
verlassen, als ihm dies noch ein-
fällt), eine Ankündigungsformel
wie die geläufigeren καίτοι καὶ
τοῦτο, ἔτι δὴ τόδε (Platon Gesetze II, 665ᵇ), ἀλλ' ἐκεῖνο u. dgl.
Kr. 62, 3, 10. — συσσιτήσας —
σύσκηνος] Im Lager bildeten sich

γενόμενος οὔτε ὁ ταξίαρχος εἰς τὴν φυλὴν κατατάξας, ἀλλ'
ὥσπερ ἀλιτηρίῳ οὐδεὶς ἀνθρώπων αὐτῷ διελέγετο. Καί μοι
κάλει τὸν ταξίαρχον.

ΜΑΡΤΥΣ.

Ἐπειδὴ δ' αἱ διαλλαγαὶ πρὸς ἀλλήλους ἐγένοντο καὶ 80)

nach eigener Wahl, doch wohl zunächst aus Mitgliedern desselben 'Bataillons' (τάξις) Zelt-u. Tischgenossenschaften (Demosth. LIV, 4. Isae. IV, 18. Aristoph. Wesp. 557), wie z. B. Sokrates und Alkibiades im Feldzuge gegen Potidaea Zelt- und Tischgenossen waren (Plat. Sympos. 219ᵉ. Plat. Alkib. 7). Die Tischgenossenschaft war Nachahmung einer sonst im bürgerlichen Leben vorkommenden Gewohnheit; denn die σύσσιτοι bildeten gesetzlich anerkannte Corporationen (vgl. das von Hermann, Priv. Alt. § 68, Anm. 9, aus den Digesten angeführte angeblich solonische Gesetz). — ὁ ταξίαρχος] der der Phyle Erechtheis, zu der sich Agor. hielt (zu § 73). Ueber die Taxiarchen zu § 7. Der Taxiarch führte die Bestandlisten der Hopliten seiner Phyle (ὁ τῶν ὁπλιτῶν κατάλογος XV, 5); wenn er also sich weigerte, den Agor. in die Mannschaft der Erechtheis einzustellen, so versagte er ihm zugleich die Anerkennung des prätendierten Bürgerrechts, wenigstens die der Mitgliedschaft in der Erechtheis. — εἰς τὴν φυλήν] 'in seine Phyle.' Genauer εἰς τάξιν § 82. Denn streng genommen sind in der attischen militärischen Terminologie die φυλαί die Reitercontingente der 10 Stämme (zu XII, 44), die τάξεις die des Bürgerfussvolks. Doch so auch Demosth. XXXIX, 17: ταξιαρχῶν τῆς φυλῆς und Thuk. VI, 98: φυλὴ μία τῶν ὁπλιτῶν. — ὥσπερ ἀλιτηρίῳ] Die Zelt- und Tischgemeinschaft, sowie jeden Verkehr mit Agor. vermied man nicht blos aus sittlichem Abscheu, sondern auch weil durch

das Zusammensein mit dem Mörder unter einem Dache (das ὁμορόφιον γενέσθαι Demosth. XXI, 120. vgl. Antiph. V, 11) und an einem Tische (Antiph. II, α, 10) und selbst durch das blosse Reden mit ihm (unten § 82. Demosth. XXI, 118) die ansteckende Befleckung (μίασμα) des Fluchbeladenen (ἀλιτήριος) auf den Reinen (ὅσιος, καθαρὸς τὰς χεῖρας) übertragen ward (Antiph. V, 82). Vgl. auch zu XII, 99. Daher klagt Orestes bei Eurip. Iph. Taur. 949 ff.: ξένια μονοτράπεζά μοι παρέσχον, σιγῇ δ' ἐτεκτήναντ' ἀπόφθεγκτόν με, ὅπως δαιτὸς γενοίμην πώματός τ' αὐτῶν δίχα.

80. αἱ διαλλαγαί] der durch den König Pausanias vermittelte Vergleich, als ein bestimmter, vielbesprochener durch den Artikel bezeichnet, wie XII, 53. Andok. I, 90. Isokr. XVIII, 31, wie auch andere Momente des Bürgerkriegs und der vorhergehenden Katastrophe durch den Artikel als bestimmte einmalige Vorgänge bezeichnet zu werden pflegen (ἡ εἰρήνη § 5, αἱ ταραχαί, οἱ λόγοι XII, 53, οἱ ὅρκοι καὶ αἱ συνθῆκαι XIII, 88). Isokr. XVIII, 17 dagegen: περὶ διαλλαγῶν ἦσαν οἱ λόγοι mit Rücksicht nicht auf den vollzogenen sondern einen anzubahnenden Vergleich, wie ebenda § 29 εἰς ὅρκους καὶ συνθήκας κατεφύγομεν, weil dort allgemein von der Gattung, nicht speciell von den eidlichen Verträgen des J. 403 die Rede ist. — πρὸς ἀλλήλους] ohne Beziehung auf ein bestimmt ausgesprochenes, doch selbst verständliches Nomen; zu

11

δὲ οὑτοσὶ οὔτε παρεκλήθη οὔτε παρεγένετο οὔτε οἶδε τοῦ
πράγματος οὐδέν. Ὡς δὲ ἀληθῆ λέγω, αὐτὸ τὸ ψήφισμα
δηλώσει.

ΨΗΦΙΣΜΑ.

72 Ὅτι μὲν οὐκ ἀπέκτεινε Φρύνιχον, ἐξ αὐτοῦ τοῦ ψηφί-
σματος δῆλον· οὐδαμοῦ γάρ ἐστιν ''Ἀγόρατον 'Ἀθηναῖον εἶναι'
ὥσπερ Θρασύβουλον καὶ 'Ἀπολλόδωρον· καίτοι εἴπερ ἀπέκτεινε Φρύνιχον, ἔδει αὐτὸν ἐν τῇ αὐτῇ στήλῃ, ἵναπερ
Θρασύβουλον καὶ 'Ἀπολλόδωρον, 'Ἀθηναῖον πεποιημένον

genommen. — παρεκλήθη] zum
Complot; ähnlich oben § 18. —
οὔτε οἶδε — οὐδέν] Er nahm
nicht nur nicht Theil au der Ausführung. sondern weiss überhaupt
nichts von dem Plane (πρᾶγμα).
Man hat εἶδε corrigiert oder auch
οἶδε von der Wahrnehmung als
Augenzeuge deuten wollen (zu
XII, 100); doch dies liegt ja schon
in παρεγένετο. Vielmehr will der
Redner gerade den Agor. als dem
Entwurfe wie der Ausführung der
Sache gänzlich fremd darstellen;
um so frecher dann sein § 72 ge-
schildertes Unterfangen. — τὸ
ψήφισμα] Nach dem Sturze der
400 ward nachträglich dem ermordeten Phrynichos auf Kritias' Antrag ein Hochverrathsprocess gemacht (Lykurg 113 ff.) und die in
dieser Sache gefassten Beschlüsse
(τὰ ψηφίσματα τὰ περὶ Φρυνίχου
in den vit. X orat. p. 833) auf einer Schandsäule eingegraben. Zugleich stellten Diokles (vermuthlich das spätere Mitglied der
Dreissig, da die ganze Sache von
der Fraction des Theramenes und
Kritias ausging), Erasinides (vielleicht der Strateg der Arginusenschlacht) und Eudikos eine Reihe
von Anträgen, die Mörder des
Phryn. als Wohlthäter des Staates
mit dem Bürgerrecht, öffentlicher
Bekränzung an den grossen Dio-
nysien und sonstigen Auszeichnungen (z. B. erhielt Apollodor
die confiscierten Güter des ver-
triebenen Peisandros; Lys. VII,4)
zu belohnen. Auch anderen, die

vielleicht an dem Complot (Thuk.
Plut.) theil genommen haben wollten oder etwa in dem Processe
gegen den ermordeten Phrynichos
sich als Zeugen bemerklich gemacht hatten, bewilligte das Volk
auf Diokles' Antrag zwar nicht
das Bürgerrecht, wohl aber andere
Auszeichnungen und ehrenvolle
Erwähnung auf der Säule, auf
welcher das über diese drei An-
träge ergangene Psephisma eingegraben ward. Ansehnliche
Bruchstücke dieser Säule wurden
im Jahre 1842 in Athen aufgefun-
den und unter den dort genannten belohnten εὐεργέται des Volks
erscheint auch Agoratos. Unzweifelhaft ist dies das Psephisma,
welches der Sprecher hier verlesen liess, soweit es sich auf Thrasybul und Apollodor bezog.
72. ἔστιν] zu § 14. Die folgenden Worte ein angenommenes Citat aus dem Decret, abhängig gedacht von den Eingangsworten
desselben ἔδοξε τῇ βουλῇ καὶ τῷ
δήμῳ. — πεποιημένον] Dahinter ist nicht nur ein Infin. ausgefallen wie γεγράφθαι, sondern
auch ein Gedanke des Inhalts,
dass ausser Thrasybul und Apollodor sich noch andre auf Grund
angeblicher Verdienste bei dem
Morde oder dem Processe des
Phrynichos gemeldet und es beim
Antragsteller durchgesetzt hätten,
dass er wenn auch nicht das Bürgerrecht, so doch andere Vergün-
stigungen und ehrende Nennung
als Wohlthäter des Volkes auf der

[γεγράφθαι] .... τὰ μέντοι ὀνόματα διαπράττονται σφῶν
αὐτῶν, δόντες ἀργύριον τῷ ῥήτορι, προσγραφῆναι εἰς τὴν
στήλην ὡς εὐεργέτας ὄντας. Καὶ ὡς ἀληθῆ λέγω, τοῦτο τὸ
ψήφισμα ἐλέγξει.

ΨΗΦΙΣΜΑ.

Säule für sie beantrage. Subj.
zu διαπράττονται sind eben diese
Leute, nach den trümmerhaften
Worten des Decrets ausser Agoratos noch Komon, Simos, Philinos und drei andere, deren Namen unlesbar sind. — τὰ ὀνόματα — σφῶν αὐτῶν] σφῶν αὐτῶν
selten in possessiver Bedeutung
beim Nomen, häufiger (besonders
bei Thukyd.) σφῶν, welche Pronominalform aber bei Lysias ausser in Verbindung mit αὐτῶν etc.
nicht vorkommt. Wie hier noch
Andok. II, 2: νομίζουσι τῆς πόλεως εὖ πραττούσης καὶ τὰ ἴδια
σφῶν αὐτῶν ἄμεινον ἂν φέρεσθαι.
Thukyd. II, 68: οἱ Ἀμπρακιῶται
τὴν ἔχθραν ἀπὸ τοῦ ἀνδραποδισμοῦ σφῶν αὐτῶν ἐποιήσαντο. Vgl.
Kr. 47, 9, 13. — τῷ ῥήτορι] der
in dem verlesenen Psephisma genannte Diokles. ῥήτωρ oft nicht im
technischen Sinne, sondern publicistisch: der Sprecher in der
Volksversammlung, der 'Antragsteller' Suidas s. v. ῥήτωρ: ῥήτωρ
τὸ παλαιὸν ἐκαλεῖτο ὁ δήμῳ συμβουλεύων καὶ ὁ ἐν τῷ δήμῳ ἀγορεύων, εἴτε ἱκανὸς λέγειν εἴτε καὶ
ἀδύνατος. So Lys. XXXI, 27. Hypereid. Euxen. p. 6 (Schneidew.):
παρὰ τοῖς ῥήτορσιν ἔστι τὸ γράφειν τὰ ψηφίσματα. Aristoph.
Ritt. 1350. Ihre Käuflichkeit ist
ein Lieblingsthema der Redner
und Komiker und ῥήτωρ daher oft
injuriöse Bezeichnung eines Politikers, der aus dem Reden vor
Gericht und in der Ekklesia eine
lucrative Profession macht. Eine
Hauptstelle darüber ist Demosth.
XXI, 189. Daneben Aristoph.
Plut. 30: ἕτεροι ἐπλούτουν, ἱερόσυλοι, ῥήτορες καὶ συκοφάνται.
379. 567. Lys. XVIII, 16: οὕτως
ἤδη οἱ τὰ τῆς πόλεως πράττοντες
διάκεινται, ὥστ' οὐχ ὅτι ἂν τῇ

πόλει βέλτιστον ᾖ, τοῦτο οἱ ῥήτορες λέγουσιν, ἀλλ' ἀφ' ὧν ἂν αὐτοὶ κερδαίνειν μέλλωσι, ταῦτα ὑ-
μεῖς ψηφίζεσθε (Gedanke wie
Isokr. XII, 12) XXX, 22. Deinarch
I, 19; II, 26; III, 19. — ὡς εὐεργέτας ὄντας] nachlässig an τὰ
ὀνόματα σφῶν αὐτῶν angeschlossen, als ob σφᾶς αὐτοὺς vorangegangen wäre. Der Ehrentitel εὐεργέτης, öfters mit sonstigen Auszeichnungen verbunden (Demosth.
XIX, 330. Lykurg. 51) ward, zuweilen erblich, Bürgern wie Nichtbürgern (Pseudolys. XX, 19) durch
Volksbeschluss zuerkannt; die
darauf bezügliche Ehrensäule
pflegte auf der Akropolis aufgestellt zu werden. Xenophon in
seiner Schrift über die Reform
des athenischen Staatshaushaltes
(3, 11) rieth den Athenern, die
Verleihung dieses Titels zu einer
Finanzspeculation zu benutzen.
— Die darauf bezüglichen Worte
des Antrags des Diokles lauten in
der neuerdings vollzogenen Wiederherstellung: τοὺς δὲ μετὰ αὐτῶν ὅσοι εὖ ἐποίησαν τὸν δῆμον
τὸν Ἀθηναίων, ... καὶ Ἀγόρατον καὶ Κώμωνα καὶ ..... καὶ Σίμον καὶ Φιλῖνον καὶ .... εὐεργέτας ἀναγράψαι ἐν πόλει (der Akropolis) ἐν στήλῃ λιθίνῃ τῶν γραμματέα τῆς βουλῆς, — τοῦτο τὸ
ψήφισμα] Nach § 71 war nur
der auf Thrasybuls und Apollodors Bürgerrecht bezügliche Passus des umfänglichen Decrets verlesen worden; die Nichterwähnung des Agorat an jener Stelle
entschied eben gegen seine Prätension. Jetzt wird der Theil verlesen, der dem Agorat und Consorten zwar verschiedene Ehren
und Vortheile, aber nicht das
Bürgerrecht verlieh. Im Gegentheil war in den Worten des Pse-

73   *Οὕτω μέντοι οὑτοσὶ πολὺ ὑμῶν κατεφρόνει, ὥστε οὐκ*
ὦν Ἀθηναῖος καὶ ἐδίκαζε καὶ ἠκκλησίαζε καὶ γραφὰς τὰς ἐξ
ἀνθρώπων ἐγράφετο, ἐπιγραφόμενος Ἀναγυράσιος εἶναι.
Ἔπειτα δὲ καὶ ἕτερον μέγα τεκμήριον ὡς οὐκ ἀπέκτεινε Φρύ-
νιχον, δι' ὃ Ἀθηναῖός φησι γεγενῆσθαι. Ὁ Φρύνιχος γὰρ
οὗτος τοὺς τετρακοσίους κατέστησεν· ἐπειδὴ δ' ἐκεῖνος ἀπέ-

phisma, es solle Agorat das Recht
des Grundbesitzes (ἔγκτησιν εἶναι
αὐτοῖς ὥνπερ Ἀθηναίοις, καὶ γη-
πέδων καὶ οἰκίας, καὶ οἴκησιν
Ἀθήνησι) deutlich ausgesprochen,
dass das Bürgerrecht, welches
diese Berechtigung von selbst mit
einschloss, ihm nicht ertheilt
ward.
  73. οὕτω — πολύ] bei dieser
Trennung des οὕτως (adeo) von
dem gesteigerten Begriffe (wie
von σφόδρα XIV, 27, von μέγας
XIV, 35, wie hier Xen. Hell. IV,
4. 12: οὕτως ἐν ὀλίγῳ πολλοὶ ἐπε-
σον. Isae. XI, 18.) fällt der Haupt-
ton auf οὕτως. Oft bei Isokrates
und Demosthenes. — μέντοι] 'jedoch', trotzdem dass er das Bürgerrecht ungeachtet seiner Be-
mühungen nicht erhalten hatte. —
κατεφρόνει] zu XII, 84. —
ἐδίκαζε καὶ ἠκκλησια, καὶ γραφὰς ἐγράφετο] Diese Functionen nebst dem ἄρχειν (inclus. βουλεύειν) die wesentlichsten Aeus-
serungen der Rechte des Vollbür-
gers (πολίτης ἐπίτιμος). Aehnlich
XXVI, 2: τοῦ δικάζειν καὶ τοῦ
ἐκκλησιάζειν περὶ τῶν κοινῶν μετ-
έδοτε αὐτοῖς. — γραφὰς τὰς
ἐξ ἀνθρώπων] 'alle menschen-
möglichen', wohl Phrase des Umgangstons, ursprünglich durch
einen Casus von πᾶς zu ergänzen
(Fragm. des Pytheas bei Dionys.
Halic. V, S. 591 Reiske: πονηρίαν
τῷ Δημοσθένει καὶ κακίαν τὴν ἐξ
ἀνθρώπων πᾶσαν ἐνοικεῖν ἔφησεν.)
Wie hier Plat. Theaet. 170ᵉ: τὰ
ἐξ ἀνθρώπων πράγματα παρέχουσί
μοι. Aesch. I, 59: αὐτὸν ἐμαστί-
γουν τὰς ἐξ ἀνθρώπων πληγάς. —
ἐπιγραφόμενος] wie § 76 τοῦ-
νομα ἐπιγραφόμενος, nämlich auf
den Klagschriften (Demosthenes
XXXX, 16: ἐπεγράψατο ἐπὶ τὸ
ἔγκλημα Βοιωτόν), welche nach

Angabe des Archonten und des-
Datums durch den vollständigen
Namen des Klägers eingeleitet
wurden (Schömann Process 606ff.).
ἐπιγράφεσθαι der stehende Ausdruck für das 'Eintragen lassen'
(denn die Redaction der Klagschrift nach der Eingabe des Klägers besorgte wohl der Gerichtsschreiber) des eigenen oder eines
fremden Namens in Documente,
wie in κλητῆρα ἐπιγράφεσθαι
(Demosth. LIII, 14.) u. dgl. Das
Medium nach Kr. 52, 11. — Ἀνα-
γυράσιος] aus dem Demos Ana-
gyrus der Phyle Erechtheis. —
δι' ὃ] sachgemässer, weil auf das
Factum ἀποκτεῖναι Φρύνιχον
Agor. seine Ansprüche gründet,
als das handschriftliche δι' ὅν,
was sogar an sich zweideutig
(propter quem und cuius opera)
sein könnte. — κατέστησεν]
übertrieben (vgl. zu § 70), um die
folgende Argumentation zu unterstützen. Um nämlich nachzuweisen, dass dem Agor. aus seiner
Angabe, er habe den Phrynichos
ermordet, unter allen Umständen
kein Vortheil erwachsen dürfe,
baut der Sprecher folgenden Dop-
pelschluss.
A. Zugegeben, du hast den Phrynichos getödtet.
a) Phryn. war das Haupt und
   die Stütze der Oligarchie des
   J. 411, die mit ihm zusammen-
   brach.
b) Die Mitglieder der Oligarchie
   des J. 404 waren aus der des
   Jahres 411 hervorgegangen und
   sämmtlich nach dem Sturze
   derselben exiliert gewesen.
c) Also hätten dich dieselben jedenfalls wegen des Mordes
   des Phrynichos zur Strafe gezogen,
d) Wofern du nicht durch grös-

θανεν, οἱ πολλοὶ τῶν τετρακοσίων ἔφυγον. Πότερον οὖν 74
δοκοῦσιν ὑμῖν οἱ τριάκοντα καὶ ἡ βουλὴ ἡ ἐπὶ τῶν τριάκοντα βουλεύουσα, οἳ αὐτοὶ ἦσαν ἅπαντες τῶν τετρακοσίων τῶν φυγόντων, ἀφεῖναι ἂν λαβόντες τὸν Φρύνιχον ἀποκτείναντα ἢ τιμωρήσασθαι ὑπὲρ Φρυνίχου καὶ
τῆς φυγῆς ἧς αὐτοὶ ἔφυγον; Ἐγὼ μὲν οἶμαι τιμωρεῖσθαι
ἄν. Εἰ μὲν οὖν μὴ ἀποκτείνας προσποιεῖται, ἀδικεῖ, ὡς ἐγώ 75

seres der Demokratie zuge-
fügtes Unheil den der Oligarchie 411 versetzten Schlag in
Vergessenheit gebracht hast.
e) Dann trifftdichgerechteStrafe
wegen dieses Unheils (§ 75f.).
B. Oder du hast den Phryn. nicht
getödtet.
a) Dann fehlt dir jede Begründung für die angebliche Erlangung des Bürgerrechts.
b) In diesem Falle verdienst du
Strafe wegen der Anmassung
der wichtigsten bürgerlichen
Functionen (§ 76).
Gegen den zweiten Theil dieser
Alternative ist nichts einzuwen-
den. Im ersten aber ist Punkt a
übertrieben, Punkt b falsch (zu
§ 74), die Voraussetzung c unbegründet. denn dieTonangeber der
Oligarchie des J. 404, Kritias und
Theramenes, waren Gegner des
Phrynichos und hatten vermuthlich selbst dessen Ermordung veranlasst (zu § 71), daher für sie
kein Grund vorlag, den Mörder
zur Strafe zu ziehen. Damit bricht
die Annahme d und der Schluss e
zusammen. — οἱ πολλοὶ — ἔφυ-
γον] wie es scheint, arge Uebertreibung (noch schlimmer Justin.
V, 3). Bei dem Verfahren gegen
die 400, soweit sie überhaupt zur
Rechenschaft gezogen wurden,
war man im Ganzen (von der Hinrichtung des Antiphon und Ar-
cheptolemos abgesehen) sehr mild
(Pseudolys. XX, 14), nur die äusserste Fraction entwich (Thuk.
VIII, 98) und gegen diese ward
die Strafe der Verbannung und
Güterconfiscation noch feierlich
ausgesprochen und ihre Namen
auf Schandsäulen aufgezeichnet.
(Andok. I, 78).
74. ἡ ἐπὶ τῶν τρ. βουλεύου-

σα] zu § 19. — ἅπαντες] Ein jedenfalls beabsichtigter Irrthum.
Kratosthenes z. B. und Theramenes waren gar nicht, Kritias wenigstens wohl nicht wegen seiner
Betheiligung am Regiment der
400 verbannt worden (zu XII, 43).
Ueberhaupt aber waren nicht die
Dreissig alle unter den Vierhundert gewesen. Doch hat sich Lysias nicht, wie man gemeint hat,
durch die Angabe XXV, 9: ἔνιοι
τῶν ἐκείνους ἐκβαλόντων αὐτοὶ
αὖθις τῶν τριάκοντα ἐγένοντο
selbst widerlegt, da unter den ἐκ-
βαλόντες dieser Stelle selbst Mitglieder der 400 zu verstehen
sind; denn der Umsturz der ersten Oligarchie war das Werk der
eigenen Partei (XII, 66). — τι-
μωρήσασθαι] Das ἄν aus dem
ersten Gliede der Frage wirkt
noch nach. Aehnlich I, 40: δοκῶ
ἂν ὑμῖν τὸν συνδειπνοῦντα ἀφεὶς
μόνος καταλειφθῆναι ἢ κελεύειν
ἐκεῖνον μένειν; — ἐγὼ μὲν οἶ-
μαι] In solchen Formeln stellt
μέν (ἐγὼ μέν ein betontes 'ich')
das subjective Urtheil mit Be-
scheidenheit, jedoch oft als das
vernünftiger Weise allein statt-
hafte mit Ironie der etwaigen Ansicht anderer gegenüber. Kr. 69,
35, 2. Bei Lysias nach § 83 ; I, 35.
47; III, 36; IV, 7; XXVI, 7. Analog XXIX. 14: ἐγὼ μὲν παραινῶ,
und ähnlich XVII, 1: οἴομαι μὲν
οὖν, das Glauben einem (zu an-
massend klingenden) Wissen ent-
gegenstellend (wie Antiph. V, 57.
Plat. Protag. 327ᵇ. Staat IV, 423ᵇ,
ebenso δοκεῖ μέν μοι Krit. 43ᵈ).
Vgl. zu XII, 8. — τιμωρεῖσθαι
ἄν] Inf. Impf.; zu § 36.

75. προσποιεῖται] sc. ἀποκτεῖναι (zu § 28) und deshalb das

φημι· εἰ δὲ ἀμφισβητεῖς καὶ φῂς Φρύνιχον ἀποκτεῖναι, δῆλον ὅτι μείζω τὸν δῆμον τῶν Ἀθηναίων κακὰ ποιήσας τὴν
ὑπὲρ Φρυνίχου αἰτίαν πρὸς τοὺς τριάκοντα ἀπελύσω· οὐδέποτε γὰρ πείσεις οὐδένα ἀνθρώπων, ὡς Φρύνιχον ἀποκτείνας ἀφείθης ἂν ὑπὸ τῶν τριάκοντα, εἰ μὴ μεγάλα τὸν δῆμον
76 τῶν Ἀθηναίων καὶ ἀνήκεστα κακὰ εἰργάσω. Ἐὰν μὲν οὖν φάσκῃ Φρύνιχον ἀποκτεῖναι, τούτων μέμνησθε καὶ τοῦτον
τιμωρεῖσθε ἀνθ' ὧν ἐποίησεν· ἐὰν δ' οὐ φάσκῃ, ἔρεσθε
αὐτὸν, δι' ὅ τι φησὶν Ἀθηναῖος ποιηθῆναι. Ἐὰν δὲ μὴ ἔχῃ
ἀποδεῖξαι, τιμωρεῖσθε αὐτὸν ὅτι καὶ ἐδίκαζε καὶ ἠκκλησίαζε καὶ ἐσυκοφάντει πολλοὺς ὡς Ἀθηναῖος τοὔνομα ἐπιγραφόμενος.
77 Ἀκούω δ' αὐτὸν παρασκευάζεσθαι ἀπολογεῖσθαι, ὡς ἐπὶ

Bürgerrecht erhalten zu haben,
ein Gedanke, der wohl auch ohne
die Annahme einer Lücke nach
προσπ. (man wollte πολίτης oder
ποιητός εἶναι ergänzen) aus dem
Zusammenhang sich ergiebt. —
ἀδικεῖ] indem er sich auf Grund
dieses Vorgebens politische Rechte
anmasst. — ὡς ἐγώ φημι] nicht
blos auf ἀδικεῖ, sondern auf den
ganzen Gedanken εἰ — ἀδικεῖ zu
beziehen: 'und das ist meine Ansicht' (wie sie schon §§ 70. 72. 73
ausgesprochen ist); daher der Gegensatz εἰ δὲ ἀμφισβητεῖς ('dies
bestreitest')καὶ φῂς('behauptest')
Φρ. ἀποκτ., denn der Sprecher will
ernstlich gar nicht die Möglichkeit zugeben, dass Agorat des
Phryn. Mörder gewesen, wohl im
Bewusstsein der Schwäche des
daraus gezogenen Schlusses. —
μείζω] als den Oligarchen durch
die Ermordung des Phryn. —
πρὸς τοὺς τρ. ἀπελύσω] 'den
Dreissig gegenüber dich frei gemacht hattest' Demosth. XVIII,
50: ἐωλοκρασίαν τινά μου τῶν ἀ-
δικημάτωνκατεσκέδασας, ἣν ἀναγ-
καῖον ἦν πρὸς τοὺς νεωτέρους
τῶν πραγμάτων ἀπολύσασθαι (wo
Vömel).
76. τούτων] 'dieser meiner
Worte', nicht auf κακά zu beziehen; denn diese sind hier
nicht an sich Object der Be-
sprechung, demnach auch nicht

der späteren auf diesem Theil der
Rede fussenden Erinnerung der
Richter. — ἐάν — οὐ φάσκῃ]
zu § 62. — ὡς Ἀθηναῖος] Ueber
ὡς Kr. 69, 63, 2.

77. ἀκούω] zu § 55. Auch
dies so gut wie den Mord des
Phrynichos wollte Agor. anführen
zur Constatierung seiner bürger-
freundlichen Gesinnung, um die
Beschuldigung, mit den Oligarchen unter einer Decke gesteckt
und sonach freiwillig denunciert
zu haben, abzuwehren. — παρα-
σκευάζεσθαι] 'sich rüstet', das
verbum proprium von der Vorbereitung der Parteien auf den Process (um τὴν ἐν τῷ δικαστηρίῳ
μάχην ἀγωνίζεσθαι Plat. Euthydem. 272¹). zu derselben Reihe
von Metaphern vom Kriegswesen
gehörig wie ὁ ἀγών, ἀγωνίζεσθαι.
nachher ἀγώνισμα, ὁ φεύγων, ὁ
διώκων, αἱρεῖν, ἁλίσκεσθαι, λαβεῖν (zu § 56). So παρασκευάζεσθαι XII.88; XXVI, 13 u. ö.; ebenso παρασκευή die Vorbereitung
der streitenden Parteien, oft mit
gehässiger Hindeutung auf un-
lautere Waffen, wie XXVIII, 11;
λόγων παρασκευαί Isae. fragm.
22, 2 (Scheibe). — ἀπολογεῖσθαι ὡς] zu § 89. — ἐπὶ Φυλὴν
ᾤχετο] Ein Verdienst, auf das
man sich in den nächsten Jahren
nach der Restauration gern und

Φυλήν τε ᾤχετο καὶ συγκατῆλθε ἀπὸ Φυλῆς, καὶ τοῦτο μέγιστον ἀγώνισμα εἶναι. Ἐγένετο δὲ τοιοῦτον. Ἦλθεν οὗτος
ἐπὶ Φυλήν· καίτοι πῶς ἂν γένοιτο ἄνθρωπος μιαρώτερος,
ὅστις εἰδὼς, ὅτι εἰσί τινες ἐπὶ Φυλῇ τῶν ὑπὸ τούτου ἐκπεπτω-
κότων, ἐτόλμησεν ἐλθεῖν ὡς τούτους; Ἐπειδὴ δὲ εἶδον αὐτόν, 78
τάχιστα συλλαβόντες ἄγουσιν ἄντικρυς ὡς ἀποκτενοῦντες,
οὕπερ καὶ τοὺς ἄλλους ἀπέσφαττον, εἴ τινα λῃστὴν ἢ κα-

nicht ohne Erfolg berief. Vgl.
XXVIII, 12: Ἐργοκλῆς ἐρεῖ, ὡς
ἀπὸ Φυλῆς κατῆλθε καὶ ὡς τῶν
κινδύνων τῶν ὑμετέρων μετέσχεν.
Die Kehrseite bildet der Vorwurf
der Gleichgültigkeit bei der Wiederherstellung der Freiheit XXXI,
8. — συγκατῆλθεν] Die Beziehung des σύν ist so deutlich, dass
es der auch neuerdings noch festgehaltenen Interpolation τοῖς ἀπὸ
Φυλῆς nicht bedarf. Ebenso συγ-
κατελθεῖν XXXI, 9. — καὶ — ἀγώνισμα εἶναι] abhängig von ἄ-
κούω. ἀγώνισμα ist ein Punkt der
παρασκευή, ein glückliches Vertheidigungsmoment gegenüber dem
Ankläger, μέγ. ἀγών. also etwa
'Hauptstreich': so Antiph. V, 36:
ἐχρῆν αὐτοὺς ἐνθάδε παρίχοντας
τὸν μηνυτὴν ἀπελέγχειν ἐμὲ καὶ
αὐτῷ τούτῳ χρῆσθαι ἀγωνίσματι.
Aehnlich πάλαισμα τοῦ δικαστηρίου Aesch. III, 205. (Wir etwa
'Fechterstreich, Finte.') Xenoph.
Memor. II, 1, 14. — ἐγένετο] Das
unbestimmte Subj. liegt im Verbum. Kr. 61, 5, 6. — ἦλθεν οὗτος ἐπὶ Φυλήν] Manche, die der
Herrschaft der Dreissig nicht langen Bestand zutrauten, sagten
sich nach der Einnahme von Phyle
früher oder später von ihnen los
und schlugen sich zu den Patrioten. XXV, 9, besonders aber XXXI,
9. Isokr. XVIII, 49. — πῶς ἂν
— ἐτόλμησεν] Es ist wohl weder an die Ellipse von τούτου vor
μιαρώτερος noch an die von ἢ vor
ὅστις (Kr. 49, 2, 2 und zu Thukyd.
I, 33) zu denken, sondern Subject
zu ἂν γένοιτο ist der in ὅστις angedeutete τίς: 'Wie könnte einer,
der — gewagt hat, ein noch ruch-
loserer Mensch werden?', also mit
Beseitigung der Fragform = μια-

ρώτατος ἂν εἴη ἄνθρωπος, ὅστις.
Ebenso Antiph. VI, 47: καίτοι
πῶς ἂν ἄνθρωποι σχετλιώτεροι ἢ
ἀνομώτεροι γένοιντο, οἵτινες ἅπερ
αὐτοὶ σφᾶς αὐτοὺς οὐκ ἔπεισαν,
ταῦθ' ὑμᾶς ἀξιοῦσι πεῖσαι; Ein
anderer Gedanke liegt vor, wenn
[Lys.] XX, 13: πῶς ἂν γένοιτο
δημοτικώτερος ἢ ὅστις ὑμῶν ψη-
φισαμένων πεντακισχιλίοις παραδοῦναι τὰ πράγματα ἐνακισχιλίους
κατέλεξε; — ὑπὸ τούτου] Der Gedanke, der allgemein (ὅστις) be-
gonnen hat, wird auf die in Rede
stehende Person beschränkt; zu
XII, 84. — ἐπὶ Φυλῇ] zu XII, 52.

78. ἐπειδὴ — τάχιστα] Diese
(sonst bei Lysias nirgends vorkommende)'Trennung des τάχιστα
('unverzüglich') von ἐπειδὴ ver-
anschaulicht die Entstehung der
Conjunction ἐπειδὴ τάχιστα (quam
primum), in welcher das τάχιστα
nicht dem Nebensatze angehört,
sondern das Zeitverhältnis des
Hauptsatzes zum Nebensatze an-
giebt. Man vgl. οὗτοι, ἐπεὶ εὐ-
θέας ᾔσθοντο τὸ πρᾶγμα, ἀπεχώ-
ρησαν Xen. Hell. III, 2, 4, mit εὐ-
θύς, ἐπειδὰν λάβωσι τὰς δυναστείας, ἐν τοσούτοις κακοῖς εἰσιν.
Isokr. VIII, 111. — ἀπέσφατ-
τον] wozu sie sich berufen glaubten als Vertreter der legitimen
Verfassung und der Gerechtig-
keit, von denen die sittliche Re-
generation des Staates ausgehen
müsse. Vgl. die Worte des Thrasybul bei Xen. Hell. II, 4, 40. Die
damalige Zerrüttung des Staats
machten sich manche zu Expedi-
tionen auf eigene Faust als Frei-
beuter (λῃσταί) zu Nutze, wie
Philon nach Lys. XXXI, 17 f. —

κοῦργον λάβοιεν. Στρατηγῶν δὲ ῎Ανυτος οὐκ ἔφη χρῆναι
ποιεῖν αὐτοὺς ταῦτα, λέγων ὅτι οὔπω οὕτω διακέοιντο, ὥστε
τιμωρεῖσθαί τινας τῶν ἐχθρῶν, ἀλλὰ νῦν μὲν δεῖν αὐτοὺς
ἡσυχίαν ἔχειν, εἰ δέ ποτε οἴκαδε κατέλθοιεν, τότε καὶ τιμω-
70 ρήσοιντο τοὺς ἀδικοῦντας. Ταῦτα λέγων αἴτιος ἐγένετο τοῦ
ἀποφυγεῖν τοῦτον ἐπὶ Φυλῇ· ἀνάγκη δὲ ἦν στρατηγοῦ ἀνδρὸς ἀκροᾶσθαι, εἴπερ ἔμελλον σωθήσεσθαι. Ἀλλ᾽ ἕτερον·
οὔτε γὰρ συσσιτήσας τούτῳ οὐδεὶς φανήσεται οὔτε σύσκηνος

<table>
<tr><td>

῎Ανυτος] der Sohn des Anthe-
mion, von niederem Stande, aber
durch sein Handwerk reich ge-
worden (πλούσιος ἦν ἐκ σκυτο-
δεψικῆς Schol. zu Platon Apol.
18ᵇ), sowohl als Feldherr im deke-
leischen Krieg wie als Staatsmann
nicht unbedeutend (Plat. Menon
90ᵇ), daher bei Xenoph. Hell. II,
3,42 vom Theramenes neben Thra-
sybul und Alkibiades als einfluss-
reicher Parteiführer genannt und
nach der Rückkehr der Verbann-
ten einer der Mächtigsten in der
Stadt (Isokr. XVIII, 23). Aufrich-
tiger Patriot, war er doch zu be-
schränkt, um die Persönlichkeit
des Sokrates von den Sophisten
zu unterscheiden und ward daher,
auch persönlich von Sokrates ver-
letzt, die Hauptperson in der An-
klage gegen ihn. — δεῖν] Man
änderte dies in δέοι. Doch nicht
selten springt die mit ὡς oder ὅτι
begonnene indirecte Rede in den
(Accus. c.) Infin. über; X, 15:
ἡμᾶς πάντας εἰδέναι ἡγοῦμαι ὅτι
ἐγὼ μὲν ὀρθῶς λέγω, τοῦτον δὲ
οὕτω σκαιὸν εἶναι. Thuk. I, 87:
εἶπον ὅτι σφίσι μὲν δοκοῖεν ἀδι-
κεῖν οἱ Ἀθηναῖοι, βούλεσθαι δὲ
καὶ τοὺς πάντας συμμάχους παρα-
καλέσαι Demosth. XVIII, 185.
Madvig § 159, Anmerk. 4. — οἴ-
καδε κατέλθοιεν] οἴκαδε
war entbehrlich und ist sonst von
Lysias bei κατέρχεσθαι und κατιέ-
ναι nicht hinzugefügt worden;
dagegen bei Platon öfters οἴκαδε
κατιέναι. — τιμωρήσοιντο]
Ueber den Optativ zu § 9. Auf
diese Satisfaction leistete der
Demos nachher verständig Ver-
zicht. Vgl. Andok. I, 81: ἐπειδὴ
ἐπανήλθετε ἐκ Πειραιῶς, γενό-

</td><td>

μενον ἐφ᾽ ὑμῖν τιμωρεῖσθαι, περὶ
πλείονος ἐποιήσασθε σώζειν τὴν
πόλιν ἢ τὰς ἰδίας τιμωρίας. Lys.
XVIII, 18.

79. ἐπὶ Φυλῇ] Absichtlich wie-
derholt der Sprecher die Nennung
des Ortes bei dem dort dem Agor.
widerfahrenen Schimpf, weil Ago-
ratos gerade auf seinen Aufenthalt
᾽ἐπὶ Φυλῇ᾽ als eine rühmliche
Thatsache pochte. — στρατηγοῦ
ἀνδρός] Diese bei Lysias seltene
Verbindung legt das Gewicht auf
den Standesbegriff; ἀνὴρ ἄρχων
XII, 52 (auch in ἀνὴρ ἐξαιτσύμε-
νος [Lys.] XX, 19 fällt der Ton auf
das Attribut), mit verächtlichem
Klange ἄνθρωποι ὑπογραμματεῖς
(᾽Schreibersubjecte᾽) XXX, 28. —
σωθήσεσθαι] ᾽glücklich heim-
kehren᾽, öfters von Verbannten,
wie XXV, 22 (parallel κατιέναι).
29 [Demosth.] Brief 4, 2 (ἐὰν ἀφί-
κωμαί ποτε καὶ σωθῶ); ebenso von
Reisenden, Gefangenen, auswärts
stehenden Truppen Aristoph. Plut.
1180 Xen. Hellen. I, 6, 7 (σώζεσθαι
οἴκαδε, wie ἡ οἴκαδε σωτηρία De-
mosth. L, 16). Isae. IX, 15. Men-
ander bei Athen. XI, 474ᶜ. De-
mosth. LVII, 18 (wo Westermann);
stehend vom heimkehrenden Schiff
Lys. XXXII, 25. Dem. XXXII, 5. 8.
LVI, 22. 32. 37. 42 (ἡ ναῦς σέσωσται
εἰς τὸν Πειραιᾶ). — ἀλλ᾽ ἕτερον]
᾽doch noch eins᾽ (denn der Spre-
cher wollte diesen Punkt schon
verlassen, als ihm dies noch ein-
fällt), eine Ankündigungsformel
wie die geläufigeren καίτοι καὶ
τοῦτο, ἔτι δὴ τόδε (Platon Ge-
setze II, 655ᵇ), ἀλλ᾽ ἐκεῖνο u. dgl.
Kr. 62, 3, 10. — συσσιτήσας —
σύσκηνος] Im Lager bildeten sich

</td></tr>
</table>

γενόμενος οὔτε ὁ ταξίαρχος εἰς τὴν φυλὴν κατατάξας, ἀλλ'
ὥσπερ ἀλιτηρίῳ οὐδεὶς ἀνθρώπων αὐτῷ διελέγετο. Καί μοι
κάλει τὸν ταξίαρχον.

ΜΑΡΤΥΣ.

Ἐπειδὴ δ' αἱ διαλλαγαὶ πρὸς ἀλλήλους ἐγένοντο καὶ 80)

nach eigener Wahl, doch wohl zunächst aus Mitgliedern desselben
'Bataillons' (τάξις) Zelt- u. Tischgenossenschaften (Demosth. LIV,
4. Isae. IV, 18. Aristoph. Wesp.
557), wie z. B. Sokrates und Alkibiades im Feldzuge gegen Potidaea Zelt- und Tischgenossen waren (Plat. Sympos. 219ᵉ. Plut. Alkib. 7). Die Tischgenossenschaft
war Nachahmung einer sonst im
bürgerlichen Leben vorkommenden Gewohnheit; denn die σύσσιτοι bildeten gesetzlich anerkannte
Corporationen (vgl. das von Hermann, Priv. Alt. §68, Anm. 9, aus
den Digesten angeführte angeblich solonische Gesetz). — ὁ ταξί-
αρχος] der der Phyle Erechtheis,
zu der sich Agor. hielt (zu § 73).
Ueber die Taxiarchen zu § 7. Der
Taxiarch führte die Bestandlisten
der Hopliten seiner Phyle (ὁ τῶν
ὁπλιτῶν κατάλογος XV, 5); wenn
er also sich weigerte, den Agor.
in die Mannschaft der Erechtheis
einzustellen, so versagte er ihm zugleich die Anerkennung des prätendierten Bürgerrechts, wenigstens
die der Mitgliedschaft in der Erechtheis. — εἰς τὴν φυλήν] 'in seine
Phyle.' Genauer εἰς τάξιν § 82.
Denn streng genommen sind in der
attischen militärischen Terminologie die φυλαί die Reitercontingente der 10 Stämme (zu XII, 44), die
τάξεις die des Bürgerfussvolks.
Doch so auch Demosth. XXXIX,
17: ταξιαρχῶν τῆς φυλῆς und
Thuk. VI, 98: φυλὴ μία τῶν ὁπλιτῶν. — ὥσπερ ἀλιτηρίῳ] Die
Zelt- und Tischgemeinschaft, sowie jeden Verkehr mit Agor. vermied man nicht blos aus sittlichem
Abscheu, sondern auch weil durch

das Zusammensein mit dem Mörder unter einem Dache (das ὁμω-
ρόφιον γενέσθαι Demosth. XXI,
120. vgl. Antiph. V, 11) und an
einem Tische (Antiph. II, α, 10)
und selbst durch das blosse Reden mit ihm (unten §82. Demosth.
XXI, 118) die ansteckende Befleckung (μίασμα) des Fluchbeladenen (ἀλιτήριος) auf den Reinen
(ὅσιος, καθαρὸς τὰς χεῖρας) übertragen ward (Antiph. V, 82). Vgl.
auch zu XII, 99. Daher klagt
Orestes bei Eurip. Iph. Taur.
949 ff.: ξένια μονοτράπεζά μοι παρέσχον, σιγῇ δ' ἐτεκτήναντ' ἀπόφθεγκτόν με, ὅπως δαιτὸς γενοίμην πώματός τ' αὐτῶν δίχα.

80. αἱ διαλλαγαί] der durch
den König Pausanias vermittelte
Vergleich, als ein bestimmter,
vielbesprochener durch den Artikel bezeichnet, wie XII, 53. Andok. I, 90. Isokr. XVIII, 31, wie
auch andere Momente des Bürgerkriegs und der vorhergehenden
Katastrophe durch den Artikel als
bestimmte einmalige Vorgänge
bezeichnet zu werden pflegen (ἡ
εἰρήνη § 5, αἱ ταραχαί, οἱ λόγοι
XII, 53, οἱ λόγοι καὶ αἱ συνθῆκαι
XIII, 88). Isokr. XVIII, 17 dagegen: περὶ θαλλαγῶν ἦσαν οἱ λόγοι
mit Rücksicht nicht auf den vollzogenen sondern einen anzubahnenden Vergleich, wie ebenda § 29 εἰς ὅρκους καὶ συνθήκας
κατεφύγομεν, weil dort allgemein
von der Gattung, nicht speciell
von den eidlichen Verträgen des
J. 403 die Rede ist. — πρὸς ἀλ-
λήλους] ohne Beziehung auf ein
bestimmt ausgesprochenes, doch
selbst verständliches Nomen; zu

ἔπεμψαν οἱ [πολῖται] ἐκ Πειραιῶς τὴν πομπὴν εἰς πόλιν, ἡγεῖτο
μὲν Αἴσιμος τῶν πολιτῶν, οὗτος δὲ οὕτω τολμηρὸς καὶ ἐκεῖ
ἐγένετο· συνηκολούθει γὰρ λαβὼν τὰ ὅπλα καὶ συνέπεμπε
81 τὴν πομπὴν μετὰ τῶν πολιτῶν πρὸς τὸ ἄστυ. Ἐπειδὴ δὲ
·πρὸς ταῖς πύλαις ἦσαν καὶ ἔθεντο τὰ ὅπλα πρὶν εἰσιέναι

XXV, 10. — οἱ ἐκ Πειραιῶς]
Das πολῖται vor ἐκ ist neuerdings
mit Recht beseitigt und der ge-
läufigeParteiname hergestellt worden. Es waren ja unter denen im
Peiräeus auch viele Metöken (Xen.
Hell. II, 4, 25), denen man die Theilnahme am Festzuge nicht verwei-
gern konnte. Auch Xen. Hell. II,
4, 39 sagt: οἱ ἐκ τοῦ Πειραιῶς
ἀνελθόντες σὺν τοῖς ὅπλοις κτλ.
— τὴν πομπήν] am 12. Tage des
Monats Boedromion Ol. 94, 2 (21.
Sept. 403). Plutarch de gloria.
Athen. 7. Zur Erinnerung an diesen Tag feierte man seitdem zu
Athen ein Dankfest (χαριστήρια
ἐλευθερίας). A. Mommsen, Heortologie 217. — εἰς πόλιν] εἰς τὴν
ἀκρόπολιν Xenoph. Thuk. II, 15:
πρὸ τούτου ἡ ἀκρόπολις ἡ νῦν οὐ-
σα πόλις ἦν··καλεῖται δὲ διὰ τὴν
παλαιὰν ταύτῃ κατοίκησιν καὶ ἡ
ἀκρόπολις μέχρι τοῦδε ἔτι ὑπ' Ἀ-
θηναίων πόλις. Pausan. I, 26, 6.
Schol. zu Aeschin. I, 97. Diese
Benennung der Burg blieb die herkömmliche in Actenstücken (vgl.
das Citat aus dem Psephisma zu
§ 73), wie z. B. in dem Instrument
des nikianischen Friedens bei
Thuk. V, 18: στήλας στῆσαι Ὀλυμ-
πίασι καὶ Πυθοῖ καὶ Ἰσθμοῖ καὶ ἐν
Ἀθήναις ἐν πόλει, doch auch, schon
der Kürze wegen, im Volksmunde
und daher uicht selten bei Aristophanes und den Rednern. — Der
Artikel kann wie bei ἀκρόπολις fehlen z. B. Isae. V, 44: οὐδὲ τὰ ἀνα-
θήματα εἰς (τὴν fehlt im cod.
Cripps. A) πόλιν κεκόμικας. Kr.
50, 2, 15. -- Der Festzug nach
der Akropolis gewann besondere
Bedeutung dadurch, dass diese
Stätte der nationalen Heiligthümer und Erinnerungen (zu XII,
94) eben erst von den feindlichen
Waffen gesäubert war. Auf der
Burg opferten die Sieger der
Athene (Xen.), wohl nicht der

Ἀθηνᾶ Νίκη, da es ein Sieg über
Mitbürger gewesen, sondern wie
an den Panathenäen der fürsor-
genden Stadthüterin (Ἀθηνᾶ Πο-
λιάς). — Αἴσιμος] die Identität
mit dem vom Schol. zu Aristoph.
Ekkles. 208 und von Suidas als
körperlich und geistig verwahr-
lost geschilderten Manne dieses
Namens ist zweifelhaft. — τῶν
πολιτῶν] Aesimos führte also
die Bürger, welchen die aus Metöken zusammengesetzte Abthei-
lung stillschweigend entgegenge-
setzt wird; das Ganze des Zugs
führten die Strategen (Xen. Hell.
II, 4, 39), also Anytos u. A. Dass
Agorat trotz seiner Abweisung
durch den Taxiarchen sich bei
den Bürgern einfand, beweist
seine Unverschämtheit (τολμηρός);
im folgenden ist also μετὰ τῶν πολιτῶν zu betonen. — οὕτω τολμηρός — γὰρ] Die Satzform wie
XII, 19. — συνέπεμπε] solange
ihm das Handwerk nicht gelegt
ward; vgl. über das Impf. zu XII,
88. — λαβὼν τὰ ὅπλα] Thuk.
VI, 58: μετ' ἀσπίδος καὶ δόρατος
εἰώθεσαν τὰς πομπὰς ποιεῖν (πέμπειν?); ebenda c. 56: Παναθη-
ναίοις τοῖς μεγάλοις ἐν ὅπλοις οἱ
πολῖται τὴν πομπὴν ἔπεμψαν. Ueber ὅπλα speciell von der Hoplitenbewaffnung zu § 12. Auch
Xen. sagt: ἀνελθόντες σὺν τοῖς
ὅπλοις.
81. πρὸς ταῖς πύλαις] Jedenfalls zogen die Patrioten auf der
grossen Fahrstrasse von dem Peiräeus nach der Stadt (ἡ εἰς τὸν
Πειραιᾶ ἁμαξιτός Xen. Hell. II.
4, 10), zwischen den Resten der
langen Mauern hin; demnach betraten sie die Stadt durch das
nach der Agora führende peiräi-
sche Thor, dessen Lage jedoch
noch nicht völlig ermittelt ist. —
ἔθεντο τὰ ὅπλα] θέσθαι τὰ
ὅπλα heisst 1) 'die Waffen ab-

εἰς τὸ ἄστυ, ὁ μὲν Αἴσιμος αἰσθάνεται καὶ προσελθὼν τήν
τε ἀσπίδα αὐτοῦ λαβὼν ἔρριψε καὶ ἀπιέναι ἐκέλευσεν ἐς
κόρακας ἐκ τῶν πολιτῶν· οὐ γὰρ ἔφη δεῖν ἀνδροφόνον αὐτὸν
ὄντα συμπέμπειν τὴν πομπὴν τῇ Ἀθηνᾷ. Τούτῳ τῷ τρόπῳ
ὑπὸ Αἰσίμου ἀπηλάθη. Ὡς δ᾽ ἀληθῆ λέγω, κάλει μοι τοὺς
μάρτυρας.   ΜΑΡΤΥΡΕΣ.

Τούτῳ τῷ τρόπῳ, ὦ ἄνδρες δικασταί, καὶ ἐπὶ Φυλῇ 82
καὶ ἐν Πειραιεῖ πρὸς τοὺς πολίτας διέκειτο· οὐδεὶς γὰρ αὐτῷ διελέγετο ὡς ἀνδροφόνῳ ὄντι, τοῦ τε μὴ ἀποθανεῖν Ἄνυτος ἐγένετο αὐτῷ αἴτιος. Ἐὰν οὖν τῇ ἐπὶ Φυλὴν ὁδῷ ἀπο-
λογίᾳ χρῆται, ὑπολαμβάνειν χρή, εἰ Ἄνυτος αὐτῷ ἐγένετο
αἴτιος μὴ ἀποθανεῖν ἑτοίμων ὄντων τιμωρεῖσθαι καὶ ἔρριψεν

legen', zur Rast, zum Lagern und
dgl. (=καταθέσθαι τὰ ὅπλα Pseudodemosth. VII,31); 2) 'die Waffen
anlegen,, sei es zum Kampf (wie
Lys. XXXI, 14. θέσθαι τὰ ὅπλα
εἰς δῆριν in dem Epigramm bei
Demosth. XVIII, 289) oder, wie
hier, zum Antreten, also 'in Reih
und Glied treten' (θέσθαι τὰ
ὅπλα ἐν τάξει Xen. Anab. VII, 1,
22). Bis zum Stadtthor also waren
sie (der Weg war fast eine deutsche Meile lang) nicht in geschlos-
senen Gliedern, 'los' marschiert.
— ὁ μὲν Αἴσιμος] Es sollte wohl
folgen οὗτος δὲ ἀπηλάθη. — τὴν
ἀσπίδα ἔρριψε] Weil er nicht
das Recht hatte, unter den Bürgern und in der Ehrenrüstung des
Hopliten (zu XII, 40) zu erscheinen. Der Schild war den Alten
das Symbol militärischer Ehre;
ihn wieder beizubringen (σῶσαι
τὴν ἀσπίδα X, 22) Gebot der
Ehre, ihn wegzuwerfen höchste
Infamie (ῥίπτειν, ἀποβάλλειν τὴν
ἀσπίδα ebenda § 9. 12. 21. Isokr.
VIII, 143), über die sich wohl
nicht jeder so leicht tröstete wie
Archilochos (fragm. 6 Bergk) in
dem naiven Wort: ἀσπὶς ἐκείνη
ἐρρέτω· ἐξαῦτις κτήσομαι οὐ κακίω.
— ἀπιέναι ἐς κόρακας] 'sich
zum Geier scheeren', in malam
crucem abire. In allen drei Ver-
wünschungsformeln liegt die Hindeutung auf das Loos Hingerich-
teter oder Unbegrabener.

82. ἐν Πειραιεῖ] Die Ortsbe-
zeichnung nicht ganz genau, da
diese Scene am Stadtthor stattfand. Die Ungenauigkeit wohl
in Folge der einmal zur Bezeichnung des Aufenthalts der Vertrie-
benen üblichen Bezeichnungen
ἐπὶ Φυλῇ und ἐν Πειραιεῖ. Die
dem Agor. angethane Schmach
setzt ohnehin voraus, dass er auch
im Peiräeus nicht besser zu den
Bürgern stand. — οὐδεὶς διε-
λέγετο] zu § 79. — τε] zu § 1. —
ὑπολαμβάνειν ε ἰ] 'ob nicht'.
Der Grieche lässt die Entscheidung
der Frage ungewiss, wir anteci-
pieren die erwartete Bejahung,
Wie hier Isäe. II, 66: ἐὰν οὖν
προφασίζωνται κτλ., ἐρέσθαι χρή,
εἰ — ἐπισκημμένοι εἰσί. Aehnlich
hinter εἰδέναι Lys. I, 42: τὶ ἤδειν
εἴ τι κάκεῖνος εἶχε σιδήριον. Kr.
65, 1, 8. — αἴτιος μὴ ἀποθα-
νεῖν] Der blosse Infin. hinter αἴτιον εἶναι weit seltener als der
Genitiv des Infin. (wie gleich vorher τοῦ ἀποθανεῖν ἐγένετο αἴτιος,
bei Lysias nur noch XIX, 61, in
Verbindung mit dem geläufigeren
Accus. c. Inf., der auch noch XXVI,
13; XXVII, 2; XXX, 19 steht. Kr.
50, 6, 7. — ἑτοίμων ὄντων]
Ellipse des indefiniten Pronomens
als Subject. Kr. 47, 2, 3. So ist
bei Lysias auch öfters beim absoluten Genitiv das Determinativ-
pronomen (αὐτοῦ I, 38; V, 1; αὐτῶν II, 49) oder das persönliche

11*

αὐτοῦ Αἴσιμος τὴν ἀσπίδα καὶ οὐκ εἴα μετὰ τῶν πολιτῶν πέμπειν
τὴν πομπὴν καὶ εἴ τις αὐτὸν ταξίαρχος εἰς τάξιν τινὰ κατέταξε.
83 Μήτε οὖν ταῦτα αὐτοῦ ἀποδέχεσθε μήτε ἂν λέγῃ, ὅτι
πολλῷ χρόνῳ ὕστερον τιμωρούμεθα. Οὐ γὰρ οἶμαι οὐδεμίαν
τῶν τοιούτων ἀδικημάτων προθεσμίαν εἶναι, ἀλλ' ἐγὼ μὲν
οἶμαι, εἴτ' εὐθὺς εἴτε χρόνῳ τις τιμωρεῖται, τοῦτον δεῖν
84 ἀποδεικνύναι, ὡς οὐ πεποίηκε περὶ ὧν ἐστιν ἡ αἰτία. Οὗτος
τοίνυν τοῦτο ἀποφαινέτω, ἢ ὡς οὐκ ἀπέκτεινεν ἐκείνους ἢ
ὡς δικαίως, κακόν τι ποιοῦντας τὸν δῆμον τῶν Ἀθηναίων.

(ἐμοῦ XVII, 5) aus dem Zusammenhang zu ergänzen.— οὐκ εἴα]
In indirecten Fragsätzen mit εἰ
sind beim Indic. an sich beide Negationen berechtigt (Aken, Tempus und Modus § 299), hier jedoch
ist οὐκ erforderlich, weil die Frage nur Reproduction der § 81 schon
ausgesprochenen Behauptung ist.
(Ebenda § 234). — ταξίαρχος
— τάξιν] zu § 79. Die Beant-
wortung dieser Fragen ergiebt
das für den Redner wichtige
Doppelresultat: 1) Agoratos galt
als ἀνδροφόνος. 2) er galt nicht
als Bürger.
83. ταῦτα αὐτοῦ ἀποδέχε-
σθε] αὐτοῦ hängt ab von ταῦτα
(= ἀποδέχεσθαι τοὺς τούτου λόγους IV, 18), wie ἀλλήλων ταῦτ'
ἴσασιν VII, 18; ταῦτα ἐμοῦ θεω-
ρήσατε Lykurg 28; · ὃ μέμφονται
ἡμῶν Thuk. I, 84. Vgl. zu XII, 83
und Kr. 47, 10, 2. — πολλῷ χρόνῳ ὕστερον] Diesen Einwand
macht zuweilen der Angeklagte,
um hervorzuheben, dass demnach
nicht verzeihliche ὀργή, sondern
ein unlauteres Motiv den Kläger
treibe (Lys. III, 39: οἱ μὲν ἄλλοι
ὀργιζόμενοι παραχρῆμα τιμωρεῖσθαι ζητοῦσιν, οὗτος δὲ χρόνοις
ὕστερον). Einen solchen Einwand
bekämpft Isae. X, 18 ff. — προ-
θεσμίαν] 'Verjährung', prae-
scriptio. Eigenthumsrevindicatio-
nen waren an eine fünfjährige
Frist gebunden (Schömann, Process 636); für Verbrechen, die in
den Bereich des sacralen Rechts
gehörten, scheint keine Verjährung gegolten zu haben, so z. B.
nicht für Antastung der heiligen

Oelbäume (VII, 17); die Blutge-
setze aber gestatteten nur bedingungsweise das Vorgehen gegen
den Mörder ohne Rücksicht auf
die sonst giltige Verjährungsfrist (Demosth. XXIII, 80); diese
Bedingung kann hier nicht vorge-
legen haben (Einl. § 8) und darum kann der Sprecher den Einwand nicht einfach durch das Vor-
lesen eines Gesetzes abfertigen,
sondern muss durch moralische
Argumente und durch Spott ihm
zu begegnen suchen. — ἐγὼ μὲν
οἶμαι] hat man als Einschiebsel
tilgen wollen; aber die scheinbar
bescheidene, in Wahrheit ironische Hervorhebung der subjectiven Ansicht von einem so ein-
leuchtenden Satze der gesunden
Vernunft, gegenüber der demnach
als widersinnig sich charakteri-
sierenden desGegners, ist ganz am
Platze. Vgl. zu § 74. — τοῦτον]
kann sich nicht mit schneller Ab-
kehr vom allgemeinen Gedanken
zum concreten Fall auf Agor. beziehen; denn die Anwendung aus
dem allgemeinen Satze auf den
besonderen Fall des Angeklagten
geschieht erst durch οὗτος τοίνυν
§ 84. Vielmehr bezieht sich τοῦτον auf das bei τιμωρεῖται im Gedanken vorschwebende indefinite
Object; sollte ein Objectsaccusativ
ausgefallen sein, so wäre dieser
gewiss nicht αὐτόν, welches nur
auf Agorat (vorher αὐτοῦ) bezogen werden könnte, während doch
für dessen Fall das εἴτ' εὐθὺς
nicht sinngemäss wäre, sondern
τινά.
84. ἢ ὡς — ἢ ὡς] Ueber diese

Εἰ δὲ πάλαι δέον τιμωρεῖσθαι ὕστερον ἡμεῖς τιμωρούμεθα,
τὸν χρόνον κερδαίνει ὃν ἔξη οὐ προσῆκον αὐτῷ, οἱ δὲ ἄνδρες ὑπὸ τούτου οὐδὲν ἧττον τεθνήκασιν.

Ἀκούω δ' αὐτὸν καὶ ἰσχυρίζεσθαι, ὅτι ' ἐπ' αὐτοφώρῳ' 85
τῇ ἀπαγωγῇ ἐπιγέγραπται ' ὃ πάντων ἐγὼ οἶμαι εὐηθέστα-
τον· ὡς εἰ μὲν τὸ ' ἐπ' αὐτοφώρῳ' μὴ προσεγέγραπτο, ἔνοχος ὢν τῇ ἀπαγωγῇ, διότι δὲ τοῦτο προσγέγραπται, ῥᾳστώ-
νην τινὰ οἴεται αὐτῷ εἶναι. Τοῦτο δὲ οὐδενὶ ἄλλῳ ἔοικεν ἢ
ὁμολογεῖν ἀποκτεῖναι, μὴ ἐπ' αὐτοφώρῳ δέ, καὶ περὶ τού-

Alternative zu XII, 34; XIII, 49. —
πάλαι δέον — ὕστερον] Die
Stelle ist ein Beweis für die Berechtigung, solche Comparative
(ὕστερον 'zu spät' Kr. 49, 6) durch
ein τοῦ δέοντος zu ergänzen.
— τὸν χρόνον — ἔξη] höhnische
Widerlegung des Verapätigungs-
einwandes : Agor. weit entfernt,
aus der Verzögerung uns einen
Vorwurf machen zu können, ist
uns noch Dank dafür schuldig,
denn er hat dabei nur profitiert.
— οἱ δὲ ἄνδρες κτλ.] Gedanke:
Deshalb bleibt er doch immer ihr
Mörder. Implicite bejahte Agorat
durch diesen Einwand wie durch
die Berufung auf die Amnestie
(§ 88) die Thatfrage, also den ersten Punkt der obigen Alternative; die Schuldfrage und die
Qualificierung des Verbrechens
als vorsätzlicher Mord ist schon
§ 51 ff. abgethan.

85. ἀκούω] zu § 77. Ueber die
Berechtigung dieses Einwandes
F. § 6—8. — καὶ ἰσχυρίζεσθαι]
Man betone ἰσχ. 'dass er sich auch
versteifen wird'. Doch hat die
Einschiebung eines τούτῳ viel für
sich. — τῇ ἀπαγωγῇ] hier die
den Elfmännern bei der Apagoge
übergebene Schrift wie § 85, wie
auch φάσις, εἰσαγγελία, ἔνδειξις
u. dgl. öfters die bei dem entsprechenden Verfahren eingereichte
γραφή bezeichnet. Vgl. z. B. Lykurg 137: τοῦτο ἐνέγραψα εἰς τὴν
εἰσαγγελίαν. — ὡς — ἔνοχος ὢν]
anakoluthisch, als ob vorausginge:
διισχυρίζεται ὡς ἀκούω. Vgl. zu
XII, 7. — Mit διότι δέ wird die

begonnene Participialconstr. verlassen (zu § 18); parallel mit ὡς
ἔνοχος ὢν würde der Ausgang des
Satzes etwa lauten: ῥᾳστώνης τινὸς αὐτῷ οὔσης. Vgl. XXVII, 11:
χάριν ἴστε, ὥσπερ ὑμεῖς τὰ τούτων
μισθοφοροῦντες, ἀλλ' οὐ τούτων
τὰ ὑμέτερα κλεπτόντων. — ῥα-
στώνην] 'ein Expediens.' — οὐδενὶ ἄλλῳ ἔοικεν ἢ] 'sieht gerade so aus wie', nach der Analogie von Redensarten wie οὐδενὶ
καλῷ ἔοικεν 'das sieht nach nichts
Schönem aus' z. B. Xen. Anab.
VI, 5, 17 (wo Rehdantz). Vielleicht,
dass vor ὁμολογεῖν ein τῷ aus-
fiel. — ὁμολογεῖν ἀποκτεῖναι,
μὴ ἐπ' αὐτ. δέ] Man wollte μέν
hinter ὁμολ. oder ἀποκτ. einsetzen.
Aber dadurch, dass eine Beschränkung des ὁμολογεῖν ἀποκτεῖναι
nicht angedeutet ist, wird das
ἀποκτεῖναι selbständig und ein
frecheres Eingeständnis: 'Ja, ich
habe getödtet', die Worte μὴ ἐπ'
αὐτ. δέ klingen wie ein höhnen-
der Zusatz: 'aber nicht ἐπ' αὐτοφ.'
wodurch die in ὥσπερ — σῴζεσθαι
liegende Indignation erst recht
begründet wird. — περὶ τούτου
διισχυρίζεσθαι] 'sich darauf
zu versteifen', wie Demosth. VIII,
2: οὐ πάνυ δεῖ περὶ τούτου οὔτ'
ἐμὲ οὔτ' ἄλλον οὐδένα ἰσχυρίζεσθαι. Andok. II, 4: οὐ τολμῶσι
διισχυρίζεσθαι περὶ τούτων (auf
diese Verdächtigungen). Aehnlich
Antiph. V, 76 ἰσχυρίζεσθαι πρός
τινα 'sich stemmen gegen Jemand.' In der Bedeutung 'sich
stützen, sich stemmen auf' hat es
gewöhnlich den Dativ, wie (Lys.)
VI, 35. Isae. I, 3. Isokr. XVII, 24.

του διισχυρίζεσθαι, ὥσπερ, εἰ μὴ ἐπ' αὐτοφώρῳ μὲν ἀπέ-
86 κτεινε δέ, τούτου ἕνεκα δέον αὐτὸν σώζεσθαι. Δοκοῦσι δ'
ἔμοιγε οἱ ἕνδεκα οἱ παραδεξάμενοι τὴν ἀπαγωγὴν ταύτην,
οὐκ οἰόμενοι Ἀγοράτῳ συμπράττειν τῷ δικαίῳ ἰσχυριζό-
μενοι, σφόδρα ὀρθῶς ποιῆσαι Διονύσιον τὴν ἀπαγωγὴν
ἀπάγοντ' ἀναγκάζοντες προσγράψασθαι τό γε 'ἐπ' αὐτοφώρῳ'. Ἡ πῶς οὐκ ἂν εἴη, ὅστις πρῶτον μὲν ἐναντίον
πεντακοσίων [ἐν τῇ βουλῇ], εἶτα πάλιν ἐναντίον Ἀθηναίων ἁπάντων [ἐν τῷ δήμῳ] ἀπογράψας τινὰς ἀπο-
87 κτείνειε καὶ αἴτιος γένοιτο τοῦ θανάτου; Οὐ γὰρ δήπου

Hypereid. f. Euxen. S. 4. f. Lykophr. S. 22 Schneidew. — μὴ ἐπ'
α ὐτοφώρῳ μὲν ἀπέκτεινε δέ]
δέ in sulchen Wendungen 'aber
doch.' Im Deutschen ist das Verb
im ersten Glied der Antithese
nicht immer entbehrlich : vgl. z. B.
[Lys.] XX, 21: εἴ τινες ἄλλοι ἀδικοῦσιν, ἧττον μὲν ἐκείνων ἀδικοῦσι
δέ. Plat. Staat X, 607e: οἵ του
ἐρασθέντες — βίᾳ μὲν ὅμως δὲ
ἀπέχονται. Kr. 69, 16, 1.

86. Der Sprecher sucht die Forderung der Elfmänner, das ver-
fängliche ἐπ' αὐτοφώρῳ (E. § 7)
in der Klagschrift nachzutragen,
so zu verwerthen, als sei dies gerade die sachgemässe Ansicht der
Behörde von dem Verbrechen des
Agor. gewesen und sie habe damit nur den Sachverhalt in cor-
recter Form konstatieren wollen,
wodurch er den Elfmännern die
eigene Ansicht von der Dehnbar-
keit des Begriffs ἐπ' αὐτοφ. un-
terschiebt. Der Sinn ist im Ganzen klar, das Einzelne aber ist in
den Hdschrr. gründlich verderbt.
Die obige Reconstruction der
Stelle schliesst sich möglichst
an den handschriftlichen Befund
an. — παραδεξάμενοι] wo-
durch sie die Zulässigkeit der
Apagoge an sich anerkannten. X,
10 in demselben Sinne ἀποδέχεσθαι. — τῷ δικαίῳ ἰσχυριζό-
μενοι] dem συμπράττειν untergeordnet: 'Sie waren nicht gemeint dem Agor. in die Hände zu
arbeiten durch ihr Festhalten an

der Rechtsbestimmung.' Das letztere thaten sie, indem sie den
Dionysios nöthigten, dem Formfehler durch Hinzufügung des
weggelassenen ἐπ' αὐτοφ. abzuhelfen. Dazu bestimmte sie, meint
der Sprecher, nicht etwa Sympathie für Agor. τὸ δίκαιον 'die
Rechtsbestimmung' wie Demosth.
XX, 96. Isae. VIII, 4: ὥσπερ καὶ
τὸ δίκαιόν ἐστιν, häufiger im Plural. — τὴν ἀπαγωγὴν ἀπά-
γοντα] 'als er die Apagoge-
Schrift einreichte.' — προσγρά-
ψασθαι] 'nachtragen zu lassen',
das Medium wie bei ἐπιγράφεσθαι
§ 73. So Isae. X, 2: ἠνάγκασμαι
τὴν μητέρα τὴν ἐμὴν πρὸς τῇ ἀνα-
κρίσει Ἀρίσταρχον εἶναι ἀδελφὴν
προσγράψασθαι. — ἢ πῶς οὐκ
ἂν εἴη] sc. ἐπ' αὐτοφώρῳ. Der
Sinn: Wie wäre denn der nicht
in flagranti gefasst, der durch eine
Denunciation zuerst vor 500, sodann vor allen Athenern den Tod
Jemandes veranlasst hat? Durch
diesen und den folgenden allgemeinen Gedanken wird der Schluss
am Ende von § 87 vorbereitet. —
ἀποκτείνειε καὶ αἴτιος γένοιτο τοῦ θανάτου] Nach-
drücklich betont er die im attischen Recht feststehende (E. zu
Rede XII, § 1 und zu XII, 23)
Gleichstellung des Mordes (ἀποκτεῖναι) u. der mittelbaren Urheberschaft desselben (αἴτιον γενέσθαι τοῦ θανάτου), um die folgende Definition des ἐπ' αὐτοφώρῳ zu stützen. Die Optative nach
Kr. 54, 14, 4 (zu XII, 84).

τοῦτο μόνον νοεῖ τὸ ʿ ἐπ᾿ αὐτοφώρῳ᾿, ἐάν τις ξύλῳ ἢ μαχαίρᾳ
πατάξας καταβάλῃ, ἐπεὶ ἔκ γε τοῦ σοῦ λόγου οὐδεὶς φανήσεται ἀποκτείνας τοὺς ἄνδρας οὓς σὺ ἀπέγραψας· οὔτε γὰρ
ἐπάταξεν αὐτοὺς οὐδεὶς οὔτ᾿ ἀπέσφαξεν, ἀλλ᾿ ἀναγκασθέντες ὑπὸ τῆς σῆς ἀπογραφῆς ἀπέθανον. Οὐκ οὖν ὁ αἴτιος τοῦ
θανάτου, οὗτος ἐπ᾿ αὐτοφώρῳ ἐστί; Τίς οὖν ἄλλος αἴτιος ἢ

87. Gegen den Einwend des Agor., ein ἀποκτεῖναι ἐπ᾿ αὐτοφώρῳ habe gar nicht stattgefunden und somit sei die Apagoge ganz unstatthaft, argumentiert der Sprecher spitzfindig folgendermassen: Nicht blos auf Mord und Todtschlag, z. B. durch Knüppel oder Messer, ist das ἐπ᾿ αὐτοφώρῳ anwendbar (denn nicht blos der, der solche Mittel anwendet, ist ἀποκτείνας, da sonst es für die Opfer deiner Denunciation einen solchen gar nicht geben würde), sondern auch auf mittelbare Urheberschaft des Todes (αἴτιον γενέσθαι τοῦ θανάτου), welche von der Tödtung (ἀποκτεῖναι) ja nur formell, nicht durch den Grad der Strafwürdigkeit verschieden ist (§ 86); also ist die Apagoge auch gegen den statthaft, der als Urheber des Todes in flagranti gefasst ist. Als Urheber des Todes aber ist unzweifelhaft Agor. und als solcher vor vielen Zeugen auf der That ertappt. Sonach ist er αἴτιος τοῦ θανάτου ἐπ᾿ αὐτοφώρῳ, demnach rechtlich und thatsächlich auch ἀποκτείνας ἐπ᾿ αὐτοφώρῳ. — νοεῖ] ʿhat den Sinn᾿, wie z. B. Plat. Staat I, 335ᵃ: εἰ τὰ ὀφειλόμενα ἑκάστῳ ἀποδιδόναι φησί τις δίκαιον εἶναι, τοῦτο δὲ δὴ νοεῖ αὐτῷ κτλ. — Ἔκ γε τοῦ σοῦ λόγου] des Inhalts, dass, wenn die Formel ἐπ᾿ αὐτοφώρῳ auf ihn anwendbar sein sollte, er auch wirklich als Mörder (ἀποκτείνας) jener Männer nachgewiesen werden müsse. Man sieht, Einwand und Widerlegung dreht sich um die Begriffsbestimmung sowohl des ἐπ᾿ αὐτοφ. als des ἀποκτεῖναι. Nach deiner Auffassung, sagt der Sprecher, hat es einen ἀποκτείνας

der von dir Denuncierten gar nicht gegeben, da niemand unmittelbar Hand an sie legte (Jedenfalls endeten sie durch den Giftbecher [zu XII, 17], gehörten also zu denen, welche von den Tyrannen gezwungen wurden, φονέας αὑτῶν γενέσθαι XII, 96). — ἀναγκασθέντες ὑπὸ τῆς σῆς ἀπογραφῆς] ʿals Opfer deiner Denunciation᾿, nicht durch unmittelbares Eingreifen irgend Jemandes. Wie also in den Händen des Mörders die Mordwaffe. so war in dem vorliegenden Falle die Denunciation das Werkzeug, womit der Streich geführt ward — ein Argument für die Gleichstellung des Mörders und des (vorsätzlichen) Urhebers des Todes. — οὐκ οὖν] Die Conclusion ist folgende: Ist also (nach der Ausführung von ἢ πῶς οὐκ ἂν εἴη — καταβάλῃ) nicht auch auf den Urheber des Todes das ἐπ᾿ αὐτοφ. anwendbar? Wer nun sonst ist der Urheber als du durch deine Denunciation? Bist du also (nach der Identificierung § 86) nicht der auf der That gefasste Mörder? — οὗτος] fixiert nachdrücklich den Begriff ὁ αἴτιος τοῦ θανάτου als den hier wesentlichen; so z. B. Demosth. XVIII, 159: ὁ τὸ σπέρμα·παρασχών, οὗτος τῶν φύντων καλῶν αἴτιος. XXI, 153: εἰ τὸ τὰ τοιαῦτα λέγειν, τοῦτ᾿ ἐστὶ λειτουργεῖν. Plat. Staat I, 333ᵃ: ἆρ᾿ οὐχ ὁ πατάξαι δεινότατος —, οὗτος καὶ φυλάξασθαι, und so sehr oft. namentlich nach Participien. — ἐπ᾿ αὐτοφώρῳ ἐστί] Die wohl der Gerichtssprache angehörige Phrase wie Isae. IV, 28: ὡς κλέπτης ὢν ἐπ᾿ αὐτοφώρῳ ἀπήχθη. Befremdlich ist ἐστί nur insofern, als nicht der Urheber des Todes in jedem Falle

σὺ ἀπογράψας; Ὥστε πῶς οὐκ ἐπ᾽ αὐτοφώρῳ σὺ εἶ ὁ ἀποκτείνας;

88 Πυνθάνομαι δ᾽ αὐτὸν καὶ περὶ τῶν ὅρκων καὶ [περὶ]
τῶν συνθηκῶν μέλλειν λέγειν, ὡς παρὰ τοὺς ὅρκους καὶ τὰς
συνθήκας ἀγωνίζεται, ἃς συνεθέμεθα πρὸς τοὺς ἐν ἄστει οἱ
ἐν Πειραιεῖ. Σχεδὸν μὲν οὖν τούτοις ἰσχυριζόμενος ὁμολογεῖ ἀνδροφόνος εἶναι· ἐμποδὼν γοῦν ἢ ὅρκους ἢ συνθήκας
ἢ χρόνον ἢ ἐπ᾽ αὐτοφώρῳ τι ποιεῖται, αὐτῷ δὲ τῷ πράγματι
89 οὔ τι πιστεύει καλῶς ἀγωνιεῖσθαι. Ὑμῖν δέ, ὦ ἄνδρες δικασταί, οὐ προσήκει περὶ τούτων ἀποδέχεσθαι· ἀλλ᾽ ὡς οὐκ

ἐπ᾽ αὐτοφώρῳ zu fassen ist, sondern nur eventuell gefasst werden
kann, unter Umständen nämlich
wie die vorliegenden. In der ersten Prämisse vermisst man sehr
bei αἴτιος einen Gedanken wie
etwa ἐναντίον πολλῶν γενόμενος.—
σὺ εἶ ὁ ἀποκτείνας] Der Ausdruck wie οὗτος ὁ φοιτῶν ἐστι I,
19; III, 46; IV, 4. Anduk. I, 17.
19: ὁ πείσας καὶ δεόμενος ἐγὼ ἦν.
Antiph. V, 90. Kr. 56, 3, 4.
88. Ueber die Bedeutung dieses
Einwandes E. § 5 und über die
Form der Anteoccupatio zu § 55.
— τῶν ὅρκων — τῶν συνθη-
κῶν] der stehende Ausdruck von
der Summe der beschworenen Verträge zwischen den beiden Parteien der Bürger, wie XXV, 23.
28. 34. XXVI, 16. Pseudolys. VI,
39. 45. Isokrates XVIII, 19ff. lässt
erst die συνθῆκαι, dann die ὅρκοι
verlesen. Seltener blos αἱ συνθῆκαι [Lys.] VI, 37. Isokr. XVI,
43. Auch von anderen, interna-
tionalen wie internen Staatsver-
trägen ist diese Verbindung häufig (Isokr. VI, 21; VIII, 96; XIV,
12 u. o.), entsprechend ὀμνύναι
καὶ συντίθεσθαι Andok. III, 34.
Plat. Menex. 245ᶜ. — σχεδὸν
ὁμολογεῖ] zu § 43. — τούτοις]
wie das Folgende zeigt, auf alle
Stützpunkte der Vertheidigung
gegen die Rechtsbeständigkeit der
Klage von § 83 an zu beziehen. —
ἐπ᾽ αὐτοφώρῳ τι] wegwerfend:
'so ein ἐπ᾽ αὐτοφώρῳ', wie im
Latein. nescio quod. — αὐτῷ τῷ
πράγματι] verbinde mit πιστεύω:

'auf die Sache selbst baut er das
Vertrauen auf einen ehrenvollen
Ausgang des Processes nicht.'
Isokr. XVIII, 9: σφόδρα πιστεύω
τῷ πράγματι. — οὔ τι] 'nicht
etwa', wie XXXI, 13: οὔ τι τοὺς
ἑτέρους, ἀλλ᾽ ἀμφοτέρους φανερὸς
ἐστι προδούς. Kr. 69, 54.— καλῶς
ἀγωνιεῖσθαι] moralisch: 'den
Process mit Ehren bestehen', wie
Isokr. XII, 229. XV, 167. Demosth.
prooem. 24, 1; dagegen εὖ ἀγωνίζεσθαι 'mit gutem Erfolg' [Lys.]
XX, 22, und so ἄμεινον XXV, 13;
Gegensatz κακῶς ἄγων. III, 20.
κάκιον ἄγων. Demosth. XXXXV,
14.

89. περὶ τούτων ἀποδέχε-
σθαι] Die Verbindung ἀποδέχεσθαι περί τινος ist auffällig. Lysias hat ἀποδ. construiert a) mit
dem Accus. der Person, 'anhören.'
XII, 28; XXIV, 7. b) mit dem
Accus. der Sache, wie accipere
und auch wir 'acceptieren' IV,
18: XIII, 83; XIX, 6; XXV, 11;
XXX, 9. c) mit dem Genit. der Person und hinzutretendem Particip
(IV, 14; XIV, 24) oder Condicionalsatz, wie XXX, 1 (seltener ἀποδέχεσθαι mit blossem gen. der
Person, z. B. Deinarch I, 112.
Isokr. XXI, 18). ἀποδέχεσθαι
περί τινος dürfte auch sonst bei
den Rednern schwerlich vorkommen; es scheint ein λέγοντος αὐτοῦ u. dgl. ausgefallen zu sein;
vgl. Demosth. XXXV, 38: περὶ
τούτων ἂν ἐπιχειρῇ λέγειν, οὐκ οἶμαι ὑμᾶς ἀποδέξεσθαι. — ὡς
οὐκ ἀπέγραψεν — ἀπολογεῖ-

ἀπέγραψεν οὐδὲ οἱ ἄνδρες τεθνᾶσι, κελεύετε αὐτὸν ἀπολογεῖσθαι. Ἔπειτα τοὺς ὅρκους καὶ τὰς συνθήκας οὐδὲν ἡγοῦμαι προσήκειν ἡμῖν πρὸς τοῦτον. Οἱ γὰρ ὅρκοι τοῖς ἐν ἄστει πρὸς τοὺς ἐν Πειραιεῖ γεγένηνται. Εἰ μὲν οὖν 90 οὗτος μὲν ἐν ἄστει ἡμεῖς δ᾽ ἐν Πειραιεῖ ἦμεν, εἶχον ἄν τινα λόγον αὐτῷ αἱ συνθῆκαι· νῦν δὲ καὶ οὗτος ἐν Πειραιεῖ ἦν καὶ ἐγὼ καὶ Διονύσιος καὶ οὗτοι ἅπαντες οἱ τοῦτον τιμωρούμενοι, ὥστε οὐκ εἰσιν ἡμῖν ἐμποδών· οὐδένα γὰρ ὅρκον οἱ ἐν Πειραιεῖ ἢ τοῖς ἐν ἄστει ὤμοσαν.

σθαι] ἀπολογεῖσθαι ὡς 'zur Vertheidigung vorbringen, nachweisen' wie § 77. [Lys.] VI, 37. Xen. Hell. V, 4, 22 und vgl. zu XII, 22; ebenso ταῦτα ἀπολογεῖσθαι ὅτι XII, 62, ἀπολογεῖσθαι ὅτι II, 62. Entsprechend defendere mit dem Accus. c. Inf. Cic. p. Ligar. 2, 6 p. Murena 3, 6 u. ö. — κελεύετε] Aufforderungen an die Richter, dem Gegner Dinge, die nicht strict zur Sache gehören, abzuschneiden oder doch nicht auf sie zu achten, sind sehr häufig. Vgl. Hypereid. f. Euxen. 8. 6 (Schneidew.): οἱ κατήγοροι, ὅταν οἴωνται δεῖν ἐν τῷ προτέρῳ λόγῳ ὠφελεῖν τῶν φευγόντων τὰς ἀπολογίας, τοῦτο παρακελεύονται τοῖς δικασταῖς μὴ ἐθέλειν ἀκούειν τῶν ἀπολογουμένων, ἀλλ᾽ ἀπαντᾶν πρὸς τὰ λεγόμενα. S. 14: ἐὰν περὶ τῶν ἔξω τοῦ πράγματος κατηγορηθέντων ἀπολογῶνται, ἀπαντῶσιν αὐτοῖς οἱ δικασταί· 'τί ταῦθ᾽ ἡμῖν λέγετε;' und ebenso f. Lykophr. S. 21. Aehnliches Demosth. XXI , 40; XXXIX. 35; XXXX, 60; XXXXI, 12 ff.; XXXXV, 50; LVI, 31; LVIII, 25. Aesch. III, 201.205. Isae. VI, 62 u. ö. und vgl. zu XII, 88. — Ἔπειτα κτλ.] Um die Berufung auf die Amnestieverträge unwirksam zu machen, argumentiert der Sprecher so :
a) Die eidlichen Verträge sind abgeschlossen von denen im Peiräeus mit denen in der Stadt.
b) Folglich verpflichten sie nur die Mitglieder jeder Partei, die der anderen nicht zu behelligen,

c) nicht aber sind sie bindend für die Mitglieder einer Partei unter einander.
d) Agor. sowohl wie Dionysios, der Sprecher und die anderen Verwandten waren unter denen im Peiräeus.
e) Also hat Agor. kein Recht, sich ihnen gegenüber auf die Verträge zu beziehen.

In dieser Argumentation ist b und c natürlich ein Sophisma. Denn der (von Andok. I, 90 angeführte) Wortlaut des Amnestieeides stellte ausdrücklich alle Bürger sicher (μνησικακήσω τῶν πολιτῶν οὐδ εν ί) ohne Unterschied der Parteistellung mit Ausnahme der Dreissig, der Executionsbehörde der Elfmänner und des im Peiräeus von dem Tyrannen installierten Zehnmännercollegiums.
— ἡ μ ι ν] uns Verwandten des Dionysodor, wie § 92.

90. εἰχον ἄν τινα λόγον αὐτῷ] 'hätten einigen Sinn für ihn.'
— ο ὑ τ ο ι ἅ π α ν τ ε ς] Die übrigen Verwandten des Hingerichteten, die innerhalb des dazu berechtigenden Verwandtschaftsgrades (ἐντὸς ἀνεψιότητος) vermuthlich die Klage als subscriptores (συγκατήγοροι) mit unterzeichnet hatten. Vgl. Schömann, Process 710. — ὥστε — ἐμποδών] sc. αἱ συνθῆκαι. — οὐδένα — ἤ] ἤ nach Negationen oder negierenden Fragsätzen nicht selten = εἰ μή, z. B. Xen. Kyrop. VII, 5, 41: εἶπε μηδένα παριέναι ἢ τοὺς φίλους. u. ö.

μωρήσατε τὸν ἐκείνων φονέα. Ἐνθυμεῖσθε δ', ὦ ἄνδρες
Ἀθηναῖοι, ὅπως μὴ πάντων ἔργον σχετλιώτατον ἐργάσησθε.
Εἰ γὰρ ἀποψηφιεῖσθε Ἀγοράτου τουτουΐ, οὐ μόνον τοῦτο
διαπράττεσθε, ἀλλὰ καὶ ἐκείνων τῶν ἀνδρῶν, οὓς ὁμολο-
γεῖτε ὑμῖν εὔνους εἶναι, τῇ αὐτῇ ψήφῳ ταύτῃ θάνατον κατα-
ψηφίζεσθε· ἀπολύοντες γὰρ τὸν αἴτιον ὄντα ἐκείνοις τοῦ
θανάτου οὐδὲν ἄλλο γινώσκετε ἢ ἐκείνους δικαίως ὑπὸ τούτου τεθνηκέναι. Καὶ οὕτως ἂν δεινότατα πάντων πάθοιεν,
εἰ οἷς ἐπέσκηπτον ἐκεῖνοι ὡς φίλοις οὖσι τιμωρεῖν ὑπὲρ αὑτῶν, οὗτοι ὁμόψηφοι κατ' ἐκείνων τῶν ἀνδρῶν τοῖς τριάκοντα γενήσονται. Μηδαμῶς, ὦ ἄνδρες δικασταί, πρὸς θεῶν
Ὀλυμπίων, μήτε τέχνῃ μήτε μηχανῇ μηδεμιᾷ θάνατον ἐκεί-

πάντων ἔργον σχετλιώτα-
τον] Die Stellung wie Dem. XXIX,
27: πάντων πρᾶγμα κατισκευάσας
ἀδικώτατον. Bei Lysias ist eine
solche Trennung des πάντων vom
Superl. nur noch XXX, 11 (ὁ πάντων οὗτος πονηρότατος) zu finden.
— ἐργάσησθε] Vgl. Platon Lysis 211ᵇ: ὅρα ὅπως ἐπικουρήσῃς
μοι. Die meisten neueren Herausgeber fordern das bei ὅπως nach
dem Haupttempus eines Verbums
wie ἐπιμελεῖσθαι, σκοπεῖν, ἐνθυμεῖσθαι u. s. w. bekanntlich (Kr.
54, 8, 6) häufigere Futur. Doch
fehlt es nicht an Stellen, wo an die
(hier freilich leicht mögliche) Vertauschung des Conj. Aor. (und
nicht blos der zweiten Aoriste
oder des Aorist. I. Pass., wie der
canon Dawesianus will) und des
Indic. Fut. nicht gedacht werden
kann, und entscheidend für die
Zulässigkeit des Conj. sind doch
wohl die Fälle, wo Conj. und Fut.
wechseln, wie Xen. Memor. II, 4, 2:
οὔτε ὅπως κτήσονται φίλους φρον-
τίζουσιν οὔτε ὅπως οἱ ὄντες ἑαυτοῖς σώζωνται Symp. 8, 25. Aesch.
III, 64 und sonst. Aken § 146. —
εἰ γὰρ κτλ.] Der Gedanke ähnlich XII, 100. — εἰ ἀποψηφιεῖσθε — διαπράττεσθε — κα-
ταψηφίζεσθε] Das Präsens in
der Apodosis stellt διαπράττεσθε
und καταψηφίζεσθε als gleichzeitig dar mit der in der Zukunft liegenden Protasis, woraus

sich von selbst die Beziehung auf
die Zukunft auch für jene Handlungen ergiebt. Ebenso § 97.
94. ὁμόψηφοι — τοῖς τριά-
κοντα] Vgl. zu § 97 und Isokr.
XVI, 49: μάλιστα ἀγανακτῶ, εἰ
περὶ μὲν τῶν ἄλλων τἀναντία τοῖς
τριάκοντα πράξετε, περὶ δ' ἐμοῦ
τὴν αὐτὴν ἐκείνοις γνώμην ἕξετε.
95. πρὸς θεῶν Ὀλυμπίων]
Es ist charakteristisch für das
ἰσχνόν γένος (P. § 12) des Lysias.
dass er nur hier und XIX, 34. 54
eine Schwurformel gebraucht hat;
selbst das so gebräuchliche νή
Δία kommt nicht vor. — Schwurformeln mit πρός stehen bei den
Rednern wohl nur in Frage- und
Befehlssätzen. — μήτε τέχνῃ
μήτε μηχανῇ μηδεμιᾷ] 'auf
keine Art und Weise, auf keinen
Fall', energischere Wiederholung
des μηδαμῶς, eine Formel, die
jeden Weg der Vollziehung der
im Imperativ liegenden Handlung
abschneiden soll, daher in Vertragsmässigen Verboten, wie Thukyd. V, 18: ὅπλα μὴ ἐξέστω ἐπι-
φέρειν μήτε τέχνῃ μήτε μηχανῇ
(wo Krüger) und analog in Gelöb-
nissen, wie in der Eidesformel
Demosth. XXIV, 150 οὔτε τέχνῃ
οὔτε μηχανῇ οὐδεμιᾷ. Entsprechend πάσῃ τέχνῃ καὶ μηχανῇ. 'auf
jeden Fall', Lys. XIX, 53 und
ebenda § 11 (wo πάσῃ τέχνῃ καὶ
μηχανῇ zu ἀκροασαμένους — ψηφίσασθαι gehört), wofür auch

νων τῶν ἀνδρῶν καταψηφίσησθε, οἳ πολλὰ κἀγαθὰ ὑμᾶς ποιήσαντες διὰ ταῦτα ὑπὸ τῶν τριάκοντα καὶ Ἀγοράτου τουτουὶ ἀπέθανον. Ἀναμνησθέντες οὖν ἁπάντων τῶν δεινῶν, καὶ τῶν κοινῶν τῇ πόλει καὶ τῶν ἰδίων, ὅσα ἑκάστῳ ἐγένετο ἐπειδὴ ἐκεῖνοι οἱ ἄνδρες ἐτελεύτησαν, τιμωρήσατε τὸν αἴτιον τούτων. Ἀποδέδεικται δ' ὑμῖν πάντα καὶ ἐκ τῶν ψηφισμάτων καὶ ἐκ τῶν ἀπογραφῶν καὶ ἐκ τῶν ἄλλων ἁπάντων Ἀγόρατος ὢν αὐτοῖς αἴτιος τοῦ θανάτου. Ἔτι δὲ καὶ 96 προσήκει ὑμῖν ἐναντία τοῖς τριάκοντα ψηφίζεσθαι. Ὧν μὲν τοίνυν ἐκεῖνοι θάνατον κατέγνωσαν, ὑμεῖς ἀποψηφίσασθε, ὧν δ' ἐκεῖνοι θάνατον οὐ κατέγνωσαν, ὑμεῖς καταγιγνώσκετε. Οἱ τριάκοντα τοίνυν τῶν μὲν ἀνδρῶν τούτων, οἳ ἦσαν ὑμέτεροι φίλοι, θάνατον κατέγνωσαν, ὧν δεῖ ὑμᾶς ἀποψηφίζεσθαι· Ἀγοράτου δὲ ἀπεψηφίσαντο, διότι ἐδόκει προθύμως τούτους ἀπολλύναι, οὗ προσήκει καταψηφίζεσθαι. Ἐὰν οὖν 97 τὰ ἐναντία τοῖς τριάκοντα ψηφίζησθε, πρῶτον μὲν οὐχ ὁμόψηφοι τοῖς ἐχθροῖς γίγνεσθε, ἔπειτα τοῖς ὑμετέροις αὐτῶν φίλοις τετιμωρηκότες ἔσεσθε, ἔπειτα τοῖς πᾶσιν ἀνθρώποις δόξετε δίκαια καὶ ὅσια ψηφίσασθαι.

blos πάσῃ τέχνῃ oder πάσῃ μηχανῇ gesagt ward. — τὸν αἴτιον τούτων] nach der Bebauptung § 33. Die Aufforderung ist fast wörtlich aus § 48 wiederholt. — πάντα] 'in allen Stücken, durchaus', ausserhalb der Construction wie anderwärts τὸ σύμπαν, τοὐναντίον, ἀμφότερα, οὐδέτερα u. dgl. (Kr. 46, 3,3), erläutert durch καὶ — ἁπάντων. Vgl. Demosth. XXXX, 9: οὕτως οὐ πάντα γε ἦν ὑπὸ τῆς ἐπιθυμίας κεκρατημένος. Isokr. VI, 62: Ἀθηναῖοι πάντα μεθ' ἡμῶν εἰσιν.
96. ἐναντία] Man wollte τἀναντία wie nachher § 97 u. XVIII, 13. 14. Aber beides ist berechtigt. τἀναντία ψηφίζεσθαι τινι ist 'für das Gegentheil von dem stimmen, wofür der andere gestimmt hat', ἐναντία ψηφίζεσθαι τινι 'Jemandem entgegen stimmen', oder 'einer Sache zuwider stimmen', wie

Lykurg 86. Isokr. XVIII, 21; derselbe Unterschied wie τἀναντία und ἐναντία λέγειν und πράττειν τινι. Vgl. XII. 42. 43.
97. τοῖς ἐχθροῖς] fehlt allerdings in den Handschriften, ein Begriff derart aber ist wohl nicht entbehrlich. wenn nicht die bedingte Handlung mit der bedingenden zusammenfallen soll. In ähnlicher Gedanke im Epilog Andok. II. 28: μήτε ἐν τούτῳ μήτε ἐν ἑτέρῳ τῳ τοῖς ὑμῶν αὐτῶν ἐχθίστοις ὁμόψηφοί ποτε γένησθε. — γίγνεσθε] zu §93. — τοῖς ὑμετέροις αὐτῶν φίλοις] zu § 45. — πρῶτον μὲν — ἔπειτα — ἔπειτα] An dritter Stelle steht gern ἔτι δέ. Doch wie hier auch XXVI. 23. Isae. IX. 36 und Xen. Kyrop. I. 3, 14 folgt: ἔπειτα (δέ) dreimal auf πρῶτον μέν. Auch oben § 30: πρῶτον μὲν — ἔπειτα — ἔπειτα δὲ καί.

Vertheidigung gegen die Anklage wegen Umsturzes der demokratischen Verfassung (XXV).

Einleitung.

1   Der Sprecher dieser Rede ist ein nüchterner praktischer Politiker, welcher, den Grundsätzen der gemässigten ein Compromiss mit der Demokratie anstrebenden Aristokratie, wie sie etwa Theramenes vertreten hatte, zugethan, die ersten gerechtfertigten Massregeln der Dreissig[1]) gebilligt,[2]) bald aber, als die Majorität der Regierung zu einem masslosen Terrorismus überging, sich gänzlich vom öffentlichen Leben zurückgezogen,[3]) dabei auch der durch die Zeitverhältnisse nahe gelegten Versuchung, sich zu bereichern oder an persönlichen Feinden sich zu rächen, widerstanden hatte.[4]) Die Stadt zu verlassen konnte er sich jedoch mit Rücksicht auf die Sicherung seiner Habe nicht entschliessen.[5]) An dem Kampfe hatte er sich jedenfalls nicht betheiligt, vielmehr musste er die Reaction der Demokratie gegen die oligarchische Schreckensherrschaft als berechtigt anerkennen und begrüsste mit Freuden die Herstellung der Eintracht in der Bürgerschaft und die besonnene Haltung, welche die verjüngte Demokratie im Anfang bewährte.[6]) 2   Trotz der Predigt weiser Mässigung, welche die angesehensten Häupter der demokratischen Partei durch Wort und Beispiel ihren Parteigenossen vorhielten,[7]) begannen doch bald die unverbesserlichen Demagogen wieder ihr Treiben.[8]) Das Schreien und Hetzen gegen die wirklich oder angeblich oligarchisch Gesinnten erfüllte wieder die Pnyx und die Gerichtshöfe; in den Reden dieser unberufenen Vorkämpfer der Verfassung gab es keinen Unterschied unter den Mitgliedern der vormaligen städtischen Fraction; einer wie der andere waren die unter den Dreissig in der Stadt gebliebenen Bürger Tyrannenknechte und Hoch-

---

1) Zu XII, 5. — 2) § 19. — 3) § 14. — 4) § 15 ff. — 5) § 18. — 6) § 28. Andok. I, 81. Lys. XVIII. 18. — 7) zu § 28. Isokr. XVIII, 23. — 8) § 29. Isokr. XVIII, 26.

verräther[9]); das beliebte Schlagwort; wodurch die Demagogie
das reizbare und argwöhnische Volk zu elektrisieren pflegte,
ward wiederum der „Verfassungsumsturz", die δήμου κατάλυσις.[10])

Das Volk mochte den besten Willen haben, die vertrags-
mässige Gleichberechtigung beider Parteien[11]) zu respectieren und
bewies auch wiederholt, dass es die lauteren Motive zu würdigen
wisse, durch welche viele Bürger während der Anarchie und des
Bürgerkampfes zum Zurückbleiben in der Stadt sich hatten bestimmen lassen[12]); aber, heissblütig wie es war, erlag es doch
auch unter dem Eindrucke der frischen Erinnerung an das Erlittene der perfiden Rhetorik der Sykophanten.[13])

Drei 'sonst nicht weiter bekannte Menschen dieses Schlages, 3
Epigenes, Demophanes und Kleisthenes,[14]) waren es, welche
dem Sprecher der Rede die Berechtigung zur Ausübung seiner
Vollbürgerrechte streitig machten. Es ist eine sehr wahrscheinliche Vermuthung, [15]) dass die Veranlassung zu diesem Angriffe
die gesetzlich vorgeschriebene Prüfung (δοκιμασία) des Sprechers vor dem Antritte irgend eines öffentlichen Amtes bot. Für
diese Vermuthung sprechen sowohl Spuren in der Rede selbst,
da der Sprecher wiederholt sein und seiner Parteigenossen Recht
auf ungeschmälerte directe Betheiligung an den Staatsgeschäften
in Anspruch nimmt,.[16]) als auch besonders die Verwandtschaft
dieser Vertheidigung mit der bei der Dokimasie gegen Euandros,
ein Mitglied der früheren städtischen Partei, gehaltenen, von Lysias verfassten Anklagerede (XXVI). In der Anklage mochte die
δήμου κατάλυσις wohl eine grosse Rolle gespielt haben,[17]) daher Sprecher wiederholt in der Lage ist, seine politische Unbescholtenheit nachdrücklich betonen zu müssen, [18]) was die alten
Grammatiker zu dem Irrthum verführte, die Rede für die Vertheidigung in einem Processe wegen Verfassungsumsturzes (γραφή
καταλύσεως τοῦ δήμου) zu halten und dem entsprechend zu
betiteln.[19])

9) § 1. — 10) Vgl. [Demosth.] LVIII, 34: μὴ πιστεύσητε αὐτῷ
λέγοντι, ὡς — ὁ δῆμος καταλύεται· ταῦτα γὰρ οἱ πάντα πωλοῦντες λέγειν εἰθισμένοι εἰσίν. Vgl. die Proben Lys. XXX, 9. Isokr. VII, 57
(XV, 318). Deinarch I, 94. Aesch. III, 145. 200. 235. Lykurg 147. [De-
mosth.] XIII, 14. Persifliert ist dies Treiben von Aristoph. Plut. 948.
Wie empfänglich aber die Masse für solche Verdächtigung war, zeigt
Aristoph. Wesp. 488: ἄκανθ' ὑμῖν τυραννίς ἐστι καὶ ξυνωμόται, ἤν τε
μεῖζον ἤν τ' ἔλαττον πρᾶγμά τις κατηγορῇ. — 11) Lys. XXVI, 2. —
12) Ebenda § 16 f. 20. — 13) XXV, 1. — 14) Zu § 25. — 15) Meier,
Process 208. — 16) §§ 3. 10 (δοκιμάζειν). 14 (τιμᾶσθαι, vgl. mit XXVI,
20). 23 (μετέχοντας τῶν πραγμάτων). — 17) So gut wie in der Rede
gegen Euandros §§ 4. 9. — 18. Besonders § 14 ff. — 19) Die γραφή
κατάλ. τοῦ δήμου hatte andere Voraussetzungen in Betreff der Klagform und Strafe, als die in der Rede angedeuteten. Hölscher de vita
et scriptis Lysiae S. 106.

4   Das Verfahren bei der Prüfung der Behörden war folgendes.
Vor dem Amtsantritt prüfte zunächst der Rath[20]) die rechtliche
und moralische Zulässigkeit des Designierten, welcher vornehmlich seine reinbürgerliche Abkunft und die Erfüllung der Pietäts-
gebote gegen die Götter und die Eltern und der Bürgerpflich-
ten gegen den Staat nachweisen musste; nach der Wiederherstellung der Demokratie ward noch die transitorische Bestimmung hinzugefügt, dass die, welche während der Anarchie ein
Amt bekleidet oder unter den Reitern gedient hätten,[21]) nicht
als zulassungsfähig gelten sollten. Ward nun aus irgend einem
Grunde die Qualification des Designierten bestritten und seine
Abweisung (ἀποδοχιμάζειν) gefordert, so erfolgte ein förmliches
Processverfahren, entweder unter dem Vorsitz der Thesmotheten
vor einem Heliastengericht oder vor dem in diesem Falle mit
richterlicher Auctorität bekleideten Rathe,[22]) wobei, der üblichen
Gerichtspraxis zuwider, dem Kläger wie dem Angeklagten nur
einmal zu sprechen verstattet war.[23]) Zur Klage war hierbei
jeder im Vollbesitze seiner Ehrenrechte befindliche (ἐπίτιμος)
Bürger berechtigt, die Rathsmänner sogar eidlich verpflichtet,
gegen unwürdige, durchs Loos designierte Buleuten aufzu-
treten.[24])

5   Vor einem Heliastengerichtshofe nun vertheidigt sich der
Sprecher der Rede gegen die Angriffe der oben genannten Sykophanten. In ruhigem Tone legt er sein bürgerliches Verhalten,
welches keinen Anlass biete, ihn für einen Gegner besonnener
und massvoller demokratischer Einrichtungen zu halten, seine
Zurückhaltung in der Zeit schrankenloser Anarchie, seine Opfer-
willigkeit gegenüber der legitimen Gewalt des Volkes dar, ohne
dabei ein Hehl zu machen aus seiner Abneigung gegen die Mass-
losigkeiten einer zügellosen Demagogie. Die Rede ist ein voll-
ständiges politisches Glaubensbekenntnis. Eine ideale Anschauung
des Staatslebens geht ihm allerdings durchaus ab; der höchste
Gesichtspunkt für den Einzelnen ist ihm das persönliche Interesse an dieser oder jener Staatsform.[25]) Die Erörterung seiner
Ansichten ist begleitet von Beispielen aus den inneren Wirren
der letzten Jahre. Heil für den Staat findet er nur in gewissen-
hafter Beobachtung der Verträge zwischen den erst nothdürftig
wieder versöhnten Parteien; die Eintracht der Bürger sei der
einzige Weg, die wiederhergestellte Verfassung zu kräftigen, die

20) Ob in allen Fällen noch eine Controlle des Rathserachtens
durch ein Heliastengericht stattfand, ist noch streitig. Meier, Process
207. — 21) Lys. XXVI, 9 f. Doch hielt man sich nicht streng an diese
Bestimmung. XVI, 8. — 22) Die Reden des Lysias für Mantitheos
(XVI), gegen Euandros (XXVI) und gegen Philon (XXXI), alle drei
auf die Dokimasie bezüglich, sind vor dem Rathe gehalten. — 23)
Lys. XXXI, 16. — 24) XXXI, 2. Das βουλεύειν fällt mit unter den Begriff des ἄρχειν. — 25) § 8 f.

schweren Wunden der letzten Jahre zu heilen und die Stadt gegen innere und äussere Feinde zu sichern;[26]) principielle Zurücksetzung der Mitglieder der früheren städtischen Partei, ohne Unterschied ihrer Schuld oder Unschuld, müsse zum Mistrauen im Schosse der Bürgerschaft führen und den im 'Auslande noch lauernden Feinden der Demokratie in die Hände arbeiten. Somit ergiebt sich für die Richter der Schluss, dass ihr eigenes Interesse die Zulassung des Sprechers zu den Staatsgeschäften gebiete.

Die Rede ist unzweifelhaft ganz kurz nach der Wiederher- 6 stellung der Demokratie, vielleicht noch vor Ende des Jahres 403 bei der ersten Neubesetzung der verfassungsmässigen Magistraturen[27]) gehalten. Man sieht, die demokratische Verfassung besteht erst seit Kurzem wieder in Kraft,[28]) die Zustände sind noch nicht consolidiert und noch des Schutzes bedürftig,[29]) die Ereignisse zur Zeit der Dreissig noch im frischesten Andenken. [30]) Eleusis zwar muss schon gefallen gewesen sein, aber nicht Wenige von der extremen oligarchischen Partei hatten sich, der Amnestie nicht trauend, geflüchtet und warteten, in der Hoffnung auf neue Zwietracht, auf eine günstige Gelegenheit, ihre Pläne wieder aufzunehmen.[31]) Der Sprecher weiss wohl die zur Eintracht und zur Eidestreue mahnenden Reden der einsichtsvollen Häupter der Demokratie zu rühmen,[32]) aber das in Folge schlimmer Erfahrungen, nicht als Präventivmassregel, bald nach der Restauration erlassene Gesetz des Archinos kennt er noch nicht;[33] wenn auch bei der Dokimasie nicht juristisch, aber doch moralisch wäre dies Gesetz, welches gegen amnestiewidrige Klagen den Einwand der Unzulässigkeit ($\pi\alpha\varrho\alpha\gamma\varrho\alpha\varphi\acute{\eta}$) gestattete, gewiss zu Gunsten des Sprechers schwer ins Gewicht gefallen.

Der Redner bindet sich nicht an die herkömmliche Gliede- 7 rung gerichtlicher Reden. In der ersten Hälfte versicht er sein persönliches Interesse durch Nachweis seiner Unbescholtenheit und lauteren Gesinnung (§ 1—18), in der zweiten legt er die allgemeinen Consequenzen dar, die sich für den Staat aus dem vorliegenden Falle je nach der Entscheidung der Richter ergeben müssen. Nach Form und Inhalt gehört die Rede mehr der politischen als der gerichtlichen Gattung der Beredtsamkeit an.

26) §§ 23 f. 28. — 27) Aus Andok. I, 81 f. scheint hervorzugehen, dass die Wiederherstellung der Bule der der übrigen Magistraturen vorausging; die letztere scheint erst erfolgt zu sein, als die für Revision der Gesetze niedergesetzte Commission ihre Arbeit vollendet hatte; bis dahin leitete ein Ausschuss von zwanzig Männern die Geschäfte. — 28) Zu § 17. — 29) §§ 3. 20. 23. 28. — 30) § 21 ff. — 31) §§ 6. 23 f. — 32) § 28. — 33) Einl. zu Rede XIII, § 5,

ΔΗΜΟΥ ΚΑΤΑΛΥΣΕΩΣ ΑΠΟΛΟΓΙΑ.

1   'Υμῖν μὲν πολλὴν συγγνώμην ἔχω, ὦ ἄνδρες δικασταί,
ἀκούουσι τοιούτων λόγων καὶ ἀναμιμνησκομένοις τῶν γεγενημένων, ὁμοίως ἅπασιν ὀργίζεσθαι τοῖς ἐν ἄστει μείνασι,
τῶν δὲ κατηγόρων θαυμάζω, οἳ ἀμελοῦντες τῶν οἰκείων τῶν
ἀλλοτρίων ἐπιμελοῦνται, εἰ σαφῶς εἰδότες τοὺς μηδὲν ἀδικοῦντας καὶ τοὺς πολλὰ ἐξημαρτηκότας ζητοῦσιν ὑμᾶς πεί-
2 θειν περὶ ἁπάντων ἡμῶν τὴν γνώμην ταύτην ἔχειν. Εἰ μὲν

1. συγγνώμην ἔχω — ὀργί-
ζεσθαι] Gewöhnlicher steht bei
συγγνώμην ἔχειν τινί ein Particip
(wie X, 26) oder ein Satz mit εἰ
oder ἐάν (XIX, 56), seltener ὅτι.
Auch hier hat eine interpolierte
Handschrift εἰ — ὀργίζεσθε. Jedoch ganz wie hier Soph. Aiax
1322: ἀνδρὶ συγγνώμην ἔχω, κλύ-
οντι φλαῦρα, συμβαλεῖν ἔπη κακά,
und häufig steht der Infinitiv bei
συγγνώμη (ἐστί) τινι, wie Lys.
XVIII, 19. Demosth. XIX, 239.
Eurip. Med. 814. Thuk. VIII, 50
u. ö., zuweilen auch bei συγγνώμην ἔχειν in der Bedeutung: 'Anspruch auf Verzeihung haben',
wie Eurip. Phoeniz. 995. — τοιούτων λόγων] wie die eben ver-
nommene Klagrede. — τῶν γεγε-
νημένων] zur Zeit der Dreissig.
— τοῖς ἐν ἄστει μείνασι] Bezeichnung der früheren städtischen Fraction (οἱ ἐν ἄστει) nach
der Aussöhnung der Parteien, wie
auch in der Rede gegen Euandros.
— οἳ — ἐπιμελοῦνται] Seiten-
hieb auf die πολυπραγμοσύνη der
Ankläger, die doch selbst genug
Werg am Rocken haben (§ 25 ff.).
Der Gegenstand der Verwunderung, die Frechheit, mit der die
Ankläger den ihnen wohl bekannten Unterschied der Schuldigen
und Unschuldigen unter den Mitgliedern der städtischen Fraction
geflissentlich vor den Richtern zu
vertuschen suchen, liegt in dem
Satze mit εἰ. Den hier den Anklä-
gern vorgehaltenen Vorwurf macht
Sokrates bei Xen. Memor. III, 7, 9
der Mehrzahl der Athener: οἱ πολλοὶ ὁρμηκότες ἐπὶ τὸ σκοπεῖν τὰ
τῶν ἄλλων πράγματα οὐ τρέπονται
ἐπὶ τὸ ἑαυτοὺς ἐξητάζειν, angewandt auf die Politik von Demosth.
IX, 73: εὐηθές τὰ οἰκεῖα αὐτοὺς
προεμένους τῶν ἀλλοτρίων φάσκειν
κήδεσθαι. Freilich konnten sich
die Kläger entschuldigen wie [An-
dok.] IV, 1: διὰ μὲν τοὺς τῶν ἰδίων
ἐπιμελουμένους οὐδὲν αἱ πόλεις
μείζους καθίστανται, διὰ δὲ τοὺς
τῶν κοινῶν μεγάλαι καὶ ἐλεύθεραι
γίγνονται. — τὴν γνώμην ταύτην ἔχειν] 'dieses Sinnes zu
sein', nämlich ὀργίζεσθαι. Zu betonen ist ἁπάντων. Zum Gedanken vgl. XXVI, 16: ὁ δῆμος οὐ
τὴν αὐτὴν γνώμην ἔχει περὶ πάντων τῶν ἐν ἄστει μεινάντων, ἀλλὰ
περὶ μὲν τῶν τοιαῦτα ἐξαμαρτα-
νόντων (ἐξαμαρτόντων?) οἵαν ἐγὼ
φημι δεῖν, περὶ δὲ τῶν ἄλλων τὴν
ἐναντίαν.

οὖν οἴονται, ἃ ὑπὸ τῶν τριάκοντα γεγένηται τῇ πόλει, ὁμοῦ
κατηγορηκέναι, ἀδυνάτους αὐτοὺς ἡγοῦμαι λέγειν· οὐδὲ γὰρ
πολλοστὸν μέρος τῶν ἐκείνοις πεπραγμένων εἰρήκασιν· εἰ δὲ
ὡς ἐμοί τι προσῆκον περὶ αὐτῶν ποιοῦνται τοὺς λόγους, ἀπο-
δείξω τούτους μὲν ἅπαντα ψευδομένους, ἐμαυτὸν δὲ τοιοῦτον ὄντα, οἰόσπερ ἂν τῶν ἐκ Πειραιῶς ὁ βέλτιστος ἐν ἄστει
μείνας ἐγένετο. Δέομαι δ' ὑμῶν, ὦ ἄνδρες δικασταί, μὴ 3
τὴν αὐτὴν γνώμην ἔχειν τοῖς συκοφάνταις. Τούτων μὲν γὰρ
ἔργον ἐστὶ καὶ τοὺς μηδὲν ἡμαρτηκότας εἰς αἰτίαν καθιστάναι — ἐκ τούτων γὰρ ἂν μάλιστα χρηματίζοιντο —, ὑμέτερον δὲ τοῖς μηδὲν ἀδικοῦσιν ἐξ ἴσου τῆς πολιτείας μεταδιδό-

---

2. ἃ ὑπὸ — κατηγορηκέναι]
Declamationen über das Unglück,
welches die Dreissig über die
Stadt gebracht, waren sehr beliebt
in den Processen jener Zeit gegen
Helfershelfer der Oligarchen oder
überhaupt Anhänger der aristo
kratischen Partei. Isokr. XVIII,
36. 40: κατηγορήσει καὶ τῶν ἐν τῇ
μεταστάσει γενομένων, ὡς ἐκ τούτων μάλισθ' ὑμᾶς εἰς ὀργὴν κατα-
στήσων. Ἐὰν ἄρα μέμνηται τῶν
ἐπὶ τῆς ὀλιγαρχίας γεγενημένων,
ἀξιοῦτε αὐτὸν μὴ ἐκείνων κατηγορεῖν, ὑπὲρ ὧν οὐδεὶς ἀπολογή-
σεται. Belege davon Lys. XIII,
43 ff. XXX, 14, in ziemlich unge-
schickter Anwendung Isokr. XX,
11. Eine solche Diatribe hatten
auch die Ankläger losgelassen
(§ 5). Höhnisch fertigt sie daher
der Sprecher durch die Bemerkung ab, die Uebelthaten der
Dreissig hätten sie noch lange
nicht alle vorgebracht, vielmehr
sich dabei als Stümper in der Redekunst (ἀδυνάτους λέγειν) erwiesen; wenn sie aber den Sprecher
dafür verantwortlich machen wollten, so sei jedes ihrer Worte eine
Lüge. — ἀδυνάτους λέγειν]
zu XII, 3. — οὐδὲ — εἰρήκα-
σιν] Vgl. XIV, 46: οὗτός μου κα-
ταγελᾷ, ὅτι οὐδὲ πολλοστὸν μέρος
εἴρηκα τῶν τούτοις ὑπαρχόντων
κακῶν. Isokr. XII,54.— ὥς προσ-
ῆκον] wie Isae. III, 49: ὡς προσῆκον αὐτῷ Kr. 56, 9, 5. Aehnliche
absolute Participien mit ὡς und
ὥσπερ XIV, 10: ὡς οὐκ ἐξεσόμε-

νον, XXVII, 16: ὥσπερ μέλον. ὡς
'unter dem Vorgeben.' — ποιοῦνται τοὺς λόγους] zu XII, 2.
— ὄντα] während des Regiments
der Dreissig, also Particip Impf.

3. μὴ τὴν — συκοφάνταις]
ein Postulat, dessen Erfüllung
Isokr. XV, 96 von sich rühmt: τῷ
συκοφάντῃ οὐ τὴν αὐτὴν ἔχω γνώμην. — καὶ τοὺς μηδὲν ἡμαρτηκότας . . καθιστάναι] der
Vorwurf wie V, 2: οἱ ἐπιβουλεύοντες οὐχ ἧττον ἐπικίνδυνον ποιοῦσι
τὸν βίον τοῖς μηδὲν ἀδικοῦσιν ἢ
τοῖς πολλῶν κακῶν αἰτίοις, ebenso
VII, 1. Isokr. XV, 24; XVIII, 22.
— ἐκ τούτων — χρηματίζοιν-
το] Denn Unbescholtene lassen
sich am leichtesten willig finden,
den Sykophanten durch Geld den
Mund zu stopfen, sei es um ihres
guten Rufes willen (zu XII, 4)
oder um Scherereien zu entgehen
(νῦν ἐμέ τινες εἰς δίκας ἄγουσιν,
οὐχ ὅτι ἀδικοῦνται ὑπ' ἐμοῦ, ἀλλ'
ὅτι νομίζουσιν ἥδιον ἄν με ἀργύριον τελέσαι ἢ πράγματα ἔχειν
sagt Kritou bei Xen. Memor. II,
9, 1) oder aus Zaghaftigkeit (wie
Nikias Plutarch compar. Nic. et
Crassi 1) und im Bewusstsein ihrer Redeunfertigkeit (Isokr. XXI,
5. 8). Ein Beispiel solcher Einschüchterung Isokr. XVIII, 9 f. —
ἐξ ἴσου] ohne einen Unterschied
nach der politischen Ueberzeugung zu machen, also 'unpar-
teiisch', wie in dem häufigen ἐξ
ἴσου ἀκροᾶσθαι (XIX, 3). Die ur-

ναι· οὕτω γὰρ ἂν τοῖς καθεστηκόσι πράγμασι πλείστους συμ-
4 μάχους ἔχοιτε. Ἀξιῶ δέ, ὦ ἄνδρες δικασταί, ἐὰν ἀποφήνω
συμφορᾶς μὲν μηδεμιᾶς αἴτιος γεγενημένος, πολλὰ δὲ κἀγαθὰ εἰργασμένος τὴν πόλιν καὶ τῷ σώματι καὶ τοῖς χρήμασι,
ταῦτα γοῦν μοι παρ᾽ ὑμῶν ὑπάρχειν, ὧν οὐ μόνον τοὺς εὖ
πεποιηκότας ἀλλὰ καὶ τοὺς μηδὲν ἀδικοῦντας τυγχάνειν δί-
5 καιόν ἐστιν. Μέγα μὲν οὖν ἡγοῦμαι τεκμήριον εἶναι, ὅτι,
εἴπερ ἐδύναντο οἱ κατήγοροι ἰδίᾳ με ἀδικοῦντα ἐξελέγξαι,
οὐκ ἂν τὰ τῶν τριάκοντα ἁμαρτήματα ἐμοῦ κατηγόρουν, οὐδ᾽
ἂν ᾤοντο χρῆναι ὑπὲρ τῶν ἐκείνοις πεπραγμένων ἑτέρους
διαβάλλειν, ἀλλ᾽ αὐτοὺς τοὺς ἀδικοῦντας τιμωρεῖσθαι· νῦν
δὲ νομίζουσι τὴν πρὸς ἐκείνους ὀργὴν ἱκανὴν εἶναι καὶ τοὺς
6 μηδὲν κακὸν εἰργασμένους ἀπολέσαι. Ἐγὼ δὲ οὐχ ἡγοῦμαι
δίκαιον εἶναι οὔτε εἴ τινες τῇ πόλει πολλῶν ἀγαθῶν αἴτιοι
γεγένηνται, ἄλλους τινὰς ὑπὲρ τούτων τιμὴν ἢ χάριν κομίσασθαι παρ᾽ ὑμῶν, οὔτ᾽ εἴ τινες πολλὰ κακὰ εἰργασμένοι

sprünglich locale Bedeutung (Kr.
43, 4, 5) erhellt aus Stellen wie
Demosth. XXI, 68: καταστῆσαι ἑαυτὸν ἐξ ἴσου. Dagegen Lys. XXIV,
9. ἐξ ἴσου συνεῖναί τινι 'auf gleichem Fusse', unten § 35 ἐξ ἴσου
τινί 'gleichermassen wie.' — τῆς
πολιτείας μεταδιδόναι] Ueber den Begriff πολιτεία zu XII,
21. Vgl. XVIII, 1: ἀγωνιζόμεθα
περὶ τῆς πολιτείας, εἰ χρὴ δημοκρατουμένης τῆς πόλεως ἡμῖν μετ-
εῖναι. Wie hier XVI, 5; ἀγωνί-
ζεσθαι περὶ πολιτείας IX,|21; μετ-
έχειν τῆς πολιτείας XII, 77;
XVIII, 6; μέτεστί τινι τῆς πολιτείας XXXIV, 3; ἀποστερεῖν π.
Xen. Hell. II, 3, 49. — τοῖς καθεστηκόσι πράγμασι] zu XIII,21.
— συμμάχους] weil sich dann
auch die einer anderen politischen
Anschauung Huldigenden mit dem
factischen Zustande der Dinge be-
freunden werden. Dies war von
Bedeutung bei der noch nicht beseitigten Gefahr einer oligarchischen Reaction (E. § 6).
4. ἀποφήνω — γεγενημέ-
νος] Kr. 56, 7, 5. Lykurg 50: φανερὸν ἐποίησαν οὐκ ἰδίᾳ πολεμοῦν-
τες, ἀλλ᾽ ὑπὲρ κοινῆς ἐλευθερίας
προκινδυνεύοντες Eurip. Or. 802:

ποῦ ὢν δείξω φίλος; — καὶ τῷ
σώματι καὶ τοῖς χρήμασι]
Andok. II, 18: ἐκεῖνος ἂν εἴη πλεί-
στου ἄξιος ἀνήρ, ὅστις τοῖς ἑαυτοῦ
παρακινδυνεύων χρήμασί τε καὶ
σώματι τολμᾷη ἀγαθόν τι ποιεῖν
τοὺς ἑαυτοῦ πολίτας. Diese allsei-
tige Erfüllung der Bürgerpflich-
ten wird auch sonst hervorgehoben, wie von Andok. II, 11. Lys.
XIX, 58 (vgl. XXXI, 15). — ταῦ-
τα] die Gesammtheit der bürgerlichen Rechte (πολιτεία).
5. ἡγοῦμαι τεκμήριον εἶ-
ναι] 'ein gewichtiger Beweis für
mich.' Doch vermisst man ungern
ein μοι, was vielleicht hinter ἡ-
γοῦμαι ausgefallen ist. Vgl. XVI,
11: περὶ τῶν κοινῶν μοι μέγιστον
ἡγοῦμαι τεκμήριον εἶναι τῆς ἐμῆς
ἐπιεικείας, ὅτι κτλ. Dem. XXXXIX,
58: ἐμοὶ γενέσθω τεκμήριον πρὸς
ὑμᾶς, ὅτι — οὐ τολμᾷ κτλ. Plat.
Kratyl. 398ᵃ: τεκμήριον δέ μοί ἐστι,
ὅτι καὶ ἡμᾶς φησι (Ἡσίοδος) σιδη-
ροῦν εἶναι γένος.
6. εἰκότως ἄν] wäre entbehrlich nach dem solches Thun schon
qualificierenden δίκαιον εἶναι;
dem Sprecher schwebte dabei
wohl der (grammatisch freilich
unmögliche) Anschluss an das

εἰσίν, εἰκότως ἂν δι' ἐκείνους τοὺς μηδὲν ἀδικοῦντας ὀνεί-
δους καὶ διαβολῆς τυγχάνειν· ἱκανοὶ γὰρ οἱ ὑπάρχοντες
ἐχθροὶ τῇ πόλει καὶ μέγα κέρδος νομίζοντες εἶναι τοὺς ἀδίκως ἐν ταῖς διαβολαῖς καθεστηκότας.

Πειράσομαι δ' ὑμᾶς διδάξαι, οὓς ἡγοῦμαι τῶν πολιτῶν 7
προσήκειν ὀλιγαρχίας ἐπιθυμεῖν καὶ οὓς δημοκρατίας. Ἐκ τούτου γὰρ καὶ ὑμεῖς γνώσεσθε, κἀγὼ περὶ ἐμαυτοῦ τὴν ἀπολογίαν
ποιήσομαι [ἀποφαίνων], ὡς οὔτε ἐξ ὧν ἐν δημοκρατίᾳ οὔτε ἐξ ὧν
ἐν ὀλιγαρχίᾳ πεποίηκα, οὐδέν μοι προσῆκον κακόνουν εἶναι τῷ
πλήθει τῷ ὑμετέρῳ. Πρῶτον μὲν οὖν ἐνθυμηθῆναι χρή, ὅτι 8

blosse οὐχ ἡγοῦμαι vor. — ἱκανοὶ καὶ — νομίζοντες] καὶ νομίζοντες eng mit ἱκανοί zu verbinden und zu beiden ein gemein-
sames εἰσίν zu denken: 'hinlänglich.'— und der Ansicht.' Die bei
Demosth. so häufige Verbindung
eines Adjectivs und Particips in
der Prädicatsstellung ist bei Lysias allerdings nicht häufig, aber
ganz wie hier, auch mit Ellipse
der Copula, XIV, 2: οὐ μικρὰ τὰ
ἁμαρτήματα οὐδὲ συγγνώμης ἄξια
οὐδ' ἐλπίδα παρέχοντα. ausserdem noch XXIV, 15. — Ueber die
ἐχθροί und den Gedanken zu §§ 23.
24. — μέγα κέρδος νομίζον-
τες] Xen. Memor. I, 6, 14: μέγα
νομίζομεν κέρδος, ἐὰν ἀλλήλοις
φίλοι γιγνώμεθα. Agesil. 7, 3: σώζεσθαι πάντας κέρδος ἐνόμιζεν.
Eurip. Med. 454: πᾶν κέρδος ἡγοῦ
ζημιουμένη φυγῇ.

7. οὓς — προσήκειν] Ueber
das Relativ anstatt des indirecten
Fragwortes zu XIII, 4.— Der Accus. c. Infin. bei προσήκει anstatt
des gewöhnlicheren Dativs begründet keinen Unterschied der
Bedeutung (§ 11 steht in gleichem
Falle wie hier der Dativ), wie
sich aus den Stellen ergiebt, wo
beide Constructionen wechseln.
προσήκει ist: 'es steht zu,' ob um
der Pflicht, des Interesses, oder
der obwaltenden Umstände willen, lehrt der Zusammenhang. Bei
Lysias der Accusativ noch XIV,
21; XXXI, 13 wohl wegen der Concurrenz eines anderen Dativs: οὐ

τοῖς ἐν τῷ ἄστει γενομένοις φίλον
προσήκει εἶναι τοῦτον (so gut wie
Isokr. XI, 1), und VII, 37 wegen
der Parallele mit χρή (wie Isokr.
XI, 33). Der Wechsel z. B. Isae.
VIII, 6: κληρονομεῖν μᾶλλον ἡμῖν
ἢ τούτον προσήκει zur χρημάτων
und Isokr.V, 127. Bei Ergänzung
des Infin. scheint der Accus. häufiger zu sein. — καὶ οὓς δημο-
κρατίας] Allerdings handelt der
Sprecher ausführlich im Folgenden (§ 9 — 12) nur von denen, die
ein Interesse an dem Uebergange
von der Demokratie zur Oligarchie haben; doch werden § 11
kurz auch die geschildert, die sich
im Bewusstsein ihres guten Gewissens die Volksherrschaft wohl
gefallen lassen können. — καὶ
ὑμεῖς] so gut wie ich mir dessen
bewusst bin. — κἀγὼ — ποιή-
σομαι] parenthetisch: 'und ich
werde zugleich daraus meine Vertheidigung führen.' ὡς verbinde
mit γνώσεσθε. Irrthümlich ist in
den Handschriften ἀποφαίνων hin-
zugesetzt, da man die Parenthese
κἀγὼ — ποιήσομαι verkannte. —
ἐν δημοκρατίᾳ — ἐν ὀλιγ-
αρχίᾳ] ohne Artikel: 'unter
demokratischer — oligarchischer
Verfassung' wie § 17 I, 2; VII,41;
XII, 78. Isokr. XV, 27; XVI, 49.
Dagegen §§ 11. 15. 27: ἐν τῇ δημοκρατίᾳ — ἐν τῇ ὀλιγαρχίᾳ mit
Rücksicht auf bestimmte geschicht-
liche Phasen beider Verfassungs-
formen, ebenso Lys. XVIII,12.22;
Isokr. XVIII, 35: ἐπὶ τῆς ὀλιγαρχίας — ἐν δημοκρατίᾳ. — ὡς προσ-

οὐδείς ἐστιν ἀνθρώπων φύσει οὔτε ὀλιγαρχικὸς οὔτε δημοκρατικός, ἀλλ' ἥτις ἂν ἑκάστῳ πολιτεία συμφέρῃ, ταύτην
προθυμεῖται καθιστάναι· ὥστε οὐκ ἐλάχιστον ἐν ὑμῖν ἐστι
μέρος, ὡς πλείστους ἐπιθυμεῖν τῶν παρόντων νυνὶ πραγμάτων. Καὶ ταῦτα ὅτι οὕτως ἔχει, οὐ χαλεπῶς ἐκ τῶν πρότε-
9 ρον γεγενημένων μαθήσεσθε. Σκέψασθε γάρ, ὦ ἄνδρες δικασταί, τοὺς προστάντας ἀμφοτέρων τῶν πολιτειῶν, ὁσάκις
δὴ μετεβάλλοντο. Οὐ Φρύνιχος μὲν καὶ Πείσανδρος καὶ οἱ
μετ' ἐκείνων δημαγωγοί, ἐπειδὴ πολλὰ εἰς ὑμᾶς ἐξήμαρτον,

ἤκον] sc. ἐστι, wie XVIII, 11:
ἀπέκτεινον. οἷς μάλιστα προσῆκον
(sc. ἦν) τιμᾶσθαι. Κr. 56, 3, 5.

8. οὐδεὶς δημοκρατικός]
Der Gedanke, dass nicht Ueberzeugung oder Naturell, sondern
das persönliche Interesse bestimmend sei für die politische Parteinahme, ähnlich bei Isokr. VIII,
133. Diese Anschauung durfte aber
nicht den hohen Begriff von den
Pflichten des Bürgers als Angehörigen des Staats überhaupt be-
einträchtigen; dem Heil des Staates musste zuletzt jedes Privat-
interesse weichen (Lys. XXXI,6).
In der auswärtigen Politik aber
galt den Athenern jener Zeit der
jeweilige Nutzen als das höchste
Princip (οὐδὲν ἄλογον, ὅτι ξυμφέ-
ρον Euphemos bei Thukyd, VI,85,
ähnlich Alkibiades bei Platon Alkib. I, 113⁴). — δημοκρατικός]
Wegen des sonst üblichen Gegensatzes ὀλιγαρχικός — δημοτικός
(XXVI, 15. Isokr. VIII,133; XVI,
37. Platon Staat IX, 572⁴ u. ö.)
wollte man auch hier δημοτικός
(zu § 23); doch δημοκρατικός findet sich von Personen nicht nur,
wie man meinte, bei Aristoteles,
sondern schon bei Platon Staat
IX, 571ª: ὁ τυραννικὸς ἀνὴρ
πῶς μεθίσταται ἐκ δημοκρατικοῦ,
und in dieser Auseinandersetzung
scheint der doctrinäre Begriff ganz
am Platze. — ἐν ὑμῖν ἐστι —
μέρος] 'es liegt zum nicht ge-
ringsten Theile in eurer Hand',
nämlich durch kluge Berücksichtigung der Interessen möglichst
Vieler, wohl eine Hindeutung auf

die vom Sprecher gewünschte Ver-
schmelzung demokratischer und
aristokratischer Elemente (vgl. zu
§ 33). ἐν ὑμῖν ἐστι auch I, 34, ἐν
χρήμασίν ἐστι XXVII, 3. Κr. 68,
12, 6.
9. ὁσάκις δή] Ueber δή zu
XIII, 2. — μετεβάλλοντο] Das
Imperf. charakterisirt das Schau-
kelsystem, wogegen XXXI, 9
μετεβάλοντο vom einmaligen Par-
teiwechsel; μεταβάλλεσθαι das eigentliche Wort von politischer
Wandelung (Krüger zu Thuk. I,
71), seltener das Activ (Isokr. IV,
125, ' umschlagen '). Gesinnungs-
tüchtige Consequenz gegenüber
politischen Umwälzungen wird
von dem Sprecher Lys. XVIII, 5
als eine Seltenheit bezeichnet, und
Kritias bei Xen. Hell. II, 3, 31 tadelt
an Theramenes das εὐθὺς μεταβάλλεσθαι, ἤν τι ἀντικόπτῃ; vgl.
ebenda §§ 32. 33. 45. Ein Beispiel
solches wiederholten Parteiwech-
sels im Bürgerkriege ist Kallima-
chos bei Isokr. XVIII, 49. — Φρύ-
νιχος] zu XIII, 70. — Πείσαν-
δρος] zu XII, 66. — δημαγω-
γοί] Definiert von Aristot. Polit.
VIII, 6,' S. 204 Bekker: ἡ δημα-
γωγία διττή, ἡ μὲν ἐν αὐτοῖς τοῖς
ὀλίγοις (ἐγγίγνεται γὰρ δημαγωγός κἂν πάνυ ὀλίγοι ὦσιν, οἷον ἐν
τοῖς τριάκοντα Ἀθήνησιν οἱ περὶ
Χαρικλέα ἴσχυσαν τοὺς τριάκοντα
δημαγωγοῦντες καὶ ἐν τοῖς τετρα-
κοσίοις οἱ περὶ Φρύνιχον τὸν αὐτὸν τρόπον),ἡ ὅταν τὸν ὄχλον δημ-
αγωγῶσιν οἱ ἐν τῇ ὀλιγαρχίᾳ ὄντες. — πολλά] Phryn. z. Β. den
noch im letzten Augenblicke durch
ihn selbst vereitelten Verrath von

τὰς περὶ τούτων δείσαντες τιμωρίας τὴν προτέραν ὀλιγαρχίαν κατέστησαν, πολλοὶ δὲ τῶν τετρακοσίων μετὰ τῶν ἐκ
Πειραιῶς συγκατῆλθον, ἔνιοι δὲ τῶν ἐκείνους ἐκβαλόντων
αὐτοὶ αὖθις τῶν τριάκοντα ἐγένοντο; Εἰσὶ δὲ οἵτινες τῶν
Ἐλευσῖνάδε ἀπογραψαμένων ἐξελθόντες μεθ᾽ ὑμῶν ἐπολιόρκουν τοὺς μεθ᾽ αὑτῶν. Οὔκουν χαλεπὸν γνῶναι, ὦ ἄν- 10

Samos (Thuk. VIII, 60). Dass er
als Sykophant anrüchig war, bezeugt [Lys.] XX, 12. — τ ὴ ν π ρ ο-
τ έ ρ α ν ὀ λ ι γ α ρ χ ί α ν] zu XII, 60.
— π ο λ λ ο ὶ — σ υ γ κ α τ ῆ λ θ ο ν] zu
XIII, 77. — ἔ ν ι ο ι] Es lag nahe,
hier den Theramenes zu nennen
(zu XII, 66). Der Sprecher unter-
drückt ihn, weil er selbst zu dessen politischen Grundsätzen (Xen.
Hell. II, 3,48) sich bekannte, vielleicht sogar zu seiner Hetärie gehört hatte. — τ ῶ ν — ἐ κ β α λ ό ν-
τ ω ν] zu XIII, 74, und dass ἐκείνους nur auf einen Theil der 400
Anwendung leide, zu XIII, 73. —
τ ῶ ν Ἐ λ ε υ σ ῖ ν ά δ ε ἀ π ο γ ρ α ψ.—
τ ο ὺ ς μ ε θ᾽ α ὑ τ ῶ ν] Der Redner
exemplificiert den Satz: In der
Politik entscheidet der jeweilige
Nutzen über die Parteinahme.
Demnach können die 'nach Eleusis
Eingeschriebenen' nicht die sein,
die sich meldeten zur Theilnahme
an dem Zuge nach Eleusis zur Belagerung der Dreissig (da dieser
Ausmarsch nach Xen. Hell. II, 4,
43 πανδημεί geschah, war eine
solche besondere Anmeldung Einzelner auch gar nicht am Platze),
hinterdrein aber durch einen Par-
teiwechsel sich bestimmen liessen,
zu den belagerten Dreissig über-
zugeben und sich mit belagern zu
lassen (was in dem handschriftlichen ἐπολιορκοῦντο μετ᾽ αὐτῶν
läge); denn dies wäre gewiss
nicht zu ihrem Vortheile geschehen. Vielmehr sind οἱ Ἐλευσῖνάδε
ἀπογραψάμενοι diejenigen von der
städtischen Fraction, welche nach
dem durch König Pausanias vermittelten Vergleiche zwischen den
kämpfenden Parteien es vorzogen,
von der vertragsmässigen Vergün-
stigung trotz der vorläufig ver-
einbarten Amnestie Gebrauch zu

machen und sich nach dem von den
Dreissig occupierten Eleusis zu-
rückzuziehen (Xen. Hell. II, 4, 38.
Diod. XIV, 33); eine Anmeldung
(ἀπογράφεσθαι) dieser bei der von
den Lakedämoniern nach Athen gesandten Vermittlungscommission
(Xen.) verstand sich von selbst,
da die Vergleichsbestimmungen
unter lakedämonische Garantie gestellt wurden. Später aber mochten manche dieser nach Eleusis
Uebergesiedelten, in der Voraussicht des baldigen Falles von Eleusis, den Platz verlassen (ἐξελθόντες, sc. ἐξ Ἐλευσῖνος) und mit den
Belagerern (μεθ᾽ ὑμῶν) ihre bishe-
rigen Parteigenossen blokiert haben. — τ ο ὺ ς μ ε θ᾽ α ὑ τ ῶ ν] 'ihre
Parteigenossen.' Die Hinzufügung eines ποτὲ oder πρότερον
ὄντας ist wohl nicht nöthig; denn
Gesinnungsgenossen derjenigen, die sie aus Rücksicht auf ihr
Interesse mit belagerten, blieben
sie dabei doch. Auch in εἶναι μετά τινος liegt nicht nothwendig
äusserliches Zusammenstehen;
vgl. Isokr. VI, 63: εἰ καὶ μήπω
συνεστήκασιν, ἀλλὰ ταῖς γ᾽ εὐ-
νοίαις μεθ᾽ ἡμῶν εἰσιν, ebenso
XIV, 25. Demosth. LII, 2. — ἀπογράφεσθαι 'sich einschreiben lassen', in eine Liste, wie Xen. Hell.
II, 4, 8; VI, 5, 29. Kyrop. II, 1,
18. 19 = ἀπογράφεσθαι τὸ ὄνομα
Arrian Anab. VII, 5, 3. (Daher =
censeri, seinen Namen in die Cen-
susliste eintragen lassen Plut.
Flamin. 18.) Das Medium wie ἐπιγράφεσθαι (XIII, 73), προσγράφε-
σθαι (XIII, 86) nach Kr. 52, 11. —
Ἐλευσῖνάδε ἀπογράφεσθαι, eine
Breviloquenz = εἰς τὴν Ἐλευσῖνάδε μετοίκησιν ἀπογρ., wie ähnliche in officiellem und geschäft-
lichem Stile nicht selten sind; vgl.

δρες δικασταί, ὅτι οὐ περὶ πολιτείας εἰσὶν αἱ πρὸς ἀλλήλους
διαφοραί, ἀλλὰ περὶ τῶν ἰδίᾳ συμφερόντων ἑκάστῳ. Ἡμᾶς
οὖν χρὴ ἐκ τούτων δοκιμάζειν τοὺς πολίτας, σκοποῦντας μὲν
ὅπως ἦσαν ἐν τῇ δημοκρατίᾳ πεπολιτευμένοι, ζητοῦντας δὲ
ἥτις αὐτοῖς ἐγίγνετο ὠφέλεια τῶν πραγμάτων μεταπεσόντων·
οὕτως γὰρ ἂν δικαιοτάτην τὴν κρίσιν περὶ αὐτῶν ποιοῖσθε.
11 Ἐγὼ τοίνυν ἡγοῦμαι, ὅσοι μὲν ἐν τῇ δημοκρατίᾳ ἄτιμοι
ἦσαν εὐθύνας δεδωκότες ἢ τῶν ὄντων ἀπεστερημένοι ἢ

z. B. Demosth. XXI, 161: ἐπιδό-
σεις ἐγίνοντο εἰς Εὔβοιαν, εἰς
Ὄλυνθον (= εἰς τὸν πόλεμον ἐν
Εὐβ.]; XXXV, 3: χρήματα ἐδά-
νεισα εἰς τὸν Πόντον (= εἰς τὸν
πλοῦν εἰς τὸν Π.), ebenda § 7. 10.
33. 50. analog LVI, 12: οἱ εἰς Ῥό-
δον τόποι. Vgl. die im Process
de repetundis übliche römische
Rechtsformel: diem postulare in
Achaiam, Siciliam (Cic. in Verr.
I, 2, 6; Π, 1, 11, 30).

10. αἱ πρὸς ἀλλήλους δια-
φοραί] πρὸς ἀλλήλους indefinit
'die gegenseitigen' ohne Beziehung auf bestimmt ausgesprochene Personen. Xen. Hiero 4, 1:
ποία ξυνουσία ἡδεῖα ἄνευ πίστεως
τῆς πρὸς ἀλλήλους. Vgl. auch XIII,
80 und XXXIII, 9. — ἐκ τούτων]
'nach diesen Gesichtspunkten',
näher erklärt durch σκοποῦντας
κτλ. — ἥτις — ὠφέλεια] nach
deren Grösse sich ermessen lässt,
ob sie an dem Verfassungsumsturz
ein Interesse hatten, das sie zur
Betheiligung daran veranlassen
konnte. Das Resultat der Prüfung
in Bezug auf den Sprecher giebt
§ 12 f. Das Imperf. bezieht sich
auf die Zeit der Dreissig, also
nicht ἥτις ἄν zu schreiben, denn
von dem Verhalten und dem Er-
gehen der Bürger in bestimmten
Zeiträumen wird gesprochen; ἐν
τῇ δημοκρατίᾳ (zu § 7) = ἐν τῇ
προτέρᾳ δημοκρατίᾳ § 19. — τῶν
πραγμάτων] zu XII, 65. — Fragen nach dem politischen Verhalten wurden bei der Dokimasie für
gewöhnlich wohl gar nicht vorgelegt (wenigstens findet sich keine
entsprechende in den Angaben bei

Demosth. LVII, 66 ff. Pollux VIII,
65; höchstens in das elastische τίς
ἐστι τὸν ἴδιον τρόπον Deinarch
II, 17 konnte sie hineingelegt werden), aber unmittelbar nach der
Wiederherstellung der Demokratie waren sie geboten durch die
E. § 4 erwähnte einstweilige Bestimmung. — περὶ αὐτῶν] in Betreff der bei ihnen vorauszusetzen-
den guten oder übeln Gesinnung
gegen die Demokratie.

11. ἄτιμοι — εὐθύνας δε-
δωκότες] Als Motive für den
Wunsch nach Umsturz der Demokratie werden geltend gemacht:
a) Verlust der bürgerlichen Rechte; b) Verlust des Vermögens durch
Confiscation oder hohe Bussen,
vielleicht auch sykophantische ἀπογραφαί (zu XIII, 65); c) sonst ein
politisches Misgeschick. Vgl. Aristot. Polit. VIII, 2, S. 196 (Bekker): καὶ ἀτιμίαν φεύγοντες καὶ
ζημίαν στασιάζουσιν ἐν ταῖς πόλεσιν. Die Einsetzung eines ἤ vor
εὐθύνας würde alle drei Participien in Causalverhältnis zu ἄτιμοι
ἦσαν setzen, während doch (von
anderen hier nicht genannten Fällen abgesehen) nur das schlechte
Bestehen der Rechenschaft, nicht
auch Vermögensverlust die Atimie
nach sich zog. — εὐθύνας δε-
δωκότες] Zur Rechenschaftsablegung (εὔθυναι) musste sich
der abtretende Beamte innerhalb
gesetzlich bestimmter Frist bei
der Behörde der Logisten stellen,
welche nach vorhergängiger Prüfung der Rechenschaft durch die
beigeordnete Behörde der Euthy-
nen entweder Decharge ertheilte

ἄλλῃ τινὶ συμφορᾷ τοιαύτῃ κεχρημένοι, προσήκειν αὐτοῖς ἑτέρας ἐπιθυμεῖν πολιτείας, ἐλπίζοντας τὴν μετα-
βολὴν ὠφέλειάν τινα αὐτοῖς ἔσεσθαι· ὅσοι δὲ τὸν δῆμον
πολλὰ κἀγαθὰ εἰργασμένοι εἰσί, κακὸν, δὲ μηδὲν πώποτε,
ὀφείλεται δὲ αὐτοῖς χάριν κομίσασθαι παρ᾽ ὑμῶν μᾶλλον
ἢ δοῦναι δίκην τῶν πεπραγμένων, οὐκ ἄξιον τὰς τούτων

oder diè Sache vor einen Gerichtshof brachte (Schömann I,
422). Wer die Rechenschaft schuldig blieb oder schlecht bestand,
fiel in Atimie (Andok. I, 73). Anstatt δεδωκότες wollte man das
sonst (Lys. X, 27. Aeschin. III,
10) vom schlechten Bestehen der
Rechenschaft übliche ὠφληκότες·
Aber bedarf nach ἄτιμοι ἦσαν der
Ausfall der Rechenschaftsablegung (εὐθύνας δοῦναι) noch einer
besonderen Bestimmung? Vgl.
Xen. Hell. VII, 4, 34: ἔγνωσαν ὅτι,
εἰ δώσοιεν εὐθύνας, κινδυνεύσειαν
ἀπολέσθαι. — συμφορᾷ] häufig
durch eine Art Euphemismus von
der Strafe besonders wegen politischer Vergehen, von der Atimie
(Demosth. XXI, 58. 96. 99), dem
Exil (Pseudoandok. IV,34), ebenso ἀτυχία (Demosth. XXI, 59),
ἀτύχημα (Isae. X, 20), und entsprechend δυστυχεῖν, ἀτυχεῖν
πρὸς τὴν πόλιν (Lys. XIV, 41.
[Demosth.] XXV, 85. LVIII, 1);
so auch vom politischen Process
unten § 13. vgl. XIX, 55, ja sogar
vom politischen Vergehen selbst
(Aristoph.Frösche699).— προσήκειν αὐτοῖς] nicht τούτοις, weil
der Ton nicht aufs Pronomen, sondern auf προσήκειν fällt: 'die haben ein Interesse daran.' Kr.
51, 5, 1. Lys. XXVIII, 13: ὅσοι
κατελθόντες ἐν δημοκρατίᾳ τὸ ὑμέτερον πλῆθος ἀδικοῦσι, πολὺ μᾶλλον αὐτοῖς προσήκει ὀργίζεσθαι ἢ
τοῖς τριάκοντα, und so noch XIV,
37. Wie hier auch [Demosth.] VII,
45: ὅσοι Ἀθηναῖοι ὄντες Φιλίππῳ
εὔνοιαν ἐνδείκνυνται, προσήκει
αὐτοὺς ὑφ᾽ ὑμῶν ἀπολέσθαι. —
ἐλπίζοντας — ἔσεσθαι] zum
Gedanken vgl. Antiph. II, δ, 9:
τοῖς ἀτυχοῦσι νεωτερίζειν συμφέ-
ρει· ἐκ γὰρ τῶν μεταβολῶν ἐπίδο-

ξος ἡ δυσπραγία μεταβάλλειν αὐτῶν ἐστιν. Isokr. VI, 50: οἱ δυστυ-
χοῦντες ἐκ τῆς ταραχῆς καὶ τῆς
καινουργίας θᾶττον ἂν μεταβολῆς
τύχοιεν, in der Anwendung wie
hier auch [Lys.] XX, 4. — ἐλπί-
ζοντας] nach αὐτοῖς nach Kr. 55,
2, 7; besonders nach προσήκει,
ἔξεστι und δοκεῖ τινι steht häufig
der Accus. an den abhängigen Infinit. angeschlossen. Vgl. zu XII,1.
— αὐτοῖς ἔσεσθαι] Man erwartet αὐτοῖς. Doch vgl. Kr. 51, 2, 5;
nothwendig ist αὐτός in Beziehung
auf das Subject, wenn der Begriff
'selbst' hervortreten soll, wie XII,
100. Demosth. XXI, 79: τὰς δίκας
ὡς αὐτῶν οὔσας ἠφίεσαν τοῖς ἐπι-
τρόποις. So auch hier: 'die (für
die andern verderbliche) Umwälzung werde ihnen wesentlichen
Nutzen bringen.' Vgl. unten § 33.
— ὀφείλεται αὐτοῖς] Wir setzen die relative Satzform fort:
'und denen.' Die Griechen aber
vermeiden gern die Parataxe rela-
tiver Satzglieder, besonders (doch
nicht ausschliesslich, Isokr. XII,
261) wenn das Pronomen im Casus
wechselt, und ersetzen im zweiten
und den folgenden Gliedern das
Relativum durch das determina-
tive αὐτός, seltener durch οὗτος.
Kr. 60, 6, 2. Bei Lysias noch I, 27;
III, 47; XIV, 17; XIX, 14, mit οὗτος unten § 30 und XXXII, 27.
Ebenso im Latein., z. B. Cic. de
offic. II, 11, 40: Viriathus, quem
Laelius praetor fregit ferocitatem-
que eius repressit. — Sich ein
Recht auf den Dank des Volkes
zu erwerben, bezeichnet der Sprecher bei Isokr. XVIII, 67 als das
Ziel des πρόθυμος πολίτης. — τὰς
τούτων διαβολάς] τούτων kann
nicht gen. subject. auf die Ankläger bezogen sein; denn das gäbe

ἀποδέχεσθαι διαβολάς, οὐδ' ἂν πάντες οἱ τὰ τῆς πόλεως
12 πράττοντες ὀλιγαρχικοὺς αὐτοὺς φάσκωσιν εἶναι. Ἐμοὶ τοίνυν, ὦ ἄνδρες δικασταί, οὔτ' ἰδίᾳ οὔτε δημοσίᾳ συμφορὰ
ἐν ἐκείνῳ τῷ χρόνῳ οὐδεμία πώποτε ἐγένετο, ἀνθ' ἧστινος
ἂν προθυμούμενος τῶν παρόντων κακῶν ἀπαλλαγῆναι ἑτέρων ἐπεθύμουν πραγμάτων. Τετριηράρχηκα μὲν γὰρ πεν-
τάκις καὶ τετράκις νεναυμάχηκα καὶ εἰσφορὰς ἐν τῷ πολέμῳ
πολλὰς εἰσενήνοχα καὶ τἆλλα λελειτούργηκα οὐδενὸς χεῖρον
13 τῶν πολιτῶν. Καίτοι διὰ τοῦτο πλείω τῶν ὑπὸ τῆς πόλεως

den falschen Sinn, dass man nur
die Verleumdungen dieser drei
gegen wackere Patrioten nicht
annehmen dürfe, während natürlich der Redner, wie gleich οὐδ'
ἂν — εἶναι zeigt, fordert, solche
von niemandem zu acceptieren.
(Richtig dagegen § 13 τοῖς τούτων
λόγοις von den Reden der Kläger, denn da hat er ja von seinem besonderen Fall gesprochen.)
Vielmehr ist τούτων objectiver
Genitiv und weist auf ὅσοι zurück; ebenso [Lys.] XX, 33: ὁ πατὴρ διαβέβληται εἰς ὑμᾶς οὐ δικαίως .... εἰ διὰ τὴν τούτου δια-
βολὴν δεῖ ἡμᾶς (κακῶς) πάσχειν,
δίκαιοί ἐσμεν διὰ τὴν ἡμετέραν
προθυμίαν τοῦτον τε σῶσαι καὶ
ἡμᾶς. — ἀποδέχεσθαι] zu XIII,
89. — οἱ τὰ τῆς πόλεως πράτ-
τοντες] geläufige Bezeichnung
der Staatsmänner, auch οἱ τὰ πο-
λιτικὰ πράττοντες (Xen. Mem. III,
7, 1), von denselben ἔχειν τὰ τῆς
πόλεως πράγματα (Aristoph. Ritt.
130). — ὀλιγαρχικούς] ein beliebtes Schimpfwort im Munde der
Demagogen; [Andok.] IV,16: [Al-
kibiades] ἄλλους ὀλιγαρχικοὺς καὶ
μισοδήμους ἀποκαλεῖ. Isokr. XV,
318. Aeschin. III, 168. Plat. Staat
VIII, 565ᵇ.
12. οὐδ' ἰδίᾳ οὔτε δημο-
σίᾳ] 'weder im Privatleben noch
in öffentlicher Stellung'. Denn
auch Conflicte mit Privatpersonen konnten zu Verlusten an bür-
gerlicher Ehre und Vermögen führen. — ἐν ἐκείνῳ τῷ χρόνῳ] =
ἐν τῇ δημοκρατίᾳ § 10. — ἂν —
ἐπεθύμουν] Praeteritum des
Potentialis (ἂν ἐπιθυμοίην) 'hätte

wünschen mögen.' Aken, Tempus
und Modus § 72. Ebenso IV, 15.
[Lys.] XX,4; ebenso aber auch der
Indic. Aor. mit ἂν XX, 3: οὗτος
τίνος ἂν ἕνεκα ὀλιγαρχίας ἐπεθύ-
μησεν; — ἑτέρων πραγμάτων]
'Verfassungsänderung'(zu XII,66),
so gut berechtigter Ausdruck wie
ἑτέρας πολιτείας ἐπιθυμεῖν § 11.
XX, 4. Isokr. XV, 317. — τετριηράρχηκα κτλ.] Von solcher Vertheidigung bei der Dokimasie will
freilich der Kläger XXVI,3 nichts
wissen. — οὐδενὸς χεῖρον]
Wir: 'nicht schlechter als einer
(jeder) der Bürger.' Der deutsche
Ausdruck negiert das Ueber-
treffen der anderen (im Guten
und Schlechten), der griechische
das Vorhandensein solcher,
im Vergleich zu denen ein Ueber-
treffen möglich wäre. Bei Lysias
noch VII, 31 und Pseudolys. XX,
29; mit dem Plural οὐδένων Xen.
Memor. III, 5, 18: οὐδένων κατα-
δεέστερον ὑπηρετοῦσι τοῖς διδα-
σκάλοις οἱ Ἀθηναῖοι; doch auch
der Singular μηδενός verglichen
mit einem Plural Eurip. Androm.
726: τἀλλ' ὄντες ἴστε μηδενὸς βελ-
τίονες u. o. Kr. 47, 27, 3. Aehnlich Liv. XXI, 31, 5: Allobroges,
gens nulla Gallica gente opibus
aut fama inferior.
13. καίτοι] Der Gedankengang:
Ich habe allen Anforderungen des
Staates in liberalster Weise genügt; nun habe ich dies aber doch
(καίτοι, atqui) gethan, um mir dadurch bei euch einen Stein im
Brete zu erwerben; jeder darauf
begründete Anspruch aber auf
Achtung und Dank, nach Befinden

προστάττομένων ἐδαπανώμην, ἵνα καὶ βελτίων ὑφ' ὑμῶν
νομιζοίμην καί, εἴ πού μοί τις συμφορὰ γένοιτο, ἄμεινον
ἀγωνιζοίμην. Ὧν ἐν τῇ ὀλιγαρχίᾳ ἁπάντων ἀπεστερούμην·
οὐ γὰρ τοὺς τῷ πλήθει ἀγαθοῦ τινος αἰτίους γεγενημένους
χάριτος παρ' αὐτῶν ἠξίουν τυγχάνειν, ἀλλὰ τοὺς πλεῖστα
κακὰ ὑμᾶς εἰργασμένους εἰς τὰς τιμὰς καθίστασαν, ὡς ταύτην παρ' ἡμῶν πίστιν εἰληφότες. Ἃ χρὴ πάντας ἐνθυμουμένους μὴ τοῖς τούτων λόγοις πιστεύειν, ἀλλὰ ἐκ τῶν ἔργων
σκοπεῖν, ἃ ἑκάστῳ τυγχάνει πεπραγμένα. Ἐγὼ γάρ, ὦ ἄν- 14
δρες δικασταί, οὔτε τῶν τετρακοσίων ἐγενόμην· ἢ τῶν κατηγόρων ὁ βουλόμενος παρελθὼν ἐλεγξάτω· οὐ τοίνυν οὐδ'

auf die Milde meiner Mitbürger
ging mir unter der Herrschaft der
Oligarchen verloren (ὧν ἁπάντων
—ἀπεστερούμην); danach bemesst,
ob ich ein Interesse an dem Siege
der Oligarchie hatte. — πλείω
τῶν — προστάττομένων] Na-
türlich schrieb der Staat nicht bestimmte Summen vor, sondern
forderte für den Zweck genügende
Vollziehung der Leistungen; der
Sprecher hatte aus patriotischem
Ehrgeiz (φιλοτιμία) und aus Rücksicht auf spätere Eventualitäten
diese Anforderungen noch über-
boten, ein Verdienst, dessen man
sich gern berühmte. Lys. VII, 31.
XXI, 5. Isokr. XV, 145. — Ueber
τὰ προστάττόμενα zu XII, 20. —
βελτίων] besser, als wenn ich
meine Schuldigkeit nicht oder nur
nothdürftig erfüllte, in ähnlichen
Wendungen öfters. § 16; XVI, 2.
17. Isae. fragm. 22, 1 (Scheibe).
ἄμεινον ἀγωνιζοίμην] Zu
XIII, 88. Die bei patriotischen
Vollziehung solcher Leistungen
für den Staat vorschwebende
Rücksicht auf etwaige Geltendmachung derselben vor Gericht
wird öfters so unverhohlen ausgesprochen; zu XII, 20. — οὐ —
τυγχάνειν] Den Commentar zu
diesem Gebaren bietet das Verfahren gegen den verdienten Antiphon (Xen. Hell. II, 3, 40), gegen Nikias' Sohn Nikeratos (Lys.
XVIII. 6f.). — ὡς — εἰληφότες]
über diese perfide Taktik der
Dreissig zu XII, 30. — ταύτην
— πίστιν] 'dies als Pfand (Ga-

rantie) der Treue' (über πίστις zu
XII, 27), nämlich das πολλὰ κακὰ
ὑμᾶς εἰργάσθαι Kr. 61, 7, 1; ebenso XVIII, 19: ταύτην ὑμῖν οἴονται διδόναι πίστιν τῆς αὐτῶν εὐνοίας, ἑτέρους κακῶς ποιοῦντες.
Lykurg 79. Xen. Hell. VII, 1, 44.
Diese Assimilation des Pronomens
an das Genus des (prädicativen)
Substantivs ist bei Lysias wohl
ausnahmslos; vgl. unten §§ 23. 28.
XII, 37. — παρ' ἡμῶν] Der Redner spricht als Repräsentant aller, die mit ihm in gleicher Lage
wären, derer ἐν ἄστει. — ἃ —σκο-
πεῖν] Ueber den Gedanken zu
XII, 33.

14. οὔτε τῶν τετρακοσίων
ἐγενόμην] Ein in den Reden jener Zeit nicht seltener Vorwurf.
Vgl. E. zu Rede XII, § 2, Anm. 7.
— Dem οὔτε entspricht weiter unten οὐ τοίνυν οὐδέ ('ferner eben-
sowenig'), mit Aufhebung des
Correlativverhältnisses der Sätze,
wie anderwärts ein blosses οὐ
(Eurip. Med. 1348 f.), οὐδέ γε α.
dgl. Kr. 69, 53 A. Vgl. zu § 34. —
ἢ — ἐλεγξάτω] Solche Provoca-
tionen des Gegners (vgl. z. B. Demosth. II. 8: καιροῦ πρὸς τοῦτο
πάρεστι Φιλίππῳ τὰ πράγματα·
ἢ παρελθών τις ἐμοί, μᾶλλον δὲ
ὑμῖν δειξάτω, zu Rehdantz) waren natürlich nicht ernstlich gemeint, ἢ ist wohl eigentlich alter-
nativ, durch ein entsprechendes
Satzglied (hier etwa ἢ οὐκ ἐγενό-
μην) vorbereitet gedacht; ebenso
aut, z. B. Cic. de fin. IV, 26, 72.
— παρελθών] auf die Redner-

ἐπειδὴ οἱ τριάκοντα κατέστησαν, οὐδείς με ἀποδείξει οὔτε
βουλεύσαντα οὔτε ἀρχὴν οὐδεμίαν ἄρξαντα. Καίτοι εἰ μὲν
ἐξόν μοι ἄρχειν μὴ ἠβουλόμην, ὑφ᾽ ὑμῶν νυνὶ τιμᾶσθαι δίκαιός εἰμι· εἰ δὲ οἱ τότε δυνάμενοι μὴ ἠξίουν μοι μεταδιδό-
ναι τῶν πραγμάτων, πῶς ἂν φανερώτερον ἢ οὕτω ψευδομένους ἀποδείξαιμι τοὺς κατηγόρους;
15 Ἔτι τοίνυν, ὦ ἄνδρες δικασταί, καὶ ἐκ τῶν ἄλλων τῶν
ἐμοὶ πεγραγμένων ἄξιον σκέψασθαι. Ἐγὼ γὰρ τοιοῦτον ἐμαυτὸν ἐν ταῖς τῆς πόλεως συμφοραῖς παρέσχον ὥστε, εἰ πάντες τὴν αὐτὴν γνώμην ἔσχον ἐμοί, μηδένα ἂν ὑμῶν μηδεμιᾷ
κεχρῆσθαι συμφορᾷ. Ὑπ᾽ ἐμοῦ γὰρ ἐν τῇ ὀλιγαρχίᾳ οὔτε
ἀπαχθεὶς οὐδεὶς φανήσεται οὔτε τῶν ἐχθρῶν οὐδεὶς τετι-
16 μωρημένος οὔτε τῶν φίλων εὖ πεπονθώς· καὶ τοῦτο

bühne, die in ähnlichen Wendungen der Redner für diesen Fall
zu räumen (παραχωρεῖν τοῦ βήματος) verspricht. Aesch. III, 165.
Isokr. XV, 100. Vgl [Lys.] XX,
11: καίτοι εἰ τις βούλεται, ἐν τῷ
λόγῳ τῷ ἐμῷ μαρτυρησάτω. — οὐ
— οὐδέ] οὐ gehört, die Negativé
ankündigend, zum ganzen Satze,
οὐδέ speciell zum Zeitsatze ἐπειδή
— κατέστησαν. Vgl. zu XIII, 52.
— βουλεύσαντα] 'Rathsmann
geworden bin.' Kr. 53, 5, 2. Ueber
die Bedeutung dieser Verwahrung
zu XIII, 35. — ἀρχὴν — ἄρξαν-
τα] Eine alte Eidesformel (bei
Andok. I, 95) lautete: ὃς ἂν ἄρξῃ
ἐν τῇ πόλει τῆς δημοκρατίας κατα-
λυθείσης, νηποινὶ τεθνάτω, nämlich als πολέμιος Ἀθηναίων (§ 96).
Die Amnestie verwehrte zwar die
Ausführung dieser Drohung, aber
für die damalige Zeit hätte der
Nachweis der Verwaltung eines
Amtes unter der Oligarchie doch
schlimme Consequenzen gehabt
(E. § 4). Daher der Protest gegen
solche Anschuldigung auch XVIII,
10, der Versuch einer Entschuldigung (jedoch mit Bezug auf das
Jahr 411) XX, 5. — δίκαιός
εἰμι] 'bin berechtigt', die persönliche Construction noch IX, 9
('bin verpflichtet') XX, 9. 12. 30.
34; XXXI, 3, fragm. 16, 2. — τι-
μᾶσθαι] durch Uebertragung
des streitig gemachten Amtes. —

ψευδομένους] wenn sie mich
für das von den Dreissig gestif-
tete Unheil mit verantwortlich
machen wollen (§§ 2. 5).
15. εἰ πάντες — συμφορᾷ]
Der Gedanke ähnlich XXVI, 18.
— ἂν — κεχρῆσθαι] aufzulösen
durch das in der Apodosis hypo-
thetischer Perioden seltenere (Kr.
54, 10, 2) Plusquamperf. — ὑμῶν]
von euch, d. h. der Bürgerschaft.
— ἀπαχθείς]DieApagoge,(Einleit. zur Rede XIII, § 6) war zur
Zeit der Dreissig das übliche
summarische Verfahren, wodurch
theils die Machthaber ihre Opfer
beseitigen (XII, 25; XXVI, 13),
theils Privatleute ihrer persönlichen Gegner sich entledigten
(Isokr. XXI, 14 und zu XIII, 44).
— οὔτε— τετιμωρημένος] Bei
Isokr. XVIII, 18 rühmt sich der
Sprecher: τῶν ἐχθρῶν οὐδ᾽ ἀμύνεσθαι οὐδένα ἠξίωσα. — εὖ πε-
πονθώς] mit illegaler Benutzung
der das Unrecht deckenden Zeitumstände.

16. καὶ τοῦτο — θαυμάζειν]
Die Worte enthalten nicht eine
Entschuldigung des nächst-
vorhergehenden Gedankens, denn
dessen berühmt er sich ebenso gut
wie des Verzichts auf die so leicht
gemachte Privatrache, sondern
sind ein beiläufiger Seitenblick
auf die chaotischen Zustände der

μὲν οὐκ ἄξιον θαυμάζειν· εὖ μὲν γὰρ ποιεῖν ἐν ἐκείνῳ τῷ
χρόνῳ χαλεπὸν ἦν, ἐξαμαρτάνειν δὲ τῷ βουλομένῳ ῥᾴδιον·
οὐ τοίνυν οὐδ᾽ εἰς τὸν κατάλογον Ἀθηναίων καταλέξας οὐδένα φανήσομαι οὐδὲ δίαιταν καταδιαιτησάμενος οὐδενὸς

damaligen Zeit, wodurch das 2te
Glied der vorhergehenden Antithese als verhältnismässig weniger schwerwiegend in dieser Aufzählung löblicher Enthaltungen
dargestellt wird. — τοῦτο μέν]
'das allerdings'; als Gegensatz
schwebt vor (zu XII, 8): Um so
mehr aber meine sonstige Haltung,
da es so leicht war, sich an anderen zu vergehen. — χαλεπὸν ἦν]
Warum, ergiebt sich aus XII, 93:
συνωφελεῖσθαι ὑμᾶς οὐκ ἠξίουν.
— οὐ τοίνυν] nimmt nach dem
parenthetischen Gedanken dieAuf-
zählung der Dinge, die er trotz
vieler böser Beispiele unterlas-
sen, wie der auf: 'ferner nicht.' —
εἰς — φανήσομαι] Man suchte
früher in diesen Worten eine der
illegitimen Begünstiguugen der
Freunde, die der Sprecher von
sich abweise, und bezog εἰς τὸν
κατάλογον auf die Liste der 3000
Bürger, welche von den Dreissig,
freilich fast nur als Figuranten,
zur Theilnahme an den Staatsgeschäften zugezogen wurden und
die allerdings bei Xen. Hell. II, 3,
52 u. 4, 28 οἱ ἐν τῷ καταλόγῳ heissen, während die übrigen οἱ ἔξω τοῦ
καταλόγου genannt werden (ebenda § 20; 4,1). Diese Auffassung ist
wenig wahrscheinlich, da die 30
die Entwerfung dieser Liste selbst
besorgten (Xen. Hell. II,3,18) und
nicht Privatpersonen dabei Einfluss gestattet haben werden, eine
Behörde aber, wie im Jahre 411
die καταλογεῖς zur Auswahl der
5000 (Pseudolys. XX, 13) aus dem
Jahre 404 nicht bekannt ist. Der
Zusammenhang weist darauf hin,
dass durch diese Worte der Sprecher sich gegen einen damals häufig vorgekommenen Act der Feindschaft verwahrt. Isokr. XVIII, 16
und XXI, 2 setzt ausdrücklich die
μετέχοντες τῆς πολιτείας (das sind
eben οἱ ἐν τῷ καταλόγῳ des Xen.)

den von ihren Privatfeinden εἰς
τὸν μετὰ Λυσάνδρου κατάλογον
Eingetragenen entgegen. Diese
Liste ist auch hier zu verstehen.
Ob dieselbe eine unter Lysandros'
Beirath gefertigte und von ihm
genehmigte Proscriptionsliste gewesen ist, in welche leicht der
Name eines Gegners eingeschmug-
gelt werden konnte (nach Plutarch Lysand. 19 war Lysandros
Einflüsterungen seiner Freunde
auf Kosten ihrer Gegner sehr zu-
gänglich), oder ein Verzeichnis
verdächtiger Personen, in welches
jeder Anhänger der Dreissig nach
BeliebenNameneinschreibendurf-
te und dem die Opfer des Terrorismus entnommen zu werden
pflegten, oder (was nach Isokr. am
wahrscheinlichsten) eine Liste der
politisch Unberechtigten, steht
dahin, zumal der Name des Lysandros bei Isokrates, weil geläufiger, vielleicht einen andern ähnlich klingenden verdrängt hat. —
Ἀθηναίων] verb. mit οὐδένα
und übersetze 'der athenischen
Bürger' (zu XIII, 27), denn dass
er keinen Bürger an Leib, Gut
oder Recht gekränkt, hebt er ebenso wie der Sprecher Isokr. XVIII,
16 hervor. — δίαιταν — οὐ-
δενός] Die Schiedsrichter (διαι-
τηταί) waren entweder vom Staate
bestellt oder wurden durch Compromiss der streitenden Parteien
gewählt. Bei der Zerrüttung des
Rechtswesens können auch die öffentlichen Diäteten damals nicht
wohl fungiert haben, da von ihnen
eine Appellation an einen Gerichtshof möglich war (Schömann
I, 490). Dagegen konnte man leicht
durch Vorschlag eines einflussreichen Mannes einen Druck auf die Ent-
schliessung des Gegners üben oder
auch die Entscheidung des Diäteten selbst durch das Gewicht der

οὐδὲ πλουσιώτερος ἐκ τῶν ὑμετέρων γεγονὼς συμφορῶν·
Καίτοι εἰ τοῖς τῶν γεγενημένων κακῶν αἰτίοις ὀργίζεσθε,
εἰκὸς καὶ τοὺς μηδὲν ἡμαρτηκότας βελτίους ὑφ' ὑμῶν νομί-
17 ζεσθαι. Καὶ μὲν δή, ὦ ἄνδρες δικασταί, μεγίστην ἡγοῦμαι
περὶ ἐμαυτοῦ τῇ δημοκρατίᾳ πίστιν δεδωκέναι. Ὅστις γὰρ
·τότε οὐδὲν ἐξήμαρτον οὕτω πολλῆς δεδομένης ἐξουσίας, ἦ
που νῦν σφόδρα προθυμηθήσομαι χρηστὸς εἶναι, εὖ εἰδὼς
ὅτι, ἐὰν ἀδικῶ, παραχρῆμα δώσω δίκην. Ἀλλὰ γὰρ τοιαύτην
διὰ τέλους γνώμην ἔχω, ὥστε ἐν ὀλιγαρχίᾳ μὲν μὴ ἐπιθυμεῖν τῶν ἀλλοτρίων, ἐν δημοκρατίᾳ δὲ τὰ ὄντα προθύμως
εἰς ὑμᾶς ἀναλίσκειν.

eigenen Persönlichkeit beeinflus-
sen (vgl. Demosth. LII, 30) und
so die Verurtheilung des Gegners
herbeiführen (καταδιαιτᾶσθαι).
— πλουσιώτερος — συμφο-
ρῶν] Abweisung eines oft gehörten Vorwurfs; zu XII, 93. — βελ-
τίους] um so besser, weil sie sich
trotz der verluckenden Zeitumstände vom Unrecht fern hielten.

17. πίστιν] zu XII.27. — ὅστις
γὰρ κτλ.] die Schlussfolgerung
wie Isokr. XVIII, 18, umgekehrt
der Rückschluss von dem gesetz-
widrigen Verhalten des Gegners
unter der Demokratie auf das sonach in Zeiten der Zerrüttung
vorauszusetzende unten § 30. —
ὅστις] nicht ὅς, weil nicht das
Individuum, sondern an ihm eine
besondere Eigenschaft hervorgehoben werden soll, welche zur
Begründung des Hauptgedankens
dient; insofern vertritt das Individuum die ganze Gattung ebenso
gearteter und der Satz nähert sich
dem allgemeinen Gedanken. Vgl.
Madvig 105⁴. — ἦ που] zu XII,
35. — προθυμηθήσομαι] Ein
Beweis dafür, dass die Rede kurz
nach Wiederherstellung der Demokratie gehalten ist (E. § 6);
denn bestand sie schon längere
Zeit wieder, so würde der Sprecher nicht versprechen, sondern seine χρηστότης durch sein
bürgerliches Verhalten während
dieser Zeit belegen, wie in gleichem Falle Euandros XXVI, 3. 5.

— παραχρῆμα δώσω δίκην] ein
Merkmal wohlgeordneter staatli-
cher Zustände Isokr. XI, 25. —
ἀλλὰ γάρ] wie XII, 99 eine Erörterung abbrechend. γάρ motiviert den Abbruch (wie unser 'aber
ja', at enim), nicht eigentlich einen zu ergänzenden Zwischenge-
danken, dessen Supplierung nur
das Verständnis der begründenden Partikel nach der adversativen für unser Denken fördert;
so III, 26; XXIV, 14; XXXIV,
10. Ebenso scheint XIV, 42 das
einfache ἀλλά ('aber mit einem
Worte') zu stehen. — τοιαύτην
γνώμην ἔχω] Der Sprecher führt
mit Rückblick auf die Auseinandersetzung § 12—16 seine angefochtene bürgerliche Haltung auf
die Basis politischer Moral zurück, dem legitimen Staate gegenüber kein Opfer zu scheuen,
zur Zeit der Anarchie fremdes
Eigenthum zu respectieren, jenes
eine oft betonte Bürgerpflicht
(XIX, 9. 56; XXI, 15. 22; XXVI,
3. 22; Isokr. XV, 94; XVIII, 63.
Demosth. XXXIX, 46 u. ö.), dies
ein Fundamentalsatz griechischer
Ethik, wurzelnd in dem Gebote
στέργειν τὰ παρόντα (zu XII, 78);
denn ἐπιθυμεῖν τῶν ἀλλοτρίων
oder ἐπιβουλεύειν τοῖς ἀλλοτρίοις
characterisiert den Sykophanten
(Isokr. XV, 24. 99. 230; XXI, 15),
weshalb die Sprecher vor Gericht
oft gegen solche Beschuldigung
protestieren (Isokr. XV,198; XVII,
1; XVIII, 63).

Ἡγοῦμαι δέ, ὦ ἄνδρες δικασταί, οὐκ ἂν δικαίως ὑμᾶς 18
μισεῖν τοὺς ἐν τῇ ὀλιγαρχίᾳ μηδὲν πεπονθότας κακόν, ἐξὸν
ὀργίζεσθαι τοῖς εἰς τὸ πλῆθος ἐξημαρτηκόσιν, οὐδὲ τοὺς μὴ
φυγόντας ἐχθροὺς νομίζειν, ἀλλὰ τοὺς ὑμᾶς ἐκβαλόντας, οὐδὲ
τοὺς προθυμουμένους τὰ ἑαυτῶν σῶσαι, ἀλλὰ τοὺς τὰ τῶν ἄλλων ἀφῃρημένους, οὐδὲ οἳ τῆς σφετέρας αὐτῶν σωτηρίας ἕνεκα
ἔμειναν ἐν τῷ ἄστει, ἀλλ' οἵτινες ἑτέρους ἀπολέσαι βουλόμενοι μετέσχον τῶν πραγμάτων. Εἰ δὲ οἴεσθε χρῆναι, οὓς
ἐκεῖνοι παρέλιπον ἀδικοῦντες, ὑμεῖς ἀπολέσαι, οὐδεὶς τῶν
πολιτῶν ὑπολειφθήσεται.

Σκοπεῖν δὲ χρὴ καὶ ἐκ τῶνδε, ὦ ἄνδρες δικασταί. 19
Πάντες γὰρ ἐπίστασθε, ὅτι ἐν τῇ προτέρᾳ δημοκρατίᾳ
τῶν τὰ τῆς πόλεως πραττόντων πολλοὶ μὲν τὰ δημόσια
ἔκλεπτον, ἔνιοι δ' ἐπὶ τοῖς ὑμετέροις ἐδωροδόκουν, οἱ δὲ

---

18. ἡγοῦμαι δέ κτλ.] Aehnlicher Gedanke [Lys.] XX, 8. Dass
trotz der Aussöhnung auf Seiten
der Patrioten eine erklärliche Erbitterung gegen die Fraction derer ἐν ἄστει herrschte, ergiebt
sich aus § 28. Invidiöse Seiten-
hiebe auf die letzteren fehlen nicht;
vgl. XVIII, 19. — ἔμειναν ἐν τῷ
ἄστει] Der Artikel, weil nicht
der Name der Partei (denn die
Parteistellung perhorresciert hier
der Sprecher ja ausdrücklich),
sondern die Bezeichnung des Lo-
cals vorliegt; ebenso XXXI, 13 οἱ
ἐν τῷ ἄστει γενόμενοι, — οἳ — οἵ-
τινες] οἱ fasst die betreffenden
Individuen, οἵτινες die Gattung
der ἑτέρους ἀπολέσαι βουλόμενοι
ins Auge. — τῶν πραγμάτων]
zu XIII, 60. — χρῆναι ὑμεῖς
ἀπολέσαι] der Subjects- (anderwärts der Prädicats-) Nominativ
trotz der Verbindung des Infinit.
mit dem regierenden Verb durch
χρῆναι nach Kr. 55, 2, 2. Bei Lysias nur noch XXX, 8, sehr häufig
aber bei Demosthenes, nicht selten bei Xenophon. Ebenso selbst
bei ἀνάγκην εἶναι Xen. Hiero 2,
8: αὐτοὶ ὡπλισμένοι οἴονται ἀνάγκην εἶναι διάγειν. — οὐδεὶς
τῶν πολιτῶν] von der städtischen Fraction.

19. ἐκ τῶνδε] Das Folgende

exemplificiert den bisher ausge-
führten Satz, dass man nicht alle
für das Unrecht Weniger verantwortlich machen dürfe. — ἐν τῇ
προτέρᾳ δημοκρατίᾳ] zu XII,
65. — τὰ δημόσια ἔκλεπτον]
Die masslose Habsucht der Staatsmänner auf Kosten des Staates ist
ein zu allen Zeiten mit allen Va-
riationen gespieltes Thema der
Redner, das πλούσιον γενέσθαι
ἐκ τῶν δημοσίων eine häufige Anklage. Aus Lysias vgl. XXI, 13:
XXVII, 6.9.11; XXVIII, 1; XXX,
26; ebenso Isokr. VII, 25; VIII,
124; XII, 140, besonders häufig
Demosthenes, wie III, 29; VIII,
66; XXI, 189; XXIII, 208; XXIV,
2; prooem. 53, 5. Daher klagt sich
der Demos in Aristoph. Plut. 1127
selbstan: κλέπτοντα βούλομαι τρέφειν ἕνα προστάτην. Vgl. zu XII,
93. — ἐπὶ τοῖς ὑμετέροις ἐδω-
ροδόκουν] wie XXIX, 11: οὗτος
τὰ τῆς πόλεως Ἐργοκλεῖ συνῄδει
κλέπτοντι καὶ ἐπὶ τοῖς ὑμετέροις
δωροδοκοῦντι, wofür deutlicher
Deinarch II, 26: ἐπὶ τοῖς τῆς πόλεως συμφέρουσι δῶρα δέχεται,
'zum Nachtheil, auf Kosten eurer
Interessen'; stärker noch Hypereid w. Demosth. 19 (Sauppe): ἐπ'
αὐτῷ τῷ σώματι τῆς πόλεως δῶρα
εἰλήφασιν; ähnlich Demosth. XIX,
205: χρήμαθ' οὗτοι ἔχουσιν ἐφ'
ὑμῖν. ἐπί in solchen Wendungen

συκοφαντοῦντες τοὺς συμμάχους ἀφίστασαν. Καὶ εἰ μὲν οἱ
τριάκοντα τούτους μόνους ἐτιμωροῦντο, ἄνδρας ἀγαθοὺς καὶ
ὑμεῖς ἂν αὐτοὺς ἡγεῖσθε· νῦν δέ, ὅτι ὑπὲρ τῶν ἐκείνοις
ἡμαρτημένων τὸ πλῆθος κακῶς ποιεῖν ἠξίουν, ἠγανακτεῖτε,
ἡγούμενοι δεινὸν εἶναι τὰ τῶν ὀλίγων ἀδικήματα πάσῃ τῇ
20 πόλει γίγνεσθαι κοινά. Οὐ τοίνυν ἄξιον χρῆσθαι τούτοις,
οἷς ἐκείνους ἑωρᾶτε ἐξαμαρτάνοντας, οὐδὲ ἃ πάσχοντες ἄδικα
ἐνομίζετε πάσχειν, ὅταν ἑτέρους ποιῆτε, δίκαια ἡγεῖσθαι,
ἀλλὰ τὴν αὐτὴν κατελθόντες περὶ αὐτῶν γνώμην ἔχετε, ἥν-
περ φεύγοντες περὶ ὑμῶν αὐτῶν εἴχετε· ἐκ τούτων γὰρ καὶ
ὁμόνοιαν πλείστην ποιήσετε καὶ ἡ πόλις ἔσται μεγίστη καὶ
τοῖς ἐχθροῖς ἀνιαρότατα ψηφιεῖσθε.

21 Ἐνθυμηθῆναι δὲ χρή, ὦ ἄνδρες δικασταί, καὶ τῶν ἐπὶ
τῶν τριάκοντα γεγενημένων, ἵνα τὰ τῶν ἐχθρῶν ἁμαρτή-

(Kr. 68, 41, 7) wohl ursprünglich
local; die Haudlung findet statt
auf einer (darnieder liegenden,
also geschädigten) Person oder
Sache. ὑμέτερα 'eure Interessen'
wie § 21. XIV, 45. Isae. VII, 37
(εἰς τὰ ὑμέτερα προθυμότατος) =
τὰ ὑμέτερα πράγματα Deinarch I,
65. — συκοφαντοῦντες ἀφί-
στασαν] Die Chicanen gegen die
Bundesgenossen waren eine Geld-
quelle nicht blos der Strategen
(XIX, 52), sondern auch syko-
phantischer Demagogen (Isokrat.
XV, 318). Aristophanes tadelt wiederholt aufs herbste das schamlose System, die durch Drohungen
und leere Anschuldigungen einge-
schüchterten Bundesgenossen aus-
zuplündern, Wesp. 669 Fried.
639 ff.; ein solcher Sykophant führt
sich Vög. 1431 selbst als κλητήρ
νησιωτικός (ὁ τοὺς τὰς νήσους οἰ-
κοῦντας συκοφαντῶν καὶ εἰς δικαστήριον ἄγων Schol.) ein; derselbe
Tadel gegen Kleon Ritt. 261 f. —
τούτους μόνους] zu XII, 5. —
ἐτιμωροῦντο — ἂν ἡγεῖσθε]
Ueber die Imperfecta zu XIII, 36.
— τῶν ὀλίγων] der mit Unrecht
verdächtigte Artikel bezeichnet
'die Minderzahl' im Gegensatz
zur Gesammtheit, wie öfter im
Gegensatz zur Mehrzahl (οἱ πολλοί), z. B. Isokr. IV, 105. Aeschin.

III, 234. Xen. Memor. I, 2, 45.
Hipparch. 7, 11.
20. τούτοις] 'die Grundsätze'.
— περὶ αὐτῶν] bezogen auf ἑτέρους, worunter ja die Partei derer
ἐν ἄστει zu verstehen ist. Ver-
ständlicher freilich und ein schär-
ferer Gegensatz wäre περὶ ἡμῶν.
— γνώμην] dass ihnen Unrecht
geschieht, wenn die Masse für die
Uebelthaten Einzelner zur Verantwortung gezogen wird. —
ἔχετε] Mit dem Imperativ löst
sich die Rede von dem ἄξιον und
das Axiom geht in die darauf begründete Aufforderung über. Bei
Lysias nur noch XXX, 6: ὑμᾶς
χρὴ κολάσαι αὐτὸν καὶ — ὑπὲρ ἁ-
πάντων τὴν τιμωρίαν ποιήσασθε
(ποιήσασθαι Cobet nach Markland). — ὁμόνοιαν] zu § 23.
— τοῖς ἐχθροῖς — ψηφι-
εῖσθε] Weiter ausgeführt § 23 f.
21. Ausführung des Gedankens,
dass Eintracht das beste Mittel
zur Erhaltung der bestehenden
Ordnung der Dinge sei. — ἐνθυμηθῆναι τῶν — γεγενημέ-
νων] ἐνθυμεῖσθαι mit dem Genitiv hier nicht, wie gewöhnlich,
'Rücksicht nehmen' (Kr. 47, 11, 1;
bei Lysias so XVI, 20; XVIII, 25;
XXI. 19; XXVIII, 17, Pseudolys.
VI, 50) sondern = μεμνῆσθαι. —
ἁμαρτήματα] 'Fehlgriffe', wie

ματα ἄμεινον ὑμᾶς ποιήσῃ περὶ τῶν ὑμετέρων αὐτῶν βου-
λεύσασθαι. ὅτε μὲν γὰρ ἀκούοιτε τοὺς ἐν ἄστει τὴν αὐτὴν
γνώμην ἔχειν, μικρὰς ἐλπίδας εἴχετε τῆς καθόδου, ἡγούμενοι τὴν ἡμετέραν ὁμόνοιαν μέγιστον κακὸν εἶναι τῇ ὑμετέρᾳ
φυγῇ· ἐπειδὴ δὲ πυνθάνοισθε τοὺς μὲν τρισχιλίους στασιά- 22
ζοντας, τοὺς ἄλλους δὲ πολίτας ἐκκεκηρυγμένους ἐκ τοῦ
ἄστεος, τοὺς δὲ τριάκοντα μὴ τὴν αὐτὴν γνώμην ἔχοντας,
πλείους δ' ὄντας τοὺς ὑπὲρ ὑμῶν δεδιότας ἢ τοὺς ὑμῖν
πολεμοῦντας, τότ' ἤδη καὶ κατιέναι προσεδοκᾶτε καὶ παρὰ
τῶν ἐχθρῶν λήψεσθαι δίκην. Ταῦτα γὰρ τοῖς θεοῖς εὔχεσθε,

Andok. III, 32: τὰ παραδείγματα
τῶν ἁμαρτημάτων ἱκανὰ τοῖς σώ-
φροσιν ὥστε μηκέτι ἁμαρτάνειν.
Isokr. VIII, 60: οὐ χρὴ ἐν τοῖς τῶν
ἐχθρῶν ἁμαρτήμασι τὰς ἐλπίτας
ἔχειν τῆς σωτηρίας. — Zum Gedanken vgl. Aristoph. Vög. 376:
ἀπ' ἐχθρῶν πολλὰ μανθάνουσιν οἱ
σοφοί. — περὶ τῶν ὑμετέρων]
zu § 19. — τὴν αὐτὴν γνώμην
ἔχειν] sc. ἀλλήλοις, 'einmüthig
sein', wie § 22. XXXIII, 6, ebenso
ταῦτα γιγνώσκειν [Demosth.] XIII,
15. — μέγιστον — φυγῇ] als
Hindernis gewaltsamer wie ver-
tragsmässiger Rückkehr. Aehnlich Theramenes bei Xenoph. Hellen. II, 3, 44: εἰ τὸ κράτιστον τῆς
πόλεως προσφιλῶς ἡμῖν εἶχεν, οἶμαι χαλεπὸν ἂν ἡγεῖσθαι (τοὺς
φυγάδας) εἶναι καὶ τὸ ἐπιβαίνειν
ποι τῆς χώρας.
22. πυνθάνοισθε] Der Optativ besonders mit Rücksicht auf
τοὺς τριάκοντα — ἔχοντας. Denn
dass wiederholte Zerwürfnisse im
Schosse der Dreissig (αἱ πρὸς ἀλλήλους διαφοραί XII, 51) entstanden, bezeugt Theramenes in seiner Vertheidigungsrede bei Xenophon. — τοὺς τρισχιλίους] zu
§ 16. — στασιάζοντας] namentlich nach dem Treffen bei Munychia. Xen. Hell. II, 4, 23: τῶν τρισ-
χιλίων ὅπου ἕκαστοι τεταγμένοι
ἦσαν, πανταχοῦ διερέροντο πρὸς
ἀλλήλους. Vgl. auch Lys. XII, 56.
— τοὺς ἄλλους δὲ πολίτας]
Die Stellung des δέ trotz des vorhergehenden τοὺς μέν wie Dem.
XVIII, 315: τοῖς μὲν ζῶσι πᾶσιν

ὑπεστί τις φθόνος, τοὺς τεθνεῶτας δ' οὐδεὶς μισεῖ. XXIV, 111:
ἐπ' ἀποστερήσει τῶν μὲν ὁσίων τῆς
διπλασίας, τῶν ἱερῶν δὲ τῆς δεκαπλασίας; vgl. LI, 20: διὰ μὲν τὰς
τούτων δημηγορίας πολλὰ χεῖρον
ἔχει, διὰ τοὺς δὲ οἰομένους —
οὐ πάντ' ἀπόλωλεν (so nach den
Handschriften ΣΓΦ). Ueber ähnliche freie Stellung des μέν zu
§ 27. — ἐκκεκηρυγμένους ἐκ
τοῦ ἄστεος] zu XII, 95. — τοὺς
ὑπὲρ ὑμῶν δεδιότας] Die geheimen Freunde der Patrioten
in der Stadt, die, vielleicht wie
der Sprecher erst durch das
anfänglich gemässigte Auftreten
der Dreissig bestochen, doch bald
dem Terrorismus derselben durch
den Sieg der Exulanten ein Ziel
gesetzt wünschten. Vgl. XII, 52.
— τοὺς ὑμῖν πολεμοῦντας]
Zuverlässig waren nur die lako-
nischen Söldner (zu XII, 94) und
die ἱππεῖς (zu XII, 44). Nach der
Vertreibung der Dreissig wagte
man nicht mehr die Hopliten unter den Dreitausend zum Wacht-
dienst zuzuziehen (Xen. Hell. II,
4, 24). — τότ' ἤδη] 'da nun',
nachdrückliche temporale Einführung der Apodosis, wie I, 19;
ebenso τότε δή XXXIV, 1. — ταῦτα τοῖς θεοῖς εὔχεσθε] Die
Sentenz hat sprüchwörtlichen
Klang; ähnlich Demosth. VIII, 20:
ἃ Φίλιππος ἂν εὔξαιτο τοῖς θεοῖς
ταῦτ' ὑμῶν τινες ἐνθάδε πράττου-
σιν. Isokr. VIII, 127: φαίνεται τὰ
ἀμελούμενα τοσαύτην εἰληφότα
τὴν ἐπίδοσιν, ὅσην οὐδ' ἂν εὔξα-

ἅπερ ἐκείνους ἑωρᾶτε ποιοῦντας, ἡγούμενοι διὰ τὴν τῶν
τριάκοντα πονηρίαν πολὺ μᾶλλον σωθήσεσθαι ἢ διὰ τὴν τῶν
23 φευγόντων· δύναμιν κατιέναι. Χρὴ τοίνυν, ὦ ἄνδρες δικασταί, τοῖς πρότερον γεγενημένοις παραδείγμασι χρωμένους
βουλεύεσθαι περὶ τῶν μελλόντων ἔσεσθαι καὶ τούτους ἡγεῖσθαι δημοτικωτάτους, οἵτινες ὁμονοεῖν ὑμᾶς βουλόμενοι τοῖς
ὅρκοις καὶ ταῖς συνθήκαις ἐμμένυυσι, νομίζοντες καὶ τῆς πόλεως ταύτην ἱκανωτάτην εἶναι σωτηρίαν καὶ τῶν ἐχθρῶν
μεγίστην τιμωρίαν· οὐδὲν γὰρ ἂν εἴη αὐτοῖς χαλεπώτερον

σθαι τοῖς θεοῖς πρότερον ἠξίωσαν
Deinarch I, 65. — ἐκείνους] τοὺς
ἐχθροὺς. — σωθήσεσθαι — κατ-
ιέναι] Lysias liebt den Abschluss paralleler Satzglieder
durch verwandte Begriffe (über
σωθήσεσθαι als Synonym von κατιέναι zu XIII, 79); die Beseitigung eines der beiden Infinitive
würde das Isokolon aufheben. Vgl.
XII, 48. 99. XIII, 2; XVI, 13: παν-
τας ἑώρων τοῖς μὲν ἱππεύουσιν
ἀσφάλειαν εἶναι δεῖν νομίζοντας,
τοῖς δ' ὁπλίταις κίνδυνον ἡγουμένους. XXI, 19: δέομαι ὑμῶν μὴ
μόνον τῶν δημοσίων λειτουργιῶν
μεμνῆσθαι, ἀλλὰ καὶ τῶν ἰδίων ἐπιτηδευμάτων ἐνθυμεῖσθαι. XXXI,
17. Aehnlich § 23 an der Spitze
zweier Satzglieder: πυνθάνεσθαι
μὲν — αἰσθάνεσθαι δέ.

23. χρὴ — ἔσεσθαι] Ueber den
Gedanken zu XII, 92. — δημο-
τικωτάτους] Mit diesem oft un-
verdienten Prädicate ('Volks-
freund', popularis Cic. Philipp.
VII, 2, 4) renommierte man gern
vor dem Volke (XXVIII, 12; XXX,
9. 15. Isokr. XVIII, 48. Deinarch
I, 9. Pseudodemosth. XII, 19). Daher nicht selten solch unbegrün-
detem Selbstlob gegenüber Hin-
weisungen auf das wahre Wesen
des ἀνὴρ δημοτικός; Isokr. XVIII,
62. Aesch. III, 168. Dem. XVIII,
122. Vgl. den Spott des Komikers
Eubulos bei Athen. VI, 239ᵃ: ὁ
πρῶτος εὑρὼν τἀλλότρια δειπνεῖν
ἀνὴρ δημοτικὸς ἦν τις τοὺς τρόπους. — ὁ μονοεῖν] Der oft her-
vorgehobene Zielpunkt besonnener innerer Politik bei der damali-

gen Zerrüttung der Bürgerschaf-
ten; oben § 20; II, 63; XVIII, 17.
Isokr. XVIII, 44. [Demosth.] XXV,
89: ἐκ τούτων ἡ κοινὴ καὶ πάντων
τῶν ἀγαθῶν αἰτία τῇ πόλει μένει
καὶ συνέστηκεν ὁμόνοια. Xen. Memor. IV, 4, 16: οἱ ἄριστοι ἄνδρες
παρακελεύονται τοῖς πολίταις ὁμονοεῖν. Vgl. zu § 27. — τοῖς ὅρκοις καὶ ταῖς συνθήκαις] zu
XIII, 88. Zum Gedanken vgl. Isokrat. XVIII,[68: αἱ συνθῆκαι τὴν
ἡμετέραν πόλιν πεποιήκασι μᾶλλον
ὁμονοεῖν. — ἐμμένουσι] in ihren
Reden und Rathschlägen. — ταύ-
την] τὸ ἐμμένειν τοῖς ὅρκοις καὶ
ταῖς συνθήκαις und das dadurch
bedingte ὁμονοεῖν; zu § 13. — τῶν
ἐχθρῶν] Gemeint sind hier wie
§ 6 die aus dem Vaterlande ent-
wichenen Anhänger der Oligarchie, wie Batrachos (Pseudolys.
VI, 45), die der Amnestie nicht
trauten; dieselben, die § 24 οἱ
φεύγοντες heissen. Dass ihre Zahl
nicht gering war, beweist der auf
ihre Rückberufung gerichtete Antrag des Phormisios (Lys. XXXIV,
ὑπόθεσις); doch scheinen sie eine
Bedeutung weiter nicht gewonnen
zu haben. — χαλεπώτερον τούτων ἤ] Neuerdings hat man entweder τούτων oder ἤ als überflüssig tilgen wollen. Allein beim
Comparat. wird nicht selten der
Vergleichungssatz durch den Genitiv eines pron. relat. oder demonstr. angekündigt. Kr. 47, 27, 8.
Bei Lysias wie hier noch II, 73:
τί ἂν τούτων ἀνιαρότερον γένοιτο
ἢ τεκεῖν μὲν καὶ θρέψαι καὶ θά-
ψαι τοὺς αὑτῶν, ἐν δὲ τῷ γήρᾳ ἀδυνάτους εἶναι τῷ σώματι. Χ, 29;

τούτων, ἢ πυνθάνεσθαι μὲν ἡμᾶς μετέχοντας τῶν πραγμάτων, αἰσθάνεσθαι δὲ οὕτως διακειμένους τοὺς πολίτας ὥσπερ
μηδενὸς ἐγκλήματος πρὸς ἀλλήλους γεγενημένου. Χρὴ δὲ 24
εἰδέναι, ὦ ἄνδρες δικασταί, ὅτι οἱ φεύγοντες τῶν ἄλλων
πολιτῶν ὡς πλείστους καὶ διαβεβλῆσθαι καὶ ἠτιμῶσθαι βούλονται, ἐλπίζοντες τοὺς ὑφ᾽ ὑμῶν ἀδικουμένους ἑαυτοῖς
ἔσεσθαι συμμάχους, τοὺς δὲ συκοφάντας εὐδοκιμεῖν δέξαιντ᾽
ἂν παρ᾽ ὑμῖν καὶ μέγα δύνασθαι ἐν τῇ πόλει· τὴν γὰρ τούτων πονηρίαν ἑαυτῶν ἡγοῦνται σωτηρίαν.

Ἄξιον δὲ μνησθῆναι τῶν μετὰ τοὺς τετρακοσίους 25
πραγμάτων· εὖ γὰρ εἴσεσθε ὅτι, ἃ μὲν οὗτοι συμβουλεύου-
σιν, οὐδεπώποτε ὑμῖν ἐλυσιτέλησεν, ἃ δ᾽ ἐγὼ παραινῶ, ἀμ-

---

das Relativ z. B. Demosth. XV, 4 :
οὐ μεῖζον οὐδὲν ἂν ὑμῖν γένοιτο
ἀγαθὸν .ἢ — ἀνυπόπτου τυχεῖν
εὐνοίας. Plat. Gesetze V, 738ᵈ:
οὐ μεῖζον οὐδὲν πόλει ἀγαθὸν ἢ
γνωρίμους αὑτοὺς αὑτοῖς εἶναι.
Vgl. Cic. de nat. d. II, 15, 38: quo
quid absurdius quam res sordidas
deorum honore afficere. — μετέχοντας τῶν πραγμάτων] zu
XII, 65.— ὥσπερ μηδενός] Vgl.
zum Gedanken Isokr. XVIII, 46:
οὕτω καλῶς καὶ κοινῶς πολιτευό-
μεθα ὥσπερ οὐδεμιᾶς ἡμῖν συμφορᾶς γεγενημένης.

24. ἐλπίζοντες — συμμά-
χους] Aehnlich Theramenes gegenüber der Masslosigkeit seiner
Amtsgenossen von den exilierten
Patrioten: ἐγὼ οἶμαι νῦν μὲν τοὺς
φυγάδας νομίζειν συμμάχων πάντα μεστὰ εἶναι Xen. Hell. II, 3,44.
— τοὺς συκοφάντας — δέ-
ξαιντ᾽ ἄν] deren Treiben ihnen
Aussicht eröffnet auf den Umsturz
der demokratischen Verfassung
(§ 26 f.). Ausführlich erörtert diesen Satz Plat. Staat VIII, 564ᵇ—ᵉ.
Vgl. zu § 27. — δέξαιντ᾽ ἄν] δέχεσθαι 'mögen', fast=βούλεσθαι,
wie XXI, 12: οὐκ ἂν δεξαίμην
ὑβρισθῆναι; Isokr. VIII, 93; XV,
44: πολλάκις εἴρηκα, ὅτι δεξαίμην
ἂν ἅπαντας εἰδέναι τοὺς πολίτας
τὸν βίον ὃν ζῶ. Plat. Phaedr. 239ᵉ,
wo ἂν δέξαιτο = einem vorhergehenden εὔξαιτ᾽ ἄν. Ebenso un-

ten § 32 μᾶλλον δέχεσθαι ἢ und
mit unterdrücktem μᾶλλον X, 21;
XI, 7. — πονηρίαν — σωτη-
ρίαν] wohl beabsichtigter Gleichklang. Das Wortspiel durch Paro-
nomasia ist bei Lysias nicht ohne
häufig. II, 8: μνήμη — φήμη (wie
Isokr. IV, 186); ebenda § 69: οἰ-
κτρός — εὐκτός; XXX, 21: εὐσέ-
βεια — εὐτέλεια; XXXI, 26: δουλεύειν — βουλεύειν; XXXII, 22:
γράμματα — χρήματα; fragm. 84:
σώματα — χρήματα. Auch σωτηρία — τιμωρία § 23 und II, 16 ist
wohl nicht zufällig. Ueber πολέμιος — πολίτης zu XII, 44.
25. ἄξιον δὲ μνησθῆναι]
Weitere Ausführung des Gedankens, dass das Treiben der Sykophanten die bestehende Ordnung
der Dinge untergrabe, erwiesen
an dem Beispiel derer, die nach
dem Sturze der 400 das Volk von
der ursprünglichen Mässigung zu
extremen Massregeln getrieben
und den Staat an den Rand des
Verderbens gebracht. Da also
nicht ein neues Moment der Betrachtung (wie § 21), sondern eine
die vorhergehende Behauptung
exemplificierende Erörterung als
Appendix folgt, ist die von den
neueren Herausgebern fast allseitig vollzogene Einschiebung eines
καί nach μνησθῆναι nicht erforderlich. — ἃ οὗτοι συμβουλεύ-
ουσιν] Rache an den Parteigeg-
nern. — ἃ ἐγὼ παραινῶ] die

13*

φοτέραις ἀεὶ ταῖς πολιτείαις συμφέρει. Ἴστε γὰρ Ἐπιγένην
καὶ Δημοφάνην καὶ Κλεισθένην ἰδίᾳ μὲν καρπωσαμένους
τὰς τῆς πόλεως συμφοράς, δημοσίᾳ δὲ ὄντας μεγίστων κα-
26 κῶν αἰτίους. Ἐνίων μὲν γὰρ ἔπεισαν ὑμᾶς ἀκρίτων θάνατον καταψηφίσασθαι, πολλῶν δὲ ἀδίκως δημεῦσαι τὰς οὐσίας, τοὺς δ᾽ ἐξελάσαι καὶ ἀτιμῶσαι τῶν πολιτῶν· τοιοῦτοι
γὰρ ἦσαν ὥστε τοὺς μὲν ἡμαρτηκότας ἀργύριον λαμβάνοντες
ἀφιέναι, τοὺς δὲ μηδὲν ἠδικηκότας εἰς ὑμᾶς εἰσιόντες ἀπολλύναι. Καὶ οὐ πρότερον ἐπαύσαντο, ἕως τὴν μὲν πόλιν εἰς
στάσεις καὶ τὰς μεγίστας συμφορὰς κατέστησαν, αὐτοὶ δ᾽ ἐκ

ὁμόνοια. — Ἴστε γὰρ κτλ.] Da
das Folgende zur Begründung des
Satzes ἃ μὲν οὗτοι — ἐλυσιτέλησεν
dient, ergiebt sich, dass die drei
Genannten eben die οὗτοι, die Ankläger sind. Sie sind anderwärts
sonst nicht bekannt (denn die
Identität des Kleisthenes mit dem
oft von Aristophanes verspotteten
Wüstling dieses Namens ist sehr
zweifelhaft) und müssen dem Redner als Sündenböcke für andere
bedeutendere Demagogen, wie
Kleophon, herhalten. — ἰδίᾳ
καρπωσαμένους τὰς — συμ-
φοράς] Aehnlich Dionysios bei
Diodor. XIII, 91: οἱ δυνατώτατοι
τὰς τῆς πατρίδος συμφορὰς ἰδίας
ἡγοῦνται προσόδους. Mehr zu XII,
93.

26. Zu der Schilderung dema-
gogischer Zügellosigkeit vgl. Plat.
Gorg. 466ᵈ: ἀποκτιννύασιν οἱ ῥήτορες οὓς ἂν βούλωνται, ὥσπερ οἱ
τύραννοι, καὶ χρήματα ἀφαιροῦν-
ται καὶ ἐξελαύνουσιν ἐκ τῶν πόλεων ὃν ἂν δοκῇ αὐτοῖς. — ἀκρί-
των] Symptom der tiefsten staat-
lichen Zerrüttung; zu XII, 17.
Vielleicht spielt der Sprecher an
den Feldherrnprocess (zu XII,
36) an, da ἄκριτος auch von der
Versagung der gesetzlichen Gerichtsformen steht (zu XII, 82);
dass das Volk dabei παρωξύνθη
ἀδίκως ὑπὸ τῶν δημαγωγῶν, bezeugt ausdrücklich Diodor XIII,
102. — δημεῦσαι τὰς οὐσίας]
Ein beliebtes Mittel der Demagogen, das Staatssäckel (Aristoph.
Ritt. 774ff.) und, da ein Theil von

dem Erlös aus den confiscierten
Gütern für sie abfiel, zugleich die
eigene Tasche zu füllen (ebenda
103). Vgl. Plat. Staat VIII, 565ᵃ:
οἱ προεστῶτες, τοὺς ἔχοντας τὴν
οὐσίαν ἀφαιρούμενοι, διανέμοντες
τῷ δήμῳ τὸ πλεῖστον αὐτοὶ ἔχουσιν. Das Volk bot, zumal in
Zeiten der Noth, zu so unwürdigen Finanzmanipulationen nur
zu willig die Hand (Lys. XIX,
11; XXX, 22. XVIII, 16f.; vgl.
auch XXVII, 1 mit Aristophan.
Ritt. 1358 ff.). Zählt doch Bdely-
kleon bei Aristoph. Wesp. 659 die
zu Gunsten des Fiscus verkauften
Güter (τὰ δημιόπρατα) mit zu
den regelmässigen Staatseinkünf-
ten. — τοιοῦτοι — ὥστε] 'solches Schlages waren sie', wie Demosth. XXXIX, 33: τοιοῦτος ἦσθα
ὥστε ποιήσασθαι μὲν σαυτὸν ἀναγ-
κάσαι, ἐξ ὅτου δ᾽ ἀρέσεις τῷ πατρὶ τρόπου μὴ σκοπεῖν, und öfters
τοιοῦτος γὰρ ἦν u. dgl. paren-
tisch oder erklärend nachgesetzt,
wie Xen. Hell. V, 4, 4: οἱ δέ, ἦσαν
γὰρ τοιοῦτοι, μάλα ἡδέως προσεδέ-
ξοντο νυκτερεύειν. Isae II, 37.
Deinarch. I, 82. Aristoph. Wesp.
285, auch vorausgeschickt Demosth. XXI, 203. — λαμβάνον-
τες] Jedesmal, daher nicht λαβόντες. — τοὺς μηδὲν ἠδικηκό-
τας] wenn sie sich im Bewusstsein ihrer Unschuld nicht zu einem Handel mit den Sykophanten
herbeiliessen. — εἰς ὑμᾶς εἰσ-
ιόντες] als Ankläger; zu XIII,
12. — οὐ πρότερον — ἕως] zu
XII, 71. — πλούσιοι ἐγένοντο]
zu § 19.

πενήτων πλούσιοι ἐγένοντο, ὑμεῖς δὲ οὕτως διετέθητε, ὥστε τοὺς 27
μὲν φεύγοντας κατεδέξασθε, τοὺς δ᾽ ἀτίμους ἐπιτίμους ἐποιήσατε, τοῖς δ᾽ ἄλλοις περὶ ὁμονοίας ὅρκους ὤμνυτε, τελευτῶντες δὲ ἥδιον [ἂν] τοὺς ἐν τῇ δημοκρατίᾳ συκοφαντοῦντας
ἐτιμωρήσασθε ἢ τοὺς ἄρξαντας ἐν τῇ ὀλιγαρχίᾳ· καὶ εἰκότως, ὦ ἄνδρες δικασταί· πᾶσι γὰρ ἤδη φανερόν ἐστιν, ὅτι
διὰ τοὺς μὲν ἀδίκως πολιτευομένους ἐν τῇ ὀλιγαρχίᾳ δημο-

27. Summarische Angabe der
Kennzeichen der Zerrüttung des
Staates in Folge der Masslosigkeit des durch die Demagogen ver-
führten Volks, ohneRücksicht auf
die chronologische Folge der einzelnen Punkte; denn die Rückberufung der Exulanten erfolgte erst
nach dem Abschluss des Friedens
mit Lakedämon (zu XII, 77), die
Wiederherstellung der ganz oder
theilweise ihrer bürgerlichen Ehrenrechte Beraubten (ἄτιμοι), welche schon vor der Schlacht bei Aegospotamoi Aristophanes (Frösche
692 ff.) dringend angerathen hatte,
und in Folge dessen ein feierli-
cher Versöhnungsact (ὅρκοι περὶ
ὁμονοίας) der Bürger auf der Akropolis schon während der Belagerung (Xen. Hell. II, 2, 11. Andok.
I, 73. 76). Rückberufung der Verbannten aber und Rehabilitation
der ἄτιμοι erscheinen als extreme
Massregeln, welche auf die höchste
Noth des Staates schliessen lassen. Cic. in Verr. II. 5, 6, 12:
Perditae civitates desperatis iam
omnibus rebus hos solent exitus
exitiales habere, ut damnati in in-
tegrum restituantur, exules redu-
cantur, res iudicatae rescindan-
tur, und ähnlich de lege agr. II,4,
10. Zu ähnlichen Mitteln griff man
beim Anzug der Perser (Andok. I,
107), nach der Schlacht bei Chäroneia (Lykurg 41). Aber auch
die gegenseitige feierliche Verpflichtung der Bürger zur Eintracht, unter Umständen ein gesetzlich vorgeschriebener politischer Act (Xen. Memor. IV, 4, 16),
ist Merkmal der höchsten Bedro-
hung des Staates, eine Präventivmassregel gegen στάσις (Lys.
XVIII, 17) in einer Zeit, wo alle

Kräfte zusammenwirken müssen
(vgl. [Demosth,] XXVI, 11), wie
sie nach Andok. I, 107 auch im J.
490 getroffen ward. — τοῖς δ᾽
ἄλλοις] nicht als ob nicht auch
die rehabilitierten ἄτιμοι mit in
die Versöhnung eingeschlossen gewesen wären, sondern der Sprecher unterscheidet die drei öffentlichen Acte nach den drei Katego-
rien der Bürger, bei denen je nach
ihrer besonderen politischen Lage
jeder erforderlich war, die κάθοδος bei den Exulanten, die ἐπιτι-
μία bei den ἄτιμοι, bei den Uebrigen (wo es eines Restitutionsactes
nicht bedurfte) die ὅρκοι περὶ ὁμονοίας. — ὤμνυτε] red die Richter nicht als Repräsentanten des
Demos überhaupt, sondern in Bezug auf τοῖς δ᾽ ἄλλοις als Bruch-
theil desselben an. — ἥδιον —
ἐτιμωρήσασθε] Hindeutung auf
die ersten Massregeln der Dreissig
gegen die Sykophanten (zu
XII, 5), welchen viele ihre Billigung nicht versagten (§ 19. Xen.
Hell. II, 3, 12 Diod. XIV, 4). Diese
moralische Beistimmung (denn bei
ἐτιμωρήσασθε kann höchstens an
eine Justiz des Raths, keinesfalls
der Heliastengerichte gedacht
werden) verwerthet der Sprecher
in seinem Sinne. Das ἂν der Handschriften hinter ἥδιον ist schwie-
rig zu deuten, höchstens durch den
Gedanken: wenn euch (Demokraten) die Dreissig dazu hätten kommen lassen. — τοὺς ἄρξαντας
ἐν τῇ ὀλιγαρχίᾳ] des Jahres
411. Diese, gegen welche eben die
Sykophanten ihre Angriffe gerichtet hatten, liesset ihr euch lieber
gefallen, als jene. — ἤδη] nach
den Erfahrungen des letzten De-
cenniums. — διὰ τοὺς μὲν —

κρατία γίγνεται, διὰ δὲ τοὺς ἐν τῇ δημοκρατίᾳ συκοφαντοῦντας ὀλιγαρχία δὶς κατέστη. Ὥστε οὐκ ἄξιον τούτοις
χρῆσθαι συμβούλοις, οἷς οὐδὲ ἅπαξ ἐλυσιτέλησε πολλάκις
28 πειθομένοις. Σκέψασθαι δὲ χρή, ὅτι καὶ τῶν ἐκ Πειραιῶς
οἱ μεγίστην δόξαν ἔχοντες καὶ μάλιστα κεκινδυνευκό-
τες καὶ πλεῖστα ὑμᾶς ἀγαθὰ εἰργασμένοι πολλάκις ἤδη τῷ
ὑμετέρῳ πλήθει διεκελεύσαντο τοῖς ὅρκοις καὶ ταῖς συνθήκαις ἐμμένειν, ἡγούμενοι ταύτην δημοκρατίας εἶναι φυλα-
κήν· τοῖς μὲν γὰρ ἐξ ἄστεος ὑπὲρ τῶν παρεληλυθότων ἄδειαν
ποιήσειν, τοῖς δ' ἐκ Πειραιῶς οὕτω πλεῖστον χρόνον τὴν πο-
29 λιτείαν ἂν παραμεῖναι. Οἷς ὑμεῖς πολὺ ἂν δικαιότερον πι-
στεύοιτε ἢ τούτοις, οἳ φεύγοντες μὲν δι' ἑτέρους ἐσώθησαν,
κατελθόντες δὲ συκοφαντεῖν ἐπιχειροῦσιν. Ἡγοῦμαι δέ, ὦ
ἄνδρες δικασταί, τοὺς μὲν τὴν αὐτὴν γνώμην ἔχοντας ἐμοὶ
τῶν ἐν ἄστει μεινάντων φανεροὺς γεγενῆσθαι, καὶ ἐν δημοκρα-

γίγνεται] Aristot. Polit. VIII, 6,
8. 204 Bekker: αἱ ὀλιγαρχίαι μετα-
βάλλουσιν, ἐὰν ἀδικῶσι τὸ πλῆθος. — διὰ τοὺς μὲν — διὰ δὲ
τοὺς] Die Stellung des μέν wie
Isokr. IV, 115: ἐν ταῖς πολιτείαις
μὲν — ἐν δὲ ταῖς συνθήκαις. Demosth. XVI, 23: μισεῦσιν ὑπὲρ
Λακεδαιμονίων μὲν Θηβαίους,
ὑπὲρ δὲ Θηβαίων Λακεδαιμονίους.
Vgl. zu § 22. — διὰ δὲ τοὺς —
κατέστη] Arist.Polit. VIII, 5, 8.
202: αἱ δημοκρατίαι μάλιστα μετα-
βάλλουσι διὰ τὴν τῶν δημαγωγῶν
ἀσέλγειαν κτλ. Denn Uebermaass
und Misbrauch der Volksfreiheit
führt zum Umsturz derselben.
Platon Staat VIII, 564¹: ἡ ἄγαν
ἐλευθερία ἔοικεν εἰς ἄγαν δουλείαν μεταβάλλειν. Cic. de rep. I,
44, 68. — οἷς — πειθομένοις]
οἷς ist Objectsdativ zu πειθομένοις (wozu sich leicht ὑμῖν ergänzt) und hat mit ἐλυσιτέλησε
nichts zu schaffen (Kr. 51, 9, 2);
zu ἐλυσ. ist aus πειθομένοις πείθεσθαι zu entnehmen: quibus saepe
obtemperantibus vobis ne semel
quidem profuit; wir: 'denen ihr
oft gehorchtet, ohne dass es euch
auch nur ein einziges Mal Nutzen
brachte.'
28. τῶν ἐκ Πειραιῶς οἱ μεγίστην δόξαν ἔχοντες] Gegen

den Fanatismus einer extremen
Partei (E. § 2) sprach vor allen
Thrasybul (Nepos Thrasyb. 3.
Xen. Hell. II, 4, 42) für Heilig-
haltung der Verträge, wohl auch
Anytos und Archinos (vgl. Isokr.
XVIII, 2. 23). — ταύτην — φυ-
λακήν] zu § 23. Man betone ταύτην: 'das sei das Bollwerk der
Demokratie'; vgl. Lykurg 79: τὸ
συνέχον τὴν δημοκρατίαν ὅρκος
ἐστί. — ἄδειαν ποιήσειν] Subject ist τὸ — ἐμμένειν. ἄδεια nimmt
sonst den Genitiv zu sich (zu XII,
85), doch ist ὑπέρ zu erklären wie
bei τιμωρεῖσθαι ('für', nicht 'zu
Gunsten'); zu XII, 35. — τὴν
πολιτείαν] Eine auf die Stimmung des Volks gut berechnete
Wendung des Gedankens: die Demokraten würden am Ruder bleiben. Denen ἐξ ἄστεος wird damit
nicht die politische Berechtigung,
sondern die Präponderanz abgesprochen.
29. δι' ἑτέρους] 'durch anderer Leute Thätigkeit.' Vgl. zu
XII, 58. — ἐσώθησαν] zu XIII,
79. — κατελθόντες — συκο-
φαντεῖν ἐπιχειροῦσιν] Vgl.
Isokr. XVIII, 2: ἐκ Πειραιῶς κατελθόντες ἐνίους ἑωρᾶτε τῶν πολιτῶν συκοφαντεῖν ὡρμημένους. —
φανεροὺς γεγενῆσθαι] sei-

τία καὶ ἐν ὀλιγαρχίᾳ ὁποῖοί τινές εἰσι πολῖται· τούτων δ' 30
ἄξιον θαυμάζειν, ὅ τι ἂν ἐποίησαν, εἴ τις αὐτοὺς εἴασε τῶν
τριάκοντα γενέσθαι, οἳ νῦν δημοκρατίας οὔσης ταὐτὰ ἐκείνοις πράττουσι, καὶ ταχέως μὲν ἐκ πενήτων πλούσιοι γεγένηνται, πολλὰς δὲ ἀρχὰς ἄρχοντες οὐδεμιᾶς εὐθύνην διδόασιν, ἀλλ' ἀντὶ μὲν ὁμονοίας ὑποψίας πρὸς ἀλλήλους πεποιήκασιν, ἀντὶ δὲ εἰρήνης πόλεμον κατηγγέλκασι, διὰ τούτους
δὲ ἄπιστοι τοῖς Ἕλλησι γεγενήμεθα. Καὶ τοσούτων κακῶν 31
καὶ ἑτέρων πολλῶν ὄντες αἴτιοι καὶ οὐδὲν διαφέροντες τῶν
τριάκοντα πλὴν ὅτι ἐκεῖνοι μὲν ὀλιγαρχίας οὔσης ἐπεθύμουν
ὧνπερ οὗτοι, οὗτοι δὲ δημοκρατίας τῶν αὐτῶν ὧνπερ ἐκεῖ-

nen (und damit seiner Gesinnungsgenossen) Standpunkt beiden Ver-
fassungsformen gegenüber hat er
§ 17 präcisiert. — καὶ ἐν δημοκρατίᾳ καὶ ἐν ὀλιγαρχίᾳ]
Mit Nachdruck an der Spitze des
Satzes, da das politische Wohlverhalten der Einen in beiden
Staatsformen der schon documen-
tierten Haltung der Andern in der
Demokratie und der präsamtiven
in der Oligarchie gegenüber steht.
Zum Gedanken vgl. XXVI, 17:
τοὺς μὲν ἐκ Πειραιῶς ἴσασιν ὁποῖοί τινες ἐν δημοκρατίᾳ μόνῃ γεγένηνται, ὁποῖοι δ' ἂν ἐν ὀλιγαρχίᾳ
γένοιντο, οὔπω πεῖραν εἰλήφασιν,
παρὰ δὲ τῶν ἐξ ἄστεος ἑκατέρας τῆς
πολιτείας ἱκανὴν βάσανον ἔχουσιν.
30. ὅ τι ἂν ἐποίησαν] Ueber
die Form der Rede zu XII, 34.
Zum Gedanken Isokr. XX, 4: ὅστις
νῦν τολμᾷ παρανομεῖν, ὅτ' οὐκ
ἔξεστι, τί ποτ' ἂν ἐποίησεν, ὅθ'
οἱ κρατοῦντες τῆς πόλεως καὶ χάριν εἶχον τοῖς τὰ τοιαῦτα ἐξαμαρ-
τάνουσιν. — δημοκρατίας οὔ-
σης] bei geordneten Rechtsza-
ständen, Vgl. zu § 17. — ταχέως
πλούσιοι γεγένηνται]. Ge-
hässige Wendung; vgl. zu XII, 56
und Cic. Philipp. VIII, 3, 9: Vide-
runt ex mendicis repente fieri di-
vites, und ebenda II, 27, 65 vom
Antonius: Modo egens, repente
dives. — οὐδεμιᾶς εὐθύνην
διδόασιν] nicht Merkmal ver-
worrener Zeiten (denn dann konnte es kein Vorwurf sein), sondern
des Trotzes u. des demokratischer

Gleichheit zuwider laufenden πλέον ἔχειν ζητεῖν (zu XII, 35), wie
beim Alkibriades (XIV, 38), Nikomachos (XXX, 3 f.). Der nicht häufige Singular bei Lysias noch X,
27 (XI, 9). Aesch. III, 17. — πόλεμον κατηγγέλκασι] sc. τοῖς πολίταις κατ' ἀλλήλων: 'haben — pro-
clamirt', als wären sie Herren der
Stadt wie früher die Dreissig. —
διὰ τούτους δέ] Abgang von der
relativen Construction; denn διὰ
τούτους δέ ist nicht eine zweite
Ergänzung zu ἀντὶ μέν, sondern
nimmt das οἵ an der Spitze des
Satzes wieder auf. Vgl. zu § 11.
— ἄπιστοι — γεγενήμεθα]
durch die perfide und chicanöse
Politik gegenüber den Bundesgenossen (Isokr. XV, 121 vgl. VIII,
115. Schol. zu Aristoph. Fried. 171.
zu § 19), z. B. die willkürliche
Steigerung der ursprünglich nor-
mierten Abgaben (welche Plut.
Aristid 24 ebenfalls den Demagogen zur Last legt), die Bevorzu-
gung der Athener in Rechtshän-
deln mit Bundesgenossen (Aristoph. Vög. 1457 vgl. [Xen.] Staat
der Athen. 1, 16), ein Vorwurf,
den die athenischen Gesandten
bei Thukyd. I, 77 vergeblich bekämpfen. Daher sagtauch Xenoph.
πόροι 1, 1: οἱ πολῖται ὑποπτοι τοῖς
Ἕλλησίν εἰσιν. Dagegen rühmt Isokrat. VII, 51 von den Athenern
früherer Tage: παρεῖχον σφᾶς αὐτοὺς τοῖς Ἕλλησι πιστούς, vgl. mit
VIII, 76;
31. οὗτοι δὲ — ἐκεῖνοι] was

νοι, ὅμως οἴονται χρῆναι οὕτω ῥᾳδίως ὃν ἂν βούλωνται
κακῶς ποιεῖν, ὥσπερ τῶν μὲν ἄλλων ἀδικούντων, ἄριστοι
32 δὲ ἄνδρες αὐτοὶ γεγενημένοι. Καὶ τούτων μὲν οὐκ ἄξιον
θαυμάζειν, ὑμῶν δέ, ὅτι οἴεσθε μὲν δημοκρατίαν εἶναι, γίγνεται δὲ ὅ τι ἂν οὗτοι βούλωνται, καὶ δίκην διδόασιν οὐχ
οἱ τὸ ὑμέτερον πλῆθος ἀδικοῦντες, ἀλλ' οἱ τὰ σφέτερα αὐτῶν μὴ διδόντες. Καὶ δέξαιντ' ἂν μικρὰν εἶναι τὴν πόλιν
33 μᾶλλον ἢ δι' ἄλλους μεγάλην καὶ ἐλευθέραν, ἡγούμενοι νῦν
μὲν διὰ τοὺς ἐκ Πειραιῶς κινδύνους αὐτοῖς ἐξεῖναι ποι-

noch schlimmer und ein Zeichen
grösserer Frechheit ist: vgl. zu §
17 und XXVIII, 13: ὅσοι κατελθόντες ἐν δημοκρατίᾳ τὸ μὲν ὑμέτερον πλῆθος ἀδικοῦσι, πολὺ μᾶλλον αὐτοῖς προσήκει ὀργίζεσθαι ἢ
τοῖς τριάκοντα. — χρῆναι] als
sei es für sie als wackere Bürger
ein Gebot der Pflicht, mit Rücksicht auf den Gedanken ὥσπερ —
γεγενημένοι. — οὕτω ῥᾳδίως]
'so ohne weiteres'; diese und ähnliche Formeln (οὕτως ἐφεξῆς, οὕτως ἁπλῶς, ἀντικρὺς οὕτωσί, ἑτοίμως οὕτως) ursprünglich mit einer
dem οὕτως entsprechenden Handbewegung gesprochen zu denken.
— ὥσπερ — γεγενημένοι] Ueber die Verbindung des absoluten und construirten Particips zu
XII, 69.
32. καὶ τούτων μὲν οὐκ ἄ-
ξιον θαυμάζειν] Wenn er § 30
sagte: τούτων ἄξιον θαυμάζειν,
so war damit nur das unter einer
Voraussetzung (εἰ — γενέσθαι) zu
Erwartende als Gegenstand der
Verwunderung bezeichnet, während er hier von wirklich Einge-
tretenem spricht, das bei Leuten
solches Schlages nicht zu verwundern sei, von ihren Uebergriffen
gegen jeden beliebigen Bürger.
Sonach bezieht sich τούτων ἄξιον
θαυμάζειν auf Gedachtes, τούτων
οὐκ ἄξιον θαυμ. auf Wirkliches
und liegt in den Worten weder
ein Widerspruch mit dem Obigen,
noch eine Berichtigung desselben.
Die Wendung wie XXXIV, 2: καὶ
τούτων μὲν οὐ θαυμάζω, ὑμῶν δὲ
τῶν ἀκροωμένων, ὅτι πάντων ἐστὲ
ἐπιλησμονέστατοι. — δημοκρα-
τίαν] deren Grundlage, das ἴσον

(zu XII, 35). untergraben ist durch
das aumassende, Ekklesia und Gericht beherrschende Gebaren der
Sykophanten. — μὴ διδόντες]
'nicht hergeben wollen', wem, ist
selbstverständlich. Vgl. Demosth.
LVIII, 65: οἱ συκοφάνται φίλους
μὲν τοὺς διδόντας νομίζουσιν,
ἐχθροὺς δὲ τοὺς πλουσίους. — καὶ
δέξαιντ' ἂν — πόλιν] Auch
dies Merkmal einer Gesinnung,
die so schlecht ist, wie die der
Dreissig; denn vgl. XII, 70. Die
Pflicht des wackeren Staatsmannes ist es, die Stadt μεγάλην καὶ
ἐλευθέραν zu machen, XXVIII, 14.
33. διὰ τοὺς ἐκ Πειραιῶς
κινδύν.] Die neueren Herausgeber haben theils κινδύνους gestrichen, theils τῶν hinter τοὺς eingesetzt. Aber die Ankläger pochten
ja gerade (im Gegensatz zu einer
etwaigen heilsamen Thätigkeit anderer) auf ihre Theilnahme an
den Kämpfen zur Wiederherstellung der Demokratie (wie Ergo-
kles XXVIII, 12) und glaubten
deshalb ein Recht zu haben, nun
nach Belieben zu schalten. Leute
solcher Art bekämpft auch der
Sprecher XXXIV, 2: πάσχειν ἑτοι-
μότατοί ἐστε κακῶς ὑπὸ τοιούτων
ἀνδρῶν, οἳ τῇ μὲν τύχῃ τῶν ἐκ
Πειραιῶς πραγμάτων μετέσχον, τῇ
δὲ γνώμῃ τῶν ἐξ ἄστεος. οἱ ἐκ
Πειραιῶς κίνδυνοι, weil sie
vom Peiräeus aus unternom-
men wurden, wie τὰ ἐκ Πειραιῶς
πράγματα und blos τὰ ἐκ Πειραιῶς
Isae. fragm. 10 (Scheibe), Kr. 50,
8, 17; in anderer Anschauung Lys.
II, 66: ἐκεῖνοι διὰ τοὺς ἐν Πειραιεῖ κινδύνους ὑπὸ πάντων ἀνθρώπων ζηλοῦνται. — αὐτοῖς]

εἶν ὅ τι ἂν βούλωνται, ἐὰν δ᾽ ὕστερον ὑμῖν δι᾽ ἑτέρους σωτήρια γένηται, τούτους μὲν ἐπιλησθήσεσθαι, ἐκείνους δὲ μεῖζον δυνήσεσθαι· ὥστε διὰ τοῦτο πάντως ἐμποδών εἰσιν, ἐάν τι
δι᾽ ἄλλων ἀγαθὸν ὑμῖν φαίνηται. Τοῦτο μὲν οὖν οὐ χαλεπὸν 34
τῷ βουλομένῳ κατανοῆσαι· αὐτοί τε γὰρ οὐκ ἐπιθυμοῦσι
λανθάνειν, ἀλλ᾽ αἰσχύνονται μὴ δοκοῦντες εἶναι πονηροί,

betont: 'ihnen', daher nicht αὐτοῖς; zu § 11. — τούτους μὲν
ἐπιλησθήσεσθαι] Der Gedankengang ist: die falschen Patrioten, welche bei ihrem Treiben auf
ihre angeblich bei der Befreiung
des Staates bestandenen Gefah-
ren (die der Sprecher § 29 allerdings als zweifelhaft ansieht) pochen, wollen nicht, dass andere
auch dem Staate nützliche Dienste
leisten, in der Meinung, dass in
diesem Falle sie selbst in Vergessenheit gerathen (in den
Hintergrund treten), jene andern
aber grösseren Einfluss gewinnen
und dem schamlosen Treiben ein
Ende machen werden. Das un-
verständliche ἐπιλύσεσθαι oder
ἐπιλύσασθαι der Handschriften hat
zu vielen Verbesserungsvorschlä-
gen Anlass gegeben; am nächsten läge ἐπιλήσεσθαι als futur.
med. mit passiver Bedeutung (λη-
σόμενος = ἐπιλησθησόμενος Soph.
El. 1249), bis zum Nachweis dieses Gebrauchs ist ἐπιλησθήσεσθαι
immer noch angemessener als ὑπο-
δύσεσθαι ('sich davon schleichen')
oder καταλύσεσθαι ('gestürzt werden'). τούτους geht auf die Kläger
nach dem zu XII, 84 besprochenen
Gebrauch dieses Pronomens; jede
Dunkelheit der Beziehung wird
ja abgeschnitten durch eine deik-
tische Handbewegung des Sprechenden. Wie ἐπιλησθήσεσθαι von
der politischen Vergessenheit, der
man anheimfällt, so steht Lys.
XXXI, 25 entsprechend ἀμνημονεῖν: τῶν αὑτῶν ἐστι τούς τε κα-
κοὺς τιμᾶν καὶ τῶν ἀγαθῶν ἀμνημονεῖν. — ἐκείνους] die ἕτεροι.
— διὰ τοῦτο πάντως] Deswegen (wegen der eben erwähnten
Befürchtung) sind sie unter allen
Umständen (πάντως) im Wege,

wenn andere etwas zum Heile des
Staates unternehmen wollen. Der
Sprecher mochte beispielsweise
an den eben verworfenen auf ein
Compromiss zwischen Demokratie
und Aristokratie abzielenden Ver-
fassungsänderungsvorschlag des
Phormisios (Lys. XXXIV, ὑπόθεσις) denken, in seinem Sinne
gewiss ein ἀγαθόν und eine Stütze
wahrer Freiheit und Grösse der
Stadt. Man erkennt aus dieser Erörterung den nicht ruhenden politischen Antagonismus der Parteien im Schosse der äusserlich
geeinten Bürgerschaft.

34. αὐτοί τε — ὑμεῖς δέ] Uebergang von der copulativen zur
adversativen Verbindung; auch
wir ungezwungen: 'sie selbst sowohl — ihr aber.' Das Hauptge-
wicht fällt dann aufs zweite Glied,
welches sich eben darum der logi-
schen Coordination mit dem ersten
entzieht. Kr. 69, 16, 6. Bei Lysias
ist dieser Uebergang wohl nur
noch XIX, 62 (οὔτ᾽ ἐγὼ ἀδικεῖσθαι οἰήσομαι — ὑμῖν δὲ πλείους
αἱ ὠφέλειαι), aber häufig sonst
bei Rednern und Historikern. Vgl.
z. B. Antiph. 3, β, 6: οἵ τε ἁμαρ-
τάνοντες — πράκτορες τῶν ἀκού-
σίων εἰσίν, οἱ δὲ ἑκούσιόν τι δρῶν-
τες — τῶν παθημάτων αἴτιοί εἰσιν.
Aesch. III, 80: Φίλιππος τάς τε ἐν
Φωκεῦσι πόλεις ἀναστάτους ἐποίησε, Θηβαίους δὲ — ἰσχυροὺς κατ-
εσκεύασεν. Demosth. XXIII, 12.
— αἰσχύνονται — πονηροί]
ein greller Pinselstrich zur Zeichnung dieser Sorte von Demagogen, fast paradox klingend: sie
schämen sich, wenn sie nicht als
Schurken gelten. Andok. I, 95 vom
Epichares: ὁ πάντων πονηρότατος καὶ βουλόμενος εἶναι τοιοῦτος.

ὑμεῖς δὲ τὰ μὲν αὐτοὶ ὁρᾶτε τὰ δ' ἑτέρων πολλῶν ἀκούετε.
Ἡμεῖς δέ, ὦ ἄνδρες δικασταί, δίκαιον μὲν ἡγούμεθ' εἶναι
πρὸς πάντας ὑμᾶς τοὺς πολίτας ταῖς συνθήκαις καὶ τοῖς ὅρ-
35 κοις ἐμμένειν, ὅμως δέ, ὅταν μὲν ἴδωμεν τοὺς τῶν κακῶν
αἰτίους δίκην διδόντας, τῶν τότε περὶ ὑμᾶς γεγενημένων
μεμνημένοι συγγνώμην ἔχομεν· ὅταν δὲ φανεροὶ γένησθε
τοὺς μηδὲν αἰτίους ἐξ ἴσου τοῖς ἀδικοῦσι τιμωρούμενοι, τῇ
αὐτῇ ψήφῳ πάντας ἡμᾶς εἰς ὑποψίαν καταστήσετε ....

Bei Aristoph. Ritt. 181. 336 erscheint der Wursthändler Agora-
kritos gerade deshalb zum Staatsmann seines Schlages qualificiert,
weil er πονηρός sei und jede gute
Eigenschaft entschieden von sich
ablehnt (vgl. ebenda 328. 1281).
— ἑτέρων πολλῶν ἀκούετε]
Schonender als Aesch. III, 144 un-
terdrückt er die Folgerung, dass
sich das Volk demnach die allseitig nachgewiesene Schurkerei gefallen lassen wolle. — ἡμεῖς δὲ
κτλ.] Nachdrücklich macht der
Sprecher als Repräsentant seiner
Parteigenossen zum Schluss die
Forderung wo nicht des Rechts,
so doch der Billigkeit geltend, mit
Hinweis auf die schädlichen Folgen für die kaum befestigte Eintracht, wenn die Demokratie in
wieder erwachender Parteiwuth
zwischen den Uebelthätern und
den Gesinnungstüchtigen der Ge-
genpartei nicht zu unterscheiden
wisse.
35. δίκην διδόντας] Be-
stimmte Vorkommnisse der Art
sind aus der Zeit bald nach Herstellung der Verfassung nicht bekannt (denn der Tod der Führer

der Oligarchen vor Eleusis dürfte
nicht hierher zu ziehen sein, da
die Dreissig und ihre nächsten
Werkzeuge in den Versöhnungs-
vertrag gleich nicht mit eingeschlossen waren), doch beweist
das Gesetz des Archinos (Isokr.
XVIII, 2), dass es schon damals
an Versuchen nicht fehlte, amnestiewidrige Verurtheilungen her-
beizuführen. — περὶ ὑμᾶς] die
Demokraten. — εἰς ὑποψίαν
καταστήσετε] in den Argwohn,
dass die eidlichen Verträge uns
keinen Schutz gewähren, und in
die Nothwendigkeit, danach ihre
Massregeln zu ergreifen; das aber
wird aus der eben erst gewonne-
nen ὁμόνοια zur neuen στάσις führen. Dieser Gedanke (dessen Ergänzung aus der ähnlichen Argumentation Isokr. XVIII, 42 ff. Andok. I, 103 ff. sich ergiebt) bildete
wohl wirksam den Epilog. Jedenfalls ist nicht viel verloren gegangen. Aehnlich warnt Diodoros bei
Thukyd. III,47 die Athener in der
Sache der abgefallenen Mytile-
näer: προδείξετε τὴν αὐτὴν ζημίαν τοῖς τε ἀδικοῦσιν ὁμοίως κεῖ-
σθαι καὶ τοῖς μή.

ANHANG.

XII, 1 $\lambda \alpha \beta \acute{o} \nu \tau \iota$] Nach Cobet, novae lectiones 436, wäre in dieser
Verbindung der Accus. gewöhnlicher. Vgl. zu XXV, 11. — $\tau o \iota \alpha \tilde{\upsilon} \tau \alpha$]
Selten steht vor $\mu \acute{e} \gamma \varepsilon \vartheta o \varsigma$ $\tau o \sigma o \tilde{\upsilon} \tau o \varsigma$ (Isokr. IV, 33. VI, 7), $\tau o \iota o \tilde{\upsilon} \tau o \varsigma$ wohl
nirgends. Eine Vertauschung von $\tau o \iota o \tilde{\upsilon} \tau o \varsigma$ mit $\tau \eta \lambda \iota \varkappa o \tilde{\upsilon} \tau o \varsigma$ (Scheibe,
vindic. lysiacae 92) ist wohl möglich, doch zum Sinne nicht erforder-
lich, vgl. Meutzner, Jahrb. f. Philol. 91, 10, 668. — $\tau o \iota \alpha \tilde{\upsilon} \tau \alpha$] $\gamma \acute{\alpha} \varrho$
verlangt Westermann, quaestiones lysiacae I, p. 10. — $\alpha \acute{\upsilon} \tau o \tilde{\iota} \varsigma$]
$\tau o \acute{\upsilon} \tau o \iota \varsigma$ will Francken, comment. lys. 80, früher schon Hamaker. —
$\mu \acute{\eta} \tau' \ \ddot{\alpha} \nu$] Eine Epanalepse des $\ddot{\alpha} \nu$ findet sich nur bei Pseudolysias
XI, 5 und XX, 9. 15, auch im Eroticus in Plat. Phaedr. 232 c. —
$\delta \acute{\upsilon} \nu \alpha \sigma \vartheta \alpha \iota$] Die Ellipse des unbestimmten Subjects beim Infin. ist
bei Lysias nicht häufig. II, 14. 57; XIV, 4. Pseudolys. VI, 53. Auf-
fällig ist die Ergänzung des Nominativs VI, 14.

§ 2. $\ddot{\alpha} \pi \alpha \sigma \iota$] $\pi \alpha \nu \tau \acute{\alpha} \pi \alpha \sigma \iota$ Herwerden. — $o \ddot{\upsilon} \sigma \eta \varsigma$] Schon Canterus
dachte an den Ausfall eines $o \grave{\upsilon} \ \mu \tilde{\alpha} \lambda \lambda o \nu$. — $\acute{\upsilon} \pi \grave{\varepsilon} \varrho \ \tau \tilde{\omega} \nu \ \grave{\iota} \delta \acute{\iota} \omega \nu \ \ddot{\eta}$]
streicht Herw., wodurch der Gegensatz zum Vorhergehenden aufgeho-
ben wird. $\ddot{\eta}$ deutet gezwungen Schiller, analecta ad Lysiae oratt. hinter
der Ausgabe des Andokides S. 89.

§ 3. $\mu \grave{\eta} - \pi o \iota \acute{\eta} \sigma o \mu \alpha \iota$] So nach X durch Sauppe berichtigt
und von Rauchenstein (IV) aufgenommen (Jahrb. f. Philol. 81, 5, 320),
gebilligt von Bähr, Heidelb. Jahrb. 57, 8, 586. und Meutzner, a. a. O.
669. Vgl. Stallbaum zu Platon Phileb. 13ᵃ (der aber den Indic. Fut.
unrichtig erklärt) und zu Staat V, 451ᵃ. Poppo Jahrb. 91, 9, 594.
Wunder zu Soph. El. 580. Ebenso bei $\acute{o} \varrho \tilde{\alpha} \nu$. Xen. Agesil. 7, 6.

§ 4. $\check{\omega} \varkappa \eta \sigma \varepsilon$] $\mu \varepsilon \tau \acute{\omega} \varkappa \eta \sigma \varepsilon$ Reiske. Herw. — $\grave{\varepsilon} \delta \iota \varkappa \alpha \sigma \acute{\alpha} \mu \varepsilon \vartheta \alpha$]
Herw. will $\grave{\varepsilon} \delta \iota \acute{\omega} \xi \alpha \mu \varepsilon \nu$.

§ 5. Die Einschiebung des $\delta \acute{\varepsilon}$ nach $\varphi \acute{\alpha} \sigma \varkappa o \nu \tau \varepsilon \varsigma$ (schon Contius,
vgl. Westerm. quaest. lys. III, Leipzig 1865, S. 8) ist bei der Stellung
des ihm dann entsprechenden $\pi o \nu \eta \varrho o \grave{\iota} \ \mu \grave{\varepsilon} \nu \ \ddot{o} \nu \tau \varepsilon \varsigma$ mehr als bedenklich.
Daher ist $\mu \grave{\varepsilon} \nu$ nach $\pi o \nu$. nach Reiske's Vorschlag gestrichen, ebenso
mit Markland u. A. $\varkappa \alpha \acute{\iota}$ vor $\tau o \iota \alpha \tilde{\upsilon} \tau \alpha$. Cobet hat nach Mehlers Vorschlag
(Mnemos. III, S. 4) anakoluthisch: $\varkappa \alpha \acute{\iota} \tau o \iota \ \tau \alpha \tilde{\upsilon} \tau \alpha \ \lambda \acute{\varepsilon} \gamma o \nu \tau \varepsilon \varsigma$; siehe dagegen
Rauchenstein Jahrb. f. Philol. 91, 9, 606. Meutzner ebenda 91, 10. 670.
Auch Francken (Philol. XIX, 714) nahm eine Anakoluthie an, und wollte

τοιαῦτ᾽ οὖν λέγοντες, neuerdings in den comment. lys. 82 aber: καὶ τὰ
τοιαῦτα, λέγοντες δ᾽ οὐ τοιαῦτα π. ἑτ. Herw. wie Scheibe. — ἀδί-
κων] ἀδικούντων Bake, scholica hypomnemata II, 259. Francken
a. a. O. — τραπίσθαι] προτρίπεσθαι Kayser, Francken a. a. O.,
wo dann τοὺς λοιπ. πολ. Object wäre. Herw. προσαγαγέσθαι (angeblich nach Hamaker, der aber προαγ. emendierte). Meutzner a. a. O.
670 erklärt: ʻman müsse sich (d. h. im Interesse der Regierung) die
Bürger hinwenden.ʼ
     § 6. πάντως — πένεσθαι] In den Hdschrr. ist πένεσθαι in
γενέσθαι verschrieben. Deshalb wollte schon Franz ἀσθενῆ einschieben (vgl. Emperius, opusc. 78), und ähnlich corrigiert Meineke (Jahrb.
f. Philol. 87, 6, 369): πάντως δὲ δεῖν τὴν μὲν πόλιν γενέσθαι μικράν
(gebilligt von Meutzner a. a. O. 671). Mochte dies auch die Absicht der
Oligarchen während der Belagerung gewesen sein (§ 70) und die Verblen-
dung der extremen Partei unter den Dreissig darin die sicherste Stütze
ihrer Herrschaft finden (Xenoph. Hell. II, 3, 41), so führte doch die Hinrichtung von 10 oder 30 Metöken gewiss nicht zu diesem Ziel; diese
Maassregel war lediglich eine gewaltsame Finanzoperation. Andere Emendationsversuche siehe bei Westermann, quaest. lys. III, 9. — τὴν ἀρχὴν
δί] So nach Sauppe und Rauchenst. (IV), in den Hdschrr. fehlt δί.
     § 7. περὶ οὐδενός] παρ᾽ οὐδέν wollte früher Cobet (in der
Ausgabe περὶ οὐδενός) und so Laroche (über die Einführung in die
Lectüre der attischen Redner, München 1855, S. 31) und Herwerden. —
ᾖ] Meutzner a. a. O. will εἴη. — ὥσπερ — πεποιηκότες] Weitere
Beispiele der Anakoluthie sind Herod. IV, 132. Thuk. VII, 42, 2. und
mehr bei Stein zu Herod. III, 16. Wenzel, die absolute Participial-
construction der griech. Sprache (Progr. Glogau 1857) S. 12 ff. Ebhardt,
de anacoluthorum usu in scriptis Graecorum (Progr. Dillenburg 1860)
S. 5. — ὥσπερ] Ironisch wie besonders noch V, 3; VI, 34; XXIV, 18;
XXVII, 11; XXXII, 22. — τι τῶν ἄλλων] In der dritten Ausg. ver-
muthete Rauchenst. ansprechend τι καλόν (wofür mehr im Anschluss an
die Hdschrr. τι τῶν καλῶν, wie τι τῶν αἰσχρῶν Xenoph. Oecon. 21,4).
wodurch die Bitterkeit gesteigert würde, wie XXIV, 18. Xenoph. Apol.
Socr. 29: ὡς μέγα τι καὶ καλὸν διαπεπραγμένος. Der Einwand
Funkhänels (Jahrb. f. Philol. 83, 8, 571), dass dann εὐλόγως müssig
sei, ist nicht stichhaltig, da τι τῶν καλῶν und εὐλόγως dann ironisch
den Dreissig bei einer ἀπολογία eine pomphafte Beleuchtung der That
von zwei Seiten her, der ethischen und praktischen, zuschreiben würde.
     § 8. διαλαβόντες] Die Beute war voraussichtlich nicht in
allen Häusern gleich gross; bei einer Theilung konnte leicht über
Benachtheiligung geklagt werden. Also vielleicht διαλαχόντες? —
ἐμὲ μέν] Zu dem scheinbar gegensatzlosen μέν vgl. noch XVIII, 27.
(ἐγὼ μέν, in Ermangelung andrer δεησόμενοι § 24). XIX, 1 (ἐγὼ μέν
im Gegensatz zur günstigeren Situation des Klägers). XXXII, 13 (ἔλα-
βες μέν, willst sie aber jetzt nicht herausgeben). Isae. V, 36. Antiph.
VI, 13. Demosth. IX, 15. XXXIV, 1. [Demosth.] XXV, 59. Xenoph.
Anab. I, 2, 1. Breitenbach zu Xen. Memor. I, 1, 1.

ANHANG. 205

§ 9. ταῦτα] Vgl. Hertlein zu Xen. Kyrop. V, 3, 19. Rehdantz
zu Xen. Anab. VII, 2, 2. — οὔτε — νομίζει] Meutzner erklärt: „er
glaubt weder an Götter noch an Menschen, d. h. nichts. Durch Verneinung der Gegensätze werde alles verneint. (a. a. O. S. 672.)
§ 10. τὴν κίβωτον] Den Artikel vertheidigt Pertz, quaestiones
lysiacae I, 13.
§ 11. ἀργυροῦς] nach C und, wie es scheint, auch X. ἀργυρίου
Cobet. — ἀγαπήσειν, εἰ σώσω] Beispiele dieser Construction bei
K.F.Hermann, gesamm. Abhandlgg. und Beiträge S. 179 f. ὅτι Demosth.
XXXIX, 34. Der Infin. Demosth. LV, 19. Isokr. XVIII, 50. Das Ptcip
Demosth. XXIV, 124. Isokr. XII, 8.
§ 12. ἐπιτυγχάνει] περιτυγχάνει Herw., vielleicht wegen des
von G. Hermann zu Aristoph. Wolk. 195 gemachten Unterschieds:
ἐπιτυγχάνειν dicitur, qui quaerit, περιτυγχάνειν qui non quaerens in
aliquem incidit. Dieser Unterschied ist unhaltbar. Rauchenst. zu Lys.
XIII, 71. Dagegen spricht auch ὁ ἐπιτυχών, ʽder erste beste',
[Demosth.] LIX, 73. Platon Staat I, 352 ᵈ u. ö. — καταλαμβά-
νουσι] καταλ. ἡμᾶς Herw. — ὅποι] Mit Sauppe und Rauch. (IV)
für ὅπη. — εἰς τὰ τοῦ ἀδελφοῦ] Cobet (var. lect. 213) εἰς τἀδελ-
φοῦ und so Rauch. (IV) Herw., εἰς τοῦ ἀδ. Scheibe Westermann.
§ 13. ἥξων] καυτός will zufügen Herw. — ἐν τοιούτῳ]
Anderwärts mit dem Artikel. Xen. Agesil. 6, 7. Thuk. III, 81 (wo
Krüger). Plato Staat V, 470ᶜ. VI, 492c. VIII, 563ᵃ. ἐν τῷ τοιῷδε
Menex. 238 ᵇ, wo Stallbaum und zu Polit. 308b. Rehdantz zu Xenoph.
Anab. V, 8, 20. Ebenso εἰς τοιοῦτον Plato Gorg. 511ᶜ; ἐν τούτῳ
Demosth. IX, 65. Thuk. III, 76; εἰς τοῦτο Demosth. LIV, 6; ἐν τῷδε
Thuk. VI, 18, 3; ἐν οἴῳ Xenoph. Kyrop. III, 2, 12. Dagegen ἐν οἴοις
Anab. III, 1. 15; ἐν οἷς Demosth. XVIII, 163. Isokr. V, 70; ἐν τούτοις
Soph. Antig. 39; ἐν ἐκείνοις Antiph. V, 76; ἐν τοῖς τοιούτοις Timo-
kles bei Athen. VI, 237ᵈ. Andok. I, 118. — ἐδόκει] ἐδόκει τι
wollte Scheibe, vindic. lys. 41. διακινδυνεύειν steht ähnlich absolut
Xen. Hell. VII, 3, 5.
§ 14. πρόθυμον] προθύμως Herw. nach Hirschig.
§ 15. γάρ] Zur Stellung Xen. Anab. II, 2, 14. Thuk. IV, 43, 2;
V, 46 a. E.; VI, 65; VIII, 61. — ἡγούμην μέν, εἰ] ἡγούμην, εἰ
μέν Cobet, nov. lect. 351. Rauchenst. (IV vgl. Jahrb. 91, 9, 606).
Herw. (früher schon Reiske). Vgl. dagegen noch Platon Laches 193 a.
Thuk. VI, 62, 1, analog auch Lys. XXVI, 3: αὐτὸν ἀκούω μὲν διὰ
βραχέων ἀπολογήσασθαι, λέξειν δέ. — ὁμοίως] ὡμῶς Herw. Vgl.
dagegen Eurip. Iph. Taur. 489.
§ 16. ταῦτα] ταῦτα δή Cobet.
§ 17. ἐπ' ἐκείνων] so in der Aldina, Cobet und Francken Philol.
XIX, 714. Das handschriftl. ὑπ' ἐκείνων wollte man (schon Förtsch,
observat. crit. S. 20, neuerdings Meutzner a. a. O.) durch ein aus-
παρήγγειλαν zu entnehmendes παραγγέλλεσθαι vertheidigen; solche
Ergänzung eines Passivs aus activer Verbalform ist nicht ohne Beispiel
in thukydideischer Kürze (Böhme und Krüger zu Thuk. VI, 79 und Kr.

55, 4, 12), aber verträgt sie sich mit der schlichten, lichtvollen Sprache
dieser narratio? — πρίν] Zu diesem Gebrauche von πρίν vgl. Xen.
Kyrop. VIII, 4, 11: οὐ κλῆσιν ἀνέμνεν, ἀλλὰ πρὶν καλεῖσθαι παρῆν.
Isokr. VIII, 120. Plat. Menex. 246 ᵈ. Bäumlein, Modi 343 f. Ebenso
πρότερον πρίν Plat. Laches 180ᵉ. Xen. Kyrop. V, 2, 9; πρότερον ἤ
Isae. IX, 36.

§ 18. ἐξ οὐδεμιᾶς] so Cobet, wohl mit Recht. Madvig § 57 ᵇ,
Anm. — κλεισίον] Ueber den Begriff vgl. die Stellen der Lexikographen bei Vömel zu Demosth. XVIII, 129. — αἰτοῦσιν] Meutzner
a. a. 0. 673, der προΰθεντο auf die Freunde bezieht, will τοῖς αἰτοῦσιν. Er interpungiert auch nach ταφήν mit Komma und erst nach
ἐποιήσαντο mit Punkt. — εἰς τὴν ἐκείνου ταφήν] tilgt, vielleicht
mit Grund, als Glossem Herwerden.

§ 19. φόντο κτήσασθαι] κτήσεσθαι Cobet (vgl. var. lect.
97 ff. novae lect. 164), Herwerden, Francken Philol. XIX, 714 und früher schon Dobree. Madvig §. 172ᵃ zieht dem Gebrauch zu enge Gren-
zen (vgl. Philol. II, Supplem. S. 40 ff. Schneider zu Isokr. I, 24). Dagegen neuerdings Vömel zu Demosth. oratt. c. Aeschinem p. XVIII f.
Rehdantz zu Xenoph. An. VI, 5, 17. Böhme zu Thuk. III, 46, 2, besonders Bäumlein, Philol. XIX, 283 ff. — ὅτε τὸ πρῶτον ἦλθεν εἰς
τὴν οἰκίαν] Aus Misverständnis des ὅτε τὸ πρ. bezieht Francken
a. a. 0. die Worte auf die Frau des Polem. und denkt sich die Ohr-
glocken (unrichtig übersetzt er armillae) als Theil des Brautgeschmeides.

§ 20. ὥσπερ ἄν ἕτεροι] ὥσπερ οὐκ ἄν ἕτεροι nach Sauppe
bei Scheibe Rauchenst. Dagegen Funkhänel, Jahrb. 83, 8, 571 und
Meutzner a. a. 0. Westermann quaest. lys. III, 11 schlägt vor ὥσπερ
οὐδ' ἄν ἕτεροι. — πάσας μέν] μέν setzte Reiske ein; es fehlt bei
Western. Cobet Scheibe (der aber in der praefatio μέν billigt). —
τοιούτων ἠξίωσαν] Herw. interpungiert mit Scheibe (neuerdings
auch Meutzner) vor τοιούτων mit Colon, will aber am liebsten mit
Hamaker die Worte streichen und dann οὐχ ὁμοίως δέ schreiben.

§ 21. ἀτίμους τῆς πόλεως] τῆς πόλεως tilgt nach Sauppe
Rauchenst. (IV). Herwerden nach Dobree; auch Francken, comment.
lys. p. 81 nimmt an τῆς πόλεως Anstoss, früher schon Markland und
Reiske.

§ 22. ἀπολογησόμενοι] so nach Cobet (var. lect. 377),
Herw., gebilligt von Scheibe, lect. lysiacae in Jahrb. f. Philol. Suppl.
N. F. I, 4, 368. ἀπολ. καὶ λέγουσιν die Hdschr., vertheidigt von Kayser,
Philol. XI, 152, Rauchenstein Jahrb. 91, 9, 606. P. R. Müller
ebenda 616.

§ 25. ἤν] ἤ Herw. — ἵνα ἀποθάνωμεν] ἵνα μὴ ἀποθ.
nach dem Laurent. Scheibe, Cobet, Herwerden, früher auch Rauchenst.
Auf die im Commentar gegebene Vermuthung des Herausgebers ist
jüngst auch Joh. Frei, zu Lysias (Programm der Cantonsschule in Zürich
1864), S. 4 gekommen, ihm stimmt Rauchenst. Jahrb. a. a. 0. bei, wogegen Meutzner a. a. 0. 674 ἵνα ἀποθάνωμεν wie früher Sauppe ver-

ANHANG. **207**

theidigt. — $\ddot{\eta}\ \delta\iota\kappa\alpha\iota\alpha$] streicht Herw. nach dem Laurent, eingeklammert schon früher von Bremi und Förtsch.

§ 26. $\sigma\acute{\omega}\sigma\epsilon\iota\alpha\varsigma - \dot\alpha\pi\omega\kappa\tau\epsilon\acute\iota\nu\epsilon\iota\alpha\varsigma$] nach Kayser Philol. XI, 159. — $o\dot{v}\kappa\ o\check\iota\epsilon\iota\ \delta o\tilde v\nu\alpha\iota$] $o\dot vx\ \ddot\alpha\nu\ o\check\iota\epsilon\iota$ Herw. $o\check\iota\epsilon\iota\ \delta\epsilon\tilde\iota\nu\ \delta o\tilde v\nu\alpha\iota$ Madvig, Philol. II, Suppl. S. 41 und so Cobet, Rauchenst., dagegen Meutzner a. a. 0. Vgl. noch Mätzner zu Antiphon 220. Deinarch 142. Cron und Stallbaum zu Platon Laches 200ᵇ. Stallbaum zu Plat. Phaed. 95ᵇ Staat VI, 504ᵉ. Sauppe zu Plat. Protag. 346ᵇ. Westermann zu Demosth. XX, 90. Siefert zu Plut. Philop. 4.

§ 27. $\pi\varrho o\sigma\epsilon\tau\acute\alpha\chi\vartheta\eta$] So wegen des folgenden $\pi\varrho o\sigma\tau\alpha\chi\vartheta\tilde\eta\nu\alpha\iota$ und $\pi\varrho o\sigma\epsilon\tau\acute\alpha\tau\tau\epsilon\tau o$. An sich wäre das handschriftl. $\dot\epsilon\tau\acute\alpha\chi\vartheta\eta$ nicht verwerflich, da die unpersönliche Dativconstruction von $\tau\acute\alpha\tau\tau\epsilon\iota\nu$ zwar selten, aber doch gesichert ist. Xenoph. de re eq. 5, 2. Arrian Anab. VI, 30, 2 (wo Krüger freilich $\pi\varrho o\sigma\epsilon\tau\acute\alpha\chi\vartheta\eta$). Böhme zu Thuk. III, 22. Förtsch, observatt. p. 18 ff. — $\pi\acute\iota\sigma\tau\iota\nu\ \dot\epsilon\lambda\acute\alpha\mu\beta\alpha\nu o\nu$] $\pi\epsilon\tilde\iota\varrho\alpha\nu\ \dot\epsilon\lambda$. Bergk. $\pi\acute\iota\sigma\tau\epsilon\omega\varsigma\ \pi\epsilon\tilde\iota\varrho\alpha\nu$ Herw. (doch in den addendis $\pi\acute\iota\sigma\tau\iota\nu$), dagegen Francken Philol. XIX, 715. Ueber $\pi\acute\iota\sigma\tau\iota\varsigma$ (Beweis der Treue oder Wahrheit) nach Lys. IV. 18. Xenoph. Hell. VII, 1, 44. Isokr. XI, 31; XVI, 40 ('Garantie'), daher auch von kaufmännischer 'Sicherheit' Isokr. XVII, 44. — $\ddot\alpha\nu$ wollten unter andrer Deutung der Stelle einsetzen Herwerden und Francken a. a. 0. Em. Mr., liter. Centralbl. 1858, Nr. 12 verdächtigt die Worte $o\dot v - \dot\epsilon\lambda\acute\alpha\mu\beta\alpha\nu o\nu$. — $\dot\epsilon\nu$] $\pi\epsilon\tilde\iota\varrho\alpha\nu$ $\lambda\alpha\mu\beta\acute\alpha\nu\epsilon\iota\nu\ \ddot\epsilon\nu\ \tau\iota\nu\iota$ Xen. Anab. V, 8, 15. Plat. Protag. 348ᵃ. Isokr. XI, ·27. Deinarch I, 11. $\dot\epsilon\pi\iota\delta\epsilon\iota\kappa\nu\acute v\nu\alpha\iota\ \ddot\epsilon\nu\ \tau\iota\nu\iota$ Isokr. IV, 85. $\iota\delta\epsilon\tilde\iota\nu\ \dot\epsilon\nu$ Demosth. XVIII, 231. $\epsilon\ddot v\delta\eta\lambda\acute o\nu\ \dot\epsilon\sigma\tau\iota\nu\ \dot\epsilon\nu$ Xen. Hell. VII, 1, 6. — $\ddot\epsilon\pi\epsilon\iota\tau\alpha$] Die Deutung der Stelle theilweise nach Joh. Frei a. a. 0. S. 6. In andrer Weise ist $\ddot\epsilon\pi\epsilon\iota\tau\alpha$, welches durch Taylors $\dot\epsilon\pi\epsilon\acute\iota\ \tau o\iota$ verdrängt war, jüngst von Francken (Philol. a. a. 0.) und Rauchenstein (IV) vertheidigt worden. — $\tau\acute\iota\nu\alpha\ \gamma\acute\alpha\varrho\ \epsilon\acute\iota\kappa\acute o\varsigma$] $\tau\iota\nu\alpha\ \gamma\grave\alpha\varrho\ \ddot\alpha\nu\ \epsilon\acute\iota\kappa\acute o\varsigma$ Cobet, Herwerden. Vgl. dagegen Krüger 53, 1, 10. und zu Thuk. I, 81. — $\gamma\nu\acute\omega\mu\eta\nu$ $\dot\alpha\pi o\delta\epsilon\delta\epsilon\iota\gamma\mu\acute\epsilon\nu o\varsigma$] $\dot\epsilon\nu\alpha\nu\tau\acute\iota\alpha\nu$ $\gamma\nu$. Scheibe Cobet Herw. $\dot\alpha\nu\tau\alpha\pi o\delta\epsilon$- $\delta\epsilon\iota\gamma\mu\acute\epsilon\nu o\varsigma$ Mehler Mnemos. III, 8. $\kappa\alpha\acute\iota$ tilgt Em. Mr. im literar. Central-Bl. 1858, Nr. 12. Für $\dot\alpha\nu\tau\epsilon\iota\pi\acute\omega\nu\ \gamma\epsilon$ schreibt Cobet nach Mehler a. a. 0. $\dot\alpha\nu\tau$. $\tau\epsilon$; dafür auch Meutzner. Vor $\gamma\nu\acute\omega\mu\eta\nu$ setzt $\tau\acute\eta\nu$ ein Pertz, quaest. lys. I, 14.

§ 29. $\alpha\dot v\tau\tilde\eta\varsigma$] $\alpha\dot v\tau\tilde\eta\varsigma\ \dot\epsilon\kappa\epsilon\acute\iota\nu\eta\varsigma$ Kayser Philol. XI, 158; $\alpha\dot v\tau\tilde\eta\varsigma$ tilgt Herw. nach Dobree, $\alpha\dot v\tau\tilde\omega\nu$ wollten Baiter und Sauppe. — $\pi\varrho o\sigma$- $\epsilon\tau\acute\alpha\tau\tau\epsilon\tau o$] Mehr Beispiele Philol. XIX, 610. — $\pi o\tau\epsilon\ \kappa\alpha\acute\iota$] Cobet, var. lect. 377 will $\pi o\tau\grave\epsilon$ oder $\kappa\alpha\acute\iota$ streichen. Dagegen Scheibe, lectiones lys. a. a. 0. S. 368. Demosth. XXIV, 66; LIX, 118. Xen. Hell. II, 3, 47. Plat. Phaedr. 268ᵃ. Gorg. 455ᵃ (wo Stallbaum und Kratz), Aristoph. Ekkles. 946. Fried. 1289. Eurip. Troad. 1188. — Meutzner a. a. 0. 675 vertheidigt das handschriftl. $\pi\alpha\varrho'\ \alpha\dot v\tau o\tilde v\ \pi\acute o\tau\epsilon$.

§ 30. $\sigma\acute\omega\zeta\epsilon\iota\nu - \pi\alpha\varrho\acute o\nu$] Diese Vermuthung Sauppe's scheint wie diplomatisch der verworrenen Ueberlieferung so sachlich dem Sinn am besten zu entsprechen. $\sigma\acute\omega\zeta o\nu\ \tau\epsilon\ \alpha\dot v\tau\grave o\nu\ \kappa\alpha\grave\iota\ \tau\grave\alpha$ wollte Fr. Jacobs bei Bremi. Andere Versuche bei Westermann, quaest. lys. III, 13, wozu

neuerdings zwei Vorschläge Meutzner's a. a. O. S. 676. σώζοντα αὐτὸν κατὰ τὸ τούτοις ἐψηφισμένα Cobet. σώζονθ' αὐτὸν παρὰ τὸ τούτοις ἐψηφισμένον nach einer Vermuthung Scheibe's Herwerden.
Funkhänel (Jahrb. f. Philol. 83, 3, 572), Rauchenst. (IV) und Wester-
mann a. a. O. S. 14 halten die Worte, weil der Erörterung § 31 vor-
greifend, für unächt; sie könnten wohl eine corrumpierte erläuternde
Glosse zu ἐν τῇ ὁδῷ sein. Kayser Philol. XI, 164 findet das Zeugma
in dem Gebrauch von σώζειν bedenklich; doch ist dies Fluctuieren der
Bedeutung eher der πλοκή ähnlich. — τέ] zum Hyperbaton des τέ
Platon Kriton 43ᵇ. Sauppe zu Plat. Protag. 325ᵇ. Mätzner zu Lykurg
S. 180 und zu Antiphon S. 185. Schiller, analecta ad Lys. orat. S. 94.
Hertlein zu Xen. Kyrop. V, 3, 2. — ὀργίζεσθε] ὠργίζεσθε Francken
Philol. XIX, 715, und so Rauch. (IV) und Herw. nach Dobree. Dass aber
von dem noch gegenwärtig die Richter beherrschenden Affect die
Rede ist, zeigt συγγνώμην ἂν ἔχοιτε § 31. Vgl. auch Meutzner a. a.
O. — ὅσοι] Ueber die Ellipse des Demonstr. noch Isokr. XV, 291.
Bernhardy, Syntax S. 285. Funkhänel a. a. O. An πᾶσιν dachte schon
Reiske.

§ 31. τοῖς] In den Hdschrr. τούτοις, daher will Meutzner που
τοῖς. — εἶχεν] Vgl. noch σεμνοὺς λόγους ἔχειν Isokr. XI, 9. αἰσχύ-
νην ἔχειν Demosth. XXXXV, 66. Isokr. X, 60. Eurip. Androm. 244.
φιλοτιμίαν ἔχειν Demosth. XXIV, 181. φθόνον ἔχειν καὶ δυσμένειαν
καὶ βλασφημίαν Isokr. V, 68. Mehr bei Classen zu Thuk. I, 97, der
jedoch ἔχειν irrig == παρέχειν deutet; dagegen Schneider zu Isokr.
I, 34. — βουλομένων] aus Misverständnis wollte Dobree βουλόμενον σώζειν.

§ 32. ἀδίκως ἀποθανεῖσθαι] Herw. nach Dobree δικαίως.
In der That ist die Antithese etwas lahm und der Gebrauch von μηνυ-
τής ungewöhnlich. Doch vor welchem Tribunal sollte Eratosth. zur
Zeit der Dreissig die μέλλοντες δικαίως ἀποθανεῖσθαι anzeigen?
Auch entspräche diese Abstraction vom besonderen Falle des Polemarch
nicht dem auf diesen allein bezüglichen Schlusse § 33.

§ 33. παρ' αὐτοῖς] παρ' ἡμῖν αὐτοῖς Herw. Ueber die
Phrase vgl. Hertlein zu Xen. Kyrop. IV. 6, 10. — πάντα τὰ κακὰ —
πάντα τἀγαθά] Die Artikel streicht nach Dobree Herw. und so
Sauppe, Philol. XV, 149. Dagegen Hertlein, Conject. zu den griech.
Prosaikern (Progr. Wertheim 1862) S. 14. πάντα τὰ δεινότατα De-
mosth. XXIV, 177. LV, 32, aber πάντα κακά Eurip. Med. 1369.

§ 34. τί ἂν ἐποίησας] Zur Schlussform noch Isokr. XI, 8.
XX, 4. [Andok.] IV, 26. Deinarch I, 13. Demosth. LVIII, 45. —
ἐποίησας nach Dobree, so auch Cobet und Herw. ποιήσαις nach den
Hdschrr. Westermann. Die Anwendung auf einen in der Vergangenheit vorliegenden Vorgang ist in dieser Wendung stehend und hier, wegen des συνειπών ganz unerlässlich. — φέρε δή] Die von allen Herausgebern angenommene Structur der Worte: φέρε δή, τί ἂν, εἰ —
υἱεῖς; ἀπεψηφίσασθε; unterliegt dem Bedenken, dass die Ellipse des
Verbums bei τί ἂν (etwa ἐποιήσατε) in Prosa wohl ohne Beispiel ist

(nur bei Aristoph. Wolk. 154: τί δῆτ᾽ ἄν (sc. λέγοις), ἕτερον εἰ πύ-
θοιο Σωκράτους φρόντισμα, ebenso Lysistr. 399. Deinarch I, 68 ist
andrer Art). Vielleicht bedarf ᾽es nicht einmal der Einsetzung des διὰ
vor τί, denn τί = διὰ τί wäre nicht auffälliger als z. B. Demosth.
prooem. 43, 1; 53, 5. Dem Sinne entsprechen würde auch τί ἄν, εἰ
— υἱεῖς, ἐψηφίσασθε, eine Frage, deren selbstverständliche Antwort
aus dem Folgenden sich ergiebt. Francken Philol. XIX, 716 und schon
früher Dobree vermuthen eine Lücke. — καὶ ἀδελφοί] καί tilgt
Herw. — ἐτύχετε — ἀπεψηφίσασθε] Kayser und mit ihm
Rauchenst. (III. IV) ἐτυγχάνετε — ἀπεψηφίζεσθε, was auch Scheibe
billigt; dagegen halten Cobet und Herw. die Aoriste. Vgl. Eurip.
Androm. 215 ff. Meutzner a. a. O. S. 676. Aken Tempus und Modus
§ 65. — ἀπεψηφίσασθε] ἄν wollten zufügen Markland und
Francken Philol. XIX, 715. — διαψήφισιν] Die richtige Deutung
des Wortes bei Westermann, de iurisiurandi iudicum Atheniensium formula comment. pars III (Programm Leipzig 1859) S. 9 ff. und über das
ähnliche διαφέρειν τὴν ψῆφον Krüger zu Thuk. IV, 74.
§ 35. τὸ ἴσον ἔξουσιν] Vgl. noch Lykurg 142. Isokr. VII, 69.
Demosth. LI, 11 (ποῦ τὸ πάντας ἴσον ἔχειν καὶ δημοκρατεῖσθαι φαίνεται); XXI, 96 (τῶν ἴσων μετέχειν τοῖς ἄλλοις), 112 (τῶν ἴσων καὶ
τῶν ὁμοίων), 188 (τῶν ἴσων μέτεστιν ὑμῖν διὰ τοὺς νόμους), Eurip.
Suppl. 408. (Andok.) IV, 27 (τοῖς πολίταις οὐκ ἐξ ἴσου χρῆται, ἀλλ᾽
οὐδενὸς ἀξίαν τὴν δημοκρατίαν ἀποφαίνει). Thuk. II, 37; VI, 16. Aristot.
Polit. VII, 2, S. 179 (Bekker). Daher ἰσότης Merkmal der Demokratie
Isokr. III, 15, als der πολιτεία ἐπὶ τοῖς ἴσοις καὶ ὁμοίοις Xenoph.
Hell. VII, 1, 45. Dagegen πλεονεκτεῖν Xen. Hell. II, 3, 16. Aristot.
Polit. VIII, 1, S. 194. πλέον ἔχειν ζητεῖν Isokr. XVIII, 50; πλεονεξία
[Demosth.] XXVI, 13; ἐλαττοῦσθαι Xen. Hell. I, 4, 16. — ἡ που]
Ebenso noch VII, 8; XXVII, 15; XXX, 17. [Lys.] VI, 12; VIII, 11.
Isokr. IV, 138; XV, 33. Andok. I, 86. Demosth. XXIV, 53. Lykurg 71
(wo Mätzner). Andere fassen solche Sätze als ironische Fragsätze: ᾽da
sollen sie wohl nicht᾽ u. s. w. Schneider zu Isokr. I, 49. — τιμω-
ροῦνται] Wenn anstatt des handschriftl. unverständlichen τηρουμέ-
νους nicht das von Canterus vorgeschlagene τειρομένους (spöttisch,
wie wir: ᾽sich für Jemand anstrengen᾽) vorzuziehen ist, so muss wenigstens τιμωροῦνται, nicht τιμωρουμένους, corrigirt werden. Im
Sprachgebrauch des Lysias bezeichnet das Med. stets die Rache im
eigenen Interesse. — περιέργους] Scheibe wollte περιέργως.
Doch „sie werden sich für überflüssig halten, wenn sie".
§ 36. ὅτε] kausal auch Lykurg 123. Andok. II, 9. Demosth.
XIV, 7. [Dem.] LX, 29. Vömel zu Demosth. XVIII, 114. — τοὺς ἐκ τῆς
θαλάττης] ναυαγούς fügt hinzu P. R. Müller Philol. XII, 96. und de
emendandis aliquot locis in orationibus Lysiae (Progr. Rossleben 1858)
S. 8. νεκρούς nach Dobree Herwerden, was aber nicht einmal sachlich
richtig ist; vgl. ausser Grute besonders Herbst, die Schlacht bei den
Arginusen S. 37, Anm. 51. — τούτους δέ] τούτους δὲ δή Westerm.
und Cobet nach der Vulgata. — ναυμαχοῦντας] Meutzner will

τοὺς ναυμ. (a. a. O. 677). — οὐκ ἄρα] Eine andere Erklärung findet in dieser Wendung keine Anakoluthie, sondern den Ausdruck ironischer Verwunderung ('vielleicht nicht' Classen zu Thuk. I, 121). Doch der Uebergang zur Frage empfiehlt sich durch analoge Absprünge aus der begonnenen condicionalen Rection, wie Isae. II, 42: δεινὸν τὸ πρᾶγμα εἶναι νομίζω, εἰ ἡνίκα μὲν ὁ Μενεκλῆς εἶχέ τι, τότε μὲν ἔδωκα ἐμαυτὸν υἱὸν αὐτῷ ποιήσασθαι, ἐπειδὴ δὲ ἐκεῖνος ἐτελεύτησεν, εἰ προδώσω, πῶς οὐκ ἂν δεινὸν τὸ πρᾶγμα εἶναι δοκοίη; IX, 15 [Andok.] IV, 38. Xenoph. Oekon 8, 17. Vgl. Stallbaum zu Platon Gesetze XI, 931ᶜ. Franke, de particulis negantibus linguae graecae comment. III (Progr. Meissen 1859) p. 6 f.

§ 37. δίκην] ἱκανὴν δίκην Cobet Herw. (der auch vorschlägt: οἳ οὐδ' ἂν ὑπὲρ ἑνὸς — ἀποθανόντες δίκην δοῦναι δύναιντ' ἀξίαν. Die Vulgata vertheidigt Förtsch, observatt. 55. Nach δύναιντ' ἄν vermuthet Westerm. quaest. lys. III, 15 eine beträchtliche Lücke.

§ 38. ἐξαπατῶσιν ὑμῖν] ὑμᾶς will Bake. Doch ἐξαπατᾶν ohne Object auch XXXI, 16. („Lug und Trug machen"). — Die Anakoluthie in ἐξαπατῶσιν scheint Meutzner (S. 678) zu hart und schlägt er vor: ἐὰν πρὸς μὲν — ἀπολ. τολμῶσιν, περὶ δὲ — ἐξαπατῶσιν. — ἤ] Meutzner will ἢ ὡς. — φίλας] Cobet früher (vgl. auch N. L. 357) und Rauchenstein (III. IV. Jahrb. 91, 9, 607) φιλίας; doch vgl. Isokr. XVI, 21.

§ 39. ἐπεί] Sachgemäss, doch nicht unbedingt nothwendig ist die Emendation von P. R. Müller (Jahrb. f. Philol. 87, 8, 534) ἂν ταῦτ' εἴπη. Scheibe und Kayser wollen ἔπειτα. Vgl. dagegen Joh. Frei a. a. O. S. 7 f.

§ 40. τοσαῦτα] eingesetzt von Scheibe nach Reiske. — οἷα τῆς] οἷα τὰ τῆς Cobet Rauchenst. (IV). — οἵτινες] Dieser emphatische Gebrauch des Relativs häufig bei Lysias III, 29; V, 4; [VIII, 5]; IX, 16; XXX, 4. 9. 21. 25. 27; XXIX, 6; XXXII, 20. — ἀλλ' ὅτι ἑαυτοῖς] nach Sluiter, Scheibe, Westerm., Cobet, Herw. für das handschriftl. ἀλλ' οἷς αὐτοῖς. ὅτι tilgt Rauchenst. nach Classen, wo dann der Satzbau nach der Bemerkung zu XIII, 18 zu beurtheilen. — βεβαιοτέραν] βεβ. ἄν Herw.

§ 41. ὑπὲρ αὐτοῦ] nach Francken (Philol. XIX, 716) und Rauchenst. (IV), gebilligt von Meutzner a. a. O. 678. Sonst αὐτῶν. — ἐπαινεῖν] Ohne Grund vermuthen Taylor, Kayser, Herwerden dahinter eine Lücke.

§ 43. ἡ ναυμαχία καὶ ἡ συμφορά] ἡ ναυμ. καί streicht Herw. als „interpretamentum". — ἐναντία] τἀναντία Herw. Vgl. zu XIII, 96. — Κριτίας] Vgl. Hertzberg, Alkibiades S. 302. Ueber die Ephoren neuerdings noch in Uebereinstimmung mit Rauchenstein Curtius, griech. Geschichte II, S. 762. (2. Aufl.).

§ 44. φυλάρχους] φρουράρχους nach K. F. Hermann Herwerden. — φυλακάς] φυλάς nach Taylor und Markland gebilligt von Westerm. quaest. lys. III, 17 ('ita tamen ut phylarchus habeam non pro publico Atheniensium magistratu sed pro apparitoribus ab ipsis

ephoris privatim constitutis '). — χρείη] Im Palatinus χρή, was Aken,
Tempus und Modus § 291 und Meutzner a. a. O. vielleicht mit Recht
festhalten (Stallbaum zu Plat. Sympos. 190ᶜ). Ueber den Wechsel der
Modi vgl. Isae. VI, 13 und zu § 48. —⊥ μόνον] μόνων Herw. —
ψηφίσαισθε] Im Palat. ψηφίσησθε (den Wechsel von Conj. und
Futur vertheidigt Aken § 146). ψηφιεῖσθε Cobet (var. lect. 177).
Rauchenst. (III. IV). λήψεσθε nach Reiske Herw. ψηφίσαισθε verthei-
digt Meutzner. — πολλῶν] So allerdings auch Lys. XXI, 25: πολ-
λῶν ἐνδεεῖς ὄντες περιιέναι ἀναγκασθησόμεθα, wo jedoch jüngst
Pluygers (Mnemos. XI, 1, 84) auch πάντων vorschlägt.

§ 47. εἰ ἰσωφρόνουν] an zweiter Stelle streicht nach Dobree
Herwerden. Vgl. dagegen z. B. (Xen.) Staat der Ath. 2, 15. — οὐκ —
μέν — δέ] so noch XXX, 30 und eine ganze Reihe solcher Perioden
Lykurg 65; mit Negation im zweiten Glied X, 8 und Rehdantz zu
Demosth. IX, 27. 57. — οὐκ ἄν — ἐνόμιζον — παρέβαινον]
Diese Uebertragung des ἄν auf beide adversative Satzglieder ist leicht,
wenn ἄν vorausstehend den ganzen Gegensatz beherrscht (vgl. noch Lys.
XIV, 14. Isokr. V, 76. Antiph. V, 62. Hypereid. Epitaph. col IX, Z. 4.
Demosth. XXIII, 11. XXXX, 23), weit seltener, wenn ἄν, dem ersten
Gliede eingefügt, formell nur zum ersten Verb gestellt ist, wie Andok.
I, 67: ἐγὼ τῆς μὲν τύχης δικαίως ἄν ἐλεηθείην, τῶν δὲ γενομένων
ἕνεκεν εἰκότως ἀνὴρ ἄριστος δοκοίην Xenoph. Hiero 6, 15. Platon
Staat VII, 538ᵇ. — ἐπί] Ebenso Lys. I, 31. Isokr. I, 50 (wo Schnei-
der). Isae. III, 20; XI, 35. Andok. II, 25. Antiph. V, 88. Demosth.
IV, 20 (ἐπὶ τῷ πράττειν οὐδὲ τὰ μικρὰ ποιεῖτε); XXIV, 135. Xenoph.
Mem. II, 4, 3. So in, z. B. Cic. Philipp. XI, 4, 9.

§ 48. ἄλλων] κακῶν nach dem Laurent. Dobree, Herw., Cobet.
Ueber einen ähnlichen Gebrauch von ἕτερος vgl. Stallb. zu Plat. Phaed.
114ᵉ und Hertlein zu Xen. Kyrop. VIII, 3, 8. — ἐχρῆν αὐτόν]
In den Hdschrr. und Ausg. ἐχρῆν ἄν; nur Cobet hat ἄν getilgt. Der
Gegensatz ist offenbar: ἀλλ' ἦρχε παρανόμως, ἄν aber liesse (Kr. 53,
2, 7) einen Gegensatz zum Begriffe des ἐχρῆν selbst erwarten (VII, 22;
XXXIII, 4. Isokr. XV, 17. Xen. An. V, 1, 10, ebenso bei ἐξῆν Lys.
IV, 13 und mehr Jahrb. f. Philol. 82, 9, 419); nur scheinbar ist eine
Ausnahme Platon Staat IX, 582ᵉ: εἰ πλούτῳ καὶ κέρδει ἄριστα ἐκρίνετο τὰ κρινόμενα, ἃ ἐπῄνει ὁ φιλοκερδής καὶ ἔψεγεν, ἀνάγκη ἄν
ἦν ταῦτα ἀληθέστατα εἶναι; denn dort folgt gleich der Gegensatz zu
der angenommenen Nothwendigkeit: ἀνάγκη, ἃ ὁ φιλόσοφος
ἐπαινεῖ, ἀληθέστατα εἶναι. Dem feststehenden Usus gegenüber wird
die Vertheidigung des ἄν bei Bäumlein, Modi 143 (ʻals subjective
Behauptung über Vergangenes') und Philol. XVI, 1, 142 nicht aufrecht
zu halten sein, und eine logische Entwickelung des Begriffs ἀνὴρ ἀγαθός ('für den Begriff des ἀγ. wäre es nöthig gewesen, dass er etc.; war
er nicht ἀγαθός, fällt die Nothwendigkeit weg') mit Aken, Tempus und
Modus § 79 (ähnlich jüngst Meutzner a. a. O. 678) anzunehmen, ist
nicht möglich, da der Redner ja praktische Postulate aufstellt und sagt,
was Eratosth. hätte thun sollen, nicht aber dialektisch einen Begriff

erörtert. (Neuerdings giebt Aken, Zeitschr. f. d. Gymnas.-Wescn, herausg.
von Hollenberg etc. XVIII, 4, 275 selbst die Nothwendigkeit einer Emendation zu. Für αυτόν, woran schon Bekker dachte, spricht noch der
sorgfältig beobachtete Usus, dem zufolge bei ἔδει wie bei ἐχρῆν sehr
selten das bestimmte Subject fehlt. (§ 50. XIII, 72.) — εἶεν] εἰσί
Herwerden nach Dobree, ebenso will Rauchenst. (III. IV). Zum Wechsel
der Modi vgl. noch Isae. IX, 20. Demosth. XXIV, 213; XXXXVII, 68;
LIII, 5. Böhme zu Thukyd. IV, 130. Schömann zu Isae. 413. Stallbaum
zu Plat. Staat VI, 490ᵈ. Menex. 240ᵈ. Aken § 98. Sehr häufig ist
der Wechsel bei Xenophon: Hellen. III, 5, 25; V, 3, 12 (Wechsel von
εἴησαν und εἰσίν); VI, 4, 7; 5, 34; VII, 1, 34. Hertlein zur Anab.
III. 5, 13.

§ 49. Ἔλαττον εἶχον] Westerm. quaest. lys. III, 18 möchte
ἔλ. ἠδίκουν oder ἐλάττω αἰτίαν εἶχον.

§ 50. Ἔν τῳ λόγῳ] So nach Lipsius, quaestionum lysiacarum
specimen (Progr. Leipzig 1864) p. 17 sq. Dieselbe Emendation macht
nochmals Meutzner a. a. O. 679. Kayser wollte ἐν τοῖς λόγοις, gebilligt von Rauchenst. (auch neuerdings Jahrb. 91, 9, 607); Dobree ἔργῳ
ἢ λόγῳ. Gegen Lipsius Scheibe, liter. Centr.-Bl. 1865 Nr. 19. —
ἐνταυθοῖ] So noch ἐνταυθοῖ vom terminus in quo Demosth. XXVII,
54. Antiph. V, 2 (οὐ — ἐνταυθοῖ). Aristoph. Thesm. 225 (ἐνταυθοῖ
μενῶ) Stallbaum Plat. Apol. 33ᵈ und die Nachweise bei Scheibe. Dafür
ἐνταυθί (was auch Dindorf in Demosthenes durchweg herstellt) Cobet,
Herw., Rauchenst. (IV). — ἐκεῖνά τε αὐτῷ] Nach Spuren im Palat.
(αὐτὰ ᾧ) schlägt Scheibe vor: ἐκεῖνά τε αὐτὰ τούτῳ. Neuerdings vermuthet Westerm. quaest. lys. III, 18: ἐκεῖνά τε αὐτά οἵ; sehr wahrscheinlich, wenn αὐτός intendierend ('gerade') wie bei οὗτος, so auch
bei ἐκεῖνος nachweisbar ist.

§ 51. ἀμφότερα ταῦτα] Die Verbesserung ἀμφ. τε ταῦτα
(Hamaker, gebilligt von Scheibe) hilft diesem locus impeditus schwerlich auf. — ταῦτὰ πράξουσι] Das handschriftl. ταῦτα πράξουσι
ist kaum verständlich und durch vielfache Verbesserungsversuche heim-
gesucht worden (πάντα πράξουσι Markland, τὰ μέγιστα πρ. Dobree
und Herwerden, ὑμῖν τἀναντία πρ. P. R. Müller, Jahrb. f. Philol. 87,
8, 535); ταῦτά empfiehlt sich wohl ausser durch den Anschluss an die
Ueberlieferung auch durch den herben Spott. Meutzner a. a. O. 680
nach Reiske's Vermuthung ὁπότεροι μόνοι (da in den Hdschr. ὁπ. μοι).
— καὶ τῆς πόλεως ἄρξουσιν] streicht Herw. als 'manifestum
emblema'. Ueber καί 'und zwar', beinahe = 'das heisst' Stallb. zu
Plat. Staat IX, 578ᶜ.

§ 52. καὶ γὰρ εἰ] Canterus, Sauppe, Rauchenst. (IV), Cobet, da
in den Hdschrr. καὶ γάρ. (Doch ist καί nicht mit Sauppe durch „schon"
zu erklären, sondern καὶ γάρ ist, wie gewöhnlich, etenim); εἰ γάρ
nach Sintenis (Philol. VI, 751, ebenso Meutzner a. a. O.) Scheibe
Westerm. Herw. — κάλλιον ἦν] κάλλιον ἂν ἦν in den Hdschrr.
(ausser dem Laurent.) und Ausg. nach Bekker (auch Cobet hat ἄν, obgleich er es in den adnotationes ad orationem de arte interpretandi 89

beseitigte); doch ist der Gegensatz: ἀλλ᾽ οὐκ ἐπεδείξατο, wogegen ἄν
bei κάλλιον, κρεῖττον, ἄμεινον ἦν u. dgl. einen Gegensatz zu dieser
Würdigung der abhängigen Handlung, nicht zu dieser letztern selbst
erwarten lässt. Vgl. Lys. I, 40. Isae. II, 15. Demosth. XXXXVI, 13;
LII, 24. Isokr. XIV, 18; XX, 14. Aristoph. Wesp. 209. Antiph. V, 61.
Thuk. I, 38. Stallbaum zu Plat. Symp. 190ᶜ; Staat V. 450ᵈ; Ges.
V, 744ᵇ. Dagegen καλῶς ἄν εἶχεν Isokr. VI, 4. Rauchenst. (IV) klammert ἄν ein, Meutzner verwirft es. — τὴν αὐτοῦ εὔνοιαν] So
schon Markland für das unverständl. συνουσίαν (die Bedeutung 'Partei-
genossenschaft', die Meutzner annimmt, ist nicht nachgewiesen); lieber
προθυμίαν will Sintenis a. a. O., συνεργίαν oder εὐμένειαν schlägt
vor Westerm., τὴν πρὸς αὐτοὺς εὔνοιαν Herw.

§ 53. περὶ τῶν διαλλαγῶν] τῶν will Cobet (var. lect. 377)
tilgen. Dagegen Scheibe lect. lys. 368. Vgl. zu XIII, 5. 80. In der
Ausgabe hat Cobet τῶν. — τὰ πρὸς ἀλλήλους ἔσεσθαι ὡς ἀμφοτέροις ἔδοξεν] In den Hdschrr. fehlt τά und statt ἀμφοτέροις
ἔδοξεν steht ἀμφότεροι ἔδοξαν (so Westerm.), wofür man ἔδειξαν
(Cobet, dafür auch Meutzner) und ἐδείξαμεν (Scheibe, Rauch., Herw.)
geschrieben hat. Die Deutung: 'wir würden beiderseits so versöhnlich gegen einander sein' ist schwerlich haltbar, da in das εἶναι
πρὸς ἀλλήλους der Begriff 'so versöhnlich' erst hinein interpretiert
werden muss und nicht einmal an einem οὕτως eine Stütze findet (deshalb will Francken, Philol. XIX, 716 ein πρᾷοι einschieben). Durch ὡς
ἀμφοτέροις ἔδοξεν wird dagegen das ἔσεσθαι ausreichend qualificiert
als ein den beiderseitigen Interessen entsprechendes Verhalten (früher
wollte Scheibe, vindic. p. 53 ähnlich ὡς ἀμφοτέροις δόξαν, Classen ὡς
ἀμφοτέροις δόξειαν, sc. αἱ διαλλαγαί). τά ist zugesetzt, weil εἶναι
πρὸς ἀλλήλους für διακεῖσθαι πρὸς ἀλλ. nicht nachgewiesen ist, leichter würde das Verständnis, wenn die Aenderung des ἔσεσθαι in διαλύ-
σεσθαι nicht zu gewagt wäre. Neuerdings vermuthet Westerm. (quaest.
lys. III, 19) συμβήσεσθαι.

§ 54. δικαίως ἄν] will Francken a. a. O. S. 717 tilgen, als
ein 'scioli additamentum'. Westerm. a. a. O. vermuthet εἰκότως ἄν.

§ 55. Φείδων [ὁ τῶν τριάκοντα] γενόμενος] Die An-
gabe, dass Pheidon einer der Dreissig gewesen sei, war nach § 54 gewiss überflüssig; daher tilgt Herw. alle vier Worte. Doch ist ὁ τῶν
τριάκ. wohl ein fehlgehender Zusatz zu dem ursprünglichen γενόμενος;
denn dies ist nicht entbehrlich, da sonst der Genitiv τούτων in der
Luft schwebt: von den Nominibus propriis lässt er sich schwerlich abhängig machen. Auch ist die Apposition οἱ δοκοῦντες — ἑταιρείᾳ
wohl eine geeignete Erklärung des Eintritts in die Dekaduchen (τούτων — γενόμενος), nicht aber der von diesen veranlassten Ausdehnung
des Kampfes. — αὐτοί] So alle neueren Herausgeber seit Scheibe
ausser Westerm. nach Markland und Spuren im Palat.; das αὐτούς der
Vulgata (Meutzner, Jahrb. f. Philol. 91, 10, 681 will αὐτούς, da sie
selbst für ihre Wahl intriguiert hätten und αὐτοί 'ganz müssig' sei)
wäre zwar unbedenklich hinsichtlich des schnellen Subjectswechsels

(zu κατέστησαν dann zu denken οἱ ἐν ἄστει; vgl. z. B. Demosth.
XXXVI, 3. Thuk. II, 81), doch scheint eine schärfere Hervorhebung der
Zehn gegenüber den von ihnen zwar gehassten, aber im Thun noch
überbotenen Dreissig geboten. — τοῖς ἐξ ἄστεος] die Hdschrr. unverständlich ἦ τοῖς ἐξ ἄστ. Vgl. Emperius, opusc. 79.

§ 56. οἶ] So Westerm. Cobet; ᾧ Rauchenst. Sauppe, gebilligt
vom Recens. im literar. Centr.-Blatt 1860, Nr. 5 und, wie es scheint,
von Westerm. quaest. lys. III. 20; indessen wird die Art, wie sie ἐπεδείξαντο, erst § 57 durch das ἀμφοτέροις ἐπολέμουν angegeben. οἷς
Scheibe (II) und Herw., doch bewiesen sie dies doch nicht blos denen
ἐξ ἄστεος, sondern πᾶσι (§ 57). οἶ vertheidigt Meutzner a. a. O.

§ 57. τὰς ἀρχάς] Westerm. a. a. O. vermuthet τὴν ἀρχήν. —
πάντα κακὰ πεπονθόσι] πάντα κακά tilgt trotz des Isokolon
Herw. als 'male repetitum'! — δῆλον ἦν] ἦν streicht Herw. nach
Dobree. — δικαίως — ἀδίκως — δικαίως — ἀδίκως]
Westerm. Rauchenst. Umgekehrt ἀδίκως — δικ. — ἀδ. — δικαίως
Cobet, Herw. wie Scheibe nach Sluiter. In den Hdschrr. δικ. — ἀδ. —
ἀδ. — δικαίως, was Meutzner a. a. O. vertheidigt. — οἱ τριάκοντα]
οἱ δέ Herw. nach Dobree.

§ 58. τοὺς κρείττους αὐτῶν] Herw.: 'Ingeniose Dobr.: τοὺς
Κριτίου ἑταίρους s. στασιώτας'. — δι' ὑμᾶς] Rehdantz, Index zu
Demosth. I. unter διά und Scheibe, vindic. lys. 60.

§ 59. εἴτε καὶ τῶν] καί streicht (wie früher schon Reiske)
Herw. Vgl. dagegen noch Hertlein zu Xen. Kyrop. I, 5, 3.

§ 60. πόλεις ἐπάγοντες] fremdartig ist der Ausdruck, doch
als Hyperbel wohl zu deuten. Classen dachte (wie Markland) an eine
Verschreibung für πολεμίους. Cobet: πόλεις ὅλας ἐπάγ. — εἰ μὴ
διά] Die richtige Erklärung der Formel bei Schneider zu Isokr. V, 92.
Vgl. noch Demosth. XIX, 74. 90; XXIII, 180. Bernhardy, Syntax 236.
Stallb. zu Plat. Gorg. 516ᵇ. — οἷς δηλώσατε] Der Imperat. nach
dem Relativ z. B. noch Demosth. I, 20; XVIII, 173. Aeschin. III, 244.
Antiph. I, 22. Hypereid. f. Lykophr. S. 28, Z. 22 (Schneidew.). Krüger
zu Herod. I, 89. Aken § 254.

§ 62. ἀπολογήσεσθαι] Verbesserung Marklands. Das handschriftl. ἀπολογήσασθαι vertheidigt Meutzner a. a. O. — Θηραμέ-
νους] sehr richtig beurtheilt von Th. Herbst, Schlacht bei d.
Arginusen S. 58 f. und Hertzberg, Alkibiades 285 f. — παραστῇ]
προσστῇ Sauppe Philol. XV, 150, gebilligt von Hertlein, Conject. zu
griech. Prosaikern II, 28. Meutzner a. a. O. und so Rauch. (IV). Heisst
aber προσίσταταί μοι nicht: ' es ist mir zuwider' ('es steht mir bis
oben herauf')?

§ 63. ὁπότε καί] Vgl. noch Isokr. XV, 208. Demosth. XIX, 1.
Lykurg 71. Isae. IV, 14. Xenoph. Hell. VI, 5, 48. — οὐ γὰρ ἴσον]
Zur Litotes noch Demosth. XXIII, 196; XXIV, 103. Für οὐ γάρ will
Kayser καὶ γάρ; ἀλλ' οὐ γάρ Francken Philol. XIX, 717 und schon
früher Baiter.

§ 64. περιέστηκεν — τοὐναντίον] περιεστ. εἰς τοὐναν-

τίον Herw. — αἰτίου —·γεγενημένου] In den Hdschrr. αἰτίους
— γεγενημένους, vertheidigt von Meutzner a. a. O.

§ 65. ταῦτ᾽ ἔπραττεν] So für das kaum verständliche ταῦτ᾽
ἔπραττεν der Hdschrr. und Ausgaben. Schon Classen wollte ταυτά.
Meutzner a. a. O. 683 betrachtet aus sehr subjectiven Gründen die
Worte καὶ ὁ μὲν πατὴρ — ἠρέθη als Glosse.

§ 66. Πείσανδρον] Kock zu Aristoph. Vög. 1556. — προ-
τέρους] den tropischen Gebrauch bestritt Dobree, advers. I, 218.
Das handschriftl. πραοτέρους suchte Classen zu vertheidigen. Dagegen
Emperius opusc. 79. — τότ᾽ ἤδη] τότε δή Herw. — Ἀριστοκρά-
τους] Ueber ihn Naber, Mnemosyne I, 225. Kock zu Aristoph. Vög. 126.

§ 67. διὰ δέ] ἅμα δὲ διά Cobet Rauchenst. (IV).

§ 68. τιμώμενος δέ] Scheibe denkt an den Ausfall eines καὶ
ὕστερον. Dagegen Meutzner a. a. O. — ὑπέσχετο δέ] Ueber δέ vgl.
Philol. XV, 534 f. Breitenbach zu Xen. Hell. VI, 4, 30. Krüger zu
Thukyd. I, 77. Ueber autem Kühner zu Cic. Tuscul. I, 2, 3.

§ 69. σωτήρια] nach Markland u. Reiske; σωτηρίαν nach den
Büchern Cobet. Vgl. zu XXV, 33. — ἀντιλεγόντων μέν — εἰδότες δέ] Verbindungen des absoluten und konstruierten Ptcps kommen bei Lysias noch vor: durch δέ II, 37, durch ἀλλά XXVII, 11, durch
καί XIV, 38, [XX, 19] fragm. 35, durch ἤ IV, 11. — τῶν πολεμίων
ἕνεκεν] βλάβης will vor oder hinter ἕνεκεν Kayser setzen; vgl.
degegen Meutzner a. a. O. — πατρίδα] ohne Artikel. Vömel zu
Demosth. XVIII, 242. — παῖδας καὶ γυναῖκας] höchst selten
umgekehrt. Mätzner zu Lykurg S. 75, wo hinzuzufügen Plat. Staat IX,
578ᵉ (erst γυναῖκα καὶ παῖδας, dann παίδων καὶ γυναικός) und
Herod. VI, 19 γυναῖκες καὶ τέκνα.

§ 70. ἀποστερηθήσεσθε] ἀποστερήσεσθε Cobet, Herwerden.
Dass aber beide Formen berechtigt, beweist W. Francke, Philol. Suppl.
I, 4, 460.

§ 71. ὑπ᾽ ἐκείνων] so nach Markland und Rauchenst. Scheibe,
Herw. ὑπ᾽ ἐκείνου nach d. Hdschrr. Westerm. Cobet, so auch Meutzner
a. a. O. 684. Für ὁ λεγόμενος vermuthet ὁ ὡμολογημένος Westerm.
quaest. lys. III, 23.

§ 72. Φιλοχάρους] Steckt darin vielleicht der Πολυχάρης,
den Xen. Hell. II, 3, 2 unter den Dreissig erwähnt? — διαπειλοῖτο]
In den Hdschrr. ἀπειλοῖτο (woran schon Emper. opusc. 80 anstiess),
doch sagte man entweder ἀπειλεῖν oder διαπειλεῖσθαι (Cobet, novae
lect. 626 f.), daher ἀπειλοῖ die Züricher, Scheibe, Westerm., διαπειλοῖτο Cobet, Herw.; Rauchenst. (IV).

§ 73. ὅμως καὶ οὕτω] Warum in dieser Verbindung des ὅμως
mit καί und καίπερ eine ‘poetarum consuetudo’ (van den Es, annotatt.
ad Lycurgi orationem in Leocratem, Leyden 1854, S. 96) liegen soll,
ist nicht einzusehen. Vgl. noch Demosth. XXIX, 28. Andok. II, 16.
Thuk. VIII, 93. Xenoph. Kyrop. V, 1, 26; Oekon. 14, 8. Eurip. Alkest.
205. Büchsenschütz zu Xen. Hell. V, 1, 3. Hertlein zu Xen. Kyrop. a.
a. O. Mätzner zu Lykurg. S. 209. Die Nachstellung des ὅμως z. B.

Eurip. Alkest. 936; Orest. 680. Aeschyl. Sieben 712 (Dindf.). Soph.
Oed. Tyr. 1326. — *ἐθορυβεῖτε*] Mätzner zu Lykurg S. 173. —
ἠκκλησιάζετε] nach dem handschr. *ἐκκλησιάζετε*, wofür Sauppe u.
die neueren Herausgeber *ἐξεκλησιάζετε*. Vgl. dagegen Kr. 28, 14, 10
(u. zu Thuk. VIII, 93) und besonders die auf genauer Vergleichung der
codices beruhende Erörterung bei Dindorf, Demosthenis orationes
(Leipzig bei Teubner) praefatio p. XXVII sq. (3. Aufl.). Auch XIII, 73
schwanken die Hdschrr. zwischen *ἐκκλησ.* und *ἐξεκλ.*, ebenda § 76 ist
dagegen *ἐξεκλ.* wohl das allein handschriftliche.

§ 74. *εἰδείη τούς*] τούς tilgt Herw. — *λέγοι*] Meutzner
a. a. O. will *ἃ λέγοι* und erklärt *πολλούς* richtig als Prädicat zu τούς
πράττοντας. — *παρασπόνδους* — *ἔχοι*] *παρασπονδοῦντας* —
ἔλοι. Herw. — *ἔσται*] *ἔτ' ἔσται* will Herw. — *ποιήσειε* — *κελεύει*] hat wegen des *ἔσται* anstatt *ποιήσαιτε* — *κελεύοι* Cobet hergestellt, und so Scheibe, Rauch., Herw. Doch liesse sich der (von
Meutzner a. a. O. vertheidigte) Moduswechsel wohl belegen. Kr. 54,
6, 2. Vgl. zu § 49.

§ 75. *καὶ* — *καί*] Vgl. Benseler und Schneider zu Isokr. IX, 32.
Westerm. zu Demosth. XXIII, 29. Hartung, Partikeln I, S. 144. Classen
zu Thukyd. II, 8. Kock.zu Aristoph. Ritt. 256. Schömann zu Isae.
S. 307. Cron zu Plat. Laches 186ᵃ.

§ 76. *παρηγγέλλετο*] *παρήγγελτο* Cobet, Herw., gebilligt von
Rauchenstein Jahrb. 91, 9, 607. Die Vertauschung ist allerdings häufig
in den Büchern (Cobet var. lect. 254. van den Es a. a. O. p. 25 f.),
doch hier ist das Impf., den weiteren Verlauf der Dinge in jener Volksversammlung schildernd, ja ganz am Platze (vorher *ἐποίουν* — *ἐθορυβεῖτε* — *ἐγιγνώσκετε*). — *ἤδεσαν*] *ᾔσαν* Herw.

§ 77. *οὐδὲν φροντιζόντων Λακεδαιμονίων*] Cobet
novae lect. S. 202 *οὐδὲν φροντίζων τῶν Λακεδαιμ.* nach der Lesart
des Palat. (doch in der Ausgabe *οὐδὲν φροντιζόντων*), Herwerden gar
nach dem 'optimus codex C' *φροντίζων τῶν Λακεδ.*, unrichtig
schon wegen des Artikels (Pertz, quaest. lys. I, 7 ff.) und weil die durch
μὲν — *δέ* getragene Anapher durch kein coordiniertes Satzglied unter-
brochen werden darf (Jahrb. f. Philol. 82, 9, 421). Verständlich ist nur
die Dobree'sche Emendation *οὐδὲν φροντιζόντων Λακεδ.* (so auch
Emperius, opusc. 81). — *τοῖς εἰρημ. τρόποις ὑπ' ἐμοῦ*] Beispiele dieser Stellung bei Schneider zu Isokr. I, 29. Büchsenschütz zu
Xen. Hell. III, 4, 1. Francke, quaest. Aeschin. (Progr. Fulda 1841) p. 16.
Rehdantz, Anhang I zu Demosth. Jahrb. f. Philol. 84, 4, 175. — *τοιούτων τυγχάνοι*] Sehr ansprechend, doch nicht unumgänglich ist
die Emendation Cobets (nov. lect. 202) *τοιούτων αὐτῶν τυγχ.*, was
Rauch. (IV) und Herw. aufnahmen, gebilligt von Bähr, Heidelb. Jahrb.
57, 8, 587. — *αὐτῷ τῷ ἔργῳ*] nach dem *αὐτῷ ἔργῳ* des Palat.;
die Ausgaben *αὐτὸς ἔργῳ* nach Marklands Vermuthung. Was soll aber
das betonte 'er selbst'? Wäre ein Gegensatz zu dem *καὶ* — *εἰληφώς* beabsichtigt, um die Personen, die sich wechselseitig Garantieen gegeben, hervorzuheben, so könnte wohl *καί* im ersten Glied

nicht fehlen und wäre der Gedanke etwa in der Form zu erwarten: πολλὰς πίστεις καὶ αὐτὸς δεδωκὼς καὶ παρ᾽ ἐκείνων εἰληφώς.

§ 78. ἀποθανόντος Θηραμένους] Θηραμ. streicht Herw. — ὑπὲρ τῆς] ὑπὸ τῆς Cobet, wogegen Rauchenst. a. a. 0. — ἤδη — κατέλυσε] κατέλυε Cobet (Mnemos. II, 322), Herw., doch das Impf. kann nicht bezogen werden auf den vollendeten Sturz der Oligarchie im J. 411. δὶς — κατέλυσε eine feine Vermuthung Sauppe's und so Rauchenst. (IV). Entgegen steht aber a) dass der zweite Versuch des Umsturzes der Oligarchie dem Theram. nicht gelang (also nicht κατέλυσε), b) dass Lysias ja gerade davon nichts wissen will, dass Theram. an der Beseitigung der Oligarchie gearbeitet und deswegen den Tod erlitten habe; denn die Zwistigkeiten unter den Dreissig entstanden nicht um des Volkes willen, sondern aus ehrgeizigem Egoismus (§ 51).

§ 79. μαχομένους μέν] Zwar fehlt μέν in den Büchern, doch ist hier (anders XVIII, 15. 17, wo μέν mit Unrecht eingesetzt ist; vgl. Philol. XV, 342) der äusserliche Ausdruck der Antithese unentbehrlich, da μηδέ seine Erklärung eben durch die Antithese selbst findet (zu § 47) und der Gedanke μηδὲ (δεῖ) μαχομένους κρείττους εἶναι τῶν πολεμ. an und für sich und ohne das Verhältnis zu ψηφιξ. — ἐχθρῶν fehlerhaft wäre.

§ 81. κατηγόρηται δή] So haben Bake (schol. hypomn. II, 263) und Scheibe (lect. lys. a. a. 0. S. 317) das sinnlose κατηγορεῖτε δέ der Hdschrr. emendiert; so auch Westerm., Rauch. (IV), Cobet, Herw., Bähr, Heidelb. Jahrb. 57, 8, 587. Dobree und Emperius (Opusc. 314) wollten κατάγνωτε δέ, was Kayser (Philol. XI, 163) und früher Rauchenst. billigte; vgl. dagegen Scheibe und Jahrb. f. Philol. 82, 9, 421. — οἷς] εἰς οὓς Sluiter, lect. Andocid. p. 164 Schiller, Cobet. Die Vertheidigung des Dativ durch die 'similis structura' ἀπολογεῖσθαί τινι bei Schiller, analecta ad Lys. orat. p. 98, beruht auf Misverständnis. — αὐτός] αὐτός Markland, Dobree, Kayser, Herwerden. Siehe dagegen P. R. Müller, Beiträge zur Kritik des Lysias (Progr. Merseburg 1862) S. 8 f. — ἤν] τότ᾽ ἤν Herw. — κρινομένων] So Reiske, Rauchenst., Scheibe (II), Cobet, Herw. Die Vulgata γινομένων, was sich sprachlich zwar vertheidigen liesse (vgl. Thuk. VI, 87: δικασταὶ γενόμενοι τῶν ἡμῖν ποιουμένων; Demosth. LVIII, 69: δικασταὶ τῶν λεγομένων; Lykurg 1: κατήγορος τῶν ἀδικημάτων), aber den Vergleich der verschiedenen Situationen der in Rede stehenden Personen, der früher ungesetzlich und der jetzt gesetzlich gerichteten Angeklagten, stören würde; auch im folgenden ist ja der Gegensatz der οὗτοι und der οὐδὲν ἀδικοῦντες derselbe, wie hier des οὗτος und der κρινόμενοι. Für κρινομένων auch Pertz, quaest. lys. II, 3.

§ 82. δίκην τὴν ἀξίαν] τὴν tilgt Dohree, δίκην Herw.

§ 83. ἀλλὰ γάρ] Dieser Satz wie der ähnliche § 40 ward bisher als Frage angesehen. — τὰ φανερά] erscheint anstössig Westerm. quaest. lys. III, 25. — δημεύσετε] Westerm., Rauchenst., Meutzner a. a. O. δημεύσαιτε nach Reiske, Scheibe (II), Cobet, Herw. —

καλῶς] Lipsius, quaest. lys. 13, ἱκανῶς (wie Plat. Staat IV, 435 d),
wogegen Rauchenstein, Jahrb. 91, 9, 607. Scheibe, liter. Centr.-Bl.
1865, Nr. 19. — ὦν τὰς οἰκίας] Der Artikel fehlt in den Hdschrr.
und so bei Westerm., Cobet, Herw. τὰς setzte ein Scheibe, Rauch.
(III. IV); vgl. Kr. 51, 4, 10. § 84. δίκην] ἱκανὴν δίκην Herw. nach Hirschig. Schon Reiske
wollte ἱκανήν nach λαβεῖν, die Züricher ἱκανήν oder ἂν ἀξίαν nach
δίκην, Sintenis (Philol. VI, 752) ἱκανήν vor οὐκ ἄν. Der prägnante
Gebrauch des Artikels (Rauchenst.) würde hier gegenüber dem ἥντιν-
οῦν schwerlich ausreichen, um die den Verbrechen entsprechende
Strafe der möglichen gegenüber zu stellen. — βούλοιτο] Ueber
den Optativ Bäumlein, Modi 276 ff. — τῆς τούτου πονηρίας]·
Francken (Philol. XIX, 717) wollte früher αὐτοῦ, doch zurückgenommen comment. lysiacae S. 183. Die Stellen aus Lysias bei Lipsius
S. 13; aus Demosth. vgl. z. B. XXXX, 45: λέγων ὡς ἐκεῖνος ἐμοὶ
χαριζόμενος πολλὰ τοῦτον ἠδίκηκεν. Anderes bei K. F. Hermann,
gesamm. Abhandl. u. Beiträge 170 f. In anderer Weise rechtfertigt
τούτου Meutzner a. a. O. 685, indem er ὅστις auf einen der Sprecher
für Eratosth. bezieht; er interpungiert auch mit Komma nach πονηρίας
und vertheidigt das τοσοῦτον δ' der Hdschrr. — τοσοῦτον] Das
handschr. τοσοῦτον δ' verwandelte Cobet nicht mit Reiske in τοσοῦτον
ἤ, sondern sprachwidrig in τοσοῦτον οὖν. Solche Erläuterungssätze
werden ohne Verbindungswort angefügt. Ganz wie hier Demosth.
XXX, 8 und Deinarch III, 3. Vgl. noch Demosth. XXI, 81. 102. XXX,
38. XXXXII, 24. und die Beispiele aus Lysias bei Lipsius S. 9.

§ 85. ἀμφοτέρων] Meutzner a. a. O. ἀμφότερον. Derselbe hält
auch das δύναιντο des X. — ἐλθεῖν] εἰσελθεῖν Herw. Vgl. dagegen
Bremi zu Lys. III, 1. Meutzner a. a. O. will ἐρεῖν oder συνερεῖν. —
ἐπεχείρησαν] A. Hecker, de orat. in Erat. Lysiae falso tributa 5 nennt
dies 'parum graece dictum pro ἐτόλμησαν'. Vgl. dagegen noch Aesch.
III, 152. Isokr. XVII, 50. Lykurg 90. Aristoph. Ekkles. 429. — τῶν τε
πεπραγμένων] In den Hdschrr. fehlt τε. Die Worte streicht Cobet; τε
setzte Sauppe ein. Meutzner schlägt vor: τῶν πεπραγμένων ἕνεκα καὶ
τοῦ λ. π. κτλ. — τοῦ λοιποῦ ποιεῖν] τοῦ τὸ λοιπὸν ποιεῖν
Herw.

§ 86. καὶ] καὶ τοῦτο Kayser, gebilligt von Scheibe. Meutzner
a. a. O. 687 vertheidigt καὶ als zum ganzen Satze gehörig. — συνε-
ρούντων] Die Hdschrr. ξυνεργούντων, eine häufige Verwechselung
(Cobet novae lectiones 779). Die Form ξύν in Verbis Compositis, die
Benseler aus dem Isokrates, Francke aus dem Aeschines verbannt hat,
ist nach Pertz, quaest. II, 4, auch bei Lysias nicht zu dulden. — αἰτή-
σονται] ἐξαιτήσονται Kayser (Philol. XI, 158) nach Reiske, auch
Francken comm. 81, früher Rauchenst. αὐτοὺς ἐξαιτήσονται nach
Kayser (Münchener gel. Anz. 1852, S. 412) oder ὑπὲρ αὐτῶν αἰτήσονται schlägt Herw. vor. — μεντᾶν] die Orthographie nach Cobet,
praef. VII. und Krüger II, 14, 6, 3.

§ 87. οἳ] ὅτι Francken, Philol. XIX, 717. — σφόδρα] σφόδρα

γ' Herw. — εὐήθεις] über diesen Euphemismus urtheilt treffend Lobeck, de antiphrasi et euphemismo, in den actis societatis graecae II, 314. — τοῦ ὑμετέρου πλήθους] τὸ ὑμέτερον πλῆθος Dobree (advers. I, 220), Emperius (opusc. 314), Kayser (Münchener gel. Anz. 1848, S. 749), und so Scheibe, Herw., den Genitiv vertheidigte W. Vischer und so Rauchenst. (III. IV) Westerm., Cobet.

§ 88. Zuerst Dobree (adv. I, 220) und Hecker a. a. 0. S. 12 nahmen an dieser schwierigen Stelle Anstoss. Bake, schol. hypomn. II, 264 wollte gegenüber Dobree πέρας ἔχουσι τῆς παρὰ τῶν ἐχθρῶν τιμ. erklären: finem habent ultionis ab inimicis sumendae (so auch Rauchenst. III) und ähnlich übersetzte Augerus: non amplius possunt ab inimicis puenas expetere. Neuerdings noch Meutzner a. a. 0. wie Rauchenstein III. Dagegen spricht 1) dass πέρας ἔχειν nicht heisst 'über etwas hinaus sein', sondern allein: 'ad ultimum terminum pervenisse.' 2) Dass ἡ παρά τινος τιμωρία durchaus nur heissen kann: 'die von Jemand ausgehende, vollzogene Rache' (Lys. XII, 96. Isokr. VIII, 120. XVIII, 3. Lykurg 15. 126. 148. [Demosth.] XXV, 17. Xen. Anab. II, 6, 14. Theopomp bei Athen. XIII, 595ᶜ, wogegen „die an Jemand zu vollziehende oder vollzogene Rache" entweder ist ἡ τινος τιμωρία (Lykurg 10. Lys. XXVIII, 11) oder ἡ παρά τινος ληφθεῖσα τιμωρία (Aristot. Rhetor. II, 3; S. 60 Bekker); Lys. II, 10: μείζονος παρὰ Καδμείων τιμωρίας ἐπεθύμουν spricht nicht dagegen, da dort die Präposition zu ἐπιθυμοῦν (worin ein λαβεῖν liegt wie XXII, 18) gehört. Mit Recht bemerkt auch Dobree, dass mindestens εἶχον corrigiert werden müsse; denn wie δεινὸν ἦν und συναπώλλυντο in den entsprechenden Gliedern der vorhergehenden und folgenden Antithese beweist, kann hier von dem Zustande der ἐκεῖνοι nur in Beziehung auf die Zeit, wo die Dreissig in dieser Weise das Trauerceremoniell störten, die Rede sein. Die Beschaffenheit der handschriftl. Ueberlieferung macht aber die Annahme einer Lücke räthlicher als die gewaltsame Aenderung des ἔχουσι in εἶχον, zumal auch durch die letztere noch immer kein scharfer Gegensatz zu dem πάλιν ἂν — ἀπολέσαι gewonnen würde. — οὔκουν] mit Cobet für οὐκ οὖν. — ἀπολέσασι δήπου] so für das handschr. ἀπολέσασιν ἥπου Sauppe, Scheibe (II), Rauchenst., Herw.; ἀπολέσασιν ἡ που nach Reiske Westerm., Cobet. In der Mitte des Satzes ist, wie Rauchenst. bemerkt, ἡ που nicht nachgewiesen. Andere Emendationsversuche bei Westerm. quaest. lys. III, 27 f.

§ 89. ῥᾴδιον] so nach den Hdschrr. die Züricher, Scheibe, Westerm., vgl. Lobeck zu Phryn. S. 403. Dagegen ῥᾷον nach Stephanus Cobet (vgl. novae lect. 748), Herw., Rauchenst. (IV), Bernhardy, wissensch. Syntax S. 437. πολλῷ mit Scheibe nach dem πολλοί der Hdschrr., πολύ nach der Vulg. Cobet. Die Worte καὶ μὲν δὴ — ἀπολογήσασθαι will Bake (schol. hypomn. II, 265) hinter § 86 setzen. Sie schliessen sich aber passend an βοηθεῖν an und das καίτοι ist unverständlich, wenn nicht vorher die Schwierigkeit oder Unmöglichkeit hervorgehoben ist, das Thun des Eratosth. in ein vortheilhaftes Licht zu setzen. — Ἐρατοσθένει] Ἐρατοσθένης Cobet; doch vgl.

§ 1. 37. — τ ῶ ν ἄ λ λ ω ν Ἑ λ λ ή ν ω ν] Ἑλλήνων, schon von Markland
verdächtigt, tilgt Herw. — ο ὐ κ ο ἴ ο ν τ α ι] τ ί ο ὐ κ ο ἴ ο ν τ α ι schlägt
Herw. vor, wodurch der unwillige Ton der Rede ('dafür, meinen sie,
verdiene er den Tod nicht') aufgehoben würde.

§ 90. δ ε ί ξ α τ ε] Ansprechend und zu dem drohenden Klang der
Worte passend ist Marklands Vermuthung δείξετε; so Cobet und Herw.
— π ε ρ ὶ τ ῶ ν π ρ α γ μ ά τ ω ν] περὶ τοιούτων πρ. Herw. nach einer
Vermuthung Scheibe's. — δ ῆ λ ο ι ἔ σ ε σ ϑ ε ὡ ς] ὡς, was früher
Reiske und auch Scheibe verdächtigt, streicht Herw., Francken (Philol.
XIX, 717). Dagegen Krüger zu Xen. An. I, 5, 9. Wunder zu Soph. O.
K. 629. Förtsch, observ. crit. in Lys. orat. 24. — ὀ φ ϑ ή σ ε σ ϑ ε]
Hecker verlangte φανήσεσϑε und auch Cobet (de arte interpret. p. 99)
bestritt früher diesen Gebrauch von ὁρᾶσϑαι; vgl. Lipsius a. a. O. 8.
Weitere Belege Demosth. XXIII, 109; XXIV, 173; [Dem.] LXI, 52;
Brief 1, 7. — ἐ π ο ι ε ῖ τ ε] ποιεῖτε Cobet, Herw.

§ 91. ἀ π ο ψ η φ ί ζ ε σ ϑ α ι] ψηφίζ. Herw., weil jenes ,,contra
mentem oratoris". So auch schon Bekker, wogegen Förtsch, observ.
25. — ο ἴ ε σ ϑ ε ο ἴ ε σ ϑ α ι κ ρ ύ β δ η ν] Diese Ergänzung des im X
fehlenden Infinitivs ist wohl dem vom Schreiber des Laurentianus hinter
ψῆφον eingesetzten εἶναι (Scheibe und Rauch. setzen dies hinter
κρύβδην) vorzuziehen, da οἴσεσϑαι nach οἴεσϑε leicht ausfallen konnte;
ähnlich wollte schon Contius: οἴεσϑε ὅτι οἴσετε (Westerm. quaest.
III, 28). Ueber οἴσεσϑαι im passiven Sinne Francke, Philol. Suppl. I,
4, 461. — Eine weitere Corruptel der Stelle an die früher der Herausg.
(Jahrb. f. Philol. 82, 9, 416) und neuerlich auch Rauchenst. gedacht
hat, braucht doch wohl nicht angenommen zu werden. Vgl. Meutzner,
Jahrb. f. Philol. 91, 10, 686. 688.

§ 92. δ ι ὰ τ ο ύ τ ω ν] Da in der ganzen Paränese nur von den
Dreissig insgesammt die Rede ist und Eratosth. allein gar nicht
wieder bezeichnet wird, hat man das διὰ τοῦτον des Palat. mit Recht
durch das διὰ τούτων des Laurent. beseitigt. — ὅ σ ο ι ἐ ξ ἄ σ τ ε ό ς
ἐ σ τ ε] A. Hecker: 'scripsisse debuit rhetor: ὅσοι τῶν ἐξ etc.' und so
auch § 95 ὅσοι τῶν ἐκ Πειραιῶς.

§ 93. ο ὗ τ ο ι μ έ ν] In den Hdschrr. steht noch ἄν dahinter; doch
dies wohl aus dem vorigen Satze irrig wiederholt; das ἐκτήσαντο war
ja factisch, nicht an eine Bedingung geknüpft, wie das ἐδουλεύετε § 92
an die des Sieges. ἄν streichen Baiter, Scheibe (II), Rauchenst. (IV),
Cobet, Herw. — ἐ κ τ ῶ ν π ρ α γ μ ά τ ω ν] ἐκ τῶν ἁρπαγῶν oder
ταραχῶν vermuthet Herw., ähnlich schon Markland: ἁρπαγμάτων. —
ε ἶ ν α ι] δεῖν εἶναι Dobree.

§ 95. ὄ ν τ ω ν] Westerm. quaest. III, 29 vermuthet ἐνόντων,
verweist aber selbst auf Isokr. XI, 44 und XIV, 63, wo ὄντων im Ur-
binas. — τ ῶ ν ὅ π λ ω ν] oder das folgende τὰ ὅπλα möchte Westermann a. a. O. tilgen.

§ 96. τ ῶ ν ἄ λ λ ω ν κ α κ ῶ ν ἅ] Für ἅ Herw. ὧν. Doch vgl. Kr.
51, 10, 2. Francken. commentatt. Lys. 164. — ἀ π ὸ τ έ κ ν ω ν κ α ὶ
γ ο ν έ ω ν κ α ὶ γ υ ν α ι κ ῶ ν] Herw. 'mihi praeplaceret hic ordo: ἀπὸ

τέκνων καὶ γυναικῶν καὶ γονέων.' Vgl. dagegen Plat. Gorg. 511°:
σώζειν καὶ παῖδας καὶ χρήματα καὶ γυναῖκας.
§ 97. ἐν ξένῃ γῇ] γῇ streicht Herw., ohne Grund. Eurip. Troad.
378. — εἰς τὴν πατρίδα] Glosse nach Herw. Bei Lysias steht
allerdings εἰς τὴν π. weder bei κατάγειν noch bei κατιέναι und
κατέρχεσθαι; doch hier entschuldigt wohl der gehobene rhetorische
Ton die Wortfülle und die Betonung des Gegensatzes zur ξένη γῇ.
§ 98. δείσαντες ἐφεύγετε] Herw. will ἐφ. δείσαντες. —
πάθητε] ἐπάθετε Herw. nach C. Halm. — οὔτ' ἄν — οὔτε] Mehr
über die Ergänzung des ἄν in correlativen Disjunctivsätzen Philol. XIX,
604 f. — ὅσοι — ἦσαν] Mehr Beispiele Philol. XIX, 609 f., wo hin-
zufüge Plat. Staat IX, 583 ᵈ°. X, 600°, beseitige Demosth. XXXXV, 14.
§. 99. τὰ μέλλοντα] τὰ μέλλοντ' ἄν will Kayser Philol.
XI, 157. Dagegen Aken § 77. Bäumlein, Modi 145. — οὐ δυνάμενος εἰπεῖν] εἰπεῖν streicht Cobet var. lect. 377 (beibehalten in der
Ausg.). Dagegen Kayser Philol. XI, 152. — εἰπεῖν] εἰπεῖν ἄπαντα
'flagitante sententia' Herw. — ἅ — τὰ μὲν — τὰ δέ] Für ἅ Cobet
ὧν. Warum? — Ueber κλέπτειν τὰ ἱερά Xen. Hell. I, 7, 22. Isokr.
VIII, 126, κλοπὴ ἱερῶν Antiph. II, α, 6. Plat. Euthyphr. 5ᵈ. Für den
Doppelsinn des ἱερά liesse sich allenfalls anführen Demosth. XXX, 37:
ὑμεῖς βάσανον ('die Folter') ἀκριβεστάτην πασῶν νομίζετε, wo zu
πασῶν zu ergänzen βασάνων in der Bedeutung 'Beweis'; doch hat
man neuerdings πίστεων hinter πασῶν eingesetzt. — τῶν νεωρίων]
Ueber die Localität vgl. Bursian, Geographie von Griechenland I, 266.
§ 100. εἴσεσθαι] εἰσόψεσθαι Herw. nach Hamaker. Vgl dagegen die zahlreichen Belege dieses Gebrauchs von εἰδέναι bei Sauppe
zu Demosth. IV (I), 3 (S. 3). Scheibe, vindic. lys. 79. Anders aber Lys.
XIII, 71, wo vgl. — καταψηφιεῖσθαι] κατεψηφίσθαι nach Baiter,
Westerm. und früher Rauchenst. κατεψηφισμένους ἔσεσθαι nach
Scheibe's Vermuthung Rauchenst. (III. IV), zugleich um für πεποιημένους einen Stützpunkt zu haben (wie Xen. Hell. VII, 2, 20). — τὰς
τιμωρίας] den Artikel fügte Franz hinzu. Angeblich steht er auch
im Palat. — πεποιημένους ἔσεσθαι] ἔσεσθαι, iu den Hdschrr.
ausgefallen, fügt Cobet an. Derselbe schreibt für αὐτῶν beidemal αὐτῶν. Für ἔσεσθαι Herw. nach Reiske und Kayser φανήσεσθαι. —
λάβωσιν] Herw. λάβητε.

XIII, 1. δι' ἅ] δι' οἶα Herw. — τε] Krüger zu Thuk. I, 4.
Stallb. zu Plat. Gesetze X, 893ª.
§ 3. ἄνδρες δικασταί] Herw. u. Cobet fügen nach Markland
ὦ hinzu; auch Sauppe und Rauchenst. (IV) wollen ὦ. Doch vgl. I, 32
(wo man nicht Anstoss genommen), Aesch. III, 211. Demosth. LVI, 37.
Deinarch I, 64 u. ö. — τιμωρεῖσθαι] τιμ. τοῦτον Herw. Doch
vgl. § 83. — ἄμεινον] Vgl. noch Thuk. VI, 9. 34. Demosth.
XXI, 198. Aesch. III, 71. Plat. Apol. 19ª; Krit. 54ᵇ (wo Stallb.). Xen.
Hipparch. 1, 20; Memor. IV, 8, 6; χεῖρον Arist. Ritt. 37 (wo Kock);

κάκιον Plat. Gorg. 468ᵈ; Xen. πόροι 3, 8. Ueberhaupt Rehdantz zu Xen. An. VI, 1, 31 und zu Demosth. II, 4.

§ 4. ὦ̓ τρόπῳ] ὅτῳ τρόπῳ Herw. Vgl. dagegen noch Hegesipp bei Athen. VII, 290ᵈ. Mnesimachos ebenda IX, 402 f., besonders Antiphanes ebenda XV, 666 f. Krüger II, 61, 6, 1 und zu Thuk. I, 136. Francken, comment. 174 f. — καὶ δὴ ὅτι] So nach Markland; in den Hdschrr. καὶ διότι; Sauppe streicht δή. Dagegen Bäumlein, Partikeln 147.

§ 5. ἐν τῇ πόλει] ἐν tilgt Herw. mit Hamaker. — ὕστερον] von Herw. 'ut suspectum' gestrichen. Vgl. z. B. Isokr. XXI, 3. — περὶ τῆς εἰρήνης] Den Artikel streicht Cobet (var. lect. 377), auch Rauchenst. (IV) klammert ihn ein. Vgl. dagegen Scheibe lect. Iys. 368. An der ähnlichen Stelle Demosth. XVIII, 24 vertheidigt Vömel den Artikel auf gleiche Weise gegen Schäfer und Dindorf.

§ 6. καταστήσασθαι] Andere lassen den Infin. ebenso wie (εἰληφέναι von νομίζοντες abhangen und ändern dann in καταστήσεσθαι (Cobet nov. lect. 164 u. Herw. nach Markland) oder in μάλιστ᾽ ἄν Emperius opusc. 314. Madvig, Philol. II, Suppl. 36. Bake, Mnemos. VIII, 306), was nach dem zu XII, 19 bemerkten nicht einmal erforderlich wäre. Die Bedenken von Johannes Frei (a. a. O. 8) lassen sich durch die Verbindung der Worte καὶ μάλιστα — χρόνῳ mit κάλλ. — εἴληφ᾽. beseitigen. — ἠβούλοντο] ἐβ. Bake a. a. O.

§ 7. οὐδὲν ἄλλο] Francken, comment. Iys. 87: οὐδένας μᾶλλον. Doch war eine andere Opposition überhaupt nicht zu fürchten, da nur die weiter blickenden Häupter des Demos über dem Elend der Gegenwart die Zukunft nicht vergassen. — ταξιαρχοῦντας] τοὺς ταξ. Herw. Vgl. dagegen Sauppe bei Rauchenst. (IV).

§ 8. ἐφ᾽ οἷς] ἐφ᾽ οἷσιν Herw. — περὶ τῶν τειχῶν τῆς κατασκαφῆς] von Herw. als 'interpretamentum' gestrichen.

§ 9. ποιήσειν] ποιήσει früher Stephanus, Augerus, Reiske, Bekker, neuerdings Cobet und Herw. Vgl. dagegen Sauppe, epist. crit. ad God. Herm. p. 32. Ebhardt, de anacoluthorum usu in scriptis Graecorum 10. Stallb. zu Plat. Charm. 164ᵈ. Düchsenschütz zu Xen. Hell. II, 2, 2. Hertlein zu Xen. Cyrop. I, 6, 18. Schömann zu Isae. 327 f. Matzner zu Lykurg 231. Dagegen ist Lys. IV, 18 das handschriftl. προνοηθῆναι schwerlich zu halten (Förtsch observ. crit. p. 77 ff.), da ὡς nicht mit εἰπεῖν, sondern mit ταύτας (τὰς πίστεις) zu verbinden ist. — ποιήσειν ὥστε] Ueber ὥστε Schömann zu Isae. 215. Westerm. und Rehdantz zu Demosth. VI, 11. Büchsenschütz zu Xen. Hell. V, 3, 14. VI, 3, 17; sehr häufig bei Thukyd., Wilde, de particula ὥστε commentatio I (Progr. Görlitz 1861) S. 12 f. Aus Misverständnis des ποιήσειν ὥστε (se effecturum esse ut) emendiert Francken, commentat. 87 πείσει und denkt Λακεδαιμονίους als Subj. zu διελεῖν und ἐλαττῶσαι. — τῶν τειχῶν] die richtige Deutung dieses Genit. partit. bei Madvig Philol. II, Suppl. S. 79. Bake Mnemos. VIII, 306, 'quoniam et verbum διελεῖν inproprium est nec genitivus explicari potest', will: τῶν τειχῶν τι καθελεῖν. Cobet: ἀφελεῖν. — οἴοιτο] Vgl. noch Demosth. I, 22; L, 44; LIII, 10. Isae. VIII, 22. Büchsenschütz zu Xen.

Hell. III, 2, 23. Stallbaum zu Plat. Phaed. 86ª; Phileb. 58ª; Staat
IV, 420ᶜ. Schneidewin zu Soph. Philokt. 617. Cobet, nov. lect. 336.
Aken § 111. Bäumlein, Modi 259 f. — ἄλλο τι ἀγαθὸν εὑρή-
σεσθαι] Ueber das Vorkommen dieser Formel in Volksbeschlüssen
u. dgl. Keil, Philol. XXIII, 224 ff.

§ 11. τὰ κακά] Westerm. quaest. lys. I, p. 4: τὰ κατ᾽ αὐτὸν
κακά. — ὥσπερ διέθηκεν] Vgl. noch Antiph. IV, γ, 5. [Demosth.]
XXXXVI, 5. Andok. I, 126. Plat. Phaedr. 242ᵈ (ὥσπερ οὖν); Alkib.
II, 139ᶜ. Eurip. Androm. 965. Cic. p. Cluent. 3, 8. p. Rosc. A. 8, 22.
p. Ligar. 5, 13; 9, 26. Philipp. II, 28, 68. ἀπόρως klammert nach
Kaysers von Scheibe, Sauppe, Westermann (de locis aliquot oratorum
atticorum interpolatione corruptis. Progr. Leipzig 1859, p. 8) gebillig-
tem Vorschlag Rauchenst. (IV) ein, Herw. tilgt es. — ἀσμένως]
ἀσμένους Cobet, Herw. Die Endungen ους und ως sind allerdings in
den Hdschr. oft vertauscht (wie ἀκρίτως für ἀκρίτους im Palat. XII,
82. 83; XXII, 2 u. a.); die Adverbialform ἀσμένως aber ist hinlänglich
bezeugt durch Stellen, wo das Adjectiv nicht leicht durch Schreibfehler
verdrängt werden konnte, wie III, 29 (Francken Philol. XX, 366 will
freilich ἄσμενος); XXI, 18. Isokr. XVIII, 60 (τῶν ἄλλων ἀσμένως
ἀπαλλαττομένων). Demosth. XVIII, 36 (ἀσμένως τινὲς ἤκουον).

§ 12. ἐπιβουλ. καταλῦσαι] Rehdantz zu Xen. Anab. V, 6,
29. — πρόφασιν] Vömel zu Demosth. XIX, 167. — ἀναπαυσό-
μενος] Nach Sauppe stand auch dies Wort in der Klage, weil dieser
Vorwand des Kleophon in der damaligen Lage der Stadt verbrecherisch
gewesen sei. Aehnlich Scheibe, vindic. 67. Francken, comment. lys.
88: ἀνακαλεσάμενοι. — εἰσελθόντες] vom Ankläger z. B. noch
Demosth. XXI, 81; XXXXVII, 1 (εἰσελθεῖν ὡς ὑμᾶς). Isokr. XX, 2,
vom Angeklagten Deinarch I, 54. Demosth. XXXXVII, 5. Plat. Gorg.
521ᵈ. 522ᵇ, von den Richtern Demosth. XVIII, 210. XXI, 212.
XXXXVII, 17. Aesch. III, 6. 201. Andok. I, 29. Anderes bei Cobet,
Mnemos. IX, 441 f., der aber mit Unrecht den Gebrauch von ὡς und
πρός (vgl. z. B. Demosth. XXXXVII, 16) neben εἰς bei diesen verbis
bestreitet. — ἐν] ἐπὶ nach Baiter Cobet und Herw. Vgl. Sauppe zu
Hypereid. Epitaph. im Philol. Suppl. I, S. 41.

§ 13. εὐνοοῦντες] εὖνοι ὄντες Cobet (vgl. nov. lect. 552)
und Herw. Dagegen Scheibe zu [Lys.] VIII, 19. — ἐδήλωσεν] In
den Hdschr. u. Ausg. ἐδήλωσαν. Wodurch aber konnten die Strategen
und Taxiarchen nachmals ihre Wohlgesinntheit an den Tag legen?
Durch ihren Tod? Der war nur die Consequenz ihrer Verhaftung und
diese erfolgte, ehe die Thatsachen die Lauterkeit der Opposition gegen
den verderbenschwangeren Frieden bewiesen hatten. Eine Action zur
Bestätigung ihrer εὔνοια war ihnen nachmals nicht vergönnt; wohl
aber führten die Ereignisse selbst diesen Beweis. Ueber den Gebrauch
von δηλοῖ Schneider zu Isokr. VII, 81. Stallb. zu Plat. Gorg. 483ᵈ.
K. F. Hermann, gesamm. Abhandl. und Beiträge 171. — γὲ hinter ὡς
tilgt nach Dobree Herwerden. — ἥν] οἷαν Cobet, Herw. Dagegen

R. Müller, de emendandis aliquot locis etc. p. 9. Schneider zu Isokr.
VII, 48.
§ 14. ἤν] ἐνῆν Halbertsma und Francken, comment. 88. —
διασκάψαι] So in den Hdschr., wofür seit Bekker emendiert κατα-
σκάψαι (Bake, Mnemos. VIII, 306). Doch ist διασκάπτειν fodiendo
disjicere. Vgl. Plutarch. Pyrrh. 33. — Λακεδαιμονίοις] Im X
τοῖς Λακεδ. Dagegen Pertz I, 7.
§ 15. λεγομένην] γενομένην nach Hirschig: Westerm.,
Scheibe, Cobet, Herw. Dies müsste, wie Rauch. bemerkt, wenigstens
γιγνομένην heissen, da der Friede noch nicht fertig, sondern die Dinge
noch im Werke waren; daher auch καταλυομένην. Bake Mnemos.
VIII, 306 will ἀπαγγελλομένην, Francken comment. 88 φερομένην.
In Rauchensteins Deutung: 'dass es (d. h. das von Theram. Aus-
gemachte) dem Namen nach ein Friede heisse' befremdet zwar nicht
die Verbindung ὀνόματι λεγομένην (vgl. ausser Demosth. XXXX, 1 noch
Isokr. XII, 179. Thuk. II, 37. Arrian Anab. V, 5, 3), wohl aber der
Mangel eines klaren Ausdrucks für das Subject (denn εἰρήνην muss
dann Prädicat sein), welches doch wenigstens durch ein τοῦτο angedeutet sein sollte (so dass λεγομένην nach Kr. 63, 6 an das Prädicat
angeschlossen wäre, wie z. B. Plato Gesetze XII, 961 d; νοῦς — σωτηρία ἑκάστων δικαιότατ' ἂν εἴη καλουμένη). — ἐπιτρέψαι] so
Scheibe, Westerm. ἐπιτρέψειν nach Steph. u. Dobree Rauchenst., Cobet
(nov. lect. 164), Bake (Mnemos. VIII, 306), Herwerden, Madvig
Philol. II. Suppl. 49 (der sich durch seine Anmerkung S. 37 widerlegen
lässt); ἂν ἐπιτρέψαι Markland. Man vgl. dagegen die Beispiele aus
Xenophon bei Büchsenschütz zu Xen. Hell. I, 6, 14. Hertlein zu Anab.
I, 3, 7. Die gleichen Emendationen Cobets im Thukydides (nov. lect.
366) hat Herbst (Cobets Emendatt. im Thukyd. S. 15 ff.), die im Xenophon Büchsenschütz Philol. XVIII, 313 f. zurückgewiesen. Cobets Behauptung, der Infin. Aor. lasse sich nur dann rechtfertigen, wenn er in
directer Rede durch den Indic. Aor. sich auflösen lasse (var. lect. 97)
würde ja dem Infin. Aor. unbedingte Präteritalbedeutung zuschreiben:
anstatt vieler Beispiele dagegen nur das schlagende Plato Staat III,
415 c: χρησμὸς ἔστι τότε τὴν πόλιν διαφθαρῆναι, ὅταν αὐτὴν ὁ σί-
δηρος φυλάξῃ. — πλέον] Die Form nach Pertz II, 9. Vulg. πλεῖον.
§ 16. οὐδ' οὐκ ἐπιθυμοῦντες] Viele Beispiele der Art bei
Franke, de partic. negant. comment. tertia p. 7 f. Hertlein zu Xen.
Kyrop. III, 3, 24. — ποιήσασθαι] ποιῆσαι will Francken, comment. 88. — Ἀγοράτου τουτουΐ] Cobet, var. lect. 229. nov. lect.
629. Scheibe, praef. ad Lys. p. VI. lect. lys. 320. comment. crit. de
Isaei oratt. (Progr. Dresden 1859) p. 9 f. Francke, lectt. Aeschineae
in Philol. Suppl. I, 4, 468 f. Vömel zu Demosth. XVIII, 114.
§ 17. ταῦτα] streicht Herw.; Westerm. quaest. lys. I, 4: ἐνταῦθα (gebilligt von Francken a. a. O. 88). Dagegen Rauchenst. Jahrb.
81, 5, 329. Hamaker schon wollte dafür ἐκ τούτων. (Scheibe, vindic.
69). — περί] ὑπέρ Bake, Mnemos. VIII, 306. Westerm. quaest.
a. a. O. (früher schon Markland). Rauchenst. (IV). Vgl. dagegen noch

Lys. II, 17. 61. Demosth. VIII, 66: λέγειν περὶ Φιλίππου (so Σ), wofür X, 68 λέγειν ὑπὲρ Φιλ. — εἵλοντο] Herw. nach Dobree προεί-
λοντο. — τὴν περὶ τῆς εἰρήνης] Das Sachliche erörtert Scheibe,
Umwälzung 164 f. Die Annahme einer Glosse scheint aber doch räthlicher als Westermanns (quaest. I, 5) allerdings sachgemässe Aenderung
des εἰρήνης in πολιτείας. — πρότερον] Westerm. a. a. O. 6 und
Herw. für πρῶτον.

§ 18. πράττοντες] tilgt nach Reiske und Dobree Herw. Doch
vgl. Priscian Instit. XVIII. t. III. p. 338 der grammatici latini ed. Keil.
(wo übrigens ἂν hinter τηλικούτων fehlt). — δοῦλον καὶ ἐκ δού-
λων] Vgl. πονηροὶ κἀκ πονηρῶν Aristoph. Fösche 731, Ritter 336 f.;
ἀγαθοὶ καὶ ἐξ ἀγαθῶν Plat. Phaedr. 246ᵃ (wo Stallb.). Andok. I, 109;
βελτίων καὶ ἐκ βελτιόνων Plat. Gorg. 512ᵈ. Demosth. XVIII, 10;
XXII, 63; ἐκ βασιλέων βασιλεῖς Xen. Ages. I, 2; κακὸς κἀκ κακῶν
Soph. Oed. Tyr. 1397, Philokt. 384; Eurip. Androm. 590; εὐγενὴς
κἀξ εὐγενῶν Soph. Philokt. 874; εὐσεβὴς κἀξ εὐσεβῶν Elektra 589.—
ἀλλ' ἐδόκει] Beispiele solches Uebergangs bei Böhme zu Thuk. I,
110; III, 94. Westerm. zu Demosth. XXIII, 203. Krüger zu Arrian
Anab. I, 5, 12 (vgl. Xen. Anab. IV, 4, 4) und zu Herod. I, 19.
Ebhardt, de anacoluthorum usu 8. Stallb. zu Plat. Menex. 249ᵃ.

§ 19. καὶ μὴ ἑκόντα] streicht Herw. als 'ein magistelli addi-
tamentam'. Francken, comment. 89 bezeichnet ἄκ. καὶ μὴ ἑκόντα
mit Unrecht als eine 'consociatio contrariorum ad maiorem orationi
emphasin conciliandam.' Wie hier ist die scheinbare Dittologie auch
zu erklären Demosth. LVIII, 54 (ἀφεῖναι καὶ μὴ τιμωρήσασθαι),
Antiph. II, β, 5 (ἐσωφρόνουν καὶ οὐκ ἐμαίνοντο). — πιστοτέρα ἡ
μήνυσις φαίνοιτο] So Francken, comment. 89 für die handschr.
πιστότερα ὑμῖν ὑποφαίνοιτο (Scheibe, Cobet, Westerm.), da zu einem
allmählichen (ὑπό) Glaubwürdigerwerden der Anzeige in der Ekklesia
(ὑμῖν) ja gar nicht Zeit blieb, auch die Ergänzung des Subj. (τὰ μηνυ-
θέντα) hart ist. Dobree strich ὑπό, Kayser wollte οὕτω φαίνοιτο,
Sauppe und Herw. εἰπεῖν φαίνοιτο, gebilligt von Rauchenst. (IV). —
εἰσπέμπουσι] so Rauchenst. (IV), Cobet, Herw. nach Dobree,
Sauppe, Hertlein, Conject. zu griech. Prosaikern II, 15. Ueber die häufige Verwechselung von ἐκ und εἰς (ἐς) Cobet var. lect. 280, 370, speciell über ἐσ- und ἐκπέμπειν Krüger zu Thuk. IV, 16. — τὴν —
βουλεύουσαν] eingeklammert nach Dobree von Scheibe, Rauchenst.,
Westerm., gestrichen von Cobet und Herw., wofür schon Sluiter, lect.
Andocid. p. 164 Schiller.

§ 20. ὧς ἴστε] Herw. nach Hamaker: ὡς οἷόν τε. — οἱ πολλοὶ ἐξ] So nach den Hdschrr. Westerm. (quaest. I, 6), Cobet; οἱ ἐξ
Scheibe, Rauchenst., Herw. Rec. von Westermanns quaest. im literar-
Centr.-Blatt 1860, Nr. 19. — τὴν ὑστέραν] βουλήν tilgt Francken,
comm. 89. — τὴν ἐπὶ τῶν τριάκοντα] Nach Dobree von Herw.
gestrichen. — ἐγένετο] in den Handschrr. ἐλέγετο und so Scheibe,
Rauchenst.; ἐγένετο nach Markland Sauppe bei Rauchenst., van den Es
adnotatt. ad Lycurg. p. 126. Bake, schol. hypomn. II, 266. Westerm.

(vgl. quaest. I, 6 f.), Cobet, Herw.; *ἐλέγετο* lässt sich nicht vertheidigen durch Plat. Theaet. 175ᵈ: *ψηφίσματα λεγόμενα ἢ γεγραμμένα οὔτε ὁρῶσιν οὔτε ἀκούουσιν*, denn da ist nur von den Organen der Mittheilung und Auffassung die Rede. Man hat sich berufen auf den Ausdruck *εἰπεῖν ψήφισμα*. Zugegeben, dass für diese officielle Formel auch *λέγειν ψήφισμα* gesagt werden könnte (wenigstens *γνώμην λέγειν* steht Aristoph. Ri. 267. 654), so läge darin doch nur die Antragstellung, nicht das Zustandekommen des Beschlusses. *ψήφισμα γίγνεται* (Passiv zu *ψήφισμα ποιεῖσθαι* Lykurg 116. 146) wie § 56. Xen. Hell. II, 2, 15. Aesch. III, 126. Lykurg. 122. Demosth. XXXXVII, 21. Aristoph. Ekkles. 813. Anderes bei Westerm. und Mätzner zu Lycurg 277. — *τοιούτοις οὖσιν*] Im Palat. *οὐκ οὖσιν*; *οὐκ* ist wohl Dittographie; wenn es zu halten, w.ll Westerm. a. a. 0. 7 für *τοιούτοις* etwa *χρησίμοις*. — *προσέχητε*] *μὴ προσέχητε* nach dem Laurent. Herwerden.

§ 21. *ταῦτα*] Francken, comm. 90 will *ταῦτα* hinter *καίτοι* stellen. Auch am folgenden *ἐμηνύετο* stösst er an und will, wie es scheint, *ἐμήνυε*.

§ 22. *ψηφίζεται*] *ἐψηφίσατο* Cobet nach der Vulg.

§ 23. *προήσεσθαι*] *προσήσεσθαι* nach X Westerm. Doch vgl. Scheibe. — *παρέξειν*] früher Cobet und so Scheibe, Herw. Dagegen Westerm. comment. criticae in scriptores graecos IV (Progr. Leipzig 1853) p. 7; VI (1856), p. 6. quaest. lys. I, 7. Cobet nov. lect. 377. Rec. von Rauchenst. Lysias (III) im liter. Centr.-Bl. 1860, Nr. 5. Meutzner, comment. de Lysiae orat. *περὶ τοῦ σηκοῦ* (Progr. Plauen 1860) p. 22. Das Medium wollte Kayser, Heidelb. Jahrb. 1853, S. 234. — *τὸν Πειραιᾶ*] *τόν* streicht Herw., während er XII, 53. 97 den Artikel nicht angefochten hat. Pertz I, 11.

§ 24. *ἀπιόντες*] *ἀνιόντες* Bake, Mnemos. VIII, 307. Ueber den Altar der Artemis und die hier und §§ 32. 55 angedeuteten Localitäten vgl. Bursian, Geographie von Griechenland I, 269.

§ 25. [*Μουνυχίασιν*] so nach Dobree und Herw. — *συνεκπλευσεῖσθαι*] Cobet *συνεκπλεύσεσθαι*.

§ 27. *ἀλλὰ μὲν δὴ οὐχ ὅμοιά γε*] Francken, comment. 90 aus Misverständnis der Beziehung des Satzes: *ἀλλὰ μὲν δὴ οὐχ ὅμοια γάρ*, wie früher auch Cobet. Bake, Mnemos. VIII, 307: *ἀλλὰ μήν.* — *πρῶτον μὲν γάρ*] so Mehler, Mnemos. III, 8, früher Cobet, Rauchenst., Scheibe, Herw.; *πρῶτον μέν γε* die Hdschrr., Westerm., Cobet, vertheidigt von Sauppe bei Rauchenst., weil es den ersten Punkt bekräftige: ‘jedenfalls waren sie zuerst’. Am nächsten würde der vorliegenden Stelle noch Antiph. V, 14 kommen. Aber lässt sich *πρῶτον μέν γε*, was den Nachdruck nicht auf den Inhalt des ersten Punktes, sondern auf dessen Platz in der Reihe (‘erstens’) fallen lassen würde, belegen? — *ἐδέδισαν*] Cobet und Rauchenst. (IV); vgl. nov. lect. 466. — *συνεκπλεῖν μετά*] So *συναγωνίζεσθαι μετά τινος* Schneider zu Isokr. VII, 13; *συζῆν* Lobeck zu Phryn. 354; *συνακολουθεῖν* Stallb. zu Plato Staat V, 464ᵃ; *συστρατεύεσθαι* Sintenis zu Plut. Cato 9. Krüger zu Thukyd. VI, 105. Ueberhaupt Mätzner zu Lykurg 299. — πατρίδα σφετέραν αὐτῶν] Francken, comment. 90: τὴν σφ. αὐτῶν. — ἀπέλιπες] so nach den Hdschrr. Westerm., Cobet; vgl. Sauppe bei Rauchenst.; dafür κατέλιπες nach Hirschig Rauchenst., Scheibe, Herw. § 28. μάρτυρες. ψήφισμα] μάρτυρες, in den Hdschrr. ausgefallen, nach Markland von Scheibe, lect. lys. a. a. O. 356 eingesetzt. In den Ausg. ausser bei Rauchenst. fehlt es noch. — Im Vorhergehenden ist für σοῦ τό, da im X οὕτω steht, vielleicht mit Taylor und Sauppe αὐτοῦ τό zu lesen, wie § 50. § 30. ἐκομίσθησαν] So nach dem Palat., von Scheibe (lect. lys. 353) nicht sachentsprechend vertheidigt; so auch Herw. Dagegen ἐκομίσθη Westerm. quaest. I, 8. (Rec. im liter. Centr.-Blatt 1860, Nr. 19) Rauchenst., Cobet. — ἡ δὲ ἀρχὴ αὕτη] „der Anfang, die Wurzel war dies“, daher unnöthig emendiert: αὕτη δ' ἀρχή von Cappeyne van de Coppello in Mnemos. III, 381. § 31. ἐργάζεσθαι· Ἀγόρατος γάρ] Im Palat. steht ἐργάζεσθαι αὐτός, in der Vulg. αὐτὸς δέ. Die im Pal. fehlende Verbindung der Sätze hat Sauppe (epist. crit. 24 ff.) durch ein καὶ αὐτός zu erzielen gesucht, und so Westerm. (quaest. I, 11), Rauchenst., Cobet, wobei, von der schwierigen Gedankenverbindung abgesehen, αὐτός nur gezwungen sich deuten lässt. P. R. Müller, Philol. XII, 97: ἐργάζεσθαι ὥστ', und ähnlich Kayser: ἐργ. ὥστε καὶ οὑτοσί, nach Spuren im interpolierten Laurent. Herw. streicht brevi manu αὐτὸς — κατηγορηκέναι, ebenso Francken, comment. 91, der auch τούτους — οὔσης an die Spitze des Paragraphen stellen will. Dass die Worte ironisch zu fassen, zeigt τἀληθῆ; um Erforschung der Wahrheit war es ihnen doch nicht im Ernste zu thun. Sollte nicht im αὐτός des X der Name Ἀγόρατος stocken? Das γάρ, worauf höchstens das δί der Vulg. (abbreviert δ', das Compendium von γάρ ist γδ') führen könnte, ist ein Nothbehelf. — κατηγορηκέναι] κατειρηκέναι Cobet (var. lect. 37). Dagegen Thukyd. I, 91. [Andok.] IV, 15. Scheibe, lect. lys. 365. — οὔσης] Dahinter steht in den Hdschrr.: μετὰ τοῦτο προσαπογράφει ἑτέρους τῶν πολιτῶν, eine an ungeeigneter Stelle eingeschobene Erwähnung des durch den Zusammenhang hinlänglich angedeuteten Factums, nach Dobrees Vorschlag in allen neueren Ausg. beseitigt, nur von Francken (comment. 91) vermöge der von ihm beliebten Umstellung der Worte gehalten mit der Veränderung: μετὰ τοῦτ' οὖν. Dahinter aber müsse folgen: καί μοι λέγε τὰ ὀνόματα. Die Namen der προσαπογραφέντες konnten aber doch nicht verlesen werden vor denen der zuerst Denuncierten; diese letzteren aber, oder die aller Denuncierten insgesammt, kommen erst § 38 zur Verlesung. § 32. ἐν τῇ βουλῇ μόνῃ] So nach dem unverständlichen ἐν τῇ βουλῇ μήνυσις μὲν ἡ des Palat. Das μὲν ἡ ist ganz beseitigt von Scheibe, Rauchenst. (IV, früher μόνον), Herw., Cobet, welche dagegen den Artikel ἡ vor ἐν einsetzen; Westerm. quaest. I, 11: ἀπέχρη ἐν τῇ βουλῇ μήνυσις μόνον γεγενημένη. Doch ist μήνυσις wohl Glosse zur Erklärung des (persönlich gebrauchten) ἀπέχρη. Andere Vermuthungen

15*

bei Scheibe und Rauchenst. — *ἐκεῖ*] *ἐκεῖσε* Kayser, Philol. XI, 153.
Dagegen Westerm. a. a. O. 12. — *παράγουσι*] *τουτονί* setzt zu
Herw. — *ἀλλ' οἶμαι*], so im X, dafür *οὐ γὰρ ἂν οἶμαι* Rauchenst.,
Cobet, Westerm.; *ἀλλ' οὐκ οἶμαι* (mit *ἂν* nach *ἔξαρνον*) Scheibe und
(ohne *ἂν*) Herw.; Kayser Philol. XI, 157 nimmt den Ausfall eines
καίπερ ἄκων vor *ἀλλ' οὐκ οἶμαι* an; *ἀλλ' οὐκ ἂν οἶμαι* P. R. Müller,
de emendandis aliquot locis Lysiae 12. — *γενήσεσθαι*] mit Sauppe,
Herw., Bake (Mnemos. VIII, 307) für *γενέσθαι*.

§ 33. *τὸ ψήφισμα*] So Westerm. quaest. I, 12. Rauchenst.
(IV und Jahrb. f. Philol. 81, 5, 330). Das Lemma *ψήφισμα* steht richtig in den Hdschrr., ist aber von den Herausgg. in *ψηφίσματα* verwandelt worden. — *καὶ τὰ* — *καὶ τά*] *τά* streicht beidemal nach
Hamaker Herw.

§ 34. *κατεσκάφη*] In den Hdschrr. *κατεσκάφησαν* (doch ohne
das folgende *καί*). Sollte vielleicht der Redner ein Homoioteleuton gewollt (*παρεδόθησαν* — *κατεσκάφησαν* — *κατέστησαν*) und deshalb
den Plur. des Verbs zu *τείχη* gesetzt haben? — *καὶ οἱ τριάκ.
κατέστησαν*] Gerade diesen Gipfelpunkt der *ἅπαντα κακά* (§ 33)
wollten Dobree und Bake (schol. hympomn. II, 267) streichen! — *τί
οὐ τῶν δεινῶν*] die treffliche Emendation Sauppe's (epist. crit. 78)
für das handschriftl. *τοιοῦτον δεινόν*. Vgl. noch aus Demosth. XVIII,
48; XIX, 201; XXV, 50; XXXXVII, 43.

§ 35. *κατέστησαν*] so für *κατεστάθησαν* nach Scheibe, Cobet,
Herw. Die Form *κατασταθῆναι* von der Einsetzung in ein Amt nirgends
bei Lysias (nur *χορηγὸς κατασταθείς* XXIV, 9 vgl. XXI, 1. 4), dagegen
καταστῆναι und *καθεστάναι* II, 57; XII, 5. 36. 43. 48. 55. 76; XIII,
34; XXV, 14. — *ἐν τῷ δικαστηρίῳ ἐν δισχιλίοις*] *ἐν τῷ δικαστ.* will Westerm. (und schon früher Dobree) de locis aliquot etc.
p. 11 f. als Glosse streichen. Dagegen Rauchenst. Jahrb. f. Philol. 81,
5, 333. — *ἐψήφιστο*] So Westerm. de locis aliquot p. 11. Sauppe,
Rauchenst. (IV). Bake Mnemos VIII, 305. — Francken, comment. 92
streicht aus unhaltbaren Gründen die Worte *ἐν τῇ βουλῇ* — *ἐψηφίσατο*.

§ 36. *ἐκρίνοντο* — *ἐσώζοντο*] Vgl. noch zum Impf. in beiden Satzgliedern Andok. I, 101 (*εἰ τότε* — *ἠγωνιζόμην, τίς ἄν μοι
κατηγόρει*) Demosth. LVIII, 34; in der Protasis Demosth. XVI, 12;
XXXIX, 21. Rehdantz zu Xen. Anab. V, 6, 30; in der Apodosis Demosth.
XVIII, 30; XXVII, 30; LV, 7 (nach der Lesart im *Σ*). Isokr. XIV, 14.
Xen. Hell. I, 7, 7 (*τότε* — *οὐκ ἂν καθεωρῶν*), besonders den Wechsel
von Aorist und Impf. Demosth. XXIX, 47. Ueberhaupt Aken, Tempus
und Modus § 65. — *ἐν ᾧ* — *νῦν δέ*] Francken a. a. O. p. 92:
'Longe praeferrem: *νῦν δ' ἐφ' ᾧ οὐδὲν* — *δύναισθε, εἰς τὴν β.
κτλ.*' — *τὴν* — *τριάκοντα*] Glosse nach Dobree und Herw.

§ 37. Ueber die Form der Abstimmung in diesem Processe das
Nähere bei Schwarz, de suffragiorum in Atheniensium iudiciis ratione
(Progr. Celle 1847) S. 7 f. und Schömann, de iudiciorum suffragiis occultis, in opusc. I, 268 f.; auch Sauppe bei Rauchenst. (IV). — *τράπεζαι*] *τραπέζα* Cobet. — *τὴν μὲν καθαιροῦσαν ἐπὶ τὴν*

ύστέραν] so Sauppe und früher Rauchenst.; Cobet nmach de cod. C:
τὴν μὲν ἐπὶ τὴν πρώτην, τὴν δὲ καθ. ἐπὶ τὴν ύστ.; Westerm. quaest.
I, 14: τὴν μὲν καθ. ἐπὶ τὴν προτέραν, τὴν δὲ σώζουσαν ἐπὶ τὴν
ύστέραν, wodurch das Verfahren der Dreissig an abgefeimter Schlau-
heit verlöre; P. R. Müller, Philol. XII, 97: τὴν μὲν σώζουσαν ἐπὶ τὴν
προτέραν, τὴν δὲ καθ. ἐπὶ τὴν ύστέραν. Scheibe nimmt nach ύστέραν
eine Lücke an, Herwerden streicht mit Kayser die Worte ganz.
§ 39. ἥ τι ς] ὁ δ' ἥτις Vulg. ὁ δέ tilgt Herw.
§ 40. μέλαν τε ἰμ. ἠμφιεσμένη] eine gezwungene Deutung
des τὲ versuchte Le Beau, Lysias' Epitaphios als echt erwiesen S. 78
(πυθομένη — ἠμφιεσμένη τε); τέ streicht Rauchenst.; dafür τό
Westerm., Cobet; eine Lücke nimmt an Scheibe, ausgefüllt durch καὶ
ἀποκειραμένη nach Kayser's Vorschlag von Herwerden; καὶ κεκαρμένη will einsetzen P. R. Müller Philol. XII, 98. — ἀνδρὶ αὐτῆς]
ἀνδρὶ τῶ αὐτῆς Herw.; αὐτῆς will streichen van den Es.
§ 41. αἴτιος] So Scheibe nach den Hdschr.; οἱ αἴτιος Cobet,
Westerm. quaest. I, 14, gebilligt von Sauppe, Rauchenst. (IV), verworfen vom Recens. von Westermanns quaest. im literar. Centr.-Blatt 1860,
Nr. 19, 'weil gegen den sonstigen Sprachgebrauch des Lysias', wogegen zu vgl. XXIII, 13. Westermann quaest. lys. III, 18; αἴτιος αὐτῷ
nach einem früheren Vorschlage Cobets Herw.
§ 42. κυεῖν] schreibt auch Cobet; vgl. Scheibe hier und comm.
crit. de Isaei oratt. p. 6; κύειν nach dem Palat. Herw. — τῷ γενο-
μένῳ] τούτῳ ἀνδρὶ γενομένῳ ein Anonymus in der Mnemos. III, 336
und Herw.; ἀνδρὶ αὐτῷ γενομένῳ P. R. Müller, de emendandis aliquot
locis p. 9. Rauchenst. — ὡς φονία ὄντα] als 'emblema' von
Herw. gestrichen.
§ 43. σχεδόν] σχεδόν τι Herw. (wogegen § 88 σχεδόν nicht
angezweifelt ist). Vgl. dagegen noch Demosth. XXXXVII, 6; XXXXIX,
21; Büchsenschütz Philol. XVIII, 309. — τὰς — τῇ πόλει] Mehr
Beispiele dieser Stellung Jahrb. f. Philol. 81, 4, 175. Vömel zu Demosth.
XVIII, 176.
§ 44. ταὐτῇ] anstatt des handschriftl. ταύτῃ τῇ; denn die Eleu-
sinier traf dasselbe schmähliche Loos wie die Salaminier (XII, 52).
Auch Westermann quaest. I, 14: τῇ αὐτῇ und so Rauchenst. (IV).
Girard, des caractères de l'Atticisme dans l'éloquence de Lysias p. 23
übersetzte bereits: condamnés au même sort.
§ 45. γονέας σφετέρους αὐτῶν] σφ. αὐτῶν tilgen als
Glosse Scheibe (vindic. lys. 72), Rauchenst. (der nachher auch σφετέρων αὐτῶν beseitigt), Cobet, Herw. Was aber hätte eine solche Glosse
veranlassen können? Ueber die Bedeutung Krüger zu Thukyd. VI, 21. —
ἐπειδὴ τελευτήσειαν τὸν βίον] 'subridiculum additamentem'
nach Herw.
§ 46. ἔστε δέ] So Scheibe's wahrscheinliche Vermuthung (Jahrb.
f. Philol. 89, 7, 501, gebilligt von Rauchenst. Jahrb. 91, 9, 607), für
ἔτι δέ, zur Fortsetzung der Anapher: ἔστε μὲν — ἔστε δὲ — μέμνησθε
δέ. — ὡς κατεσκάφη] Rauchenst. streicht ὡς; aber auch bei Fest-

haltung des ἔτι δέ müssen doch wohl die Thatsachen nicht einfach
erzählt, sondern der Erinnerung der Richter entnommen werden, wie
es der Sprecher am Anfang (§ 43) und Schluss (§ 48) dieses Passus
der Rede ausdrücklich hervorhebt. Nur § 47 entzieht sich der Rection
des ὡς, weil der Gegensatz der Verluste der Privaten zu denen der
Gemeinde durch den selbständigen Satz schärfer hervortritt. Vgl.
Sauppe bei Rauchenst. u. den Recens. im literar. Centr.-Blatt 1860,
Nr. 5. — τῆς ἐλαχίστης πόλεως] In Hdschrr. dahinter noch τὴν
πόλιν, was mit Emperius, opusc. 314, gestrichen. So freigebig Lysias
mit πόλις und δῆμος ist, so ist es doch zu viel verlangt, in dem drei-
maligen τῆς πόλεως — τῆς πόλεως τὴν πόλιν eine stilistische Schönheit
(Kayser, Philol. XI, 151) zu finden. Bake, scholica hypomn. II, 267
streicht ausser τὴν πόλιν auch noch πόλεως; Herwerden nach Hamaker
den ganzen Abschnitt ἔτι δέ — τὴν πόλιν; dagegen Scheibe, vindic.
73. — ἀκρόπολιν ἡμῶν] ἡμῶν im X und C, ὑμῶν die Ausg.

§ 47. τὰ ἴδια] schlug schon Förtsch, observatt. 27 vor und so
Herw.; im XC τὰς ἰδίας, was man meist durch οὐσίας vervollständigt
hat. — ταῦτα] Die Worte von ταῦτα —γεγενημένων wollte Hamaker
streichen; Scheibe vindic. 73 f. — αἰσθόμενοι] προαισθόμενοι
Westermann, quaest. I, 15. Dagegen Rauchenst. Jahrb. f. Philol. 81,
5, 330. — ἐπιτρέψαι] ἐπιτρέψειν Cobet, wofür auch Sauppe; ἄν
vor ἔφασαν mit Dobree Herwerden.

§ 48. πρᾶξαι τῇ πόλει] τὴν πόλιν Herw. und früher Cobet.
Vgl. Hertlein zu Xen. Kyrop. VIII, 7, 24. Dobree wollte τῇ πόλει
streichen. — Warum Sauppe bei Rauchenst. τῇ πόλει für grammatisch
auffällig hält, ist nicht einzusehen. Syntaktisch ganz gleich steht doch
die bekannte Formel in Belobigungsdecreten: πράττειν τὰ ἄριστα τῷ
δήμῳ. — μηνύσας αὐτοὺς τῇ πόλει ἐπιβουλεύειν] so
Scheibe, Cobet. Dafür τῇ βουλῇ nach Reiske Förtsch, Bekker, Westermann; τῇ πόλει ἐπιβ. streicht nach Dobree Herw., dazu auch noch
μηνύσας Bake, schol. hypomn. II, 267. τῷ πλήθει τῷ ὑμετέρῳ ist
nur in den Ausg. festgehalten, wo τῇ βουλῇ statt τῇ πόλει.

§ 49. οὐδέποτε αποδεῖξαι] ἀποδ. klammern ein Rauchenst.,
Scheibe, Herw., gebilligt von Kayser und Sauppe. Aehnliche Stellen
noch Demosth. XXI, 123 (wo εἰσὶν ἐγγυτάτω an zweiter Stelle mit Un-
recht von Dindorf gestrichen). Isae. III, 52 (das zweite ἠξίωσεν streicht
Scheibe). Xen. An. I, 7, 13 (ταῦτα ἤγγελλον klammert Rehdantz ein);
10, 3. O. Schneider zu Isokr. V, 132. — ὃ οὐκ ἄν] Scheibe
Rauchenst., Cobet (im X blos κἄν), ὅπερ οὐκ ἄν nach C Westerm.
Herw.

§ 50. τα ψηφίσμ. τὰ ἐκ τῆς βουλῆς καὶ τὸ τοῦ δήμου]
Herw. wollte: τό τ' ἐκ τῆς βουλῆς καὶ τὸ ἐκ τοῦ δήμου, hat dies aber
in den Addendis zurückgenommen. Bake, Mnemos. VIII, 307: τά τε
τῆς βουλῆς καὶ τὰ τοῦ δήμου. ἐκ verwirft auch Sauppe und Rauchenst.
(in den Nachträgen zur 4. Ausgabe). Ueber die Nothwendigkeit der
Wiederholung des Artikels (τό) Cobet zu Hypereid. Epitaph. S. 56. —
καὶ ἀφείθη] Mehr bei Rehdantz zu Xen. Anab. VI, 5, 31. — φη-

σίν] Rehdantz zu Demosth. IX, 42. — Hinter dem Titel γνῶσις steht
im Palat. noch γραφαί. Keinesfalls können dies die von Reiske darunter verstandenen Denunciationslisten (also ἀπογραφαί) sein, schon weil
die Verlesung derselben nach den darauf bezüglichen Beschlüssen und
dem Erkenntnis ein unbegreifliches Prothysteron wäre. Höchstens
könnte man darunter die Klagschriften gegen die Denuncierten verstehen, in denen jedenfalls Agor. als Angeber ausdrücklich bezeichnet war.
Da jedoch im Vorhergehenden die Verlesung einer dritten Art von
Actenstücken nicht angekündigt ist, hat Westerm. quaest. I, 16 γραφαί
gestrichen und Rauchenst. (IV) es eingeklammert. Dagegen ist die Ver-
wandelung von γνῶσις in κρίσις, welche Westerm. und Rauchenst. an-
empfehlen, unnöthig.

§ 51. ἐμήνυσε ταῦτα] ταῦτα will Scheibe streichen und nach
ihm Herw.; Rauchenst. schlägt dafür ein nachdrücklich auf ὡς δικαίως
ἐμήνυσε zurückweisendes τοῦτο (wie z. B. [Demosth.] XXV, 86; Demosth.
XXVII, 12) vor. — πονηρὰ καὶ οὐκ ἔπιτ.] falsch aufgefasst von
Le Beau in seiner Schrift über Lysias' Epitaph. S. 75. — δεδιότες —
δῆμος] nach Dobree von Herw. gestrichen. ἄν hinter καταλυθείη
tilgen Rauchenst., Cobet. Dagegen Krüger zu Thuk. II, 93. Rehdantz
und Krüger zu Xen. An. V, 9, 28 (VI, 1, 28). — τοὐναντίον τοῦ-
τον] Nach einer Conjectur Bekkers. Das handschriftl. τούτου, von
τοὐναντίον abhängig, ist sprachlich natürlich unanfechtbar (vgl.
Pseudolys. VI, 36: αὐτὸ τούτου [in den Hdschrr. freilich τοῦτο] τοὐναντίον; Plat. Staat V, 476ᶜ: τἀναντία τούτων. [Xen.] Staat der
Ath. 2, 19; Memor. I, 2, 60. Scheibe, lect. lys. a. a. O. 319, Anm. 27.
Förtsch, observatt. 28) und τοὐναντίον dann nicht durch eine Ellipse
(Schneider zu Isokr. VII, 76) wie ἂν ἐποίησαν, sondern als absoluter
Accus. zu erklären (Kr. 46, 3, 3).

§ 52. οὐκ οἶμαι — οὐ δεῖν] Herw. streicht nach Dobree οὐ
vor τούτου. Dagegen Lys. VII, 5; X, 2. 10; XXVII. Pseudolys. XX, 32.
Schömann zu Isae. S. 469 f. Ebenso die Negation wiederholt nach Ver-
gleichungssätzen (Plat. Staat IV, 431ᵉ), nach Zeitsätzen (Isae. VI, 40),
nach Relativsätzen (Aristoph. Lysistr. 61). Die richtige Beurtheilung der
Stelle bei Franke, de particulis negantibus ling. graecae comment. III
p. 14. — μεγάλα κακά] μεγάλα tilgt Herw. — ἐκείνων] ἐκείνου
Herw., ἐκεῖνο (früher als Lesart des X angegeben) Westerm., Cobet.
Vgl. Scheibe, lect. lys. a. a. O. 319, Anm. 28.

§ 53. τοσούτους Ἀθηναίων] Im X Ἀθηναίως. Danach und
nach dem cod. Vindobon. Ἀθηναίων Scheibe . (lect. lys. 353),
Rauchenst., Herw., Pertz quaest. I, 6; Ἀθηναίους Vulg., Westerm.,
Cobet. — πεισθεὶς ὑφ' ὧν ἐπείσθης] Vgl. noch Aeschyl. Eumen.
679. Eurip. Med. 1011; Elektra 289; Troad. 630; Ion 1561; Aeschrion
bei Athen. VIII, 335ᵈ. Schneidewin zu Soph. Oed. Tyr. 1376. Pflugk
zu Eurip. Hek, 873. Weber zu Demosth. Aristocr. p. 484. Fritzsche,
quaest. lucianae p. 159. Jacobitz zu Luk. Hahn 3. — εἰ — εἴποις,
— ᾤου διαπράξασθαι. Οὔκουν] Bake, schol. hypomn. II, 268
will: εἰ — εἰπὼν μέγα τι ᾤου διαπράξασθαι, οὔκουν. — διαπρά-

ξασθαι] διαπράξεσθαι Cobet, Herw., gebilligt von Sauppe bei
Rauchenst. — οὐδεμιᾶς ἔτυχον] ῥρστώνης will Kayser hinzu-
setzen.

§ 54. Sinn und Wortlaut ausführlich besprochen von Scheibe,
lect. lys. a. a. O. 321 ff. — Καριδεύς] nach Bergks Vermuthung für
das Καριεύς der Hdschrr. Andere sinngemässe Vermuthungen bei
Westermann, comment. in script. graecos IV, 9. — Ξενοφῶν] als
Glossem getilgt von Cobet und Herw. — οὕτω] richtig gedeutet, doch
nicht genügend belegt, schon früher von Scheibe, die olig. Umwälz.
S. 52, Anm. 18 und jüngst von Sauppe bei Rauchenst.; in der Ausg.
nimmt Scheibe nach dem Cod. Laurent., dessen Schreiber das οὕτω
wohl nicht verstand, eine Lücke nach οὕτω an, ebenso Cobet, Herw.,
Westermann quaest. I, 16 (früher emendierte er οὕπω, comment. in
script. gr. IV, 9); Rauchenst. (Jahrb. f. Philol. 81, 5, 330) möchte
οὕτως ὡς ἔστε. Im Lateinischen ähnlich sic, z. B. Cic. p. Rosc. Am.
26, 71, wo es durch nudos erklärt wird. — ἀπώλλυσαν] ἀπώλεσαν Hamaker, Herwerden. Vgl. Scheibe, lect. lys. a. a. O. 321, A. 30.

§ 55. ἀναφέρειν τι] Francken, comment. 92 verwirft τι und
übersetzt ἀναφέρειν εἰς 'sich berufen auf' (provocare); Agor. wolle
nicht einen Theil der Schuld auf Menestr. schieben, sondern sich auf
dessen Freisprechung (§ 56) als einen für ihn sprechenden Präcedenzfall berufen. Wie durfte er es aber wagen, sich auf ein von den
Dreissig gefälltes freisprechendes Urtheil zu berufen? — ἀπογρα-
φῶν] mit Bake (Mnemos. VIII, 307), Westerm. (quaest. I, 15),
Rauchenst. (IV) und Francken für γραφῶν. — ὁ Μενέστρατος οὗ-
τος] ὁ Μεν. tilgt Herw. — Μουνυχίασιν ἐν τῷ θεάτρῳ] verdächtigt Herw. Die Weglassung des Lokals könnte aber leicht zum
Misverständnis führen (vgl. zu § 17).

§ 56. τὰ ληθῆ] Die Züricher, Scheibe, Herwerden, Cobet; ἀληθῆ
Westerm.; γ' ἀληθῆ Rauchenst. (mit Berufung auf Hirschig und Pertz
II, 12; doch bezieht sich die Anmerkung bei Pertz gar nicht auf die
vorliegende Stelle, sondern auf IV, 2, wo γὲ allerdings wohl begründet
ist, während es hier nach δόξαντα sich nicht erklären lässt). — δικαίως καταψηφισάμενοι] δικαίως beseitigen nach einem früheren Vorschlage Scheibe's Rauchenst. (der aber in den Nachträgen davon
zurückgeht) und Herw., welcher αὐτοῦ vor καταψ. einsetzt (doch vgl.
Kr. 60, 5, 2). — τῷ δημίῳ] τῷ δημοσίῳ Heinrich, schedae lycur-
geae (Progr. Bonn 1850) S. 10.

§ 57. ἐκεῖνος ἀπέθανεν] ἐκ. δικαίως ἀπέθ. Rauchenst.,
Herw., doch vgl. Sauppe in den Nachträgen bei Rauchenst. — Ἀγόρατός γε] Ἀγ. σφόδρα γε nach einer Vermuthung Kayser's Herw.

§ 58. Μουνυχίασιν] verdächtigt Herw. — μετὰ τούτου]
μετ' αὐτοῦ möchte lieber Herw. — τό γ' ἐπ' ἐκεῖνον εἶναι] ἐκείνῳ
Herw. nach Scaliger. εἶναι fehlt in dem Citat bei Priscian Instit. XVIII
(grammat. latini tom. III, p. 367 Keil) und wird in der That in Formeln
dieser Art meist weggelassen, wenn ἐπί mit dem Accus. verbunden ist.

Vgl. noch Krüger und Rehdantz zu Xen. An. VI, 6 (4), 23. Schneider zu Isokr. IV, 142.

§ 59. καὶ ἀπογράψας ἀπέκτεινας καὶ — ἐγγυητάς] so die neueren Herausgeber nach Fr. Jakobs' Vorschlag; im X fehlt ἀπέκτεινας. Cobet nach Reiske ἐπέτριψας für ἀπογράψας ἀπέκτεινας. Bake, schol. hypomn. II, 268 will die Worte hinter καθισταμένης § 61 setzen. — καθαρῶς] Diese Emendation Taylor's seit Scheibe (I) allgemein angenommen. Vgl. Scheibe, lect. lys. a. a. O. 325.

§ 60. τῆς ξενίας] Man vgl. noch über den Artikel Demosth. XXIX, 7. 20; XXXXIX, 56. Antiph. V, 59. Mätzner zu Lykurg S. 85. Schömann zu Isae. S. 231. — οὕτω] ἀλλ' οὕτω Westerm. quaest. I, 17.

§ 61. καὶ ὑπὸ σοῦ ἀπολλύμενος] καὶ αὐτὸς ὑπὸ σοῦ ἀπ. nach Scheibe's Vorschlag Rauchenst., Herw. ὁ ὑπὸ σοῦ ἀπολόμενος Kayser Philol. XI, 159; gegen beide Aenderungen Westerm. quaest. I, 18, unter Zustimmung des Rec. im liter. Centr.-Bl. 1860, Nr. 19. — ἐγένετο] Die Worte καὶ Ξενοφῶν — Θάσιος seit Dobree überall beseitigt. Scheibe, lect. lys. a. a. O. 324, Anm. 34. — τότε πολιτείας καθισταμένης] τότε καθ. πολ. Herwerden.

§ 62. εἰ μέν] Scheibe, Rauchenst., Herw. εἰ μὲν οὖν nach C und Sluiter, lect. Audoc. p. 165 (Schiller) Westerm., Cobet. Dagegen Scheibe, lect. lys. a. a. O. 302. Krüger zu Xen. Anab. I, 2, 25. Stallb. zu Plat. Gorg. 464ᵇ; Staat V, 470ᵇ. — οὐ πολλοί] Vgl. die scharfsinnige Abhandlung über εἰ ἄν und εἰ οὐ von Aken in den Jahrb. f. Philol. 78, 1, 4 ff.; 3, 135 ff.; für die vorliegende Stelle und § 76 besonders S. 138 f. Wie irrig die früher von Stallbaum (zu Plat. Apol. 25ᵇ) und neuerdings von van den Es (adnott. ad Lycurgi orat. in Leocr. 24) aufgestellte Behauptung ist, dass, wenn οὐ φάναι, οὐ φάσκειν = negare sei, immer οὐ stehen müsse, beweisen schlagende Gegenstellen (Aken a. a. O. S. 135), besonders Demosth. XXI, 205: ἄν τ' ἐγὼ φῶ ἄν τε μὴ φῶ, und Plat. Charm. 158ᵈ: ἐὰν μὲν μὴ φῶ — ἐὰν δ' οὐ φῶ. — στρατηγοῖς] Glossem nach Dobree, früher Cobet (var. lect. 377), Kayser (Philol. XI, 152), Rauchenst., Herw. — αἰτίαν ἔσχον] Vgl. noch Isokr. XV, 53 (αἰτίαν ἔχειν περί τι); XVI, 11. Antiph. V, 67. 85; VI, 26. Xenoph. Oekon. 11, 24. Plat. Staat VIII, 565ᵇ (αἰτίαν ἔχειν ὑπό τινος). Mätzner zu Lykurg S. 175. Schneider zu Isokr. VII, 58. — Da im Palat. hinter οὐδεπώποτε nach οὐδέ steht, vermuthet Westerm. quaest. I, 18 eine Lücke, etwa: οὐδεπώποτε οὐδὲν παρενόμουν οὐδ' ὑφ' ὑμῶν etc. Vgl. Xen. Memor. I, 2, 48.

§ 63. Das Anakoluthon suchte früher Reiske durch Streichung des γάρ hinter φυγόντες, Herw. (der auch für οἱ δέ vorschlägt ἔνιοι δέ) durch die gewaltsame Aenderung περιγίγνονται σωθέντες (unlogisch, da in dem περιγίγνονται keine dem οἵων ἀνδρῶν § 62 entsprechende Eigenschaft liegt; vgl. Francken, comment. 94) zu beseitigen. Vgl. ähnliche Absprünge Isae. II, 35. Isokr. Brief IX, 6. Schneider zu Isokr. IV, 141. Krüger zu Xen. An. I, 8, 13. — ὡμῶς] Ansprechend vermuthet Lipsius: ὁμοίως; soweit es an Agor. lag, überlieferte er auch diese in gleicher Weise wie die § 62 bezeichneten dem Tode, nur ihr gutes

Glück rettete sie. — καὶ — κατεγνώσθη] von Herw., als 'turpe interpretamentum' gestrichen. αὐτῶν von Francken comment. 93 wohl unrichtig nach dem zu XXV, 11 besprochenen Gebrauch gedeutet. — ἐνθένδε οὐ συλληφθέντες — κρίσιν] In den Hdschrr. steht καί vor συλληφθ., doch sind die Participia συλλ. οὐδ᾽ ὑπομ. τὴν κρίσιν nach φυγόντες nur durch Unterordnung unter dasselbe logisch zu rechtfertigen. Kayser Philol. XI, 164 tilgt die Worte καὶ οὐ — κρίσιν, Rauchenst. klammert sie ein, doch enthalten sie ja die Erklärung, durch welche Mittel das Geschick das böse Thun des Agorat wirkungslos machte. Westerm., de locis aliquot etc. S. 8. Halbertsma streicht dazu auch noch φυγόντες γὰρ ἐνθένδε; Francken comment. 94. — συλληφθέντες] συλλ. γε Scheibe, weil im X συλλ. δέ; lect. lys. a. a. O. 354.

§ 64. τούτους μέν] so nach X. μέντοι Vulg. — τίς] Vgl. noch Demosth. XVIII, 126. Plat. Staat VII, 537 ᵇ. Rehdantz zu Xen. An. VII, 6, 4. — τούτῳ] Sauppe will τουτῳί. — οὗτος Νικοκλέους] Bake Mnemos. VIII, 307: δοῦλος Νικοκλ., „id quod omitti non licet." Vgl. auch: Panurgus fuit Fanni Cic. p. Rosc. com. 10, 27. Francken comment. 95 hält die Worte ἐγένετο — Ἀντικλέους für unächt, weil er misverständlich die Genitive Νικοκλ. und Ἀντικλ. durch die Ellipse von υἱός gedeutet wissen will und bei Sklaven sich der Grossvater nicht nachweisen lasse.

§ 65. Zuerst hat Hamaker die Aechtheit von § 65 f. angefochten; ihm sind beigetreten Scheibe, Rauchenst., Herw. Vgl. dagegen Sauppe bei Rauchenst. (IV). Bake schol. hypomn. II, 272 stellt den Passus hinter § 68, wogegen, von anderem abgesehen, schon das τούτων § 69 spricht, was nur auf eben genannte Personen gehen kann. — πάντα] In den Hdschrr. πολλά. Dafür τἄλλα Dobree, πάντα Bekker und Jacobs. — περὶ — συκοφαντίας] Ueber περί vgl. Isokr. XVIII, 37. Demosth. XXXXI, 16; XXXXIX, 62; ebenso πρός Isokr. XVI, 36. Schneider zu Isokr. V, 109. Sauppe zu Demosth. I, 19. Stallb. zu Plat. Staat X, 599 ᵈ; Phaedr. 250 ᶜ. — γραφάς] γραφὰς ὅσας vulg., ὅσας wohl irrthümlich aus dem Vorigen wiederholt. — συκοφαντίας] Ueber den Genitiv Schömann zu Isae. S. 483. Mätzner zu Lykurg S. 121. 326. — ὤφλεν] Sauppe und Cobet für ὤφλησεν.

§ 66. καὶ — ζημία ἐστίν] Mit Unrecht von Bake, schol. hyp. II, 272 für ein scholion erklärt. — μάρτυρας] Ohne Artikel zwar seltener, weshalb Schömann zu Isokr. S. 190 ihn zugesetzt wissen will. Doch vgl. Scheibe, praef. crit. ad Isae. p. XIV.

§ 67. οὗτοι] Bake, schol. hypom. II, 271: τούτῳ. Dagegen Westerm. quaest. I, 18. — ὁ πρεσβύτερος] ὁ πρεσβύτατος Vischer, Sauppe, Herw., Francken, comment. 95; auch Rauchenst. schoint dem Superl. den Vorzug zu geben. Die Beziehung des Comp. gerade auf Agor. als den zweitältesten (Westerm. a. a. O. 19) ist ohne ein τούτου schwerlich heraus zu hören. Eine ganze Reihe von Stellen, wo der Comp. einer Mehrheit gegenüber steht, hat Cobet nov. lect. 119 gesammelt, aber freilich auch sämmtlich corrigiert. Schon Hom. Od. III, 362

steht so γεραίτερος und VII, 156 προγενέστερος. — ὁ δὲ ἕτερος;] ὁ δὲ
δεύτερος Herw. — αὐτόσ'] so nach dem αὐτός des X. Die Herausgeber haben die Correctur des C, ἀστῆς, beibehalten. Häufiger weist
αὐτοῦ auf Attika, resp. Athen hin, wie II, 6; XXX, 26. Demosth. LVI, 7.
Thuk. VIII, 90; auch ἐνθάδ' αὐτοῦ Solon frgm. 36, 11 (Bergk), αὐτόθι Philemon bei Athen. XIII, 590ᵃ; ebenso αὐτόθεν Xen. Hell. VI,
2, 12 (Gegensatz ἐκεῖθεν). Thuk. VI, 22. 23 (Schol.: ἐκ τοῦ ἡμετέρου
τόπου). VII, 17. Die Apostrophierung αὐτόσ' wie Aristoph. Lysistr.
873. — ἐξάγων] nach Cobet zu Hypereid. Epit. S. 41 und Westerm.
quaest. I, 19 Rauchenst. (Jahrb. f. Philol. 81, 5, 331) und Herw.;
ἐξαγαγών Vulg. Ertappt werden kann niemand nach Vollziehung des
Verbrechens. So muss aber auch X, 10 das noch nicht angefochtene
ἐξαγαγὼν ληφθείη in ἐξάγων ληφθ. verwandelt werden. — παιδί-
σκην] Schömann zu Isae. S. 333.

§ 68. παρέξομαι] Nach Westerm. quaest. I, 19 und Rauchenst.
Jahrb. f. Philol. 81, 5, 331 für das in dieser Formel bei Lys. nirgends
vorkommende παρεξόμεθα der Hdschrr.

§ 69. ἅπασι] Gegen Dake's (schol. hypomn. II, 271) müssige
Correctur ἐφ' ἅπασι vgl. Westerm. quaest. I, 20. — ὧν ἑκάστου
ἁμαρτήματος] ἁμ. will Westerm. a. a. O. streichen oder ἁμαρτημάτων schreiben. Dagegen Rauchenst. Jahrb. a. a. O. — αὐτοῦ]
Krüger zu Xen. An. II, 4, 7. Schömann zu Isae. S. 382. Schneider zu
Isokr. VII, 62. Stallb. zu Plat. Symp. 195ᵃ. Ebhardt, de anacoluthorum
usu in scriptis Graecorum S. 2. Büchsenschütz Philol. XVIII, 255. Herwerden hat αὐτοῦ gestrichen.

§ 70. ἐπὶ τῶν τετρακοσίων] verworfen als 'lächerliche Bestimmung' von Kayser, Philol. XI, 153. Dagegen Westerm., de locis
aliquot etc. S. 8. Joh. Frei, zu Lysias S. 13. — Φρύνιχον] Ueber
Phr. die gehaltvolle Abhandlung von M. E. Meier in Ersch und Gruber's
Encyklopädie, Section III, Thl. 25. S. 311—315. — φησίν] φήσει
nach Kayser, Herw. und Cobet. Dagegen Westerm. a. a. O. und früher
schon Scheibe Philol. V, 360. Eine ähnliche Stelle ist [Lys.] VI, 35,
wo Cobet φήσει statt φησί schreibt, dagegen P. R. Müller, Jahrb. 91,
9, 616; vgl. Demosth. XXII, 8. Unrichtig beurtheilt das Praes. Mätzner
zu Lykurg S. 191.

§ 71. ἐπετυχέτην] Herw. nach einer früheren Vermuthung
Cobets περιετυχέτην. Vgl. zu XII, 12. — βαδίζοντι] μόνῳ oder διὰ
τῆς ἀγορᾶς (auch ἀπὸ τοῦ βουλευτηρίον wäre denkbar nach Thuk.)
möchte Westerm. quaest. I, 21 zusetzen; doch vgl. Rauchenst. Jahrb.
f. Philol. a. a. O. 331. Die schon früher ausgesprochene Vermuthung,
dass τὰ οἶσνα ein Theil der Agora seien, hat Rauchenst. S. 53 (IV)
näher begründet. Vgl. Dursian, Geogr. v. Griechenland 1, 281. Von den
zahlreichen Ausdrücken, welche nach der Gewohnheit ἀπὸ τῶν ἐν τῷ
τόπῳ καὶ αὐτοὺς τοὺς τόπους (Suidas) zu benennen für die einzelnen
Theile der Agora im Gebrauch waren, stehen am nächsten αἱ μυρρίναι
(Aristoph. Thesmoph. 448) und τὰ λάχανα (Aristoph. Lysistr. 557). —
ἀλλ' ἐν τούτῳ] nach dem Laurent. Sauppe bei Rauchenst. Westerm.

quaest. I, 21; im Palat. nur ἀλλὰ τούτῳ, daher Scheibe (lect. lys. a. a. O.
354) ἅμα τούτῳ und so Cobet, Herw.; ἀλλ' ἅμα τούτῳ nach Reiske
Rauchenst. (IV); doch vgl. dessen Nachträge S. 259. — οἶδε] εἶδε
nach Dobree Herw. — τὸ ψήφισμα] Mitgetheilt von Kirchhoff im
Philol. XIII, 14 ff., in der Reconstruction von A. v. Velsen Philol. XVIII,
572 f. Sonstige Literatur darüber bei Westerm. de locis aliquot etc. 9.
§ 72. ἔστιν] accentuiert richtig Herw. ἔνεστιν Francken comment. 88. — πεποιημένον [γεγράφθαι] γεγράφθαι ist die
sachgemässe Ergänzung Bremi's. Francken comment. 96 glaubt hinter
πεπ. ausgefallen σὺν.... (Name eines Unbekannten) γεγράφθαι und
dann einen Gedanken des Inhalts: 'atque haec illi tentaverunt sane, sed
frustra.' Bake, Mnemos. VIII, 308 will ἀναγραφῆναι. Wenn derselbe,
wie schon früher in den schol. hypomn. II, 272 f., so auch neuerdings
noch die Worte τὰ μέντοι ὀνόματα — ὄντας für ein verstümmeltes
Scholion hält, so beweist er, dass er von dem Funde und dem Wortlaut
jenes für die Stelle so, wichtigen Psephisma keine Kenntnis hat
(Westerm., de locis aliquot 8 f.). Auch van den Es hat davon nichts
gewusst, als er 1854 in den adnotationes ad Lycurgi orat. in Leocratem S. 110 den Bericht des Lykurg und implicite den des Lysias wegen
der Abweichungen von Thukyd. als falsch bezeichnete. — σφῶν αὐ-
τῶν] Westerm., Cobet; τὰ σφῶν αὐτῶν Sauppe, Scheibe, Rauchenst.,
Herw. Vgl. Krüger zu Thuk. II, 68. — τῷ ῥήτορι] τῳ ῥήτορι
Herw., weil er von dem Inhalt des Psephisma vermuthlich keine Kenntnis hatte. Vgl. dagegen Francken comment. 96, der aber von der Art
der Einschmuggelung der Namen des Agoratos und Consorten sich eine
falsche Vorstellung macht. Denn nicht der Antragsteller selbst, sondern der Rathsschreiber hatte die Errichtung der Ehrensäulen zu be-
sorgen. — ὡς εὐεργέτας ὄντας] Francken a. a. O. ὡς εὐεργέται
ὄντες; die Beziehung auf διαπράττονται ist aber sinnwidrig. Herw.
ὡς εὐεργετῶν ὄντων, 'forsitan delenda.' — καὶ — ἐλέγξει] will
Westerm. de locis aliquot 11 streichen; Rauchenst. (IV) klammert die
Worte ein (vgl. Jahrb. 81, 5, 333). Eher mochte man für τοῦτο τὸ
schreiben τὸ αὐτό; denn es werden verschiedene Theile eines Decrets
verlesen. Bewiesen werden soll durch das Citat natürlich nicht die Be-
stechung des Antragstellers, sondern die Nichtgewährung des Bürgerrechts, welches sie umsonst erstrebt, ein Gedanke, der mit in der Lücke
vor τὰ μέντοι ὀνόματα enthalten sein mochte. Herw. schreibt τουτὶ
τὸ ψ.

§ 73. οὕτω — πολύ] Schneider zu Isokr. IX, 39. Schömann zu
Isae. S. 178. Aus Demosth. vgl. z. B. XXVIII, 5; XXXVIII, 12;
XXXIX, 6. Westerm. zu XVIII, 163. Auch bei Xenophon nicht selten
z. B. Hell. II, 4, 17. Memor. IV, 7, 2; 8, 1. — κατεφρόνει]
Scheibe (II), Rauchenst. nach früherer Emendation Cobets; καταφρονεῖ
nach den Hdschrr. Westerm., Cobet, Herw. — ἠκκλησίαζε] Ueber
das Augment zu XII, 73 (Anh.). — ἐπιγραφόμενος] [Demosth.]
LIX, 43 und Westerm. zu LIV, 31. Schömann zu Isae. S. 270. — οὐκ
ἀπέκτεινε] Das längst beseitigte (nur von Westerm. beibehaltene)

ἄν hinter οὐκ streicht noch einmal Bake, Mnemos. VIII, 308. — δι᾽ ὅ]
So alle neueren Ausgaben nach Sauppe's Correctur ; früher δι᾽ ὅν
nach den Hdschrr.
§. 74. ἡ — βουλευ ουσα] als 'emblema' von Herw. getilgt.
Cobet ἡ β. ἡ τότε β. (weil im X ὅτ᾽ ἐπί), ähnlich früher Scheibe. —
ἅπαντες] Vgl. Scheibe, olig. Umwälz. 59, Anm. 19. — ἐγὼ μὲν
οἶμαι] Vgl. Mätzner zu Lykurg S. 197. Stallb. zu Plat. Staat III, 406 ᵉ.
Rehdantz, Demosth. I, index unter μέν.
§ 75. προσποιεῖται] πολίτης εἶναι oder ποιητός εἶναι möchte
Scheibe ergänzen unter Beisimmung Westermanns.
§ 77. παρασκευάζεσθαι] Schömann zu Isae. S. 271. —
συγκατῆλθεν ἀπὸ Φυλῆς] συγκ. τοῖς ἀπὸ Φ. Cobet, Herw.
('fortasse tamen una litura delenda vocabula τοῖς ἀπὸ Φ.') — ἦλθεν] ἦλθε μέν Herw. Doch, wie das Folgende zeigt, stellt der Redner
das Factum gar nicht als Zugeständnis an Ag. hin, sondern macht eben,
daraus einen neuen Vorwurf. — καίτοι πῶς — ἐλθεῖν] Die Construction der Worte im Wesentlichen nach Meutzner, comment. de
Lysiae oratione περὶ τοῦ σηκοῦ S. 16. Anders Lipsius a. a. O. S. 12,
welchem Rauchenst., Jahrb. 91, 9, 607, beistimmt. Vor μιαρώτερος
schiebt Herw. τούτου ein (τούτου, ὅστις wäre an sich nicht, wie Meutzner glaubt, unrichtig, vgl. z. B. XXXI, 19) und schreibt statt ὑπὸ τούτου: ὑφ᾽ αὑτοῦ. — εἰσί τινες ἐπὶ Φυλῇ] Herw. streicht das
'additamentum' τινες ἐπὶ Φυλῇ nach Dobree. In den Hdschrr. ἐπὶ
Φυλήν und so Westerm. und Cobet, früher Scheibe; doch ist εἶναι
mit Präpositionen des locus in quem noch nicht genügend begründet
(auch εἶναι εἰς ist zweifelhaft; Cron zu Plat. Apol. 36 ᶜ. εἶναι παρά
τινα bei den Rednern wohl nur Demosth. XV, 7) und höchstens als
Ausdruck der Umgangssprache zu retten, wie unser 'wohin sein,'
esse in Syriam, in Tusculanum im latein. Briefstil, da εἶναι in solchen
Fällen == ἥκειν.
§ 78. Ἄνυτος] Ἄν. ἐπὶ Φυλήν die Hdschrr., Westerm., Cobet.
ἐπὶ Φ. nach Dobree gestrichen. — Ueber Anytos ausführlich Cobet,
nov. lect. 670 ff. — οὕπω οὕτω] nach Stephanus Rauchenst., Cobet,
Westerm.; οὐχ οὕτω nach dem Laurent. Scheibe, Herw., im Palat. nur
οὕτω. Es würde das einfache οὕπω genügen, wenn διακεῖσθαι oder
διατιθέναι mit dem Infin. nachweisbar sein sollte, wo dann ὥστε nach
Aken § 179. Schneider zu Isokr. IV, 89. Madvig § 164, Anm. 1 zu beurtheilen wäre (vgl. Lys. XVIII, 22: ἡ τύχη παρέδωκεν ἡμῖν ὥστε
ἡμᾶς βοηθῆσαι τῷ πλήθει). — δεῖν] δέοι Herw. — ἡσυχίαν
ἔχειν] Herw. ἡσ. ἄγειν; doch ist ἡσυχίαν ἔχειν für Lysias (bei
Demosth. ist es wohl sogar häufiger als ἄγειν) gesiohert durch IX, 4:
ἡσυχίαν εἶχον, und so XXVIII, 7. Pseudolys. VI, 34; dagegen ἄγειν III,
20. 30; VII, 1; XII, 75; XXII, 3; XXIX, 6. — οἴκαδε] tilgt Herw.
§ 79. ἐπὶ Φυλῇ] Scheibe nach Westerm. und Kayser; ἐπὶ Φυλήν nach den Hdschrr. Cobet, weder hier noch § 78 verständlich; eingeklammert von Rauchenst., getilgt nach Dobree von Herw. — ἀλλ᾽
ἕτερον] Sehr unglücklich vermuthet Bake (Mnemos. VIII, 308), es sei

etwa ausgefallen: μέγα τεκμήριον πῶς διέκειτο πρὸς τοὺς ἐπὶ Φυλῇ.
Aehnlich Herw.: μέγα τεκμήριον ὡς ἐμισεῖτο, hat sich aber hinterdrein (siehe die Addenda) eines besseren besonnen. — τ ο ύ τ ῳ] Sauppe
τουτωΐ, wie auch § 77 οὑτοσί und τουτουΐ für οὗτος und τούτου. —
ὁ τ α ξ ί α ρ χ ο ς] Deu Artikel haben Sauppe und Rauchenst. mit Recht
zugesezt; denn Allgemeinheit des Gedankeus wie § 82 anzunehmen
verbietel das folgende κάλει τὸν ταξ. und mehr noch εἰς τ η ν φυλήν
(§ 82 εἰς τάξιν τ ι ν ὰ). Vom Taxiarchen einer bestimmten Phyle ὁ
ταξ. auch III, 45; XV, 5; XVI, 16.
÷¹. § 80. α ἱ δ ι α λ λ α γ α ί] Den in den Hdschrr. (und bei Westerm.)
fehlenden Artikel hat Dobree zugesetzt. — ο ἱ [π ο λ ῖ τ α ι,] ἐκ Π ε ι -
ρ α ι ῶ ς] πολῖται nach Dobree mit Recht von Sauppe (bei Rauchenst.)
und Herw. verworfen. — εἰς πόλιν] Vgl. über πόλις Krüger zu
Thuk. V, 18 und Xen. An. VII, 1, 27. Mätzner zu Antiph. S. 269. Kock
zu Arist. Ritt. 267 und über den fehlenden Artikel Mätzner zu Lykurg
S. 279. Scheibe, comment. crit. de Isac. S. 19. K. F. Hermann, gesamm.
Abhandlgg. und Beiträge S. 65. — τ ῶ ν π ο λ ι τ ῶ ν] will Sauppe
streichen. τῶν ὁπλιτῶν Cobet, Rauchenst. (IV). Aber gerade in dem
Versuche des Agor., sich an die Bürger anzuschliessen, findet der
Redner die Frechheit; vgl. § 81. 82.
§ 81. ἔθεντο τ ὰ ὅ π λ α] Krüger zu Thuk. II, 2. Mätzner zu
Lykurg S. 158. Dagegen ὅπλα τιθέναι, die Waffen (an heiliger Stätte)
niederlegen. Mommsen, Heortologie S. 217, Anm.
§ 82. ἐπὶ Φυλῇ] ἐπὶ Φυλήν nach den Hdschrr. Cobet. —
ο ὐ δ ε ὶ ς — α ἴ τ ι ο ς] nach Dobree als Wiederholung aus § 78 f. zu
tilgen. Doch soll die Recapitulation wohl das Material zu den folgenden Fragen summieren. Hamaker wollte den ganzen § beseitigen. Dagegen Scheibe, vindic. 82 ff. — ε ἱ] Krüger zu Thuk. VI, 60. Cron zu
Plat. Laches 195ᶜ. — μ ὴ ἀ π ο θ α ν ε ῖ ν] τοῦ μὴ ἀποθ. Cobet. Doch
vgl. Büchsenschütz zu Xen. Hell. VII, 4, 19. Classen zu Thuk. I, 74.
Stallb. zu Plat. Phaed. 97ᵃ; überhaupt über die Structur von αἴτιος
Rehdlantz zu Demosth. VIII, 56. Xen. An. VI, 6, 8, besonders Madvig
Philol. II, Suppl. S. 65. Gegen Cobet auch Rauchenst. Jahrb. 91, 9,
607. — μ ε τ ὰ τ ῶ ν π ο λ ι τ ῶ ν] von Sauppe als Zusatz aus § 80
verdächtigt.
§ 83. ἐ γ ὼ μ ὲ ν ο ἶ μ α ι] nach Reiske von Cobet und Herw. gestrichen. — τ ι μ ω ρ ε ῖ τ α ι, τ ο ῦ τ ο ν] Von richtigen Voraussetzungen
über das Verhältnis des allgemeinen Gedankens zu dem daraus gefol-
gerten speciellen ausgehend ist Joh. Frei (zu Lysias S. 9 f.) zu der
schwerlich haltbaren Vermuthung gekommen, τιμωρεῖται αὐτόν, τοῦτον oder τιμωρεῖται τοῦτον, αὐτόν. Rauchenst. Jahrb. 91, 9, 607
gegen Joh. Frei; er will τιμωρεῖταί τινα.
§ 85. κ α ὶ ἰ σ χ υ ρ ί ζ ε σ θ α ι] καὶ τούτῳ Kayser (ähnlich schon
Reiske) gebilligt von Rauchenst.; ἰσχυρ. nach X (Sauppe); διισχυρ.
Vulg. (nach Scheibe auch Lesart des X). Vgl. Vömel zu Demosth. XIX,
332. — ὡ ς ἔ ν ο χ ο ς ὢ ν] ἂν ὢν Herw., nicht ohne Grund; Dobree
und Emperius wollen ἔνοχος ὢν streichen. — ο ὐ δ ε ν ὶ ἄ λ λ ῳ ἔ ο ι -

κ ε ν] Die Emendationen von Westerm. quaest. I, 22: τούτῳ ('hiermit')
δὲ οὐδὲν ἄλλο ἔοικεν (Agorat) ἢ ὁμολογεῖν, und Sauppe bei Raucheust.
(IV): τοῦτο δὲ οὐδὲν ἄλλο ἔοικεν (sc. εἶναι vgl. Krüger 55, 4, 4),
deren erstere Rauchenst. (Jahrb. f. Philol. 81, 5, 331) billigt, scheinen
doch entbehrlich. τῷ vor ὁμολ. wollte Reiske einsetzen. — ὁμολογεῖν ἀποκτεῖναι] Westerm. a. a. O. ὁμολογεῖν μέν (früher schon
Reiske), ἀποκτεῖναι μέν nach Dobree, Herw. und Cobet. Dass μέν auch
in schärfsten Gegensätzen fehlen kann, beweisen die Philol. XV, 342
und Jahrb. f. Philol. 82, 9, 424 f. zusammengestellten Beispiele; dazu
Plat. Charmid. 173 ᵇ (κυβερνήτης τις φάσκων εἶναι, ὧν δὲ οὐ). Eurip.
Hel. 730 (τοὔνομ' οὐκ ἔχων ἐλεύθερον, τὸν νοῦν δέ). Fragm. bei
Lykurg 100, v. 13 (λόγῳ — τοῖς δ' ἔργοισιν οὐ). Demosth. XVIII, 40.
prooem. 50, 2 (νῦν — τότε δέ). Brief 4, 5 (θεοῖς — ἀνθρώποις δέ).
Antiph. III, γ. 3 (ἀνοσίων ἔργων τιμωροί, ὁσίων δὲ διαγνώμονες). —
μὴ ἐπ' αὐτοφ. — ἀπέκτ. δέ] Aehnliches bei Krüger zu Thuk.
VI, 25. Stallb. zu Plat. Staat X, 607 ᵉ.

§ 86. Die zahlreichen Versuche seit Sluiter und Reiske, die ver-
dorbene Stelle zu heilen, in Scheibe's erster Ausgabe, wozu neuerdings
noch die von Bake, Mnemos. VIII, 309, gewagte Radicalcur und die be-
sonnenere Franckens comment. 97. Die neueren Ausgaben lehnen sich
an die zwischen Sauppe (epist. crit. ad God. Herm. 140 ff.) und Rauchenst. vereinbarte Fassung an, ausser Cobet und Scheibe, welche im
Wesentlichen den unverständlichen Wortlaut der Hdschrr. geben. —
οὐκ οἰόμενοι] οὐκ setzten schon Taylor und Markland ein. — τ ῷ
δικαίῳ ἰσχ.] so anstatt des unverständlichen τότε καὶ διισχυριζόμενοι der Hdschrr. Rauchensteins ἀλλὰ διισχυριζόμενοι ist, von der
Gewaltsamkeit der Aenderung abgesehen, so lange bedenklich, als der
prägnante Gebrauch von διισχυρ. ('eine Sicherheit in etwas sehen') nicht
nachgewiesen ist. Francken streicht καὶ διισχ. Ueber τὸ δίκαιον, τὰ
δίκαια besonders Rehdantz zu Demosth. VII, 1. — ἀπάγοντα] für
das handschriftl. ἀπάγειν. Dieselbe Vermuthung bei Francken. —
προσγράψασθαι] das Medium scheint Bake 'vitiosum'. — ἢ πῶς
οὐκ ἂν εἴη] Sauppe's Verbesserung für ἢ ὅπου ἂν ᾖ. Herw.:
ἐπ' αὐτοφώρῳ δὲ πῶς οὐκ ἂν εἴη, gebilligt von Francken. Herw.
streicht auch τό γε (τό τε in den Hdschrr.) hinter προσγράψ. —
ὅστις] Dies oder εἴτις (Herw.) scheint die allgemeine Sentenz zu fordern. — ἐν τῇ βουλῇ — ἐν τῷ δήμῳ] wohl Glossema, da es für
die vom Kläger angenommene Begriffsbestimmung des ἐπ' αὐτοφ. gar
nicht auf die politischen Körperschaften, sondern lediglich auf die durch
die Anwesenheit vieler Zeugen bewirkte Offenkundigkeit des Verbrechens ankommt. — τινάς] handschriftlich, von Sauppe in τίς ἂν ver-
ändert. — αἴτιος] αἴτιος αὐτοῖς Herw.

§ 87. Auch der Syllogismus dieses Paragraphen ist durch die Un-
sicherheit der Lesart sehr verdunkelt. — νοεῖ τὸ] Herwerdens und
Franckens Verbesserung für das handschriftl. οἴεται. Bake, schol.
hypomn. II, 276: δύναται; Westerm. quaest. I, 23 οἴει τό. — ἔκ γε
τοῦ σοῦ λόγου] Rauchenst. (Jahrb. f. Philol. 81, 5, 332) ἔκ γε τοῦ

τοιούτου λόγου. Francken und Halbertsma: ἔκ γε τούτου τοῦ λόγου. Doch will offenbar der Sprecher s e i n e (δήπου) Anschauung vom ἀπο-κτεῖναι ἐπ' αὐτοφώρῳ der unhaltbaren des Agor. entgegenstellen. — ἀναγκασθέντες] lässt sich mit ὑπὸ τῆς σῆς ἀπογρ. verbunden wohl halten und braucht weder als Glossem (Rauchenst.) angefochten noch mit Sauppe in ἀναρπασθέντες oder ἀπαχθέντες verwandelt zu werden. — ὁ αἴτιος] den Artikel hat Emperius (opusc. 84) hinzu-gefügt. Die Worte οὐκ οὖν — ἐστί streicht Herw. nach Dobree. In der Deutung des Syllogismus bei Francken (omnis auctor mortis est ἐπ' αὐτοφ.. iam vero tu es auctor qui denunclavisti; igitur idem es ἐπ' αὐτοφ.) ist die erste Prämisse mir nicht verständlich. — ἄλλος αἴ-τιος] ἄλλος αὐτοῖς αἴτιος Herw. — ὁ ἀποκτείνας] streicht Hal-bertsma (bei Francken S. 99).

§ 88. περὶ τῶν συνθηκῶν] Glossem nach Westerm., de locis aliquot S. 12 und Sauppe (bei Rauchenst.). Dagegen Rauchenst. Jahrb. f. Philol. 81, 5, 333. Aber das zweite περί lässt sich, da οἱ ὅρκοι καὶ αἱ συνθῆκαι einen Begriff bilden, schwerlich halten. — ἐν Πειραιεῖ] ἐν τῷ Πειραιεῖ die Hdschr., Westerm., Cobet; τῷ beseitigt von Baiter, Pertz quaest. lys. I, 12, Herw., Scheibe, Rauchenst. Lysias hat bei den Parteinamen οἱ ἐν Πειραιεῖ, οἱ ἐν ἄστει u. a. den Artikel vermieden, wogegen Xenophon darin frei verfährt; vgl. Hell. II, 4, 24. 26. 35. 36. 37. 39 u. s. w. — ἐπ' αὐτοφώρῳ τι] τὸ ἐπ' αὐτοφώρῳ Dobree, Emperius. — οὔτι] nach dem οὔτε des X; vgl. Stallb. zu Plat. Phaed. 81ᵈ; Staat I, 351ª; οὐ nach dem C Cobet.

§ 89. περὶ τούτων ἀποδέχεσθαι] οὐδὲν τούτων απ. Herw.; Dobree strich περὶ τούτων. Ueber die verschiedenen Structu-ren von ἀποδέχεσθαι vgl. Stallb. zu Plat. Phaed. 92ª; Staat I, 329°. Mätzner zu Deinarch S. 152. Schneider zu Isokr. I, 15. — κελεύετε] In den Hdschrr. steht davor noch περὶ τούτων. Der Satz mit ὡς bildet aber selbst den Inhalt des ἀπολογεῖσθαι (wie an den verwandten Stel-len § 49. 51 des ἀποδεῖξαι), denn nicht in Betreff dieser Punkte soll er sich vertheidigen, sondern gerade sie zur Vertheidi-gung nachweisen. Sonach scheint περὶ τούτων eine irrige Wieder-holung aus dem vorigen Satze.

§ 90. εἶχον ἄν] ἄν fehlt in den Hdschrr. und so Westerm.; auch Rauchenst. klammert ἄν ein; sonst ist das von Baiter vorgeschla-gene ἄν allseitig, neuerdings noch von Sauppe bei Rauchenst., an-genommen worden. ἄν steht in dieser Verbindung noch Lys. III, 31. Demosth. XXXV, 12. Plat. Apol. 31ᵇ; Laches 196ᵇ; Alkib. II, 142ᵇ; Gesetze XI, 927°. Dagegen fehlt es nach den Hdschrr. Demosth. LVII, 25. Der Gegensatz kann nur sein: νῦν δὲ οὐκ ἔχουσι λόγον, und ἄν also schwerlich entbehrlich. — οὐκ εἰσιν] So nach Wester-manns von Rauchenst. (Jahrb. f. Phil. 81, 5, 332) und Sauppe gebil-ligter Verbesserung (quaest. lys. I, 21). Das handschriftliche οὐκ ἔστιν ἡμῖν ἐμποδών, welches Reiske durch οὐδέν ergänzte, wäre eine zu weite Conclusion aus den nur auf die ὅρκοι und συνθῆκαι bezüglichen Prämissen. — ἢ τοῖς ἐν ἄστει] In den Hdschrr. fehlt das von Baiter

eingesetzle und von Sauppe bei Rauchenst. vertheidigte $\tilde{\eta}$; auch Cobet
hat $\tilde{\eta}$. Ueber οὐδένα — $\tilde{\eta}$ viele Beispiele bei Hertlein zu Xen. Kyrop.
II, 3, 10. Rauchenst. nach Vischer εἰ μὴ τοῖς ἐν ἄστει, Herw. wie
Scheibe. Andere Versuche, die spitzfindige Deduction abzuschliessen,
bei Westerm. quaest. I, 23 f. — ὤμοσαν] ὠμόσαμεν Herw.
    § 91. πεποιῆσθαι] Sachgemässe Ergänzung Reiske's, von
Herw. in den Text genommen. — προδοὺς τά] Im X und zwei ge-
ringeren Hdschrr.: προδόντα, weshalb Reiske προδοὺς πάντα (so
Rauch. III), Francken comment. 99 προδοὺς τά. Aus Platon vgl. Theaet.
168ª; Phaed. 57 ᵇ (wo Stallb.); Laches 185 ᵈ; Staat IV, 442 ᶜ;
V, 469 ᵇ; Gesetze VIII, 829 ᶜ; IX, 866 ᵈ; XII, 968 ᵈ. Für ἀφείς will
Francken ohne Grund καθυφείς. Agor. 'warf' hochverrätherisch die
Güter 'weg', die er in seiner (vorgeblichen) Stellung als Bürger nach
Kräften zu schützen verpflichtet war. — ἐξ ὧν — ἐγίγνετο] ἐξ ὧν
ἂν — ἐγ. vermuthen Sauppe und Francken, Rauchenst. (IV) ἰσχυρότε-
ρος — ἂν γένοιτο; doch kann hier nur von einem in der Vergangenheit vorschwebenden Gesichtspunkte die Rede sein und müsste wenigstens der Potent. praeteriti stehen.
    § 92. καὶ ἡμῖν καὶ τοῖς φίλοις ἅπασι] Westerm. de
locis aliquot etc. 12 machte auf die Widersinnigkeit des handschriftl.
ὑμῖν (ἡμῖν C) ἐπέσκηψεν καὶ ἡμῖν (ὑμῖν C) καὶ τοῖς ἄλλοις ἅπασι
aufmerksam; die Racheverpflichtung aller Bürger ergiebt sich nicht
aus dem letzten Willen der Hingerichteten an sich, sondern erst aus
der Deduction des Redners, und daher ist sie in der conclusio (ὥστε —
ὑμῶν ἑνὶ ἑκάστῳ ἐπέσκηψαν) wohl am Platze, in der Prämisse fehlerhaft. Westerm. wollte daher ἡμῖν ἐπέσκ. schreiben und καὶ — ἅπασι
streichen. Aber mit Recht fordern Sauppe und Rauchenst. (Jahrb. f.
Philol. 81, 5, 333) ἐπέσκ. καὶ ἡμῖν καὶ τοῖς φίλοις ἅπασι, denn
dass der Auftrag an alle Freunde ergangen, muss erwähnt werden,
wenn der Unter- und Schlusssatz des Syllogismus nicht der Pointe entbehren soll. — ὡς φονέα ὄντα] gestrichen von Herw. wie § 42. —
ἔμβραχυ] nach Dobree; das handschriftl. βραχύ ist in der Bedeutung
'ums kurz zu sagen' im Atticismus wohl nicht nachweisbar (vgl.
Scheibe, lect. lys. a. a. O. 326 f. und comment. de Isae. S. 11. Cobet,
variae lect. 207 ff.). Schol. zu Aristoph. Wesp. 1159 (Dindf. II, 904):
ἔμβραχυ· καθάπαξ ἢ παντάπασι, Ἀττικὴ συνήθεια, οὐδὲν πλέον
δηλοῦσα ἢ τὸ βραχύ. — ἄ] ὅ Herw., wohl mit Recht.
    § 93. ἀνεῖναι] ἀφεῖναι nach Markland Herw., und so auch
Rauchenst. (IV im Anhang) und Bake, Mnemos. VIII, 309. Vgl. dagegen
Vömel zu Demosth. XIX, 229. — ἐπεί] ἐπειδή Rauchenst. — νυνὶ
δή — νυνί] Herw. tilgt nach Dobree's Vorschlag νυνὶ δή und
schreibt νυνὶ δή für νυνί, auf Kosten der Emphase. — πάντων ἔργον σχετλιώτατον] Herw. nach Dobree πάντων σχετλ. ἔργον.
Dass Lysias gewöhnlich (I, 7. 10; XII, 26; XIII, 94; XXXIII, 7;
XXXIV, 2, dazu VI, 7. 45; XX, 32) πάντων nicht vom Superl. trennt,
ist nicht Grund genug für die Umstellung. — ἐργάσησθε] Scheibe,
Westerm.; ἐργάσεσθε nach Baiter Herw., Cobet und (im Anhange)

auch Rauchenst. und Sauppe. Vgl. dagegen Bäumlein, Modi 192 und die Beispiele in Jahrb. f. Philol. 84, 4, 180. — διαπράττεσθε — καταψηφίζεσθε] διαπράξεσθε — καταψηφιεῖσθε Herw., Bake Mnemos. IX, 220. Vgl. Mätzner zu Lykurg S. 251. — τῇ αὐτῇ ψήφῳ] ἅμα τῇ αὐτῇ ψ. Westerm. nach Dobree, da im X vor τῇ ein ἀλλά steht.

§ 94. γιγνώσκετε] γνώσεσθε Herw. Vgl. Mätzner zu Antiph. S. 167. — κατ᾽ ἐκείνων τῶν ἀνδρῶν] καθ᾽ αὑτῶν Augier, Francken comment. 100 will die Worte streichen.

§ 95. πρὸς θεῶν Ὀλυμπίων] Nur Pseudolys. VI, 7. 32. 38 hat μὰ τὸν Δία und VIII, 18 μὰ τοὺς θεούς. Consequent hat auch Isokrates Schwurformeln vermieden, ebenso Andokides (nur III, 15 steht νὴ Δία in der Hypophora), Antiphon (nur VI, 40: ω Ζεῦ καὶ θεοὶ πάντες), Hypereides, Lykurg (nur § 75 νὴ τὴν Ἀθηνᾶν) und die Anrufung § 1, sparsam damit ist Isaeos, freigebig Aeschines und Deinarch, keiner aber mehr als Demosthenes. Vgl. die Zusammenstellungen in Rehdantz' 2. Excurs zu Demosth. und Jahrb. f. Philol. 84, 4, 176. — μήτε — μηδεμιᾷ] Rehdantz zu Xenoph. Anab. VII, 2, 8. πάσῃ τέχνῃ Aristoph. Ekkles. 534. Wolk. 885 (wo Kock); πάσῃ μηχανῇ Lysistr. 300; μιᾷ τέχνη Thesmoph. 430; τέχνη ἢ μηχανῇ ἡτινιοῦν in einer Gesetzesformel bei Demosth. LVIII, 16. — ἐγένετο] nach Sauppe für das handschriftl. ἐγένοντο von allen neueren Herausgebern ausser Scheibe hergestellt. Vgl. XXV, 2. — πάντα] ἅπαντα in den Hdschrr., was nur Westerm. beibehielt, alle anderen neueren Herausgeber mit Taylor beseitigten.

§ 96. ἐναντία] τἀναντία Herw. — ἀποψηφίσασθε] ἀποψηφίζεσθε Herw.

§ 97. τὰ ἐναντία — ψηφίζησθε] τοῦτο ποιῆτε nach Dobree Herw. — τοῖς ἐχθροῖς] Auf die Vermuthung des Herausg., dass dies oder etwas ähnliches ausgefallen sei, ist jüngst auch Francken, comment. 101 gekommen. Ohne Grund aber stösst derselbe an γίγνεσθε an und fordert ἔσεσθε (Herw. γενήσεσθε) und will das doppelte ἔπειτα durch die Ausstossung von ἔσεσθε ἔπειτα nach τετιμωρηκότες beseitigen, wodurch das Isokolon verloren ginge. Dass das doppelte ἔπειτα auch im Epilog, der nach Francken 'commotior' sein müsse, am Platze ist, beweist Isae. IX, 36.

XXV, 1. ὀργίζεσθαι] εἰ — ὀργίζεσθε Vulg. und Cobet nach C. Dagegen Scheibe, lect. lys. a. a. O. 318 f. — θαυμάζω, οἵ] Für οἵ nach Markland εἰ Herw. Der Gegenstand des θαυμάζω muss aber doch dem des συγγνώμην ἔχω entsprechen: 'Euch verzeihe ich den kaum verschuldeten Irrthum, es sei kein Unterschied unter den Gliedern der städtischen Fraction; über die Ankläger aber wundere ich mich, welche diesen Unterschied wohl kennen, aber geflissentlich verdecken.' Francken comment. 173 ὅτι. — εἰ σαφῶς] nach Reiske, in den Hdschr. οἵ σαφῶς und so Cobet; ὅτι σαφῶς schlägt Westerm. vor; καὶ σαφῶς

Kayser, Rauchenst., Herw.; καὶ οἳ σαφῶς will Scheibe (lect. 349), gebilligt von Jacob, specimen cmendationum (Progr. Cleve 1860) S. 16. —
εἰδότες] διειδότες Herw. — τοὺς μηδὲν ἀδικοῦντας καὶ
τούς] Weil im Palat. μέν für μηδέν, corrigiert Francken: τοὺς μὲν
αὐτῶν μηδὲν ἀδικοῦντας, ἑαυτοὺς δέ. Doch müssen, wie περὶ ἁπάντων ἡμῶν zeigt, zwei Classen der ἐν ἄστει μείναντες geschieden werden. — ζητοῦσιν ὑμᾶς πείθειν] In den Hdschrr. ζητοῦσι κερδαίνειν ἢ ὑμᾶς π. und so Westerm., Cobet; ζητ. κερδαίνειν καὶ ὑμᾶς
π. Taylor und Halm; ζητ. κερδαίνειν ὑμᾶς πείθοντες früher Vorschlag
Rauchensteins und neuerdings wieder Herwerdens und Franckens. Da
es aber hier noch gar nicht sich handelt um den von den Sykophanten
erhofften Gewinn, hat Kayser mit Recht κερδ. ἢ als Glossem bezeichnet, was Scheibe (lect. 349) billigt; eingeklammert hat es Rauchenst.
getilgt Herw. — τὴν γνώμην ταύτην] Rauchenst. (und ähnlich
schon Taylor) vermuthet τὴν αὐτὴν γνώμην, wie XXVI, 16, und so
Herw. Dagegen Scheibe, lect. 349.

§ 2. ὁμοῦ κατηγορηκέναι] In den Hdschrr. ἐμοῦ, von
Rauchenst. als aus § 5 eingeschwärzt beseitigt. Dafür ὁμοῦ nach
Markland, Scheibe und Francken comment. 173, der für κατηγορηκέναι will πάντ' εἰρηκέναι; Kayser Philol. XI, 158: πάντ' ἃ ὑπὸ κτλ.
— ὁμοῦ κατηγ.; Herw. ὅσα für ἅ. Ein πάντα scheint allerdings ausgefallen zu sein, wohl aber eher vor ὁμοῦ, welches nach dem Ausfall
des πάνθ' in ἐμοῦ verwandelt ward. — ὡς προσῆκον] Rauchenst.
nimmt irrig die Ellipse einer Form von εἶναι an, fasst also ὡς wohl
im Sinne von „dass"; ebenso ὡς ἐξόν Xen. Hell. II, 3, 21; ὡς οὐ μετόν
Aesch. I, 78; ὡς ἐξαρκέσον Isae VI, 13; ὥσπερ ἐπιτεταγμένον Xen.
Symp. 1, 11 u. ö. —

§ 4. ἐὰν ἀποφήνω] In den Hdschrr. ἐὰν ἀποφανῶ. Da aber
ἀποφαίνεσθαι c. ptcp. 'nachgewiesen werden als' selten ist (Deinarch
I, 6. 15. 104 ἀποπέφανται ἔχων u. dgl. in einer Untersuchung des
Areopags), hat Scheibe (lect. lys. 350) und Cobet ἐὰν φανῶ, Herw.
nach Dobree ἐάνπερ φανῶ geschrieben; ἐὰν ἀποφήνω ist Verbesserung von van den Es und Francken a. a. O. Müller, Philol. XII, 106:
ἐὰν κἀγὼ φανῶ. Auch ἐὰν ἀναφανῶ wäre denkbar (vgl. Plat. Gesetze
IX, 854*).

§ 5. ἡγοῦμαι τεκμήριον εἶναι] Francken comment. 174
meint, es sei ein Gedanke ausgefallen, dessen Inhalt durch das μέγα
τεκμήριον belegt werden solle, und vermuthet: τεκμήριον ὅτι οὐκ
ἀδικῶ· εἰ γάρ. Die Voraussetzung, dass nach τεκμήριον ein Satz mit
ὅτι fast ausnahmslos nicht den Beweis, sondern das zu Beweisende aus-
spreche, ist unbegründet (vgl. die Beispiele im Commentar und dazu Lys.
XXIV, 12). Mit Recht aber vermisst er ein ἐμοί. — ἐκείνοις] Herw.,
um eine allgemeine Sentenz zu gewinnen, nach Dobree ἐνίοις.

§ 6. καὶ μέγα] οἱ μέγα Halm, οἱ καὶ μέγα Herw. nach Scheibe's
Vorschlag. Scheibe, lect. 350 erklärt καί: 'eique tales'.

§ 7. οὓς — προσήκειν ἐπιθυμεῖν] Herw. für οὓς: οἷσ-
τισιν. Dass προσήκει mit dem Acc. c. Inf. nicht auf die Bedeutung 'es

16*

ist natürlich' beschränkt ist, sondern auch das Sittlichkeits- oder Nützlichkeitsgebot bezeichnet, beweist beispielsweise Lykurg 123. Isokr. XV, 141. 239; XVI, 15; XVIII, 57. [Demosth.] LIX, 85. Plat. Gorg. 491 d. Der Accus. bei Wegfall des Infin. Isokr. XII, 159. 230; XV, 119. 322. Demosth. XVIII, 180; XXII, 164; der Dativ Isokr. VIII, 92. — καὶ οὓς δημοκρατίας] Das schwerlich entbehrliche οὓς eingesetzt von Cobet, Bake (Mnemos. IX, 189), Pluygers (Mnemos. XI, 86). Vgl. z. B. XXIV, 15. Herw. will ἐκ δημοκρατίας für καὶ δημοκρ.; doch siehe den Commentar. — κἀγὼ — ποιήσομαι] nach Kayser Philol. XI, 154 eingeklammert von Rauchenst. (III. IV). So auch Frei, zu Lysias 13. — [ἀποφαίνων] verworfen nach einem früheren Vorschlage Kaysers, und so Herw. Francken comm. 175. Pluygers a. a. O. — προσῆκον] προσῆκε Pluygers. Dagegen Schömann zu Isae. 346. 443.

§ 8. δημοκρατικός] δημοτικός Cobet, var. lect. 210, gebilligt von P. R. Müller, Beiträge zur Kritik des Lysias 11, und so Rauchenst. (IV).

§ 9. μετεβάλλοντο] Das Impf. nach dem cod. Vindob. empfohlen von Scheibe (lect. 346), aufgenommen von Rauchenst. Vulg. μετεβάλοντο. — αὐτοὶ αὐθις] so nach Reiske die neueren Herausgeber (nur Herw. blos αὐτοί) für die Lesart des X αὐτοὶ αὐτοῖς. Scheibe's Vorschlag: αὐτοὶ αὖ τῆς (sc. ὀλιγαρχίας) τῶν τριάκοντα ist sehr ansprechend. Kayser, Philol. XI, 161 denkt an αὐτοὶ ἐν τοῖς πρώτοις, weil πρώτοις als Zahl α´ geschrieben ward. — τῶν Ἐλ. ἀπογραψαμένων] Die im Commentar bekämpfte Deutung neuerdings noch von Francken, comment. 175 f. vorgetragen. Rauchenst. (nach Scheibe lect. 346 ff.) denkt an eine von den Dreissig vor ihrem Abzuge nach Eleusis vorgenommene Aufzeichnung ihrer bei ihnen ausharrenden Anhänger, von denen dann einige dennoch in der Stadt zurückgeblieben seien und am Zuge gegen Eleusis Theil genommen hätten. Aber blieb den Dreissig nach dem Beschlusse der Dreitausend über ihre Ausweisung noch zu einer solchen Massregel Zeit? Vgl. Xen. Hell. II, 4, 23. — ἐπολιόρκουν τοὺς μεθ' αὐτῶν] so Scheibe für das handschriftl. ἐπολιορκοῦντο μεθ' αὐτῶν Rauchenst. (III. IV), Herw.; Kayser Phil. XI, 165 fordert den Zusatz ποτε oder πρότερον ὄντας; ἐπολιορκοῦντο μετ' αὐτῶν nach C Westerm., Cobet, Francken, der auch für ἀπογραψαμένων will ἀπογραψάμενοι.

§ 10. ἥ τις] εἴ τις nach C (im X ist εἴ über ἥ nachgetragen), Westerm., Cobet. Vgl. Scheibe, lect. 350; ἥτις ἄν Vischer. — ἐγίγνετο] Francken comm. 177 will ἐγένετο. Ohne Grund stösst er auch an dem Plusq. ἦσαν πεπολιτευμένοι ('was für ein politisches Verhalten ihrerseits vorlag', als die Umwälzung eintrat) an und will πολιτευόμενοι, ebenso χρῆν für χρή; doch enthalten die Worte nicht ein Desideratum (χρῆν), sondern ein Postulat (χρή). — δικαιοτάτην τήν] Verbesserung von Rauchenst., und so Scheibe, Westerm., Herw.; in den Hdschrr. fehlt τήν; Cobet: δικαιότατα τήν.

§ 11. εὐθύνας δεδωκότες] ἡ εὐθύνας ὠφληκότες Kayser;

ἢ εὐθ. ἑαλωκότες nach Emperius (opusc. 93) Westerm., Herw. und
(doch ohne ἢ) Cobet; οὐ δεδωκότες Markland (wenigstens wohl μή),
Francken a. a. O. will das (beispielsweise als Veranlassung der Atimie
genannte) εὐθύνας δεδωκότες streichen. Vgl. die Vertheidigung der
handschriftl. Lesart durch Sauppe bei Rauch. — συμφορᾷ] Mätzner
zu Deinarch S. 124. — προσήκειν αὐτοῖς] Weitere Beispiele
Aesch. III, 249. [Demosth.] LIX, 85. 92. Xen. Hell. IV, 5, 5. Rehdantz
zu [Demosth.] VII, 45. Westerm. zu Demosth. VIII, 2. Schneider zu Isokr.
I, 33. Mätzner zu Lykurg S. 307. Rauchenst. möchte αὐτούς. —
ἐλπίζοντας] Ueber den Accus. vgl. die Beispielsammlungen bei
Pflugk zu Eurip. Med. 815. Krüger zu Thuk. VII, 57 (am Ende).
Rehdantz zu [Demosth.] VII, 13. Büchsenschütz zu Xen. Hell. IV, 1, 35
(wo hinzuzufügen V, 4, 60). Stallbaum zu Plat. Krit. 51 d; Gorg. 492 b;
Staat VI, 500 c; IX, 586 e; Gesetze XI, 920 e. — αὐτοῖς ἔσεσθαι]
Vgl. Krüger zu Thuk. I, 95, besonders aber K. F. Hermann, gesamm.
Abhandlgg. und Beiträge 67 ff. — ὀφείλεται αὐτοῖς] Beispiele
der Fortsetzung der relativen Satzform im zweiten u. s. w. Gliede sind
nicht häufig (Lys. XII, 81. Isokr. XVIII, 39. Demosth. XXXXV, 57.
Isae II, 41), ausser bei asyndetischer Nebeneinanderstellung der Glieder
(Aesch. III, 9. Demosth. XXIX, 26 u. ö.). Kr. 60, 6, 4. Anderwärts
fällt im zweiten Gliede das Pronomen ganz weg, auch wo ein andrer
Casus eintreten sollte, wie Demosth. XXIV, 73. Isokr. XVIII, 58.
Deinarch I, 52. [Demosth.] LX, 33. Beispiele aus den Rednern bei
Rehdantz zu Demosth. III, 24. Weber zu Demosth. Aristocr. S. 355.
Schneider zu Isokr. IV, 151. Mätzner zu Lykurg S. 101. Bei Hypereides
dieser Uebergang f. Euxen. S. 16. 17 Schneidewin. Sehr häufig ist er
bei Platon. ˙Dass οὗτος in dieser Weise nicht stellvertretend eintrete,
behauptet mit Unrecht Cobet, Mnemos. XI, 167 (vgl. Francken comment. 93). Beispiele aus latein. Schriftstellern bei Kühner zu Cic. Tusc.
V, 3, 8. Piderit zu Cic. Brut. 74, 258. Ebhardt, de anacoluthorum usu
etc. S. 8. Herw. will den Nachsatz mit ὀφείλεται beginnen und schreiben ὀφείλεται τούτοις — οὐδ᾽ ἄξιον κτλ. — τὰς τούτων διαβο-
λάς] τὰς κατὰ τούτων δ. nach C Cobet; τὰς περὶ τούτων δ. Herw.
und Francken comment. 178; Rauchenst. (III. IV) schiebt vor τὰς ein
περὶ τῶν τοιούτων ein, was Scheibe billigt; Madvig § 104 b: κατὰ
τούτων δ. (ohne Artikel). Doch vgl. den Commentar. Der objective
Genitiv ist auch sonst bei Lys. nicht selten; II, 25. 39. 48. III, 42.
X, 27. XII, 20. (XX, 18. 21). XXXIII, 1. —

§ 12. ἰδίᾳ — δημοσίᾳ] nach Stephanus die neueren Ausg.
(ausser den Zürichern und Westerm,) für das handschriftl. ἰδία — δη-
μοσία. — ἑτέρων] νεωτέρων Cob., Herw. — ἐν τῷ πολέμῳ] verdächtigt von van den Es und Herw. Entbehrlich ist es allerdings, doch
auch Isae. V, 37. 45 steht εἰς τὸν πόλεμον dabei. — οὐδενὸς χεί-
ρον] So noch z. B. Isokr. VIII, 57; IX, 18; XVI, 31; XIX, 13. 48.
Demosth. LVIII, 60. Xen. Memor. IV, 2, 12. Sauppe zu Plat. Protag.
324 d. Rehdantz zu [Demosth.] X, 41.

§ 13. καίτοι] καί nach Dobree Herw.; dagegen Francken comm.

178. — παρ' αὐτῶν] von Herw. nach Dobree gestrichen. — ταύτην πίστιν] Diese Assimilation noch I, 5. 6. 16. II, 75. (VI, 7. 20).
VII, 23. XXI, 13. XXXIV, 3; bei ἐκεῖνος XVI, 6. — παρ' ἡμῶν]
Herw. nach Dobree παρ' αὐτῶν, schlägt aber vor παρ' αὐτῶν καϑ'
ὑμῶν; auch Francken comm. 179 will παρ' αὐτῶν. — πάντας]
Herw. vermuthet πάντα. — ἀλλὰ ἐκ] ἀλλὰ καὶ ἐκ Westerm. nach
den Hdschrr. (μή dann == μὴ μόνον), mit Berufung auf VI, 13, wo
aber ἀλλὰ καί, wenn überhaupt haltbar, bedeuten kann 'sondern sogar'. Hier will der Sprecher doch unzweifelhaft die Reden der Ankläger schlechthin als unglaubwürdig hinstellen, nicht beides, ihre Reden
und die Thatsachen, berücksichtigt wissen.
    § 14. οὔτε — οὐ τοίνυν] Bake, Mnemos. IX, 189: οὔτε —
οὔτ' οὖν. Vgl. über οὔτε — οὐ, οὐδέ u. dgl. Stallb. zu Plat. Apol.
19 d. Bäumlein, Partikeln S. 223. Krüger II, 69, 64, 1. — τῶν κατ-
ηγόρων] ein 'Scholion' nach Herw. — οὐ τοίνυν οὐδέ] Ueber
das Verhältnis der Negationen Lieberkühn, de negationum graecarum
cumulatione (Progr. Weimar 1849) S. 6 und viele ähnliche Beispiele
bei Franke, de particulis negantibus ling. gr. comm. III, S. 12.
    § 15. κεχρῆσϑαι] Die von allen neueren Herausg. angenom-
mene Verbesserung Reiske's für χρῆσϑαι. Läge nicht χρήσασϑαι
näher? —
    § 16. οὐ τοίνυν οὐδ' — εἰς — οὐδέ — οὐδέ] nach X
Scheibe, Lieberkühn a. a. O., Westerm., Cobet; dafür οὐ τοίνυν οὔτ'
εἰς — οὔτε — οὐδέ die Züricher, Rauchenst., Franke a. a. O. S. 2; dreimal οὔτε Herw. — οὐδ' εἰς — φανήσομαι] Die Beziehung der
Worte auf die τρισχίλιοι bei Scheibe olig. Umwälz 72. Baur, Uebersetzung des Lysias S. 302. Die richtige Deutung zuerst bei Grote IV,
500 (Meissner); dann Rauchenst. (Philol. XV, 338 ff.); Siarke, (commentatio de Isocratis oratt. πρὸς Καλλίμαχον et περὶ τοῦ ξεύγους
Posen 1856), S. 7. Misverständlich identificiert Bake Mnemos. IX, 181
diesen κατάλογος mit der Liste der 5000 des J. 411.
    § 17. ἀλλὰ γάρ] Vgl. die Erörterung von Kratz zu Platons
Gorgias S. 170 f. des Anhangs.
    § 18. οἳ τῆς] οἵτινες τῆς Herw. — ἐν τῷ ἄστει] τῷ strei-
chen Herw. und Cobet. In Verbindung mit μένειν hat Lysias allerdings
sonst nur ἐν ἄστει (XVIII, 19; XXV, 1. 2. 29; XXVI, 16) und beim
Parteinamen müsste der Artikel in der That fehlen (Pertz, quaest.
I, 12). — χρῆναι — ὑμεῖς ἀπολέσαι] Beispiele aus Demosthenes
bei Vömel zu Dem. XIX, 235 (wo hinzuzufügen XXI, 143; XXXIV, 46);
aus Xenophon bei den Erklärern zu Xen. Kyrop. V, 2, 17. — ὑπο-
λειφϑήσεται] Von allen neueren Herausg. aufgenommene Verbesserung Dobree's für das handschrifl. ἀπολειφϑ. Die Verwechselung ist
häufig; doch steht ἀπολείπεσϑαι 'zurückbleiben' unangetastet Demosth.
XXXIX, 16; LI, 11.
    § 19. τοῖς ὑμετέροις] τοῖς ὑμετέροις κακοῖς Herw. (wie
Lys. XXI, 22), wo dann ἐπί den Beweggrund bezeichnete. Doch die
Bedeutung 'zum Nachtheil' auch in Redensarten wie συμμαχίαν ποι-

εἶσθαι ἐπὶ τοῖς φίλοις (Thuk. VI, 79); συστῆναι oder συνομνύναι ἐπὶ τινι (Kock zu Aristoph. Ritt. 236); vgl. noch Plato Staat IX, 590ª: Ἐριφύλη ἐπὶ τῇ τοῦ ἀνδρὸς ψυχῇ τὸν ὅρμον ἐδέξατο und Westerm. zu Demosth. VI, 18. Anders deutet ἐπί Francken, comment. 178. — τῶν ὀλίγων] τῶν setzt Rauchenst. (III. IV) nach Vischer in Klam-' mern.

§ 20. περὶ αὐτῶν] Pluygers Mnemos. XI, 87 vermuthet wegen der Schwierigkeit, περὶ αὐτῶν zu deuten, vor ἀλλὰ τὴν αὐτήν eine nicht unbedeutende Lücke. Francken will περὶ ἡμῶν und klammert εἴχετε ein. — ἔχετε] Beispiele dieses Uebergangs bei Westerm. commentat. in script. graecos IV, 11 f. und zu Demosth. VI, 6. Funkhänel, quaestiones Demosth. S. 60ff. Hertlein zu Xen. Anab. II, 2, 4. Westerm. nimmt den Uebergang schon im vorhergehenden Satzgliede an und schreibt nach X unter Rauchensteins Zustimmung ἡγεῖσθε; doch lässt sich der Imperativ nach οὐδέ wohl nicht halten.

§ 21. ὅτε] ὁπότε Cobet. — μέγιστον κακόν] μέγιστον ἀγαθόν X, gedankenlos nach der allgemeinen Sentenz ὁμόνοια μέγιστον ἀγαθόν XVIII, 17. Xen. Memor. IV, 4, 16. —

§ 22. δὲ πυνθάνοισθε] Francken comment. 178: δ' ἐπυνθάνεσθε, vielleicht mit Recht. — ἐκ τοῦ ἄστεος] steht in den Hdschrr. hinter στασιάζοντας, möglicher Weise eine Glosse zu τοὺς τρισχιλίους. Herw. nach Dobree streicht ἐκ τοῦ ἄστεος; Bake, Mnemos. IX, 189 corrigiert: στασιάζοντας τοὺς ἐξ ἄστεος. — τοὺς ἄλλους δέ] τοὺς δὲ ἄλλους C und alle neueren Herausgeber ausser Westerm.; τοὺς ἄλλους δέ X. Vgl. Vömel zu Demosth. XVIII, 315. — ὑπὲρ ὑμῶν] so im X, vertheidigt von Francken; ὑπὲρ ἡμῶν Vulg.; ὑπὲρ αὐτῶν Herw. nach Dobree. — τότ' ἤδη] τότε δή Herw.; τότε δή auch Xen. Kyrop. III, 3, 24. — ταῦτα γὰρ τοῖς θεοῖς] Pluygers Mnemos. XI, 87: ταῦτα γάρ τοι τοῖς θ. — εὔχεσθε] ηὔχεσθε Cobet. — σωθήσεσθαι] will Pluygers streichen, wogegen Herw. nach Sauppe κατιέναι tilgt. Dagegen Förtsch, observat. crit. 11. Francken comment. 179. —

§ 23. βουλόμενοι — ἐμμένουσι] βούλονται — ἐμμένοντας nach Reiske und Dobree Herw. — χαλεπώτερον τούτων ἤ] ἤ tilgt Herw. nach Dobree, Francken comment. 180 τούτων. Vgl. Beispiele bei Schömann zu Isae. 186. Stallb. zu Plat. Gorg. 500ᶜ. K. F. Hermann, gesamm. Abhandl. und Beiträge 79.

§ 24. δέξαιντ' ἄν] εὔξαιντ' ἄν Herw. nach Dobree. Vgl. Schneider zu Isokr. VII, 5.

§ 25. μνησθῆναι] μνησθ. καί mit Baiter alle neueren Herausgeber ausser Cobet. — Ἐπιγένην — Δημοφάνην — Κλεισθένην] Ἐπιγένη — Δημοφάνη — Κλεισθένη Herw. Die Identität des Kleisth. mit dem Sohne des Aristoph. nimmt an Hölscher, de vita Lysiae 108, lässt offen Francken, comm. 184.

§ 26. τοιοῦτοι γὰρ ἦσαν ὥστε] für ὥστε will Herw. οἷοι. — εἰσιόντες] εἰσάγοντες Cobet.

§ 27. ὑμεῖς δὲ κτλ.] Auch dies noch eine Folge des Treibens

der Demagogen, daher hinter ἐγένοντο nicht mit Punkt, sondern mit Komma zu interpungieren, um die Worte an ἕως anzuschliessen. Franckén comm. 180. — διετέθητε, ὥστε τούς] ὥστε fehlt in X, daher διετέθητε· τούς Scheibe, Westerm., Cobet, Herw. nach dem Vorgange der Züricher; Francken will τοὺς μὲν γάρ. Das im C (Rauchenst.) eingesetzte ὥστε entspricht dem sonstigen Gebrauche des Lysias, der nach οὕτως διακεῖσθαι und διατιθέναι die Folge nie asyndetisch oder durch γάρ anfügt. Vgl. I, 6. III, 40. XIII, 78. XIV, 42. XVIII, 16. XXVII, 11. XXXII, 18. fragm. 1, 4; 53, 3. — τοῖς δ' ἄλλοις] ἀλλήλοις Dobree, Herw.; Francken comm. 181 will καὶ τοὺς ἄλλους ('et praeterea'). — διὰ τοὺς μέν] Scheibe, Westermann; dafür διὰ μὲν τούς Rauchenst., Cobet, Herw. Doch vgl. Schneider zu Isokr. VII, 44. — πολλάκις πειθομένοις] In den Hdschrr. steht πολλάκις vor συμβούλοις. Aber die Mahnung, so üble Rathgeber nicht anzuhören, soll doch für alle Fälle, nicht blos für viele gelten. Vor πειθομένοις gestellt giebt πολλάκις einen scharfen Gegensatz zu οὐδὲ ἅπαξ. — πειθομένοις] πιθομένοις Cobet.

§ 28. ταύτην — φυλακήν] Herw. will μόνην ταύτην oder ἱκανωτάτην φυλακήν. Aehnlich schon Reiske. — οὕτω πλεῖστον χρόνον κτλ.] Francken comment. 181 nimmt Anstoss an dem Gedanken und meint, es habe ursprünglich etwa gelautet: οὕτω πλείστην τιμὴν προσγενήσεσθαι καὶ πλεῖστον χρόνον κτλ. Was wird dadurch gewonnen?

§ 30. εὐθύνην] εὐθύνας Cobet; εὔθυναν Herw., was auch Scheibe vorzieht.

§ 31. ἐπιθύμουν ὥνπερ οὗτοι] Pluygers, Mnemos. XI, 87 ἐπεθ. τῶν αὐτῶν ὥνπερ οὗτοι, und Herw. zieht das τῶν αὐτῶν hinter δημοκρατίας vor ὥνπερ οὗτοι. Doch da das zweite Glied schwerer wiegt und ein characteristisches Zeichen für die Gesinnung der Sykophanten ist, wird wohl mit Recht nur beim zweiten Gliede die Identität der Tendenzen der Tyrannen und der Sykophanten hervorgehoben, die im ersteren Falle in Anbetracht der anarchischen Zeitumstände nicht zu verwundern war. — ὅμως] Das handschriftl. ὁμοίως liesse sich vielleicht durch Verbindung mit ὥσπερ erklären: sie nehmen für sich die Pflicht in Anspruch u. s. w., in gleicher Weise als ob nicht sie, sondern die andern die Frevler wären.

§ 32. καὶ τούτων μὲν οὐκ ἄξιον θαυμ.] Kayser wollte ἢ τούτων μὲν οὐκ ἄξ. θαυμ. als Frage, wegen des angeblichen Widerspruchs mit § 30. Die Rechtfertigung der handschriftl. Lesart bei Scheibe, lect. lys. 351 geht von unrichtiger Voraussetzung aus. — μὴ διδόντες] μὴ τούτοις διδόντες Herw. — καὶ δέξαιντ᾽ ἄν] οἳ καὶ δέξαιντ᾽ ἄν plausible von Rauchenst. gebilligte Vermuthung Kaysers; οἳ δέξαιντ᾽ ἄν nach Dobree Herw. — μικρὰν εἶναι] δι᾽ ἑαυτούς wollte Reiske zusetzen, gebilligt von Scheibe und Rauchenst. Doch wollen die schlechten Demagogen nur die Stadt niedergehalten und schwach sehen, gleichviel durch wessen Thätigkeit, nur kein heilsames Wirken anderer.

§ 33. διὰ τοὺς ἐκ Πειραιῶς κινδύνους] κινδ. tilgt Cobet (var. lect. 374), Scheibe (lect. lys. 339, jedoch in der Ausgabe wie Sauppe), Rauchenst. (III. IV); τῶν setzen ein Sauppe, Westerm., Herw. — αὐτοῖς] αὐτοῖς Sauppe und die neueren Herausg. — σωτήρια] Ansprechender als die Vulg. σωτηρία, nicht blos 'Rettung', sondern dem folgenden τι ἀγαθόν entsprechend überhaupt 'heilsames'. — τούτους μὲν ἐπιλησθήσεσθαι] Diese schwierige Stelle ist besprochen Philol. XV, 342. Jahrb. f. Philol. 82, 9, 425. Rauchenst. vierte Ausgabe S. 246 f. Francken, comment. 182 f. Die zahlreichen Emendationsversuche in Scheibe's praefatio. Cobet hat τούτους μὲν ἐπιλύσεσθαι beibehalten, Herw. αὐτοὶ μὲν (αὐτοὺς μὲν C) καταλύσεσθαι; der Accus. c. Infin. ist in jedem Falle wegen des Gegensatzes zu ἐκείνους unbedenklich (vgl. Kr. 55, 2, 3), καταλύσεσθαι im passiven Sinne ist allerdings nachweisbar (W. Franke Philol. Suppl. I, 4, 458 f.) und in der Bedeutung 'stürzen' mit dem Accus. der Person auch für die damalige Gräcität verbürgt (vgl. Hypereid. Epitaph. col. XIV am Ende); ὑποθύσεσθαι nach Sauppe, Westerm. u. Rauchenst., der mit Kayser τούτους auf τοὺς ἐκ Πειραιῶς bezieht; Francken vermuthet: τούτων (die Ankläger) μὲν ὑμᾶς ἐπιλήσεσθαι, doch mit andrer Deutung von ἐπιλησ. — διὰ τοῦτο πάντως] τὸ αὐτὸ πάντες X, Westerm., Scheibe, Cobet; δι' αὐτὸ πάντες C; τοῦτο δείσαντες Kayser; τοῦτ' αὐτὸ δείσαντες nach Scheibe, Rauchenst. u. Herw.; τοῦτο ὑποτυποῦντες nach Sauppe Pertz, quaest. II, 12: τοῦτο γνόντες oder τοῦτο ὑποπτεύσαντες P. R. Müller Philol. XII, 237; συκοφαντοῦντες Francken comment. 183; διὰ τοῦτο πάντως Philol. XV, 343. — δι' ἄλλων] δι' ἄλλον nach Scheibe's Vorschlag Herw.; doch auch vorher die Plurale δι' ἄλλους und δι' ἑτέρους.

§ 34. αὐτοί τε — ὑμεῖς δέ] ὑμεῖς τε Herw. Doch vgl. Bäumlein, Partikeln 221. Schneider zu Isokr. IX, 15. Mätzner zu Antiph. S. 175. Büchsenschütz zu Xen. Hell. VI, 5, 30. Hertlein zu Xen. Kyrop. III, 3, 64. Stallbaum zu Plat. Staat II, 367ᶜ.

§ 35. εἰς ὑποψίαν καταστήσετε] In den Hdschrr. εἰς ὑπο.... Die Phrase wie XXXII, 19. Vgl. Francken, comm. 183.

16**

Berichtigungen und Nachträge.

Prolegomena S. 7. Beim Schol. zu Aesch. III, 181 erscheint Lysias ('ὁ Συρακόσιος') neben Archinos und Thrasybul unter den Führern der Patrioten. Die Anekdote bei Aesch. ist sehr ausgeschmückt in einem neu veröffentlichten Scholion zu Aesch. III, 195 (in der Ausgabe von F. Schultz S. 348).

Ebenda. Meutzner, Jahrb. f. Philol. und Pädag. 91, 10, 681 vertheidigt Cic. Brut. 16, 63 gegen den Vorwurf des Irrthums, da in functus est omni munere civium eben das Characteristische der Isotelie liege.

S. 31, Anm. Spalte 1, Zeile 7 v. o. lies XXII für XII.
- 51, - - 1, - 3 - - - 83 - 82.
- 120, - - 1, - 20 - - - für - wie.
- 128, - - 2, - 15 v. unten lies § 4 statt 64.
- 166, - - 2, - 11 - - Bursian, Geogr. v. Griechenland I, 278 sucht im Widerspruch gegen Forchhammer, die Fahrstrasse vom Peiraeus nach der Stadt nicht zwischen, sondern nördlich von den langen Mauern.

S. 209, Z. 2 von unten: Freese, die Freiheit des Einzelnen in der attischen Demokratie (Programm Stralsund 1858) S. 12, findet in den Worten des Lysias eine Billigung des Verfahrens gegen die Feldherren, wohl ohne Grund.

Ausserdem ist im Vorwort in das Verzeichnis der emendierten Stellen nachzutragen: XII, 77.